以色列史（修订版）

国别史系列

THE HISTORY OF
ISRAEL

张倩红 著

人民出版社

大卫王的加冕礼

所罗门断案

所罗门圣殿复原图

公元前 586 年耶路撒冷陷落

哈斯蒙尼王朝的战船模型

马萨达要塞

奥斯曼帝国皇宫里的犹太人(头戴红帽子的为犹太人)

1763 年美国纽波特的犹太会堂

门德尔松与莱辛下棋

西奥多·赫茨尔

“十月革命万岁!”——苏联犹太人张贴的海报

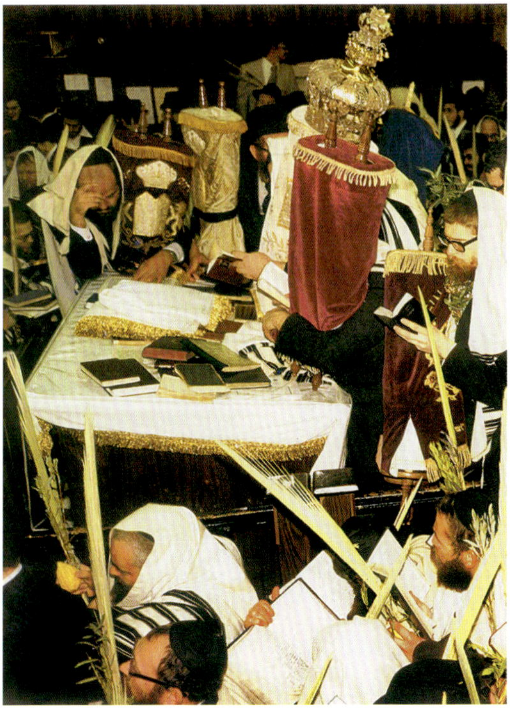

纽约哈西德会堂里正在庆祝住棚节

赎罪日在上帝面前忏悔的犹太人

麦达内克集中营留下的鞋子

在西墙前祈祷的犹太人

以色列大屠杀纪念馆

耶路撒冷的岩石圆顶清真寺

耶路撒冷圣墓大教堂内景

本－古里安正在宣读《独立宣言》

以色列国旗

耶路撒冷全景图

以色列议会大厦前的七枝烛台

现代化大都市特拉维夫

奇特的死海

犹太宗教学校的儿童正在上课

以色列犹太人在逾越节家宴前祈祷

获得了以色列签证的苏联犹太人

来自埃塞俄比亚的犹太移民

享誉世界的温室种植技术

贝京、萨达特与卡特签定《戴维营协议》

拉宾与侯赛因国王

《奥斯陆协议》的签字仪式

巴拉克、阿拉法特与克林顿在戴维营会面

内塔尼亚胡与意大利总理西尔维奥·贝卢斯科尼

踌躇满志的阿里尔·沙龙

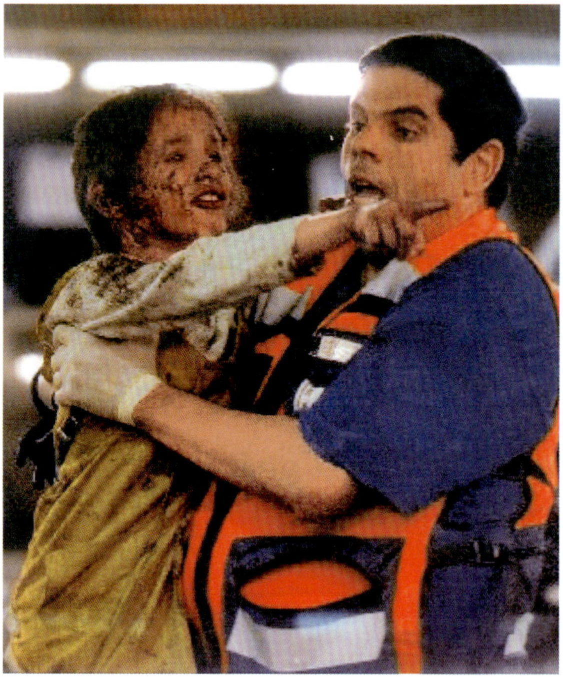

遭遇人体炸弹的以色列姑娘

佩雷斯、沙龙与奥尔默特在一起

再版说明

《以色列史》自 2008 年 1 月出版以后，深得学界同人及广大读者的厚爱，《世界历史》、《西亚非洲》、《犹太研究》等多家学术刊物发表了书评文章，给予了高度的评价，也指出了书中的错误与不足，本人想借此机会对关注《以色列史》的朋友们致以诚挚的谢意，并就几个问题加以说明：

第一，学者们在书评中提出的一些书面错误已认真修改，一些合理的建议已得到采纳。再版时对第一版第八章的内容做了一些必要的删改与调整，并补充了第九章，叙述的下限延伸到 2012 年。

第二，第九章的新增内容由艾仁贵、贺金涛执笔，本人负责修改、定稿，另外，我的研究生张少华、田焕云、刘丽娟等通读书稿，做了不少勘误的工作。

第三，人民出版社的杨美艳老师以及其他工作人员为再版工作付出了辛勤的努力，也深致谢忱！

张倩红

2012 年 9 月 1 日

目　录

前　言

当我站立在橄榄山上鸟瞰耶路撒冷全景的时候，当我攀登上马萨达要塞领略海天相接的死海风光的时候，当我静坐在希伯来大学的露天剧场里遥望犹地亚旷野的时候，当我默哀在赫茨尔的墓前由衷地为他献上一束鲜花的时候，我内心的深处都会涌出一股触动、一种幽思、一番感怀。历史学家曾记录过这样一个场面：不可一世的拿破仑曾站在金字塔前深有感触地对将士们说："5000年的历史正注视着你们！"两年来，在为这本《以色列史》的撰写而呕心沥血的过程中，拿破仑的话会时不时地在耳边响起，被数千年历史所"注视"的感觉常常会悄然而至，尽管这种感觉反射到自我意识中的是沉重的压力，但理智告诉我：有这种感觉并非坏事，因为追求科学的精神与认真负责的态度往往是与崇高的历史敬畏感相伴而生，后者至少有益于帮助自己克服浮躁、求成的情绪，保持一种相对平和与宁静的心态，这种心境本应该是学人们天经地义的常态，但在当今的中国似乎亦并不尽然。

撰写《以色列史》，首先要面对的是国家起源的时间。在很多犹太人的心目中，以色列国家的历史不能以犹太复国主义运动兴起、更不能以1948年作为开端，现代以色列国家是历史上曾经出现过的希伯来王国（公元前1030年—公元前586年）的延续。当然，这一认识中浓缩了一定的宗教意识与感性色彩。本书把以色列国家的历史追溯到圣经时代，用了两章的篇幅来描述从公元前2000年到19世纪末犹太人的历史变迁，不仅仅是考虑犹太人的感情，也是为了让中国读者通过对犹太民族的起源、发展与流散的历史回顾，来体味现代以色列国家产生的复杂背景与深刻含义。国家形态是社会发展到一定阶段的产物，也是一个社会、一个民族文明化进程的路径与标志之一。恩格斯在《家庭、私有制和国家的起源》中从两个方面界定了国家的特征，其一，"它按地区来划分它的国民"；其二，"公共权力的设立"，并指出"国家决不是从外部强加于社会的一种力量”。[①] 古代以色列社会虽然没有像中国那样经历了邦国形态—王国形态—帝国形态的非常典型的国家形态的演变与递进过程，但早在公元前11 世纪就形成了独特的国家观念，并确立了完备的君主制度，无疑树立了人类早期国家的典范，为我们研究上古时期的国家形态提供了典型的个案。公元135 年，犹太人开始流散于世界，他们虽然忠诚于寄居国，但向往民族国家的情怀与恢复民族宗教、回归祖先故土的渴望始终交织在一起，构成了散居犹太人民族记忆与精神世界的主旋律。特别是周而复始的反犹主义，使作为客体民族的犹太人很少能以平等的身份加入主流社会，长期遭受的非平等待遇严重摧残了犹太人的思想感情，但也磨炼了他们的坚强意志，更强化了一些人心目中重返故土的观念。到 19 世纪末，犹太复国主义以锐不可当之势在欧洲大陆兴起，从而为现代以色列国家的诞生奠定了必不可少的思想基础、文化基础与社会基础，1948 年以色列国的建立标志着现代民族国家构建的里程碑，也终于圆了一个古老民族长达 1800 年的复国之梦。

一

马克思曾把犹太民族称作“早熟的民族”，以色列建国之前的犹太历史展现给人们的是一部丰富多彩而又起伏跌宕的画面，它留给世人的启迪与感悟也是多层面的。

第一，犹太人的经历进一步证明了交往在民族群体与文化传承过程中起着不可忽视的作用。近年来，“交往”作为一个重要的历史哲学概念越来越引起学术界的关注，一些史学家纷纷梳理、研究马克思恩格斯在《德意志意识形态》等著作中所反复论述的有关“交往”的理论与思想，用以探讨史学研究的新思路。[②] 笔者认为，如果把“交往论”引入犹太学研究，会对一些长期困惑不解的问题产生新的感觉与领悟。因为从某种意义上说，正是广泛的历史交往才使犹太人承担起了“中介性客民”的社会角色，才使犹太文化具有边际性的特征，才使犹太民族成为一个充满生机与活力的民族群体。

在人类历史的早期阶段，犹太人便自觉不自觉地介入了与迦南人、埃及

① 《马克思恩格斯选集》第 4 卷，人民出版社 1995 年版，第 170—171 页。

② 彭树智先生致力于文明交往的思考与研究达二十余年，其代表作为《文明交往论》（陕西人民出版社 2002 年版）。

人、亚述人、腓力斯人、巴比伦人等西亚北非民族的广泛的交往之中，成为与外界接触最频繁的民族之一，从而为本民族的文化率先埋下了“世界性特质”的因子。交往的结果使犹太教从其他地域宗教中脱颖而出，成为世界上最古老的一神教。当其他民族纷纷衰微之时，小小的希伯来民族却借助于民族之神的力量渐渐勃兴。此后，犹太人作为被征服者又与希腊、罗马文化有了交往。经过长期的接触、融合与扬弃，最终希伯来文化与希腊文化一起，孕育了基督教文化。历史交往是人类存在与发展的基本形式之一，也是人类主体之间互相发现、互相沟通、互相理解、互相扬弃、互相融合的复杂的历史过程。任何一个人类群体，任何一种文明都必须保持一种开放性特质，在广泛的交往中保证生产力的发展与文明成果的聚合与延续。犹太历史充分证明了历史交往是社会进步、发展的推动力。地域性、民族性文化传统如果不能适应交往的扩展趋势，就有可能因自我封闭而失传。在世界历史上，有许多璀璨耀人的古代文明正是因为缺乏正常的历史交往而销声匿迹，美洲的玛雅文化就是一个明显的例证。试想，如果犹太人仅仅囿于巴勒斯坦的弹丸之地而不与其他民族交往，那么犹太文化就绝不会成为一种具有世界性特色的影响深远的文化。犹太文化的显著特征就是不断迁徙、不断流散，表现为空间上的持续位移，在此过程中，广泛地吸收了外部文明的种种特质及要素，丰富了自身的底蕴与内涵，使希伯来文化成为古代中东文明的集大成者。广泛的交往，也促使了民族性格的形成。犹太人的商业特性一直为人们所关注，其实，这一特征也并非与生俱来、天造地设，而是在历史交往之中逐渐形成的。古希伯来人是作为游牧民族而进入迦南的，正是迦南地区独特的客观环境与社会氛围孕育了他们的从商意识。当亚伯拉罕率领希伯来人进入迦南之际，迦南文化远远先进于希伯来文化，迦南人频繁的贸易活动深刻地影响了尚未定居的希伯来人，他们中有些人逐渐介入了迦南人的贸易活动。此后，随着迦南社会的发展，犹太人的贸易也日益扩大，到所罗门时代，犹太贸易得到了长足的发展。由此可见，在分析犹太文化的成因时，绝对不能排除非《圣经》传统的影响。

第二，反对奴役、追求自由的精神风貌是古代犹太人留下的最珍贵的精神遗产。以色列前总理西蒙·佩雷斯曾说过：“自由选择的观念是圣经思想对人类作出的最重要的贡献。自由选择的观念认为，人们已经学会分辨善与恶，享有自由的个人要为自己行动的后果负责。这样决定一个人在世界上地位的，并不是某条古代的律令，也不是盲目的命运，而是这个人的选择、行动和成败。自由选择建立在自由意志的原则基础上。每个人都可以自由作出自己的决定。”① 从摩西出埃及到第二圣殿时期，犹太人的历史自始至终贯穿着一条追求自由与解放的主旋律。犹太民族所演绎的“摩西出埃及”的壮丽景观早已被作为人类摆脱奴役、寻求自由的象征而长存于东西方的历史画卷之中；在巴勒斯坦沦于强国统治的非常时期，犹太人为反对罗马帝国的压迫与控制，进行了可歌可泣的反抗与斗争，“为了以色列的自由”是支撑他们坚强意志的支柱，“宁可为自由而生，不作奴隶而死”是“马萨达”将士们集体自杀之前留下的最后遗言。历史的脚步虽然悄无声息地尘封了多少往事，但《圣经》与第二圣殿时期的犹太英雄主义不仅流传千古，而且无疑已成为人类共同的精神财富。此后，在国破家亡的历史遭际面前，犹太人又极力保存精神的火种，通过社会精英的努力而传承了民族智慧。大流散时期，对自由意志的追求与向往仍然是犹太传统的核心内容。

第三，追求平等、蔑视权威也是犹太民族精神的集中体现。在犹太人的心目中上帝是基于完全平等的观念来塑造人、要求人，人与人之间虽然存在着智能、职位、出身、遗传、财产、品质、贫富等差异，但人在本体上是平等的生灵，任何人不得凌驾于他人之上。犹太人这种根深蒂固的平等观念不仅体现于本民族与异族的相互关系上，而且反映在本民族的内部。在王国时期，有作为的国王常常被作为民族英雄而载入史册，难能可贵的是犹太人却能以一种平常心态去看待他们的功过是非，在充分肯定其作用、歌颂其美德的同时，并不有意掩饰他们的弱点甚至罪过。他们推崇英雄但并不迷信英雄、有意识地美化英雄，这一点在《圣经》中体现得极为明显。《圣经》编纂者对参孙的胆识赞不绝口，但又指出，参孙并未脱俗，且常常违约，有很多远离神道的行为；《圣经》中所描述的扫罗王，统一各部落，制服强敌，并捐躯疆场，洒然而去，表现出一代君王的威力与勇敢，但另一方面，他又妒贤嫉能，狭隘偏执，甚至不惜陷害忠良；《圣经》中的大卫王智能超人，才华横溢，作为国家的真正缔造者而名垂史册，但他又表现出许许多多的人性弱点，他曾卑劣地违背自己的诺言，并有过夺人之妻、残害无辜的可耻行为。② 可见，在《圣经》编纂者的笔下，国王也是普普通通的人，他有自己的过人之处，也有常人的弱点与过错。在古希伯来人留下的文献资料中有许许多多揭露王公罪恶的内容，这并不是说古以色列人的王就恶于其他民族的

① 西蒙·佩雷斯：《新创世纪》，高秋福、戴惠坤译，新华出版社 2002 年版，第 12 页。

② 参见《圣经·撒母耳记（下）》第 11 章。本书所引《圣经》内容均出自中国基督教协会（南京爱德印刷有限公司）1996 年版。

王，只不过是说明古以色列人特别强调国王的过失与“民族之弱点的表现”，并且较多地把这些内容载入了他们的编年史，而这种历史意识正是民族智慧的突出体现。

第四，犹太古代史还展示了犹太人与阿拉伯人之间相互融合、友好交往的历史画面，从而使我们意识到，不管眼前阿以双方有多少矛盾，但两个民族实现和解的历史基础曾确实存在过，因此我们不应该成为和平怀疑主义者。历史上的犹太人与阿拉伯人在种族上是近亲，在地理上是近邻，有着血脉相通的联系。远古时代，他们来往密切，并有着相互联姻的历史记载。第一圣殿被毁以后，流落在阿拉伯半岛的犹太人带来了犹太文化的成果，并对伊斯兰思想的形成产生了很大的影响。公元7世纪之后，随着伊斯兰教对半岛上的反伊斯兰势力采取强硬政策，阿拉伯人与犹太人之间的关系逐渐疏远，并出现了宗教冲突。但当伊斯兰政权稳固之后，双方又出现了和睦相处的局面。特别是阿拔斯王朝时期，许多犹太人取得了很高的政治、军事地位，为王朝的发展作出了贡献。正是在阿拉伯人的宽容与监护下，西班牙等地的犹太社团才发挥了自身的创造力，形成了灿烂的文化。在很多地区，犹太人与阿拉伯人的友好交往一直延续到犹太复国主义运动兴起之后。2000年5月纽约大学医学院公布的一项人类学研究成果表明：犹太人与阿拉伯人有着极其密切的基因遗传关系。根据对全球29个国家的1371名男子的Y染色体的调查分析显示，犹太人与阿拉伯人的基因都来自最早生活在中东土地上的共同祖先。该项目负责人哈里·奥斯特勒深有感触地说：“犹太人与阿拉伯人真的都是亚伯拉罕的后裔。四千多年来他们一直保留着中东人的遗传基因。”①

二

1948年建立的现代以色列国家被称作是“从大屠杀的灰烬中锤炼而出的金凤凰”。建国之初，无论是自然条件还是地缘政治环境都十分恶劣，与周边阿拉伯国家的长期敌对更成为阻碍其发展的隐患，但是，以色列人克服了一个又一个困难，在短短的半个世纪的时间里，实现了政治稳定，创造了经济奇迹，也赢来了文化繁荣，“中东地区的民主孤岛”、“西亚的小龙”成为国际社

① 转引自杨辉：《中东国家通史·巴勒斯坦卷》，商务印书馆2002年版，第362页。

会对这一弹丸之国的美称。

从政治体制上看，经过激烈的讨论与争议，以色列在建国之初就确立了以普选制、三权分立、多党并存为特色的政治制度，成为中东地区唯一实行议会民主制的国家。以色列确立的现代民主制度的思想来源体现了历史传统与外来经验的结合。以色列广泛吸取了西方议会民主制所推崇的权力合法、权力制衡、权力公正等理念，在选举制度、政体结构及其权力运作等方面极力仿效英、美的经验，尤其是被称作“议会之母”的英国的程序与习惯，但又不一味地照搬西方的做法，比如，在议会结构的组成上，以色列确立的不是英美的两院制国会，而是典型的一院制议会；在议会选举形式上，尽管许多以色列政治家宣布说：“以色列是西欧议会家庭的一部分”，但实际上在很多方面与西欧国家大相径庭，以色列并没采取多数选举制原则，而采取了单一选区比例代表制原则。以色列的政治制度广泛吸取犹太民族的历史经验，从“克奈塞特”（希伯来语“大集会”之意）的命名到120个席位的确定，都来源于2500年前的犹太传统。单一比例代表制的做法是1897年以后犹太复国主义运动的传统选举方法。此外，英国委任统治时期巴勒斯坦犹太社团所建立的半自治的议事机构所推行的选举制度以及多党势力的发达都为后来以色列政治制度的建构奠定了必不可少的基础。建国半个多世纪以来，以色列人在政治现代化的道路上不断摸索新的道路，不断探讨更适合本国国情的新模式，政治组合的风风雨雨、议会制改革的反反复复都从侧面反映了以色列人求变革、求完善的政治心态。

在经济领域，以色列人积累了一系列成功的经验。作为一个小国，以色列却紧紧抓住了世界科技革命与西方经济繁荣所提供的种种机遇，扬长避短，充分利用内部条件，探索出一条以科技兴国与出口导向为主战略的经济发展之路，创造出战后经济发展的奇迹，被联合国认可为“高收入的国家”，西方经济学界称之为“中东的瑞士”、“西亚的日本”、“地中海的香港”等。以色列的经济现代化进程充满了奇特性与创新性。以色列作为一个国土狭小、沙漠蔓延、资源匮乏、人口有限的国家，为什么能在短期内取得如此瞩目的现代化成就呢？首先在于以色列政府充分发挥国家政权的巨大潜力，利用一切可利用的资源，尽力创造实现现代化所必需的初始条件，既包括自然、地理、人口等客观条件，更包括各类主观条件。因为“现代化运动在本质上既是客观过程，又是主观过程，更确切地说，是一个客观与主观相互联系、相互反馈、相互修正而又相互统一的过程”。[①] 以色列政府自成立之日起，就在重重阻力之下，承担起了国家现代化的倡导者、推动者、设计者及实施者的角色，这是因为刚刚问世的以色列国家不可能像英、美等国那样从社会结构内部产生现代化的动力，犹太社会内部及犹太文化中虽然含有某些现代性的因素，但自身的宗教性特征又使它不可能被原版拷贝过来作为一个现代化国家的单一的精神支柱。因此，现代化的推动力只能来自外部，只能依赖有识之士对现代化策略的选择，依赖国家政权的强制手段来补偿现代化条件的不足。在这个过程中，人们的主观努力往往会造成新的条件，即实现主观愿望向客观现状的转化。中东国家的现代化普遍具有后发型及外引型的特点，它是中东国家的有识之士在忧国忧民的意识驱使下，为奋发图强而被迫进行的历史选择，或者说是对世界潮流的被动反应，而自身的现代化条件并不成熟或者根本就不具备。这可以说是中东现代化屡屡受挫、且水平有限的根本原因之一。以色列的现代化也是在外力的直接驱动下发生的，但不同的是，建国之后，经过一系列准备之后拥有了一定的内部条件，并实现了外因与内因的结合，在传统因素与现代因素之间寻找到了较好的契入点，这样既实现了经济增长与社会发展的同步性，又减弱了现代化对整个社会及国民心理所产生的震荡，从而使以色列的现代化与邻近的中东国家相比具有明显的和谐性特征。在经济现代化的道路问题上，以色列表现出明显的超地域性特征。人类历史上的现代化进程按社会形态通常分为三大类型，即资本主义类型、社会主义类型和混合类型，所谓混合类型是指“在第三世界崛起的新的历史条件下，兼采资本主义现代化与社会主义现代化两种模型的不同特色，混合而成，实际上是前两大对立模型相结合而形成的一种中间发展形式。”[②] 第三世界的现代化基本上都属于这一类型，但这一类型中又包括了若干特点互异的发展模式，有以“四小龙”为代表的东亚模式，有西亚北非伊斯兰文明区以石油工业为特征的畸形工业化类型，也有拉美地区的“依附性发展”类型。在试图对以色列现代化进行类型分析的思考中，作者发现，以色列的现代化道路既不同于海湾的石油生产国，也不同于中东其他地区的非石油生产国，而是与东亚模式更为相似。罗荣渠先生在《现代化新论》第六章第五节中也指出：“就第二次世界大战后的历史经验而言，从进口替代向出口导

① 俞新天：《机会与限制——发展中国家现代化的条件比较》，上海社会科学院出版社 1998 年版，第 172 页。

② 罗荣渠：《现代化新论》，北京大学出版社 1997 年版，第 157 页。

向的转变比较成功的国家（地区）包括日本、韩国、中国台湾、南斯拉夫、以色列等。”也就是说，西亚的以色列和东亚诸国虽然面临着不同的历史条件与发展环境，但却选择了共同的经济发展战略，即通过对外贸易来实现经济增长，来推动工业化进程，来促进国家产业结构的升级，最终成功地完成了经济转型的任务。此外，还需要注意的是，以色列是在非和平因素中实现了经济起飞，而且经济发展的黄金时期也是阿以冲突最激烈的时期，因此，在探讨战争这种交往形式与经济因素的相互关系时，以色列提供给人们的又是一个非常规的个案。毫无疑问，战争对国家的经济基础造成了严重的破坏，但对于以色列来说，如果把战争所造成的破坏力仅作为一种短期的、表层的现象，而从更长远、更深层的角度来思考，就会发现战争与经济发展及整个现代化进程之间有着一种极其微妙的互动关系。①

在文化建构方面，以色列人也取得了令人瞩目的成绩。在以色列的现代化进程中，文化建设一直是一个焦点与难题，尽管思想家与政治家们一直强调要建立一种与现代民族国家相适应的文化体系，但一种新文化的建构并非轻而易举就能实现，半个多世纪以来，以色列人为此付出了很大的努力，并初步形成了“以色列文化”。以色列文化是以犹太文化为主旋律的现代性国民文化。以研究传统犹太人到现代人的转变而见长的卡利汶·戈德沙伊德和艾伦·S.朱克曼把美国犹太人和以色列犹太人称作“现代犹太人的典范”。在他们看来，以色列的犹太社会与前现代的欧洲犹太社团相比至少有以下几点不同：第一，犹太人所处的政治地位截然不同，由依附性的少数民族变成了唯一犹太国家中的主体民族，具有调整或控制主流社会的能力；第二，以色列犹太社会内部的制度化分离导致了在等级观念及信仰上的差异与冲突，而事实上“内部的分化正是现代化进程的伴生物”；第三，经济上的发展及随之而来的机会与挑战远远超过了前现代；第四，宗教热情的降低及宗教体制的分化；第五，同化潮不再成为犹太社团的主要威胁。② 确实，今日以色列虽然存在着种种与现代性相悖的现象，但从主体来看已具备了现代社会的基本特征。古老的犹太文明终于回归故土并实现了现代复兴，勤劳而务实的以色列人不仅创造了复兴希伯来语的文化奇迹，而且创造了文学、音乐、舞蹈、美术、电影、考古、文博、体育、

① 详见张倩红：《以色列经济振兴之路》，第 8 章，河南大学出版社 2000 年版。

② Calivin Goldscheider, Alan Zuckerman, *The Transformation of the Jew,* see *The Modern Jewish Experience: A Reader's Guide*（edited by Jack Wertheimei）, New York University, New York, 1993, Chapter 14.

新闻等文化事业的辉煌与繁荣。5000 年的文化遗产终于在以色列获得了最广阔的发展空间。追寻长达 2000 年的流散梦、回味锡安主义的百年风云、反思反犹太主义所制造的幕幕悲剧、刻画以色列国家的成长历程、描述犹太人的喜怒哀乐等传统主题无疑成为以色列文化的本质特征。同时，以色列文化又是一种以平等、自由、民主等人文理性主义精神为主要特色的现代性国民文化。[①]赫茨尔等人所倡导的犹太复国主义理想作为一种民族主义思潮及政治运动，一直把平等、自由及民主作为自身的社会理想，以色列的《独立宣言》及治国方略中也体现了这一精神。

三

肯定以色列人的智慧与成就，弘扬以色列历史的独特之处，并不是说以色列就是天堂之地，也无意掩饰以色列所面临的种种困境与难题。建国五十多年来，以色列社会始终存在着这样或那样的矛盾与问题，全球化浪潮的推进更使没有回旋之地的以色列国家面临着一系列挑战与压力。

第一，安全威胁的长期存在。建国以来以色列一直奉行“安全第一、和平第二，先有安全，后有和平”的国防观念，但对于国民来说，在享受经济繁荣与福利社会的同时，人们渴望已久的安全需求总是得不到保证，外部安全威胁严重存在，用以军前总参谋长摩西·亚龙的话来说：“在以色列，你分不清什么是战争，什么是和平；哪里是前线，哪里是家园。”四次中东战争从整体上看以色列是占了上风，但战争对国民心理的巨大创伤并不能轻易弥合，与此同时，旷日持久的巴以冲突、此起彼伏的恐怖袭击、渺茫无期的和平前景，使以色列社会与国民的承受力越来越脆弱，许多人厌倦了这种兵营式的生活，“倒移民现象”的出现就充分说明了这一点。2006 年 7 月，当长达 6 年的巴以流血冲突稍有缓和之后，黎巴嫩真主党再次用火箭弹撕开了以色列人心理上的致命伤口，缺乏安全感的以色列人心理上更显脆弱。

第二，社会整合问题。自建国之日起，以色列社会的多元化倾向就明显存在。犹太人与阿拉伯人的复杂矛盾、宗教与世俗的尖锐对抗、西方犹太人与东方犹太人的严重隔阂、左派与右派的游离与分歧无不从国家的政治、经济、文

① 详见张倩红：《犹太文化的现代化》，第 6 章，江苏人民出版社 2003 年版。

化与社会生活中体现出来，并威胁着以色列的民主制度。因此，努力实现社会的整合是以色列历届政府的奋斗目标与施政纲领的核心内容之一。然而，半个多世纪过去了，除了东、西犹太人之间与左、右派之间的隔阂有了明显的弥合之外，犹太人与阿拉伯人以及宗教与世俗之间的矛盾依然存在，并且出现了越来越激烈的趋势。法律在威胁面前显得束手无策，政权在压力面前常常软弱妥协。再加上民主制度以及多党政治的种种漏洞，使以色列政局总是动荡莫测，甚至风雨飘摇。特别是近十多年以来，巴以冲突的一波三折，中东和平进程的大起大落，更诱发了一系列矛盾与冲突，社会分裂问题越来越成为以色列人的心头之患。

第三，经济发展的瓶颈。以色列经济在取得辉煌成就的同时，也不断暴露出脆弱的一面，如紧张的周边关系破坏了经济发展所需要的外部环境；出口导向型经济模式、内部资源的奇缺与国内市场的狭小使以色列经济更易于受国际市场上风云变幻的影响，更容易感受到经济全球化的压力与威胁，因而具有更大的不稳定性；对外援尤其是美援的严重依赖，使以色列常常受西方经济尤其是美国经济形势的影响；政府通过一系列的政策法规所建立起来的干预机制曾极大地推动了经济的发展，但在新的条件下却与市场经济的某些原则相悖逆；军事工业虽然刺激了经济的发展，但却造成了庞大的经济负担，并抑制了民用企业的再生产；周期性爆发的经济危机尤其是与之俱增的通货膨胀率，严重损害了经济肌体，并破坏了国际投资环境；能源危机尤其是水资源危机日益加剧，更使以色列经济举步维艰。

综上所述，年轻的以色列国家在朝气与活力之外还积存着种种制约发展与进步的因素，奇迹与辉煌的光环之下依然笼罩着难以排遣的阴影。以色列的历史学家似乎不喜欢用“奇异”、“独特”等字眼来描述他们的国家，也许是因为历史的遭际使他们对“与众不同”之类的叙说总有一种本能的警觉与敏感，他们愿意说犹太民族是平平凡凡的民族，以色列国家是普普通通的国家。然而，不管自我刻画的风格如何平常、低调，但以色列人的危机意识与忧患意识确实不同寻常。他们总是用“萨布拉”（Sabra）——沙漠中的仙人掌来描述理想中的国民特征，来比喻以色列国家的人格化个性，因为他们相信，不管环境如何恶劣，无论困难如何巨大，以色列国家都会在沙漠中扎根，在磨砺中成长！

第一章

王国浮沉与异族统治

（约公元前 2000 年—公元 135 年）

中东地区是人类文明的摇篮。大约在公元前 5000 年，埃及人已经完成了由游牧部落到定居的农耕生活的转变，形成了以巴达里与涅伽达文化为代表的古文化群。此后的几千年中，埃及人民在尼罗河畔这块神秘的土地上创造了灿烂的文化。那高耸入云的金字塔、庄严肃穆的神庙建筑、色彩鲜明的绘画艺术、技艺精湛的装饰品、神秘绝妙的象形文字、脍炙人口的文学作品，都是埃及文明的绚丽篇章。与埃及文明相对应的是在底格里斯河与幼发拉底河之间的美索不达米亚平原上，苏美尔人最早建立了城邦国家，他们在文字、文学、灌溉与建筑等方面取得了令人瞩目的成就。特别是随着古巴比伦王国的兴起，两河流域河渠纵横，手工业发达，对外贸易繁荣，文化生活达到鼎盛，巴比伦国王自豪地宣称为“巴比伦、苏美尔、阿卡德与天下之王”。

正当尼罗河流域与两河流域像两颗璀璨的明珠在古文明的舞台上闪烁的时候，犹太人的始祖希伯来人在人类历史的视野中出现了。大约在公元前 2000 年左右，希伯来人开始游牧于阿拉伯半岛西南部地区，过着逐水草而居的生活，他们与周围的其他一些部落被统称为“闪米特人”。为了寻找水源与牧草，希伯来人开始从阿拉伯半岛向北移动，迁徙到了土地肥沃、绿色遍野的两河流域，在幼发拉底河下游的名城乌尔（根据考古学家考证在今伊拉克南部巴士拉附近）居住下来。从此，希伯来人作为一种新的势力活跃于广袤的中东大地上，他们凭借着自身的信念、毅力、勇气与智慧，凭借着西亚、北非本土文明的滋养与孕育，凭借着位于亚、非、欧大陆板块连接处的独特的地缘环境，谱写了曲折跌宕的历史篇章，创造了奇特而凝重的古典辉煌，也演绎了耐人寻味的现代神话。

第一节　族长时期

（公元前 20 世纪—公元前 17 世纪）

早期希伯来人的历史就是一部家族的历史。在《圣经》开卷之篇《创世记》中，前 10 章描述了上帝的创造、人类的犯罪与洪荒时代，后 40 章反映的就是这一家族的迁徙、繁衍、内政与纷争。但是，《圣经》中所有的记述没有一件能与同时期发生在本地区的有影响的历史事件相联系。《圣经》的主要篇章成书于公元前 800 年到公元前 400 年之间，是希伯来人早期历史的唯一记载，由于《圣经》本身又是一部史实与传说彼此交融、历史与文学并重的文献，“它不可能充分地回答我们的问题，因为《圣经》的作者们并不对我们的历史意识感兴趣，他们讲述的故事、遵守的律法、记载的预言与圣歌仅仅是事实的一个片段或者一个方面”①。因此，希伯来人的民族起源显得极为朦胧。直到20世纪中叶，许多历史学家、考古学家与人类学家都试图根据《圣经》所提供的线索为希伯来人的族长时期断代②，但一直歧义很多，用历史学家赫舍尔·尚克斯的话来说：确实无法为族长时代断定准确的日期，因为没有任何证据来佐证《创世记》，而且通过推理不难发现《圣经》中许多地方是矛盾的、不合情理的。因此，最多只能把族长时代笼统地断为公元前 20 世纪到公元前 17 世纪之间。③

① Nicholas De Lange（edited）, *The Illustrated History of The Jewish People*, Harcourt Brace & Company, New York, San Diego & London, 1997, p. 3.

② Albright 与 Ephraim A. Speiser 被认为是研究族长时代的最有建树的学者，他们的代表作为：Albright, *The Biblical,Period from Abraham to Ezra,* Harper & Row, New York, 1963; Ephraim A. Speiser, *Genesis Anchor Bible*, New York, Doubleday, 1964.

③ Hershel Shanks（Edited）, *Ancient Israel: From Abraham to the Roman Destruction of the Tempe,* Prentice Hall and Biblical Archaeology Society, 1999, p. 83.

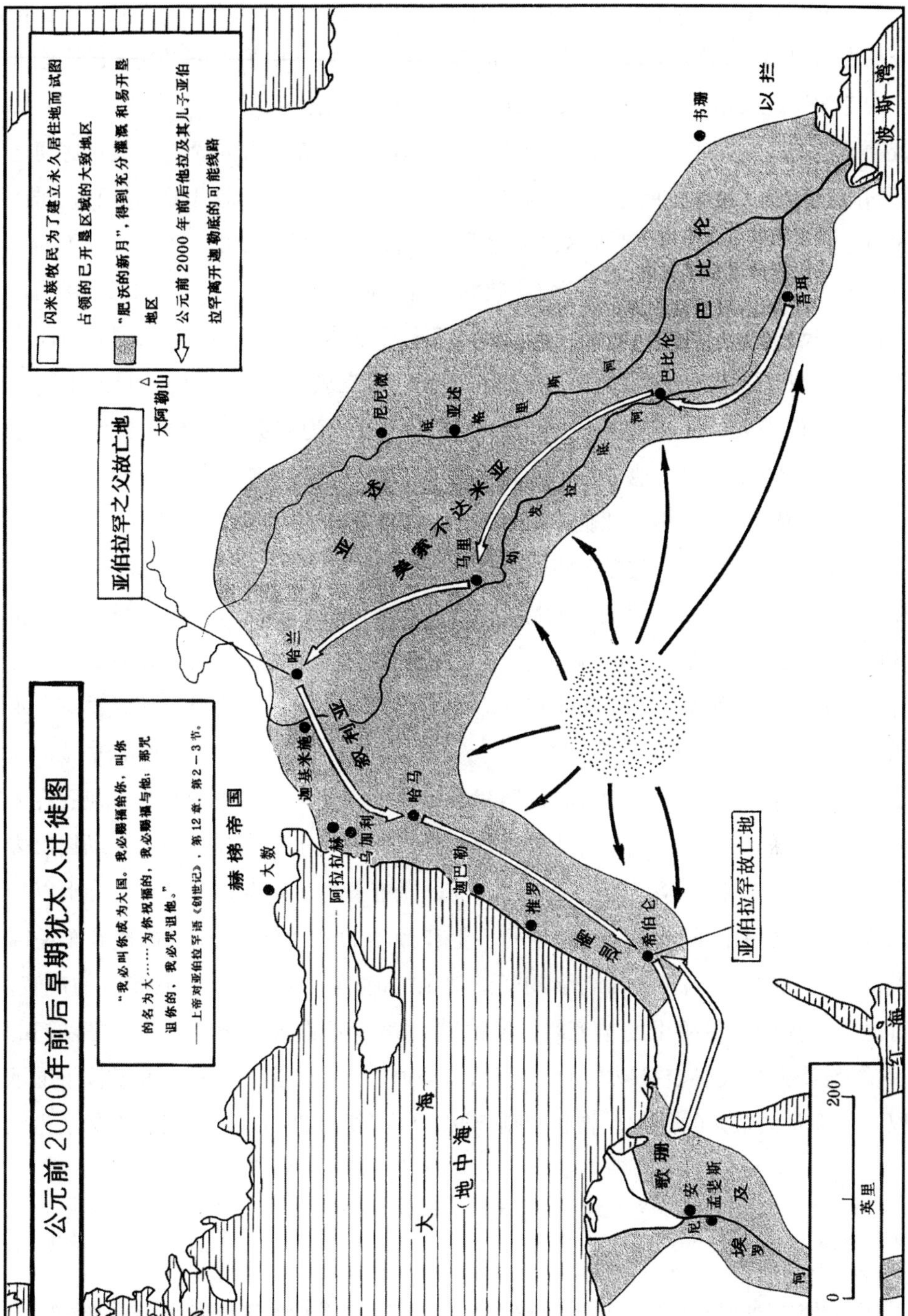

公元前2000年前后早期犹太人迁徙图

希伯来人定居乌尔之后，他们接受了美索不达米亚地区的文化，尤其是巴比伦人的生活习惯与思维模式。大约在公元前1800年左右，由于不堪忍受古巴比伦国王的宗教压迫政策，他们在族长亚伯兰（后尊称亚伯拉罕，意为“多国之父”）的带领下渡过幼发拉底河，进入广阔的巴比伦平原，沿着底格里斯河与幼发拉底河之间的商道继续向西北方向迁移。他们先来到了商业城市哈兰，这里是阿摩利人居住的中心，然后辗转于叙利亚地区，最后进入迦南人居住的迦南地（即今天的巴勒斯坦地区）①，并定居下来，过着半农半牧的生活。对于迦南人来说，希伯来部落是外来者，在迦南的土著语中称他们为“哈卑路人”，意即“渡（幼发拉底河）河而来的人”，后来逐渐转音为Hebrews，即“希伯来人”，这就是“希伯来人”一词的来历。②

在希伯来人的历史记忆中，先祖亚伯拉罕被视为完美精神与卓越品质的象征，在与人的交往中，他仁慈、亲善；在与神的交往中，他恭顺、虔诚。在基督教与伊斯兰教的传说中，亚伯拉罕也被尊为宗教先知。传说亚伯拉罕百岁得子，取名以撒。他死后，以撒担任族长。以撒生了两个儿子，取名以扫和雅各。以扫和雅各虽是孪生兄弟，但两人的性格迥异，以扫“善于打猎，常在田野”，而雅各则“为人安静，常住在帐篷里”。父亲以撒喜欢以扫，而母亲利百加却偏爱雅各。两兄弟因种种原因不能和睦相处。孩子们长大之后，以撒已经两眼昏花，不明事理。他告诉以扫说：“我如今老了，不知道哪一天死。现在拿你的器械，就是箭囊和弓，往田野去为我打猎，照我所爱的做成美味，拿来给我吃，使我在未死之前先给你祝福。”③以撒对儿子以扫所说的话被妻子利百加听到了，以扫出去之后，利百加让雅各杀了两只山羊羔，为以撒准备好了晚餐，并让雅各穿上以扫的衣服，“又用山羊羔皮包在雅各的手上和颈项的光滑处”，让以撒摸到羊毛时误以为是以扫。④当雅各端着食物送给父亲的时候，以撒听出了是雅各的声音，可是当他摸到雅各手上的羊毛时，便说道：“声音是雅各的声音，手却是以扫的手。”他认为此人必定是以扫了。于是，以撒便祝福雅各，使他获得了长子继承权，成为希伯来人的族长。雅各刚刚离开，以扫便打猎归来，痛哭着求父亲为他

---

① 犹太人对迦南地的传统称谓是希伯来语中的“Eretz Yisrael”，意为“以色列故土”，在英文中通常用“Land of Israel”来作对应的表述。犹太人中的极端正教派教徒，从内心排斥“巴勒斯坦”这一术语，认为它是一个不能接受的“非犹太名词”。

② Hershel Shanks（edited）, *Ancient Israel:From Abraham to the Roman Destruction of the Temple*, p. 18.

③ 《圣经·创世记》，第27章，第2—4节。

④ 据《圣经·创世记》，第25章记载，以扫生下来的时候，“身体发红，浑身有毛，如同皮衣”，故起名“以扫”，即“有毛”的意思。

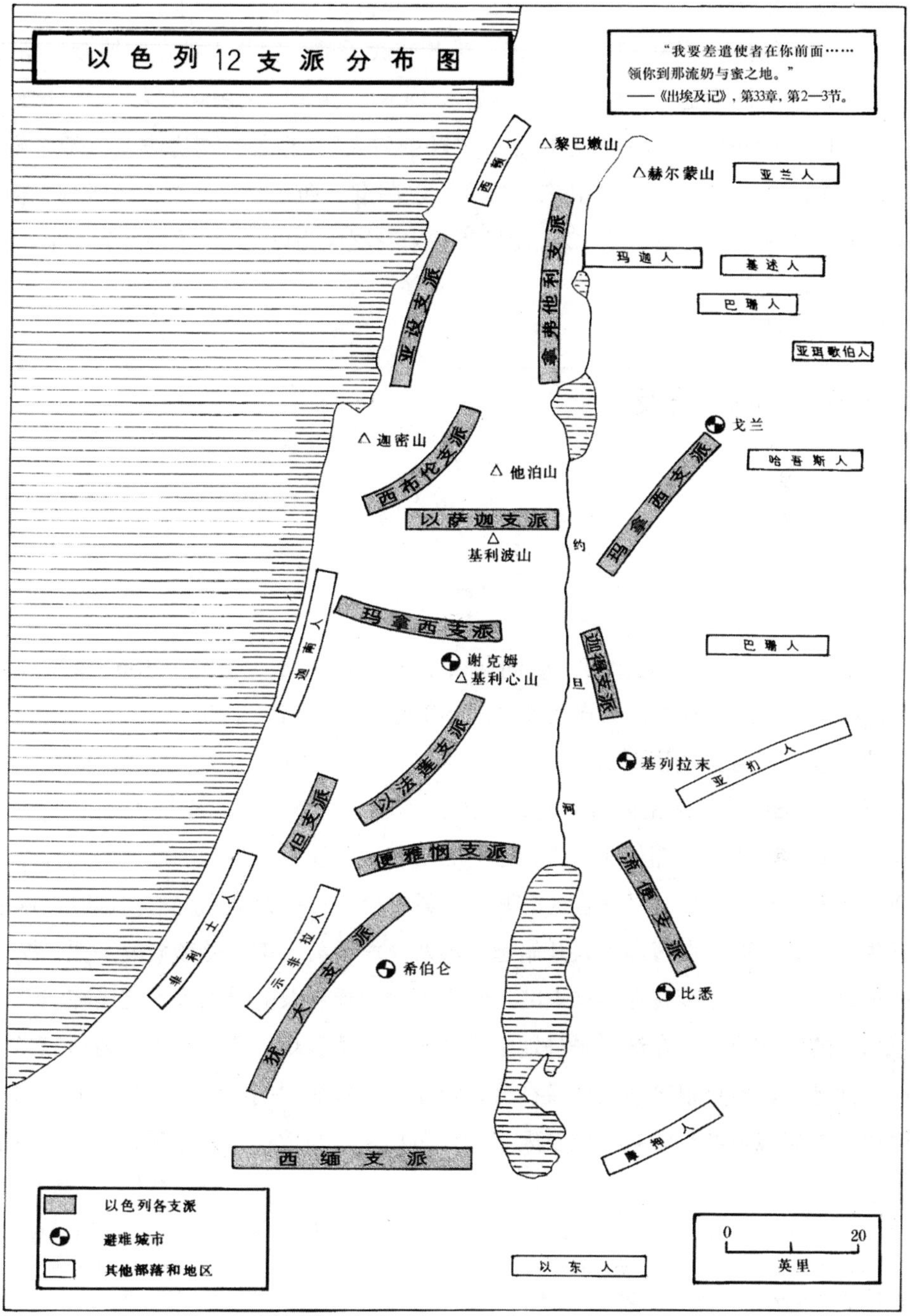
以色列12支派分布图
"我要差遣使者在你前面……
领你到那流奶与蜜之地。"
——《出埃及记》，第33章，第2—3节。
西顿人
△黎巴嫩山
△赫尔蒙山
亚兰人
拿弗他利支派
亚设支派
玛迦人
基述人
巴珊人
亚玛歌伯人
戈兰
哈普斯人
△迦密山
西布伦支派
△他泊山
以萨迦支派
△
基利波山
约
玛拿西支派
迦南人
玛拿西支派
谢克姆
△基利心山
迦得支派
巴珊人
旦
基列拉末
亚扪人
以法莲支派
河
但支派
便雅悯支派
流便支派
非利士人
示非拉人
犹大支派
希伯仑
比悉
西缅支派
以色列各支派
避难城市
其他部落和地区
以东人
0
20
英里

以色列 12 支派分布图

祝福，以撒无奈地回答说："你兄弟已用诡计来将你的福分夺去了。"

根据《创世记》第32章的记述，雅各威武勇敢，曾与天神在雅博渡口角力并获胜，天神祝福他，并赐名"以色列"(Israel，意为"与神摔跤者")，[①] 因此，在随后的年代里，希伯来人也被称作"以色列人"。雅各有两房妻子、两个妾，共生子12人：流便、西缅、利未、犹太、以萨迦、西布伦、约瑟、便雅悯、但、拿弗他利、迦得、亚设，这12人的后代后来发展成为以色列人的12个支派。[②]

第二节　散居埃及

（公元前17世纪—公元前13世纪）

公元前17世纪，处于第二中间期（公元前1786年—公元前1567年）的埃及王权衰落，国家分裂，来自西亚的闪族部落喜克索斯人乘机入侵，在三角洲东部地区建立了自己的国家。公元前1650年左右，他们占领了孟菲斯，推翻了第十三王朝，建立了喜克索斯人的第十五、第十六王朝。喜克索斯人统一了下埃及，并使上埃及的大部分地区成为他们的附庸，埃及文明进入了低谷期。喜克索斯人与埃及本土文化并没有直接的联系，只维持一种很松散的统治。这时，迦南发生了严重饥荒，很多迦南人开始逃亡埃及，埃及与迦南开始频繁的来往，迦南在很大程度上也处于喜克索斯人的控制之下。西迁埃及的希伯来人定居在尼罗河三角洲的歌珊地区，在这里平静地生活了一段时间。尽管希伯来人极力适应当地的生活环境，但是很难融入埃及社会，埃及人古板而封闭的礼仪成为他们之间的障碍。根据《圣经》记载，埃及人不允许希伯来人与他们一同进餐，不欢迎希伯

① 《圣经》记载说雅各与天神摔跤的时候，扭伤了大腿窝的筋，雅各从此不吃动物大腿上的筋，犹太人至今吃牛、羊肉的时候有严格的屠宰程序，必须要剔筋。大约在北宋时期来到中国开封的犹太人也尊崇这一重要习俗，因此开封犹太教又名"挑筋教"。参见张倩红：《犹太人·犹太精神》，第7章，第4节，中国文联出版社1999年版。

② 见《圣经·创世记》，第25章，第23—27节。犹太历史上的12支派并不完全与雅各的12个儿子的名字相吻合，因为利未的后人成为祭司阶层，不参与土地分封，不作为一个独立的支派而存在，但是约瑟的两个儿子玛拿西与以法莲独立存在，各自成为以色列支派的始祖，所以总数仍为12支派。

摩西

来人参与他们具有神圣意义的庆典。在喜克索斯确立统治后不久，埃及第十七王朝建立，王子们不甘心向喜克索斯人称臣纳贡，经过多年的交锋，最后于公元前16世纪，推翻了喜克索斯王朝，把喜克索斯人驱逐出去，埃及终于获得了独立。阿赫摩斯一世（公元前1570年—公元前1546年）建立了第十八王朝，埃及进入新王国时期。统治埃及的新王国法老，并不喜欢希伯来人，把他们贬为奴隶，以满足埃及对劳动力的需求。约公元前13世纪，埃及处在拉美西斯二世（公元前1290年—公元前1224年）的统治之下。拉美西斯二世是一位野心勃勃的法老，他为了征服亚洲，就把包括歌珊在内的尼罗河三角洲作为东进的军事基地，并大兴土木，希伯来人完全失去自由。拉美西斯二世任意屠杀希伯来人，甚至制定一条极其残酷的法律：凡希伯来人的新生男婴必须溺死。在希伯来人面临生存危机的非常时刻，涌现出了杰出的政治与宗教领袖人物——摩西。①

摩西（意为“从水中拉出来”）出生于尼罗河畔，作为希伯来人的后裔，他对埃及的压迫与奴役政策十分不满，他秘密地组织希伯来人，回味他们在“上帝的应许之地”——迦南的那种独立自由的生活，动员他们以集体迁移的方式反抗法老的暴政。约公元前1230年（一说为公元前1250年），在摩西的带领下，希伯来人逃出埃及，开始了重返迦南的艰难历程。关于希伯来人出埃及的事件在埃及历史中保持沉默，《圣经》对此有许多传奇式的描述，并记载出埃及的人数有60万，这显然是非常扩大的数字。

希伯来人从尼罗河三角洲的东北端起程，跨越红海，进入西奈旷野，在沙漠

① 据记载，摩西的父母属于利未家族，摩西出生后，为了让儿子活命，父母在他3个月的时候，把他放在一个蒲草箱里，外面抹上沥青，置于尼罗河中，法老之女在河边洗澡时发现了摩西，把他收养在宫中，让他接受良好的教育。摩西长大后，知道了自己的身世，并深切同情希伯来人的命运。

中颠沛流离近四十年，经历了千辛万苦才来到西奈山下。这时有些人对前程失去信心，有的开始了偶像崇拜。为了借助神的力量威慑人心，团结民众，摩西以先知的身份向希伯来人展示了上帝“赐予”的两块石板，上面刻着著名的《摩西十诫》，其中心内容是：

第一，不可叩拜别的神；

第二，不可雕刻偶像；

第三，不可妄称上帝的名；

第四，当守安息日为圣日；

第五，当孝敬父母；

第六，不可杀人；

第七，不可奸淫；

第八，不可偷盗；

第九，不可作假见证陷害人；

第十，不可贪婪别人的妻子、房屋、田地、牛驴、仆婢及其他东西。

《摩西十诫》的前四条强调的是宗教信仰的唯一性，禁止以色列人对他神的崇拜；后六条属于社会伦理的范畴，目的在于协调人与人之间的社会关系。① 除“十诫”之外，传统犹太教认为，摩西所接受的启示中还暗含了上帝晓谕的613条诫律。按照R. 西姆莱的解释：“613条诫律都是上帝在西奈山启示给摩西的，其中365条是禁诫，这一数字与一年中365天相对应；248条是训令，这一数字与人体的骨干数相对应。”② 在这些诫律中，除了对圣殿、献祭及宗教礼仪作了规定之外，其内容还涉及犹太人生活的许多方面，如神职人员的职责与权限、平民的法律地位、权利与义务、财产所有权、债务处理、婚姻与家庭、卫生风俗、起居饮食、犯罪与刑法、审判机构与诉讼，等等。此外，还包括如何劝人行善归真，如何处理好人与上帝的关系、人与人之间的关系，等等，并以此为基础，制定了逾越节、五旬节和住棚节等犹太教的主要宗教节日。

《摩西十诫》的创立不只是标志着犹太一神教的产生，表明希伯来人已开始摆脱宿命论文化的束缚，而且在很大程度上促成了希伯来民族统一体的形成。当然，摩西是不是真有其人还是一个值得考证的问题，因为圣经中的摩西形象

① Rabbi Dr. Charles, B. Chavel (translated and annotated), *Ramban : Commentary on the Torah*, Vol.2, Shilo Publishing House, Inc., New York, 1973, p.431.

② *Encyclopaedia Judaica*, Keter Publishing House Ltd., Jerusalem, Vol.5, 1971, pp.760–761.

有很大的神话色彩，从而为犹太一神教的产生蒙上了神秘与未知的面纱。尽管如此，这样一个事实是毋庸置疑的：即在多神教普遍流行的上古时代，希伯来人却创立了世界上最古老的一神教，而且是彻底的一神教，他们通过使自己的民族神唯一化而否认其他神祇的神圣性与合法性。按照希伯来《圣经》的说法，希伯来人的始祖亚伯拉罕就开始否认“外邦神”的灵性，强调一神崇拜。他通过与上帝的立约确立了上帝与希伯来人的特殊关系，在这种关系中，上帝是最高意志的体现者，它主宰着人的命运。一方面，人应该虔诚地敬畏与服从上帝，另一方面上帝对人也同样承担着不可忽略的承诺与责任。这种神人之间互为依存的关系奠定了犹太一神教的雏形。犹太一神教的产生与希伯来民族的早期历史息息相关，历史环境孕育了民族宗教，而宗教又丰富了民族历史，为后者的繁荣与发展提供了新的精神滋养。正是从这个意义上说，犹太一神教又被称作“历史的一神教”。

关于犹太一神教产生的思想根源在学术界有不同的看法。根据《圣经》的描述，犹太一神教纯粹是上帝启示与摩西智慧的结晶，它否认任何外来传统。但是，一神教的产生是人类认识史上的重大革命，它发生于频繁迁徙、广泛交往的希伯来人身上，肯定无法排除外来因素的影响。犹太人一直生活在欧洲、亚洲和非洲的交界处，这一地区自古以来就是东西交通的枢纽和世界贸易的桥梁，也是不同文化碰撞与沟通的焦点。地缘环境是人类文明起源与发展的至关重要的条件，所以希伯来文化与其他文化的相互交流与影响是不可避免的。因此，历史学家提出了“迦南传统”的可能性影响，但由于对迦南文化的了解十分有限而无法得以明证；也有学者极力主张“埃及传统”，认为希伯来人在埃及生活了400年时间，埃及人的信仰尤其是新王国国王埃赫那吞（公元前1379年—公元前1362年）对太阳神极力推崇影响了摩西。更有学者大胆指出摩西本来就是一位埃及人，犹太教也起源于古埃及的一神教改革。①

犹太教的产生为希伯来人树立了战胜困难、返回家园的坚定信念，也对希伯来民族的形成起到了十分重要的作用。“摩西出埃及”这一历史事件不仅在犹

① 这一观点的代表作有弗洛伊德：《摩西与一神教》，李展开译，三联书店1988年版；加利·格林伯格：《圣经之谜：摩西出埃及与犹太人的起源》，祝东力、秦喜清译，光明日报出版社2001年版。也有学者认为，埃及传统的影响是合理的，但对其影响力不能评价太高。就埃赫那吞的宗教改革而言，对埃及历史的影响都非常有限，而且主要发生在南部，不可能对一个世纪之后、生活在三角洲地带的摩西产生多大的影响。参见Elie Kedourie (edited), *The Jewish World: Revelation, Prophecy and History,* Thames & Hudson, New York, 2003, pp.42–43.

太民族史上留下了不可磨灭的印记，而且成为人类摆脱奴役、走向光明的一种象征。后世的历史学家往往把它看作是民族和社会获得解放的标志，例如，亨利·乔治曾经写道："在笨重的人头狮身石像的前爪之间竖立着人类自由的维护神。迁出埃及的号角挑战性地宣布了人类的权利。"在美国讨论未来的美利坚合众国的国徽时，本杰明·富兰克林和托马斯·杰斐逊曾建议将以色列的子孙越过红海向自由进军的行列作为美国的国玺并且写上："反抗暴君就是服从上帝。"法国大革命时期，国民议会中的民众领袖自命是新"迦南"的继承人。总之，"不论是为了摆脱外来的压迫，还是为了从贫困和屈辱中解脱出来，人们总是用摩西出埃及的壮丽场景象征一种可能的变化，即'从奴役到自由，从黑暗到光明'的变化。所以，迁出埃及——这一以色列历史上的决定性篇章，逐渐变成了推动社会前进的神话。在许多历史时期、在遥远的土地上，它都可以激发革命的激情"①。

据说摩西活了 120 岁，临终之际选中约书亚做他的继承人，继续进占迦南。当时，摆在约书亚面前的困难不单是沙漠中的恶劣气候、险恶的地形及松散的游牧部落，更重要的是如何坚定人们的信心，用手中落后的武器攻克迦南人那厚实的城墙。在此关键时刻，约书亚借用神的力量激发民众，鼓舞士气，他说，"那城是极美之地，雅卫② 若喜悦我们，就必将我们领进那地，把地赠给我们。"同时，约书亚对全族男人实行割礼，一种共同的精神与肉体体验，把所有行割礼的人凝聚在一起，他们在祭司的带领下，每天携着约柜，吹着羊角号，绕着耶利哥③ 的城墙来回前进，以威慑对方。因资料所限，后人对约书亚如何攻城的步

---

① Abba Eban, *My People*: *The Story of the Jews*, Weidenfeld and Nicolson Ltd., London, 1969, p. 15.

② 在希伯来《圣经》中上帝的名字以 4 个辅音字母 YHVH 来表示，读音为"雅卫"，含义为"我是"（I Am 或 I Will Be.）。由于"不可妄称上帝的名"，古希伯来人遇到上帝的名字时不能直接读出，而是读作"阿东乃"（Adonai），意为"吾主"（My Lord）。古典犹太教时期，只有大祭司在赎罪日祈祷中才能说出上帝的名字。圣殿被毁后，犹太人更加忌讳读出上帝的名字。公元 6、7 世纪以后，犹太学者创造出希伯来文元音字母，因此，便把 Y、H、V、H 4 个辅音字母后标注上元音字母 e、o、a，于是出现了 Yahweh、Yahve 等新名词，该词若不避讳地读出，仍为"雅卫"。基督教继承了希伯来《圣经》作为《旧约》之后，把上帝的名字误读为"耶和华"（Jehovah），现代新版的基督教《圣经》已逐渐用"主"取代了"耶和华"的称谓。为了遵循犹太人的传统，本书中凡涉及上帝的名字一律采用"雅卫"译法，犹太人根本就不认同"耶和华"的称呼。参见托马斯·卡希尔：《上帝选择了犹太人》，徐芳夫译，世界知识出版社 2001 年版，第 108—110 页；徐新、凌继尧主编：《犹太百科全书》，上海人民出版社 1998 年版，第 456—457 页。

③ Jericho 在圣经中译为"耶利哥"，是约旦河西岸的一个重要城镇，靠近死海，地势低洼。由于耶利哥扼约旦河下游的要隘，因此，以色列人进入迦南必须首先控制耶利哥。现代以色列人称 Jericho 为"杰里科"，阿拉伯语称之为"埃里哈"。现在的杰里科城与圣经时代的耶利哥位置相距 2 公里。根据 1994 年 5

骤尚不得而知，但从《圣经》的一些零星记载来看，这次战斗并非毕其功于一役，而是经历了一场旷日持久的连锁战。他们先定居外约旦，尔后逐步占领撒马利亚、上加利利和下加利利等地。在米伦湖滨（今胡拉湖）战胜迦南名将夏琐王的战斗具有转折性意义。此后，又在迦南平原战胜了其他一些部落，才得以最终占领了耶利哥，开始入主迦南。约书亚凭借着自己的勇敢、机智及敏锐的洞察力战胜了对手，完成了摩西未竟的事业，在犹太历史上占有十分重要的地位。以色列前总统哈伊姆·赫尔佐克称约书亚为“天才的军事指挥家、鼓舞人心的领袖，一位有着坚定信念和想象力丰富的人。”约书亚的征服使以色列人一度获得了和平生活，但约书亚死后，迦南人的势力又逐步恢复，夏锁王又控制了迦南的北部，对以色列人构成了严重威胁。

第三节　“士师”时代与希伯来王国

（公元前13世纪—公元前586年）

一、“士师”时代（公元前13世纪—公元前1030年）

定居迦南的希伯来人分为12个部落。大约在公元前13世纪，这些部落出现了被尊称为“士师”的部落首领。“士师”一词的希伯来文含义为“审判者”或“拯救者”。士师有双重责任：平时管理民事，战时率兵疆场。《圣经·士师记》中记载了13位士师的事迹，其中最著名的是底波拉、耶弗他和参孙。他们被看作是上帝所选定的融先知、统帅与救世主为一体的角色。从士师出现到11世纪王国建立，前后相隔两个世纪，《圣经》称之为“士师时代”。士师统治被认为是犹太历史上的军事民主制时期，用《士师记》上的话来说：“那时以色列中没有王，各人任意而行。”[①] 士师统治实际上为君主制的出现奠定了基础。《士师记》虽然为

月巴以达成的协议，巴勒斯坦在加沙、杰里科实行有限自治，杰里科为巴勒斯坦国家的一部分。

① 《圣经·士师记》，第21章，第25节。

后人提供了这一时期的历史脉络，但它不是一部历史书，它的编排体例与主导思想更是一部神学著作，历史事实往往屈从于圣言与圣绩，著名《圣经》学者米勒曾指出：“(《士师记》) 神学模式的背后是这样一个基本的设想：对雅卫的忠诚是古以色列历史变迁的决定性因素。”①

公元前 11 世纪前后，希伯来人在征服迦南的过程中，腓力斯人定居到了地中海沿岸地区，控制着从加沙到雅法的海岸线，并不断进攻希伯来人，夺走他们的土地。因为腓力斯人是西亚地区最先使用铁制武器的民族，具有很强的战斗力。腓力斯是希伯来《圣经》与西亚上古文献反复出现的一个名词，埃及人称之为“海上民族”(People of the Sea)，② 因为他们来自爱琴海诸岛。“巴勒斯坦”一词就是腓力斯人对“迦南”的称谓，意为“腓力斯人之地”，并一直延续下来。希伯来人在与腓力斯人的战斗中屡战屡败，特别是公元前 1050 年的亚弗一战，甚至连神圣的“约柜”③ 也一度被腓力斯人缴获。在士师时代，希伯来人并非一个紧密团结的群体，各支派独自为政，且常常发生冲突。为了抵御腓力斯人的侵扰，希伯来人必须联合起来，这一客观要求促进了统一王权的出现与国家的形成。士师时代末期，具有远见卓识的撒母耳先知从便雅悯支派中挑选俊美、勇敢的青年扫罗，为他行膏油浇头的仪式，立他为全以色列的领袖，扫罗成为统一的希伯来王国的第一代君王。

二、扫罗王（约公元前 1030 年—公元前 1009 年在位）④

扫罗执政以后，选择了他的故乡便雅悯支派的基比亚作为都城。他具有杰出的军事才能，并在与异族的征战中屡立战功。他把以色列的 12 部落统一起来，

① Miller and John H. Hayas, *A History of Ancient Israel,* Westminster, Philadelphia, 1986, pp. 111–112.

② “海上民族”除了腓力斯人之外，还包括许多部落，如 Tjekkar, Sheklesh, Danuna, Weshesh 等。自前 12 世纪以来，他们发动了一系列的陆地与海上战争，并试图征服埃及，他们居住在迦南地区，破坏了许多城市。参见 T. Dothan and Moshe Dothan, *People of the Sea; The Search for Philistines,* Macmillan, New York & Toronto, 1992, pp. 26–35.

③ 据《圣经》记载，约柜是一个装饰华丽的镀金木柜，内存上帝与摩西在西奈山立约时的两块法板，上面刻着摩西十诫。它是希伯来人与上帝特殊关系的象征。希伯来人在逃出埃及、辗转西奈、征服迦南的过程中，约柜都被利未人随身携带。

④ 王国时期国王们在位的时间，不同史书有不同的记载，本书采用了 Hershel Shanks 的 *Ancient Israel:From Abraham to the Roman Destruction of the Temple* 一书中观点。

组成一支劲旅与腓力斯人交战，并把腓力斯人赶出了便雅悯和以法莲地区。扫罗还向他的邻族摩阿布人、阿蒙人、阿拉米人以及亚玛力人发动了多次报复性行动，并取得了很大的胜利，大大提高了希伯来人的民族自信心。但扫罗并不擅长政治，在复杂的权力之争以及神权与政权的冲突中，他显得无能为力。在一次与腓力斯人的交战中，扫罗带领他的三个儿子顽强抗击，不幸战败，扫罗中箭受伤，而后拔剑自刎。大卫为扫罗及其三个儿子的英勇牺牲谱写了一首非常感人的哀歌——《弓歌》，并以此来教导以色列人，歌中写道：

以色列啊，你尊荣者在山上被杀。
大英雄何竟死亡！
不要在迦特报告，
不要在亚实基伦（即阿什克伦）街上传扬，
免得非力士（即“腓力斯”）的女子欢乐，
免得未受割礼之人的女子矜夸。
……
扫罗和约拿单，
活时相悦相爱，死时也不分离。
他们比鹰更快，比狮子还强。
以色列的女子啊，当为扫罗哭号。
他曾使你们穿朱红色的美衣，
使你们衣服有黄金的妆饰。
英雄何竟在阵上仆倒！
约拿单何竟在山上被杀！
我兄约拿单哪，
我为你悲伤！
我甚喜悦你，
你向我发的爱情奇妙非常，
过于妇女的爱情。
英雄何竟仆倒！
战具何竟灭没！①

① 《圣经·撒母耳记（下）》，第1章，第19—27节。

严格说来，扫罗只是士师时代到君主政体的过渡性人物，他为大卫的事业奠定了基础。几乎没有资料证明扫罗王是如何治理国家的，只知道王国的版图并不大，很可能仅包括以法莲、便雅悯以及吉利德地区。考古学家也推断出，直到公元前1000年以色列仍然是以农牧业为主的社会，没有确立真正意义上的中央集权管理，据考古学家近来的估计，公元前11世纪末期，在约旦河西岸定居下来的以色列人口也只有5万人左右。①

扫罗也是《圣经》史上最具有悲剧色彩的人物，“他性情古怪，不能与撒母耳、大卫友好相处。他怀疑一切，甚至到了偏执狂的地步，他不得不忍受惶恐与沮丧的局面。但是，扫罗仍具有注目的宗教权利，这无疑是由于他曾大力促进这个民族统一的缘故”②。

三、大卫王（约公元前1009年—公元前973年在位）

扫罗死后，犹太部落的首领大卫与扫罗之子伊施波设争夺王位。大卫曾在扫罗的军队中担任要职，并娶扫罗的女儿为妻。据《圣经·撒母耳记（下）》记载，由于大卫勇猛强悍，在百姓中威望很高，扫罗晚年非常嫉妒他的才能与名望，曾想置他于死地。大卫久经波折，东山再起，先成为犹大之王，然后征服、控制北方的以色列各部落。伊施波设只做了两年的国王就被手下的军人谋杀了，以色列各部落就派长老去希伯伦为大卫加冕，大卫终于成为希伯来王国的第二代国王。大卫王是一位出色的军事统帅和政治谋略家。腓力斯人对他的登基极为恐惧，趁他还未稳固统治，便提前发起进攻。起初，腓力斯人的进攻颇为得手，很快进入犹大版图，并直逼希伯伦。这时，大卫王退居亚杜兰，加紧补充兵力，整顿军队，待做好了充分的准备之后，发起大规模进攻。腓力斯人节节败退，最后被赶出希伯来王国的版图。随着腓力斯人的战败和国内局势的稳定，大卫开始了对外征服，先后战败了阿蒙人、摩阿布人、亚玛力人等，使整个地中海东岸，除了腓尼基和一小部分腓力斯人的地区之外，都成为向希伯来王国称臣纳贡的藩属。

这时，大卫王的统治中心还在希伯伦，希伯伦是个比较封闭的南部城镇，

---

① Finkelstein, *The Archaeology of the Israelite Settlement*, Israel Exploration Society, Jerusalem, 1988, p. 82.

② Abba Eban, *My People*: *The Story of the Jews*, p. 24.

镌刻在一块记功碑上的大卫家族谱

为了加强对所有部落的控制，大卫决定定都耶路撒冷，因为耶路撒冷位于王国的中部，易于防御，而且处于重要的贸易商道上。在大卫王登基之前约两个世纪，在耶路撒冷出现了一个新的部族——耶布斯人，他们称耶路撒冷为“耶布斯”。约公元前1000年左右，大卫王率领以色列所有的支派攻占耶路撒冷，《圣经·撒母耳记（下)》第5章和《历代志（上)》第11章分别记述了大卫攻城的事迹。进入耶路撒冷之后，大卫王大兴土木，修建城堡，让人把各式各样的圣物包括约柜都搬进耶路撒冷，并设计了一座华丽的圣殿，由于大卫王的宠臣、先知迦得的劝告，整个工程没有启动。大卫王把耶路撒冷称作“大卫城”（the City of David）意为“和平之城”（the City of Peace)，从那时起，这座和平之城就成了犹太民族的精神中心和向往的圣地。

关于大卫王如何治理国家，《圣经》中找不到详细的资料，因为《圣经》的作者们赞赏的是大卫王的军事才能，仅《撒母耳记（下)》中有一段大卫任命官员的记载:“大卫作以色列众人的王，又向民众秉公行义。洗鲁雅的儿子约押作元帅；亚希律的儿子约沙法作史官；亚希突的儿子撒督和亚比亚他的儿子亚希米勒作祭司长；西莱雅作书记；耶何耶大的儿子比那雅统辖基利提人和比利提人。大卫的众子都作领袖。”①

大卫以联姻、结盟的方式保护自己的占领地，他建立了一支国王卫队“基伯尔”作为常备军，直属国王指挥，也是王权的基础，并任命自己的侄子押尼珥为军队总指挥。大卫王从战败者那里得到的战利品与贡品用于皇室的主要支出，同时也从百姓身上征收捐税。大卫王执政的前期，从埃及边界、亚喀巴湾直到幼发

① 《圣经·撒母耳记（下)》，第8章，第15—18节。

拉底河沿岸的广大地区都维持了稳定的统治。20 世纪 90 年代，以色列考古学家在以色列北部发现了一个古碑残片，碑文中有“以色列王”、“大卫之屋”、“马拉战车”和“数千名骑兵”等字样，从而成为大卫王朝确实在巴勒斯坦地区存在过的明证，这也是除《圣经》之外，后人获得的第一个物证。考古学家对大卫城的另一重要发现是，发掘出了一项建筑工程的底层部分（也可能是对前人的宫殿进行改建），其中有一块巨大的基石高达 18 米。

总之，大卫王是以色列历史上一位出类拔萃的人物，他抓住了中东大国埃及与亚述走向衰落的历史机遇，充分发挥自己的才能，把以色列各部落真正统一起来，建立了一整套行政体制，并组织了一支强悍的部队，大卫作为国家的真正缔造者与出色的军事统帅而载入史册。他“迁都耶路撒冷、强化对雅卫的敬仰、树立国际地位，这一切使大卫王国成为近东地区不可忽视的力量，也成为以色列人的记忆中最为辉煌与壮丽的历史时期”①。不仅如此，《圣经》中的大卫王还是一位杰出的诗人，他既能作诗又能谱曲，那些署名大卫的诗篇有些确实出自他的笔下。但是，大卫王晚年，皇宫纷争四起，王子们争权夺利，勾心斗角。他的大儿子阿蒙被弟弟押沙龙所害，押沙龙结下私党公开叛变父亲，大卫王命令大将约押消除叛乱，并杀死了特别宠爱的儿子押沙龙。② 大卫王在位 40 年，临终时立他最小的儿子所罗门为继承人。

四、所罗门王（公元前 973 年—公元前 930 年在位）

所罗门上台后，继承了大卫王创建的国家体制，任命了一些臣子官吏。《圣经·列王纪》记载：“所罗门作以色列众人的王。他的臣子记在下面：撒督的儿子雅撒利雅作祭司；示沙的两个儿子以利何烈、亚希亚作书记；亚希律的儿子约沙法作史官；耶何耶大的儿子比拿雅作元帅；撒督和亚比亚他作祭司长；拿单的儿子亚撒利雅作众吏长；王的朋友拿单的儿子撒布得作领袖；亚希煞作家宰；亚比大的儿子亚多尼兰掌管服苦役的人。所罗门在以色列全地立了十二个官吏，使他

① 参见 Hershel Shanks, *Ancient Israel:From Abraham to the Roman Destruction of the Temple,* p. 108.

② 关于大卫王晚年的宫廷斗争及其恶劣影响除《圣经》记载之外，可参阅 John Brisht, *A History of Israel,* Westminster John Knox Press, Louisville, Kentucky, 2000, pp. 205–207.

们供给王和王家的食物，每年各人供给一月。”① 从所罗门的任命来看，他一方面延续了他父亲统治时期一些显赫家族的利益，使他们拥有世袭权；另一方面，也注意回报对自己登基有功的人，如拿单等。除了延续旧制外，所罗门还设立了新的官职如专门负责王宫事务的家宰以及专门管理苦役的官员。为了加强对地方的控制，所罗门王把全国划分为 12 个行政区（或称行省），对每省的管理区域作了明确的规定，每省设立行政官吏一人，直接对国王负责，每年要供奉王室一个月。“所罗门通过增设三种官职使官僚机构复杂化，主要目的是为了增加王国收入，并强化管理。”②

为了扩大收入，所罗门王建立了铜矿和金属冶炼等重要行业，尤其注重发展对外贸易。他命令建立一支国家船队并将位于亚喀巴湾的以旬迦别扩建成船基港。他的商队曾从这里出海，带着当地的农作物（小麦与橄榄油等）穿越红海，航行到俄斐（可能是南阿拉伯，也可能是印度），从那里运来了黄金和象牙、檀香木和宝石、猴子和孔雀。此外，希伯来水手参加了当时的探险，他们曾航行到塔尔西斯（今西班牙）。通过这些措施，所罗门王国终于成为四方贸易的主要转运站，对外贸易的繁荣大大促进了以色列王国经济的发展。

所罗门王与埃及的交往比较频繁，《圣经·列王纪（上）》多次提到埃及及其法老，如“所罗门与埃及王法老结亲，娶了法老的女儿为妻，接她进入大卫城”；“所罗门又为所娶法老的女儿建造一宫，做法与这廊子一样”；“所罗门的马是从埃及带来的，是王的商人一群一群按着定价买来的。从埃及买来的车，每辆价银六百舍客勒，③ 马每匹一百五十舍客勒”④。一些历史学家认为，尽管除《圣经》以外没有任何证明材料，但所罗门时期受埃及政治与文化的影响是不可否认的，有人甚至认为所罗门王的行政划分就是对埃及的仿效。⑤

所罗门王为了使自己的国家具有大国气派，他从遥远的地方运来了建筑材料，从腓尼基请来了建筑工人，按照他父亲大卫王的设想，费时七载，于公元

① 《圣经·列王纪（上）》，第 4 章，第 1—7 节。

② Norman K. Gottwald, *The Politics of Ancient Israel,* Westminster John Knox Press, Louisville, Kentucky, 2001, pp. 50–51.

③ 舍客勒为古希伯来人的重量与货币单位，1 舍客勒折合现代计量约 11.5 克。

④ 《圣经·列王纪（上）》，第 3 章，第 1—2 节；第 7 章，第 8 节；第 10 章，第 28—29 节。

⑤ 参见 Donald B. Redford, *Egypt, Canaan, and Israel in Ancient Times,* Princeton University Press, New Jersey, 1992, pp. 308–310；Anson F. Rainey (edited), *The Land of the Bible,* Westminster, Philadephia, 1979, pp. 323–328.

前956年前后在耶路撒冷的圣殿山上修建了一座金碧辉煌、雄伟壮观的圣殿，史称“第一圣殿”，也叫“所罗门圣殿”。《圣经・列王纪（上)》第五章与第六章中对圣殿的规模、结构与建造过程有着非常详细的描述。圣殿的基地是由大石头奠定，主体部分由大理石构造，殿长60肘，① 宽20肘，两层高度；殿前有一长廊，把30个房间连接在一起；殿顶由香柏木建成，墙的空隙也用香柏木填补，并以金子覆盖。随着圣殿的落成，耶路撒冷由此成为犹太教最重要的圣地和犹太民族的精神核心，被称为“上帝宝座之地”。

圣殿完工之后，所罗门开始为自己建造宫殿，整个工程延续了13年。宫殿也是用大理石、香柏木与金银做原料，其中有一个专门用于宴会与盛典的大厅，所有器皿都是金子制成。他还把邻近诸王送给他的礼物装饰在宫殿里。所罗门王还在耶路撒冷周围的城墙上修建了城楼，用黑色的石子铺平通往城市中心的道路。所罗门王为自己的业绩而自豪，他常常坐上气派的马车，穿上洁白高雅的服装，悠然自得地前往他最喜欢的地方——艾但，② 聆听那潺潺流水之声，陶醉于奇特的园林景观。

所罗门晚年更加奢侈腐化。据《圣经》记载，他用象牙为自己制作宝座，“一切的饮器都是金子的”，他在“耶路撒冷的银子多如石头，香柏木多如高原的桑树”。由于挥霍无度，所罗门王曾一度拮据，为了120他连得③ 的黄金，他竟然把加利利的20座城镇割让给了他的盟友推罗王。所罗门拥有妃子700，家妾300，其中许多是外族女子，如摩押女子、亚扪女子、以东女子等，这些人把外来宗教带入了希伯来王国，以巴力神、腓尼基神为代表的外族信仰迅速流传，全国各地都在为这些神灵修建庙宇与祭坛。这一切为王国埋下了由盛转衰的因子。

公元前1030到公元前930年的统一王国时期，是希伯来民族发展史上的重要阶段，希伯来人不仅成功地入主迦南，而且建立了一个从美索不达米亚平原到埃及边境的小型帝国，国内政治稳定、商贸繁荣，一度成为西亚北非地区最有实力的奴隶制王国。“统一王国时期也是犹太教历史上最为重要的时期，以色列第一次以中央集权的、具有强烈的团结意识的民族国家而出现，尽管所罗门统治下曾滥用权力，但仍然被认为是‘黄金时代’。在后来经历的王国分裂、放逐与流

① “肘”为古希伯来人的长度单位，指从小臂到中指顶端的长度，约55—65公分。

② 今艾因阿坦，位于伯利恒南5公里处。

③ talents为圣经中的计量单位，也兼作货币单位。作为重量单位时，1他连得约折合36公斤；作为货币单位时，分金、银两种，币值不易计算。

散的整个过程中，统一王国时期一直是犹太教的理想之所在。”①

五、王国的分裂与衰亡（公元前930年—公元前586年）

希伯来统一王国一直孕育着内在的危机，分裂因素长期存在。公元前930年，所罗门王去世之后，王子罗波安继位（公元前930年—公元前913年）。北方10个部落请求新国王减轻所罗门时期的赋税与徭役，使人民能够休养生息。他们派来的代表对国王说：“你父亲使我们负重轭，求你使我们轻松些。”罗波安王的回答是：“我的小拇指头比我父亲的腰还粗，我父亲使你们负重轭，我必使你们负更重的轭；我父亲用鞭子责打你们，我要用蝎子鞭责打你们。”② 罗波安王的强硬态度使困苦不堪的百姓们极为失望，他们决定反抗国王。北部10个部落宣布独立，建立以色列王国（公元前930年—公元前722年），定都撒马利亚。南部犹大和便雅悯两个部落组成南部联盟，建立犹大王国(公元前930年—公元前586年)，仍定都耶路撒冷。

以色列王国版图很大，经济比较发达，总共延续了200余年，经历了19位国王，第一任国王是耶罗波安（公元前930年—公元前908年），他在位21年，与犹大国王罗波安多次交战，并企图把犹大国降为附庸地位。继耶罗波安之后，以色列王国在暗利王朝时期曾一度繁荣，在暗利执政的12年间(公元前883年—公元前872年)，贸易得以发展，与新亚述帝国及推罗王保持了友好的关系，以色列王国被后者称为“暗利家族的土地”（The land of the House of Omri）。王国还通过联姻的方式与地中海沿岸繁华的商业城市保持经济往来，并给以色列王国带来了财富。暗利还是第一个努力与犹大王国睦邻友好的国王，相对和平的外部环境为国家的休养生息创造了基本条件。暗利之后，他的儿子亚哈（公元前872年—公元前851年）即位，当政22年，尽管在《圣经·列王纪》中亚哈被描述为“行恶之王”，实际上，他在很多方面继承了他父亲的政策，他对内建设城市，修复王宫，对外继续推行结盟政策，使自己的国家免遭大国尤其是在大马士革刚刚兴起的阿拉姆帝国的侵犯。③

---

① Menahem Mansoor, *Jewsh History and Thought,* Ktav Publishing House, Inc, New York, 1991, p.7.

② 《圣经·列王纪（上）》，第12章，第10—11节。

③ 关于大卫王晚年的宫廷斗争及其恶劣影响除《圣经》记载之外，可参阅：John Bright, *A History of Israel,* The Westminster Press, 1980, pp. 243–246.

亚哈死后不久，他的统帅耶户发动政变，杀死了亚哈的后代，建立了延续一个世纪的耶户王朝（公元前 841 年—公元前 745 年）。耶户王朝时期真正有作为的国王只有耶罗波安二世（公元前 787 年—公元前 748 年）。《圣经・列王纪》记述他“勇力征战”，收回了大马士革的一些地方以及和先前属于以色列的某些边界之地。《阿摩司书》中对王宫腐败生活的揭露也可以从反面看出耶罗波安二世时期的繁荣。[1] 耶罗波安二世之后的国王往往昙花一现，以色列王国内部日益动荡，纷争四起。公元前 722 年，亚述王萨尔贡二世率军占领撒马利亚，以色列国王及其臣民约 2.7 万人被押往亚述，亚述王把他们送到帝国的边远地带，居住在亚述国新征服的土地上，后来这批人从历史上消失，被称为“遗失的以色列 10 部落”。不少人认为这是“千古之谜”，在以后的历史中，一直到 20 世纪，总是有人声称在不同的国家发现了 10 部落的子孙。其实，更多人认为，他们中绝大部分是被亚述帝国境内的其他民族所同化，少数坚持以色列传统的人在一百五十多年后，与犹大王国的流亡者联合了起来。那些一直留住在以色列本土的王国居民也与其他民族同化，形成了新的少数民族，被称之为“撒马利亚人”。[2]

犹大王国版图较小，人口较少，但内部比较团结，并占有易于防守的地形，所以比以色列王国多存在了一百多年。在罗波安王执政的第五年，埃及统帅示撒率军队侵入耶路撒冷，夺取了雅卫圣殿与王宫里的宝物，还抢走了所罗门王制造的金盾牌。犹大王国拼命纳贡，才免于灭亡。此后，犹大王国艰难地周旋于埃及人与阿拉米人之间，并要不时地应付来自以色列王国的压力。在约沙法（公元前 870 年—公元前 846 年）执政时期，犹大王国相对稳定，势力范围扩大到了亚喀巴湾与以东的南部，并通过联姻发展与以色列王国的关系，此后，两个国家兵戎相见的局面大大改善。约沙法对王国的司法建设很有贡献，他在全国各地设立了地方法庭，在耶路撒冷设立了最高法庭，国王亲自在耶路撒冷审理宗教性案件，使耶路撒冷成为犹大国的司法中心。

亚撒利亚（公元前 783 年—公元前 732 年）时期，曾坚持推行内政改革，王国经济和军事力量得到了加强，军队重新配置了新的装备，同时还大大补充和加强了耶路撒冷的防御力量，并成功地打败了以东人的进攻。犹大王国一共经历了 20 位国王，大都政绩暗淡，惨淡经营。特别是以色列王国灭亡之后，犹大王国

① Hershel Shanks, *Ancient Israel : From Abraham to the Roman Destruction of the Temple*, pp. 160–162.

② John Comay, *The World's Greatest Story; The Epic of the Jewish People in Biblical Time*, Weidenfeld and Nicolson, 1978, p. 173.

"就像一棵被亚述的板斧砍断、枝叶已经枯萎的树木"，在亚述、新巴比伦以及埃及帝国的夹缝中艰难求生。国王希西家（公元前 727 年—公元前 697 年）在位第 14 年时，亚述王发起猛攻，占领了犹大与便雅悯的所有城市，并逼近耶路撒冷，希西家派人求情说："我有罪了！求你离开我，凡你罚我的，我必承当。""于是亚述王罚犹大王希西家银子三百他连得、金子三十他连得。希西家就把雅卫殿里和王宫府库里所有的银子都给了他。那时，犹大王希西家将雅卫殿门上的金子和他自己包在柱子上的金子都刮下来，给了亚述王。"[①] 希西家执政的后期对亚述的政策发生了彻底的变化，他不顾先知们的劝告，参与了新巴比伦王、西顿王以及阿什杜德王所签订的反亚述同盟。公元前 701 年，亚述国王进行报复，进攻犹大，耶路撒冷被包围，希西家兵败投降。

希西家的继任者玛拿西（公元前 697 年—公元前 642 年）当政五十多年中，犹大王国完全变成了亚述的附庸，历次出征都要让犹大提供兵源与物资。玛拿西的唯一政绩就是在耶路撒冷又修建了一道城墙，加固了城市的防卫。约西亚（公元前 640 年—公元前 609 年）统治时期，西亚地区的国际势力重新组合，亚述衰落，犹大王国不得不屈服于新巴比伦与埃及，但王国的命运并没有好转，遭遇到埃及人的进攻，约西亚王战败身亡。公元前 605 年，巴比伦军队在卡尔美什战败埃及军队之后，长驱直入，攻入犹大版图，虽然犹大居民顽强抵抗，但还是被新巴比伦征服。此后 10 年，犹大王西底家（公元前 597 年—公元前 586 年）成了新巴比伦的傀儡，他曾经发动了一次起义，被血腥镇压。公元前 586 年，新巴比伦王尼布甲尼撒二世经过长达 18 个月的围困之后，攻陷了耶路撒冷，劫掠了圣殿财物，放火焚烧圣殿，拆毁城墙，耶路撒冷成了一片废墟。根据《圣经·列王纪》记载："巴比伦王将雅卫殿和王宫里的宝物都拿去了，将以色列王所罗门所造雅卫殿里的金器都毁坏了，正如雅卫所说的。又将耶路撒冷的民众和众首领，并所有大能的勇士共一万人，连一切木匠、铁匠都掳了去，除了国中极贫穷的人以外，没有剩下的。并将约雅斤和王母、后妃、太监，与国中的大官，都从耶路撒冷掳到巴比伦去了。又将一切勇士七千人和木匠、铁匠一千人，都是能上阵的勇士，全掳巴比伦去了。"西底家王弃城逃跑，"迦勒底的军队追赶王，在耶利哥的平原上追上他。他的全军都离开他四散了。迦勒底人就拿住王，带他到利比拉巴比伦王那里审判他。在西底家眼前杀了他的众子，并且剜了西底家的眼睛，用

① 《圣经·列王纪（下）》，第 18 章，第 14—16 节。

铜链锁住他，带他到巴比伦去。巴比伦王尼布甲尼撒十九年五月初七日，巴比伦王的臣仆、护卫长尼布撒拉旦来到耶路撒冷，用火焚烧雅卫殿和王宫，又焚烧耶路撒冷的房屋，就是各大家的房屋。跟从护卫长迦勒底的全军，就拆耶路撒冷四周的城墙"[①]。这一事件史称"巴比伦之囚"，这是以色列历史上极其悲惨的一页，宣告了犹大王国的终结，也标志着第一圣殿时代的结束。

流落巴比伦的犹太人[②]坚信犹太教，顽强地保持民族特性，祈祷以色列的神帮助他们战胜巴比伦，使他们重返巴勒斯坦。他们信誓旦旦地要回归故土，正如《圣经·诗篇》第137篇所写的那样：

我们曾在巴比伦的河边坐下，
一追想锡安就哭了。
我们把琴挂在那里的柳树上，
因为在那里，
掳掠我们的要我们唱歌；
抢夺我们的要我们作乐，说："给我们唱一首锡安歌吧！"
我们怎能在外邦唱雅卫的歌呢？
耶路撒冷啊，
我若忘记你，情愿我的右手忘记技巧。
我若不记念你，若不看耶路撒冷过于我所喜乐的，
情愿我的舌头贴于上膛。
……

公元前538年，波斯帝国吞并了新巴比伦，居鲁士（公元前590年—公元前529年）大帝宣布释放一切被掳之民，允许犹太人回归故土，并把巴比伦人掠夺的五千余件物品归还犹太人，允许他们带回耶路撒冷，"巴比伦之囚"结束。这一时期，作为亡国之民的犹太人生活是凄苦的，对巴比伦人的仇恨也是刻骨铭心的。但由于巴比伦统治者给了他们较多的权利，如可以自由选择居住地与职业、

① 《圣经·列王纪（下）》，第24章，第13—14节；第25章，第5—10节。

② "犹太人"（Jew）一词在希伯来文中为Yehudi，最初是指犹大部落的人，王国分裂以后，犹太人指犹大王国的人。"巴比伦之囚"结束之后，从巴比伦返回耶路撒冷的人被称作"Yehudi"，意思是"亚伯拉罕的子孙"。《圣经·以斯贴记》，第2章，第5节中提到"书珊"有一犹太人，名叫末底改，是便雅悯人基士的曾孙"。此后，犹太人一词被广泛运用，成为"希伯来人"、"以色列人"的同义语。参见R. J. Zwi Werblowsky and Geoffrey Wigoder (edited), *The Oxford Dictionary of the Jewish Religion*, Oxford University Press, 1997, pp. 368–369.

可以保持其宗教信仰与生活习惯等，在相当自由宽松的气氛中，许多犹太人很快适应了巴比伦优裕舒适的城市生活，并安居乐业，他们有的经商，有的务农，有的从事手工业，有的则潜心研究宗教，还有少数人跻身于统治阶层。所以，当“巴比伦之囚”时期结束的时候，巴比伦境内的几十万犹太人中只有4万余人又回到巴勒斯坦，这些人多为神职人员、虔诚的教徒以及在巴比伦没有家业的穷人，遗留下来的犹太人在巴比伦创造了灿烂的民族文化。

第四节　先知运动

（公元前750年—公元前450年）

公元前8世纪至公元前5世纪是希伯来人风云变幻而又动荡不安的时期，北朝以色列王国和南朝犹大王国都是十分孱弱的国家，他们在埃及、亚述等大国夹缝中苦苦挣扎，委曲求生。与此同时，犹太社会内部矛盾激化，贫富分化加剧，国王、贵族及祭司阶层醉生梦死，下层人民则苦不堪言，在希伯来民族内忧外患的非常时期，一批被称为“先知”的爱国志士登上了历史舞台，发起了一场意义深远的社会文化运动，即“先知运动”。

一、先知的出现

在希伯来语中，把先知称为navi，意为“代言人”；在希腊语的《旧约》版本中，先知一词被译为prophets，意为“以上帝的名义说话的人”，英语中的prophet来自希腊语，其涵义也延续了希腊语。[①] 就《圣经》的本意而言，“先知”一般是指接受上帝委派、具有神圣的启示天赋和超凡魅力的智者。公元前8世纪

① 参见R. J. Zwi Werblowsky and Ceoffrey Wigoder (edited), *The Oxford Dictionary of the Jewish Religion*, pp. 547–548.

中叶以后以色列历史上涌现出一批宗教思想家和社会活动家，其代表人物有阿摩司、何西阿、以赛亚、弥迦、西番雅、那鸿、哈巴谷、耶利米、以西结、俄巴底亚、哈该、撒迦利亚、约珥、玛拉基、第二以赛亚等，这些人被称作“经典先知”(Classical Prophets)，他们在很多方面吸取了“早期先知”(Early Prophets)的思想。① 先知运动的兴起有着极其深刻的历史背景。

首先，社会转型时期摩西犹太教已很难满足希伯来人的精神需求，先知们力图以“上帝之语”唤起人们走出信仰的危机。先知运动兴起的时候，希伯来民族已经初步实现了从游牧社会向农耕社会的转变。在这一文明转型中，希伯来人所信守的传统观念遭到了巨大的冲击，摩西犹太教的十条诫律在希伯来人的社会交往与日常生活中逐渐失去了约束力，相反，物质利益的强化与价值取向的异化，使希伯来人越来越无法抵制异族的信仰与礼仪的诱惑。传统的摩西犹太教要求众民必须信奉上帝雅卫为唯一神，不准信奉他神，更不许崇拜偶像，可王国末期希伯来人越来越远离摩西的诫律，“因为他们的淫心使他们失迷，他们就行淫离弃神，不守约束”。②

耶罗波安王不仅接受了一些迦南人对巴力神的膜拜仪式，而且还铸造了两个作为埃及神代表的“金牛犊”，还为“金牛犊”建了殿，当然，耶罗波安的本意可能只是“为了强化独立国家的意识，阻止百姓去耶路撒冷敬拜异邦神，从而削弱耶路撒冷和约柜在以色列王国的影响”，③ 但实际上已经严重违反了犹太律法，这一行为也遭到了所有先知们的谴责与批评。暗利王时期，曾从推罗国引入了粗俗的对巴力神的崇拜仪式，并大力推行以人作燔祭的残酷行为。信仰危机的出现一方面是因为文明转型期所导致的价值观念的多元化与社会心理的复杂化；另一方面，也不排除犹太教自身的局限性。我们知道，当先知们出现的时候，犹太教已经产生数百年，它产生的最初动机是给辗转于苦难环境中的希伯来人以精神支柱，是以游牧社会为基础的，其信条过于理想化、空泛化，当他们在迦南定居并形成农耕民族之后，越来越发现犹太教太远离生活，很难解决经常出现的实际问题，也就是说“摩西犹太教本身没有为以农业为基础的定居生活提供全面的社会建构 (full social framework)”，对宗教信条的茫然与困顿必然削弱摩西犹太教的

① Menahem Haran, *From Early to Classical Prophecy,* see David E. Orton (comp.), *Prophecy in the Hebrew Bible,* Brill, Leiden/Boston, 2000, pp.102–104.

② 《圣经·何西阿书》，第 4 章，第 12 节。

③ Francois Castel, *The History of Israel and Judah,* Paulist Press, New York, 1985, p.101.

传统权威，宗教改革的需求势在必然。①

导致希伯来人信仰危机出现的政治因素在于王权与教权之争。随着君主专制的加强，国家权力日益集中到国王手中。以国王为首的统治集团，要求民众听从君主的命令、服从国王的意志，并在很多方面需要宗教依附政权并为政权服务。但信仰上帝的希伯来人，视上帝为其生命的主宰，抵制其他任何精神控制，他们甚至认为“国王不是众民崇拜的对象”。在许多人的心目中一直潜伏着以上帝否认国王权威的心理因子，“国王既不是上帝之子，也不是上帝的化身，更不是上帝的代理人。他只是受上帝委派遵照上帝旨意和启示来进行治理的统领者。社会的核心不是国王或祭司，而是上帝与犹太民族所立的契约”。②一旦国王背离“上帝的约”，这种心理因子就要张扬，从而构成了对世俗权威的严重威胁。但是，王国政权的政治属性决定其只能反映王权意志，维护国王、军事将领等上层集团的利益，实现他们对众民的统治。因此，世俗政权和宗教权力斗争从王国建立之初就一直存在。然而，世俗政权的建立和巩固是希伯来民族发展的不可跨越的历史阶段，对外征战捍卫民族独立、掌管内政谋求社会发展，都必然要求形成一个强有力的政治核心，要求中央集权的不断加强。所以，犹太教的宗教权力与国王的世俗政治权力斗争的结果只能是神权服从于王权。正是在这种教权与政权的矛盾与斗争中，先知们挺身而出，以传递“上帝之语”、维护上帝权威为己任。由此可见，“权力和权威在宗教信仰和社会秩序之间的分离，王权、预言权和祭司权的分离是理解犹太教最具重要性的事实”。③

其次，社会腐败与道德沦丧，促发了改革现状的强烈愿望，而先知思想反映了社会改革的呼声。希伯来王国建立以后，随着国际贸易的发展和国内经济的繁荣，希伯来人的价值取向发生了变化，追求利润不择手段的现象普遍存在，各种违背契约的行为如失信、欺诈等迅

耶罗波安塑造的“金牛犊”图

① Elie Kedourie (edited), *The Jewish World: Revelation, Prophecy and History,* p.48.

② Abraham J. Heoschel, *The Prophets,* The Jewish Publication Society of America, New York,1962, p.474.

③ Abraham J. Heoschel, *The Prophets,* p.477.

速泛滥。从所罗门时代开始，社会分化严重，贫富分化加剧，社会动荡不安。统治阶层利用手中的政权对百姓进行经济剥削和人身控制，挥霍财富，贪婪腐化，整个社会陷入了道德低下、规范缺失的混乱状态。在这种情况下，下层民众迫切希望改革现实，重建平等、公正的社会。经典先知们顺应了民众的心声，表现出了极强的政治参与意识以及改变现状的使命感与责任感，他们不仅以上帝的代言人，而且以改革家的身份出现，为社会改革制造舆论。①

最后，内忧外患的客观环境，孕育了广泛的忧患意识与爱国热情，面对周围强国的欺凌、日益衰微的国势，希伯来民族意识兴起，古典先知正是这一意识的代言人。作为希伯来人的精神导师，先知们痛感潜在的亡国危机，出于对统一王国时代的美好怀念，感愤于危机四伏的困难处境，表现出忧国忧民的高尚品质与浓厚的爱国主义情怀。

二、先知思想

先知思想的核心点在于“上帝中心论”。古典先知的作品出现在近三百年的历史时段中，尽管他们生活在不同的时代，但他们都坚信雅卫的唯一性，坚信只有“一个唯一的上帝、唯一的创世主、唯一的最高意志”。经典先知们极力传达这样的信息：上帝是全能的，以色列所遭受的一切是上帝的安排，因为雅卫曾起誓说：“我憎恶雅各的荣华，厌弃他的宫殿；因此我必将城和城中所有的都交付敌人”；“以色列家啊，我必兴起一国攻击你们；他们必欺压你们，从哈马口直到亚拉巴的河。”②既然灾难的本原在于希伯来人自己，那么只有通过赎罪才可获得上帝的呵护，因此，“恢复上帝之约”成了先知们的主要目标。他们认为，上帝之约的主要内容是上帝对希伯来人的允诺，是《摩西十诫》中上帝对众民的教诲，对于上帝之约，众民应永远牢记并遵从，正如《以赛亚书》第59章第21节所说的：“至于我与他们所立的约乃是这样的：我加给你的灵，传给你的话，也不离你的口，也不离你的后裔与你后裔之后裔的口，从今直到永远。”如果背弃盟约，必定遭受上帝的责罚。当以色列国破家亡，任人宰割之时，先知们又预

① H. H. Rowley, *Prophecy and Religion in Ancient China and Israel*, Harper & Brothers Publication, New York, 1956, pp.50–56.

② 《圣经·阿摩司书》，第6章，第8节；第14节。

言灾难过后必将复兴，希伯来人的上帝最终要战胜异族神，从而鼓舞了国民的意志。以“安慰先知”（The prophet of consolation）而著称的第二以赛亚生活在“巴比伦之囚”的后期，他语重心长地向国民灌输“赎罪与拯救”（Salvation and Redemption）的观念，他指出，“赎罪与拯救”的必然发生是由上帝仁爱与慈善的本性所决定的，雅卫是唯一能够实施救赎的上帝，上帝不会软弱，更不会失败。“赎罪与拯救”的观念在古希伯来人中早已存在，但主要局限于日常生活中的经验，只有第二以赛亚赋予了它更为深刻的内涵，它不再局限于个体的宗教体验，而是整个民族命运的昭示，也是上帝能力的最高显现，因此，“赎罪与拯救”可以说是美好未来的集中反映——囊括了祝福、和平、和谐、光明、希望、繁荣等一切愿望。①

先知以赛亚

经典先知猛烈抨击荒淫奢侈、腐败堕落的统治阶层，呼唤廉洁奉公与政治清明。先知们认为，以色列人之所以激怒上帝，与统治阶层的罪恶是分不开的。先知阿摩司就以犀利的笔锋、激昂的情调揭露了王公贵族的荒淫生活：

你们躺卧在象牙床上，
舒身在榻上，
吃群中的羊羔、棚里的牛犊。
弹琴鼓瑟唱消闲的歌曲，
为自己制作乐器，如同大卫所造的。
以大碗喝酒，用上等的油抹身，
却不为约瑟的苦恼担忧。②

阿摩司认为，正是这些人破坏了日常的社会道德，“他们为银子卖了义人，为一双鞋卖了穷人。他们见穷人头上所蒙的灰，也都垂涎；阻碍谦卑人的道路；父子

① Arvid S. Kapelrud, *The Main Concern of Second Isaiah,* see David E. Orton (comp.), *Prophecy in the Hebrew Bible,* pp. 164–172.

② 《圣经·阿摩司书》，第6章，第4—6节。

同一个女子行淫，亵渎我的圣名”①。他们为了获取财富，满足私欲，不惜“苦待义人，收受贿赂”，“践踏贫民，向他们勒索麦子”。阿摩司还以雅卫的口气预言这些人必遭报应：“那些以强暴抢夺财物、积蓄在自己家里的人，不知道行正直的事。这是雅卫说的。所以主雅卫如此说：敌人必来围攻这地，使你的势力衰微，抢夺你的家宅。雅卫如此说：牧人怎样从狮子口中抢回两条羊腿或半个耳朵，住撒马利亚的以色列人躺卧在床角上，或铺绣花毯的榻上，他们得救也不过如此。”②

比阿摩司稍晚的先知弥迦，对撒马利亚与耶路撒冷的腐败与邪恶深恶痛绝。为了挽救以色列，他发誓：“我必须大声哀号，赤脚露体而行；又要呼号如野狗，哀鸣如鸵鸟。”后人所能见到的《弥迦书》体现出这位先知强烈的忧民之愤与感人的赤子之情：“祸哉！那些在床上图谋罪孽、造作奸恶的，天一发亮，因手有能力就行出来了。他们贪图田地就占据，贪图房屋便夺取……我说：雅各的首领、以色列的官长啊，你们要听！你们不当知道公平吗？你们恶善好恶，从人身上剥皮，从骨头上剔肉。吃我民的肉，剥他们的皮，打折他们的骨头，分成块子像要下锅，又像釜中的肉……雅各家的首领、以色列家的官长啊，当听我的话！你们厌恶公平，在一切事情上屈枉正直；以人血建立锡安，以罪孽建造耶路撒冷。首领为贿赂行审判，祭司为雇佣施训诲，先知为金钱行卜占……所以因你们的缘故，锡安必被耕种像一块田，耶路撒冷必变为乱堆，这殿的山必像丛林的高处。”③

在批判现实的同时，先知们幻想着能有智慧公正的统治者来治理自己的国家，他们理想中的统治者是：“他必以敬畏雅卫为乐。行审判不凭眼见，断是非也不凭耳闻。却要以公义审判贫穷人，以正直判断世上的谦卑人，以口中的杖击打世界，以嘴里的气杀戮恶人。公义必当他的腰带，信实必当他肋下的带子。”④只有在这种明君的统治之下，犹太人才会得到上帝的恩惠，耶路撒冷才会变成“新天新地”，希伯来民族必然新生，她必“如百合花开放，如黎巴嫩的树木扎根”，“兴旺如五谷，开花如葡萄树”。不仅如此，在这大同盛世之中，甚至连动物的习性也会改变；豺狼必与绵羊羔同居，狮子必像牛一样吃草，蛇必以尘土为食物。

① 《圣经·阿摩司书》，第2章，第6—7节。
② 《圣经·阿摩司书》，第3章，第10—12节。
③ 《圣经·弥迦书》，第3章，第1—3节；第9—12节。
④ 《圣经·以赛亚书》，第11章，第3—5节。

经典先知强烈谴责道德沦丧，追求人间正义。先知们认为，长期以来，希伯来人并没有信守与上帝雅卫的立约，他们崇拜偶像，亵渎神灵，在社会生活中行欺诈，在男女交往中纵淫欲，对强暴之行姑息纵容，对软弱无助者视而不见。如何西阿哀叹苍天之下“无诚实，无善良”，而“起假誓、不践前言、杀害、偷盗、奸淫、行强暴、杀人流血接连不断”；以赛亚激烈诅咒这污浊肮脏的世界是非颠倒，“称恶为善，以暗为光，以光为暗，以苦为甜，以甜为苦”，他号召人们应“洗濯、自洁、除掉恶行，学习行善，寻求公平”。阿摩司则以雅卫的口气悲愤激昂地呼唤公平与正义：

我厌恶你们的节期，
也不喜悦你们的严肃会。
你们虽然向我献燔祭和素祭，
我却不悦纳，
也不顾你们用肥畜献的平安祭。
要使你们歌唱的声音远离我，
因为我不听你们弹琴的响声。
唯愿公平如大水滚滚，
使公义如江河滔滔！①

此外，经典先知们还反对穷兵黩武，讴歌和平与安康。先知们用深切悲凉的语调道出了广大人民反对战争、渴望和平的良好愿望。他们认为，依靠军事力量征服他方是违背上帝意愿的，是异教徒傲慢的表现，最终必将受到上帝的惩罚。先知们期待的同室不再操戈，邻里不再反目，“把刀打成犁头，把枪打成镰刀，这国不举刀攻击那国，他们也不再学习战事”。“人人皆兄弟，天下皆和平”正是他们的社会理想。

三、先知运动的影响

先知运动是一场披着神学外衣，以“上帝中心论”为前提、以提高伦理道德为主要目的的社会文化运动。这场运动不仅发展了希伯来民族的宗教和道德伦

① 《圣经·阿摩司书》，第 5 章，第 21—24 节。

理学说，促进了社会进步与民族复兴，而且也充分体现了希伯来文人志士不畏强暴、极力抗争的忧患意识与民族责任感，因而在犹太历史上占有非常重要的地位。先知研究是犹太学术史上经久不衰的课题，出版与发表了许多成果，“这一学术现象的突出之点在于它不只是古典研究的热点，而且确实被当代人所注目，它一直是圣经学的聚焦之处”①。

先知思想极大地丰富了犹太教的内容，对先知思想很有研究的约翰·F. A.索耶尔曾经指出：考察《圣经》的内容不难看出，所有历史书从《约书亚记》、《列王纪》到《历代志》以及众多的《先知书》，都可以看到一条主线——以先知的言论来表达对上帝的信仰。用先知阿摩司的话来表述，“主雅卫若不将奥秘指示他的仆人众先知，就一无所行”②。

先知们对“公正”(justice)、“正义”(righteousness)、“悔悟”(repentance)、“审判”（judgment）等观念的理解与阐释，对社会道德以及心灵净化的高度崇尚等都无疑使摩西一神教更加理性化。先知们最大贡献不在于律法而在于伦理方面。犹太教被后人评价为一种典型的“伦理一神教”（ethical monotheism），这不仅仅是因为在《摩西十诫》中充满了人与人之间的道德诫律，而是在后来的发展、成熟过程中不断完善了伦理性。正是从先知时代开始，把伦理道德视作了宗教信仰的真谛，把取悦上帝为目的的一神教崇拜更多地转化为以实现道德完善、社会教化及人间公义为目的的伦理化宗教。换句话来说，犹太教中的以民族神面目出现的上帝具有双重身份——造物主和道德神。除了宗教法律中关注个人行为之外，各种各样的被上升到信仰高度的伦理规范渗透于犹太人生活的方方面面——从衣食住行到生老病死。因此，一神性和伦理性成了传统犹太教的两大基本属性。③关注神学礼仪或关注伦理道德的争议也就一直贯穿于犹太教的发展历程之中。《圣经》中以先知的名字命名的《先知书》是由当时的门徒口头流传下来的，《先知书》的成书是在犹大王国灭亡之后由后人完成的，据说编辑工作历时250年之久。

希伯来先知确实是一批思想敏锐的社会活动家，他们与大约同时代的伟大哲人们——苏格拉底、释迦牟尼、孔子等人一样，领导了世界文化的新潮流。他们

---

① 参见Robert P. Cordon（edited），*The Place is Too Small for Us: The Israelite Prophets in Recent Scholarship,* Eisenbrauns（Indiana），1995, Preface.

② John F. A. Sawyer, *Prophecy and the Prophets of the Old Testament,* Oxford University Press, 1987, pp.44–51.

③ Philip S. Alexander, *Textual Sources for the Study of Judaism,* Manchester University Press, 1984, pp.16–19.

的学说虽然没有像苏格拉底那么精于思辨、没有释迦牟尼那么古奥幽玄，也缺乏孔子学说那种更理性、更严谨的表述，但却蕴涵了极为浓烈的现实主义激情，充分体现了先知们的爱国主义精神和对独立、平等的理想世界的执著追求。历史也证明了那些身穿粗羊皮制成的衣服、保持游牧时代简朴传统的先知们，为恢复民族宗教、实现民族振兴而奔走呼号，为寻求社会正义而英勇献身的崇高形象确实产生了巨大的感召力，成为犹太民族理想人格的象征。尽管他们本人四处漂泊，处境艰辛，短暂的生涯充满了悲剧色彩，但他们终于使“以色列的子孙们”明白了这样一个道理：个人的不懈努力与殉道精神能给民族肌体注入新的活力，会大大促进民族精神的萌生与民族内聚力的形成。先知思想深刻地影响了后来的犹太文化与犹太生活，“准确地说，他们留给人们的是对个体与群体复兴的信念与鼓励，他们使人们坚信：有上帝的帮助，一种新的开端正从此刻开始。”① 正是先知们的努力，才使希伯来人相信：“以色列民族只要恭顺地接受惩罚，彻底悔悟自己，他们仍然会有美好的未来。在先知预言的鼓舞下，他们依旧忠诚自己的信仰。以色列民族虽然遭受了毁灭性的打击，但是，犹太教却壮大起来并越出了巴勒斯坦的土地。”②

希伯来先知的献身精神，曾经不仅鼓舞了一代又一代犹太人，并影响到其他民族。马克思曾经说过“克伦威尔和英国人民为了他们的资产阶级革命，就借用过《旧约全书》中的语言、热情和幻想。当真正的目的已经达到，英国社会的资产阶级改造已经实现时，洛克就排挤了哈巴谷（即希伯来人的先知）”。③ 先知运动作为一种文化传统还影响到了西方知识界，为知识分子“提供了精神上的超越感”，启迪了他们对现实社会的敏锐洞察和深刻关切。但是，也必须看到，希伯来先知是从神学观念出发，借雅卫之口讨伐邪恶，伸张正义。他们在抨击种种不合理现象时，却无力给人们指出一条现实可行的道路，最后只能以皈依上帝来解释一切。这一历史局限性使先知运动不可能真正解决任何现实的社会问题，不得不陷入理论上的空想主义。在先知们的主张中也不乏荒诞、错误的谬见，反映其言论的《先知书》中也有许多前后重复、互相抵牾之处，并且多以“神谕”统领一切，有着极为浓厚的神学色彩。

---

① Frank H. Seilhamer, *Prophets and Prophecy: Seven Key Prophecy,* Philadelphia, Fortress Press, 1977, p. 83.

② Abba Eban, *My People: The Story of the Jews,* p. 48.

③ 马克思：《路易·波拿巴的雾月十八日》，《马克思恩格斯选集》第1卷，第604页。

第五节　异族统治

（公元前 538 年—公元 135 年）

公元前 538 年，波斯皇帝居鲁士宣布释放一切被掳之民，允许犹太人回归耶路撒冷，重建圣殿，这一系列事件标志着“第二圣殿”时期的开始。在这一时期，犹太人为了反抗异族统治、争取民族自由进行了不屈不挠的斗争，充分弘扬了民族英雄主义，谱写了犹太民族史上极其辉煌、壮观的一页。

一、波斯时期（公元前 538 年—公元前 332 年）

在犹太历史上，居鲁士大帝是一个值得纪念的人物，因为在所有的异国王中，他是最善待犹太人的国王，在巴比伦发现的一个陶柱，也证实了居鲁士释放犹太人回归巴勒斯坦的事件。根据希腊历史学家希罗多德的记载，波斯帝国把全国划分为 20 个行省，犹大就是其中之一。居鲁士占领耶路撒冷之后立即颁发了诏书：“雅卫天上的神，已将天下万国赐给我，又嘱咐我在犹大的耶路撒冷为他建造殿宇。在你们中间凡作他子民的，可以上犹大的耶路撒冷，在耶路撒冷重建雅卫以色列神的殿（只有他是神），愿神与这人同在。凡剩下的人，无论寄居何处，那地的人要用金银、财物、牲畜帮助他；另外也要为耶路撒冷神的殿，甘心献上礼物”。于是，“犹大和便雅悯的族长、祭祀、利未人，就是一切被神激动他心的人，都起来，要上耶路撒冷去建造雅卫的殿。他们四周的人就拿银器、金子、财物、牲畜、珠宝帮助他们，另外还有甘心献的礼物”①。

在所罗巴伯的领导下，犹太人修复圣殿的工作很快就开始了，但进展得并不顺利，因为，从巴比伦返回的犹太人只有几万人，而且很多人并不富足，没有遭

① 《圣经・以斯拉记》，第 1 章，第 2—6 节。

尼希米巡视耶路撒冷

遇流放、一直生活在耶路撒冷的犹太人政治、经济地位都非常低下。再加上定居在这里的非犹太人的反对，圣殿的修复一直延续了20年，到公元前515年才完成（一说为公元前516年）。尽管圣殿的规模与豪华程度都难以与第一圣殿相比，但在犹太人的心目中还是唤起了极大的宗教热情，当年的逾越节到来的时候，人们成群结队地从城市的四面八方以及周围的村庄来到圣殿，大宴7天，尽显欢乐，他们相信"新圣殿的荣耀必大于先前的殿"。圣殿落成之后，关于巴勒斯坦犹太人的情况记载很少，只知道在波斯王薛西斯统治时期，依然延续了对犹太人的宽容政策。当时，犹太人的大祭司以斯拉一直留在巴比伦，当他听说耶路撒冷城犹太人的信仰状况很不好的消息后，决定带一些犹太人回耶路撒冷。公元前457年（一说为公元前397年），他得到了国王的授权信，在成行四个月后，到达耶路撒冷，并把带来的金银器皿都放入府库。以斯拉发现，许多犹太人娶外族的女子为妻，他们违背上帝的律法，不守安息日，甚至遗忘了希伯来语。在取得了当地犹太社团领袖的支持之后，以斯拉采取了两项措施：一是命令所有娶外族女子为妻的人必须休掉他们的妻子，并抛弃混血的孩子；二是向所有的人们宣读《律法书》，使他们回忆犹太人与上帝的契约，并遵守摩西的律法。据说住棚节那天在圣殿外面聚集了许多倾听律法的人，当众人们联想起自己对律法的背叛时，不少人痛哭起来，与住棚节的气氛大相径庭。后来，以斯拉死在耶路撒冷，百姓们为他举行了隆重的葬礼，以怀念这位伟大的先知，以斯拉被犹太人尊称为"第二律法赠与者"（the Second Lawgiver）或"第二摩西"（second Moses），"以斯拉确实是犹太教历史上极为重要的一个人物，他在以《托拉》[①] 为基础的犹太生活的重建方面起到了非

① 《托拉》（*Torah*）为希伯来文的音译，其意为"教导"或"指引。"具体来说，《托拉》指犹太人的律法书，即《摩西五经》。这五卷律法书分别是《创世记》（*Genesis*）、《出埃及记》（*Exodus*）、《利未记》（*Leviticus*）、《民数记》（*Numbers*）和《申命记》（*Deuteronomy*）。在《希伯来圣经》的三部分内容《律法书》、《先知书》与《圣文集》中，《托拉》占有最重要的地位。在近现代的犹太社会中，《托拉》的含义进一步扩大，可以代表整个《希伯来圣经》，泛指全部的犹太律法、习俗与礼仪，即上帝所授予犹太人的诫命与处事之道。

常关键的作用”[①]。

这一时期，另一位先知尼希米也于公元前444年回到耶路撒冷。尼希米曾在薛西斯的宫廷里担任要职，巴勒斯坦犹太人的困难处境，使他毅然决定放弃在巴比伦的生活。尼希米在犹大地区主要推行了如下改革措施：

首先，修建耶路撒冷的城墙，扩大城市人口。尼希米到耶路撒冷之后，巡视了城墙，并决定立即修复。工程进展得非常艰难，因为“参巴拉、多比雅、阿拉伯人、亚扪人、亚突突人听见修造耶路撒冷城墙，着手进行堵塞破裂的地方，就甚发怒。大家同谋要来攻击耶路撒冷，使城内扰乱。”尽管如此，尼希米还是完成了原来的计划。当工程完工的时候，“众民就把各处的利未人招到耶路撒冷，要称谢、歌唱、敲钹、鼓瑟、弹琴，欢欢喜喜地行告成之礼。”[②]然后，尼希米鼓励犹太人移居耶路撒冷，扩大人口比例，让犹太人控制城市中的经济与文化，以保证有效地防御异族人的侵犯。尼希米继续贯彻以斯拉的宗教政策，用律法来重建犹太社会。他从巴比伦带来了文士们编辑的《托拉》，在百姓中推广律法知识。他延续了以斯拉的禁止与异族通婚的规定，以维护种族的纯洁。这一举措，“开创了这样一个先例：犹太人在生活方式、精神与宗教事务上自愿与异族分离，也正是这一点在以后的历史中维护了民族身份”[③]。

在第二圣殿的前200年里，犹大作为在波斯帝国统治下的一个小省份，度过了平凡而又平静的岁月。帝国的宽松政策，使他们保持了相对的自治权，民族意识与宗教思想都有很大的恢复与发展，尤其是在巴比伦犹太社团的帮助下，他们的宗教律法体系初步形成。20世纪末期，以色列考古学家的发掘与研究证明，波斯统治时期的犹太人远远没有融入当时的主流文化，而是延续着自身的带有亚述、巴比伦与埃及色彩的传统文化。非常奇怪的是，作为征服者的波斯帝国除了在政治制度、军事组织、经济生活、税收等方面对巴勒斯坦地区略有影响之外，它的器物文化几乎在犹大地区找不到任何影响的痕迹，反而，希腊人与腓尼基人对加利利与地中海沿岸地区的影响却非常明显。[④]

---

① Hershel Shanks, *Ancient Israel：From Abraham to the Roman Destruction of the Temple*, p. 223.

② 《圣经·尼希米记》，第4章，第7—8节；第12章，第27节。

③ Abba Eban, *My People：The Story of the Jews*, p. 69.

④ Ephram Stem, *Materials Culture of the Land of the Bible in Persian Period*, 538–332 B. C., Warminster, Israel Exploration Society, Jerusalem, 1982, pp. 235–237.

二、希腊化时期（公元前332年—公元前63年）

当犹太人还在波斯王朝过着平静生活的时候，年轻气盛的希腊马其顿国王亚历山大大帝（公元前336年—公元前323年）按照他父亲腓力普二世所设想的蓝图，开始了他闪电般的东征。公元前334年的春天他从马其顿出发，征服波斯的广袤土地。他所向披靡，以小亚细亚为目标，沿途征服了叙利亚、巴勒斯坦、埃及，并直达印度。公元前331年，亚历山大灭亡波斯帝国，建立了地跨欧亚非三洲的亚历山大帝国。公元前323年，在巴比伦的一场盛宴之后，亚历山大大帝突然病倒，10天之后，这位年仅33岁的铁腕人物也闪电般地结束了他的生命历程。[①]亚历山大死后，他的帝国被3位将军所瓜分，安提古·古纳塔斯建立了安提古王朝，控制了希腊—马其顿人的家乡；塞琉古·尼卡托建立了塞琉古王朝，控制了叙利亚等地；托勒密·索特占领了埃及，建立了以亚历山大城为统治中心的托勒密王朝。这样，在希腊本土文明趋于衰落的同时，亚历山大的东征却给东方地区带来了新的繁荣，他的“欧亚联姻”计划确实促进了文化大融合，为近东与地中海地区埋下了希腊文明的种子。

亚历山大于公元前332年征服了犹大，虽然并没有实施实质性的统治，犹太人的生活依旧没有太大的改变，但这一事件标志着一个新的历史时期——“希腊化时期”的开始。托勒密王朝建立后，犹大地区属于它的管辖之地，从公元前301年到公元前198年，对巴勒斯坦的统治达百年之久。在托勒密王朝统治时期，曾承袭了波斯帝国的宗教宽容政策，免除了与犹太人的信仰相抵触的义务，给他们以很大的文化自主权，从而使犹太人获得了充分的自由，犹太世界与非犹太世界有了广泛的接触，相互之间产生了深刻的影响，尤其是希腊文化对犹太文化产生了巨大的冲击力，希腊的语言、哲学、宗教、文学及风俗习惯已渗透到犹太人的日常生活之中，巴勒斯坦的犹太社会明显地分裂为两个阵营——亲希腊派与反希腊派，前者多为受过教育的社会上层与知识分子，后者多为坚守古老传统的下层民众。

这一时期，在亚历山大城出现了犹太文化的高潮。“犹太思想与希腊思想在埃及的汇合结下了丰硕的成果。亚历山大的犹太人创造了一种独特的、兼具犹太和希腊特征的文化。这种文化不仅影响到古代哲学，而且对早期的基督教产生了

① John Bright, *A History of Israel*, pp. 412–413.

相当大的影响。”①

亚历山大城的犹太人不像耶路撒冷的犹太人，可以不去剧院和竞技场等传播希腊文化的典型场所，他们散居在异地，无法回避希腊思想的侵袭，希腊语成了他们的主要语言，他们已经习惯于用希腊文思考与写作。出现在亚历山大城的最引人注目的犹太文化的成就是《托拉》的希腊文本——《七十子希腊文本》的问世。据说托勒密二世费拉德尔弗斯（公元前285年—公元前264年在位）曾派人拿着金子、宝石与信件，送给耶路撒冷的大祭司以利亚撒，希望他选派出通晓律法、精通翻译的人到亚历山大城去，他要把犹太人的律法书翻译成希腊文，存放在图书馆里。于是，以利亚撒派人从各部落中精心挑选出72个人前往。据说，圣贤们被咨询了72个问题之后，整个翻译工作在72天内完成。他们是两人一组进行翻译的，但所有译本却惊人相似。译文曾读给亚历山大城所有的犹太人还有国王本人听，都得到了赞赏。这件事情大约发生在公元前175到公元前170年之间。此后，亚历山大城的犹太人每年都要庆贺《七十子希腊文本》的问世。②《七十子希腊文本》虽然在今天看来并不是很完善的译本，但它却发挥了任何版本的《圣经》都无法相比的作用，它是希腊人了解早期希伯来思想的桥梁与工具，是希伯来文化越出民族界限并影响西方世界的关键一步，后人常把希伯来文化与希腊文化作为现代西方文化的源头，而《七十子希腊文本》可以看作是“两希”文化交汇的源头。正如阿巴·埃班所说的，《七十子希腊文本》在基督教历史上是一件划时代的事情，“如果没有《七十子希腊文本》，早期的基督教传教士就没有办法使讲希腊语的异教徒皈依，那么基督教就不会成为世界性宗教”③。

犹太人在托勒密家族统治时期的安定生活，被叙利亚塞琉古王朝及托勒密王朝之间的战争所打断。战争是由安条克四世伊比芬尼（公元前223年—公元前187年）所发动的，他的目的是想从托勒密王朝手中夺取巴勒斯坦，几经反复之后，终于在公元前198年获得成功。安条克四世伊比芬尼随即进军耶路撒冷，杀死了许多护城的百姓，然后返回叙利亚，从此巴勒斯坦又处于塞琉古王朝的统治之下。

两年之后，安条克四世重新返回耶路撒冷，实行残酷统治。犹太人被强迫筑城修路，承担繁重的苦役。他撤除了城墙，烧毁了城中美丽的景区，袭击了圣

---

① Abba Eban, *My People:The Story of the Jews*, p. 72.

② Elias J. Bickerman, *The Jews in the Greek Age*, Harvard University Press (Massachusetts/London), 1988, p. 102.

③ Abba Eban, *My People:The Story of the Jews*, p. 84.

殿，抢劫了圣物，并在圣殿附近驻扎了马其顿人的卫戍部队。为了在犹大地推行希腊化政策，他在犹太村镇推行异教习俗，把圣殿用来改拜希腊宙斯神庙，其祭坛可用各种不洁之物供奉异族神祇。禁止行割礼、守安息日，那些违反命令的犹太人被处以绞刑或者钉死在十字架上。犹太人长期生活于异教帝国中形成的宗教宽容心理，遭到了致命的打击，冲击的锋芒直指摩西律法本身。犹太人陷入前所未有的恐怖与沮丧之中，他们仅仅因为履行本民族的信仰与礼仪而招致了杀身之祸，这是犹太历史上从未出现过的现象。国王的高压政策，使犹太人难以忍受，许多人逃亡到犹大附近的旷野里，甚至到了约旦边境。①

公元前 167 年，在耶路撒冷附近的一个叫摩丁的小村庄里，属于哈斯蒙尼家族的下层祭司马蒂亚拒绝执行国王让犹太人向异教诸神献祭的命令，并杀死了国王派来的强迫献祭的官吏。然后，马蒂亚带领他的 5 个儿子犹大、西门、约哈南、伊利阿撒尔、约拿单及其家人进入犹大山地，进行武装斗争。马蒂亚充满热忱地号召村民们一起斗争，呼吁"所有热爱犹太律法、忠于《圣经》的人，跟我来呀!"当时有许许多多坚信犹太教的群众团结在他的周围。公元前 166 年，马蒂亚不幸去世，其子犹大（绰号"马卡比"，意为"挥锤者""the hammer"）继续领导起义，史称"马卡比起义"。在斗争的关键时刻，一些犹太士兵对前景感到忧虑和渺茫，作为一位战略家和演说家，犹大作了鼓舞人心的演说，他讲道：

> 进犯我们的敌人非常强大，他们要掠夺我们的财产，杀害我们的妻子和儿童。我们是在为捍卫自己的生命与神圣的宗教而战斗！当我们发起进攻的时候，全能的上帝就会粉碎我们的敌人，因此用不着害怕他们。②

深受鼓舞的士兵在犹大的带领下，对敌军发起猛攻，他们利用熟悉的地形，开展游击战争，多次重创安条克的军队。公元前 164 年，马卡比在控制了全部犹大地区之后，收复了耶路撒冷，清洁了圣殿，消除异教痕迹，重建犹太圣坛，"犹太人弯腰躬背，顶礼膜拜，赞美上帝赐给他们的胜利"。在取得了初步的胜利之后，犹大为稳定局势作了大量的努力。不幸的是在一次保卫耶路撒冷的战斗中，犹大遭遇到了强大的敌军，面对对方两万步兵、2000 骑兵，而起义军仅有 3000 人（一说为 1000 人），很多人劝犹大退却，但犹大却说："愿太阳永远不要看到我在敌人面前逃跑，我宁愿在这场战争中死去，也不会玷污我的名声。"结

---

① Dov Gera, *Judaea and Mediterranean Politics 219–161B. C. E,* Brill, Leiden/ New York/ Koln, p. 157.

② Bezalel Bar-Kochva, *Judas Maccabaeus: The Jewish Struggle Against the Seleucids,* Cambridge University Press, 1989, p. 161.

果，犹大战死疆场，他的部队也受到了严重的挫折，斗争转入低潮。

马卡比起义是犹太人为反对强敌、维护传统而进行的一次英勇斗争。犹大虽死，但他的业绩永存。他的军队虽然失败了，但他培育出来的自由理想已深深扎根在犹太人的心目中，他所点燃的反抗暴政的火种永远不会熄灭。摩西·皮尔曼写道："为了给当时的犹太人夺回自由，英勇的马卡比战士们，树立了为维持犹太传统而斗争的永世不朽的楷模。他们处于逆境之中的那种精神力量和战胜强敌的英雄功绩已经成为全民族的精神遗产与集体回忆。在后来的年代里，犹太人忍受了最残酷的经历，成为最骇人听闻的罪行的牺牲品，但是他们从未屈服。在流散过程中那些最黑暗的岁月里，在以色列国家得以重建的时代里，卓越的马卡比战士们为维护信仰与自由而斗争的记录，给了犹太人以希望，也坚定了他们的决心。"[①] 直至今天，犹太人在每年冬至前后（犹历 3 月 25 日—4 月 3 日），都要举行为期 8 天的修殿节，即灯节，他们以万盏灯火来表明对光明与自由的渴望和对马卡比战士英雄气概的怀念。

公元前 160 年犹大死后，他的兄弟约拿单与西蒙又重振他们的事业，经过曲折与反复的抗争，终于建立了以耶路撒冷为中心的哈斯蒙尼王朝（公元前 142 年—公元前 63 年）又称"马卡比王国"，在希伯来王国灭亡之后，犹太民族又出现了一个短暂的中兴时期。约拿单与西蒙艰难周旋于大国势力之间，并开始重修耶路撒冷城墙，建筑坚固的瞭望塔。公元前 135 年，西蒙去世后，他的儿子约翰·希尔克努（公元前 135 年—公元前 104 年在位）继任国王，并兼任大祭司职位，他曾向托勒密王朝发起进攻，并征服了以买人（即《圣经》中的以东人），强迫他们行割礼并皈依犹太教。约翰·希尔克努的继承人是阿里斯托布鲁（公元前 104 年—公元前 103 年在位），他杀死了母亲及长兄，登基称王。为了王位的安全，他还下令监禁了他的弟弟亚里山大·雅尼斯。阿里斯托布鲁是个残忍而又短命的人，当政一年之后突然暴死，亚里山大·雅尼

马卡比起义的场景

① Moshe Pearlman, *The Maccabees*, Macmillan Publishing Co., Inc., New York, 1974, p. 259.

斯获释即位（公元前 103 年—公元前 76 年在位）。亚里山大·雅尼斯是一位野心勃勃的统治者，他企图征服托勒密王朝，与他交手的是埃及艳后克娄巴特拉的儿子托勒密·莱提拉，亚里山大·雅尼斯不幸在约旦河附近战败，3 万士兵被杀。为了杀一儆百，托勒密·莱提拉蹂躏了一些犹太村庄，杀死了许多妇女儿童，并割断喉咙，把他们剁成肉块，扔到煮沸的锅中，然后进行品尝。亚里山大·雅尼斯还进攻了约旦以东的国家，强迫他们称臣纳贡。他的好战行为引起了国民的反感，加上他的偏袒政策，法利赛教派与撒都该教派的矛盾进一步激化，并导致了内战的发生。

法利赛教派与撒都该教派是犹太教分裂出来的两个不同派别，在《圣经》时代，犹太人中的祭司与文士共同领导宗教事务，但马卡比起义之后，祭司与文士开始分离，并逐渐形成了代表祭司阶层的撒都该教派与代表文士阶层的法利赛教派。法利赛教派主张政权应该服从于一种伟大的力量与最高原则——律法，每个法利赛教派的成员都要尽自己的义务去维护民族独立、保护民族遗产。他们不反对传统的宗教礼仪，但主张犹太教不能仅仅拘泥于僵化的传统，因为巴勒斯坦与流散各地的犹太人都迫切需要生动活泼、来自于民间、贴近于生活的宗教内容，这些主张得到广大民众的拥护。撒都该教派则主张希腊化，主张发展典范的律法，尊重文字化的经典，轻视口传的律法，他们热衷于圣殿事务与献祭礼仪，该派别人数很少，但掌有实权，他们掌管着圣殿的财宝。①

哈斯蒙尼王朝建立后，不同的国王扶持不同的派别，从而加深了矛盾。亚里山大·雅尼斯极力支持撒都该教派，绝望的法利赛教派向叙利亚国王求救，内战爆发。亚里山大·雅尼斯曾经被赶出犹大达六年之久，他复位之后的第一件事情就是处死了数百名法利赛教派的领袖。亚里山大·雅尼斯在即位的第 27 年死去，终年 49 岁。此后，亚里山大·雅尼斯的妻子萨洛梅·亚里山德拉（公元前 76 年—公元前 67 年）被立为王，她在位 9 年，对法利赛教派实行安抚政策，缓和教派之间的矛盾，发展教

希腊化哈斯蒙尼时期的赤陶油灯

① Nicholas De Lange（edited）, *The Illustrated History of the Jewish People*, pp. 42–43.

育，使百姓得以休养生息，据说，“在萨洛梅·亚里山德拉统治时期，雨量充足，小麦的颗粒像腰子那么大。”① 萨洛梅·亚里山德拉死后，她的儿子们争夺王位，互相仇杀，教派矛盾再度爆发，马卡比家族的事业彻底衰落，罗马人趁机入侵。

关于哈斯蒙尼王朝的内政措施没有很多的记载，我们只知道这是一个典型的政教合一的国家，犹太教祭司集团享有充分的政治权力，国王一般从这个集团产生。王朝在不断的征战中尤其是从沿海的希腊城邦那里掠夺了很多财富，这些财富首先被国王占有，然后，落入圣殿管理者与祭司之手。哈斯蒙尼王朝的版图曾经包括了整个巴勒斯坦以及周边地区，北方的加利利地区也被列入犹太国家的范围，其规模超过了大卫王与所罗门时代。哈斯蒙尼王朝还重修了圣殿山，并建设了正方形的广场覆盖整个山顶，广场边长225平方米。这一时期还修建了往耶路撒冷引水的工程。哈斯蒙尼王朝继续奉行希腊化政策，推崇希腊文化，在耶路撒冷的西山上集中居住着希腊化人士，这里还建设了体育场、市议会大厦、宙斯神庙等。②

希腊化时期是犹太历史上非常重要的一个时期，它不仅仅因为马卡比战士掀开第二圣殿时期犹太英雄主义史册的第一页，而且在于它为犹太教与犹太文化的发展提供了一个新的平台，因此，“当一个个东方大国如亚述、埃及、巴比伦、波斯都被历史的尘埃所淹没的时候，犹太人却继续在西方文明中发挥了重要作用。”③ 摩那荷姆·曼苏尔也曾高度评价了希腊化时代的深远影响，他说道：“亚历山大东征初步打开了古代世界的边界，从此，没有任何群体能够孤立于世界政治与文化的潮流之外。显然，这种现象会导致最初的困惑与焦虑，但最终却发展了世界公民的概念。亚历山大造就了一种受东西方滋养的世界文化。边界的打开大大加强了不同群体与文化的交往，从而在极大程度上导致了哲学与科学产生的可能性。犹太教被各种思潮所影响，并且作为对这些思潮的反应，产生了具有特色的犹太哲学。更为重要的是，犹太教超越其原有的地理界限而成为一种重要的世界宗教。”④

希腊化时期涌现出了一些综合犹太文化与希腊文化的思想家，亚历山大时期的斐洛（公元前20年—公元50年）是集大成式的人物。斐洛认为作为上帝之语的

① Francois Castel, *The History of Israel and Judah,* p. 189.

② 参见 Tessa Rajak, *The Jewish Dialogue with Greece and Rome: Studies in Cultural and Social Interaction,* Brill Academic Publishers, Inc., Boston & Leiden, 2004, pp. 66–79.

③ John J. Collins & Gregory E. Sterling (edited), *Hellenism in the Land of Israel,* University of Notre Dame Press, Indiana, 2001, p. 1.

④ Menahem Mansoor, *Jewish History and Thought,* pp. 28–29.

《摩西五经》对信仰者来说，其启示性是显而易见的，但其哲学意义、其中的自然法则确是暗含的，只有哲学家才能解读。哲学与信仰并不矛盾，人类只有遵守律法并从中获得道德、美德与智慧之后，才能获得真正的幸福。在他看来，《托拉》就是"智慧"的结晶，也是智慧的代名词，而在希腊思想中完全可以找到相对应的观念。斐洛把智慧誉为"上帝的长子"、"上帝的形象"、神圣的"斟酒者"、"上帝的主要信使"、"上帝的最高天使"等。总之，智慧是一种无形的媒介，正是通过它，上帝的活动才显现于世间。因此，尊崇智慧就是敬奉上帝。斐洛还提出，伟大的哲学家必须吸取本民族之外、本国家之外的思想，才能真正领悟到上帝律法中的深刻的哲学含义。① 可见，具有先见之明的斐洛期望在犹太一神教与希腊哲学之间建立一座桥梁，遗憾的是，他的思想并没有引起犹太人的注意，也没有在同时代产生效应，但后世的基督教学者给了他足够的重视，他被尊为基督教的奠基人之一。

三、罗马统治与犹太战争（公元前 63 年—公元 135 年）

在哈斯蒙尼王朝没落的同时，罗马却在短期之内发展成为一个世界帝国，地中海地区没有一个国家可以与罗马相抗衡。公元前 63 年，罗马统帅庞培率军兵临耶路撒冷城下，3 个月后，攻下了这座城市，并进行了血腥的屠杀，有 1200 名犹太人倒下，另有一部分人被俘虏到罗马，沦为奴隶。此后，犹大地区成了罗马帝国的附庸，征服者还占领了原来犹大国家所占领的一些城市。据说在罗马统治时期，犹太人遍布帝国各地，当时，罗马帝国的总人口是 700 万，而犹太人占了近 1/10。为了便于控制，罗马人先任命了赫尔卡诺斯（公元前 63 年—公元前 40 年）主持巴勒斯坦的事务。赫尔卡诺斯只是一个傀儡王，实际权力操纵在罗马宠臣以买人安提帕特手中。公元前 40 年，安提帕特的儿子希律被任命为犹地亚地区的王。希律与哈斯蒙尼王朝争夺权力的斗争延续到公元前 37 年，以希律的胜利而告终。希律虽然与哈斯蒙尼王朝的公主联姻，成为王室成员与合法继承人，但他仍然把哈斯蒙尼王朝视作敌人，确定王位之后，因担心背叛，他杀死了大祭司以及许多王室成员，包括他的岳母、妻子及两个亲生儿子。所以，罗马皇帝奥古斯都曾经说过这样一句话："宁愿做希律的猪，也不做希律的儿子。"

① Elie Kedourie（edited）, *The Jewish World: Revelation, Prophecy and History*, p.210.

希律王在位32年，以残暴成性、独裁专横而著称，但却很有政绩。希律扩大了犹大国家领土，占领了沿海的希腊城市、戈兰高地以及南叙利亚的一些乡村。希律曾在迪奥斯波里、卡纳塔等地与阿拉伯人交锋，并最终获得胜利，阿拉伯人不得不臣服于他。他在北部地区还建立了新的城市，模仿希腊人的风格，在城市中修建极其豪华的建筑。希律在耶路撒冷的建设方面立下了汗马功劳，因此，“希律的都城”被认为是耶路撒冷历史上最壮观的年代。他投入大量的人力与物力在城中进行了庞大的建设工程，增修了第二城墙。希律在耶路撒冷为自己建立了一座以金子与宝石装饰的宫殿，在全国许多地方建有行宫。希律把重建圣殿作为自己的最大功绩，其规模与豪华程度都是前所未有的①。有学者写道：“在希律统治时期，耶路撒冷发展到了高峰。有一种说法：上苍赋予世界十分之美，耶路撒冷独得到十分之九，世界的其他地方得其十分之一。……希律统治之前，耶路撒冷主要包括上城、大卫城和圣殿山，但是如今，在城市的每个部分都可以看到希律的伟大工程。在他极为活跃的一生中，最主要的工程是重修圣殿山和那里的圣殿。这些工程使耶路撒冷成为政治、经济、社会和宗教生活的中心。希律把这一事业看作是他赢得民心的机会”②。

希律时代的圣经学院汇集了许多著名的研究《托拉》的学者。夏迈与希勒尔是两位影响深远的代表人物。夏迈代表了传统主义，而希勒尔则赞同法利赛教派的观点，认为成文的经典没有包括全部的宗教学说。关于希勒尔曾经流传着许多故事与传说，拉比文献中把他描绘成最伟大的犹太教首席拉比③与哲学家，负责最重要的律法裁决，据说，耶稣基督的许多言论正是出自希勒尔之口。犹太人中普遍流传着这样一个故事：有一天，一位异教徒来到希勒尔面前，他一只脚站立，请求希勒尔在他单脚而立的时间里把《托拉》的真谛授予他。希勒尔这样回答了他的问题：“有害于己的，勿施同胞，此为全部《托拉》，其余的皆为评注，

---

① 参见 Stewart Perowne, *The Life and Times of Herod the Great,* Gloucesershire: Sutton Publishing, 2003, pp. 117–119.

② 丹·巴哈特、沙龙·萨巴尔：《耶路撒冷3000年》，王立新、石梅芳译，山东画报出版社2003年版，第76—77页。

③ 希伯来语rabbi的音译，意为“老师”、“先生”。原指犹太人对师长的尊称。后指犹太教中学过《圣经》、《塔木德》，负责执行教规、律法并主持宗教仪式的人。拉比文献（rabbinic literature）是指由犹太学者（其中大多数为拉比）所撰写的以评注、法典、答问为主要内容的作品。这些作品出现于公元6世纪到18世纪的一千多年间，是这一时期犹太文化最重要的成就。18世纪以后犹太启蒙运动极大地改变了犹太人的精神世界，拉比文献逐渐为新的文学形式所取代。

去研读吧。”（That which is hateful unto you do not do to your neighbor. This is the whole of the Torah. The rest is commentary. Go forth and study）。① 在此，希勒尔阐发了一个长久留传的金科玉律——“有害于己的，勿施同胞”，被认为是阐明了犹太思想的精髓。希勒尔的明言与中国儒家学说所崇尚的“己所不欲，勿施于人”的伦理信条不谋而合、如出一辙。

希律执政时期，很希望得到犹太人的支持与爱戴，但事实上多如牛毛的苛捐杂税与劳役之苦已经使人民无法忍受，他与犹太上层的关系也十分紧张，这些人曾派出代表求见奥古斯都，对希律提出非议。公元前 4 年，希律死后，罗马废除了犹大的君主政体，使之成为罗马的一个行省，由具有审判权的总督主持政务。为了降低耶路撒冷的地位，罗马人把总督府设在地中海滨的新建城市恺撒利亚。尽管罗马方面为了节制总督的权势与贪欲，从不让他们任职过长，但总督们还是极尽敲诈勒索之能事，他们比国王更为苛刻，一方面极力搜刮民财，装入私囊；另一方面严格推广罗马帝国的宗教歧视与压迫政策。犹太人中的一些上层人物为了自己的利益，与罗马统治者狼狈为奸，犹太民族承受着罗马帝国和民族败类——祭司家族的双重压迫，当时流传着这样一首讽刺祭司家族的诗：

> 菩伊塔斯家族该死！
> 他们的杖该死！
> 哈南家族该死！
> 他们的诡计该死！
> 康塞拉家族该死！
> 他们的笔该死！
> 以实玛利·本·法比家族该死！
> 他们的拳头该死！
> 这些人都是祭司长，他们的儿子掌管着财库，
> 他们的女婿都得到职位，他们的仆役能够鞭打人。

总之，上层阶级的掠夺与罗马总督的压榨使犹太民众处于忍无可忍的地步。“一场富于斗争精神的犹太爱国者和狂傲自负的罗马人之间的最后冲突”已无法避免。此起彼伏的武装冲突愈演愈烈，终于导致犹太民族的反抗。公元 26 年—36 年，庞修斯·彼拉多任总督时，故意蔑视犹太人的信仰，把绣有皇帝肖像的

① *Babylonian Talmud,* shabbat 31a.

旗帜打入圣殿，激起了犹太人的反抗，斗争持续四十余天。犹太人与罗马统治者的冲突经常发生，罗马采取的是残酷的镇压政策。

公元 66 年，罗马皇帝尼禄在位时，统治巴勒斯坦的罗马总督是弗洛鲁斯。这是一位独裁专横的暴君。当恺撒利亚的犹太人与非犹太人因安息日的礼仪问题而发生争执时，弗洛鲁斯虽然暗中接受了犹太人请求解决事端的贿金，但并不热衷于处理问题。他的言而无信使犹太人大怒，他们拒绝为总督本人筹措款项。结果许多人被处以死刑。不仅如此，弗洛鲁斯竟然围攻圣殿，企图抢劫圣殿中的财产，并下令将所有阻止他们进入圣殿的人统统杀死。奋锐党① 领袖以利阿撒尔奋起反抗，领导了反罗马大起义，史称犹太战争。

犹太人的斗争首先在加利利进行，由弗拉维·约瑟福斯② 任统帅。由于敌我力量悬殊和犹太人内部的分裂，起义一开始就处于极为不利的地位。为了镇压这一弱小民族的反抗，帝国统治者动用了英勇善战、装备精良的罗马军团，派出了最有才干的军事将领——韦斯巴芗统帅全局，并封锁城市，固守工事，使起义者处在四面围困、缺乏武器和粮食而又无力进行反击的不利境地。当韦斯巴芗的军队征服了加利利之后，约瑟福斯战败投降，一些起义者进军耶路撒冷。公元 69 年，韦斯巴芗的儿子提图斯在其父称帝后，继续了镇压犹太人的任务。为了保住耶路撒冷，犹太人领袖西蒙·巴尔·吉奥拉和以利阿撒尔等进行了英勇的反抗。可是，由于武器缺乏而又配合不当，再加上长时间的忍饥挨饿，起义者已失去了战斗力。公元 70 年公历 8 月 30 日，提图斯率领的罗马人占领了圣殿（巴比伦

① 奋锐党又称西卡里党或短刀党。罗马时期，犹太教信仰者分裂成四种派别，除了法利赛人与撒都该人之外，还有艾赛尼人与奋锐党人。艾赛尼人相信灵魂不死，并竭力追求社会公义。奋锐党人确信只有上帝才是唯一的领导者，否认其他的权威，他们把追求自由看得高于一切。奋锐党人在许多方面赞同法利赛派的主张。图宾根大学的教授马丁·亨格尔一直被认为是研究奋锐党的权威，他的著作《奋锐党人》详细地分析了导致犹太暴动的社会与政治背景，也关注了犹太教神学因素的影响，该书自 20 世纪 60 年代问世以来，被多次再版。参见 Martin Hengel, *The Zealots: Investigations into the Jewish Freedom Movement on the Period from Herod Until 70 A.D.*, T & T Clark Ltd, Edinburgh, 1989.

② 弗拉维·约瑟福斯（Flavius Josephus，公元 37 年—100 年）出生于耶路撒冷的一个祭司家庭，母亲是哈斯蒙尼王朝的后裔。他自幼受过良好的教育，因精通律法而深孚众望。公元 64 年，他前往罗马，为一些犹太祭司求情使他们免于受审，在尼禄的妻子波贝娅的帮助下，完成了任务。回到犹大地区之后，当地的反罗马起义已经酝酿成熟。他参与了起义，并被任命为军事统帅。战败投降后，他一直为罗马人做翻译，并斡旋于起义军之间的关系。战争结束后，他住在罗马，受到罗马人的保护。约瑟福斯的经历曾引起了很多犹太人的批评与指责，但对他的史学贡献却无人非议。他于公元 77 年—78 年出版的《犹太战记》与公元 93 年—94 年出版的《犹太古史》一直被认为是《圣经》之外，研究古代犹太历史、犹太教以及基督教的最重要的著作，尤其是《犹太战记》一书，不仅是当代人写当代历史，而且作者身临其境，所以一直广为流传。

王也是在同一天毁灭了第一圣殿），并放火烧毁。约瑟福斯作了这样的记述："当圣殿仍在燃烧的时候，他们开始抢劫能够到手的一切物品，然后便大肆屠杀身边所有的犹太人，没有任何怜悯之心，无论年长年幼、无论地位尊卑、无论是平民百姓还是祭司，无人幸免。这场战争卷入了各种各样的人，结果导致了毁灭，那些乞求活命的人也是同样的下场。……圣殿位于小山上，因为火势凶猛，好像整座城市都在燃烧，人们想象不出比这更巨大、更可怕的声音：胜利者的喊杀声、反叛者的嚎啕声混杂在一起，横七竖八的尸体覆盖了地面，罗马士兵必须越过尸体去追赶逃命的人群……"①

约瑟福斯投降

圣殿被毁灭以后，罗马人继续追杀起义者，并很快占领了耶路撒冷，他们为自己的成就而骄傲。"罗马人把自己的军旗插在城墙的哨塔上，庆祝自己的胜利，他们发现结束战争比发起战争容易得多。他们兵不血刃就占领了这座城市，没有遇到卫兵的抵抗。罗马人拥入上街区，杀死了所见到的任何人，并烧毁住宅，烧死躲藏在里边的人。屠杀的规模太大了，血流成河。接近傍晚的时候，屠杀停息了，但大火仍在蔓延，直到天亮的时候，耶路撒冷还是淹没在火海之中。"②

罗马人进城后，约哈南和西蒙退往希律宫，坚持抵抗了 5 个昼夜，后来被罗马人俘获。罗马人对犹太人进行血腥镇压，被钉死在十字架上的起义者不计其数，巴勒斯坦出现了"无处不立十字架，也无十字架不钉人"的惨状。

耶路撒冷陷落以后，以利阿撒尔率领一部分起义者退守马萨达要塞。"马萨达"希伯来语为 Metzada，是由 Metzuda（要塞）一词演变而来的。它位于死海西边上的一座花岗岩山上，周围被很深的峡谷环绕，四面陡峭，顶部平坦，山顶建有城堡，只有两条狭窄的小路通往堡垒。堡垒最初是由大祭司约拿单修建的，

① Flavius Josephus, *Wars of the Jews,* see *The Complete Works of Josephus,* illustrated and translated by William Whiston, Kregel Publications, Grand Rapids, Michigan, 1981, p. 581.

② Flavius Josephus, *Wars of the Jews,* p. 587.

后来成了历代统治者的行宫，希律在要塞顶部修建了高墙、哨所、宫殿与蓄水池。马萨达是犹太人控制的最后一个据点，堡垒中有足够的粮食与物资供应，是希律王为自己储备的。据史料记载，当时固守马萨达的起义战士共有960人（其中包括妇女和儿童），而围攻要塞的罗马人达万人之多，在山下设立了8个兵营（至今罗马兵营的遗迹犹存），领兵的是总督弗拉维·席尔瓦，他们白天进攻，晚上严加防守，不让犹太人逃走。犹太人在失去外援的情况下，击退了罗马人的一次次进攻。在要塞上面的围墙已经着火、罗马人即将攻入之际，英勇的起义者宁愿自杀也不甘沦为奴隶。以利阿撒尔决定带领起义者集体自杀，他先把最勇敢的战士召集起来，发表了震撼人心的演说：

> 勇敢的朋友们，我们就下决心，绝不做罗马人的奴隶，除了人类真正的主宰上帝之外，我们不屈从于任何人！现在，把这一决心付诸行动的时刻到了。我们不能在这个时候因为自食其言而玷污了我们的英名。……我们是最先起来反抗罗马的，也是坚持到最后一刻的人。感谢上帝给了我们这个机会，当我们从容就义时，我们是自由人。……明天拂晓，我们的抵抗将终止。不论敌人多么希望把我们生俘，但是他们没有办法阻止我们自由地选择与相爱的人一起去死。可惜！我们没有能打败他们。让我们的妻子不受蹂躏而死，孩子们不做奴隶而死吧！……让我们把所有财物连同城堡一起烧毁，但是要留下各种供应，要告诉敌人：我们选择死并不是由于缺粮，而是自始至终，我们宁可为自由而死，不做奴隶而生……不要让罗马人为他们的胜利而欢乐，要让他们为我们勇敢的行为而震惊！①

接着，壮烈的自杀行动开始了，每家的男子先杀死自己的妻子和儿女，再通过抽签的方式留下10名男子，在杀死其他9名男子之后，最后一位先放火烧毁他们曾经居住过的城堡，然后再自杀。这一天是公元73年4月15日，即逾越节的前一天。当时只有两位妇女和5个孩子躲在地下水道里得以逃生。

第二天早晨，当罗马人攻上来时，可怕的寂静笼罩着整个要塞，罗马人大声喊叫，没有什么回应。过了一会儿，两位妇女走了出来，把这里所发生的一切描述给了罗马人，其中一位还清晰地复述出了以利阿撒尔的演讲。当罗马人看到大批尸体的时候，他们相信了这一事实，他们不再欢呼，而是为死者感到敬佩。弗拉维·约瑟福斯把这感人的一幕记在了他的《犹太战记》一书中，后人才得以了解马萨

---

① Flavius Josephus, *Wars of the Jews,* pp. 600–601.

达战士的悲壮事迹。从此以后，马萨达即成为宁死不屈反抗强敌的象征。犹太起义者所表现出的那种酷爱自由、捍卫正义、视死如归的英勇精神，史称"马萨达精神"。时至今日，马萨达城堡成为以色列军人入伍宣誓的场所，在誓言中要庄重申明"马萨达再也不会陷落!"以色列政府在马萨达城堡遗址上修建了博物馆，使之成为对国民进行传统教育的理想课堂。马萨达抵抗失败之后，犹太人对罗马帝国的怨恨与日俱增，斗争的决心也越来越坚定，时隔不久，更大规模的反罗马起义再度发生。

犹太战争之后，犹太人在亚历山大、塞浦路斯等地发动了几次反罗马斗争，均以失败告终，并付出了惨重的代价。在哈德良皇帝执政时期（公元117年—138年），他曾经想缓和犹太人的不满情绪，表示要修复耶路撒冷的圣殿，允许犹太人过自己的宗教生活。可是，他很快发现上述计划与罗马帝国长期以来所推行的文化政策的目标不一致，再加上罗马总督的残酷剥夺与勒索，使修复圣殿的工作一下子也难以完成。因此，哈德良终于变卦了。他不仅放弃重修圣殿，而且禁止犹太人行割礼。这一决定极大地损伤了犹太人的民族感情，成为公元132年—135年大起义的导火线。

这次起义的领导者是巴尔·科赫巴，意为"星辰之子（Son of the Star）"。巴尔·科赫巴的原名为西门·巴尔·科西巴，很可能是为了鼓励人们进行圣战，才改名"星辰之子"。起义爆发之初，就有许多志愿者追随，并成功地夺取了耶路撒冷。起义军主要活动在犹大南部地区的城镇，先后控制过贝特·吉夫林、利达、刻发尔、哈卢帕、恩马利斯、佐尔、希律堡、隐基底、基耶特·阿拉维耶赫、阿多拉、赫伯罗、伯萨、美拉德等地，起义军几乎把罗马的势力赶出整个犹大地区。他们发行了铸有"拯救锡安"(Redemption of Zion)、"为了以色列的自由"(Freedom for Israel)、"以色列亲王西蒙"(Shimon, Prince of Israel）等字样的钱币。起义军征收什一税和地租，组织群众进行生产，并且恢复了犹太教的礼仪和习惯，犹太人又一次短暂地掌握了政权。20世纪60年代，在离死海不远处的犹大沙漠的洞穴里发现了当时的文物，这里是当年起义领袖藏身的地方，除陶器与玻璃制品之外，还有一卷莎草纸文献，其内容是用希伯来文、阿拉米文以

巴尔·科赫巴起义遗留的物品

及希腊文书写的信件，署名是“以色列亲王——巴尔·科西巴”(Bar Kosiba Ha-nasi of Israel)。[①] 此外，在这一地区其他地方也发现了有关起义者的文物。

起义军势力的壮大，使罗马皇帝哈德良极为恐慌。公元133年，哈德良从帝国各地调来了7个军团的兵力。它们分别是不列颠军团、昔兰尼加军团、斯基泰军团以及第二、第六、第十一和第二十二罗马军团。公元134年夏天，罗马军队大举进攻，在强敌压境面前，耶路撒冷再度陷落。巴尔·科赫巴率领部队转移到耶路撒冷东南7英里处的贝塔尔要塞。在这里，巴尔·科赫巴处死了他的叔叔，因为他怀疑他的叔叔私通罗马人。后来，要塞陷落，在敌人涌入之际，进行了大屠杀，巴尔·科赫巴壮烈牺牲。[②] 所剩起义军最后退据到穆拉巴特河谷，固守在高达100尺的洞穴里。跟随他们的还有许多老人和妇孺。他们修好蓄水坑，坚守防御工事，并在夜间成功地偷袭了罗马军营。由于坡高陡滑，易守难攻，罗马军队不得不改变策略，切断了起义军的水源，封锁了通往山上的通道，企图将起义者围困致死。大约在公元135年8月，起义者占据的山洞被罗马人占领了，罗马人进行了血腥的报复，男女老幼格杀勿论，“小孩们是用他们学习的课本——纸草抄本，围起来活活烧死的”。20世纪70年代的考古发现，这些犹太志士宁愿饥渴而死也不愿投降敌军。在一个山洞里考古工作者发现了40具妇女儿童的尸骨，而英勇的男子们则战死在洞外。

残忍的罗马统治者为了从精神上彻底摧毁犹太人，以消除他们的抵抗意识，在起义失败后实行了惨无人道的焦土政策。据记载：当时有985个村庄遭到毁灭，五十多个要塞城镇化为焦土，58万百姓遭杀害。在犹太人的几次反罗马的斗争中，大约共有一百多万人被杀，有几十万人被俘虏到罗马做奴隶或角斗士，其他大部分犹太人被驱逐出巴勒斯坦。[③]

巴尔·科赫巴起义失败之后，尽管巴勒斯坦的加利利等地区仍有一些犹太人居住，但犹太人作为一个民族定居在巴勒斯坦的历史已宣告结束。巴尔·科赫巴起义结束了犹太历史上的“第二圣殿”时期，从此犹太人开始走上“大流散”的历程。当年辉煌绝伦的圣殿所留下的唯一遗迹就是一堵西外墙，犹太人称之为“西墙”，

---

① Wadi Murabaat, *Gave of Letters near Nahal Hever (1961–1962)*, Y. Yadin, *Bar Kochba,* see Michael Grant, *The Jews in the Roman World,* Dorset Press, 1984, p. 254.

② Michael Grant, *The Jews in the Roman World,* Dorset Press, 1984, p. 255.

③ 关于古代犹太人口的数字，不同著作中差别很大，一般估计是，公元1世纪即圣殿被毁前有800万左右，其中巴勒斯坦有300万左右，埃及、叙利亚、小亚细亚、巴比伦各有100万。公元3世纪的时候，犹太人口下降到不足200万。参见 Abba Eban, *My People: The Story of the Jews,* p. 104.

时至今日，每天都有犹太人来到这里虔诚祈祷，痛惜哀叹，因此又名“哭墙”。

起义失败之后，为了彻底毁灭犹太人的希望，哈德良皇帝下令摧毁所有的建筑，把耶路撒冷夷为平地，并按照罗马人习俗，在城中扶犁翻耕。然后，在耶路撒冷的基地上重建一座新城，命名为埃利亚·卡皮托利纳。圣殿山的废墟上被撒满食盐，罗马人严加防守，不准犹太人前往祈祷。犹大的称谓也被禁用，而代之以巴勒斯坦。哈德良严格禁止犹太教，凡守安息日、割礼、授予拉比职位或者接受拉比头衔的人都要被处死。然而，仍有许多犹太人蔑视罗马皇帝的禁教令，心甘情愿地做犹太教的殉道者，许多有关犹太圣徒的传说由此产生。如关于“十圣贤的殉道”如今已成为赎罪日祈祷文的主要内容之一：

……恐怖的国王
命令将这十个圣贤残酷地杀死，
啊！我年复一年，始终看到他们；
他们超越时代，他们走着，
他们不朽的灵魂渴望为上帝奉献。
两个最伟大的犹太人被带了上来，
大祭司伊斯梅尔和以色列王子
拉本·西蒙·本·格姆利尔，
他们将被杀死；
王子恳求道：“先杀死我吧，
以免我看到辅佐上帝的他被杀……”

巴尔·科赫巴起义失败之后的几个世纪中，犹太历史上再也没有出现过能与《圣经》和第二圣殿时期相媲美的英雄人物，但这并不意味着犹太人已放弃了抗争而甘愿听从命运的摆布。面对着敌意多于友情的生存环境，犹太人的抗争首先体现于千方百计地抵御外界的诱惑，维护本民族的历史、宗教及文化传统。犹太教作为一种民族宗教实际上成为犹太人团结统一的象征和文化精神的支柱。“由于面临灭亡的威胁，他们坚信必须坚持先辈们的传统。宗教是他们的共同财富，或者说已经成了联结他们民族共同体的纽带。”[①] 在中世纪，犹太英雄主义精神也并没有丧失，犹太人在经历疯狂的迫害之后仍能活下来这一事实本身，就极大地证明了犹太人的意志和勇气。

---

① Abba Eban, *My People: The Story of the Jews,* p. 63.

第二章

流散时期的犹太人

（公元 135 年—19 世纪末）

公元 135 年，犹太人反抗罗马的起义完全失败后，大批犹太人被迫逃离巴勒斯坦向各地迁移，一部分移居小亚细亚、阿拉伯半岛、两河流域及北非地区，也有不少人流向欧洲各国，犹太历史进入了长达 1800 年的“大流散”（Diaspora）时期。英语中的 Diaspora 特指犹太人离开巴勒斯坦、散居于世界各地，它来自于希腊语，意思为“离散”、“分散”。在希伯来圣经中，很早就有 galut（或 golah）一词，相当于英语中的 exile，是指犹太人因为偶像崇拜、不守安息日或行不义等原因而被放逐到圣地之外居住。在犹太历史上，有两种不同的流散，一种情况是自愿居住他乡，这在圣经时代极其普遍，所罗门时代有些犹太人为了商业利润，主动定居他乡，以色列与犹大王国灭亡之后，一些犹太人移居叙利亚、埃及、巴比伦、希腊等，但耶路撒冷一直是他们的精神中心以及故土与圣地的象征。另一种情况是迫于外部势力的压力被强制流放他乡，如亚述、巴比伦与罗马帝国对犹太人的俘虏与驱逐就属于后一种情况。犹太人的散居史是一部充满被歧视与被迫害的血泪斑斑的苦难史；是犹太人为了维护个体的生存权、信仰权以及民族群体的凝聚力而创造的可歌可泣的抗争史；是犹太文化走向世界舞台、融入现代化大潮的色彩斑斓的发展史。

第一节 犹太教与基督教

在罗马征服巴勒斯坦的最初一百多年间，犹大内部的局势非常混乱，傀儡王争权夺利，再加上外部势力的介入，暗杀与冲突不断发生，许多人死于非命。人们从现实世界中看不到出路，便把热情与希望寄托于宗教关怀，“救世主的降临”、“光明之子的出现”成为人们议论的热点话题，在这样的背景下耶稣出现了。耶稣大约于公元前 4 年出生于加利利的拿撒勒，母亲是马利亚，父亲是木匠约瑟，Jesus 也是一个非常普遍的犹太名字。关于耶稣的早期生活后人知之甚少，据推测，他应该是在一个很有修养的家庭中长大，并受过一定的犹太教教育。耶稣是一个法利赛教派的犹太人，他生活在加利利的农民之中，并成为他们的代言人。耶稣继承先知们的传统，维护犹太律法，“跟当时的拉比们一样，耶稣在会堂里演讲，与文士们辩论，与其他拉比不同的是他也在街道上、山坡上、加利利海边作演讲。不仅如此，他广泛地与各个阶层的人士交往，包括妇女、儿童、收税官、罪犯以及对律法一无所知的穷人”①。由于他非常关心下层人的疾苦，并为百姓医病，所以在加利利地区得到了一些人的拥护，有些人是被他的言论所吸引，也有人是被他的人格所感化。

耶稣进入耶路撒冷

耶稣所宣传的思想在很多方面继承了法利赛教派的主张，反对犹太教的陈规陋习，宣扬死后复生、精神在来世的延续、天国的幸福、天使与恶魔的存在、救世主降临与“上帝之国”的出现等，“尽管这些信条体现出耶稣只是一个守教的犹太人，但他和法利赛教派在遵守律法的要求上不同，他的教义强调

① Menahem Mansoor, *Jewish History and Thought,* p. 106.

意念上的纯洁（purity of intention）而不是外在的表现（external performance）”。当时，一些信徒就称耶稣是弥赛亚，即救世主，他自己也不否认这一点。[①] 耶稣的主张被罗马统治者看作是煽动性的言论，也引起了犹太权威机构的不安。大约在他 33 岁的时候，耶稣带领几个门徒离开加利利地区，在逾越节的时候去耶路撒冷朝拜，与门徒们共进了逾越节的晚餐之后，耶稣的门徒之一犹大背叛了耶稣，耶稣被罗马人以“煽动反叛情绪”、“假先知”的名义逮捕，严刑审讯之后，被罗马总督庞修斯·彼拉多下令处死，钉死在十字架上。耶稣死后，他的信徒开始宣传他的教义，其中最有名的是讲希腊语的扫罗（即《新约》中的保罗）。扫罗是出生在小亚细亚的“大数城”的犹太人，这里是希腊化的中心，他本人深受希腊与罗马文化的熏陶，他也曾在耶路撒冷学习，接受犹太教育，并受过法利赛教派礼仪的训练。耶稣死后，扫罗便以保罗的名义在小亚细亚、希腊等地的犹太人中传教，保罗继承耶稣的思想，把耶稣尊为“律法的化身”、“救世主弥赛亚”、“上帝与人类之间的中介”。保罗不仅把耶稣的学说系统化、神圣化，而且还利用《七十子希腊文本》在讲希腊语的非犹太人中传教。他强调说，人类共有一个上帝，耶稣为所有人而生，也为所有人而死，犹太人与非犹太人一样生活在罪孽之中，犹太人有成文的律法，而非犹太人则有心中的律法（the Law inscribed in their hearts），但是问题在于人们并没有遵守律法，上帝派他的儿子耶稣来拯救世人，随着耶稣的降临，所有的人都要接受最终的审判。[②]

保罗于公元 64 年在罗马遇害。保罗死后，越来越多的人接受了他的教义，随着信徒的增加，耶路撒冷以及西亚许多地方都建立了教会。保罗对基督教的贡献是不可低估的，“正是保罗使耶稣成为教堂中的基督，正是保罗对《托拉》、对犹太人的态度塑造了基督教的思想”，保罗使基督教与犹太教的界限更为明确，并成为一个独立的新的宗教，而且这个宗教与犹太教相比，更容易被受希腊—罗马文明影响的人们所接受。[③] 从这个意义上说，保罗才是基督教的真正创始人。可见，早期基督教是在摩西犹太教的基础上发展起来的，也就是说，当摩西犹太教越来越僵化，已经不能适应新的社会，不能满足犹太人的精神需求时，基督教

---

① Menahem Mansoor, *Jewish History and Thought,* pp. 106–107.

② 参见J. H. Hexter, *The Judaeo – Christian Tradition,* Harper & Row Publishers, New York / London,1966, p. 66.

③ F. E. Peters, *Children of Abraham: Judaism,Christianity and Islam,* Princeton University Press, New Jersey, 1984, pp. 26–27.

与拉比犹太教应运而生。[1] 所以，保罗在《新约》中曾经把犹太人比作橄榄树，把基督徒比作嫁接在橄榄树上的野橄榄树枝。恩格斯也把基督教称为犹太教的私生子。尼古拉·德·让在他主编的《犹太民族史》一书中也写道："犹太教与基督教是姐妹宗教。基督教艺术与诠释学家用各种各样的有血缘关系的形象来描述二者之间的关系。有时它们被比作母亲与女儿，有时被比作姐妹或者兄弟。……二者都认为自身被上帝所钟爱，而对方是被神所遗弃的同胞。……犹太教与基督教是姐妹宗教，这不是象征性的术语、而是历史意义上的，早期基督教与在《密西拿》[2] 与《塔木德》[3] 时代成型的拉比犹太教一样，都是从第二圣殿时期的犹太教演变而来，各自都对犹太教的不同信仰条款作出了不同的阐释。基督教产生于犹太教，但又孕育着冲突，并导致分离，最后成为敌对性的宗教。" [4]

虽然基督教脱胎于犹太教，在许多方面继承了犹太教的遗产，但它们之间的差异是本质性的。到公元 2 世纪前半叶，基督教与犹太教的分裂已经十分明显了，也就是说，基督教已作为一种充满活力的新宗教而出现在历史舞台上。基督教与犹太教的区别主要体现在以下几个方面：

第一，教义上的差异。基督教认为，耶稣基督虽然是血肉之躯，但却是上帝在尘世的化身，耶稣就是弥赛亚，他的肉身被钉死在十字架上，就是替世人赎罪，凡是信仰他的人都会蒙恩得救。耶稣的诞生标志着弥赛亚的第一次降临，到世界末日的时候，弥赛亚还会第二次降临，行末日审判，使义人进入天堂，恶人下入地狱。基督教还主张"圣父"、"圣子"、"圣灵"的"三位一体论"。基督教还强调说，公元 70 年以后犹太民族的一切苦难，如圣殿被毁灭、流落各地等正是由于否定基督的存在而遭受的惩罚；犹太教则彻底否认耶稣的神性，认为弥赛亚的降临是非常遥远的事情，如果耶稣是救世主，那么，自他出世以来，世界就应该充满了和平与正义。耶稣既然连自己都拯救不了，他还怎么去拯救以色列

---

① 拉比犹太教是公元 70 年第二圣殿被毁后逐步形成的犹太教派别。在中世纪，拉比犹太教一直在犹太教中占主导地位，甚至可以说拉比犹太教就是事实上存在的犹太教。拉比犹太教的特点是重视对宗教律法的阐释，而不注重对教义的解释，强调世俗律法在社会生活中的重要地位。与摩西犹太教相比，拉比犹太教更贴近于现实生活，它所推崇的一些宗教规则也逐渐为各地的犹太人所接受。

② 《密西拿》（*Mishnah*）是公元 3 世纪初年所出现的犹太教口传律法集。一般认为，《密西拿》最初是作为一本教科书而编撰的，其中不仅罗列了律法条例，而且还包括拉比们对某些问题的不同观点，为散居犹太人提供了共同依据。《密西拿》的主要目的就是对源自《托拉》的律法作出符合人们实际生活的解释。

③ Talmud，意为 teaching"教导"，是犹太人的口传律法总集，其宗旨是如何使人成圣，尤其是在日常生活中如何遵守律法与禁忌。

④ Nicholas De Lange（edited），*The Illustrated History of the Jewish People*, pp. 90–92.

人？在很多犹太人看来，耶稣是凡人，他创造了犹太教的另一教派，后来转化成了普世性的宗教。对耶稣的不同看法是犹太教与基督教的最大分歧之所在。

第二，选民观念的差异。作为世界上最古老的一神教，犹太教从它诞生的那一天起就充满了强烈的排他性，特选子民的观念一直是犹太神学观的重要组成部分，它最早来源于《圣经》。《圣经·创世记》中当上帝与亚伯拉罕首次立约时已经暗示了犹太人在万民之中的特殊地位。《圣经·申命记》第7章中进一步以摩西的口气告诫族人说："雅卫你神从地上的万民中拣选你，特作自己的子民。雅卫专爱你们，拣选你们，并非你们的人数多于别民，原来你们的人数在万民中是最少的。只因雅卫爱你们，又要守他向你们列祖所起的誓，就用大能的手领你们出来，从为奴之家救赎你们脱离埃及王法老的手。所以，你要知道雅卫你的神，他是神，是信实的神，向爱他、守他诫命的人守约，施慈爱直到千代；向恨他的人当面报应他们，将他们灭绝。"关于"特选子民"的内涵在犹太人中历来有两种看法：一是把犹太人的特殊地位仅仅看作是忠诚守约的一种责任，一种专门的义务，而决不是上帝给予他们什么特权；另一种观点则认为"特选子民"是犹太民族独特性的体现，说明犹太人负有上帝赋予的特殊使命，但选民并没有被赋予专门的才能和美德，他们和其他人一样要经历种种诱惑，所不同的是选民更期望具有超越诱惑的品质。选民观念不仅给饱受磨难的犹太人以精神上的安慰，而且培育了他们乐观自信的心态，尤其是选民观念与"末世论"思想的结合，更使犹太人坚信，上帝终将对万民实行审判，以色列人必获得救赎，从而激发他们面对逆境仍在精神上保持亢奋，在道德上追求完美，从灾难之中追寻解脱的希望，从而获得一种自信、一种超脱、一种支撑明天的希望。基督教则否定犹太人的选民地位，他们强调上帝与摩西所立的《旧约》已经被上帝与耶稣基督所立的《新约》所取代，并认为《旧约》只是《新约》的准备，而上帝与耶稣所立的才是最终的约。犹太人的选民地位也被基督徒所取代，犹太人已经被上帝所抛弃。在《新约》中还把犹太人描述成"基督的敌人"。《新约》中多次提到，犹太人不相信耶稣的预言，犹太人想谋害耶稣，最后又一名叫犹大的犹太人出卖了耶稣，保守的犹太教公会曾对耶稣进行过审讯，并把他交给了罗马总督彼拉多，彼拉多又是在犹太人的强烈要求下才把耶稣钉上十字架的。这样的宣传就使犹太人永久地背负了杀死基督的罪名，这种指控一直持续到20世纪中后期。[①]

① 第二次世界大战结束后，大屠杀的事实震惊了世界，也引起了基督教的强烈反思。之后，基督教

第三，宗教礼仪上的差异。基督教刚开始兴起的时候，就有意冲破犹太教古板而严酷的礼仪。例如，耶稣本人不顾犹太教的种种禁令，专门在安息日给人治病。保罗谴责犹太律法，认为它是对人类的精神压抑，要求废除肉身割礼，主张精神上的割礼。当基督教成为国教，尤其是当早期的教父们完成了教义体系之后，一整套系统的与犹太教相去甚远的礼仪体系也随之出现。这一切就注定犹太教与基督教的矛盾与冲突。

基督教产生之初，由于与罗马帝国的多神教相冲突，因此处于受压制的地位。但是，基督教仍迅速传播，到公元3世纪的时候，基督教徒已经遍布于帝国各地。公元313年，在基督教史上发生了划时代的时刻，罗马君士坦丁皇帝颁布了著名的《米兰敕令》，承认基督教的合法性，他本人也宣布皈依基督教，基督教成为国教。由于基督徒的宣传影响了帝国的法律，犹太人的法律地位逐渐降低。在拜占庭帝国时期（公元324—638年），耶路撒冷城已经完全恢复，并快速基督教化，许多地方建立了教堂，如耶稣升天教堂、橄榄山教堂等，特别是公元326年开始修建了气势宏伟的圣墓大教堂。公元335年，在圣墓大教堂举行了隆重的落成仪式，吸引了更多的基督徒居住耶路撒冷。到5世纪的时候，巴勒斯坦已成了基督教徒占优势的地方，犹太人完全成了二等公民。公元438年1月31日，西奥多希斯二世曾颁布了一条法令，在对该法令的解释条文中写道："这一法令特别命令犹太人与撒马利亚人不得从政府机构或者管理部门获得荣誉。他们绝不可以成为监护人，也不能担任监狱的看守，以免他们有可能干扰基督徒甚至牧师，他们不能另建会堂……法令特别强调犹太人不能向基督徒、奴隶及自由人传授他们的律法，否则要毫无疑问被处以死刑或者剥夺财产。"① 犹太人只有在阿布月9日被允许进入耶路撒冷，哲罗姆这样描述进入圣殿遗址祈祷的犹太人："妇女们面容憔悴，披头散发，衣衫褴褛，眼里浸着泪水，男人们在圣殿的废墟上吹

会的不同派别也都举行了一些会议，反省了基督教对犹太人的态度以及大屠杀发生的宗教性根源。其中于1948年在阿姆斯特丹召开的教会世界理事会（The World Council of Churches，简称WCC）标志着基督新教与犹太人的关系发生了由对抗到和解的转变。特别是1965年的梵蒂冈第二届大公会议（简称"梵二会议"）开辟了天主教与犹太人关系的新的纪元。这次会议上通过了《关于教会与非基督教关系的宣言》(*Declaration on the Relationship of the Church to Non - Christian Religions*)，承认基督教与犹太教的同源性，承认基督教是从与上帝立约的希伯来民族那里接受了《旧约》的启示。这次会议上还解除了所有犹太人都对耶稣之死负有罪责的指控。会议之后，天主教会号召全体子民以积极与肯定的态度看待其他信仰者，并开始了基督教与犹太教对话的真正历史。瑞士新教教会联合会中央理事会（The Central Board of the Swiss Protestant Church Federation）也终于在1977年宣布：耶稣是犹太人，是由一个犹太母亲所生。

① Nicholas De Lange (edited), *The Illustrated History of the Jewish People*, pp. 94–95.

响了朔法尔。① 罗马士兵向犹太人勒索金钱，然后才能满足他们多在圣殿哀悼一会儿的愿望。所有这一切都发生在耶稣圣母教堂和橄榄山的十字架下。”②

公元614年，拜占庭帝国最强大的敌人波斯占据了中东的大部分地区，包括耶路撒冷，并焚烧教堂，杀害僧侣。由于许多犹太人站在波斯一方反对拜占庭，波斯便把耶路撒冷交给犹太人管理。但3年以后，波斯战败，耶路撒冷重归基督徒，犹太人只能居住在离城市5公里之外的地方。拜占庭帝国对耶路撒冷的重新统治维持不久，公元638年，耶路撒冷又落入穆斯林之手。

第二节　巴比伦犹太社团

由于政治、经济等原因，当巴勒斯坦犹太教公会权威丧失、犹太中心的地位衰落之后，巴比伦已经成为犹太人和犹太文化的中心。巴比伦的犹太社团开始于尼布甲尼撒时期，那些在“巴比伦之囚”后没有回到巴勒斯坦的犹太人，与故土保持着密切的联系，他们前往耶路撒冷朝圣，交纳圣殿税，把孩子送到巴勒斯坦去读书。随着巴勒斯坦地区犹太社团的衰弱，一些有名的巴勒斯坦学者也陆续来到了巴比伦，公元3世纪的时候，巴比伦犹太社团在文化生活方面已经超过了巴勒斯坦，尤其是幼发拉底河畔的小城内哈达被称为“巴比伦的耶路撒冷”。巴比伦从大卫家族的后裔中产生的精神领袖，不仅是巴比伦犹太人的领袖，而且是所有散居犹太人的领袖，被授予“鲁什—哈高拉”（希伯来语的含义为“散居首领”）的头衔。在当时的巴比伦集中了大批的宗教学家，他们潜心神学研究，热衷于著书立说。巴比伦最重要的圣经学院——苏拉圣经学院和蓬贝迪特圣经学院组织一批学者专门研究由巴勒斯坦的“圣者拉比犹大”在掌管犹太教公会期间所主持编纂的希伯来文《密西拿》。蓬贝迪特学院的院长马尔·萨穆尔虽然是犹大亲王的学生，但他极力主张摆脱巴勒斯坦的方法来研究《密西拿》。巴比伦学者们发现《密西拿》中的许多解释，只涉猎巴勒斯坦传统，忽略了巴比伦的实际情况，而

① Shofar 即用公羊角做的羊角号，盛大的节日时要在会堂里吹响。

② Abba Eban, *My People*: *The Story of the Jews*, p. 123.

且遗漏了许多当时已有的律法材料和口传法规。于是，他们利用当时西亚犹太人通用的阿拉米文编成了另一部律法著作《革马拉》，《革马拉》是对《密西拿》的注释、考证与补充，公元4世纪中叶，用希伯来文写成的《密西拿》与阿拉米文写成的《革马拉》合并在一起，在经页上左右分列，共同组成了《塔木德》。随着基督教在罗马帝国的胜利，巴勒斯坦的犹太教学术研究更加困难，但巴比伦的学者继续对《塔木德》进行修订，尤其是著名学者拉夫·阿席担任苏拉圣经学院的院长期间（357—427），作了大量的编纂工作，他卸任之后，圣经学院的其他学者继续了他的事业，公元5世纪末终于完成了洋洋250万字的《巴比伦塔木德》。《巴比伦塔木德》成书于《巴勒斯坦塔木德》[①]之后，经过拉比们的潜心研究，并结合了散居犹太人的生活实践，所以更加完整，其内容包括箴言、神话、故事、诗歌、寓言、谜语、道德反省与历史记忆等诸多方面，充分再现了巴勒斯坦和巴比伦犹太人从公元前6世纪到公元5世纪这一千多年间的宗教与文化生活。"《巴比伦塔木德》是涉及人们日常生活的所有方面与所有关系的巨著，是仅次于《圣经》的犹太人的圣书"。[②]

塔木德文化是中世纪犹太文明的一个重要分支，为散居犹太人提供了宗教准则与行为规范，在犹太文化史上占有十分重要的地位。阿巴·埃班曾评价说：

> 《巴比伦塔木德》不只是一部文献经典，它反映了近10个世纪中巴勒斯坦与巴比伦的犹太生活，它记述了犹太人在文化与宗教方面的创造力……如果说《圣经》是一部永恒的书，那么《塔木德》则是人们生活的伴侣。《塔木德》简洁、通俗、实用，满足人们在日常生活中的种种精神需求。它反映了生活在巴比伦和犹大地的祖先们的文化，给隔离区的犹太人提供了一面镜子。中世纪犹太人面对敌视的环境和强行隔离的政策，只

1880年印刷的《塔木德》

① 《巴勒斯坦塔木德》是由太巴列圣经学院院长约哈南·巴尔·纳帕哈（199—297）着手编撰，大约在公元400年完成，虽然没有《巴比伦塔木德》完善，但更准确、更贴近于《密西拿》的本意。

② Menahem Mansoor, *Jewish History and Thought*, p. 140.

能依靠自己，依靠经验和回忆；他们除了继承祖先的传统之外，几乎没有其他选择。搜集在《塔木德》中的保持犹太人认同感的一些准则可以帮助他们发扬犹太人的特性，维护犹太人的独立。《塔木德》是他们进入五光十色的、生机勃勃的、丰富多彩的犹太世界的大门。①

除了《塔木德》之外，巴比伦犹太人还汇编了布道书《米德拉希》与祈祷书《悉杜尔》，丰富了犹太教的内容。阿拉伯帝国兴起之初，巴比伦犹太社团还对散居犹太人起着很大的影响作用，他们拥有很大的自治权，维持着宗教学术中心的地位。后来，随着更多的犹太人及主要的圣经学院迁往帝国的统治中心巴格达，巴比伦犹太社团逐渐缩小，宗教与学术研究越来越衰落。事实上，从巴比伦帝国衰落时开始，巴比伦的犹太人就开始向周围的西亚国家扩散，一部分来到了印度、中亚甚至东亚。不少学者们认为，大约在北宋年间沿丝绸之路来中国开封定居的犹太人就是巴比伦犹太人的一个分支。这批以巴比伦犹太社团为根源、长期与亚洲（尤其是西亚）各民族生活在一起的犹太人，就是我们今天所说的“东方犹太人”（东方犹太人还包括从古代起一直生活在巴勒斯坦及其周围地区的犹太人，也包括不同时期迁移到非洲的犹太人）。

第三节　伊斯兰世界的犹太人

一、犹太人与阿拉伯人的早期交往

犹太人最早在阿拉伯半岛定居的时间没有可靠的历史证据，但早在圣经时代，两个民族就有了交往。据《圣经》记载，摩西出埃及后，在亚喀巴湾沿岸的阿拉伯地区米甸娶了大祭司的女儿西帕拉为妻，这位阿拉伯女子西帕拉为他生了两个儿子。在所罗门时代，阿拉伯半岛的居民曾与希伯来王国有外交与商业方面的往来。公元 1 世纪以后，许多犹太人流散到阿拉伯半岛，在希贾兹、麦地那、海巴尔、也门等地定居下来。

① Abba Eban, *My People : The Story of the Jews,* pp. 118–120.

根据阿拉伯传说，希贾兹的犹太人可以追溯到摩西时代，主要由巴努·古来扎、巴努·奈迪尔与盖努嘎尔三大家族组成。犹太人定居希贾兹的最早的证据是公元42年与公元307年的两块墓志铭。根据墓志铭的记载，犹太人是公元3世纪之后在希贾兹兴起的那伯特文化的主要代表之一。

麦地那在前伊斯兰时代叫雅特里布，它是商路上的一块绿洲，地下水很丰富。犹太人定居后，为当地居民带来了新的农耕经验与植物品种，他们种植棕榈、果树和水稻，并把制造金属制品、染料与珠宝的新工艺以及经商的方法传给阿拉伯人。麦地那犹太人和阿拉伯帝国境内其他犹太社团始终保持着紧密的联系，这种联系最北可达叙利亚的安尔哈拉，最南至少可达南方的诺兰。伊斯兰教产生前，居住在麦地那的有两万多犹太人。①

海巴尔距雅特里布近90英里，它位于多山的高原上，全由熔岩沉积物组成，覆以疟疾流行的沼泽。这些河谷虽然不适宜居住，但却很肥沃。犹太人在这里种植葡萄、蔬菜和谷物，饲养羊、牛、骆驼、马和骡子，这里还有棕林。犹太人与叙利亚有贸易往来，并从在阿拉伯、叙利亚和伊拉克之间的商队贸易中获利。犹太人也制造金属工具，如攻城锥和弹弓等，他们还拥有一些要塞，如裴德克、瓦迪·古拉和太玛等。

在也门，犹太人的思想、文化深刻地影响着阿拉伯人。到6世纪初期，犹太教在也门地区极为流行，以至于希木叶尔王朝的国王杜·努瓦斯接受了犹太教，给自己起了一个犹太人的名称优素夫。公元523年10月，杜·努瓦斯袭击了阿拉伯半岛上纳季兰地区的基督徒，要求他们改变信仰，由于基督徒坚决抵制，杜·努瓦斯烧死了许多人，后来有一人死里逃生之后，向拜占庭国王求救，拜占庭组织基督教势力发起进攻，525年，杜·努瓦斯战败，他的国土、都城、妻子、财产都落入敌人之手，杜·努瓦斯骑着他的战马冲进了波涛汹涌的大海，永远消失在追捕者的视野之中，希木叶尔王朝退出了历史舞台。②

总之，在伊斯兰教兴起以前，阿拉伯半岛上的犹太人与阿拉伯人有了一定的交往，而且保持着比较友好的关系。恩格斯在给马克思的信件中曾写道："现在我已经完全弄清楚，犹太人的所谓'圣书'不过是古代阿拉伯的宗教传说和部落传说的记载，只是这些传说由于犹太人和与他们同一个族系但从事游牧部落的邻

---

① Barakat Ahmad, *Muhammad and the Jews,* pp. 42–43.

② Werner Keller, *Diaspora : The Post – biblical History of the Jews,* Harcourt, Brace & World, Inc., New York, 1969, pp. 135–136.

族早已分离而有了改变。”① 公元7世纪以后，由于伊斯兰教急于建立与巩固政权，对半岛上的任何反伊斯兰势力都采取了强硬措施，导致了犹太人与阿拉伯人之间的冲突。在麦加，犹太人曾与拜物教徒联合参与了反击穆罕默德与穆斯林武装的战斗，一度战败了穆斯林军队。所以，《古兰经》中出现了这样的话语：“你必定发觉，犹太教徒和多神教徒对诚信者最怀敌意。”② 在麦地那，穆斯林阿拉伯人与犹太人发生流血冲突，犹太人抵抗失败之后，穆斯林阿拉伯人就把两个有名的犹太部落奈迪尔部落和古来扎部落驱逐出麦地那。奈迪尔部落就在海巴尔联合异教势力抵制伊斯兰教，629年，穆斯林进攻海巴尔，激战3个星期，犹太人失败，不得不向穆斯林称臣纳贡。此后，犹太人在阿拉伯半岛上的势力大为削弱。当伊斯兰政权巩固之后，阿拉伯人与犹太人的关系又趋于缓和，相对于基督教世界而言，犹太人在穆斯林世界有一定的发展空间，犹太文化得以繁荣。

二、犹太教对伊斯兰教的影响

穆罕默德生活的年代，阿拉伯半岛上有很多犹太人定居，穆罕默德不会书写，但秉性好静，思维敏捷，善于接受新事物。他从小就外出经商，12岁时就参加了一支前往叙利亚的商队，与犹太人的接触是不可避免的。伊斯兰教产生之前，遍布阿拉伯半岛的犹太人把希伯来人的神话故事带到了阿拉伯人中间，并对阿拉伯世界注入了一神思想以及创世、救赎、魔鬼、撒旦、地狱等观念。公元6世纪下半期在阿拉伯半岛出现了一个新教派——哈尼法运动，他们自称为“易卜拉辛”（阿拉伯人对亚伯拉罕的称谓）的追随者，竭力反对当地流行的拜物教。哈尼法运动虽然没有形成系统的纲领，也没有成为完整意义上的宗教，但它的基本主张如崇拜一神、反对偶像、追寻正道等完全脱胎于犹太教，并对伊斯兰教的兴起产生了很大的影响。穆罕默德开始宣教的时候，就称伊斯兰教是继承了易卜拉辛的宗教。《古兰经》中有这样的启示：“你说，我的主指引了一条正路，即正教。崇正易卜拉辛的宗教。”③

---

① 《马克思恩格斯全集》第29卷，第23—24页。

② 《古兰经》，第5章，第82节（本书所引用《古兰经》的内容均出自《古兰经韵译》，林松译，中央民族学院出版社1988年版）。

③ 《古兰经》，第6章，第161节。

伊斯兰教兴起之初，有些穆斯林仍然诵读犹太教经典。伊本·赛阿德在《人物传记》中引述了麦依姆奈的一段话，她说：我父亲每七天读一遍《古兰经》，每六天读一遍《旧约》，诵读的最后一天，很多人都来听经。我父亲说：诵经结束时，将有天恩降世。《珍奇的串珠》一书中传述了谢阿比对马立克·本·穆阿威雅说的一段话："我警告你，别私心用事，什叶派中的拉费兹派是我们当中的犹太人，他们仇恨伊斯兰教，有如犹太教仇恨基督教一样……。拉费兹派的许多观点与犹太人是一致的。犹太人认为：只有大卫的后裔继承王位；拉费兹派也跟着主张只有阿里家族的人才能继承哈里发之位。犹太教徒说：要为'雅卫'进行圣战，直到'救世主'出世，那里有声音来自天空；拉费兹派也学着说：要为真主进行圣战，直到迈赫迪从天而降。犹太人把婚礼延迟到星星交错闪烁之时；拉费兹派也是如此。犹太人认为'对妻三休'不算什么；拉费兹派也是如此。犹太人认为'妇女不必守限'；拉费兹派也是如此。犹太人篡改了《旧约》，拉费兹派也篡改了《古兰经》。犹太人贬低迦百利天使，说他是以色列的敌人；拉费兹派也认为：真主的天启本来应该降给阿里，但是迦百利错误地把它降给了穆罕默德。犹太人禁吃骆驼肉；拉费兹派也是如此……"①

伊斯兰时期，犹太人与穆斯林经常进行争论，都为自己的宗教辩护，伊斯兰古籍中有很多这样的记载。居住在麦地那的古来扎犹太部落的奥斯曾写过这样一首诗：

吾妻邀我奉真主，
我请我妻信雅卫；
我有摩西的经典，
她有穆罕默德的教导；
各自都说自己的宗教好，
都认为自己找到了正道。②

伊斯兰教深受犹太教的影响，因此被称作是犹太教的"女儿宗教"。著名的美国历史学家希提在其所著的《阿拉伯通史》一书中也说："希伯来人先于任何其他民族，以清楚的一神观念，昭示全世界的人，他们的一神论，是基督教徒和伊斯兰教徒信仰的渊源。""阿拉伯人的宗教，是继犹太教和基督教之后的第三

① 艾哈迈德·爱敏：《阿拉伯——伊斯兰文化史》第二册，朱凯、史希同译，商务印书馆2001年版，第308—309页。

② 艾哈迈德·爱敏：《阿拉伯——伊斯兰文化史》第二册，第312—313页。

种一神教，也是最后的一种一神教。从历史上来说，这种宗教是那两种宗教的支派，也是一切宗教中与那两种宗教最相近的。这三种宗教，是同一种精神生活——闪族生活——的产物。”①

伊斯兰教对犹太教的吸取与继承主要体现在以下几个方面。

首先，伊斯兰教承认犹太教的先知并尊重犹太人和基督教的经典。穆罕默德指出，他的宗教与犹太教和基督教同源于“开经原本”。穆斯林认为，在众多的先知中，有六位可以称为使者，他们是阿丹（亚当）、努海（挪亚）、易卜拉辛、母撒（摩西）、尔撒（耶稣）与穆罕默德，穆罕默德是“封印”的先知，以后再也不会有先知出现。伊斯兰教还强调穆罕默德以前的先知都得到过真主的启示，接受过真主赐予的经典，安拉曾先后下降过104部经典，但《古兰经》中实际提到的只有四部即《讨拉特》（《摩西五经》）、《则逋尔》（即《大卫诗篇》）、《引支勒》（即《福音书》）和《古兰经》。《古兰经》证实以前的经典，并澄清以往的一切歪曲与篡改。《古兰经》也不否认与犹太教、基督教经典的关系。经文中说“我们确实已听到继母撒(指摩西）之后颁降的经籍，足以印证它以前的，能指向真理，指向正确的通路目的”、“这部《古兰经》，除安拉外，决不可以杜撰假拟，而是他用以证实从前的［经典］，将经典阐释剖析。其中无可怀疑，是宇宙万物之主所降谕”。② 在伊斯兰教看来，既然犹太教徒与基督教徒都是“有经人”，那就是穆斯林的同道者，应该得到尊重。《古兰经》中真主对穆罕默德有这样一段启示：“你说，我们确信真主，确信我们所受的启示，与易卜拉辛、易司马仪、易司哈各、叶尔孤白和各支派所接受的启示，与母撒、尔撒和众先知所受赐予他们主的经典（一样）。我们对于他们中任何人都不加歧视。”③

其次，《古兰经》所叙述的传说与故事，绝大部分与《旧约》内容极其类似。这类经文约有一千五百多节，占《古兰经》的1/4，尤其是先知的故事表现得最为明显。在经文提及的28位重要人物中，《圣经》人物占24位。其中《旧约》的亚当（阿丹）、挪亚（努海）、亚伯拉罕分别在第25章中提到70次；他拉（阿宰尔）、以实玛利（易司玛仪）、以撒（易司哈格）、罗得（鲁脱）、雅各（叶尔孤白）、约瑟(优素福)、摩西(穆萨）分别在第34章里提到130次；扫罗(塔鲁特)、大卫(达伍德)、所罗门(素赖曼)、以利亚(易勒雅斯)、约伯(艾优卜)、约拿(优

① 希提：《阿拉伯通史》，马坚译，商务印书馆1979年版，第11页。
② 《古兰经》，第10章，第37节。
③ 《古兰经》，第3章，第84节。

努斯）等都是《古兰经》中著名的人物。这些故事所要证实的宇宙一神、开启经典等概念，反映了伊斯兰教与犹太教的历史联系。①

再次，伊斯兰教的经注学家们常常利用《旧约》的内容与风格来诠释《古兰经》。穆斯林对于《旧约》的看法可以归结为三种：其一，《旧约》的全部或者大部分内容已被犹太人篡改过，时人所见到的内容已不是摩西所受启于上帝的原本经典；其二，《旧约》的正文还是上帝的启示，犹太人只篡改了注释部分；其三，《旧约》基本保持了上帝降给摩西时的原貌，犹太人篡改《旧约》的观点只是基督教的指责而已，没有任何证据。由于受犹太教与犹太文化潜移默化的影响，许多伊斯兰经注学家大量引用犹太人的观点来阐释宗教要义。“读一读塔巴里的《古兰经注》，就可以清楚地看到这些经注学家用《旧约》及其诠释的内容，来诠解《古兰经》章节。他们时而引用瓦哈比·本·穆奈比海的说法，时而转述以色列人的诠释，对于凡是在《古兰经》中出现的来自《旧约》中的故事，他们都采取这样的做法。而这些人并不都是犹太教的学者，其中有些人——正如伊本·赫尔东所说的——只是普通的犹太人，他们的知识并不比一般有经典的人丰富。经注学家却不管这些，到处引用他们的诠释。这些‘以色列式’的诠释越来越多，就连赛阿里比的《先知的故事》等书中都充斥了这类内容。”②

最后，伊斯兰教在教义与习俗上对犹太教有很大的继承性。伊斯兰教与犹太教一样，崇尚绝对意义上的一神教，安拉是唯一的、一切的真主，凡人不需要通过中间力量就可以接近他、感悟他；穆斯林与犹太人一样相信灵魂不灭，因此人类应该在尘世多行正义、完美道德，否则就要遭受惩罚；伊斯兰教接受了犹太教的安息日，称之为聚礼日，所不同的只是用星期五代替了星期六；犹太教中对封斋有严格的规定，犹太人每年大约有40天的斋戒，伊斯兰教则定赖麦丹月为斋月；割礼仪式起源于犹太人，伊斯兰教承袭了这一圣行，穆斯林男孩7—10岁左右要进行割礼；犹太教规定教徒每天要做三次祈祷，伊斯兰教每天规定五次礼拜，而且祈祷前都要求净手，礼拜有固定的面向，开始都面朝耶路撒冷，14年之后，穆斯林由耶路撒冷改为麦加的克尔白天房，但穆斯林仍然相信，克尔白天房是易卜拉辛和他的儿子易司玛仪共同建造的，克尔白附近至今还有易卜拉辛当年的站脚地；希伯来圣经中，以

① 参见金宜久：《伊斯兰教史》，中国社会科学出版社1990年版，第72页。
② 艾哈迈德·爱敏：《阿拉伯——伊斯兰文化史》第二册，第307—308页。

上帝的名义要求雅各把收成的十分之一施舍给穷人，因此，“什一税”成为一种古老的传统。伊斯兰教则规定，富裕的穆斯林除了“栽卡特”（天课）以外，要交纳“什一税”；犹太教推崇慈善，在早期的巴勒斯坦地区，犹太人已开始了一种有组织的社会救济活动，以帮助社团内部的穷人或用于公益事业。后来，慈善就发展为一种宗教义务与社会责任，伊斯兰教对于施舍有同样的看法，视之为一种公义、仁爱、圣洁的行为；伊斯兰教与犹太人一样禁食猪肉，穆斯林还吸取了犹太人的历法。此外，在《塔木德》与《古兰经》中都规定了一些诚心经商的原则。

由此可见，犹太教对穆罕默德一神思想的形成以及伊斯兰教基本教义的建构都产生了很大的影响。阿巴·埃班写道：“人们在确实研究了《古兰经》之后，就会发现穆斯林已把希伯来人思想智慧的结晶吸收到他们的宗教经典中去了。阿拉伯人把各种精神财富融合成一个整体，同时把各民族不分地理和社会界限纳入一个唯一的、联系密切的整体。”[①]

三、穆斯林统治下的犹太人

公元7世纪到8世纪初，阿拉伯人建立了横跨西亚、北非与西班牙的大帝国，那些流散于阿拉伯半岛、巴比伦与波斯等地的犹太人就处于阿拉伯帝国的统治之下。与欧洲社会相比，阿拉伯帝国对犹太人采取了比较宽容的政策，只要他们服从伊斯兰教政权的统治，就可以信仰自己的宗教，保持自己的风俗习惯，过比较安定的生活，他们与穆斯林的区别就是要多缴纳一种“人丁税”。虽然阿拉伯帝国也曾经出台过一系列限制非穆斯林的法令，如禁止建立新的犹太会堂与基督教堂，现有的会堂与教堂可以修复，但不得高于临近的清真寺；不可以在穆斯林居住区内举行公开的宗教仪式，如列队行进、吹朔法尔等；不可以佩带武器，不可拥有一切战争物资（由于马也被包括在战争物资之内，非穆斯林只能骑骡子和毛驴）；不能与异族通婚；犹太人的脖子上挂一件5磅重的东西，以回忆他们的祖先对金牛犊的崇拜；犹太人与基督徒要在衣服上贴黄色标记，身上挂着非信徒字样的银币；犹太女子要穿红、黑两种颜色的鞋子，脚上还要系上铃铛，走起路来很

① Abba Eban, *My People : The Story of the Jews*, p. 132.

远就能听到声音，等等。① 但实际上穆斯林政权针对犹太人以及基督徒的立法都没有认真执行，“这些限制不能阻止犹太人与非犹太人之间的友好交往，穆斯林与犹太人已经被共同的商业利益与相互的吸引力而连接在一起，尤其是在社会上层人物之间建立了联系。当犹太人在商业、医学以及学术界取得了比较高的社会地位之后，他们必然与那些非犹太人的同事们发生职业方面的往来。而那些敬仰犹太人专门学识的阿拉伯人也常常忽略社会与立法方面的限制”。②

犹太人在穆斯林世界主要从事经商与手工业。他们通晓罗马语、希腊语，也会讲希伯来语与阿拉伯语，与世界许多地方保持商业、贸易与文化的联系，因此，成为国际贸易的承担者。在阿拉伯帝国境内的许多城市里都有犹太店主，经营多种产品，犹太人活跃于各种市场。可以说，伊斯兰教的兴起使犹太商人获取了千载难逢的发展机遇。由于基督教与伊斯兰教的长期对峙，特别是由于在东西方贸易的核心地区地中海沿岸出现了两大帝国——信仰基督教的加洛林帝国和信仰伊斯兰教的阿拉伯帝国，双方常常因商业利益而大动干戈，不同宗教身份的商人彼此都不敢进入对方的世界，欧亚之间的贸易几乎中断。这时，犹太人则顺理成章地扮演了东西方贸易的中介者，他们借助于共同的语言——希伯来语承担起了世界商人的使命，在 9 世纪，巴黎和巴格达或开罗之间的绝大部分商业事务已用希伯来语办理。当时的犹太人活跃于西班牙、法国、意大利、拜占庭、巴勒斯坦、埃及、突尼斯等地，“他们在地中海和洲际贸易中起着极为活跃的作用，并作为国际商人而首次出现于西方的基督教国家”。③ 他们在各大港口都设有自己的“代表”，组成了一个排除异己、自成体系的庞大商业网，保证了长途贸易的顺利进行。

由于犹太人经济地位较高，也有比较好的文化素养，因此不少人担任了阿拉伯宫廷的外交、贸易及财政顾问。9 世纪时，巴格达的一位大臣曾说过：“我之所以任用非伊斯兰教徒担任行政职务，并不是因为我对犹太教或基督教怀有任何同情，而是他们对王室比穆斯林更加忠诚。”④

穆斯林时代，巴勒斯坦的犹太社团逐渐恢复，自哈德良皇帝开始，犹太人被禁止进入耶路撒冷，基督徒延续了这一禁令，穆斯林时代虽然没有明确废除禁

① 参见 Elie Kedourie（edited）, *The Jewish World: Revelation, Prophecy and History,* pp. 180–181.

② Abba Eban, *My People: The Story of the Jews,* p. 138.

③ H. H. Ben–Sasson, *A History of the Jewish People,* Harvard University Press, 1976, p. 394.

④ Abba Eban, *My People: The Story of the Jews,* p. 138.

令，但耶路撒冷的犹太人越来越多。哈里发奥玛尔允许70个犹太家庭迁入耶路撒冷定居，并允许犹太人登上圣殿山，犹太人清洁了圣殿山。后来，又有一些被称为“锡安哀悼者”的犹太人在西墙附近定居下来，犹太宗教学校重新开学。在太巴列，希伯来诗歌创作、经典注释都得到了很大的发展，尤其是对维护希伯来语的发音与句法起了很大的作用。另外，在加沙、阿什克伦等地，犹太文化也得以恢复。巴勒斯坦犹太社团得到了各地教友的支持，并一直维持到十字军入侵。

在叙利亚，犹太人大批定居于特里波里、推罗、阿勒颇等地，尤其是大马士革形成了犹太文化的中心。在开罗、亚历山大等地，犹太人在学术发展与国际贸易方面占有一席之地；在埃及以西的凯鲁万、的黎波里、塔尼亚、摩洛哥等地的犹太社团也发展起来，并与巴比伦社团保持密切的联系。尤其是穆斯林统治下的西班牙，犹太文化发展到了一个新的高峰。

四、西班牙犹太社团

公元1世纪前后，犹太人就来到西班牙。公元412年占领了西班牙的西哥特人，曾强迫犹太人改信基督教。犹太人的权利虽然受到多种限制，但还是形成了自己的社区，并保留了传统的宗教文化。公元711年，当穆斯林将领塔里克入侵西班牙时，犹太人把阿拉伯征服者作为推翻基督教统治的解放者来欢迎。穆斯林当权者为了感谢犹太人，给了他们信仰自由、司法自治的权力，允许犹太人从事农耕、贸易、手工业、医学等各种职业。倭马亚王朝的哈里发阿卜杜–拉赫曼一世于756年当政后，西班牙进入了宽容时代。从8世纪到13世纪，犹太文化在这里出现了一个“黄金时代”。由于希伯来语中把西班牙称呼为Sepharad，所以人们把西班牙、葡萄牙的犹太人及其后裔称为“塞法尔迪人”，把他们的文化统称为塞法尔迪文化。

在当时的科尔多瓦、格拉纳达、托莱多等城市的犹太社团中，一系列圣经学院相继建立，尤其是科尔多瓦圣经学院，不仅有藏书丰富的图书馆、博学多才的著名学者，而且还是处理犹太人事务的权威机构。特别是巴比伦犹太中心逐渐衰落后，这些圣经学院就成为散居犹太人的宗教文化中心。西班牙的犹太学者热衷于研究希伯来语、《圣经》及《塔木德》，一些人从宗教、哲学、语言、文学及自然科学领域脱颖而出。其中最负盛名的学者有犹大·哈列维（1075—1141）和摩西·迈蒙尼德（1135—1204）。

犹大·哈列维被认为是12世纪上半叶最杰出的诗人与哲学家。他的诗歌以深厚而浓烈的阿拉伯艺术风格来展现犹太人的内心感受与思想境界，在圣经时代的诗歌艺术明显衰落的时刻，犹大·哈列维的诗在犹太人的心目中激起了强烈的振奋与共鸣。他的诗歌分为两类：一类是生活诗，描述智慧、奔放的犹太人以巨大的热情融入当地社会生活的情景；一类是宗教诗，表达对宗教的敬畏与虔诚、对圣地的怀念，尤其是对上帝的赞美。他在一首诗歌中写道：

上帝的圣山成了我的门槛，
我的大门面对着天国的殿。
我要在约旦播下橘黄色的香料，
我要让希罗亚河边伸出嫩枝。

我还怕什么？
上帝与我同在！
他的爱就是护卫我的天使，
只要我还活着，
我就要赞美他的荣耀，
直到生命的终点，
直到地老天荒……①

犹大·哈列维创作的作品至今仍然被犹太人传诵，有的被列为犹太会堂礼拜仪式的吟唱内容，例如在阿布月9日的祈祷仪式中要唱颂他的阿拉伯—波斯诗体的一首挽歌——《锡安之颂》，他的《流放哀歌》也是十分流行的诗篇。

犹大·哈列维的哲学代表作是《库萨里》，阿拉伯语版本的标题是《为保护屈辱的信仰而作的辩护书》（*Book of Proofs for the Defense of the Humiliated Faith*），这本书除了希伯来语与阿拉伯语版本以外，还被翻译成西班牙语、拉丁语、德语等多种版本。《库萨里》的内容是以一位卡扎尔国王、一位哲学家、一位犹太人与一位穆斯林之间的对话而展开的，试图通过宗教的对比来展示犹太教的优越性。犹大·哈列维认为，哲学是有局限性的，“不要让你自己被希腊人的智慧所诱惑，因为它只开花不结果”。哲学的推测很容易使人们误入歧途，即便

① David Biale（edited）, *Culture of the Jews,* Schocken Books, New York, 2002, p. 376.

是亚里士多德的哲学内涵都无法引导人们走向纯粹的宗教真理，因为哲学从根本上说无法揭示上帝与人类之间的密切联系。只有上帝在西奈山授予的神圣的启示才是所有宗教信条的基础。[①] 犹大·哈列维的思想虽然具有强烈的犹太民族主义色彩，但其哲学启示也是不可忽视的，他大胆否定亚里士多德学派的主张，认为上帝不是对世界没有任何兴趣的、不具人格的超然之灵，而是人格化的上帝，并导引历史发展的进程。另外，在评判预言与选民等问题上也都提出了与亚里士多德学派截然不同的观点。[②] 作为一位民族思想家，犹大·哈列维对犹太人的命运表示深切的关注，他强烈主张犹太人回归巴勒斯坦，他有一句被犹太人广泛引用的名言："在东方、在西方，哪里是我们可以和平居住的地方？"（Is there not in East or West one place where we might live in peace?）在晚年，他只身前往巴勒斯坦，实现回归故土的梦想。据传说，当他像石人一样呆呆地立在西墙前哭泣的时候，被一位阿拉伯骑士的马踢死。但他那感人至深的怀念故乡的优美诗句却代代流传：

啊，世界之城（耶路撒冷），
您曾有辉煌而神圣的昨天，
我从遥远的西方，
用心灵寄托对您的怀念。
每当回想起往昔的日子，
爱意就像溪流一样涌现。
现在圣殿已经荒芜，
荣耀已经逝去。
但愿我有一双鹰的翅膀，
直接飞向您的怀抱，
用我涟涟的泪水，
去打湿那圣地上的尘埃……[③]

摩西·迈蒙尼德被认为是中世纪最伟大的犹太思想家之一。他出生于科尔多瓦，但后来的大部分时间是在埃及的福斯塔特（即古开罗）度过的。他的父亲是一位拉比与《塔木德》学者。迈蒙尼德是一位百科全书式的人物，他精通数学、

① Werner Keller, *Diaspora*: *The Post–biblical History of the Jews*, p.189.

② Elie Kedourie（edited）, *The Jewish World*: *Revelation, Prophecy and History*, p.212.

③ 转引自 Werner Keller, *Diaspora*: *The Post – biblical History of the Jews*, pp.188–189.

天文学、物理学，自然科学知识极其丰富，又是一位著名的律法学家、哲学家、伦理学家。迈蒙尼德还是非常出色的医生，写过许多医学论文，做过皇室的御医，一位穆斯林医生曾用这样的诗句来赞赏迈蒙尼德的医术：

盖伦[1]的医术只能治愈人的身体，
而阿布–伊尔曼（摩西）却能治愈身体与灵魂。
他的学识，使他成为一代名医，
他的智慧，驱散了无知的伤痛。
如果月亮向他求诊，
他会在满月的时分消除她的斑痕，
解除她每月的病痛，
使她以后不再缺损。[2]

迈蒙尼德死后，人们常这样称赞他："从摩西到摩西，他是最伟大的摩西。"迈蒙尼德的最大成就在于哲学方面，他留给后世的是一本用阿拉伯文写成的包罗万象的《迷途指津》，它汇集了中世纪阿拉伯哲学的研究成果。迈蒙尼德的主要意图之一是用亚里士多德哲学中的理性主义来解释传统的犹太教，为犹太教寻找哲学依据，从而丰富了犹太思想的内涵。[3]迈蒙尼德的思想不仅为以后的犹太哲学奠定了基础，而且也为中世纪讲拉丁语的基督教徒提供了哲学启迪。在基督教思想家中，圣托马斯·阿奎那深受迈蒙尼德的影响；在犹太思想家中，迈蒙尼德最杰出的后继者应该是巴鲁赫·斯宾诺莎。

迈蒙尼德

迈蒙尼德对犹太教的神学教义进行了前所未有的深入研究。由于犹太教一

① 盖伦（130—200）是希腊罗马时期最负盛名的医生。

② Abba Eban, *My People: The Story of the Jews,* p.138.

③ 参见 Jacob. J. Schacter, *Judaism's Encounter with Other Cultures: Rejection or Integration?* Jason Aronson Inc., New Jersey/ Jerusalem, 1997, pp. 82–84.

直强调的是实际生活中的恭行践履，而不是教义与学说，所以在相当长的时间里犹太教一直没有成文的正式信仰，这正是犹太教与基督教的一大区别。犹太拉比们反复教诲人们，对立派的观点也同样是“活生生的上帝之语”，并不能武断地否定哪一方，而是要在争执和辩论中接近真理，从而形成了“有十个犹太人就有十二种意见”的现象。到中世纪，许多犹太人与基督徒、穆斯林生活在一起，为了与其他宗教相区分，犹太人非常需要对自己的宗教进行教义上的表述。公元1160年，摩西·迈蒙尼德总结了自己对犹太教信仰的研究成果，提出了十三条信仰条款，即：

1．上帝之存在；

2．上帝是独一无二的，全能的；

3．上帝是无形无相的，不可比拟的；

4．上帝是永恒的；

5．上帝是唯一可崇拜的主；

6．先知向世人所传达的话语皆真实无误；

7．摩西是最伟大的先知；

8．《托拉》有神圣的起源，是上帝所传；

9．《托拉》是不可改变的，也不会被取代；

10．上帝洞察人的一切行为和思想；

11．相信上帝奖赏遵守律法的人而处罚践踏律法的人；

12．弥赛亚必将降临；

13．相信死后复生。①

此后大多数犹太人接受了摩西·迈蒙尼德提出的这十三条，视它们为犹太教最基本的信仰条款。但也有很多人提出不同看法，约瑟夫·阿尔博把迈蒙尼德的信仰条款减少为三个基本点：第一，信仰上帝；第二，信仰托拉之神圣性；第三，信仰报答与惩罚。②

在穆斯林统治下的西班牙，有许多犹太人服务于皇室，尤其是在阿卜杜－拉赫曼三世执政时期，不少犹太人成为高级官员，其中最著名的是哈斯戴·伊本·沙

---

① 参见 Julius Guttmann, *Philosophies of Judaism: The Histoy of Jewish Philosophy from Biblical Times to Franz Rosenzweig,* Holt, Rinehart and Winston, Inc., New York, 1964, pp. 178–179.

② Jacob Neusner and Alan J. Avery－Peck, *The Blackwell Readers in Judaism,* Blackwell Publishers Inc., Oxford, 2001, p. 6.

普鲁特（915—970），他担任了哈里发的金融和首席外交顾问，他利用自己的工作之便，极力关注国外犹太社团的情况。11世纪以后，穆斯林统治下的西班牙分裂出许多侯国，其统治者纷纷聘用犹太人做政治、经济顾问，尤其是在格拉纳达，犹太人的影响随处可见。著名的《塔木德》学者、数学家、哲学家萨穆尔·伊本·纳格雷拉（993—1056）担任了格拉纳达哈里发宫廷的高级行政顾问和军事统帅，格拉纳达的势力扩展与繁荣富强和他的贡献是密不可分的。他还利用自己的特殊身份为西班牙犹太社团谋福利，并有力地支援了巴勒斯坦犹太人。一位阿拉伯编年史家也记载说：格拉纳达挤满了犹太人，如果没有亲眼看到犹太人如何在这里幸福地生活，就不知道什么叫作荣华富贵——他们的伟大成就来源于智慧和虔诚。西班牙犹太人的另一贡献是直接推动了东西方文化的交流。犹太学者们把希腊、罗马文化中的经典作品翻译成阿拉伯语、希伯来语，同时，又把阿拉伯人的著作翻译成拉丁语，从而在东西方世界架起了理解的桥梁。最著名的西班牙犹太翻译家是乔哈涅斯·黑斯帕伦西斯（约1090—1165）和杰兰德（1114—1187）。乔哈涅斯把阿拉伯数学的杰出成就介绍给拉丁语世界，推动了西方近代数学的发展。杰兰德翻译了七十余种著作，其中包括了阿拉伯著名学者阿维森纳的《医典》。

总之，在穆斯林时代的西班牙，阿拉伯人与犹太人创造了和睦共处的友好记录。在经历了亡国与流散的痛苦之后，“犹太人的创造源泉终于被释放出来，犹如江河奔腾，势不可当。他们不仅丰富了当地的犹太文学、宗教与哲学，而且也滋润了从黑暗年代里闪现而出的欧洲文明。作为政治家、金融家、科学家、翻译家和国际贸易的促进者，犹太人对地中海世界的发展产生了无法估量的影响。正是通过犹太人的中介性作用，使中世纪晚期尚处于落后状态的欧洲得到了文化发展所必需的源泉”①。

14世纪以后，随着基督教政权在西班牙的兴起，反犹势力甚嚣尘上。犹太社区被捣毁，有的犹太人被打死，有的被强行洗礼，有的被卖身为奴。反犹活动很快蔓延到很多城市。1492年，西班牙的反犹行为达到顶峰，大约二十万人被驱逐出境。同年8月，最后一批犹太人不得不离开曾给他们留下辉煌记忆的西班牙。西班牙犹太人主要流散到葡萄牙、意大利、土耳其及北非等地。直到1869年，西班牙宪法才废除了1492年的驱逐令。

① Abba Eban, *My People: The Story of the Jews,* p. 160.

第四节 中世纪的欧洲犹太人

一、犹太人的分布及其经济地位

大约在公元前 6 世纪，罗马人统治巴勒斯坦以后，大批犹太人移居欧洲，主要集中在基督教尚未控制的希腊、法国、德国及北欧地区。在移居欧洲的最初的年代里，犹太人没有受到特别的歧视。但随着经济地位的稳固和势力的增长，与当地主体民族的矛盾日益显露，特别是基督教在欧洲扩展之后，犹太人的处境更为艰难，于是，他们开始逐步由西向东迁徙。到 15 世纪末，东欧各国如立陶宛、波兰、匈牙利、俄国已经集中了大批犹太人。后来有一部分犹太人远渡重洋移居美国、南非、澳大利亚等地。这些生活在欧洲基督教国家的犹太人被称为阿什肯纳兹人（阿什肯纳兹原是对居住在莱茵河及日耳曼地区的犹太人的称谓，后来扩展到对整个欧洲犹太人及其后裔的指称）。

在法国，犹太人定居的历史可追溯到加洛林王朝时期，当时的犹太区是这样建立起来的：为了促进当地的经济发展，犹太人被允许或者被邀请进入某个城市，但必须宣誓效忠，并承诺定期缴纳税务。10 世纪以后，法国主要的新建城市都有了犹太区，犹太人为早期城市的兴起与繁荣作出了贡献。11 世纪，犹太区里建立了研究《塔木德》的学院，并涌现出了一些有名的《塔木德》学者，但 12 世纪以后，法国开始迫害犹太人，尤其是从 1182—1320 年这一百多年的时间里法国曾四次允许犹太人定居，又四次把他们驱赶出去。到 16 世纪初，大部分犹太人被驱逐出去。

在德国，查理大帝时，犹太人进入美因茨，这里是重要的商业中心，经常有商队前往东欧与亚洲。美因茨还形成了犹太学术中心，召开宗教会议，禁止一夫多妻制。11 世纪以前，居住在其他城市的犹太人与美因茨的犹太社团一样享有自治权与贸易权。但 1298 年和 1336 年，黑死病在德国流行以后，教会以传播疾病为借口，对犹太人进行清洗，两百多个犹太社团被毁灭。到 15 世纪，大多数城市的犹太人被驱逐出去。

在英国，犹太人进入的年代是 1066 年，他们大部分来自法国，也有的来自西班牙、意大利与摩洛哥。英国国王允许犹太人进入的直接目的就是让他们发展高利贷业务，扩大金融市场。12 世纪，英国犹太人仅占全国总人口的 1/400，却一度支付全部国税的 8%。除了捐税盘剥以外，有的国王还派出官吏直接掠取犹太人的财富，他们常常搜查犹太放债者居住的房屋，如果财产已被转移，就用苦刑威逼放债者说出财富的所在。依据西欧流行的封建法，犹太人是国王的奴隶，国王可以在任何时候、采取任何手段没收其任何财物。正如一位英国法学家所说的："一位犹太人本身一无所有，因为不论他们取得何物，皆非其所有，而是属于国王。"英国犹太人在帮助国王筹措资金方面起了很大的作用，但 13 世纪以后犹太人的处境日益恶化，1290 年有 16000 名犹太人被驱逐。

在意大利，从公元 2 世纪起就有了犹太社团，尽管罗马教皇出台了一系列反犹措施，但相对而言，犹太人与基督教徒的关系缓和，在罗马、巴勒莫等城市里，犹太人过着比较平静的生活，并参与当地的经济与文化活动，基本上没有经历全国性的驱逐事件。13 世纪以后，许多逃避迫害的犹太人来到意大利，犹太人中涌现了一批翻译家、作家、音乐家，同时还有许多人成为大银行家、印刷商、医生等。16 世纪下半期，犹太人的处境急剧恶化，大部分被驱逐出去，只有罗马等个别地区还幸存着犹太社团。

中世纪初期，当大批犹太人进入欧洲的时候，当地的商品经济极其微弱，许多人入乡随俗地从事农业生产。可是，由于基督教会禁止犹太人及其帮工在星期天从事生产劳动，而犹太人在自己的安息日亦不劳作，这样，一周之内不得不停工两天，从而严重影响了农业生产。再加上当时欧洲一些国家，特别是西哥特人的法律禁止犹太人拥有土地，因此，犹太人常常有一种不安全感。无望得到不动产——土地，又面临着被驱逐危险的犹太人渐渐放弃了处境艰难的农业生产而纷纷投入手工业生产领域。与中世纪初期欧洲大陆上的日耳曼人相比，进入欧洲的犹太人掌握了较高的手工技艺，他们把从亚非等地，尤

中世纪的犹太银行业

其是从阿拉伯帝国学习积累的手工业技术带到了欧洲。丝织、刺绣、印染、金银锻造、玻璃工艺等成了他们的传统行业，技艺精湛的犹太工匠深受王宫贵族的喜爱。然而，10世纪以后，随着欧洲城市的普遍兴起，手工行会垄断了各地的手工业，犹太人作为异端分子被排除在外，于是，当欧洲基督教国家手工行会制度普遍确立之后，犹太人的各种手工业经营便被有效地禁止了。

正当犹太人被排挤出农业和手工业领域而成为无业游民之际，放债业务日益重要，而“西方国家的教会日益禁止基督教放债，于是基督教的欧洲便在这一方面出现了真空，人们只好放任犹太人去填补”。由此可见，正是欧洲社会的排挤态度把犹太人推上了商业之路，用海涅的话来说：“犹太人的这种经商奇才咄咄逼人地发展着，难道是他们的罪过吗？罪过完全在于中世纪人们的那种谬见，他们误解了实业的意义，把生意买卖看成是某种下贱的事，甚至把放债取利看作某种可耻的事，所以才把这个实业部门最有利可图的部分，即放债取利，交给犹太人之手；这样，犹太人便被排斥在其他一切行业之外，不得已才成为最会精打细算的商人和理财家。”① 当犹太人获得了经济利润之后，犹太人与主体民族之间的矛盾越来越尖锐。欧洲各地的世俗统治者采取种种手段掠夺犹太人的财产，不仅摊派各种名目的人头税、财产税、屠宰税、酒税、珠宝税、进口税等，而且每逢战争、国王加冕或巡守等情况，犹太人还必须“自由乐捐”，如果国王在战争中被俘，犹太人必须承担赎金。除了大肆掠夺之外，国王们还往往把犹太人驱赶出境。时过境迁，若经济需要，可再次把他们招回。12—15世纪，西欧大多数国家都发生过驱逐犹太商人的事件。汤因比在他的《历史研究》一书中以三幕剧的形式勾画了欧洲社会对犹太人的复杂心态及矛盾性对策：

> 在第一幕中，犹太人正像他们之不可或缺那样地不得人心，但是由于他们的非犹太迫害者在经济上没有他们就过不去，他们所受的虐待是被保持在限度之内的。一旦新兴的非犹太资产阶级获得了为自己所有的充分的经验、技能和资金，感到他自己能够取当地犹太人之位而代之的时候，第二幕就在一个接着一个的西方国家中拉开了。在这一阶段里——英国是在13世纪达到的，西班牙在15世纪，波兰和匈牙利则在20世纪——非犹太的资产者运用他们的新到手的力量得以排除他们的犹太对手。在第三幕中，一个现已确立起来的非犹太资产阶级已变成了这样的犹太人经济艺术的老手，以致他们

① 海涅：《莎士比亚笔下的少女和夫人》，《海涅选集》，第518—519页。

的败于犹太人竞争的传统恐惧已不再强制他们放弃重新使用犹太人的才能为他们的非犹太人的国家经济服务的这种经济利益了。本着这种精神，塔斯康政府在1593年及以后允许来自西班牙和葡萄牙的暗奉犹太教的难民定居于勒格浑；荷兰从1593年起就向他们敞开了大门；而在1290年曾感到强大得足以排除犹太人的英国，在1655年感到更强大得足以再让他们进来了。①

二、基督教会对犹太人的迫害

犹太人的流散史是一部遭受歧视与迫害的历史。中世纪的基督教会在迫害犹太人方面扮演了非常重要的角色，它把犹太教列为异端邪说，采取种种手段强迫犹太人改宗。人类历史上第一位新教徒、德国人引以自豪的思想巨人——马丁·路德就曾把犹太人比作瘟疫。他说：犹太人的圣殿应付之一炬；犹太人的房屋应彻底毁坏；犹太人所拥有的一切都来路不明；犹太人正是灾难与罪行的化身！② 在外界的压力之下，确有一些人改信了基督教，但改宗之后的虔信程度又往往被基督会所怀疑。在西班牙与葡萄牙，很多犹太人表面上皈依基督教，但却秘密信仰犹太教，他们遵守传统礼仪，不与非犹太人通婚。西班牙语中称这些人为马兰诺，或者“新基督教徒”。在13到14世纪，一些马兰诺成功地隐藏了自己的身份，并在西班牙的政治、经济、文化中发挥了重要作用，涌现出了像费尔南多·德罗哈斯这样的杰出学者，至今仍被尊为伟大的西班牙语古典作家。但15世纪以后，异端裁判所③的刑讯与火刑时时都在威胁着他们。1481年，异端裁判所在塞维利亚烧死了6位马兰诺之后，迫害活动步步升级。异端裁判所采取种种手段威胁利诱一些犹太上层人物或者在犹太会堂任职的人揭发马兰诺，当时有许多马兰诺纷纷逃亡，异端裁判所在城外设立了固定的火刑场。“火烧马兰诺不

① 汤因比：《历史研究》（下），曹未风译，上海人民出版社1964年版，第212—213页。

② 马丁·路德对犹太人的态度经历了一个反复的过程，在早期与天主教的斗争过程中，他一直主张善待犹太人，他认为犹太人的选民地位是无可否认的，他还强调耶稣的犹太身份。但他的目的是希望把犹太人变成新教徒，当犹太人拒绝改宗的时候，马丁·路德才用极其狂热的言论攻击犹太人。

③ 异端裁判所所迫害的主要目标就是犹太人与穆斯林，也包括其他非基督徒，异端裁判所列有非常详细的条款对犹太人进行调查，并给以多种形式的处罚。参见 Robert Rowland, *New Christian*, *Marrano*, *Jew*, see Paolo Bernardini & Norman Fiering（edited）, *The Jews and the Expanstion of Europe to the West,1450–1800,* Berghahn Books, New York / Oxford, 2001, pp. 127–130.

仅公开进行，并很快成为公众的景观。每次公开审判之后便是当众惩罚——包括鞭笞、监禁、流放与火刑”。异端裁判所存在的三个多世纪中，在西班牙与葡萄牙有 40 万犹太人受到审讯，其中 3 万人被处以死刑。①

欧洲宗教势力对犹太人的迫害在十字军东征时期达到了高潮。11 世纪以后，整个西方世界都处于罗马教会的控制之下。一些从巴勒斯坦朝圣归来的基督教徒不断传递这样的信息：穆斯林破坏了基督教的圣地与景观、基督徒被穆斯林匪徒所非难、基督教商人遭遇阿拉伯海盗的洗劫等等。于是，教皇乌尔班二世应拜占庭皇帝的呼吁，决定向穆斯林开战，欧洲历史上的血腥一页——十字军东征便掀开了。贪图犹太人的财产、又被宗教狂热情绪所笼罩的基督教徒突然意识到，“上帝的敌人”、非基督徒就在自己的身边，犹太人成了替罪羊与牺牲品。1096 年，第一次十字军东征开始后，就出现了“杀一个犹太人，以拯救你的灵魂”（Kill a Jew and save your soul）的宣传，袭击犹太人的活动开始于法国与德国。在诺曼底，十字军战士把犹太人抓进教堂，凡拒绝洗礼的格杀勿论。同年 5 月，施佩耶尔、沃尔姆斯、美因茨、拉蒂斯本、特鲁瓦等地的大批的犹太人被抢劫或者杀害，犹太区被摧毁，一些人被强行洗礼，一些人选择了自杀。② 在德国的施佩耶尔，5 月 20 日这一天，许多犹太人躲到教堂附近，当十字军进逼的时候，主教要求犹太人接受洗礼以挽救生命，犹太人提出给他们考虑的时间。当时间一到，主教看到的是十分凄惨的场面：没有一个人活着，他们集体自杀。十字军连死者也不放过，剥光他们的衣服并蹂躏他们的尸体。在这一地区，两天之内大约有近八百人死去，而且是被赤身裸体地扔进坟墓。

十字军进入耶路撒冷

在美因茨，当埃莫里希率领的十字军进城的时候，城里的犹太社团向大主教鲁萨尔德求救，大主

① Abba Eban, *My People*: *The Story of the Jews*, pp. 190–191.

② 参见 Judah Gribetz, *The Timetables of Jewish History*, Touchstone, New York, 1993, p. 110.

教答应他们可以在他的宅第里避难，于是，一千多名犹太人带着他们的贵重物品挤进了大主教的宅第。5 月 27 日，当埃莫里希和他的军队强烈要求交出避难者的时候，守宅的卫兵撤走了，大主教也消失了，因为他替犹太人说情而受到严重的威胁，那些疯狂的士兵甚至也想杀死他。犹太人曾试图抵抗，但很快失败，当十字军冲进来的时候，许多虔诚的犹太人披着祈祷巾围坐在拉比以撒克·本·摩西的周围。接着是惨无人道的大屠杀，整个院子与房间里面血流成河，男女老少的尸体堆在一起。在以后的几天里，从大主教的宅第里整整运出了一千三百多具尸体。1096年的5月到7月间，在莱茵地区，大约有12000人被杀害。[①]

中世纪的木版画——血祭

1097 年，第二次十字军东征开始，他们从法国、英国、意大利、西西里等地出发，横渡博斯普鲁斯海峡，于 1099 年 6 月抵达耶路撒冷城下，穆斯林的抵抗坚持了 5 个星期，7 月 15 日城市攻陷。在十字军庆祝胜利的 3 天时间里，耶路撒冷的穆斯林与犹太人大批被杀，据记载："遍地都在流血，染红了骑士的膝盖，染红了马的缰绳，被杀者的尸体高高地堆在街上。"犹太人藏身于会堂里，并组织抵抗，但只坚持了 3 天，十字军进入后，许多人被活活烧死。基督徒完全占领了这座圣城，部分幸存下来的穆斯林与犹太人也都被卖为奴隶。[②]

十字军东征以后，病态的反犹太主义笼罩着欧洲大陆，宗教会议所颁布的法规成了迫害犹太人的理论依据。当时，有许许多多的传说不胫而走：犹太人故意亵渎圣饼；[③] 犹太人在逾越节杀害信基督教的儿童充当祭品；犹太人在井里投毒

① Werner Keller, *Diaspora*：*The Post–biblical History of the Jews*, pp. 204–205.

② Werner Keller, *Diaspora*：*The Post–biblical History of the Jews*, p. 206.

③ 圣饼即 Host，是一种不发酵的饼，天主教认为，它象征着耶稣的身体。1298 年，罗根庭的犹太人被指控玷污圣饼，整个巴列威与奥地利掀起了迫害犹太人的高潮，一百四十多个犹太社区被毁坏。后来，这一指控多次成为袭击犹太人的借口。参见 Abba Eban, *My people*：*The Story of the Jews*, pp. 180–181.

引起了蔓延于欧洲的黑死病，等等。后来，当德国被蒙古人蹂躏时，人们把蒙古人说成是犹太人；在捷克，犹太人被看作是胡司战争的支持者；在俄国，犹太人被指控为沙皇的谋杀者；真是“欲加之罪，何患无辞”。正如萨特在《反犹太者的画像》中所描述的那样：

> （犹太人）是根本坏的，他的长处，假如有，也因为是他的长处而变为短处，他的手所完成的工作必然带有他的污迹：如果他造桥，这桥是坏的，因为它从头到尾每一寸都是犹太的。犹太人和基督徒所做的同样的事情，无论如何绝不相同。犹太人使得他触摸过的每件事物都成为可恶的东西。德国人所做的第一件事就是禁止犹太人进游泳池。对他们来讲，一个犹太人的身体投入水中就会把水根本弄脏。正确地说，犹太人因为他们的呼吸而污染了空气。①

三、驱逐与外迁

十字军东征的浪潮过去之后，犹太人的境遇并没有改善，许多国家都颁布了针对犹太人的法令，限制他们的自由，征收额外的赋税，禁止他们从事某些职业，不准占有土地。长期以来驱逐犹太人的事件在欧洲不同国家都时有发生，到15世纪掀起了新的高潮，最典型的是1492年3月31日西班牙颁布的驱逐令，法令是以斐迪南国王和王后伊莎贝拉的名义颁发的，为了在全国统一天主教信仰，他们要求犹太人必须在3个月里离开西班牙，法令说道：“根据异端裁判所递交给我们的报告，

“与魔鬼为伍的犹太人”——中世纪的犹太人画像

① W. 考夫曼：《存在主义》，陈鼓应等译，商务印书馆1987年版，第292页。

毫无疑问，基督教徒与犹太人的交往造成了巨大的危害——那些犹太人试图误导基督徒接受其卑劣信仰的宗教，这导致了对我们神圣的天主教信仰的减弱与损害……因此，我们决定把所有的犹太人、不分性别永远驱逐出王国的国境。我们的法令要求居住在王国领土上的犹太人——不分男女老幼，必须在今年6月底以前从所有的皇家领地与属地上撤离，并带走他们的子女与家庭佣人。不管何种企图，如果有人无视这一命令而在我们的领土上被抓住了，不经审判就要没收其财产，并处之以死刑……我们允许他们通过陆地或海运带走他们的财产，但在常规的出口禁令之下的物品如金子、银子、钱币等例外。”① 驱逐令颁布之后，大约有5万犹太人受洗成为基督徒，大约有二十万人离开了西班牙。被驱逐者当中有很多学者、教师、金融家、商业家，还有许多葡萄酒制作商与手艺人，西班牙的中产阶级被严重削弱，经济受到严重影响。

1492年西班牙斐迪南国王签署的驱逐令

继西班牙之后，葡萄牙也开始如法炮制。1496年11月，葡萄牙国王曼努埃尔二世与斐迪南的女儿缔结了婚约。12月25日，葡萄牙就出台了驱逐犹太人的法令，要求所有的犹太人、包括从西班牙逃来的难民在10个月之内离开葡萄牙。曼努埃尔二世之所以给了比较长的期限，是因为他意识到犹太人对国家政治、经济与文化的价值，很希望犹太人能够通过改宗而留下来，他先命令所有4—12岁的孩子必须接受洗礼，想以此来影响他们的父母，但并

奥斯曼帝国的犹太会堂

① “The Edict of Expulsion”, see Michael Glatzer (edited), *Exile 1492: The Expulsion of the Jews from Spain*, Ben-Zvi Institute, Jerusalem, 1991, pp. 131–136.

没有达到目的。1497年复活节的前夕，国王下令把许多犹太人抓到教堂强行洗礼，有些人接受了，有的宁愿被杀或者自杀也不愿改变信仰。葡萄牙的大拉比西蒙·米阿密企图带头抵制被处死。1498年以后，除了改宗者以外，葡萄牙就没有犹太人居住了。

西班牙与葡萄牙的大规模驱逐浪潮，使大约三十万犹太人无家可归，流落到地中海沿岸的国家——摩洛哥、埃及、叙利亚、意大利等。15世纪中叶以后，奥斯曼苏丹政权为犹太人打开了大门，大约有十万犹太人在君士坦丁堡、萨洛尼卡等城找到了避难所。16世纪中叶，犹太人在奥斯曼土耳其帝国占据了重要的地位，许多人成为医生、金融家与政治家。当时，波希米亚的一位官吏在用德语写下的日记里，记述了犹太人的状况：

> 在土耳其，在每一个城市都可以发现许许多多说不同语言、来自不同国家的犹太人，但他们都很团结，因为他们有通用的语言。无论何时何地只要有犹太人被驱逐，他们都可以在土耳其找到安家之处。这些人像寄生虫一样密密麻麻地居住在一起，他们讲德语、意大利语、西班牙语、葡萄牙语、法语、捷克语、波兰语、希腊语、土耳其语、叙利亚语、迦勒底语以及其他语言……他们可以在土耳其、埃及、米斯尔（今开罗）、亚历山大、阿勒颇、亚美尼亚、鞑靼、巴比伦甚至远至波斯、俄国、波兰和匈牙利等地到处旅行，可以在他们喜欢的任何地方做生意。世界上没有一个地方的犹太人没在君士坦丁堡逗留过，也没有犹太人不曾涉猎的商品与贸易。只要有来自亚历山大、卡法①、威尼斯以及其他地方的外国船只，犹太人总是最先登上甲板……君士坦丁堡的犹太人还有一台印刷机，他们印刷了许多珍贵的书籍。犹太人中有金匠、石匠、画家、裁缝、屠夫、药剂师、医师、外科医生、纺织工、创伤科大夫、理发师、制镜匠、印染匠、丝绸工、淘金匠、矿砂提炼工、货币检验匠、铜板雕刻匠……犹太人不允许他们的同胞沦为乞丐，他们有人挨家挨户募捐，征集到的钱财用于帮助穷困的个人或者医院。②

在西欧的排犹浪潮下，许多犹太人就向东欧迁移，定居在立陶宛、波兰、匈牙利等地，尤其是波兰曾一度颁布过保护犹太人的法令，所以吸引了许多来自西

① 今克里米亚的费奥多西亚。

② 转引自J. R. Marcus, *The Jew in the Medieval World,* see Abba Eban, *My People: The Story of the Jews,* pp. 202–203.

欧与北欧的犹太人，形成了巨大的犹太社团。14 世纪末，当波兰与立陶宛合并时，犹太人已经在当地的经济中发挥着重要作用，于是国家就给犹太人颁发了许可证，给他们一定的自治权，并禁止亵渎犹太会堂与公墓，禁止抢劫犹太商人。但教会却极力效法西欧，要把犹太人排除在国家的政治与经济生活之外。虽然在 15 世纪也发生过驱逐犹太人的事件，但相对而言，波兰的犹太人的境遇要宽松得多，他们主要从事信贷、贸易、商业、医药、手工业、包税人等。16 世纪，波兰犹太人建立了自己的自治机构，负责处理各种民事与刑事案件，并协调与非犹太人的关系。到 17 世纪，波兰犹太人达到了 50 万。

在西班牙与葡萄牙的驱逐过程中，一部分犹太人逃到了意大利，在罗马、佛罗伦萨、米兰、热那亚和威尼斯等城市定居下来，主要从事信贷与银行业。14 世纪末到 15 世纪，文艺复兴运动首先在意大利兴起。人文主义者的目的就是要复活基督教文化中的古典主义精华，而希伯来语与希腊语言又是理解古典文化的工具，因此，在当时的意大利兴起了古典语言的热潮，甚至连红衣主教也积极参与。许多犹太学者担任起教师的职责。随着对古典语言的学习，人文主义学者对希伯来文手稿、对继承了希腊哲学传统的阿拉伯思想家如阿威罗伊、阿维森那等人的作品产生了浓厚的兴趣。但是，讲拉丁语的基督教学者与讲阿拉伯语的穆斯林学者从来没有建立过联系，宗教、语言、文化及思维模式的差异像鸿沟一样把他们隔开。这时，"在这两个世界都具有文化素养的犹太人再次发挥了桥梁的作用。他们把许多阿拉伯文写成的科学著作翻译成希伯来文，从而为博学的基督教学者打开了从未接触过的新的知识源泉。通过把这些作品翻译成拉丁文，希伯来语言学家与学者为扩大欧洲文化视野、培养欧洲思想家作出了巨大的贡献"①。

由此可见，基督教学者在复兴基督教古典传统的同时，促进了希伯来文化在欧洲的传播，因为希伯来文化正是他们所寻求的古典传统的重要组成部分。文艺复兴运动的一大成果使"希伯来语言与文化终于进入了欧洲大学的神圣殿堂，成为无可非议的学习与研究领域"②。当人文主义思潮涌入欧洲的时候，其他国家的大学也开设了希伯来语课程。在德国，热衷于宗教改革的思想家，学习希伯来语，德国著名的人文主义学者约翰内·冯·路希林在他的著作《论奇妙的语言》中热情赞扬希伯来语的美学价值。

---

① Abba Eban, *My People*: *The Story of the Jews*, p. 227.

② Nicholas De Lange (edited), *The Illustrated History of the Jewish People*, p. 13.

四、隔都

隔都[①]是指中世纪的欧洲在城市中的某个地方为犹太人所划定的居住区，以围墙与大门为标志把犹太区与非犹太区隔离开来，隔都的大门晚上要关闭。隔都的面积一般不大，犹太人居住地非常拥挤，不得不建造高楼，以容纳更多的人口。继威尼斯之后，意大利、德国、奥地利、波希米亚等地都建立了隔都。

其实，在16世纪以前，犹太人出于自卫与相互帮助的心理往往居住在一起，形成了一些自发的犹太区，在欧洲中世纪早期的荷兰、罗马、德国、奥地利等地就已经出现了闻名遐迩的犹太街、犹太区或者犹太巷。拉比们也曾要求犹太人"要修建栅栏以维护托拉"（Build a fence around the Torah），但现在由基督教会所动议与推行的隔都完全是强迫性的、以法律条文来维系的一种隔离，从而使犹太人成为被剥夺了公民权、隔绝于主流社会之外的特殊群体。

隔都之内的犹太社会有严密的组织并充满了集体主义色彩。犹太会堂与学校是犹太人的精神与文化生活的中心。犹太人的行政管理事务一般是由选举产生的12位帕尔纳斯（即领袖）组成的委员会来行施，这12个人中有一人为拉比，在德国被称作"犹太主教"（Jew's Bishop），实际上就是犹太区的领袖。隔都还有自己的法院，有的还建立了参议会（administrative offices），至于公墓、屠宰场、浴池、面包房、旅馆甚至监狱等都是隔都的必备设施。在众多的隔都里面，布拉格隔都最具代表性。

据推测，犹太人进入布拉格应该在罗马时代晚期，真正有文字记载的证据始于10—11世纪。十字军东征时期，许多布拉格犹太人被杀害或者被强迫受洗，他们的最古老的会堂与居住区也被焚烧。12世纪末以后，布拉格的犹太社区逐渐恢复，但到14世纪又遭受了严重的打击，特别是1389年，基督教徒血洗了犹

---

① Ghetto 指城镇中专门为犹太人划定的居住区。一般说来，隔都的四周有围墙，只留一个或几个供出入的大铁门，被严格把守，夜晚要闩门，安息日或犹太圣日也要关闭。1516年，威尼斯共和国通过一个法令，命令犹太人住进威尼斯的一个特别区域，这个犹太人区被称为Ghetto。后来Ghetto一词被广泛应用到欧洲各地，许多城市都有了犹太人的隔都。一般认为，Ghetto一词来源于希伯来语的ghet，意为"分开"或者"脱离"（divorce or separation）；也有人认为它来自希腊语、德语或意大利语。法国革命后，随着犹太人的解放，隔都的高墙被相继拆除了。参见Mordecai Schreiber, *Jewish Encyclopaedia*, New York, 1988, pp.92–93；*Encyclopaedia Judaica*, Vol.7, pp.542–543；R. J. Zwi Werblowsky and Geoffrey Wigoder（edited）, *The Oxford Dictionary of the Jewish Religion*, p.271.

布拉格隔都的公墓

太区，有四千多人丧生。1448年和1483年，布拉格的犹太人再次遭到大规模的袭击。[①]16世纪以后，尽管冲突时有发生，但总体而言，犹太人的处境得以改善。他们建立了新的会堂与塔木德学院，繁荣犹太文化，吸引了更多的犹太人前来定居。布拉格隔都涌现出了许多犹太名人，如著名的天文学家、数学家、历史学家大卫·甘斯（1541—1613）、大慈善家莫迪凯·迈斯尔（1528—1610）等。17世纪初期，布拉格隔都的犹太人数达到7000人。18世纪，许多布拉格犹太人进入布拉格大学学习，这在犹太历史上是十分罕见的。1788年，贝尔·约斯获得医学博士学位，成为犹太历史上的第一个博士学位获得者，布拉格犹太人曾像过节一样对此大加庆贺。布拉格犹太隔都一直存在到1852年，她以“以色列的城市与母亲”（City and mother of Israel）而著称。今天布拉格隔都已经建设成为一个博物馆，收藏了很多欧洲犹太人的纪念物，成为展现往昔欧洲犹太人生活的一个窗口、一面镜子。

五、意第绪文化

中世纪的欧洲犹太人，虽然生活在十分恶劣的环境中，却创造了很高的文化——意第绪文化。意第绪文化是以意第绪语为基础的文化。意第绪语是散居

① *Encyclopaedia Judaica*, Vol.13, p.996.

犹太人创造出来的一种混合语言。最早出现于 10 世纪，犹太人把希伯来语与日耳曼方言糅合在一起创作而成。主要为中欧、东欧及后来的美洲犹太人所使用。意第绪语的字母拼写及书写方式同于希伯来语，基本句法同于日耳曼语，其词汇则来自希伯来语、德语、俄语、罗马尼亚语、乌克兰语、法语、拉丁语等多种语言。后来开始吸收来自英语的词汇。意第绪语实际上是阿什肯纳兹人的日常口语。

意第绪文化的突出成就体现在文学领域。意第绪文学最早兴起于 13 世纪的德国。最早的作品主要是对犹太经典及其评注的翻译与转述，或者是围绕《圣经》内容所创作的诗歌、故事、传奇等。意第绪语世俗文学作品出现于 15 世纪，通常取材于犹太人的历史传说与散居生活的亲身经历。在意大利的威尼斯、克雷莫纳、曼图亚等城市都印刷过许多意第绪作品。以利亚·巴赫·莱维塔（1469—1549）成为意大利意第绪文化的大师型人物，他编纂了第一部意第绪语—希伯来语词典，并在语法学、语音学、文学创作以及经典研究方面留下了大批作品。17 世纪，意第绪语的《托拉》和《圣经》译本出现，从而推动了文学的发展。1602 年出版的《意第绪故事集》是现存最早的意第绪语小说集。18 世纪以后，在犹太启蒙运动与解放运动的影响下，意第绪语文学进入新的发展阶段，涌现了一大批才华横溢的作家，如莱文·艾萨克、纳赫曼、Z. B. 莱文森、施洛姆·埃廷杰、A. B. 戈特洛伯、I. M. 迪克等。

19 世纪末 20 世纪初意第绪文学继续发展，主要反映反犹主义压力下犹太人的精神状态以及对宗教、传统、文化等所作的反思，其影响力已经超出犹太世界。主要代表人物有肖洛姆·阿莱赫姆、艾萨克·雷伯·佩雷茨等。

意第绪文化的发展还表现在戏剧方面。15 世纪以来，著名的意第绪语戏剧《以撒献祭》，一直在阿什肯纳兹人中流传。从 17 世纪起，讽刺剧、滑稽剧、幽默剧等多种形式的戏剧出现。18—19 世纪，意第绪喜剧在东欧极为流行，其主旋律是反思犹太传统、传播启蒙思想、推进犹太社会的现代化。这一时期有代表性的剧作家是艾萨克·尤切尔和阿伦·沃尔夫森。20 世纪中叶以后，由于人口外迁、反犹主义者的压制以及大屠杀等因素，摧毁了犹太社会，欧洲已不再成为犹太文化的重心，意第绪文化随之衰落。

第五节　启蒙运动与解放时代

一、摩西·门德尔松

18世纪在人类思想史上是一个非同寻常的时期，由文艺复兴、宗教改革而奠定的人文主义传统在孟德斯鸠、伏尔泰、卢梭等人的笔下得到了弘扬与升华。对宗教神学的质疑与批判，对蒙昧状态的揭露与鞭挞，对理性、知识、个性及世俗化的推崇与讴歌，成为时代的主旋律。因此，这一时期被学人们称为“理性的时代”、“哲学的世纪”、“科学的福祉”。对寄居于欧洲的犹太人而言，启蒙运动以其特有的吸引力与冲击波震颤着隔都的高墙，沉闷了数世纪的犹太人终于呼吸到了自由与平等的新鲜空气。经过一个对自身文化的痛苦反思及艰难的思想洗礼过程之后，务实的犹太人便以极大的热情投身于这场史无前例的思想文化运动之中，从而掀起了犹太历史上的新的一页——启蒙运动及追求解放的时代。在这新旧交替的时刻，摩西·门德尔松（1729—1786）起到了指路人与先驱者的作用。他大胆地否定传统犹太教中的蒙昧主义成分，以理性主义及自然神论的思想重新解释犹太教，力图协调宗教文化与世俗文化，因此“成为现代犹太史上的一个划时代人物”。①

门德尔松出生于德意志东部的德绍市，这是一个具有典型的中世纪风格的城市。他的父亲米那希姆·门德尔松是一位贫穷的《托拉》缮写员。门德尔松从小就学习《塔木德》，受到了传统犹太教教义的熏陶。13岁便开始研读迈蒙尼德的《迷途指津》，由于过多地沉溺于学习，缺乏锻炼，门德尔松体质很弱，并落下了终身驼背。他把自己的残疾称作是从迈蒙尼德那里继承下来的一份遗产。

摩西·门德尔松

① Walter Laqueur, *A History of Zionism*, p.8.

1743 年，当门德尔松的老师大卫·弗兰克尔拉比被任命为柏林的首席拉比时，在门德尔松的恳求下，弗兰克尔决定让他也到柏林去。当时的德意志各邦中歧视犹太人的情绪十分强烈，门德尔松每过一道关卡，都被严格盘查，而且必须缴纳强加给犹太人的特别人头税。当门德尔松拖着疲惫的脚步迈入柏林大门时，海关官员在他的日志中写道："今天通过 6 条牛、7 头猪和 1 名犹太人。"

初来柏林，门德尔松的生活十分艰苦，相继做过家教、簿记员等多种工作，直到与犹太富商以撒·波恩哈特相遇，经济状况才得以改善。门德尔松先为波恩哈特当家庭教师、书籍管理员，后来出任公司经理。在柏林，深受周围文化气氛的影响，门德尔松开始自学德语、拉丁语、希腊语、法语和英语，同时还学习了哲学、数学等世俗学科。随着知识的丰富及视野的开阔，门德尔松的思想日趋成熟。他发表了论述迈蒙尼德逻辑思想的论文，在学者中引起关注。1763 年，在门德尔松的生涯中是一个转折点。这一年普鲁士科学院举行的一次征文大赛揭晓，门德尔松荣获最佳论文奖，并得到了科学院的表彰。从此，门德尔松一举成名，柏林知识界对这位能熟练运用德语写作的犹太青年充满了好奇与敬意，德皇授予他"有特权的犹太人"称号，享有不受驱逐的权利。门德尔松由于与著名的启蒙思想家、戏剧家、文艺评论家戈特赫尔德·埃弗拉姆·莱辛的相识，才得以进入柏林启蒙运动的圈子之中。1779 年，莱辛以门德尔松为原型写了一部有名的剧作《智者拿单》（又译为"拿单圣人"），宣传三大宗教即基督教、犹太教和伊斯兰教的宽容与共处。莱辛自称从门德尔松身上看到了天使般的爱心与品质，并认为门德尔松本人的言行是对当时普遍流行的犹太观念——腐败堕落、狂热盲目、奸诈自私、愚昧无知的最好反证。正是在莱辛的鼓舞与引导下，门德尔松积极投身启蒙运动，翻译卢梭的作品，进行大量的创作，并担任了几家杂志的编辑。门德尔松与莱辛的友谊一直被传为佳话，他们互相交流思想，切磋问题，门德尔松的作品一旦写出，莱辛往往是第一位读者。所以，有人甚至说："在门德尔松和莱辛下棋的时候，德国犹太人的解放就开始了。"①

早在 1776 年，门德尔松就出版了《斐顿篇》，这部书因袭了柏拉图的古典对话体作品《斐多篇》，声称应以理性与逻辑为基础来探讨哲学问题，尤其是关于灵魂问题。该书出版后，在德国思想界引起了巨大反响，很快被译成多种欧洲文

① Alexander Altmann, *Moses Mendelssohn : A Biographical Studies,* The University of Alabama Press, Alabama, 1973, pp. 67–68.

字。此后，门德尔松用德语发表了一系列美学与哲学论文。他那深邃的思想、优雅的文风、非凡的智力及谦逊的品格给学人留下了深刻的印象，被尊称为“德国的柏拉图”、“犹太人的苏格拉底”。

1783 年即在他去世的前 3 年，他出版了论述犹太教问题的代表作——《耶路撒冷：论宗教的权限和犹太教》(*Jerusalem*：*Oron Religious Power and Judaism*)，阐明了自己的宗教观及社会思想。门德尔松倾其全力沟通犹太阵营和非犹太阵营，使犹太价值观在非犹太世界达成共识。他的思想启迪了许多人，因而被誉为“斐洛再生”，但同时也遭受到了尖锐的批评，正统的犹太教徒无法容忍他对犹太教的剖析与揭露。

从思想渊源上看，门德尔松的宗教哲学思想深受斯宾诺莎（莱辛称他为“斯宾诺莎第二”）、康德、多姆等人的影响，而社会政治思想则与伏尔泰、卢梭、孟德斯鸠更为接近。门德尔松的启蒙思想的核心内容是：基于理性主义的宗教观；主张政、教分离；提倡世俗文化。① 从神权文化发展到世俗文化是近代文明的趋势之一。世俗化潮流始于 14、15 世纪，一直延续到 20 世纪。世俗主义思想直接影响了阿什肯纳兹犹太人。而对于像门德尔松这样的犹太民族精英而言，投身于世俗化运动则有另外一种目的，他们希望通过世俗化之门而步入民族解放之途，尽管这条道路十分崎岖，即使在自己的同胞兄弟中也会激起尖锐的批评与指责。门德尔松强调：犹太人必须从他们几百年来生活着的犹太区中走出来，寻求自我解放，不要再认为自己是另外一个民族，德意志文化与自己无缘，而是要把自己融入德意志社会之中。为了沟通犹太世界与非犹太世界，门德尔松作了毕生的努力，主要从事了以下三方面的工作。

首先，翻译《圣经》。门德尔松时代，隔都中的犹太人使用意第绪语，他们不懂德语，无法与非犹太人交流，更无法进入欧洲世俗文化的广阔天地。为此，门德尔松把掌握德语作为进入西方文化的台阶。从 1780 年开始，门德尔松倾其全力翻译用希伯来字母拼写的德语《托拉》文本，并在许多地方加上了他亲自撰写的评注，实际上是以理性主义观点重新解释了《托拉》。1783 年，这本题为《和平之路》的《圣经》译本一经刊出，立即引起了极大的关注，大大促进了犹太人尤其是青年人学习德语的积极性。此后，门德尔松对《诗篇》、《雅歌》、《传道书》等《圣经》作品进行了翻译或注释。

① 参见张倩红：《试论门德尔松的启蒙思想》，载《世界宗教研究》2003 年第 3 期。

其次，普及世俗教育。门德尔松认为，固步自封的犹太传统教育是令人窒息的，它仅仅为学究式地钻研《塔木德》铺平了道路。事实上，终生从事宗教研究的人是寥寥无几的，而大多数人所必需的生存技能及创造技能得不到培育与训练。因此，学校除了开设宗教课程之外，还必须开设世俗课程如基础科学、数学、物理、历史、地理、美学、伦理学及当代思潮等，同时，还要学习农业、手工业、商业等技术科目，让青少年能与社会广泛接触，尽早接受职业教育。在门德尔松的亲自倡导下，一所犹太自由学校于1781年在柏林正式创办，这在犹太教育史上是前所未有的事情。此后，这所以世俗教育为主的学校很快作为样板在当时的奥匈帝国广为流传。

最后，极力与非犹太人交往。为了宣传自己的启蒙主张，设法拆除犹太人与德国人之间的社会及心理障碍，门德尔松身体力行，他把自己的家变成了知识分子、国外来访者及德国社会名流会晤的场所，想以此来表明犹太人并非异己分子，而是德意志人中的一部分，对德国、对欧洲、对人类的文明与进步有着同样的兴趣与热情。门德尔松的女儿多罗特娅在弗里德里希二世统治期间，举办了一个每周聚集两次的“读书会”，吸引了许多不分宗教信仰的作家和学者，大家欢聚一堂，就政治、文化、艺术等方面的热门话题各抒己见。从事同类工作的还有不少犹太商人及专业人员的妻子和女儿。这些时髦而又不乏思想的犹太女性所举办的各式沙龙曾一度盛行于柏林的知识界，吸引了许多思想名人。门德尔松及其追随者的所作所为在当时的德国影响很大。沃尔特·拉克就此写道：“摩西·门德尔松的主要成就是以自己为例证明，尽管遭遇了很多苦难，作为一个犹太人仍可掌握现代文化的全面知识，并可以平等地与当代欧洲的社会名流交往。”①

门德尔松是犹太近代史上最早突破犹太教藩篱并且被非犹太世界所接受的第一位犹太思想家，被誉为“从隔都走向现代社会的第一人”。“这位其貌不扬、驼背丑陋的德国犹太人的经历确实是现代的传奇之一。他致力于在意第绪语及德语之间、在隔都及著名的欧洲沙龙之间架起桥梁。他不是以伟大的哲学家、敏慧的神学家或勇气非凡的犹太代言人的身份，而是作为西欧犹太人的典型人格出现于现代早期的历史舞台上。”②

① Walter Laqueur, *A History of Zionism*, p. 7.

② Howard M. Sachar, *The Course of Modern Jewish History*：*From the Rise of Zionism to Our Time*, New York, 1976, p. 31.

二、“哈斯卡拉”

哈斯卡拉为希伯来语 haskalah 的音译，意为“启蒙”（enlightment），所谓哈斯卡拉运动即启蒙运动，是指 18 世纪中后期至 19 世纪在中欧及东欧犹太人中兴起的一场社会文化运动。当时有许多知识分子服膺哈斯卡拉，把启蒙同宗者、传播新思想作为自己的职责。这些人被称作“马斯基尔”。[①] 18 世纪六七十年代，在门德尔松及其弟子们的倡导下，柏林首先形成了哈斯卡拉中心。19 世纪 20 年代，哈斯卡拉的中心转移到了奥地利，并以维也纳出版的犹太年鉴《时代的第一批成果》为主要思想阵地。此后，哈斯卡拉在维也纳、奥德萨形成了新的中心。

哈斯卡拉时期的东欧犹太青年

19 世纪 40 年代之后，哈斯卡拉在俄国找到了主要归宿，尤其是在具有自由主义倾向的沙皇亚历山大二世统治时期，哈斯卡拉运动达到了高潮。俄国的马斯基尔们不仅把欧洲启蒙运动的主要观点，而且把此后在欧洲出现的主要思想观念及文化流派，包括浪漫主义、哲学唯心主义、实证主义、乌托邦社会主义等，都介绍进了希伯来文学，传播给了犹太民众。“他们作为社会评论家和民族复兴的预言

① 马斯基尔为希伯来语 Maskil 的音译，复数形式为 maskilim，意为启蒙运动倡导者。

者所起的作用，至今仍为人们所铭记。他们对犹太社会的影响是可以和别林斯基、车尔尼雪夫斯基对俄国社会的影响相比的。而他们所面临的问题也有某些相似之处。”①

哈斯卡拉运动在犹太民族的文化发展史上占有极其重要的地位，它是犹太文化摆脱蒙昧、保守的中世纪状态而步入文明、开化的现代社会的第一页。关于哈斯卡拉兴起的思想动因，在西方学术界曾有过不同的看法。有人指出，哈斯卡拉是在传统犹太教出现严重危机的情况下，一些犹太知识分子为振兴民族宗教、寻求社会复兴而发起的一场文化自救运动。它主要是从犹太社会内部滋生的一种带有强烈世俗化色彩的反传统势力，也是一种激进的希伯来文学运动和思想意识形态。但更多的学者不同意这一观点，在他们看来，哈斯卡拉的直接思想根源不在犹太社会内部，而是来自隔都之外，即当时正流行于欧洲的启蒙运动。欧洲启蒙运动对哈斯卡拉的孕育与造就是毋庸置疑的。

18 世纪，启蒙运动作为一种崭新的事物和最新潮的话题传遍了欧洲，其冲击波也自然影响到犹太社会内部，一些受过良好教育的上层青年，热衷于研究法国的语言和文学，成为启蒙运动公开的或秘密的拥护者。“伏尔泰和卢梭等法国思想家对现存社会制度的批判，深深地震撼并影响了他们。正是通过他们的介绍，这些思想传入了隔都，最终为广大犹太人所接受”。②

以撒克·巴尔·莱温佐恩（1788—1860）是俄国的第一位哈斯卡拉活动家，被称为“俄国哈斯卡拉之父”、“俄国犹太人的门德尔松”。这位 3 岁便进入黑德尔（传统的犹太男子小学校）、9 岁开始写书、10 岁会背《圣经》的犹太学者，当他初遇启蒙思想之后，大有茅塞顿开之感。他不顾自己的身体状况，如饥似渴地钻研世俗文化，接受自由主义思想，并以多种方式传授给自己的同胞，他大胆地指出：“艺术和宗教是不断进步的，……为了置身其中，我们必须求助于非犹太的源泉”。③ 这位自称“没有兄弟、没有妻子、没有孩子、也没有好身体”的卓越思想家，却因为对启蒙精神的大力弘扬和与病魔作斗争的非凡毅力而铭刻在东欧犹太人的记忆之中。

启蒙理念是哈斯卡拉的主体精神，理性与科学是欧洲启蒙时代的基本理念。

---

① Walter Laqueur, *A History of Zionism,* p.65.

② David Rudavsky, *Modern Jewish Religious Movements : A History of Emancipation and Adjustment,* p.37.

③ Gacob S. Raison, *The Haskalah Movement in Russia,* New York, 1917, pp.195–196, 206.

启蒙思想家一方面使理性科学化，把理性视作一种引导人们去发现真理、确立真理的具有独创性与现代性的理智力量，而不是上帝所赐予的精神宝藏；另一方面又使科学理性化，主张用科学的方法研究人性问题、伦理问题、道德问题、历史问题，并进而提出了全新意义的社会政治学说。哈斯卡拉“是在当时广泛流传于欧洲的理性主义信条的影响之下发生的一场追求理性精神的运动”，[①] 在这场运动中，马斯基尔作为理性的代言人而获得了崇高的地位，他们深入研究犹太社会，从语言、宗教、法律、艺术等方面寻求“理性自身的发现”，并有力地推动了犹太科学运动的兴起。

哈斯卡拉是犹太思想史上的第一次现代化努力，也就是说当现代主义重创了传统的犹太社会之后，哈斯卡拉是民族文化出现危机的反映，也是力图摆脱危机的有益尝试。在哈斯卡拉运动中，马斯基尔们以现代化为目标，进行了一系列努力，其主要主张可概括如下：

第一，呼吁犹太人走出隔都，寻求民族文化的复兴。门德尔松、莱温佐恩等人深深地意识到隔都已成为犹太人的精神桎梏，它把犹太世界与非犹太世界截然分开，使犹太人无法接触到一系列正在改变欧洲人的生活、扩大其视野的新事物，如探索新思想、追求艺术、发展科学、地理发现等。显然，如果不改变这种状况，犹太人的命运就无法改变，犹太文化就无法在迅速变迁的世界中求得发展。为了使犹太民族成为一个“充满活力的永恒的民族”，使犹太文化成为“一种可塑性的、始终适应环境的有机的民族文化”，马斯基尔们极力主张变革，呼唤民族文化的新生。俄国的哈斯卡拉活动家亚伯拉罕·贝尔·戈特洛贝尔（1811—1889）写道：

> 觉醒吧！以色列人和犹太人站起来！
> 抖落身上的尘埃，睁大你的双眼！
> 公平萌生，正义在此，
> 过失已被忘却，你无所畏惧。[②]

诗人犹大·莱布·戈登（1831—1892）说：

> 起来，我的人民，到了醒来的时候了！
> 看哪，黑夜已过去，天已经破晓！

① Chaim Pearl, *The Encyclopaedia of Jewish Life and Thoughts,* Garta, Jerusalem, 1996, p. 176.

② Gacob S. Raison, *The Haskalah Movement in Russia,* p. 231.

起来看看你周围的世界，

时间和空间已发生了多么巨大的变化！

一位未留名的诗人也留下了振奋人心的诗句：

起来，我的人民，从你的睡梦中醒来，

不要再沉醉于愚昧之中！

天空已经晴朗，明亮的阳光在闪耀，

乌云也已全然散开！①

阿瑟·M. 威尔逊在评论欧洲的启蒙思想家时说过："事实是，启蒙思想家之所以为'光明的世纪'而感到那么激动，是因为他们有希望把他们的思想传播到越来越广阔的民众中去。已经增强的参与意识于是被那些试图启迪人们的人所掌握，为群众所掌握，也为启蒙思想感染到的人们所掌握。"② 这一观点完全适合于马斯基尔们，他们就是通过自身的呐喊，唤醒自己的同胞，抓住启蒙时代所带来的前所未有的机遇，为民族文化寻找一条振兴之路。

第二，大力发展现代教育。启蒙时代的欧洲，思想家们把教育视作国民的头等大事。从卢梭的《爱弥尔》到狄德罗的《为俄国政府起草的大学教育计划》，无不体现对教育的高度关注。哈斯卡拉兴起后，马斯基尔们力主吸取现代西方教育的先进经验，学习西方教育体制，在进行传统宗教文化教育的同时，还必须进行多层次的现代化、世俗化教育。这一时期，一系列旨在推广世俗文化的技术学校、医药学校等相继建立。在马斯基尔中，俄国思想家冈兹伯格的作品对犹太教育的改革产生了一定的影响。冈兹伯格作为一位作家、记者和批评家，他的带有自传色彩的作品《亚以比谢》，以自叙的方式批判和揭露了传统教育模式对青少年的禁锢与危害，号召人们与各种陈腐观念与偏见决裂。他以满腔的热情呼吁犹太人改革墨守成规的教育制度与繁缛陈腐的教学内容，采用科学的教学方法，以保证青年一代的健康成长。他的著作深刻地体现了时代精神，开阔了犹太人的眼界。

第三，马斯基尔推崇现代化的生活方式。从门德尔松时代到19世纪80年代，大多数马斯基尔感到，犹太人需要使他们的生活方式现代化。一些犹太青年刮去胡须，脱去长袍，说起了种种欧洲语言，并极力反对早婚制；一些犹太女孩读上

① Gacob S. Raison, *The Haskalah Movement in Russia*, p.232.

② 西里尔·E. 布莱克：《比较现代化》，杨豫、陈祖洲译，上海译文出版社1996年版，第175页。

了职业学校，有的还上了大学，成为“欧洲化”或“斯拉夫化”的知识分子；有的家庭主妇穿上了时髦的现代服饰，掌握了各种欧洲礼仪，出入于社交场所。这种现象起初在一些传统主义者中确实激起了强烈的反对。例如，一位俄国拉比以色列·萨兰特得知他的儿子要去柏林主攻医学时，他脱了鞋，坐在地上，就像死去了亲属一样，按照犹太传统整整居丧7天。当另外一位犹太长者发现他儿子一直从黑德尔逃学而躲在阁楼里做雕像时，他痛苦万分，因为他认为他的儿子犯了《摩西十诫》中的第二条诫令。然而，这种状况持续不久，19世纪70年代之后，俄国最正统的犹太人似乎也开始认同新的变化。雅各布·普里鲁克有这样的亲身经历：当他排除种种困难成为皇家学院的一名学生，并勇敢地穿上制服之后，他的父母出乎意料地认可了他，不仅与他缓和了关系，而且以他为荣。他那做拉比的爷爷也很乐意与他谈论问题，甚至谈起了知识与科学。雅各布·普里鲁克说道：“在一个以犹太居民为主的城镇上，一个身穿皇家学院制服的拉比的孙子的出现，产生了极大的轰动，当时的我自然成了英雄。老一代为以色列人的生活方式即神圣会堂的终结而惋惜，而年轻人则羡慕我，并且被鼓舞起来模仿我。”① 雅各布·普里鲁克所描述的这种情景，在当时的中欧和东欧都是极为普遍的。

此外，马斯基尔们还极力主张改革犹太教的习俗、礼仪与观念，使之适应欧洲现代生活，只有这样，才能真正消除犹太教徒与非犹太教徒之间的隔阂，减少外界社会对犹太人的偏见与敌意。

哈斯卡拉作为一场规模广泛的理性主义运动，对犹太民族思想、文化、价值观念及生活方式等都产生了极为深刻的影响，犹如漫漫长夜中的一颗明星，哈斯卡拉点燃了人们的希望之光。一些马斯基尔自认为已找到犹太民族的解放之路，下一步所要做的就是引导自己的同胞放下沉重的传统之负，而轻装步入现代化之列；一些热血青年自称为“新文化的见证人”、“新时代的迎接者”。哈斯卡拉的历史又一次证明了知识分子是现代化的不可或缺的推动者，“他们最倾向于尊重自由的文化”，自然就成为“传统性和现代性之间的重要媒介”。哈斯卡拉在解放思想、促进民族文化的更新方面确实起到了有目共睹的作用，但也留下了惨重的教训。② 许多犹太人（主要是社会上层）出于浪漫主义的激情或急于寻求解放的功利主义思想放弃了做犹太人的重负而改宗基督教，他们甘愿“成为模仿欧洲文

① Gacob S. Raison, *The Haskalah Movement in Russia*, pp. 241–242.

② 对于哈斯卡拉的评价参见张倩红：《犹太启蒙运动初探》，载《世界历史》2003年第5期。

明的猴子（卢梭语）”。哈斯卡拉的发起者，从本意上无心瓦解宗教虔诚，大多数马斯基尔一直主张打破隔都与外界的障碍，融传统文化与现代思想于一体，最终建立起新的犹太民族文化。“早期的马斯基尔是全然遵守礼仪的犹太人①”，但后来发生了逆转，许多人以自己的犹太身份为耻，并认同了基督教。在门德尔松的6个子女中有3人改信了基督教，在他逝世后近一个世纪内，他的所有直系后裔也相继接受了基督教的洗礼。在门德尔松之后，无论是中欧还是东欧，改宗在犹太人中成为一种极为普遍的现象。为了证明自己已完全欧化，有的犹太人甚至在安息日公开吃猪肉，斋戒日故意穿着鲜艳的衣服从大街上走过。这种状况引起了人们的忧虑，曾经为哈斯卡拉欢呼雀跃，并提出“在家是犹太人，在外是人”这一信条的犹大·莱布·戈登无可奈何地写道：

我们的孩子们，未来的一代，
从孩童时代起就疏远了我们的民族——
啊，我的心在为他们泣血！
他们正在更远更快地游离而去，
谁能知道他们会游离多远？
也许直到不能再回归的地方。②

哈斯卡拉时代，当一些犹太人在沉重的传统之负与被玫瑰色的光环所笼罩的西方文明之间，艰难地选择了后者之时，主体民族的冷漠与无情使他们不知所措，进退无门，他们的满腔热情换取的是外部世界的猜疑与轻视，他们心目中的祖国仍视他们为“外来人”、“不可信者”。他们万万没有想到欧洲文化对他们表现出了如此“高度的难以渗透性”。这时，被遗弃的苦痛油然而生，这种苦痛是发自心灵深处的、难以言表的。1826年，海涅在他改宗的一年之后，写道：“我现在既遭到基督徒的憎恶，又受到犹太人的怨恨；我后悔接受了洗礼，因为自那天起我并未看到命运的丝毫改善，反之，我所遭遇的只是不幸和灾难。”③

海涅还用诗句来嘲笑改宗者的怯懦：

这么说你忏悔了，

---

① Peter Bishop and Michael Darton, *The Encyclopeadia of World Faith,* Facts on file Publications, New York, 1988, p. 632.

② Gacob s. Raison, *The Haskalah Movement in Russia,* p. 260.

③ David Rudavsky, *Modern Jewish Religious Movements : A History of Emancipation and Adjustment,* pp. 75–76.

几个星期以前你还在嘲笑这个十字架，

现在你却匍匐在它前面！

综上所述，“犹太宗教中的救世主和民族主义的成分在迅速而又彻底的现代化进程中被削弱了，”他们中“有相当一些人选择了改宗和犹太社会现代化作为他们进一步融于周围世界的途径。结果不仅从内部削弱了社团组织，而且丧失了以前涌现犹太社会领导人的阶层。这个阶层现在开始把他们的注意力及希望寄托于产生在犹太社会之外的活动与发展上”。① 但也有人认为，对于犹太人的改宗不能过多地归罪于启蒙运动，因为信仰的大衰退在犹太社团内部早已产生，犹太教的基础已从内部被削弱，因此“哈斯卡拉不是这场危机的成因，而是它的后果”。实际上，哈斯卡拉使许多人背离了犹太教早已成为不可更改的事实。正是由于这一事实，哈斯卡拉遭遇到了严厉的批评，这种批评主要来自正统派及刚刚兴起的民族主义者。同时，一些马斯基尔也为这一始料未及的后果而痛心。再加上 1848 年之后，随着反动势力的复辟，保守主义占了上风，一股反犹浪潮席卷欧洲，许多国家又恢复了对犹太人的种种限制，马斯基尔们的炽热理想遭到了毁灭，许多人认识到文化启蒙并不能最终解决犹太人问题。在此背景下，哈斯卡拉运动在 19 世纪中后期逐渐呈衰落之势。

三、法国大革命与犹太人

法国革命爆发前，全世界的犹太人约有 225 万，其中欧洲占 175 万。哈斯卡拉虽然在犹太思想史上具有划时代的意义，但它毕竟只是一场思想启蒙运动，其影响范围多局限于知识分子及社会上层。因此，就大部分犹太人而言，其法律地位及社会结构直到法国革命爆发之前也没有发生根本性的变化。现代初期的欧洲社会，现代性虽然存在，但还不足以改变传统社会，在这种现代性与传统性浑然一体且后者还居于主流地位的社会结构中，犹太人仍然是弱势群体。但由于各地的政治气候、经济状况、文化氛围及宗教背景存在差异，犹太人的社会地位也就不尽相同。

总体而言，西欧的犹太人拥有较大的自主权。在资本主义经济较为发达的英

① H. H. Ben–Sasson , *A History of the Jewish People,* p. 781.

国、荷兰等国家，犹太人在经济领域中占有一定的地位。以荷兰为例，由于犹太商人在上个世纪广开贸易天地，曾与波兰、德国及奥匈帝国建立了广泛的贸易联系，有效地促进了荷兰经济的发展。所以，直到 18 世纪居住在荷兰的 3.5 万犹太人，可以自由地处理自己的宗教事务及个人生活。在英国，由于同样的原因，自 17 世纪中后期以来，统治者实际上已经默许了犹太人的许多权利。在克伦威尔当政时期，伦敦是欧洲的马兰诺居住中心之一，随着君主制的垮台及自由思想的流行，许多清教徒对犹太人颇具好感，倾向于把他们看作上帝的古老子民。克伦威尔也意识到，马兰诺犹太商人对于促进英国的贸易来说，确实是非常有用的工具，所以他曾召集专门的会议，讨论犹太人问题。1656 年前后当马兰诺犹太人的代表提交请愿书，要求设立自己的墓地、具有私自祈祷权时，克伦威尔给予了事实上的许可。这就意味着马兰诺这一特殊的社会阶层首先在英国撕破了长期以来所戴的“基督徒”的假面具，而恢复了犹太人的真实身份。此后的英国犹太人除了与不信国教的其他阶层一样受到一些限制（如不得拥有庄园、不得成为国家公务人员等）之外，他们并没有受到特别的歧视。如果说 18 世纪的西欧犹太人拥有了较高的社会地位的话，那也是相对于中欧而言的，即使在比较自由的英国，公众的反犹情绪依然存在，譬如 1753 年，当《犹太人法案》（该议案的主要内容是把给予当地出生的犹太人的权利延伸到在国外出生的犹太人身上）被提出之后，立刻激起轩然太波，甚至引起一场骚乱，使这一议案迅速流产。

在东欧，犹太人在政治上毫无权利，但职业范围有所扩大。18 世纪 70 年代以前，波兰仍然是东欧犹太人的居住中心，这里居住着 120 万犹太人，多为手艺人、商人、经纪人、乡村客栈经营者，他们的生活与 17 世纪相比，要稳定得多。虽然犹太人的命运随着国家政局的变化而不断动荡，但由于犹太社团拥有较强的管理职能，较为成功地充当了统治者与普通民众之间的调解者的作用，从而使犹太社区曾一度很少受到政府干预。但好景不长，1772 年至 1795 年，波兰三次被瓜分，使波兰犹太人处于俄国、奥地利及普鲁士的统治之下，他们的社会地位及生活方式随之也发生了变化。

与西欧及东欧的犹太人相比，中欧地区的四十多万犹太人却面临着极其悲惨的命运。在很多地区，他们和中世纪一样，只是宗主国的控制与剥夺对象。大部分中欧国家的君主，以“保护基督徒免遭伤害”为理由，对犹太人进行种种约束与限制，例如，他们不得随意在非犹太区活动、必须佩戴特殊的犹太标记、不能雇用基督徒做佣人，在法庭作证时，必须通过一套带有贬义的特别程式，因为犹太人是“不值得信赖”的。

尽管如此，18 世纪 70 年代之后，一些受启蒙主义及理性主义影响的同情犹太人的知识分子阶层在中欧基督教世界还是出现了。他们批判欧洲社会对犹太人的偏激态度，呼吁改善犹太人的命运，以德国的克里斯蒂安·威廉·冯·多姆为其代表。1781 年，作为基督徒的多姆发表了一篇论文，题为《关于犹太人权地位的改善》。他认为犹太人身上虽然有种种缺点，但他们确实具有某些值得称颂的品质，如坚强的意志、极强的进取心、虔诚的宗教信仰、堪称典范的家庭生活以及刻苦、诚实、团结互助、乐善好施的优良传统等。犹太人遭人嫉恨的某些特征如欺诈、顽固、自私、无视国家利益等，并不源于他们的宗教，恰恰相反，正是因为长期遭受外界的压迫所导致的，他呼吁欧洲社会改善对犹太人的态度，扩大犹太人的政治、经济自主权。① 当时，即便在启蒙主义阵营之内，并不是所有的人都能接受多姆的主张，但也确实得到了一些思想家、政治家的共鸣，神圣罗马帝国国王约瑟夫二世（1741—1790）就是一个典型的例子。约瑟夫二世在自己的内政改革中，扩大了犹太人的自主权。1781 年，即约瑟夫二世即位的第二年，就考虑了关于犹太人民事权的提议，废除了犹太人佩戴识别标志及缴纳特别人头税的规定；1782 年 1 月 2 日，他颁布了《宽容特别权力法》，② 规定犹太人可以从事手工业、农业；可以做批发商、建立工厂；犹太子女可进入公立学校读书，也可建立犹太人自己的教育机构；可以进入公共娱乐场所；少数被宽容的犹太人可居住在隔都之外，可雇用基督徒做佣人等。6 年之后，约瑟夫二世又颁布了一项法令，要求犹太人按欧洲人的习惯，选择一个合体统、易识别的姓氏。约瑟夫关于犹太人的改革措施并没有取得理想的效果，一方面是因为特权阶层的强烈反对，约瑟夫二世的继任者力图使立法形同虚设；另一方面，一些犹太人也担心新法令旨在同化他们，因而采取了不甚积极的态度。

在法国，自 15 世纪以来，马兰诺犹太人纷纷从西班牙、葡萄牙涌入法国南部的城市——波尔多、马赛、巴荣纳。由于他们在商业贸易上的重要地位，被当地统治者所宽容，并于 1729 年获得了定居权。他们形成了较大的社区，有自己

① Christine Wilhelm Von Dohm, *Concerning the Amelioration of the Civil Status of the Jews,* see Paul R. Mendes–Flohr and Jehuda Reinharz, *The Jews in the Modern World: A Documentary History,* Oxford University Press, 1980, pp. 27–34.

② 参见 Benjamin Efron（edited）, *Currents and Trends in Contemporary Jewish Thoughts,* Ktav Publishing House, Inc. , New York, 1965, p. 13.

的文化，并逐步公开了自己的犹太身份。这部分塞法尔迪人虽然仅有三四千人，但许多人是国际贸易商，具有很强的经济实力与较为舒适的生活环境。他们有的移居巴黎，成为当地犹太社团的核心人物，法国政府对他们采取了默认的政策，而对贫困犹太人的进入则百般限制。当法国皇帝路易十四吞并了阿尔萨斯、路易十五攫取了洛林之后，当地的阿什肯纳兹人就成了法国公民。大革命爆发前，法国共有 4 万左右犹太人，其中有三万多生活在阿尔萨斯和洛林。他们讲意第绪语，主要从事小额贸易、放债业(热衷于高额利息）及地主与佃农之间的中间人，他们受到中欧犹太人所受的种种限制，必须向国王、公爵及各级官员缴纳名目繁多的苛捐杂税，以保证其贸易权、居住权。由于他们作为债权人、高利贷者、收税人的角色而不断受到民众的鄙视，1784 年，法国统治者颁布了一个文告，进一步限制他们的经济权利，并规定他们须经王室批准之后才能结婚。

1787 年，来自阿尔萨斯的阿什肯纳兹犹太人代表与来自南部城市的塞法尔迪犹太人代表进行会晤，商讨如何改变社会地位及生活状况的问题，由于双方分歧很大，会谈不欢而散，没有获得任何进展。1789 年 8 月 27 日，发生了法国历史上一个划时代的事件，国民议会通过了以“人生而自由，并享有平等权利”为主旋律的《人权宣言》。此后，国民议会通过一系列法令使自由、平等、博爱的观念深入人心。《人权宣言》虽然没有直接赋予犹太人以公民权，但犹太问题立刻引起了各方面的关注。根据法国革命的理想，法律面前人人平等，任何人都有自己的宗教信仰权，那么，犹太人没有理由被剥夺本应属于自己的权利。1789 年 12 月，犹太问题被提上了国民议会，讨论的焦点是犹太人继续被驱逐还是赋予其国民权，经过激烈的争议，进步势力取胜。1790 年 1 月 28 日，法国南部的塞法尔迪犹太人和阿维农教皇领地的犹太人获得了公民权，但占法国犹太人大多数的阿什肯纳兹人的公民权并没得到。此后，德波裔犹太人积极向国民议会提出公民权申诉，在多姆等自由主义思想家的支持与多方努力下，国民议会最终在 1791 年 9 月 27 日通过了这样的决定：废除以前的法律条文中对犹太人的限制、束缚及驱逐，感化作为个体的犹太人，他们将作为公民而宣誓。① 法国国民议会所赋予犹太人的仅仅是个人的公民权，而不是作为社会群体的权力。12 月 23 日，极力主张解放犹太人的克雷蒙·托尼埃伯爵在国民议会上进一步声明：“作为

---

① Esther Benbassa, *The Jews of France : A History from Antiquity to the Present,* Princeton University Press, New Jersey, 1999, pp.81–82.

一个民族，犹太人一无所获；但作为一个个体，他获得了一切。”他还进一步阐明说：“他们（犹太人）必须放弃自己的法官，而拥有我们的；他们必须拒绝犹太社团的条规所维持的法律保护；他们既不能形成自己的国家、政治团体，也不能建立新的秩序；他们必须成为个体的公民；如果他们不想这样，他们必须告知我们，然后，我们不得不驱逐他们。对我们的国家来说，一个民族中包含着另一个民族的存在是不可接受的。”①

无论如何，法国犹太人最终是获得了公民权，“法国犹太人的解放是与法国革命及其原则紧密相连的”，没有革命所带来的思想解放及特权阶层的瓦解，就不会有犹太人的解放。尽管这种解放极不彻底，但法国犹太人的激动情绪与感恩心理已难以自已。杰出的法国马斯基尔思想家、曾代表阿什肯纳兹犹太人向国民议会递交请愿书的犹太领袖贝尔·以萨·贝尔（1744—1828）在给其教友的信中激动不已地写道：“我们所能做的就是感谢上帝的恩惠，他选择了尊贵的法兰西民族人民恢复我们的权利，使我们重获新生”，“我们要为自己成为人、成为公民，尤其是成为法国公民而自豪”。② 犹太作家塞缪尔·莱维写道：“法兰西啊！您是第一个把我们从做犹太人的屈辱中解脱出来的国家，您就是我们的以色列；这里的山峦，就是我们的锡安；这里的河流，就是我们的约旦河。让我们畅饮她的生命之水、这自由之源……让我们这个最饱受奴役、苦难深重的人民为这个砸碎了我们的奴隶脚镣的民族、为法兰西这个受压迫者的避风港祈祷吧！”③

刚刚获得解放的犹太人对法兰西祖国表现出空前的爱国热情，他们为支持革命战争捐出了最珍贵的装饰物与礼拜用品，并踊跃加入国民自卫队，积极参加抵御普鲁士与奥地利的战斗。但他们很快就意识到，解放的法令并不能解决一切问题，要从思想观念上改变人们长期形成的对犹太人的看法，并非轻而易举就能实现，偏见与歧视依然根深蒂固。

毫无疑问，拿破仑皇帝的态度大大促进了欧洲犹太人的解放进程，但是也不难看出，拿破仑对犹太人的态度充满了矛盾性。一方面，这位深受启蒙思想影响的叱咤风云式的人物，确实想把法国革命所弘扬的平等原则施惠于长期被排斥在主流社会之外的犹太人，从而反映了欧洲统治阶层中某些开明人士对犹太人态度

---

① Jay R. Berkovitz, *The Shaping of Jewish Identity in Nineteenth-century France,* Wayne State University, Detroit, 1989, p. 71.

② Jay R. Berkovitz, *The Shaping of Jewish Identity in Nineteenth–century France*, p. 72.

③ David Rudavsky, *Modern Jewish Religious Movements: A History of Emancipation and Adjustment,* p. 82.

的转变。但另一方面，拿破仑的个人目的也是显而易见的，即千方百计控制、限制犹太人，并利用犹太问题在当时的欧洲所表现出的"国际性"特征，来显示自己的影响力。

在解放的最初年代里，法国犹太人遵循贝尔·以萨·贝尔等领袖人物的教诲，他们用法语代替了意第绪语，用革命历法代替了犹太历法，不少人放弃了守安息日，还把子女送进了世俗学校。作为德国启蒙思想家门德尔松的推崇者，贝尔根据门德尔松的德文版本，出版了用法文拼读、注释的《圣经》版本，以便让孩子们在学习希伯来语原始版本的同时，也能看到作为母语的法文的解释，从而使宗教学习与法语学习紧密结合起来。贝尔的教育改革计划中还包括建立新式的犹太学校（此时德国的马斯基尔们已经建立了许多这样的学校，既开设传统的宗教文化课程，也广泛开设世俗课程），尤其强调犹太儿童对科学、医学的学习，其宗旨是要把自己的子孙培养成"好犹太人、好法国公民"。①

总之，贝尔的目的显然是要法国犹太人按照新的环境及现代的标准来调整自身的生活，在自身所固有的文化传统与法兰西民族之间架设一条新的文化金桥。然而，事实很快证明，贝尔等人在革命年代所树立的理想过于乐观，"他没有考虑到各种各样很可能会延缓现代化步伐的社会及宗教势力"，② 这种势力不仅存在于犹太世界的内部，也同时来自于令他们感恩戴德的拿破仑将军及法国社会。

1799 年，拿破仑发动政变，担任第一执政。5 年之后自称皇帝。一系列势如破竹的辉煌胜利，使他已成为欧洲霸主，并在其所到之处，影响甚至改变当地犹太人的命运。可是，当局势稳定之后，他对犹太人限制、利用的一面逐渐暴露出来。1806 年，阿尔萨斯地区的农民与犹太债权人的关系紧张起来。当地的一位官员向拿破仑皇帝递交了一份报告，除了重复传统的反犹太主义者的种种理由之外，又另加了一条新罪状，即犹太人企图逃避兵役。拿破仑不进行任何调查，就认定犹太人没有尽到公民应尽的义务，并贸然行动，于同年 5 月命令阿尔萨斯的农民欠犹太债权人的债务全部延期一年（而对该地区的基督教高利贷者却没有采取任何限制政策），结果使许多阿尔萨斯犹太人倾家荡产。而当时的事实真相是：在封建制度崩溃之际，阿尔萨斯的农民曾大量地购买了教会与地主的土地及财产，为筹措资金，他们向犹太人借了大批款项。拿破仑上台之后，便废除了当初

---

① Jay R. Berkovitz, *The Shaping of Jewish Identity in Nineteenth-century France*, p.75.

② Jay R. Berkovitz, *The Shaping of Jewish Identity in Nineteenth-century France*, p.76.

没收教会地产时所发行的纸币，阿尔萨斯农民受到沉重打击，他们无力用新货币还债，并想拒还贷款，因此与犹太债权人的矛盾迅速恶化。拿破仑的政策给犹太人泼了一头冷水。他们意识到了，在关键时刻，皇帝会毫不犹豫地抛弃他们，而站在对他们有仇视心理的当地人的一边。

阿尔萨斯事件平定之时，拿破仑也刚刚结束了法国天主教和新教教会的重组。他想以同样的方式把犹太人置于国家的严格控制之下。为了达到这一目的，也为了抬高自己在欧洲犹太人心目中的地位，这位好大喜功且以犹太人的救星自居的皇帝于 1806 年 7 月推出了"犹太名人会议"。

"犹太名人会议"是按照拿破仑的意图组建起来的一个核心领导机构，首次会议于 1806 年 7 月 29 日在巴黎市政厅举行。111 名犹太知名人士出席了会议，其中有 25 位拉比及一些商人、银行家，这些代表是法国各行政区的官员们从拉比及犹太社区领袖中推举产生的。起初一些犹太领袖对名人会议寄予很大的希望，也给了很高的评价，甚至称之为古代以色列国家所存在的犹太公会的现代复活，但很快他们就明确地感受到了情绪上的伤害。"犹太名人会议"的首次会议被定在犹太人的安息日举行，而按照犹太律法，犹太人在这一天禁止从事这样的活动。一些代表曾要求改变日期，被断然拒绝。显然，拿破仑及法国的统治阶层正是想以此来考验犹太人是不是把法兰西国家的意志置于其宗教忠诚之上。会上，政府官员代表拿破仑提出了 12 个问题：

1．犹太律法允许一夫多妻吗？

2．犹太教允许离婚吗？未经民法批准而依靠与法国法律相矛盾的犹太律法所宣布的离婚有效吗？

3．犹太男子或女子能否与基督徒通婚？犹太律法只允许族内通婚吗？

4．在犹太人的眼里，法国人是其同胞还是陌生人？

5．在上述情况下，犹太律法对不信仰犹太教的法国人有什么样的行为规定？

6．在法国出生、被法律认可为法国公民的犹太人是否承认法国是他们的祖国？他们认为有捍卫法国的义务吗？他们是否能够遵循法律以及对民法的一些解释吗？

7．谁来任命拉比？

8．拉比对犹太人拥有什么样的裁判权？行使哪些司法权？

9．拉比的任命及司法权是根据成文法律来确定，还是根据习惯法来认可？

10. 犹太律法禁止犹太人从事某些职业吗?

11. 犹太律法禁止犹太人对其教友放高利贷吗?

12. 犹太律法是否禁止对非犹太人放高利贷?

要求犹太领袖一一作答。这些问题主要围绕着这样几个核心点：犹太人的宗教律法是否与政府法律相一致、犹太人是否把法国视为自己的祖国（这一质问最令犹太人感到屈辱，因为在革命时期，许多犹太人一直为法兰西、为拿破仑而战，可直到此时他们的爱国主义热情还被怀疑、中伤）及犹太人对高利贷业的看法等。犹太名人代表们面对拿破仑皇帝的权威，自然不敢怠慢，他们对每一个问题都作了令对方满意的回答，其态度委曲求全，甚至有讨好、献媚之意。

事实证明，“犹太名人会议”仅仅是拿破仑的一个政治权术，根本不能也不是为了保护犹太人的利益。事隔不久，拿破仑限制犹太人的态度更加明朗。虽说 1802 年 2 月，他宣布犹太教在法国为官方认可的宗教，并在巴黎设立了由拉比及世俗代表组成的犹太中央会议，在巴黎中央宗教法庭的监督之下审理犹太教事务，并在一些人口超过 1000 人的犹太社区设立分支机构，但这些机构从表面上看是管理犹太人的宗教事务，实际上是控制犹太人的工具，拿破仑正是通过这些机构招募犹太兵，获取经济实惠，并控制犹太社团的政治、经济及文化。直到 1905 年，彻底实行政教分离之后，这些组织才不复存在。

1808 年 3 月，拿破仑又颁布法令，对犹太人的经济活动进行限制，如没有得到行政区长官的特许，10 年之内不得从事商贸、信贷业；免除、减少或推迟所有欠犹太人的债务；犹太新兵不得替代犹太老兵（而非犹太人是可以替代的）；对犹太人的居住权作了一定的规定等。这一法令对醉心于解放的法国犹太人而言，犹如晴天霹雳，所以在法国历史上又被称为“剥夺公民权的法令”，这一法令说明法国犹太人的解放面临了巨大的挫折。

四、解放历程

“Emancipation”一词来源于拉丁语的“emancipatio”，原意指古罗马时代儿子摆脱父权而获得独立，后来被引申为个人或团体从法律、政治、经济、社会等限制中获得自主，尤其指解放奴隶和天主教解放运动。在犹太史上，对“emancipation”一词的解释不尽相同。从狭义上讲，是指 18 世纪以来，犹太人作为个体从居住国获得公民权的历史过程；从广义上讲，它意味着犹太人不仅作为个体而且作为一个独立的社会群体（如种族、民族）而获取生存权、发展权及认可权的过程。在此，笔者采用了狭义的解放概念。欧洲的历史学家（包括大多数犹太学者）习惯上认为犹太解放运动肇始于欧洲，① 但从世界范围来看，美国犹太人最先获得公民权。1776 年，在美国这位年轻共和国的宪法中明确规定公民的宗教自由权时，并没有把犹太人排除在外，所以犹太人就获得了事实上的公民权。②

法国大革命及法国犹太人公民权的获得大大推进了欧洲犹太人解放的进程。随着趾高气扬的法国军队开进一个个欧洲城市，隔都的壁垒纷纷塌陷。在荷兰，法国公使力排众议，促使当地政府于 1796 年终于解放了犹太人；在意大利，拿破仑废除了对犹太人的种种限制，1797 年 7 月威尼斯隔都的大门在群众的欢呼声中被焚毁，罗马隔都也于 1798 年开放；在葡萄牙、西班牙，拿破仑关闭了宗教裁判所，许多马兰诺第一次公开了自己的犹太教徒身份；在德国，当法国军队占领莱茵地区及一些省份之后，立即迫使当地政府签署犹太人的解放令。然而，好景不长，1815 年，拿破仑在滑铁卢的失败宣告了其政治生涯的结束，也标志着欧洲历史进入了一个政治倒退的时期，反动势力纷纷复辟。犹太人的解放与民主、自由、立宪政府一样被保守主义者列为颠覆性的概念而加以批判。整个欧洲除了荷兰犹太人还保持着不久前获得的法律地位之外，各地的犹太人都相继失去了公民权，隔都的大门又重新关起来。然而，不管反动势力如何来势凶猛，也无法使犹太人完全重返隔都，回到中世纪那种与世隔绝的状态之中，人们的思想与观念已经发生了改变。

1830 年以后，政治自由主义在欧洲尤其是德国占了主流，犹太人争取公民权的斗争再度兴起，并得到了非犹太世界一些有识之士的支持。在"青年德意志"文学运动中，路德维希·伯尔纳、海涅等人为犹太人的利益而呼吁。这一时期，

① *Encyclopaedia Judaic*（Jerusalem, 1971）从广义上把犹太人的解放过程分为三个阶段：1.1740—1789 年，即法国革命前的 50 年为酝酿准备阶段；2.1789—1878 年，即从法国革命到柏林会议召开的 90 年，为西欧、中欧犹太人获得全面解放的时期；3.1878—1933 年，为种族反犹主义兴起，犹太人的解放出现逆转与倒退的时期。约书亚·杰胡达把犹太人的解放划分为 5 个阶段，详见 Josue Jehouda, *The Five Stages of Jewish Emancipation, South Brunswick,* New York, 1966。关于解放运动开始的时间也有争议，大部分学者把法国革命作为开端，个别人也以 1781—1782 年约瑟夫二世的改革为开端，参见 Hannah Arendt, *Privileged Jews,* see *Jewish Emancipation and Self-Emancipation*（Jacob Katz), The Jesish Publication Society, New York, 1986, p.76.

② 参见 Geoffrey Wigoder, *The Encyclopedia of Judaism,* Macmillan Publlishing Company, New York, 1989, p.227.

犹太解放运动最重要的代言人是加布里尔·里塞尔，他长期投身于为犹太人争取权益的斗争，在犹太世界具有很高的声望，被比作莱辛剧本中的主人公—智者拿单。针对当时普遍流行的对犹太民族意识的攻击，里塞尔指出，犹太民族意识是基于对犹太教的特殊感情，它与犹太人的爱国之心并不抵触。犹太人完全可以做良好的德国公民，犹太教并不妨碍犹太人爱德国人如同爱自己的同胞。里塞尔用非常热忱的语言表达了他的爱国之心："若是否认我对德意志祖国的权力，否认我有权具有自己的思想和感情；阻止我说这种语言，呼吸这里的空气，他就是剥夺我的生存权，因而我必须戒备他，就像预防杀人犯一样。""德语铿锵有力的音调以及德国作家的诗句点燃了我心中神圣的自由之火。""我们有一位父亲和一位母亲，父亲是那天宇中万民之父的上帝，母亲则是眼前的德意志。"① 在这一时期，德国哲学界也展开了关于犹太问题的讨论，路德维希·费尔巴哈、马克思等人也都参与其中，在这一背景下马克思写成了他的《论犹太人问题》。②

1848 年欧洲革命的爆发，给犹太人以极大的鼓舞，他们中的更多人不再局限于对救世主来临的内心渴望上，而是以巨大的热情投身于资产阶级民族民主革命的洪流之中，在维也纳和柏林的三月战斗中犹太战士冲杀在前成为起义先锋。在意大利、罗马尼亚、俄国等国的革命运动中犹太人也同样表现得十分出色。革命所营造的政治气氛大大有利于犹太人的解放，从而使 1848 年革命成为犹太人解放历程上的一个重大转折点，前者对后者的影响主要体现在两个方面。

第一，1848 年的革命锻炼了一批社会精英，他们成为解放运动的推动者、领导者。他们隶属于不同的政党和派别，活跃在革命舞台上，在广大民众中产生了强大的影响力。如里塞尔当选为法兰克福国民议会的副议长；在法国二月革命后组成的首届内阁中就有两位犹太部长：阿道夫·克雷米厄担任了司法部长，米歇尔·古尔多担任了财政部长。他们在追求革命理想、推进欧洲革命的同时，也为犹太人的解放而努力。他们所获得的声誉及影响力大大激发了后世犹太人投身于革命运动的热情。③

---

① Walter Laqueur, *A History of Zionism*, p. 8.

② 马克思关于犹太人问题的论述主要体现在《论犹太人问题》和《神圣家族》这两篇文章中，其观点语气在犹太世界引起了极大的非议，马克思对犹太人的态度问题也因此成为学术界争论不休的话题。参见张倩红：《从〈论犹太人问题〉看马克思的犹太观》，载《世界历史》2004 年第 6 期。

③ 1848 年之后许多犹太人投身于革命运动，特别是在 20 世纪初叶发生于俄国及欧洲的世界无产阶级革命运动中，犹太人极为活跃，许多人担任了革命的领导者，如托洛茨基、季诺维也夫、加米涅夫、尤·拉林、罗萨·卢森堡、贝拉·库恩等。参见张倩红：《犹太人·犹太精神》，中国文联出版社 1999 年版，第 201—204 页。

第二，1848 年的革命使更多的犹太人接受了启蒙与改革的思想。1848 年革命是法国大革命的延续，其主旋律仍然是启蒙思想及《人权宣言》所奠定的理想。但 1848 年革命对犹太人的影响远远超过了法国革命，它波及整个欧洲，受其影响的犹太人达 140 万，接近当时世界犹太人总数的三分之一。不仅如此，从 1789—1848 年这 60 年间，新旧势力虽反复较量，但欧洲社会仍朝着统一、民主、开明的方向迈进，再加上革命高潮对落后、保守、反动势力的荡涤以及工业发展所带来的经济增长对社会矛盾的软化等，无不为犹太人的解放开辟了广阔的视野。正是在这样的背景之下，欧洲犹太人在寻求解放的道路上接连取胜，到 19 世纪末 20 世纪初基本上完成了这一历程（参见下表）。

欧洲主要国家犹太人获得解放时间表（1789—1918）①

时　间	国家或地区	备　注
1789	法国	
1790	波尔多	
1790	阿维尼翁	
1796	荷兰	
1797	威尼斯	
1798	美因茨	
1811	法兰克福	
1830	比利时	
1833	卡塞尔	
1834	不伦瑞克	
1848	皮德蒙特高原	
1848	丹麦	
1850	普鲁士	
1858	挪威	
1858—1870	意大利	
1862	巴登	

① Walter Laqueur, *A History of Zionism*, p.5.

续表

时 间	国家或地区	备 注
1865	瑞典	
1867	奥匈帝国	
1868	萨克森	
1870	罗马	隔都被拿破仑解散，但随之又恢复
1871	德国	
1874	瑞士	
1878	塞尔维亚	柏林会议上被俾斯麦和迪斯累里强迫实行解放令
1878	保加利亚	柏林会议上被俾斯麦和迪斯累里强迫实行解放令
1898	英国	1858 年犹太人可以进入议会，1870 年犹太人可以进入大学
1917	俄国	
1918	罗马尼亚	
1919	葡萄牙	

犹太人的解放经历了一个漫长的历史过程，这一过程的完成不仅取决于犹太社会在何种程度上接受外界的思想与文化以及他们自身为寻求解放所做的种种努力，而且在很大程度上取决于西方世界对他们的接纳程度。犹太人的解放之所以能在 18 世纪末叶发生，说明现代意识已在欧洲社会占据上风。从政治、经济及思想文化的发展层次上看，犹太人的解放是欧洲现代化的产物，用萨洛·W. 巴龙的话来说，"犹太人的解放对现代国家来说，和对犹太人自身一样，是一个历史的需要。"① 卡利汶·戈德沙伊德和艾伦·S. 朱克曼等进一步指出：要把犹太人进入主流社会这一现象置于欧洲现代化的宏观背景之下，要从工业资本主义兴起及近代资产阶级民主思想确立的角度考察犹太人解放的可能性条件。② 犹太人的解放从表面上看，是一场争取人权的政治斗争，但它具有深刻的经济背景。没有工业革命之后的经济繁荣、自由放任的资本主义观念的流行、现代商业意识及财产所有权观念的确立，犹太人就不会走出隔都，步入现代社会。当然，犹太人的解放也是犹太社会内部在政治、经济、文化等方面发生变化的结果，变化的方向

① 参见 Jay R. Berkovitz, *The Shaping of Jewish Identity in Nineteenth-century France*, p.254.

② Calvin Goldscheider, Alan Zuckerman, *The Transformation of the Jew*, see *The Modern Jewish Experience: A Reader's Guide* (edited by Jack Wertheimei), New York University, 1993, p.98.

是现代性在传统的基础上趋于膨胀。从这个角度看，解放运动“必须被理解为一个逐步发生的过程，而决不是突发事件。”①

犹太人的解放在犹太历史上是一个划时代的事件，解放时代也是犹太历史上的大变革时代，犹太人的法律地位、社会生活及思想观念都发生了深刻的变化。解放运动对犹太人的影响主要体现在以下几个方面。

第一，解放运动加快了犹太文化的现代化进程，大大提高了犹太人在欧洲知识界的地位。在解放时代，不仅是知识分子，而且连生活在最底层的犹太人都对世俗文化产生了浓厚的兴趣，犹太社会普遍掀起了学习欧洲文化的热潮，并在教育内容与教育体制上广泛吸取了近代西方教育的先进经验，从而大大提高了犹太人的文化素质。犹太人古已有之的求知热忱在自由的环境中更加蔚然成风，他们很快在欧洲学术及文化领域崭露头角，第一批科学家、艺术家、思想家从德国、意大利、英国、法国等地的犹太社团中脱颖而出。与此同时，犹太人也广泛地进入政治领域，他们当上了法兰西共和国政府的官员、法兰克福立宪会议的代表，并进入了荷兰、意大利、英国的内阁（迪斯累里年轻时曾受过洗礼，但在公众心目中他仍然是犹太人）。终身从事犹太民族史研究的海因里希·格雷茨在1870年兴奋地写道：“比我的任何一位前辈都更幸福，感到高兴的是在文明世界犹太人部落最终得到的不仅是正义和自由，还有确凿无疑的承认。现在他们终于获得了发展他们才能的机会，不是作为怜悯和宽恕，而是经历了千重磨难所获得的权利。”②

第二，解放运动进一步削弱了犹太人的民族与宗教意识。民族性与宗教性是犹太文化的两大特征。犹太人在失去了民族历史的最稳定、最持久的要素——地理疆域的情况下，创造了分散而不被同化的历史奇迹，应该说在很大程度上要归功于这两大特征。然而解放时代以来，现代化的过程作为时代潮流，影响了犹太人的政治、经济及社会生活，对现代性的接纳与兼容不仅给犹太民族提供了前所未有的发展机遇，也同时带来了巨大的挑战，犹太文化中的民族性、宗教性显然被削弱，这是“解放时代的副产品”，也是“现代化进程的必然结果”。欧洲犹太人寻求解放的过程就是他们步入现代化的过程，这是一个不可逆转的过程，犹太人对现代性的反应“不能简单归结为全然接受或彻底反对”，而是一个不断调和、

① Jacob Katz, *Exclusiveness and Tolerance, The Modern Jewish Experience: A Reader's Guide*, p.12.

② 参见 Walter Laqueur, *A History of Zionism*, p.27.

适应的漫长而复杂的历史过程。如果说拿破仑时代法国犹太人还是违心地否认其民族感情的话，那么到19世纪民族性的削弱已变成一种事实，这从许多方面可以体现出来。例如，作为犹太解放运动倡导人之一的加布里尔·里塞尔就力图表示犹太人不是一个民族，他想以此来反驳当时流行的一种观点，即犹太教中所蕴涵的民族意识使犹太人不可能成为良好的欧洲公民。19世纪80年代，当年轻的哈伊姆·魏茨曼去德国当教师的时候，他发现德国犹太人不相信有一个犹太民族，他们正在丧失其民族认同性。杰伊·R．贝尔科维茨仔细研究了19世纪的法国犹太社会之后也得出这样的结论："广泛的犹太人忽视犹太教的原则，也许是解放所带来的最严重的后果。"①

第三，解放运动加剧了犹太人口的城市化进程。随着解放时代的到来，遍及欧洲的城市化、工业化及世俗化潮流打破了犹太社会相对稳定的传统生活。许

哥本哈根的拿德森家庭——19世纪初被同化了的犹太人

多人开始离开落后地区，向大城市迁移，那些被遗弃的犹太圣堂和墓地成了欧洲大地上的一道特色鲜明的风景线。在德国，他们从以前属于波兰的东部地区向莱茵兰、莱比锡、科罗涅、法兰克福，尤其是柏林、汉堡等地迁移，到19世纪末，德国犹太人口总数有五十多万，其中有一半集中在几个大城市，光柏林的犹

① Jay R. Berkovitz, *The Shaping of Jewish Identity in Nineteenth–century France*, p.87.

太人就占全国总人口的1/3；在法国，犹太人在解放后的最初15年间所享受到的自由已经给他们的居住模式带来了一些变化，他们开始不断地移居到从前很少或几乎没有犹太人居住的地区。法国犹太人纷纷从南部或东北部迁往大城市，大批阿尔萨斯犹太人定居巴黎，到19世纪中叶，巴黎成为欧洲"犹太城市文化的主要中心"；在英国，伦敦等几个大城市吸引了许多犹太人，到19世纪末，城市犹太人口已超过犹太总人口的40%；在奥地利，犹太人从摩拉维亚、加利西亚迁往维也纳；在匈牙利，迁往布达佩斯；在俄国，从白俄罗斯迁往乌克兰各城市；在波兰，迁往华沙。进入20世纪以后，犹太人口的城市化进程进一步加快，到20年代，乌克兰有80%的犹太人生活在城市里（1926年）；在拉脱维亚，城市犹太人占犹太人口总数的92.4%（1926年）；在波希米亚这一比例达91.3%（1921年）；在捷克斯洛伐克为86.8%（1921年）；在苏联的欧洲部分占94%、亚洲部分占91.3%（1926年）；在瑞士占85.3%（1920年）；在波兰占74.6%（1921年）；在立陶宛占63.5%。犹太人口的城市化发展趋势在东方犹太社团中也表现得极为明显。例如，在1917年的埃及，90.7%以上的犹太人居住在开罗和亚历山大两大城市；在1927年的阿尔及利亚，65%的犹太人居住在阿尔及尔、奥兰及君士坦丁堡三个最大的城市里；在突尼斯，1926年时有56%的犹太人居住在首都；在法属摩洛哥44%以上的犹太人居住在卡萨布兰卡、马拉卡什等城市里，1946年时，这一比例高达73%。[①] 城市化是犹太文化现代化进程中的一个不可忽视的推动因素，它促成了这样一种发展趋势，即更多的犹太人"远离自己的传统而转向世俗化并最终走向同化。"[②] 因为进入大城市尤其是生活在国际大都市的犹太人，表现出极为明显的文化适应性，受周围环境的影响，他们往往以更开放的心态接受新事物，认同充满诱惑力的主体文化。尤其对于那些寻求世俗发展并急于摆脱犹太传统的人来说，城市是更自由的世界，充满了机遇与挑战。

第四，解放运动促进了职业领域的扩大及犹太资产阶级的出现。前解放时代，犹太人的职业领域受到了极大的限制，许多自由职业对犹太人关闭。欧洲许多地方规定犹太人不得从事新商品的买卖，不得在自己的居住区周围开设店铺，

---

① Raphael Patai, *Tents of Jacob-The Diaspora: Yesterday and Today,* Prentice-Hall, Inc., New York, 1971, pp.95–96.

② Steven M. Lowenstein, " Was Urbanization Harmful to Jewish Tradition and Identity in Germany?" see Ezra Mendelsonhn (edited), *People of the City: Jews and the Urban Challenge, Studies in Contemporary Jewry XV,* Oxford University Press, Oxford, 1999, p.81.

所以许多犹太人只能做旧货买卖或者成为沿街叫卖的小贩，直到18世纪，在各地乡村都可看到那些四处漂泊的犹太商贩。

18世纪末到19世纪，欧洲资本主义新兴工业的迅速发展破坏了传统的垄断模式，商品经营与流通的节奏明显加快。尤其是当时的西欧地区，经济已发展到一种无与伦比的程度，几乎成为全世界的“制造车间”，商业、工业及各类自由职业的需求量猛增。在此背景下，刚刚获得公民权及职业许可权的犹太人便得到了前所未有的发展机遇，他们作为企业家、制造商、发明家、银行家等而引人注目。走乡串户的小贩发展成为具有各种国际联系的大商人；小金银匠成了活跃的经纪人；手工裁缝成了制造批发商；废品收购者成了金属买卖中介人；旧衣经营者成了批量生产的服装商；放债者从事股票交易，在各地的证券交易所成为中心人物，这些人就构成了犹太资产阶级的主体。犹太资产阶级产生于自由资本主义空前激烈的竞争环境中，他们凭借其传统的经济实力，在工业、交通运输和商业中大量投资并获得了高额利润。19世纪的欧洲出现了一些犹太百万富翁，建立了不少闻名遐迩的大金融机构，如“布鲁塞尔银行”（由奥本海姆创立）、“巴塞尔商业银行”（由伊·德莱福斯等人创立）、“圣彼得堡银行”（由冈茨伯格家族创立）、“华沙贴现银行”（由M.爱泼斯坦建立）等。德意志宫廷犹太人的后裔在法兰克福、汉堡、伦敦、巴黎、柏林、维也纳、圣彼得堡等金融中心的商业银行中扮演了十分重要的角色。其中最著名的是崛起于法兰克福的罗斯柴尔德家族，它作为欧洲最有名的银行世家，其创立

16世纪罗斯柴尔德家族在法兰克福的住所

者是迈耶·罗斯柴尔德及其5个儿子。他们起家于法兰克福，以后在维也纳、伦敦、巴黎建立了分支机构，拥有了雄厚的实力。罗斯柴尔德家族不仅热衷于慈善事业，而且大量贷款给各国政府，对欧洲经济政治的影响达200年之久。在这一家族的许多经历中，人们常常要谈起的是莱昂内尔·罗斯柴尔德帮助英国政府购买苏伊士运河股份的事。1875年，英国首相杰明·迪斯累里了解到一个非常重要的信息：英国可以通过购买股票的办法来控制苏伊士运河。要实现这一目的，需要巨额的现款，而在当时的英国唯一能支付这批现金的人是莱昂内尔·罗斯柴尔德男爵。于是，首相派他的秘书去见男爵，以英国政府的名义向他借400万英镑，男爵得知来意之后，几分钟之内就欣然同意。

犹太资产阶级产生之后，不仅积累、创造了大量财富，而且对现代资本主义的商业运行机制、实业组织形式及金融发展体系等方面都作出了不可磨灭的贡献，当今世界流行的许多经济手段如可转让票据、政府债券等都是犹太人的发明。犹太人更为股票交易的产生与发展立下了汗马功劳：世界上第一个永久性股份公司——荷兰东印度公司是由犹太商人参与组建的，成立于1602年的这家公司的股东中，犹太商人占25%；在世界上第一个正式的股票交易市场——阿姆斯特丹债券交易所中犹太人占绝对优势。在交易所的41名委员中，犹太人占37名。此外，在伦敦等地的股票交易所中犹太人都占据了与其人口不成比例的席位。所以在欧洲人中曾有一种说法：异教徒推动了商业精神的形成。马克思的《论犹太人问题》一文的主要观点之一就是近代基督教社会的胚胎存在于“犹太精神”之中。马克斯·韦伯在《新教伦理与资本主义精神》一书中也论述到《摩西五经》、《塔木德》等犹太经典对清教徒及资本主义精神的影响。然而，犹太人在塑造资本主义精神的过程中却常常受到欧洲资产阶级的排斥，除了传统的偏见之外，“赚钱的本领同样也是犹太人的祸根”，经济上的成功常常犹如一把双刃剑，煽起了不满、嫉妒和仇恨。

第六节　走出“血汗工厂”的美国犹太人

犹太人很早就踏上了美洲大陆，1492年，犹太人路易斯·德托雷斯作为一名船员与哥伦布一起抵达北美，这是犹太人到达美洲的最早记录。1654 年，有 23 位葡萄牙犹太人为躲避宗教法庭的迫害来到了新阿姆斯特丹，成为美国移民的先驱。到 1776 年美国独立时，大约有 2000—3000 名犹太移民。美国的开国元勋们对犹太人极为尊重，约翰·亚当斯称犹太人是“在这个世界上居住的最光荣的民族”。但犹太人大规模的移民美国则是近代以后的事情。美洲大陆的移民潮是由欧洲大陆的反犹太主义所促成的，大多数移民都是不甘忍受欧洲社会的歧视而来到新大陆的。

19 世纪中叶以来，犹太人在寻求解放的旅程中已跋涉了很久，尽管他们的传统职业及社团机构已经分化，他们的语言、服饰及观念已在很大程度上与主体民族极为相似，“但传统的反犹太人的陈见也现代化了，因而被称作‘现代的反犹太主义’（Modern Anti–Semitism）”。所谓反犹太主义偏见的“现代化”主要有以下几层含义：第一，它是指反犹太主义者更多地从世俗化的角度如血缘而不是宗教来发动对犹太人的歧视和迫害。早期反犹太主义者认为犹太人是“作恶者与异教者”，反犹太主义者把犹太人特殊的宗教习惯、生活方式都描述成“基督的谋杀者”（Murders of Christ），“以罪恶的方式与基督教精神为敌”。而现代反犹太主义却提出了截然不同的论点，即毁灭性的犹太精神已通过犹太人与周围世界的接触而渗透于欧洲民族国家，作为异己的东方性质的犹太精神是与欧洲民族所推崇的“雅利安基督教精神”（Aryan Christian Spirit）背道而驰的。[①] 第二，现代反犹太主义发生在后解放时代，它是以阻碍犹太人成功地进入欧洲主流社会为主要目的，是以欧洲化了的、而不是传统的犹太人为迫害对象。第三，传统反犹太事件的发生都是“作为政治及社会发展

美国犹太人欢迎欧洲新移民

① H. H. Ben–Sasson, *A History of the Jewish People*, p. 871.

的副产品而出现”的，生活在基督教社会的外围、处于劣等地位的犹太人往往是以替罪羊或附带牺牲品的角色而受到牵连，而现代反犹太主义都带有明显的组织性，也就是说把消除犹太人及其影响力作为主旨的“组织与政党纷纷出现，这些组织与政党的全部政策就是围绕着犹太问题而制定并把犹太问题的解决作为解决所有社会问题的途径”①。

崇尚自由主义、启蒙主义的犹太思想家一直对人类的进步怀有高度的自信，他们认为科学与理性的发展最终将荡涤一切反犹太情绪。但随着突如其来的反犹太狂潮在欧洲大陆的重演，许多人彻底失望了，他们选择了遥远的美国作为自己的生活空间。利奥波德·科姆佩特是一位颇有影响的波希米亚犹太作家，他和许多人一样把自由的希望寄托于 1848 年革命，当希望破灭之后，他写了一篇文章，题为《走向美国》，呼吁犹太人移居美国以躲避新的灾难。一些犹太领袖也开始组建移民团体，安排迁移事宜。从 1840 年至 1860 年间是美国社会给予犹太人以“广泛自由及广泛接纳的时代”，大批中欧犹太人从德国、奥地利、匈牙利和波希米亚等地举家迁往美国。这 20 年间，美国犹太人口增加了 10 倍，由原来的 15000 人增至 15 万人（1826 年时仅有 6000 人），到 1880 年已达到 25 万。② 他们的足迹遍及整个东部，并开始向西部蔓延。中欧犹太人深受启蒙思想的影响，赞同改革派犹太教，在思想上较为开明，他们很快适应了美国社会，许多讲德语的知识分子把哈斯卡拉的思想成果带到了美国，他们希望在新大陆重圆自己的变革梦。从职业结构上来说，他们很快由小手工业者和小商贩进入中产阶级，尤其多集中于商业，充当金融借贷、经纪人、批发商、零售商及代理人等角色的占 62%，从事专门职业的占 17%，这样属于白领阶层的就高达 85%，③ 因而具有较高的社会地位。1880 年以后，俄国政府公开排犹，每一次暴力行动都会把一批新的移民送过边境。生活在俄国、罗马尼亚、加里西亚等地的东欧犹太人把美国看作是自己的避难所，在他们的心目中大西洋彼岸的那片新的土地，没有暴力、没有歧视、没有眼泪，只有平等的机遇和成功的条件，似乎“那里每一条街道都是用金子铺成的”。据估计，19 世纪末叶，每 3 个东欧犹太人中就有一个定居美国。从 1881 年到 1924 年有大约 250 万东欧犹太人移居美国。集体迁移使美国人口急

---

① H. H. Ben-Sasson, *A History of the Jewish People,* p. 872.

② 参见 Priscilla Fishman (edited), *The Jews of the United States,* The New York Times Book. Co., New York, 1973, p. 17.

③ Cavin Goldscheider and Alan S. Zuckerman, *The Transformation of the Jews,* p. 10.

剧上升，世纪之交时达到100万，20世纪20年代超过400万，20世纪中叶超过了500万。[①]

虽然早期美国的生活非常艰苦，对犹太人的偏见与仇视同样存在，反犹太的言论、行为及限制性措施也时常出现，但相对于欧洲大陆而言，这里是自由的殿堂与机会的福祉。大批的犹太人急于摆脱传统的重负，与美国文化相融合。犹太社会在世俗化、美国化的道路上走得很快、很远，其结果一方面使犹太文化获得了广阔的发展空间，接受了更多的现代性，并被注入了新的生命力，但另一方面也带来了深刻的文化及社会危机，即民族认同的淡化及空前猛烈的同化潮。

来自欧洲的新犹太移民在居住特点上表现出明显的城市化倾向，而且多追逐大城市，许多人选择了纽约，因为这里不仅是最主要的登陆港口，也是全国最大的工业中心，而且老一代移民也在此奠定了一定的生活基础。1880年，纽约犹太人占城市居民总数的1/10，1915年人口增至140万，几乎占城市总人口的三分之一，[②]到20世纪20年代，纽约至少容纳了175万犹太人，后来超过了200万，成为世界上犹太人口最多的城市，犹太人称纽约的犹太社团为“有史以来规模最大、最自由、最发达的社群”，称纽约为“世界犹太人的母亲城”（Mother City For World Jewry）。[③]除纽约之外，犹太社团也在洛杉矶、波士顿、芝加哥、华盛顿、费城等城市纷纷建立，并集中了大批的犹太人口。城市化的居住特点为犹太人后来在美国商贸领域的发展奠定了客观基础。

涌入美国城市的早期东欧犹太移民远没有先期而来的中欧犹太人那么幸运，他们一贫如洗，对美国社会了解甚少，也不懂英语。初来乍到，只能依赖犹太组织及慈善机构的救济生活，或者暂住同乡家中，成为寄宿者。

生活在最底层的犹太移民深刻感受到了新大陆的冷酷与无情。他们找不到理想的工作，有的背起背包，开始了沿街叫卖的工作，所卖商品从鱼、面包、水果、牛奶到青铜器、小玩具等无所不包；有的做起了搬运工、建筑工、印刷工、玻璃工等，也有的涉足于一些工业部门，尤其是制衣业、家具制造业、烟草生产、皮革加工等行业。19世纪80年代，当大批犹太人进入之时，美国资本主义

① David Rudavsky, *Modern Jewish Religious Movements: A History of Emancipation and Adjustment,* p. 272; *Encyclopaedia Judaica,* Vol. 2, p. 810.

② Cavin Goldscheider and Alan S. Zuckerman, *The Transformation of the Jews*, p. 165.

③ Arthur Hertzberg, *Being Jewish in America: The Modern Experience,* Schocken Books, New York, 1979, pp. 73–74.

经济发展迅速，工业化步骤发展很快的东部和中部各州出现了大批的“血汗工厂”，别无选择的第一代东欧移民不得不充当“血汗工厂”的劳动力。在这些工厂里，按规定每周的工作时间是60小时，但实际上远远不止，有的达80多小时，而且除“正常工作”外，还要加班加点。辛苦的工作换来的只是微薄的收入。据纽约劳工统计局统计，1885年最优秀的缝衣工每周只能挣10美元，而女工每周只能有3至6美元，“有些人在家人帮忙、每天工作14小时的情况下，每周才挣12至15美元。其他人一天干10小时，每周只能挣4美元”①。

贫穷、饥饿及拥挤不堪的居住条件使犹太社会笼罩在一种失望沉闷的气氛之中。犹太作家曾这样描述当时纽约下东区的犹太社团：

> 一个由公寓楼房组成的灰暗的石头世界，在那里，即使是美妙的春日也见不到青青的草叶，犹太居民区特别的灯光和犹太居民的身影，更使那些街道被笼罩在一种难以名状的气氛之中。连空气中也仿佛散发着历经千年流亡的犹太人所特有的悲哀和痛苦。光线暗淡而沉郁；男男女女簇拥在手推车四周；公寓的灰墙——真是满目苍凉，触景生悲。整个移民社区正受着血汗工厂的煎熬，奄奄一息，面对其他族类社区的敌视而战战兢兢，富裕的德国犹太人的恩赐态度又使东欧犹太移民怒不可遏。②

在血汗工厂里工作了整整10年的莫里斯·罗森菲尔德后来成了著名的诗人。他把自己亲身经历的苦难生活以及他的社会主义、民族主义情绪一起凝结在他那脍炙人口的诗句中，他写道：

> 晨钟催上工，
> 夜晚回家走，
> 周身体麻木，
> 难辨血与肉，
> ……
> 工作，工作，不知为何，
> 生产，生产，永无终期。
> 为谁为何我不知，也不想知——
> 旋转的机器何时才能理喻。

① 欧文·豪：《父辈的世界》，王海良、赵立行译，上海三联书店1995年版，第81页。

② 欧文·豪：《父辈的世界》，第71—72页。

分分秒秒，匆匆而逝，
日日夜夜像风吹着帆移。
好似我不肯放手，一直驱使着机器，
毫无希望，毫无用处，毫无道理。
钟声把我们惊醒，灼热升于心里，
一切都被唤醒。不要问我，我已忘记，
我不知道，我不知道，
我不过是一台机器。①

值得庆幸的是犹太人在血汗工厂停留的时间不算很长，到了世纪交替之时，大批人离开了这里。究其原因，一方面是因为犹太人已适应了美国生活，基本上掌握了英语及现代生活中必需的生产与生活知识，越来越与工业国家的职业结构相和谐，可以选择的职业越来越多；另一方面，由于美国经济越来越由劳动密集型转向技术密集型，大规模企业代替了小规模的劳作，越来越多的体力劳动者流入服务、分配、流通、管理等领域。1904 年，W. E. 沃林在一篇题为《下东区的人们干什么工作》的论文中宣布："第二代犹太人已离开了血汗工厂。"他得出的结论是：无论美国化的程度如何，纽约犹太人区最受欢迎的职业是专业性强的职业，其次是商业，最后才是体力劳动。20 世纪初叶，纽约东区布满了犹太人的零售商号及各类专门店铺及公司。1913 年对覆盖 57 个街区的犹太社团的调查表明，犹太人登录了 112 家糖果及冷饮厅、70 个酒吧、30 个快餐店、78 家理发店、40 名牙医、16 名医生、38 个药店、2 名配镜师、3 名钢琴教师、12 名摄影师、23 名律师、43 名面包师、93 家肉店、20 家洗涤店。同时，还有大批犹太人经营了房地产。② 专门研究 19 世纪末以来波士顿地区宗教及职业劳动状况的斯蒂芬·特恩斯特罗姆得出这样的结论："不仅波士顿的犹太青年中有异常多的人从职业结构的上层开始其生涯；而且那些最初被迫从事蓝领职业的人，在后来转入白领世界方面异常成功。只有大约半数的以体力劳动开始生涯的犹太人……直到最后一次统计工作时仍然在受雇做体力劳动。犹太人向上流动的比率是其他各民族这一比率的两倍。"③

不同时期来到美国的犹太移民都把教育放在了极高的位置上，因为他们看到

① 欧文·豪：《父辈的世界》，第 381—382 页。
② 欧文·豪：《父辈的世界》，第 155 页。
③ 欧文·豪：《父辈的世界》，第 134—135 页。

朱利叶斯·罗森沃尔德

了“教育是犹太青年提高社会地位及职业地位的主要手段”。[①] 对他们来说，教育仍然是通向成功的途径。他们求知的热情在美国更加蔚然成风。身为移民的犹太父母竭尽全力使子女接受良好的教育，根据美国工业委员会所掌握的资料，在世纪交替之时，美国犹太母亲的就业率低于其他民族，其原因就在于她们要操持家务，以便更好地供孩子上学。该委员会还发现，“在小学里，犹太儿童因为学习聪敏听话和总的行为良好，很受老师喜欢”。许多犹太少年在上学的第一天回到家里之后，就能发现用字母形状烤制好的小甜饼。一位犹太母亲刚在纽约的贫民窟落脚，就去公共图书馆不厌其烦地为孩子索取图书卡。20 世纪以来，美国犹太人对高等教育极为热衷，尽管 20 年代一些大学对包括犹太人在内的少数族裔的入学名额还有一定的限制，但犹太人子女还是要千方百计去获取接受高等教育的机会。美国学者对 10 个城市中的医学院进行调查研究，结果发现，犹太学生的增长速度十分惊人：从 1881 年到 1885 年为 25 人；从 1891 年到 1895 年为 153 人；从 1901 年到 1905 年为 460 人；从 1906 年到 1910 年为 716 人；从 1916 年到 1920 年为 1273 人。也就是说，35 年间犹太医科毕业生的人数增长了 55 倍。[②] 随着一些犹太知名人士在哈佛大学、哥伦比亚等大学广泛设立各种奖学金，犹太人的入学率大幅度提高。据估计，1927 年犹太大学生的人数有 5 万左右，其中大部分以职业培训为主要目的。1937—1938 年的《美国犹太年鉴》统计表明，犹太人只占美国总人口的 3.5%，但在美国高等教育机构中的犹太学生却占到 9.1%。1955 年犹太青年读大学的比例是 62%，而其他群体仅为 26%。[③]

随着教育水平的提高，越来越多的犹太人投身于知识、科学领域，犹太移民

① Milton Plesur, *Jewish Life in Twentieth-century America*: *Challenge and Accommodation*, NelsonHall Inc., Chicago, 1982, pp. 64–65.

② 欧文·豪：《父辈的世界》，第 160 页。

③ 参见 Milton Plesur, *Jewish Life in Twentieth-century America*, pp. 89, 163.

中涌现出了著名的科学家、经济学家、律师、医生、作家、画家、记者、雕塑家及报业人士等。[1]到20世纪20年代，犹太人不仅在美国站稳了脚跟，而且在商业、工业及社会福利等许多领域奠定了自己的地位，涌现出了许多著名的、对美国社会作出极大贡献的犹太实业家，纳坦·施特劳斯（1848—1931）、朱利叶斯·罗森沃尔德(1862—1932）可为其代表，他们不仅事业发达，而且热衷于公益事业，被称为“社会福利大亨”。此外，犹太人中还涌现出了美国铜工业之父古根海姆斯、美国银行业奠基人约瑟夫·马库斯以及报业巨匠普利策等。由于受教育程度的差异，犹太人的收入明显高于其他族裔。50年代，美国犹太人约占美国从业人口的3%，但达到中等收入水平的却占到10%。在高收入阶层中更不成比例，美国有20%的百万富翁是犹太人。1979年9—10月的《犹太生活》上列出了一串犹太富翁的名单，但为了避免被反犹太主义者所夸张、所利用，又特别指出：“一些犹太人确实积累了巨大的财富，但依此断言他们控制了国家的经济是全然错误的。”[2]

总之，美国犹太人不仅在这里找到了安身立命的场所，而且为美国城市经济的繁荣作出了不可磨灭的贡献。用犹太人自己的话来说：

> 在2000年的历程中，犹太人在世界各地与其他民族、宗教及种族群体共存。在美国，犹太人不仅仅是与其他民族一起在一块陌生的土地上共存，相反，我们是缔造者、是这块土地的子孙。我们虽然可以写一部关于伦敦犹太人的漫长的历史，但是没有这些犹太人的内容，伦敦的历史完全可以照写；然而，没有犹太人这一笔，就无法写出纽约的历史——是犹太人和其他许多民族一起，铸造了这个国家及其大城市的气质与必要的品质。只有当你接受了这样的观点，即纽约不仅仅是爱尔兰人的、意大利人的、波多黎各人的城市，同时也是一个伟大的犹太城，那么你才可以理解美国及纽约对犹太人来说意味着什么。[3]

不同时期来到美国的犹太移民，很快认同了美国社会的主体精神，在他们的眼里，新大陆成了自由、民主、平等的乐土。早在1883年犹太裔作家埃玛·拉扎勒斯就写出了非常深情而优美的诗句，表明了犹太人的这种心态，他写道：

---

① 参见 Jacob Rader Marcus (edited), *The Jews in American World,* Wayne State University Press, Detroit, 1996, p. 394.

② 参见 Milton Plesur, *Jewish Life in Twentieth-century America：Challenge and Accommodation,* p. 164.

③ Arthur Hertzberg, *Being Jewish in America：The Modern Experience,* 1979, p. 19.

都交给我吧，你们——
疲惫穷困、渴求自由的众生
那些遭遇遗弃、苟且于彼岸的人群
那些无家可归、挣扎于暴风骤雨之中的惊魂
都交给我吧！
我高举灯盏伫立于金门！
……

埃玛·拉扎勒斯的这首《新巨人》十四行诗，在美国文坛上影响很大，它被刻在了自由女神铜像的座基上，成为人们世代传诵的不朽之作。

第三章

通向建国之路

（1897 年— 1939 年）

从大流散开始到前解放时代，作为客体民族的犹太人在与主体民族的交往过程中，很少能以平等的身份加入主流社会，长期遭受的非平等待遇严重摧残了犹太人的精神世界与思想感情，但也磨炼了他们的坚强意志，强化了一些人心目中重返故土的观念。早在 1621 年，英国犹太人亨利·芬奇（Henry Finch）就在他的《犹太人的号召》一书中呼吁散居世界各地的犹太人回归巴勒斯坦，重建犹太国家。可是，在当时绝大多数人们认为这不过是一种“美好的空想”。随着时间的推移，尽管同化主义与犹太教改革主义者都在不同程度上反对犹太民族运动，但到 19 世纪末，犹太复国主义思想还是以锐不可当之势在欧洲大陆兴起。犹太复国主义作为一种民族主义思潮，带有浓厚的宗教色彩，但它广泛地运用国家、主权、社会、文化等现代概念提出一套理论程式及行为规范，并通过多种方式而推广于犹太社会，从而成为一种现代意义上的意识形态，反映了世俗犹太文化的最高水平及最新形态。犹太复国主义运动激发了犹太人的民族主义意识，并促发了犹太人回归巴勒斯坦的移民潮，从而为现代以色列国家的诞生奠定了必不可少的思想基础、文化基础与社会基础。因此，人们往往把犹太复国主义运动作为现代以色列国家历史的开端。

第一节 复国先驱

犹太复国主义即Zionism一词的词根是Zion，是指位于耶路撒冷的一座山的名称，汉译为锡安山。希伯来先知们把它作为耶路撒冷城的精神象征与别称，并把耶路撒冷与犹太国的居民称为“锡安之女”（Daughter of Zion）。第一圣殿被毁之后，Zion具有了特殊的含义，表述了犹太人对故土耶路撒冷的怀恋之情及回归之愿，也成了散居犹太人宗教生活中的一个中心概念，成为犹太遗产的一部分。① 如《诗篇》第137篇第1节中所写的：“我们曾在巴比伦的河边坐下，一追想锡安就哭了……”犹太复国主义作为一个现代术语出现于19世纪末，1890年4月，内森·伯恩鲍姆在他的德语期刊《自我解放》中最早使用，后来被第一次犹太复国主义大会正式采纳，意指犹太人以回归巴勒斯坦、建立民族家园为目标的政治运动。② 犹太复国主义还被一些学者解释为“世俗化的弥赛亚主义”（Secularized Messianism）。③ 弥赛亚主义一词来源于Messiah，即救世主，它坚信上帝最终会对流散的犹太人负责，就像希伯来先知所预言的那样，上帝通过救世主带领他的民众回到和平、仁爱、充满正义的故土上，在此之前犹太人所经历的一切苦难都是上帝对犹太人的考验与磨炼。这一观念在犹太人的心目中已经根深蒂固，形成一种宗教意义上的凝聚力。犹太民族之所以毁而不灭的历史奇迹，在很大程度上归功于弥赛亚观念。从这个意义上说，不是犹太人造就了《圣经》，而是《圣经》造就了犹太人；不是上帝选中了犹太民族，而是犹太民族选中了上帝。犹太复国主义运动兴起之后，在很多人看来，它是古老的弥赛亚观念的现代复活，即“清除其中的超自然因素，而仅仅保留其政治、社会及一些精神目标”④。也就是说，传统的弥赛亚观念被犹太思想家们进行了现代阐释，用自由、平等、民族、国家等现代主义理念取

① Geoffrey Wigoder, *New Encyclopedia of Zionism and Israel,* Associated University Presses, London/Toronto, 1994. Vol. 2, p. 1433.

② *Encyclopaedia Judaica,* Vol. 16, pp. 1032–1033.

③ Jonathan Frankel (edited), *Jew and Messianism in Modern Era: Studies in Contemporary Jewry,* Oxford University Press, New York, 1991, p. 4.

④ Jacob Katz, *Jewish Emancipation and Self-Emancipation,* p. 91.

代了其中的神秘主义及末世论色彩，从而产生了犹太复国主义这一现代民族主义观念。

一、犹太民族主义

从犹太复国主义运动的发展历程来看，它不是由单一的社会力量发起和推动的，而是一个主张复国的各种力量的大联盟，容纳了不同的思想派别，如政治犹太复国主义、宗教犹太复国主义、文化犹太复国主义、劳工犹太复国主义、社会主义的犹太复国主义、修正派犹太复国主义等，但从其主流来看，犹太复国主义运动是一场世俗的、民族主义的政治运动。就其产生的历史动力而言，主要是正在走向现代化的欧洲社会所孕育的犹太民族主义思想直接推动了复国运动的兴起。

19 世纪是民族主义在欧洲勃兴的时代。根据著名的犹太裔史学家、社会学家埃里克·霍布斯鲍姆的研究成果，民族主义一词1844 年才在社会文本中出现。作为一种社会思潮及历史现象的民族主义是指以民族为符号与动力（大多以建立民族国家为目的）的、有着统一意识形态的社会及政治文化运动。民族主义是现代民族的思想意识，它在世界现代化的过程中产生，和市民社会的文化结构密切相关，并由少数知识分子的精英思想发展为普遍的社会意识和社会文化，因此，我们有充分的理由认为，民族主义是现代社会的产物，正如现代性是现代民族国家的本质属性一样，现代性也同样是现代民族主义这一文化现象的基本特征。民族主义兴起之初，主要表现为改变现存社会结构，建构民族国家，并在英、法、美等国开辟了广阔的发展空间。19 世纪中后期以来，民族主义成了欧洲最主要的社会思潮之一，它不仅反映了工业化、现代化时代市民社会的心性结构，而且反映了国际关系领域的新的政治、经济及文化格局。与此同时，以“自由”、“平等”、“民主”、“自决”、“解放”、“科学”、“人权”、“主权”等现代理念为旗帜的、以反对帝国主义和殖民主义、争取民族独立为目标的另一类性质的民族主义运动也在非西欧国家产生。整个 20 世纪，民族主义与世界现代化在时间与空间上同步发展，已成为并驾齐驱的两大历史潮流，从结构与形态上改变着人类社会的面貌。

当欧洲民族主义兴起的时候，犹太社会出现了两种截然不同的反应。当时，犹太教改革运动[①]还保持着活力，改革派思想家极力抵制民族主义思潮，他们彻底否定犹太宗教及文化中的民族性成分。在他们看来，民族性使犹太教变成一种背离时代的狂热崇拜，使犹太文化成为一种缺乏活力的“禁锢性文化”，只有毫不犹豫地冲破“民族壁垒”，犹太教才会像基督教一样成为一种普世主义文化。他们以《以赛亚书》第49章第6节中的“我还使你做外邦人的光，叫你施行我的救恩，直到地极”为理论根据，极力强调犹太教的“普世性本质”（The Universal Nature of Judaism）。他们指出，早在先知运动时代，以利亚、阿摩司、何西阿、耶利米、以西结以及以赛亚等先知在呼吁公义与正义的同时，已完成了对犹太一神教的深化，他们对上帝的定位已由主宰希伯来人命运的民族神变为支配全人类命运的世界神，正如《以赛亚书》第2章第3—4节中所描述的：“必有许多国人民前往，说：‘来吧！我们登雅卫的山，奔雅各上帝的殿，主必将他的道教训我们，我们也要行他的路。因为训诲必出于锡安，雅卫的言语必出于耶路撒冷。’他必在列国中行审判，为许多国民断定是非。”德国改革派思想家甚至从祈祷书中删除了弥赛亚观念，把“以色列人的使命”普遍化，使之具有世界意义，其动机与目标是为了提高犹太宗教与文化的地位，吸引一些改宗者实现“信仰的回归”。然而，事实证明，这种努力是徒劳的。因为宗教与文化普世化，不是靠某些人的灵机一动就能实现的，而是依赖于深刻的社会原因。犹太教和基督教、伊斯兰教都产生于西亚地区，在众多的角逐中他们都极力抬高自身的神圣性与唯一性，以压倒或否定其他的神灵与宗教。但基督教和伊斯兰教之所以能成为世界性宗教，一个前提条件是它们都借助于世界帝国的力量来完成自身的普世化过程，如果没有罗马帝国及哈里发帝国的扶持与征服，基督教与伊斯兰教也就没有条件成为世界性宗教。

改革派犹太教在美国兴起后，也曾在较长的时间里否定犹太民族主义，1885

---

① 犹太教改革运动19世纪初从德国兴起，因为德国犹太社团没有像法国、英国、荷兰等国那样经历过或长或短的历史断裂期，他们从古代起就一直生活在德意志土地上，相对浓厚的民族传统遭遇了相对强烈的现代主义潮流之后，自然表现出相对激烈的矛盾与冲突。纳赫曼·科罗赫马尔（1785—1840）、亚伯拉罕·盖格（1810—1874）等人为改革派的思想先驱，撒母耳·侯德海姆（1806—1860）等人为改革派最主要的领导人。改革派的基本主张是：犹太教只有摒弃传统的陈规陋习，全面适应现代主义，才能在新的环境下求得生存。1848年之后，随着反动势力的复辟及政治倒退在欧洲的出现，许多地方的犹太人相继失去公民权，这一现象对改革派打击很大，许多人认识到他们曾极为推崇的“来自内部的改革”并不足以改变犹太人的处境，从政治斗争中争取公民权才是当务之急。与此同时，许多改革派领导人随着移民潮移居美国，寻找更为自由的天地以实现自己的改革理想，所有这些都导致了德国改革运动的低落。参见张倩红：《犹太文化的现代化》，第三章，江苏人民出版社2003年版。

年11月通过的《匹兹堡纲领》，系统阐述了改革派的八项主张，成为他们的非官方的意识形态。《匹兹堡纲领》第五条款明确指出：

> 我们认为，在思想及智力文化普遍发展的现代社会，仍可实现以色列人的伟大的弥赛亚理想——即在全人类中建立一个真理、公正及和平的王国。我们不再把自己看作一个民族，而是看作一个宗教共同体。因此，我们既不期望重返巴勒斯坦，也不希望在亚伦子孙的管理下进行献祭仪式，更不希望恢复任何有关犹太国的法律。①

《匹兹堡纲领》的宗旨可以概括为反传统主义、反民族主义两个方面。在以后的半个世纪中，它一直代表着美国改革派的主流思想。②

尽管犹太教改革派一直在极力淡化犹太人的民族主义情绪，但很多犹太人还是冲破了改革派的信条，怀着无比振奋的心情接受了民族主义思想，撒母耳·大卫·卢扎托（简称"沙达尔"）是犹太民族主义的典型代表人物，他被意大利民族英雄马志尼、加里波第等人的民族英雄主义气节所感染，深为犹太民族缺乏这种把民族理想与圣战结合起来的典范精神及献身意识而担忧。他批判一些犹太人在追求现代主义的过程中，为了所谓的民权不惜抛弃自己的民族个性，在他看来，为了一个"平等的纯粹幻影而背叛自己的民族观"实在不值得。在他的作品中极力为保持民族文化而呼吁，反对解放运动与民族传统的脱裂，激发犹太人尤其是青年一代对圣地及故土的热爱。他在一首非常流行的诗中充满激情地写道：

> 死去吧，
> 那羞辱自己的母亲，
> 嘲笑其父亲衰老的人。
> 是他把解放当作偶像盲目崇拜。

---

① *Yearbook of the Central Conference of American Rabbis,1945,* pp.198–200, see Paul Mendes–Flohr and Jehuda Feinharz, *The Jews in the Modern World, A Documentary History,* Oxford University Press, New York, 1995, pp.468–469.

② 现代反犹太主义的兴起以及犹太复国主义运动所取得的杰出成就，最终促使改革派思想家放弃了对民族性的批判与排斥。1937年的《哥伦布纲领》标志着犹太教改革派对犹太文化中的民族性的认可与接受。该纲领指出："生活在世界各地的以色列人已经靠共同的历史，尤其是共同的信仰遗产的纽带紧紧地团结在一起。"并号召世界犹太人以支持、援助的积极态度，"建设犹太人的家园"。这样就肯定了民族性与宗教文化的紧密联系，第一次把民族意识注入改革派的意识形态之中。参见 *Yearbook of the Central Conference of American Rabbis,1945,* pp.198–200, see Paul Mendes-Flohr and Jehuds Feinharz, *The Jews in the Modern World : A Documentary Histotry,* p.518.

让我的舌头粘住牙床，
让我的右眼暗淡无光，
让我的右手变得枯萎，
假如我忘了你，啊！锡安山！①

1842年出生于俄国，后来移居维也纳的佩雷斯·斯摩棱斯基，反复强调犹太人是一个精神民族，在王国被毁后，其民族性依然存在。他一方面指出，没有希伯来文就没有《托拉》，没有《托拉》就没有犹太民族，但又试图以"民族情感"的概念来取代《托拉》，所以被称为"精神民族主义"。文化犹太复国主义的代表阿哈德·哈姆认为，民族主义运动是"整个犹太民族应付后隔都（Post-Ghetto）局势的一次伟大的、建设性的民族努力"，民族的统一、复兴及自由发展应该成为犹太教所关注的焦点。阿哈德·哈姆还运用社会科学特别是达尔文的人类学和社会心理学来分析民族问题，解释犹太民族主义及民族个性，他的民族主义观念被认为是由"西方哲学和政治思想塑造而成的，而非犹太传统的产物"②。

随着西方民族主义的兴起，欧洲人文思想界的主要任务之一就是对中世纪以来所造就的逆来顺受、自甘屈辱、怯懦盲从的传统依附性人格进行批判，力图铸造现代人格。依附性人格的形成一方面是因为宗教神学的奴役与束缚，人们把上帝的意志看得高于一切，克制自我情欲，抛弃现世快乐，压抑人的自觉意识；另一方面，壁垒森严的等级制度也增强了人的依附性，正如马克思所指出的，在中世纪，"我们看到的，不再是一个独立的人了，人都是互相依赖的，农奴和领主，陪臣和诸侯，俗人和牧师。物质生产的社会关系以及建立在这种生产的基础上的生活领域，都是以人身依附为特征的"③。为了培养与资本主义社会相适应的现代人格，西方人道主义思想家，以人的感性经验和理性思维为出发点，挖掘人的主体性与能动性，用费尔巴哈的话来表述，就是"使神学家变为人学家，从爱神者变为爱人者，从彼世的候补者变成现世的研究者，从天上和地上的君主和贵族的宗教的和政治的奴仆，变为地上的自由和自觉的公民"④。

---

① 参见 Kahum Sokolow, *History of Zionism 1600–1918,* Vol. 1, Ktav Publishing House, INC, New York, 1969, pp. 420–421.

② Horach Meyer Kallen, *Zionism and World Politics：A Study in History and Psychology,* Greenwood Press, Westport, Connecticut, 1975, pp. 76–77

③ 马克思：《资本论》，《马克思恩格斯全集》第23卷，人民出版社1972年版，第94页。

④ 费尔巴哈：《宗教本质演讲录》，《费尔巴哈哲学著作选集》下卷，商务印书馆1984年版，第325页。

这一现象也深刻地影响到犹太社会，深受西方人文主义精神滋养的犹太民族主义思想家，在实现其民族理想的过程中，十分注重批判传统犹太教诫律、与世隔绝的犹太生活及非犹太社会的敌视态度对犹太人格的严重扭曲。对传统的犹太人格进行最猛烈抨击的是希伯来作家米嘉·约瑟夫·别尔季切夫斯基（1865—1921），他认为长期的流散生涯使犹太人失去了“引导自己行动的广泛的能力”及“生活的完整性”，也养成了“那种本本主义的唯智主义和卑躬屈膝地服从上帝意志的态度”。他指出：“在我们中间，人们在传统的习俗、律法、教义和判断的重压下正奄奄一息，因为许多我们祖先传给我们的东西窒息了灵魂”，“在历史上，犹太人成了犹太教的附庸，以色列人成了《托拉》的婢女，具体的物质存在成了抽象的精神要素的臣属。结果，年轻的犹太人将犹太教看作是静止、狭隘和被动的东西。”[①] 别尔季切夫斯基呼吁当代人的使命就是要破坏这种沉闷的气氛，从历史的重压下解脱出来，追求个人的自我实现，发挥自我的创造意识，不做谦恭顺从、畏缩不前的“最后一批犹太人”，而要成为自主、独立、具有活力与热情的“第一批希伯来新人”。

社会学家认为，民族主义往往以政治、社会和文化危机为背景，犹太民族主义兴起之日正是犹太社会内忧外患之时。19 世纪七八十年代，同化主义和反犹太主义从内外两个方面瓦解着犹太阵营，犹太复国主义思潮肯定与张扬了犹太民族主义情绪，并通过激发民族意识，使之成为大众趋向的象征而推动了犹太民族及犹太社会的现代化发展，它的成功之处就在于把现代犹太民族主义与传统的弥赛亚观念紧密结合起来，为危机中的犹太社会提供了新的价值认同，既保留了传统犹太教的感召力，也适应了世界现代化及世俗化潮流，并在一定程度上缓和了传统与现代的二元结构的冲突，从而标志着犹太民族的历史从此掀开了新的一页。犹太复国主义作为世界民族主义运动阵营中的迟到者，它匆匆忙忙地与时间赛跑，在没有资金、没有地域、没有军事力量的情况下，却依靠犹太人的坚强信念、道德说服力、灵活的领导策略及特殊的历史机遇在较短的时间内实现了预期的目标，为研究世界民族主义运动提供了新的个案。

总之，犹太民族主义思潮为犹太复国主义运动奠定了舆论基础与思想基础。与此同时，欧洲的反犹太主义浪潮也起到了催化剂的作用，或者说犹太复国主义是对现代反犹太主义的反应。犹太复国主义思想家大多是世俗的犹太人，当他们以满腔热情融入主体民族的生活洪流之中时，循环往复的反犹太主义又恰恰为他

① 参见沃尔特·拉克：《犹太复国主义史》，徐方、阎瑞松译，上海三联书店 1994 年版，第 688—699 页。

们敲响了警钟，增强了他们对居住国的陌生感与失望感，他们不得不带着一种痛苦与无奈的心情重新审视自己所钟爱的祖国以及自身的犹太民族身份。受过人文主义、启蒙运动及法国大革命洗礼的犹太人，不愿再默默地承受苦难，不愿再仅仅满足于对救世主来临的内心渴望，而是要寻找摆脱困境的新出路。用西奥多·赫茨尔的话来说，“世界范围内的技术进步并没有带来人类道德的同步提高”，“反犹太的喧嚣促使了重建犹太国这一沉睡观念的苏醒”。沃尔特·拉克也分析道：“锡安山作为一个象征，代表着对失去的故土的怀念，这种象征以及其他神秘因素在犹太复国主义发展中起了作用。……但如果不是由于紧张形势和对犹太人的迫害，犹太复国主义可能仍是一个理想主义改革者的文人和哲学家的小派别。作为外部压力的结果，而不是偏执的犹太文人发表了激动人心的呼吁，犹太复国主义变成了一种政治力量。”①

二、复国先驱

兹维·希尔施·卡里舍尔

兹维·希尔施·卡里舍尔（1795—1874） 卡里舍尔出生于西波兰的里萨，是早期的犹太民族主义思想家。19 世纪中叶的欧洲犹太人明显区分为两个阵营：西欧犹太人醉心于解放运动带来的成果，热衷于学习西方先进的技术与文化，表现出极大的思想多元性与文化融合性；而东欧犹太人相对贫困，他们仍然生活在传统色彩浓厚的犹太社会之中，对刚刚兴起的自由主义与民族主义思潮没有太大的热情。兹维·希尔施·卡里舍尔属于新旧交替时代的犹太领袖与思想家，他们接受的是旧式的耶希瓦② 教育，但又深受流传于犹太社会的一些新思

① 沃尔特·拉克：《犹太复国主义史》，第 719—720 页。

② 耶希瓦（Yeshiva）又名“犹太经学院”，是学习、教授犹太经典的专门机构，早期主要为研读、阐释经典的场所，后来成为培养拉比的学院。耶希瓦对保持犹太文化、维护民族传统，起到了重要作用。目前，以色列共有近 300 个耶希瓦，授业人数约 1.8 万。详见徐新、凌继尧主编：《犹太百科全书》，上海人民出版社 1998 年版，第 373—374 页。

潮的影响，他们无法挣脱传统思想的束缚，同时又不悖逆现代的政治与文化观念。卡里舍尔把这一代犹太领袖定位为“敬畏上帝、尊重上帝之语并在内心激荡着神圣之爱的阿什肯纳兹世界的遗迹”①。1836年，卡里舍尔曾会见了法兰克福的巴龙·安奈尔·罗斯柴尔德，建议他出资从穆罕默德·阿里的手下买回巴勒斯坦尤其是耶路撒冷的圣殿遗址，这样犹太人就可以恢复祭坛。这在当时并不是什么怪诞的行为，而是卡里舍尔企图在犹太社会保持宗教虔诚与传统价值的一种努力，也是实现他的救赎理论的一个步骤。他主张，犹太人获得拯救的第一步就是在认同民族家园的前提下，实现流散过程中的局部聚合；第二步是耶路撒冷的犹太人越来越多，并恢复祭坛，从而使犹太人的罪孽得以赦免，使上帝同意“降临他的荣光于他的子民”；第三，进一步实现离散犹太人的聚合，完成救赎，在万民中恢复与强化上帝的圣名与神性。

1862年，卡里舍尔的著作《追寻锡安》（*Derishat Zion/Seeking Zion*）出版，为宗教犹太复国主义② 奠定了基础。在这本书里，他重申了传统的弥赛亚救赎理论。他强调先知以赛亚早已经预言了犹太人的回归：“将来雅各要扎根，以色列要发芽开花，他们的果实必充满世界”；“以色列人哪，到那日，雅卫必从大河直到埃及小河，将你们一一地收集，如同人打树拾果一样”；“他必向列国竖立大旗，招回以色列被赶散的人，又从地的四方聚集分散的犹太人”。③ 卡里舍尔的可贵之处在于，他最早把传统的救赎思想与重视体力劳动、重塑民族性格结合起来。他指出，长期流散的犹太人给人们留下不热爱体力劳动的印象，犹太人必须改变这种形象，应该在圣地上购买土地，建设家园，耕耘播种，获得丰产。“如

① Yosef Salmon, *Religion and Zionism First Encounters,* The Hebrew University Magnes Press, Jerusalem, 2002, p. 22.

② 19世纪以来，随着世俗化的发展及民族主义的兴起，犹太教正统派在对待犹太复国主义的问题上产生了分歧，一部分人认为，犹太复国主义以宣传世俗主义和异端邪说为己任，是一种崇拜“人造上帝”的危险而又可怕的现象，他们崇拜的上帝代表的是早已背离了真正上帝的现代人的意志。但另一部分人却发扬了犹太正统派与犹太复国主义合作的传统，变通自己的信条，从宗教的角度为犹太复国主义运动提供一种合理的解释，即宗教犹太复国主义。他们变通传统的弥赛亚观念，认为弥赛亚的拯救是一个过程，犹太复国主义运动就是这个过程的开端，犹太人不必等待弥赛亚的拯救，可以人为地促进它的降临。正是在这种弥赛亚思想的基础上，宗教犹太复国主义和犹太复国主义运动实现了合作的愿望。后来的历史证明，宗教犹太复国主义正是因为及时地调整了自己的弥赛亚观念，顺应了世俗化潮流这一不可逆转的时代趋势，投身于世俗犹太复国主义运动之中，才奠定了犹太教正统派在伊休夫及以色列国家中的国教地位。参见赵云侠：《犹太教的世俗化问题——正统派对犹太复国主义的思想反应》，载《世界历史》1999年第3期。

③ 《圣经·以赛亚书》，第27章，第6节，第12节；第11章，第12节。

果我们被用自己的双手来耕作在圣地上的热情所鼓舞，那么情况就会大相径庭。当然，上帝会赐福于我们的劳动，我们会五谷丰登，不再需要从埃及或者其他邻国进口粮食。如果犹太人能够在圣地上吃其所产，散居犹太人的财政资助就有了保证。……此外，犹太人的耕作也会成为弥赛亚降临的一种动力，如果救赎在现世的圣地上兑现了，天国审判的光亮就会逐渐显现。”卡里舍尔还告诫犹太人：不要以为日夜的劳作会荒废对《托拉》的学习，世俗的利益会贬损精神上的执著，相反，我们所做的一切只能增加《托拉》的神圣。试想，一个饥肠辘辘的人何以能静下心来体味《托拉》的真谛？他号召犹太人像意大利人、波兰人以及匈牙利人那样为民族的命运而抗争：“以色列的子孙啊，我们有神圣而又辉煌的土地作为遗产，但我们却无精打采、沉默寡言。我们应该为自己而羞愧！所有的民族在为自己的荣誉而奋斗，我们要付出最大的心血去劳动——为了我们的责任、为了我们祖先的辉煌、为了选中锡安的上帝的荣耀！”①

摩西·赫斯（1812—1875） 摩西·赫斯为“社会主义的犹太复国主义”（Zionist Socialism）之父。他出身于波恩的一个正统派家庭，从小受过系统的犹太宗教教育，成年后在波恩大学学习哲学，深受黑格尔辩证法思想的影响，并成为一个坚定的社会主义者。摩西·赫斯是最早接受马克思主义思想的犹太人，他曾把恩格斯介绍给马克思，并一度与马克思、恩格斯进行合作，后来发生了分歧，被马克思斥为“纯粹的社会党人”。摩西·赫斯深受马克思学术思想的影响，其研究领域遍及哲学、经济学、自然科学、人类学等。

摩西·赫斯

摩西·赫斯对犹太人的态度经历了一个变化。在二十多岁的时候，他认为犹太民族已经完成其历史使命，应该被同化，他自己已经是完全意义上的德国人，于是宣布脱离犹太教。后来，又被犹太人的灾难与厄运所震惊，对犹太人问题寄予了高度关注，他在1862年出版的《罗马和耶路撒冷》一书中集中体现了他的犹太民族主义思想。摩西·赫

① Zevi Hirsch Kalischer, *Seeking Zion*, in Arthur Hertzberg（edited）, *The Zionist Idea*, p.114.

斯首先用流行于东欧和中欧的民族主义概念定义犹太人，强调犹太人不是宗教团体，而是“一个独立的民族，一个特别意义上的种族”，现代犹太人如果否认这一点，不仅背叛了自己的宗教，而且背叛了自己的祖先、自己的人民。摩西·赫斯认为，解决犹太问题的可行性方案是在巴勒斯坦建立一个社会主义性质的犹太国，它的建立将标志着“生产劳动取得胜利，寄生状态得以结束，道德和生活得到统一”。作为一个地处三大洲之间的桥梁国家，新国家会成为亚洲及非洲广大的被压迫民族和人民热诚仿效的楷模。摩西·赫斯是一位天才的理论家，他最早从政治涵义上阐释犹太复国主义思想，并把刚刚兴起的社会主义思潮与犹太民族主义结合起来。由于当时欧洲社会的主流思潮仍然是自由主义，犹太复国主义思想的理论基础与社会基础都十分薄弱，因此，摩西·赫斯的《罗马和耶路撒冷》与卡里舍尔的著作一样并没有引起必要的关注。到了19世纪末叶，德雷福斯案件①的发生与东欧反犹势力的兴盛，才使更多的犹太人接受了用民族主义手段解决犹太问题的设想。

列奥·平斯克（1821—1891） 平斯克是一位俄国医生（生于波兰），其父亲是著名的希伯来学者，热衷于“哈斯卡拉”。平斯克自幼接受现代世俗教育，早年进入奥德萨大学学习法律，是第一个进入该大学的犹太人。考虑到当时犹太人不能成为律师，他转入莫斯科大学学习医学。他曾大力倡导“俄罗斯化”，鼓励犹太人融于主流社会，作为“向俄国犹太人传播俄国文化协会”的成员，平斯克积极向俄国青年讲授俄语和世俗课程。但是，反犹太主义势力的猖獗尤其是1881年俄国发生的事件彻底改变了他的思想。

19世纪末叶，俄国生活着大约五百万犹太人。尽管他们生活在隔都里，但文化水平与经济地位还是有一定的提高，一些人在银行业、制糖业、铁路业等方面获得很高的声誉。俄国政府对犹太人的政策充满了矛盾性，时而给犹太人一些特许权，时而又出台新的反犹措施。1881年5月，沙皇亚历山大二世被俄国革命党人暗杀身亡，因为涉嫌而被捕的人当中有一位叫作赫茜娅·赫尔弗曼的犹太妇女，立刻激起了反犹恶浪，以袭击、驱逐为主要手段的反犹行为从乌克兰开

① 阿尔弗雷德·德雷福斯是法国参谋部中的一位犹太炮兵上尉，1894年，被指控向德国驻法武官出卖军事情报，法国军事法庭以叛国罪的名义判处德雷福斯终身监禁。几年之后，被证明是一起冤案，真正的罪犯被发现了。德雷福斯是一位被同化的犹太人，但在案件的审理过程中，法国民众表现出极大的反犹太主义情绪，“犹太人该死！”“枪毙犹太人！”“犹太人滚出去！”的反犹口号充斥于法庭。许多人上书政府要求剥夺犹太人的公民权。

始，很快蔓延全国各地，在一些地方还发生了警察参与下的集体屠杀事件。

残酷的现实使列奥·平斯克认识到，在俄国这样的国度里，犹太人想获得平等的生存权与公民权是没有希望的。他强调说，犹太人不要坐等弥赛亚的最终降临，因为除了“自我解放”没有别的途径，只有自己才能拯救自己。平斯克的思想集中体现在《自我解放——一个俄国犹太人对其同胞的警告》，1882 年 9 月，这本小册子在柏林匿名出版，对东欧犹太复国主义运动的发展起到了极大的促进作用。尽管当时赞同其思想的人数并不多，但这些人构成了 19 世纪 90 年代犹太复国主义运动的领导核心。与摩西·赫斯的不同之处在于平斯克提出了复国理想，而且还有具体的操作步骤。他主张召开全俄犹太人大会，筹措资金，购买土地，以供数百万人定居。然后争取大国的支持，并获得各地犹太人的响应。①

《自我解放》出版后，立即获得了俄国犹太上层人士的响应，同年，“锡安山热爱者”协会② 成立，其宗旨是鼓励犹太人移居巴勒斯坦，并在奥德萨大学建立了一些锡安山主义社团。1884 年 11 月 6 日，“锡安山热爱者”在波兰的上西里西亚的卡托维茨召开了第一次代表大会，与会的代表一致同意要筹措资金，为移民巴勒斯坦作出努力。会议推举平斯克为中心协会主席，并在奥德萨与华沙建立执行机构。至 1891 年，“锡安山热爱者”因内部分裂而彻底失败，但作为第一个犹太复国主义组织，它对鼓舞犹太人的民族情绪、激发他们建立民族家园的热情起到了不可磨灭的作用。

阿哈德·哈姆

阿哈德·哈姆（1856—1927） 哈姆出生于俄国基辅附近斯克菲拉的一个哈西德③ 家庭，从小受过传统的

① 参见 Geoffrey Wigoder, *New Encyclopedia of Zionism and Israel*, Vol. 2, pp. 1040–1041.

② Hibbat Zion 为希伯来语，英语为 Love of Zion 意为“锡安山热爱者”，也译为：“热爱圣山运动”“希巴特锡安”。关于“希巴特锡安”的活动参见 Yosef Salmon, *Religion and Zionism First Encounters*, pp. 120–121.

③ 是指信仰“哈西德”派的犹太家庭。哈西德派（Hasidism）又被译为“哈西德主义”或“哈西德运动”，“Hasidism”的希伯来文含义为“虔敬”。该教派最初出现于基督教兴起之前，希腊化时期之后逐渐消失。中世纪以后，尤其是 18 世纪以来，“哈西德主义”在东欧重新兴起，其背景是因为拉比犹太教对犹太经典与犹太律法的过度维护在一些下层民众中失去了吸引力，哈西德派则强调人的感情，贬低枯燥无味的宗教研读，认为礼仪本身不能构成宗教。中世纪以前的哈西德派带有神秘主义特征。

犹太教育，当过作家、教师与杂志编辑，是一位著名的政论家。十几岁的时候深受犹太启蒙运动的影响，开始钻研语言、哲学等世俗学科，尤其被自由人文主义以及实证主义哲学所吸引，最后放弃了宗教信仰与犹太习俗。1886 年移居奥德萨，并参与了“锡安山热爱者”活动，但很快与该组织的一些政策发生分歧。1889 年他发表一篇题为《此路不通》的文章，1891 年发表了《来自以色列的真理》，对盲目的定居锡安提出严厉的批评。他认为移居巴勒斯坦是非常重要的，但如果只是为了追求个人解放、着眼于个人目的、只关注经济利益，那就大大降低了它的含义。巴勒斯坦目前不能吸收所有的犹太人，它应该被建设成为散居犹太人的精神、文化与宗教的中心，这个中心是为将来建立一个理想的犹太国家奠定基础。

哈姆进一步指出，犹太社会正面对着两种危机：一是因为没有故土、没有权力而导致的犹太人的危机；二是由于世俗主义与同化主义所导致的犹太教的危机，而最核心的问题是犹太教的危机，而不是犹太人的危机，因为犹太教的危机不得以解决，最终必然葬送犹太人的一切理想与热忱。1896 年，他创办了出版社，并担任了一个希伯来语月刊《使者》的编辑工作，并以此为阵地，宣传文化复国，他的思想被后人总结、演绎成一种复杂的犹太复国主义思想体系——文化犹太复国主义。

哈姆充分意识到了犹太文化的危机，主张从普及希伯来语着手来恢复犹太精神，塑造新的犹太人与民族魂，把巴勒斯坦建设成世界犹太人的精神中心与文化家园。他的思想感动了很多犹太人，哈伊姆·魏茨曼称赞他“在犹太人的心目中占有圣雄甘地在印度人心目中同样的地位”。“阿哈德·哈姆的作品不仅仅影响到他的学生与崇拜者，而且培养了以争议与批评为特征的思想流派，从而丰富了现代犹太思想，从一定程度上说，他那富有挑战性的作品影响了犹太复国主义的所有流派。以色列建国后，尽管对他的政治主张颇有异议，但是他的作品一直被研究，并深刻影响了以色列与散居犹太人的思想。他是那个时代最有影响的作家与思想家，他的著作是现代希伯来文学的一大成就。”①

① *Encyclopaedia Judaica*, Vol. I, p. 448.

第二节　赫茨尔与复国潮的兴起

一、赫茨尔与《犹太国》

西奥多·赫茨尔（1860—1904），1860年5月2日出生于匈牙利布达佩斯，父亲雅各·赫茨尔是一位犹太富商，曾经担任过匈牙利银行的总裁，母亲耶安尼特是一位聪颖而又善良的女性。西奥多·赫茨尔自幼接受了良好的教育，在布达佩斯读完小学与中学后，1878年，随父母迁移到维也纳，在维也纳大学学习法律，并获得博士学位。早在青年时代，赫茨尔就开始写作，并关注犹太人问题。1884年7月30日，赫茨尔在维也纳开始了他的律师生涯，一年之后，完全放弃了律师工作，专注于写作。1887年成为维也纳报纸的编辑，1891年，获得了在维也纳最有影响的《新自由报》驻巴黎通讯社记者的职位。在巴黎，赫茨尔读到了大量的反对犹太人的文章，并深为非犹太世界的这种强烈的情绪所震撼。他曾经认为，犹太人可以通过洗礼与通婚而缩小与非犹太人之间的鸿沟，可眼前的现实使他不得不改变看法。他决定站出来，为犹太人辩护、为犹太人呼吁！1894年，赫茨尔完成了一部剧作《新隔都》，剧中的主人公雅各在临终前留下的肺腑之言是："犹太人啊，我的弟兄们，——你们为什么要紧紧抓住我？我想要出去！出去！出去！逃出隔都去！"《新隔都》被认为是赫茨尔的自传体作品，因为主人公身上

《新隔都》剧照

体现了他个人的毅力、信念与个性。剧本完成以后，虽然许多剧院拒绝上演，但赫茨尔本人却感受到了巨大的精神解脱——他从同化论者终于转变成为具有新思想的犹太人。他在致施内茨尔的信中写道："我要沿着这条路走下去——一条全新的路！我相信会得到保佑！"[①]1894年，赫茨尔以记者身份目睹了德雷福斯案件的发生，并承受了沉重的精神打击，"他觉得天塌地陷，巨大的深渊出现在眼前，他被无限的孤独感所吞没，他为人性而绝望，因为他看到了反犹太的情绪如此深厚地扎根于人们的本能之中"[②]。赫茨尔在1899年9月的一篇文章中也写道："1894年所目睹的德雷福斯案件使我成为一个犹太复国主义者。"

1896年2月，赫茨尔的思想结晶——充满激情的《犹太国》在维也纳出版，立即在犹太世界掀起了一阵狂澜。《犹太国》一书的开卷之言是："我在这个册子里所要发挥的是一个古老的思想：即犹太国家的重建。世界回响着反犹太的呼声，同时也唤醒了这一沉睡的信念。"赫茨尔首先论证了这样一个观点：犹太人问题既不是社会问题，也不是宗教问题，尽管有时以这种和那种形式出现，但它还是一个民族问题。这个问题要由全世界文明国家共同讨论才能解决。我们是一个真正的民族，一个被痛苦和磨难凝聚在一起的民族整体，犹太国家是犹太民族的最终归宿，就是在巴勒斯坦建立一个犹太人自己的民族国家。赫茨尔的整体思路是：把地球上的某个地方的主权授予犹太人，其面积能够满足一个民族的正常需要，这块土地的主权必须有法律上的保证，由欧洲大国批准，并在国际法中明确规定，全世界犹太人要提供财力支持这一国家，赫茨尔的这种观点被概括为"政治犹太复国主义"。关于国家的性质，赫茨尔写道：我们所要建设的国家不是神权政治，而是政教分离的国家，我们要把我们的神职人员保留在神殿之中，就像我们的职业军队要保持在军营中一样。每一个群体都可有自己的拉比作为精神领袖，"我们尤其希望我们的拉比能够致力于为我们的理想而服务"，"拉比将定期从社会和犹太公司那里获得信息并解释给他们的听众"[③]。

赫茨尔主张成立一个代表全体犹太人利益的机构——犹太协会，通过协会与大国接触，获得支持，并与土地拥有者进行谈判。协会要负责政治事务，并提供

---

① Jacques Kornberg, *Theodor Herzl*: *From Assimilation to Zionism,* Indiana University Press, Bloomington & Indianapolis, 1993, p. 158.

② Jacques Kornberg, *Theodor Herzl*: *From Assimilation to Zionism,* 1993, p. 191.

③ Theodor Herzl, *The Jewish State*: *An Attempt at a Modern Solution of Jewish Question,* H. Pordes, London, 1967, p. 7.

科学指导；同时还要成立“犹太公司”，负责具体的移民事宜，并组织商业与贸易。犹太国家实行七小时工作制，并对银行、铁路、保险业、造船业等实行国有化，要建立一支男性人口占 1/10 的常备军。在具体的建国地点上，赫茨尔提出两个选择：一是巴勒斯坦——犹太人的历史家园；二是阿根廷，这里人口稀少，土地肥沃，已有不少犹太人前往。在具体的移民步骤上，赫茨尔主张先移走最贫穷的犹太人，他们的离去不会影响主体民族，也不会给已经同化的犹太人带来任何麻烦，这批人定居下来之后，可以为大批移民的到来创造必要的条件；然后才是知识分子、中产阶级以及犹太富人的迁移。

《犹太国》的发表对犹太世界产生了闪电般的冲击，赫茨尔不仅阐述了完整的、充满逻辑性的复国思想，而且有了切实可行的行动计划与操作步骤，因此在很多人的心目中点燃了热情与信念。魏茨曼在他的回忆录里写道：《犹太国》的发表犹如晴天霹雳，令我所感动的不是他所阐明的思想，而是他那寓于其中的伟大人格——大胆、明朗、坚毅，它使我们终于发现了一位历史性的人物。有人称《犹太国》为弥赛亚的“新的启示”。但是，也有人嘲笑《犹太国》只不过是“被犹太狂热症弄得精神错乱者的痴心妄想”；还有人担心引起欧洲社会更大的反感，加剧犹太人的灾难。在犹太人高度集中的俄国与东欧，严格的新闻检查使《犹太国》很难流行，但火种已经点燃，最终必然会走向燎原之势。

《犹太国》发表之后，赫茨尔开始了他艰难的政治活动。他首先游说于大国之间，拜见过形形色色的政治人物，最后只得到了“毋相信帝王”的教训。1897 年 6 月，他自己出资在维也纳创办了《世界》周刊，宣传政治犹太复国主义思想，10 个月后，订户从 2 户增至 820 户，这给了他很大的启发与鼓励，也使他意识到了自己所献身的事业需要团结更广泛的参与者，才能取得成功。这时，欧洲许多国家都成立了犹太复国主义组织，于是，赫茨尔就联络马克斯·诺尔道等犹太复国主义领导人，积极筹办第一次犹太复国主义代表大会。会议原来打算于 1897 年 8 月 25 日在慕尼黑举行，由于一些德国犹太人担心引发反犹太主义而坚决抵制，最后决定改在瑞士的巴塞尔举行。

二、巴塞尔大会

在赫茨尔的号召与组织下，第一届犹太复国主义代表大会于 1897 年 8 月 29

日至31日在巴塞尔举行。与会代表204人，分别来自东欧、西欧、北美、阿尔及利亚等地，其中俄国代表90名。代表们身着礼服，佩戴白色领结，会议在象征着民族复兴的隆重礼仪中开始。当赫茨尔这个"代表着崇高、完美与国王般形象的人物"出现的时候，整个会场沸腾了，暴风雨般的掌声与欢呼声达15分钟之久，很多人淌下了激动的热泪。赫茨尔在开幕词中宣布：犹太复国主义代表大会的任务就是为犹太人未来的民族大厦奠定基石，这是一项伟大而又艰巨的任务。我们需要一个强有力的组织，我们需要复兴我们的民族意识！

参加巴塞尔会议的代表错综复杂，有宗教正统派、有世俗主义者、有激进的民族主义者，也有同化主义者，所以一开始就分裂成三派：以赫茨尔为首的"政治犹太复国主义"，主张在征得大国同意、获得国际保证的情况下，移民巴勒斯坦；以"锡安山热爱者"协会为代表的"行动派"反对寻求大国支持，主张通过移民造成既定事实，使国际社会不得不承认；以阿哈德·哈姆为代表的文化犹太复国主义依旧强调巴勒斯坦应成为犹太人的精神中心，成为复兴犹太教的摇篮，而不一定是为了解决哪些人的实际生存问题。经过激烈的争论，会议求同存异，最后通过了《世界犹太复国主义运动纲领》，即《巴塞尔纲领》，其主要内容如下："犹太复国主义运动的目标就是在巴勒斯坦为犹太民族建立一个由公共法律所保障的犹太人之家。本次大会预期通过下列措施来实现这一目标：第一，以合适的路线促使犹太工人与农民在巴勒斯坦的殖民；第二，遵守不同国家的法律，通过建立地方性或国际性的机构把全世界犹太人组织、团结在一起；第三，加强和培养犹太人的民族感情与民族意识；第四，采取必要的准备性步骤以期得到各国政府的赞同，而这种赞同对实现犹太复国主义的目标是必不可少的。"①

参加巴塞尔大会的代表

巴塞尔会议的第二项成就是成立了世界犹太复国主义组织，赫茨尔当选为主席。会议选出

① Abraham J. Edelheit, Hershel Edelheit, *History of Zionism*, p.43.

“大行动委员会”，它在非会议期间行使世界犹太人代表大会的职责。“大行动委员会”下面设立“内部行动委员会”，负责日常性事务。总部设在维也纳。大会还决定，凡年满18岁、赞同《巴塞尔纲领》，并交纳一个谢克尔的犹太人，都有资格参加世界犹太人组织。大会还通过了犹太国歌与国旗的方案，并讨论建立银行、中央基金会与希伯来大学。

巴塞尔会议是一个划时代的事件，它标志着犹太复国主义运动进入了有组织的阶段，成为一个统一的、世界性的政治运动，从此以后，他们把政治诉求、获得国际社会支持及鼓励犹太人移居巴勒斯坦作为自己的主要策略。

巴塞尔会议之后，赫茨尔继续从事他的外交努力，以寻求大国的支持。他的首要目标是德国，在他的心目中德国是“强大的、道义的、组织严密、治理出色的国家”。1898年借德国皇帝威廉二世访问中东之际，赫茨尔在君士坦丁堡和耶路撒冷两次拜见了他，但德皇对他的提议不置可否，推脱了之。从1899年开始，赫茨尔极力接近土耳其苏丹阿卜杜拉–哈米德，甚至不惜用巨款贿赂土耳其官吏，双方的接触几起几落，最后也一无所获。挫折与无奈使赫茨尔非常失望，但他建立犹太国家的信念并没有动摇。

三、关于建国地点的争议

第一次犹太复国主义代表大会之后，犹太复国主义运动发展迅速，先后召开了五次大会。但是，犹太复国主义者的内部存在着一系列的分歧，其中建国地点成了焦点。

早在1900年，赫茨尔就把外交活动的目标转向英国，1902年赫茨尔在给英国官员内森·罗斯柴尔德勋爵的密信中谈到在地中海东岸的塞浦路斯或者西奈半岛建立犹太国家。英国表示塞浦路斯岛上有大批的希腊人与土耳其人居住，只可以考虑把西奈半岛的艾尔–阿里什地区划为犹太人定居点。于是，赫茨尔与英国殖民大臣约瑟夫·张伯伦多次会谈，犹太复国主义组织甚至派出了代表团去西奈考察，但“艾尔–阿里什方案”由于埃及政府的抵制而失败。

1903年4月，张伯伦提出了“乌干达（现在肯尼亚）方案”，即在乌干达划出一片6000平方英里的土地供犹太人建立家园。“乌干达方案”于1903年8月被递交给第六次犹太复国主义代表大会讨论，赫茨尔试图说服与会代表接受这一应急方案，来自英国的犹太人代表表示同意，他们认为，犹太人目前急需一块安家之地，至于在什么地方安家并不十分重要。但是，来自俄国与东欧的代表则坚决反对，在他们看来放弃了巴勒斯坦，就等于背叛了《巴塞尔纲领》。在 1904 年 5 月召开的执行委员会上，赫茨尔本人遭到非常严厉的批评与非议，为了顾全大局，他放弃了"乌干达方案"。这次会议召开前，赫茨尔已经病倒了，心脏状况很差。会后，他对一位友人说："这是最后的几周或者几天了，我必须抓紧！"他因突发肺炎，不断咳嗽、吐血，但仍然坚持写作、会谈，六周之后，即7月3日，赫茨尔在维也纳溘然长逝，年仅 44 岁。

赫茨尔是犹太人历史上划时代的人物，他的英年早逝使犹太复国主义运动失去了一位天才的领袖，甚至在他的有生之年，赫茨尔已经成为一个传奇式的人物，"他既获得了敬佩也激起了许多反对，但没有人能够忽略他那磁石般的个性、他的才智、他的真诚、他的理想主义"。"他是政治犹太复国主义的开创者，他把神秘与梦想变成了政治动力，他所发起的运动成为现代犹太历史上最具影响的力量"，"与历史上的伟人一样，赫茨尔预见了未来将要发生的事情，他对犹太大灾祸的预言在纳粹大屠杀中被悲惨地兑现了；他在自己的日记中所记录的犹太国正巧在五十年零八个月后，随着以色列国家的建立而最终显现。"①

赫茨尔逝世后，曾对他发起过最严厉批评的阿哈德·哈姆也充满深情地写道：

> 赫茨尔给我们留下了犹太复国主义代表大会、世界犹太复国主义组织、银行以及国民基金，……但是赫茨尔无意识留下的东西也许比他刻意所做的一切更伟大，他使自己成为我们民族复兴圣歌的主旋律，这一主旋律有助于建构与升华所有塑造希伯来民族英雄所必需的品质，把我们的民族渴望具体内化为真实的形态。②

在赫茨尔的葬礼上，为他送行的人达六千之多。以色列建国后，于 1949 年把赫茨尔的遗骨运回以色列，以极其隆重的仪式安放在耶路撒冷的赫茨尔山上。时至今日，总有犹太人前往凭吊、缅怀这位伟大的英灵，他那忧郁而光辉的形象被永远看作是犹太国的象征。

---

① Gideon Shimoni and Robert S.Wistrich (edited), *Theodor Herzl : Visionary of Jewish State,* The Hebrew University Magnes Press, Jerusalem, 1999, pp. 213–214.

② Gideon Shimoni and Robert S. Wistrich (edited), *Theodor Herzl : Visionary of Jewish State,* p. 217.

四、沃尔夫佐恩

赫茨尔去世后，大卫·沃尔夫佐恩（1856—1914）担任了第二任世界犹太复国主义组织的主席，犹太复国主义运动进入了“沃尔夫佐恩时期”。

沃尔夫佐恩出生在立陶宛，从小接受宗教教育，跟随著名拉比以撒克·鲁尔夫学习《塔木德》，以撒克·鲁尔夫拉比后来成为“锡安山热爱者”的先行者，他的思想对沃尔夫佐恩影响极大。沃尔夫佐恩曾从事多种职业，后来成为一个发达的木材商，他是《犹太国》一书的崇拜者，1896年秋天，与赫茨尔会面后，沃尔夫佐恩立刻被赫茨尔的个性与思想所吸引，他多次资助犹太复国主义事业，成为赫茨尔的得力助手。在赫茨尔的日记中曾多次提到沃尔夫佐恩的名字，由于赫茨尔本人对犹太教与犹太生活缺乏足够的知识素养，因此他把沃尔夫佐恩看作是自己的老师。在第一次犹太复国主义代表大会上，沃尔夫佐恩为犹太复国主义运动设计了以两条蓝色带子与一颗大卫星装饰的白旗，赫茨尔激动地说：“犹太人将为这面旗帜而献身！”

沃尔夫佐恩继续了赫茨尔的外交活动，他曾与罗斯柴尔德家族接触，并两次访问君士坦丁堡，希望土耳其、苏丹取消对犹太移民的限制。当俄国、匈牙利等地的犹太复国主义运动遭到本国政府的压制之时，沃尔夫佐恩艰难地斡旋于这些国家的政府首脑、内务大臣与外交大臣之间，被称为“暴风雨袭击后的纤夫”。在1911年的第十次代表大会上他因健康原因辞去了主席职务，只保留了对财政与经济的管理权，接替他的是德国植物学教授奥托·瓦尔堡，“行动派”获得了实际领导权，犹太复国主义运动的中心从科隆转移到了柏林。第一次世界大战爆发后，世界犹太复国主义组织的活动逐渐减少。

沃尔夫佐恩

辞去职务之后的沃尔夫佐恩一直为

犹太复国主义运动而奔走，他迫切希望定居巴勒斯坦，甚至开始学希伯来语，但他生前并没有实现这一愿望，1914 年，沃尔夫佐恩去世后，葬在科隆。1952 年，沃尔夫佐恩的遗骨被运到耶路撒冷赫茨尔山，从此长眠在赫茨尔的墓地旁边。沃尔夫佐恩把他的财产捐献出来，用作建设耶路撒冷国家图书馆的资金，图书馆以他的名字命名了一间屋子，收藏着他个人的日记、书信等档案文件。

第三节 “阿里亚”与《贝尔福宣言》

一、“阿里亚”

巴勒斯坦是一块历经战火、多灾多难的土地。拜占庭人、波斯人、阿拉伯人、突厥人、欧洲十字军、马木鲁克人、蒙古人都相继统治过这里，从 1517 年起，被并入奥斯曼帝国的版图，属于叙利亚行省的一部分。当绕过好望角通往印度的商路开辟后，巴勒斯坦的国际交通地位已经失去，这里人烟稀少，饥荒四起，地震与瘟疫不断发生，经济状况极其恶劣。

自罗马帝国以来，巴勒斯坦的主要居民是信仰伊斯兰教与基督教的阿拉伯人，虽然这里的犹太人口从未间断，但数量很小，16—17 世纪，估计有 3000—4000 人左右。17 世纪初期，巴勒斯坦的犹太人开始推举自己的大拉比，但土耳其政府直到 1843 年才承认其为犹太社团的官方代言人。1730 年以后，一些犹太学者、商人和手工业者零星迁入，到 1845 年，犹太人口大约有 1.2 万人，他们大部分居住在耶路撒冷、萨法德、太巴列、希伯伦四个犹太圣城，主要依靠慈善机构为生。人们习惯上把 1882 年以前的巴勒斯坦犹太社团称作“旧伊休夫”。[①]“旧伊休夫”与散居犹太人保持联络，并得到了犹太富人的大力支持。英国贵族摩西·蒙特费尔于 1860 年在耶路撒冷旧城外围建立了第一个犹太居住点，1875 年和 1880 年，另外两个犹太居住点在旧城外面建立。蒙特费尔曾七次访问巴勒斯坦，在耶路撒冷、雅法、萨法德、太巴列等地购置土地，为犹太人建

① Yishuv 在希伯来语中的原意为“居住”、“定居”，后来引申为“犹太社团”。

立定居点。到 1882 年，巴勒斯坦的阿拉伯人口大约为 30 万，犹太人为 2.4 万，其中耶路撒冷大约 1.5 万人，信仰正统犹太教。[①]

1882 年 7 月，“热爱圣山运动”的一个激进派别“比鲁”成员开始移居巴勒斯坦，掀开了犹太复国主义运动史上的新的一页——“阿里亚”，[②]“比鲁”是由哈尔科夫大学的犹太学生于 1882 年 1 月组成的小团体，它以《以赛亚书》第二章第五节中的诗句为座右铭，即：“雅各之家，来吧！让我们一起行走！”“比鲁”是这段诗歌的希伯来字首的拼写。在他们发表的宣言中这样呼吁犹太人：如果说 1882 年以前你们还沉睡在同化的梦想之中，那么发生在眼前的屠杀事件足以使你们惊醒。犹太人是一个拥有宗教、律法与圣殿的民族，犹太人的希望在那遥远的东方，在那神圣的锡安！在“比鲁”的号召下，曾有大约 3000 人准备移民巴勒斯坦，但只有少数人到达目的地，来到君士坦丁堡的共有 40 人，最后来到巴勒斯坦的只有 16 人。1882 年 7 月 31 日，这些先驱者在加法东南部 8 英里处的一块无人开垦、也无人定居的土地上，建立了定居点，他们称之为里申－列锡安，这是外来移民在巴勒斯坦建立的第一个定居点。在这里，他们还建立了第一个希伯来语幼儿园与小学。为了纪念这一城镇的建立，罗马尼亚犹太诗人（后来定居美国）依姆伯尔创作了一首悲凉而凝重的《哈蒂克瓦》，意为《希望之歌》在犹太复国主义者中广泛流传，后来成为以色列国歌的蓝本。诗中写道：

只要我们的心中，
还深藏着犹太人渴望东方的灵魂；
只要我们的眼睛，
还仰望着锡安山顶，
数千年的希望就不会化为泡影。
我们所期盼的是：
回归到父辈们的热土上，
生活在大卫王居住的圣城里！[③]

对于第一批定居者而言，生活非常艰苦，几乎难以维持下去。在他们最困难的时候，法国银行家埃德蒙·詹姆斯·罗斯柴尔德男爵（Edmond James de Roth-

① 参见 Noah Lucas, *The Modern History of Israel,* p.23.

② Aliyah 在希伯来语中的意思是“上升”、“攀登”，原指犹太人去耶路撒冷的朝圣活动，意味着精神上会得以“升华”。后来泛指犹太人移民巴勒斯坦的活动，同于英语中的 immigration，即移民运动。

③ Ahron Bregman, *A History of Israel,* Palgrave Macmillan, New York, 2003, p.8.

schild）慷慨解囊，他出资在里申–列锡安建造葡萄园，种植出来的葡萄在1900年巴黎的展览会上获得了金奖。他还出资修建学校、医院，购置农业设施，但是，巴龙不只是慈善家，他还是一位商人，他希望自己的投资能够得以回报。1900年以后，他减少了对里申–列锡安的投资，犹太人的生活受到很大影响。

第一次“阿里亚”从1882年开始，延续到1903年，大约有2.5万名犹太人从俄国、罗马尼亚等地移居巴勒斯坦，使当地的犹太人口翻了一番。与此同时，大约有一千多名也门犹太人也迁入巴勒斯坦（也门犹太人的迁徙是因为流传一种谣言，说法国的罗斯柴尔德男爵要出资购买土地，免费提供定居。他们到达之后感到非常失望）。犹太人中有五千多人从事农业生产，总共建立28个农业定居点，覆盖了62350英亩的土地。[①] 由于很难预测气候的变化，土地贫瘠，疾病流行，犹太人又缺乏农耕经验，再加上土耳其当局与阿拉伯人的敌视，到19世纪末许多定居点都陷入困境，不少人失望地从农业定居点迁走了，在这里出生的年轻人纷纷迁入大城市或者移居国外，这一时期，巴勒斯坦也没有涌现出有影响的犹太领袖，第一次“阿里亚”以失败而告终。

第一次“阿里亚”的定居者

① Ahron Bregman, *A History of Israel*, p.10.

第二次“阿里亚”开始于1904年，结束于1914年，期间共有3.5万犹太人移民巴勒斯坦，使巴勒斯坦犹太人口达到了8.5万，占巴勒斯坦人口总数的8%。第二次“阿里亚”的直接动因是1903年发生在俄国的反犹高潮。这年年初在接近罗马尼亚边境处的俄属比萨拉比亚省的基什尼奥夫，发生了在当地官员授意下的袭击犹太人的事件，起因是郊外发现了一具俄罗斯男孩的尸体，被宣传为犹太人所杀。当地居民群起攻之，45位犹太人被杀，一千多人受伤，一千五百多处商店与住宅被毁。[①] 妇女们遭强奸，婴儿被从窗户扔出去，犹太人的财产遭抢劫。反犹事件促使更多的俄国犹太人把刚刚兴起的犹太复国主义运动看作是他们的希望之所在。

第二批移民主要来自白俄罗斯、立陶宛和波兰东部的犹太中产阶级家庭，以年轻人居多，也有一部分来自欧洲南部的被同化的犹太家庭，大多数是犹太复国主义者，他们是被民族复兴的理想所激励而选择来到巴勒斯坦的，其中很多人接受了社会主义理想。这批定居者中，犹太左翼思想家阿龙·大卫·戈登的“劳动征服论”影响很大。戈登认为犹太复国主义运动是对犹太人意志力的挑战，长期的流散与商业生涯已使犹太人成为轻视体力劳动的非正常的民族，要想改变这种状况，犹太人必须从头做起，塑造一种脚踏实地、吃苦耐劳的性格，而劳动观念

第二次“阿里亚”的定居者

① Ahron Bregman, *A History of Israel*, pp. 10–11.

的培养是实现这一目标的第一步。戈登把培养“犹太新人”作为犹太现代历史的新起点，事实证明了他的正确性，正是“这批新人成为以色列国家奠基者中的主导力量”。他们中间涌现出了第一代政治领袖与国家的缔造人，如第一任总理本－古里安、第二任总统伊扎克·本－兹维、第一位国会议长约瑟夫·斯普林扎克等。

第二次“阿里亚”的一大业绩是创建了基布兹。希伯来语中基布兹的意思就是“集体”或者“聚集”（gathering），其宗旨是所有成员共同生活、共同劳动、共享财产。1909 年第一个基布兹性质的农业定居点在加利利海的南岸建立，即“德加尼亚基布兹”。1911 年，一些俄国移民在此定居，他们把德加尼亚建成了“基布兹之母”，大卫·戈登就是这个基布兹的成员。1914 年，巴勒斯坦地区一共建立了 14 个基布兹，他们对安定移民、组织生产、实现复国理想起到了很大的作用。

从 1911 年开始，移民们开始在雅法以北的沙地上建造住宅区，到 1914 年，这里完成了 139 座住宅，安置了 1419 名犹太居民，这个城市被命名为特拉维夫，意为“春之山”（Mount of Spring），它很快发展成为巴勒斯坦犹太人口最多的城市。世界犹太复国主义组织巴勒斯坦地区办事处也迁徙到这里，阿瑟·鲁平宣布说：“在特拉维夫的犹太区里你会体味到在世界上任何其他地方很可能都看不到的、充满生机的犹太生活。”①

第二次“阿里亚”在开始几年里，移民们情绪稳定，热情高昂，形成了一种重视劳动、赞赏创业精神、淡化私有财产、鄙视怯懦与享乐情绪的风气，也保持了比较好的团结局面。后来，接二连三的困难局面与艰苦生活减弱了人们的热情，大约 80% 的移民还是离开了巴勒斯坦，但留下来的几千人都具有坚强的信念，这些人成为劳工犹太复国主义②运动的核心。

二、新伊休夫的发展

随着移民的增加，巴勒斯坦的犹太社团得以发展，这一发展时期被称之为

① Leslie Stein, *The Hope Fulfilled: The Rise of Modern Israel,* Praeger Publishers, London, 2003, p. 118.

② 劳工犹太复国主义主张把社会主义原则与犹太复国主义思想结合在一起，在巴勒斯坦建立一个平等、正义、公有化的民族家园。劳工犹太复国主义在欧洲阶段的创始人是纳赫曼·西尔金（1867—1924）、贝尔·博罗霍夫（1881—1917），它对现代以色列国家的经济组织与社会观念产生了直接的影响。

"新伊休夫"(1882—1948)。1905年，巴勒斯坦犹太人所占有的土地不足8万英亩，1907年为8.2万英亩，到1914年增加到18万英亩，占巴勒斯坦总面积的2.5%。农业定居点由8个发展到43个，农业人口增加到7500人。第一次世界大战爆发前，犹太人已经创办了一些小型企业，如水泥场、砖厂、地毯厂、印刷厂、铸造厂等。

与旧伊休夫相比，新伊休夫时期的一大特点是1905年前后出现了政党组织。移民们明显地分裂成互相竞争的两个阵营，在欧洲受西尔金影响的移民组成了青年工人党，追随博罗霍夫的人则组成锡安工人党的巴勒斯坦支部。西尔金与博罗霍夫虽然都深受马克思主义的影响，是劳工复国主义思想家与理论家，但他们对解决犹太人问题存在着认识上的差异。

锡安工人党把自己看作是国际工人运动的一部分，与欧洲保持着多年的联系。锡安工人党巴勒斯坦支部的政治领袖是本－古里安与本－兹维等人。1906年，该组织在雅法通过了它的行动纲领：号召党员们努力在巴勒斯坦建立一个犹太国，但党的最终目标是以阶级斗争的手段在全世界建立社会主义。青年工人党在巴勒斯坦的精神领袖是戈登与斯普林扎克。该党首先致力于民族主义事业，把农业开拓事业作为建设民族国家的基础，它与锡安工人党的主要分歧在于反对进行社会主义的说教，否认自己是欧洲社会主义运动的组成部分，只承认自己是复国主义运动的一部分。两党曾经就意识形态问题进行过激烈的辩论，后来锡安工人党作了很多实际上的调整与让步，在本－古里安的努力下，逐渐减少了与欧洲社会主义运动的联系，更关注巴勒斯坦的实际与犹太人的现实命运，并逐渐把民族主义目标放到了高于社会主义目标的地位。

随着政党政治的出现，工会组织也于1911年之后开始在巴勒斯坦萌芽，1914年，成员达到600人左右。工会组织的创始人是伯尔·卡茨内尔森（1887—1944）。作为工会主义的热衷者，他于1908年到达巴勒斯坦之后，就以工会领袖的身份活跃于移民当中，并为两党的协调与联合作出了重大贡献。

20世纪初期，新伊休夫的最大文化成就是希伯来语的复活。古希伯来语大约在公元2世纪前后就从口语中消失了。早在王国时代，犹太教正统主义者认为，希伯来语是神圣的语言，只能用作祈祷与宗教礼仪，世俗事物与日常生活中的运用只会诋毁、亵渎其神圣性。流散时期，阿拉伯语以及多种欧洲语言进入了犹太人的生活，但欧洲犹太人最通用的语言是意第绪语。除了拉比们之外，只有少数研究哲学、历史与文学的学者们掌握希伯来语，因此，希伯来语被称为"死亡的语言”。犹太复国主义运动的早期思想家们，包括赫茨尔都没有真正意识到民族语言的重要性，但当移民们到达巴勒斯坦之后，才真正感受到，统一的语言不仅必要而且是必需的。那么在选择哪一种语言时，犹太人产生了分歧，有人主张意第绪语，有人主张德语，有人主张英语，也有人主张法语。但最后更多的人接受了希伯来语，因为希伯来语不仅体现了民族文化的源头，而且能激发犹太人的独有的宗教热情与民族意识。从此，希伯来语的复兴成了巴勒斯坦犹太民族主义运动的主要内容。希伯来语的复活与一个伟大的语言学家的名字埃利泽尔·本－耶胡达（1858—1922）紧密地联系在一起。

本－耶胡达于1881年偕全家来到巴勒斯坦，在宗教社区与第一批移民当中宣传、推广希伯来语。他于1884年与朋友们一起创办了第一份希伯来语报纸。1889年，他发起成立了“希伯来语语言委员会”，承担起了创造新词汇、规范拼写、发音与语法的工作，其宗旨是把希伯来语复兴为一种实用、规范的现代语言。初期最大的困难首先来自正统派犹太人的敌视，他们甚至向土耳其当局告发，称本－耶胡达煽动犹太人谋反，本－耶胡达曾遭到土耳其当局的逮捕。另外，当时的巴勒斯坦流行多种语言，一些有影响的犹太人与欧洲犹太机构都希望采用自己所支持的语言，以扩大在巴勒斯坦的影响力，如罗斯柴尔德家族积极主张推广法语；一些赫茨尔的追随者则主张德语。本－耶胡达克服重重压力，极力推广希伯来语，在他妻子的支持下，他自己率先坚持只讲希伯来语，并为编撰大型的希伯来语词典而呕心沥血。1904年，本－耶胡达出版了他的希伯来语词典的第一卷，其他3卷的编撰工作正在继续。本－耶胡达的热情感染了许多教育家，也逐步获得了劳工犹太复国主义者的同情与支持，并且很见成效。希伯来语首先在幼儿园得以推广，因为不同文化背景的孩子们也确实需要一种共同的语言。1903年，在原“热爱圣山运动”奥德萨支部的领导人纳赫姆·乌西斯金（1863—1941）的支持下，成立了希伯来语教师联合会，拟订了第一个教学大纲与教师资格的考试程序，联合会实际上承担了教育部的角色。1904年，第一所希伯来语中学赫茨尔中学

本－耶胡达

在雅法建立，许多欧洲复国主义者把子女送来学习，许多希伯来语学家前来任教，并从事教材的翻译与编写工作，为希伯来语的复兴与推广起到了不可忽视的作用。

本－耶胡达为之献身的事业最终获得了成功。到1916年，巴勒斯坦已经有3.5万人把希伯来语作为主要语言，占犹太人总数的40%。在儿童中希伯来语的推广比例已经高达70%。战争爆发后，英国军队进入巴勒斯坦后，曾用7种不同语言发表了军事管制通告，其中英语与希伯来语成了最重要的语言。1922年，英国当局宣布：希伯来语、英语与阿拉伯语为巴勒斯坦的官方语言。本－耶胡达也正是这一年走完了自己的人生旅程，但他作为“现代希伯来语之父”永远记载在犹太民族与以色列国家的光辉史册上。

三、世界大战中的巴勒斯坦

1914年8月第一次世界大战爆发后，统治巴勒斯坦的奥斯曼土耳其帝国于10月31日加入德奥同盟，同与英法俄为代表的协约国作战，这一事件对巴勒斯坦犹太人的命运产生了深刻的影响。早期的犹太复国主义领袖们一直希望从土耳其政府获得正式的允许犹太人定居巴勒斯坦的许可权，并提出以向奥斯曼提供财政援助作为报答，直到战争爆发前，本－古里安与其他许多伊休夫的领导人都把支持犹太复国主义运动的希望寄托在土耳其政府身上。但土耳其政府担心因为犹太问题而引来外部势力对帝国内务的渗透，所以一直拒绝犹太复国主义者的要求。虽然没有正式得到官方认可，由于奥斯曼帝国处于风雨飘摇之中，对于巴勒斯坦的统治出现了无政府状态，只要对地方官吏略加贿赂，犹太人就可以顺利地定居下来，但他们并没有奥斯曼帝国的国籍。战争爆发后，奥斯曼帝国担心犹太人同情协约国，把他们视为“敌国公民”与“异己力量”，并采取了驱逐政策。1914年12月17日，第一批犹太人大约6000人经雅法港口被驱逐到埃及的亚历山大里亚，到战争结束时，共有1.5万犹太人被驱逐出去。①

战争也削弱了巴勒斯坦犹太社团的经济地位，主要表现在以下两个方面：第一，大部分犹太人都依赖于散居犹太人的捐赠，而这些资金主要来源于与奥斯曼

① Ahron Bregman, *A History of Israel,* p.13.

帝国对立的国家，由于战争状态，大多数捐赠资金不得不中断；第二，巴勒斯坦的犹太农民在很大程度上依靠柑橘与葡萄酒的出口，而出口业务由于战争而终止。1915—1916 年，巴勒斯坦发生严重的蝗虫灾害，对农业生产造成了致命打击。一系列的原因导致了犹太人口的下降，由战争爆发时的 8.6 万下降到战争结束时的 5.6 万。①

战争开始后，同盟国节节败退，英国从埃及发起了对奥斯曼帝国的进攻。被驱逐到埃及的犹太青年约瑟夫・特鲁佩多耳与雅博廷斯基一起在亚历山大的犹太难民中组织了武装力量，他们想说服英军司令部，组织一支犹太军队。但英国方面只同意成立一个运输大队，在需要时由英国军官进行调遣。于是，一个命名为"锡安运输队"的组织建立起来了，由特鲁佩多耳担任指挥，这支运输队募集了九百多名志愿者。雅博廷斯基则轻蔑地退出了这一组织，前往伦敦，争取建立正规的犹太部队。1917 年 8 月，英国方面终于同意建立一支犹太步兵部队，参与巴勒斯坦阵线，帮助英国从奥斯曼统治下解放巴勒斯坦。犹太兵团大约有 5000 人，曾经参与了艾伦比将军指挥下的打击土耳其人的战斗。

阿龙・阿龙森

在巴勒斯坦北部的农业定居点阿斯里特，犹太复国主义者阿龙・阿龙森认为奥斯曼帝国不可能保护犹太人的利益，他们决定帮助英国人占领巴勒斯坦，并相信胜利之后的英国会改变犹太民族的命运。为此目的，1915 年春天，阿龙・阿龙森组织自己的家人与朋友成立了一个间谍组织——尼里（Nili，是希伯来圣经《撒母耳记》第 15 章第 29 节中一句话的字首字母的缩写，即 Netzah Israel Lo Yeshaker，意为"以色列人的荣耀永远不败"）②。阿龙・阿龙森是阿斯里特定居点的负责人，也是受尊敬的农艺师，可以自由出入于巴勒斯坦地区。他利用这

① Ahron Bregman, *A History of Israel*, p. 14.

② 参见 Geoffrey Wigoder, *New Encyclopedia of Zionism and Israel*, p. 997.

一身份为开罗的英军司令部搜集情报，帮助英国人占领巴勒斯坦。1917 年 12 月，尼里组织被土耳其人破获，除了阿龙·阿龙森设法逃脱以外，其他人都被严刑折磨并处以死刑。1919 年 5 月 21 日，阿龙·阿龙森死于一次坠机事件。英国方面充分承认尼里组织对英军占领巴勒斯坦所起的重要作用。阿龙·阿龙森等人与英国政治家与军事家所建立的联系成为《贝尔福宣言》出台的一个非常重要的因素。

1917 年 5 月，英军与土耳其军队发生激战后，迅速占领了巴勒斯坦，并向北进入叙利亚，从此，巴勒斯坦犹太人落入英国的控制之下。

四、魏茨曼与《贝尔福宣言》

当战争爆发的时候，尽管柏林的世界犹太复国主义组织宣布中立，但许多犹太人仍参与了战争，并且希望自己能站在胜利者一方。犹太阵营分化为“亲德派”与“亲英派”。以弗兰茨·奥本海默为首的“亲德派”坚信，德国与土耳其必胜，德国的犹太复国主义组织甚至公开发表声明，鼓励犹太青年为德国而战；以魏茨曼为代表的“亲英派”认为，巴勒斯坦要划入英国的势力范围，犹太复国主义事业应该把目标投向英国。

魏茨曼 1874 年出生于俄国与波兰交界处的摩托尔镇，在平斯克读完中学后，留学德国，1899 年从弗雷堡大学获得博士学位，在柏林期间，他深受《犹太国》一书的影响而成为犹太复国主义者。1904 年移居英国，在曼彻斯特大学教授生物化学。魏茨曼很早就参加了犹太复国主义运动，曾出席了第二届世界复国主义大会。但在建立犹太国的问题上，他同赫茨尔存在着比较大的分歧。他认为犹太国家不可能仅仅依赖政治捷径或者与哪个大国签订的政治协议而建立，而是要依赖作为一个民族整体的世界犹太人的道义与实际援助。魏茨曼以曼彻斯特大学为基地，确立了他对英国犹太复国主义运动的领导权。为了扩大影响，他大力结交英国上层人士，包括英籍犹太人、内政大臣赫伯特·塞缪尔、英国军需委员会主席劳合·乔治以及后来担任了外交大臣的詹姆斯·贝尔福，表现出很出色的政治与外交才能。

第一次世界大战爆发后，魏茨曼坚信英国必胜，土耳其将失去巴勒斯坦，而犹太人只有得到西方民主国家，尤其是英国的支持才能获得独立。他在 1914 年 10 月 19 日致以色列·仓维尔的信中写道：在巴勒斯坦建立一个有组织的、自治的犹太社会的主张，现在是该推进的时候了，此时已经没有人怀疑我们在精神与物质方面所取得的成就了。“在我的脑子里毫不怀疑巴勒斯坦将处于英国的影响之下。巴勒斯坦是埃及的自然延伸，而且是隔离来自君士坦丁堡方向的苏伊士运河与黑海之间（以及可能来自那个方向的敌对势力）的屏障。巴勒斯坦位于所有的主要铁路的连接点，……如果我们创造条件的话，在今后的50到60年中让100万犹太人移居巴勒斯坦是很容易达到的，这样，英国拥有了一个非常强大而有效的屏障，我们将有一个自己的国家，会减少俄国的压力，也会减少美国与英国的压力，更为重要的是我们结束了无家可归的精神痛苦，无论我们的家园有多小。”①

战争期间，英国的炸药生产供不应求，劳合·乔治邀请魏茨曼在海军部主持新炸药的研制工作，魏茨曼成功地发明了丙酮生产的新工艺，短期内便解决了英国的炸药供应问题。根据劳合·乔治的《战争会议录》记载，他与魏茨曼有这样一段对话：

“你为国家作出了巨大的贡献，我要请求首相陛下给予你荣誉。”

“我个人什么都不需要。”

“那我们该如何来认可你对国家所付出的重要帮助？”

“好，那我希望你们为我的民族做点什么。”

接着，魏茨曼表述了犹太人对巴勒斯坦的渴望。劳合·乔治总结说：“那是在巴勒斯坦为犹太人建立民族家园的著名宣言的源泉与起点。我当了首相之后，立即把所有的经过告诉了外交大臣贝尔福……那时我们急于获得中立国家的犹太人的支持。魏茨曼博士也直接与外交大臣接触，那就是《贝尔福宣言》的开始……这样魏茨曼博士的发明不仅帮助我们赢得了战争，而且在世界地图上打上了一个永久的标记。”② 魏茨曼的努力也遭到了许多国家犹太领导人的反对，他们认为建立犹太国的主张与犹太人付出极高代价所争取的解放运动是矛盾的，而且会使散居犹太人处于一种很尴尬的地位。《泰晤士报》也发表文章，把建立犹太国斥为“狂人梦想”。1916年，英国发生内阁危机，劳合·乔治上台组阁，并把占领巴勒斯坦列上了议事日程。魏茨曼不顾反对派的阻挠，于1917年1月底向英国外交部正式递交了备忘录，即犹太人迁徙巴勒斯坦的计划草案。主要目的是希望英国承

---

① Meyer W. Weisgal (edited), *The Letters and Papers of Chaim Weizmann,* Vol. VII, pp. 27–28.

② David Lloyd George, *War Memoirs, 1915–1916,* see Jehuda Reinharz, *Chaim Weizmann: The Making of a Statesman,* Oxford University Press, 1993, pp. 67–68.

认巴勒斯坦是犹太人的民族家园，并给予他们公民权、政治权与宗教权。尤其是到了 1917 年整个战局已经明朗化，英国与法国都为占领土耳其在中东的属地而展开了一系列的外交活动，双方都希望把犹太复国主义运动作为渗透巴勒斯坦的工具。1917 年 6 月 4 日，法国外交大臣朱尔斯·康邦在致英国犹太复国主义运动领导人之一内厄姆·索科隆的信中，曾明确表示法国政府对犹太人"在巴勒斯坦建设家园的事业深表同情。"由于当时犹太领袖把获取英国的支持放在第一位，所以康邦的信笺没有正式发表。① 与此同时，德国也在与世界犹太人组织进行接触。在此情况下，英国也亟须要表明态度，以排挤其他势力的干预，可见这一时期英国的外交政策与犹太复国主义运动的目标完全一致。10 月 31 日，英国战时内阁在经过激烈讨论并听取了美国总统威尔逊的意见之后，决定授权外交大臣贝尔福，代表英国政府发表宣言。1917 年 11 月 2 日，贝尔福以致函英国犹太复国主义联盟副主席莱昂内尔·沃尔特·罗斯柴尔德的方式发表了如下声明②：

> 尊敬的罗斯柴尔德勋爵：
>
> 我非常愉快地代表英王陛下向您转达同情犹太复国主义愿望的宣言，该宣言已经提交内阁，并获得批准。英王陛下政府赞成在巴勒斯坦建立犹太人的民族家园，并尽最大的努力促使这一目标的实现，应该明确理解的是，绝对不能使巴勒斯坦现有非犹太社团的公民权利和宗教权利受到损害。正如在任何其他国家犹太人所享有的权利与政治地位不容损害一样。
>
> 如果您能把这一宣言通知犹太复国主义联盟，本人不胜感谢。
>
> 顺致崇高的敬意
>
> 阿瑟·詹姆斯·贝尔福

这就是著名的《贝尔福宣言》（以下简称《宣言》），它的发表标志着犹太复国主义运动在经历了 20 年的努力之后终于得到了第一个大国的支持。犹太复国主义者为此而欢欣鼓舞，称之为"通向自由幸福的钥匙"、"通向神圣土地的门槛"、"肇始着新世纪的开端"等等。随着《宣言》的发表，魏茨曼成了犹太复国主义运动的新一代领袖，在犹太人的心目中，他那卓越的科学才华、优雅的气质与风度、不求名利的品质与胸怀以及无可挑剔的人文素养正是犹太人所造就与延续下来的文化传统的结晶。查理斯·韦伯斯特爵士在他的著作《外交艺术与实践》

① Leslie Stein, *The Hope Fulfilled: The Rise of Modern Israel,* p. 132.

② 转引自 Isaiah Friedman, *The Question of Palestine: British-Jewish–Arab Relations,1914–1918*, Transaction Publishers, New Brunswick and London, 1992, pp. 279–280.

(*The Art and Practice*)中曾这样评价魏茨曼:

> 没有人争议魏茨曼是民族家园的缔造者——没有民族家园也就没有今天的以色列国,但我仍然怀疑他那伟大成就的一部分在现代历史上是否得到了应有的荣誉。在我看来,那是第一次世界大战期间体现外交才能的伟大行动。在那个时代,一些小民族中产生了一些伟大人物——当因为大国势力的冲突而使世界发生变革的时候,他们为本民族争得了很多利益。我认为没有人能与魏茨曼博士相比……①

《贝尔福宣言》发表的时候,巴勒斯坦有近七十万阿拉伯人居民,占巴勒斯坦总人口的90%以上,拥有当地土地的97%,《宣言》虽然轻描淡写地提到"非犹太社团"的利益,但实际上并没有真正考虑阿拉伯人的处境与困难,为阿以冲突埋下了新的因子。《宣言》发表仅一个月之后,艾伦比将军率领的军队就占领了耶路撒冷。1918年9月18日,巴勒斯坦的土耳其军队宣布投降,巴勒斯坦完全处于英国的控制之下。

第四节 英国委任统治下的伊休夫

一、犹太复国主义委员会

面对巴勒斯坦政治与国际局势的变化,犹太复国主义运动采取了快速的行动。在获得英国内阁的同意之后,早在1918年4月,以魏茨曼为首的犹太复国主义代表团——瓦达哈-特兹里姆抵达巴勒斯坦,作为世界犹太复国主义组织的代理机构,其目标是承担协调、组织与管理工作,以促进民族家园的建立。他们先后在特拉维夫与耶路撒冷建立了犹太复国主义委员会。

当时,巴勒斯坦阿拉伯人敌对情绪激烈,魏茨曼曾试图接触一些有影响的阿拉伯领袖包括侯赛因的儿子埃米尔·费萨尔,当时费萨尔统治着今沙特阿拉伯的大部分地区,总部设在亚喀巴。第一次会面没有取得成果,因为费萨尔担心来自

① 转引自 Abba Eban, *My People: The Story of the Jews,* p. 360.

阿拉伯世界的压力不敢公开表态。6个月以后，即1919年1月3日，魏茨曼与费萨尔在伦敦再次会晤，双方达成“费萨尔－魏茨曼协议”，费萨尔表示接受《贝尔福宣言》，并采取必要的措施帮助犹太人移居巴勒斯坦，并尽一切努力使犹太人在犹太居住区的生活条件得到基本保障；犹太复国主义组织要给予阿拉伯人各种援助，支持其经济的发展。双方如遇到争议，由英国政府出面协调。协议还强调，犹太人与阿拉伯人同属于闪族后裔，要彼此谅解、互相尊重、共同发展。后来由于阿拉伯民族主义的坚决抵制以及费萨尔政治生涯的失败，这一协议成为一纸空文。①

当时的巴勒斯坦还沉寂在战争留下的灾难之中，摆在艾伦比面前的现实是：生产停顿，疾病蔓延，各国的领事馆仍然关闭，来自欧洲的宗教与文化人士纷纷离去。犹太复国主义委员会在资金、设施极为缺乏的情况下，开始为战后的重建工作而努力。1918年7月，犹太复国主义委员会在位于东耶路撒冷的斯科普斯山上为许多犹太人曾梦寐以求的希伯来大学举行了隆重的奠基仪式。艾伦比将军、穆斯林与基督教的代表、伊休夫的领导人等应邀出席。魏茨曼在致辞中讲道：“新生活的第一个胚芽将从战争的悲凉与痛苦中产生”，“这所大学将成为犹

犹太复国主义代表团抵达巴勒斯坦

① Walter Laqueur and Barry Rubin (edited), *The Israel-Arab Reader: A Documentary History of the Middle East Conflict*, Penguin Books, 2001, pp. 17–18.

太精神文明的发展中心”。魏茨曼后来曾满怀深情地回忆起当时的情形：

> 会场的外景实在壮观，令人难以忘怀。金色的夕阳披洒在犹地亚与摩押群山上，我的感觉是这些美丽的山峰正在注视着我们，他们或许已经朦朦胧胧地意识到了这是他们的人民在经历了漫长的流浪之后回归故土的开端。我们俯瞰耶路撒冷，就像一颗宝石一样闪闪发光。……奠基仪式进行了一个小时，结束的时候，人们齐声高唱《哈蒂克瓦》与《上帝保佑国王》。大家迟迟不愿离去，沉默地站在那里低头凝视那一排奠基石。这时，夜幕轻轻地降临了……①

二、委任统治的确立

1919 年 1 月，由英、法、美操纵的分赃会议——巴黎和会召开了，犹太复国主义组织与阿拉伯人都派出了自己的代表团。会议期间，犹太代表为争取犹太民族拥有巴勒斯坦的领土权进行了广泛的宣传。法国起初主张实行国际共管巴勒斯坦，反对英国独占。后来，当英国默认了法国对叙利亚的占有权之后，法国也就不再坚持原来的立场。美国总统威尔逊一直与犹太复国主义者保持着友好的关系，他在 1916 年竞选总统时候，曾得到过犹太人的支持，并与美国犹太复国主义联盟主席、著名法学家路易斯·布兰代斯过往甚密。参加和会前，威尔逊还接见了魏茨曼，重申了自己对《贝尔福宣言》以及犹太复国主义运动的支持。巴黎和会上，《贝尔福宣言》所确立的原则被更多的人所接受，由英国对巴勒斯坦实行委任统治的建议也基本上被大国势力所默认。国际联盟对委任统治的解释是：把落后地区居民的保护权“委托给先进国家并给予行政指导与帮助”，“委任统治享有立法与行政全权”，其实质就是把一些地区变成大国的殖民地。

1920 年 4 月 24 日，协约国高层会议在意大利的圣雷莫召开，会议决定将巴勒斯坦、外约旦、伊拉克交由英国政府实行委任统治，由法国对叙利亚实行委任统治。同年 6 月 30 日，英国任命的第一位巴勒斯坦高级专员、英籍犹太复国主义者赫伯特·塞缪尔正式到任，英国撤销了临时军事统治机构，代之以民政管理机构。但国际联盟的正式委任书一直到 1922 年 7 月 24 日才正式下达。委任书共

① Abba Eban, *My People*：*The Story of the Jews*, p. 370.

有28条款，给了英国以充分的治理巴勒斯坦的权利，明令规定要维护当地全体居民的民事与宗教权利，但对犹太人建立民族家园给予了特别的关注。如第四条款提出，要承认犹太复国主义组织是"一个合适的犹太机构"——它能够帮助托管当局管理"民族之家"的事务，并促进巴勒斯坦的发展；第六条款强调，托管当局要与犹太机构合作，为移民进入"提供便利"；第六条款规定，在一定限度之内，托管当局可以就服务与设施以及自然资源的开发等问题与犹太机构协作。由于托管书十分笼统，几乎每一个条文都会引起极大的分歧，所以一直是犹太人与巴勒斯坦人① 冲突的主因。②

巴勒斯坦阿拉伯人对委任统治以及犹太复国主义的计划表示愤怒与抵制，他们袭击北部偏远地区的犹太定居点，甚至在耶路撒冷街区发生暴动。1921年5月，双方矛盾再度激化，冲突首先在犹太移民进入的门户雅法发生，然后蔓延到拉马拉（Ramleh）以及沿海地区。这场冲突断断续续延续了近一年时间，犹太人死亡47人，伤146人；阿拉伯人死亡48人，伤73人。③ 冲突发生之后，英国政府与赫伯特·塞缪尔都认为，对巴勒斯坦的阿拉伯人也应该给以安抚。1922年，赫伯特·塞缪尔被召回伦敦，为英国殖民大臣丘吉尔起草关于巴勒斯坦问题的备忘录。同年6月，丘吉尔代表本国政府发表了一项声明，即《丘吉尔白皮书》（以下简称《白皮书》），《白皮书》指出：如果要问起在巴勒斯坦建立一个犹太民族之家的意图是什么，那么答案应该是并非要强迫巴勒斯坦的所有人接受这一个犹太国，而是要在全世界犹太人的支持下，发展现已存在的犹太社团；犹太人应该有自由发展的空间与施展才能的机会，鉴于犹太人与巴勒斯坦的历史联系，建立民族家园是他们的权利而不是仅仅宽容他们。《白皮书》虽然肯定了《贝尔福宣言》所确立的支持犹太人建立民族家园的政策，但同时又规定，外约旦不受有关建立民族家园的托管条款的约束，巴勒斯坦移民的数量不能超过当地的"经济吸收能力"。《白皮书》还建议成立有双方代表参加的立法议会，处理移民纠纷问题，立

① 巴勒斯坦人（Palestinians）亦称"巴勒斯坦阿拉伯人"，指原生活在巴勒斯坦地区的阿拉伯居民。体质特征属欧罗巴人种地中海类型，讲阿拉伯语，大多数信仰伊斯兰教，少数信仰基督教。据20世纪90年代后期估计，全世界约有600万巴勒斯坦人，其中居住在以色列境内的约有100万；住在约旦河西岸和加沙地带的约250万人；另外250万人则分布在阿拉伯各国和世界其他地区。参见肖宪：《1945年以来的中东》，中国社会科学出版社2004年版，第288页。

② Walter Laqueur and Barry Rubin (edited), *The Israel-Arab Reader: A Documentary History of the Middle East Conflict,* pp.30–36.

③ Ahron Bregman, *A History of Israel,* p.22.

法议会包括 10 名官方委员与 10 名民选委员，由英国专员担任主席。为了安抚阿拉伯人，《白皮书》暗示，未来的自治政府并不是以犹太人的发展为前提条件，而是在阿拉伯人仍然占多数的情况下建立。①

犹太人虽然有情绪，但还是接受了《白皮书》。阿拉伯领导人则断然拒绝，他们要求建立独立的巴勒斯坦阿拉伯国家，并提出了成立民族政府与立宪议会的主张，自然被英国政府所否定。

三、"阿里亚"再拟高潮

第一次世界大战期间，犹太人停止移民巴勒斯坦。战争刚刚结束，新的移民潮便出现了，从 1919 年到 1923 年，出现了第三次"阿里亚"，期间有 3.5 万人移居巴勒斯坦，使当地的犹太人口由 6 万人增加到 9 万人。② 第三次"阿里亚"

第三次"阿里亚"的定居者

① Walter Laqueur and Barry Rubin (edited), *The Israel-Arab Reader: A Documentary History of the Middle East Conflict*, pp. 26–29.

② Leslie Stein, *The Hope Fulfilled: The Rise of Modern Israel*, p. 158.

出现的直接动因仍然是东欧尤其是俄国对犹太人的迫害。1915 年到 1921 年间，犹太人成了战争与革命的牺牲品，许多犹太人以“反革命”的名义被杀害、驱逐或者剥夺财产。当然，也不排除《贝尔福宣言》的发表对犹太人的激励与鼓舞。俄国犹太人构成了第三次“阿里亚”的主体，其次，是来自乌克兰、加里西亚、波兰、立陶宛，也有少部分来自奥地利、德国、捷克与巴尔干半岛。

第三次“阿里亚”的特点是年轻人居多，特别是来自东欧的犹太人深受社会主义思潮与革命理念的影响，他们相信自己会成为人类文明的见证人，包括犹太人在内的民族解放肯定能实现，而社会主义正是实现民族主义目标的有效手段。他们继续了第二代移民先驱的理想——塑造犹太劳动阶层并以农业为立足点。但不同的是他们有严格的组织结构，对移民工作进行了精心的策划，甚至接受了如何从事农业生产的强化训练。第三次“阿里亚”兴起后，城市里面的就业机会仍十分有限，1920 年到 1921 年之间，只有 4750 人在工厂里工作，而这些所谓的工厂都是些规模比较小的作坊。幸运的是犹太复国主义组织成功地说服了托管当局在巴勒斯坦地区广建公路与铁路，并承诺巴勒斯坦两大犹太政党与当地的阿拉

犹太工总的创始者

伯人一样，在公共工程中占有一定的份额。于是，两大党积极行动，成立了自己的承包机构、劳工协调处与保健基金。到 1920 年底大约有 2000 名犹太人受雇于交通建筑工作。两党还为争取新移民展开激烈竞争，各自的移民办公室作了大量的安置工作。这一时期，犹太民族基金会也购买了大批的土地，帮助移民定居与生产。

随着第三次“阿里亚”的出现，不断有新鲜的血液补充到巴勒斯坦的工会组织，他们中的很多人是工会运动的崇拜者。1920 年 12 月，在劳工联盟、青年工人党、青年卫士等组织的发起下，87 名被推选出来的代表在海法隆重聚会，建立了“巴勒斯坦犹太工人总会”（希伯语称之为 Histadrut），以色列建国后因为阿拉伯工人也可以参与取得会员资格，所以从 1959 年起，改名为“以色列工人总会”，简称“犹太工总”。犹太工总的早期设计师与主要领导人是本－古里安与卡茨内尔森等人。在他们的共同起草之下，1923 年，犹太工总章程正式出台。它规定了犹太工总的主要职责：推进有组织的工会主义活动；建立在合作基础上的经济企业；促进新移民的定居、教育及融合；促进互助基础上的社会福利。[①] 犹太工总不仅仅是一般意义上的工人联合会，它还是一个有影响的政治组织，更是一个生产组织，其经营领域涉及工业、农业、建筑、交通、运输、贸易、销售、社会服务、文化娱乐、保险、福利等方方面面。

犹太工总还担负起了在全国范围内建立犹太自卫武装的责任。早在 1920 年 6 月，劳工联盟成立了在该党领导下的军事组织“哈加纳”（意为“自卫”）。犹太工总成立后，劳工联盟立即移交了哈加纳的行动指挥权，1921 年，犹太工总成立了被称为“哈加纳中心”的五人委员会，专职负责防务协调与监督工作，保护犹太社团的安全，并为建立正规的武装力量做准备。1937 年，在如何对待阿拉伯起义者的问题上犹太工总发生分歧，其 3000 名成员中有一半左右回到了由犹太代办处领导的哈加纳阵营，其余则组成了新的军事组织——“伊尔贡－茨瓦伊－柳米”，意为“民族军事组织”，简称“伊尔贡”。[②]

总之，犹太工总对犹太移民的安置、培训、就业与组织生产发挥了十分重要的作用，为伊休夫的经济、社会与文化教育事业作出了很大的贡献，也为年轻的以色列国家积累了工会运动的历史经验。

---

① 参见 Bernard Avishai, *The Tragedy of Zionism : Revolution and Democracy in the Land of Israel,* Farrar Straus Giroux, New York, 1985, pp. 111–113.

② *Encyclopaedia Judaica,* Vol.8, pp. 1466–1467.

在20世纪20年代，托管当局曾有意限制犹太移民的进入，但实际上并未奏效。第三次“阿里亚”刚刚结束，从1924年到1927年又兴起了第四次“阿里亚”，这一期间共有6.2万犹太人进入巴勒斯坦，其中，至少有一半来自波兰，20%来自苏联，10%来自罗马尼亚、立陶宛，其余来自也门、伊拉克。①

第四次“阿里亚”的移民构成与第三次显然不同，其中只有很少的青年开拓者，独立商人的数量明显增多。因为当时的波兰政府对犹太人进行行业限制与高税政策，导致了犹太商人的外迁，这些人缺乏从事艰苦劳动的信心与热情，他们的到来也给巴勒斯坦带来了一种弥漫着投机气息的商业风气，本－古里安曾这样描述说：“他们来到巴勒斯坦是为了继续波兰隔都里的生活方式——一种中介人、投机者、店主与借贷商的生活方式。”②

这批移民主要涌向城市，特拉维夫的人口从1923年的1.6万猛增到1926年的4万。1924年的几个月中，城市中心的土地价格就增长了5倍左右，特拉维夫犹太商店与工厂的数量由1924年的61家增长到1926年的170家，有一百多家旅馆与饭店挂牌营业。③在海法与耶路撒冷，移民居住区迅速膨胀，大批劳动力集中于房屋建造业。后来，由于波兰发生了经济危机，货币贬值，巴勒斯坦地区也于1926—1927年出现了经济危机，失业人数剧增，移民浪潮才逐渐冷却下来，1927年，出现了迁出人口远远超过移入人口的现象。据统计，在20年代，总共有10万左右的移民进入，20年代末期，巴勒

贝尔福在希伯来大学开学典礼上演讲

① Leslie Stein, *The Hope Fulfilled*: *The Rise of Modern Israel*, p.179.
② Ben Gurion, *Israel*: *A Personal History*, Funk and Wagnalls, New York, 1971, p.375.
③ Leslie Stein, *The Hope Fulfilled*: *The Rise of Modern Israel*, pp.179–180.

斯坦犹太人口为15.7万，占当地人口的比例由20年代初期的不足10%增长到17.7%以上。犹太人在巴勒斯坦购买的土地已由1920年的65万杜纳姆（1杜纳姆相当于1000平方米）增加到1929年的120万杜纳姆。

20年代，伊休夫的经济得到了很大的发展。城市规模扩大，犹太人建立的电力公司、钾矿公司、水泥厂、食油厂、纺织厂等都有了相当的规模，犹太工业有了较大幅度的增长，在服务部门就业的人数也不断增加。在农业领域，基布兹运动有了较大的发展，一些大型的定居点相继建立，而且农业工人与其他经济部门之间的联系日益加强。1927年4月，兴起了"全国基布兹运动"，其目标就是把分散的基布兹组织起来，使其成员在工人运动与建设民族家园的事业中作出更大贡献。

这一时期，伊休夫的文化教育事业也得以发展。在农村建立了庞大的教育网络，对农业定居者进行基础知识与专门技能的训练。希伯来语成为伊休夫的正式语言，特拉维夫出版的希伯来文报纸广泛发行，巴勒斯坦乐团也非常活跃。1925年，希伯来大学正式落成。许多名流从世界各地赶来参加开学典礼仪式，身着红色剑桥礼服、白发苍苍的贝尔福勋爵发表了热情洋溢的讲话，称希伯来大学的建立"是一个远大前程中的里程碑"；在赫伯特·塞缪尔的发言中，把希伯来大学描述为"巴勒斯坦各民族取得谅解的手段与工具，古典学识与现代科学结合的摇篮"；伟大的希伯来语诗人比亚利克宣布"以色列人文化生活的第一束烛光已经从斯科普斯山点燃！"①

四、犹太代办处

1919年到1920年间，世界犹太复国主义组织的中心转向伦敦，魏茨曼担任了世界犹太复国主义组织的主席。在1921年召开的第十二届世界犹太复国主义会议上，把如何动员非犹太力量建设民族家园提上了议事日程，但是一些人担心让那些捐助者和富商参与会改变犹太复国主义运动的初衷，因此坚决反对。尽管魏茨曼建立新的犹太自治机构的提议被否定，但他一直为这一目标而努力。

其实，伊休夫从很早就试图建立自己的自治机构，在1920年召开的犹太人

① Norman Bentwich, *The Hebrew University of Jerusalem,* Weidenfeld and Nicolson, London, 1961, pp. 24–26.

大会上，就选举产生了由 36 个成员组成的犹太民族委员会，犹太人大会与犹太民族委员会实际上履行着政府的职责，如管理宗教自治法庭、负责征收税务与地方服务体系等。

1929 年第十六届世界犹太复国主义大会召开，魏茨曼再次提出了成立新的巴勒斯坦犹太机构的建议，得到了会议的通过。于是，犹太代办处在巴勒斯坦宣告成立。犹太代办处的章程规定犹太复国主义者和非犹太复国主义者平等地参与犹太代办处执行委员会，委员会每两年召开一次会议，其下设的行政委员会，每六个月召开一次会议。世界犹太复国主义组织的主席是犹太代办处的当然主席。代办处的主要职责是管理犹太人的巴勒斯坦，协调世界犹太人与托管政权的关系。总部设在耶路撒冷，在伦敦设立办公室，负责处理与英国政府以及国际联盟托管委员会之间的事务。犹太民族基金会正式脱离世界犹太复国主义组织，成为犹太代办处的主要财政机构，负责筹措资金、购买土地等事务。1930 年，托管当局正式承认犹太代办处取代犹太复国主义组织的职能，成为犹太人在巴勒斯坦建设民族家园的唯一代办机构。民族委员会主要局限于地方范围，并被纳入地方政府的体系之中。

犹太代办处虽然从理论上讲代表所有巴勒斯坦犹太人的利益，但犹太复国主义者一直起着核心的领导作用。例如，1935 年的 20 名执委会中非犹太复国主义者占 3 名；从 1937 年起，执委会中是清一色的犹太复国主义者。总体来看，从 1929 年到 1948 年，犹太代办处管理着伊休夫的政治、经济、文化、对外交往等一切事务，圆满地履行了巴勒斯坦准政府的职责。

五、最大规模的“阿里亚”

20 世纪 20 年代末由于经济危机的影响，巴勒斯坦的移民浪潮停息下来，但 30 年代初尤其是 1933 年以后，随着希特勒的上台与纳粹德国种族排犹政策的推行，大批犹太人移居巴勒斯坦，出现了伊休夫历史上规模最大的移民浪潮，形成了第五次“阿里亚”。从 1930 年到 1939 年，有 27 万犹太人涌入巴勒斯坦，特别是 1935 年，犹太人移民高达 6 万多。到 1939 年末，巴勒斯坦的犹太人口达到了 47.5 万，约占当地总人口的 30%。

在第五次“阿里亚”期间，德国移民占据了很大比例，1920—1932 年，德国移民只占巴勒斯坦移民总数的2.5%，但在1933—1938年间，德国犹太人的比例高达27.7%，他们中有很多人受过良好的教育，除了医生、律师、工程师、建筑师、教授、艺术家、记者之外，还有许多银行家、企业家、商人等。和以前的移民相比，他们不仅带来了相对多的财富，而且拥有一定的专业知识，扩大了巴勒斯坦的知识阶层。此外，来自波兰、奥地利、捷克的犹太人也是构成第五次“阿里亚”的主体力量。

第五次“阿里亚”的城市化倾向也十分明显，尤其是特拉维夫与海法最为典型。1931年到1935年间，特拉维夫的人口由4.6万增加到13.5万，同一时期，海法的人口由1.6万增加到5万。城市里的工业生产比以前更为繁荣，而且朝着多样化方向发展，新的工业部门如金属、化工、医药、机器制造、服装、水果加工等纷纷兴起。

雅博廷斯基

犹太工总进一步发展。20年代初，犹太工人加入犹太工总的比例是50%，到1939年，已达到2/3。其会员也由5000人增加到11万人。犹太工总在整个巴勒斯坦发展了庞大的“工人经济”，管理着一千多个合作社，建立起了从幼儿园到中学的教育体系、医疗保健系统以及社会福利网络，并创办了自己的报纸、出版社以及成人教育与青年组织。

第五次“阿里亚”时期，新组合的“巴勒斯坦工人党”① 在伊休夫的政治生活中起着很重要的作用。1930年1月，劳动联盟与青年工人党通过公民投票合并为巴勒斯坦工人党，它代表工人的利益，基本主张是先建立犹太国家，实现民族主义，然后再推进

① “巴勒斯坦工人党”，即工党，简称马帕伊Mapai，为希伯来语Mifleget Poalei Ereta-Israel的缩写。

社会主义。当时共有党员5650名，其中近3000人为原劳工联盟成员，其余为原青年工人党党员。巴勒斯坦工人党的领导人为哈伊姆·阿罗索洛夫（1899—1933），这位极富外交才能并精通经济学的工人领袖在1933年被神秘暗杀，本-古里安接替了他的职位。巴勒斯坦工人党在伊休夫的所有政党中处于主导地位，1933年，在犹太民族委员会的71个席位中占有了31席。①

然而，这一时期犹太复国主义阵营内部潜伏已久的分裂局势进一步加剧。早在1925年，极端民族主义者雅博廷斯基②就与魏茨曼领导的“行动派犹太复国主义”分道扬镳，在巴黎成立了“修正主义党”。雅博廷斯基认为，农业垦殖运动与工会主义都是沉醉于社会主义的幻想之中而浪费了有效的民族资源，他主张犹太人应该采取武装斗争的方式以争取真正的民族权利。30年代，雅博廷斯基与伊休夫主要领导人之间的争议越来越严重，他激烈批评犹太工总，抨击劳工运动。1935年，修正派正式分裂出来，在伦敦成立了“新犹太复国主义组织”，雅博廷斯基任主席，支持者达71.3万人，主要是东欧犹太人。战争爆发后，雅博廷斯基积极呼吁建立犹太军队，打击纳粹。1940年4月3日，雅博廷斯基因心脏病突发，在纽约去世，其遗骨于1964年被运回以色列，重新安葬在赫茨尔山上。③

第五节　阿拉伯人起义与英国政策的调整

一、“西墙事件”

当犹太人被驱逐出巴勒斯坦之后，阿拉伯人一直是这块土地上的主体民族。在历经了希腊与罗马的统治之后，从公元637年到公元1071年，巴勒斯坦处在

① 参见 Howard M.Sachar, *A History of Israel*: *From the Rise of Zionism to our Time*, pp.145, 305。

② 雅博廷斯基（1880—1940）是犹太复国主义修正派的思想家与创始人。出身于敖德萨。1920年移居耶路撒冷，1921年当选为犹太复国主义组织执委会成员。1923年退出执委会。1925年当选为犹太复国主义者修正派联盟主席。

③ Geoffrey Wigoder, *New Encyclopedia of Zionism and Israel*, p.737.

阿拉伯帝国的统治之下。公元7世纪以后，随着阿拉伯化与伊斯兰化进程的推进，巴勒斯坦的绝大多数居民（包括迦南人和腓力斯丁人的后代）都融合成了说阿拉伯语、信仰伊斯兰教的阿拉伯人。阿拉伯帝国衰落之后，巴勒斯坦于1517年被奥斯曼帝国所占领。在奥斯曼时代，巴勒斯坦还不是独立的政治实体，大致被分为三个行政区，隶属于奥斯曼中央政府。到19世纪中期，巴勒斯坦的人口大约有50万，其中80%以上为巴勒斯坦阿拉伯人。他们中间形成了一些精英家族，影响着当地的政治、经济、宗教与文化。随着奥斯曼帝国的衰落，这些精英阶层实际上掌管着巴勒斯坦的统治权。第一次世界大战爆发以后，随着奥斯曼帝国的土崩瓦解，巴勒斯坦阿拉伯人处于英国的委任统治之下。

1922年，英国委任统治开始时期，巴勒斯坦的阿拉伯人口为75万，由于自然增长以及周围移民的进入，到1931年达到85万，1939年已经超过100万。另外，南部地区还有10万左右处于游牧状态的贝都因人。阿拉伯人中有3/4为农业人口。随着大批犹太移民的到来，越来越多的土地被征购，阿拉伯人的生产与生活受到很大影响，更有一部分人流离失所，贫困不堪。根据1935年的统计数字，有664个巴勒斯坦阿拉伯家庭失去土地，而一些地主与宗教特权阶层却在土地转让中大发横财。两次世界大战期间，民族主义运动逐渐在阿拉伯世界兴起，并影响到巴勒斯坦的阿拉伯人。侯赛尼与纳希比两个大家族一直是巴勒斯坦阿拉伯人的代言人，双方长期争权夺利。1922年，穆斯林最高委员会成立后，耶路撒冷的伊斯兰教法执行官吏哈吉·阿明–侯赛尼被任命为领导人，代表阿拉伯人处理、交涉与托管当局以及犹太社团的有关事务。

随着大批移民的进入，争夺生存权的现实斗争与宗教及文化上的差异交织在一起，使阿拉伯人与犹太人之间的矛盾不可调和。整个20年代，冲突时有发生，1929年8月终于因为西墙问题而酿成了一场大规模的流血事件。

西墙位于摩利亚山，它的归属权一直是犹太人与阿拉伯人争执不休的问题。在犹太人看来，西墙是希律王圣殿的唯一遗物。据记载，在罗马统治时期，犹太人在唯一允许他们进城的阿布月9日，总是聚集西墙，身着圣装，面壁哭泣，或者追忆苦难，或者缅怀先人。此后，西墙一直是犹太教最神圣的地方。但在穆斯林的心目中，西墙位于伊斯兰教的第三圣地上，是他们“尊贵圣地”的一部分，也是最负盛名的阿克萨清真寺与岩石圆顶清真寺的外界，西墙与穆斯林的关系可以追溯到先知时代，《古兰经》记载，穆罕默德曾“夜行登霄”，而西墙正是他升天前拴马的地方，所以穆斯林用穆罕默德的马的名字奥尔–布拉克来命名西墙，在阿拉伯人统治耶路撒冷的时代，西墙长期被伊斯兰教的宗教基金组织所管理。英国委任统治确立后，一些犹太复国主义者主张从阿拉伯人手中买下西墙，魏茨曼等人曾多方筹措资金，谈判未果，阿拉伯人对西墙十分敏感，认为“购买西墙是犹太复国主义者占领巴勒斯坦的尝试与象征”。

1928 年 9 月 24 日是犹太人的赎罪日，犹太人在西墙前设立了把男女祈祷者隔开的屏障，阻挡了只有 11 英尺宽的过道——这是周围阿拉伯区居民的必经之路。因此，阿拉伯人向托管当局提出，尽快移走屏障，第二天，阿拉伯人带领警察前来撤除了屏障。这件事情在整个巴勒斯坦以至全世界的犹太人中激起了强烈的反应，伊休夫的领导人与犹太大拉比向伦敦的英国政府与国际联盟提出抗议。阿拉伯人的情绪也被激发起来，西墙问题成为宗教摩擦的焦点，宗教情绪也发展为暴力冲突，并从耶路撒冷蔓延到希伯伦、特拉维夫以及撒法德等地。在这场冲突中犹太人死亡 133 人，受伤 339 人；阿拉伯人死亡 116 人，伤 300 余人；另有数千人被托管当局逮捕，其中多数为阿拉伯人。① 西墙事件发生后，英国立即派出委员会调查情况，并就巴勒斯坦政策问题向政府提出建议。1930 年，英国殖民大臣帕斯菲尔德发表了一项声名，即《帕斯菲尔德白皮书》。帕斯菲尔德除了重申《丘吉尔白皮书》的内容之外，批评了犹太人的移民政策，强调巴勒斯坦阿拉伯人严重的失业状况，并要求犹太人作出一定的让步。《帕斯菲尔德白皮书》立即引起了犹太人的反对，魏茨曼与其他犹太复国主义领袖展开了广泛的外交活动与宣传攻势，结果帕斯菲尔德不得不收回成命。1931 年初，英国政府重申其支持犹太人建立民族家园的政策不变。英国政策的摇摆严重伤害了阿拉伯人的感情。

二、阿拉伯人起义

随着第五次“阿里亚”的兴起，巴勒斯坦阿拉伯人的处境越来越艰难，根据犹太代办处与托管当局达成的协议，在公共部门中，阿拉伯人与犹太人的雇佣率应各占 50%，其理由是犹太人为巴勒斯坦提供了 50% 的税收，而按照实际的人

---

① Charles D. Smith, *Palestine and the Arab-Israeli Conflict,* Bedford / St. Martin's, Boston and New York, 2001, pp.129–130.

口比例，阿拉伯人占到了近70%，犹太人为30%，这就导致了大批阿拉伯工人失业。对于占人口绝大多数的阿拉伯农民来说，第一次世界大战以后，经济状况一直是江河日下。根据国联委任书第18条款的规定，巴勒斯坦应该与国联统治下其他国家一样遵循同样的关税政策。这样，巴勒斯坦就成了发达国家的工业与农业产品的倾销地，尤其是在世界经济危机爆发之后，大批的进口产品充斥市场，对落后的阿拉伯经济造成了严重的打击。所以，30年代以后，越来越多的阿拉伯农民愿意出售土地，然后自己到城市务工，或者到犹太人的柑橘园工作。

第二次世界大战爆发以后，犹太难民潮的涌入，进一步恶化了阿拉伯人的经济状况，许多人失去了安全感，阿拉伯人与犹太移民的关系进一步恶化。阿拉伯人向托管当局提出建立阿拉伯自治政府并逐步向独立国家过渡的主张，当他们的要求被拒绝之后，阿拉伯人起义便发生了。1936年4月15日，发生了阿拉伯人针对犹太人的暴力行动，犹太人立即采取报复措施，流血冲突进一步扩大。4月25日，阿拉伯人在耶路撒冷成立了“阿拉伯最高委员会”，简称AHC。联合了所有阿拉伯政治团体与民族主义势力，哈吉·阿明·侯赛尼担任主席。委员会号召阿拉伯人进行总罢工，直到托管当局禁止犹太人移民巴勒斯坦；禁止向犹太人出售原属于阿拉伯人的土地；重申了阿拉伯人要求建立独立的民族政府的愿望。①

阿拉伯人的反抗由城镇延伸到农村，殖民当局曾试图中止移民，但在犹太复国主义者的强大压力下，又同意犹太人按照招工计划有限入境。愤怒的阿拉伯人把斗争目标同时指向了犹太人与英国统治者。他们袭击犹太人居民点、英军驻地与警察局，破坏公路、铁路以及管道。同年秋天，英国从埃及、马耳他等地调来了两万军队镇压起义，并在巴勒斯坦实行宵禁，逮捕、拘留了大批起义者。哈加纳与伊尔贡等犹太武装四面出击，很多犹太移民也加入了警察后备队。

1936年10月，伊拉克、沙特阿拉伯、也门、外约旦等阿拉伯国家的领导人也联合调停，呼吁阿拉伯最高委员会采取克制措施，通过协商解决问题。11月，英国派出了以前印度事务大臣罗伯特·皮尔为首的巴勒斯坦皇家委员会前来调查，阿拉伯人的反抗也转入低潮。在1936年的阿拉伯起义中，有数百人丧生。

1937年7月7日，皇家调查团发表了调查报告，即《皮尔报告》，该报告全面分析了巴勒斯坦冲突的起因与现状，认为阿拉伯人确实遭受了不公平的待遇，他们要求民族权利并恐惧犹太民族家园的建立是“骚动的根本原因”。“在有限的

① Ilan Pappe (edited), *The Israel / Palestine Question*, Routledge, London & New York, 1999, p.153.

国土上，不可调和的冲突已经在两个民族群体之间产生。大约一百万阿拉伯人公开或者潜在地对抗着40万犹太人。他们之间没有共同点，阿拉伯社团是亚洲特征居于主导地位，而犹太人则是欧洲特征居于主导地位。他们的语言、宗教截然不同。他们的社会与文化生活、思想与行为模式正如他们的民族情绪一样充满了矛盾。”① 报告指出，阿拉伯人与犹太人互相让步并建立共同的家园已不可能，因为缺乏最基本的谅解与同情，尤其是各自的民族主义情绪成为和平的最大障碍。鉴于以上原因，报告提出了“皮尔委员会分治计划”，其主要内容是：把巴勒斯坦分割为一个犹太人的国家（占有北部的加利利地区、埃斯德拉隆平原以及从黎巴嫩边界到雅法南部的沿海平原，犹太国的总面积占巴勒斯坦的20%）、一个英国托管区（包括主要圣地耶路撒冷、伯利恒、拿撒勒以及通往雅法海口的走廊）、一个包括巴勒斯坦其余领土与外约旦在内的阿拉伯国家。报告认为分治计划是“解决问题的最好和最有希望的办法”。

阿拉伯最高委员会

① Walter Laqueur and Barry Rubin (edited), *The Israel-Arab Reader*: *A Documentary History of the Middle East Conflict*, pp. 41–42.

同年8月在苏黎世召开的世界犹太复国主义代表大会上讨论了《皮尔报告》。雅博廷斯基等左翼领导人因不满足于英国提出的领土条件而反对分治；宗教党坚决反对分割圣地。但魏茨曼与古里安认为，分治计划提供了一个历史性的机遇，古里安在8月15日说道："虽然要放弃一些以色列的土地，但接受英国皮尔提案无疑会使民族家园的目标尽快实现。"① 因为分歧很大，为了避免分裂，会议没有直接表决，只是授权执行委员会按照分治原则与英国政府进行谈判。阿拉伯人则断然拒绝分治计划。虽然在分治计划中，阿拉伯国家有大面积的领土，但是肥沃的地区都给了犹太人，他们更为担心的是居住在加利利的25万阿拉伯居民不得不迁出。1937年9月，埃及、伊拉克、叙利亚、黎巴嫩、外约旦以及巴勒斯坦阿拉伯人代表团共同参与的阿拉伯会议在叙利亚的布鲁丹召开，会议号召阿拉伯人联合抵制英国的委任统治，阻止犹太国家的出现，并尽一切努力在巴勒斯坦建立独立的阿拉伯国家。这样《皮尔报告》被束之高阁。

《皮尔报告》之后，阿拉伯人的反抗再度激烈，并从1937年9月一直延续到1939年1月。尽管托管当局解散了阿拉伯最高委员会，逮捕或驱逐了大部分领导人，哈吉·阿明·侯赛尼也逃亡黎巴嫩，但他在那里继续组织反英斗争。巴勒斯坦的游击活动与武装袭击有增无减，到1938年9月，阿拉伯人控制了很多城镇与交通要道，英国人在整个农村的内政管理与行政控制实际上已经不复存在。10月，阿拉伯人曾一度占领了耶路撒冷内城。这时，在托管当局的默认下，犹太武装力量哈加纳与伊尔贡进一步壮大，许多犹太青年报名参与，采取了很多报复行动，从而使事态进一步恶化。据估计，在1936—1939年的整个起义过程中，大约有3000—5000名阿拉伯人丧生，英国的死伤人数大约七百人左右，犹太人为1200人左右。② 这时，战争已经迫在眉睫，国际形势出现了"山雨欲来风满楼"的特殊局面，各种政治力量纷纷借助外交力量寻求战略伙伴。英国充分认识到，阿拉伯人的起义已经严重动摇了委任统治的基础。在未来的战争中，英国能够布置在中东的兵力非常有限，因此迫切需要尽快平息阿拉伯人的反对情绪，稳定巴勒斯坦的局势，并获得整个阿拉伯世界的支持与合作，以保证英国的石油供应。英国皇家防务委员会的战略家们在1939年1月所发表的声明非常明确地体现了

---

① Nocholas Bethell, *The Palestine Triangle : The Struggle between the British, the Jews and the Arabs 1935–1948,* Andre Deutsch, London. 1979, p.32.

② Charles D. Smith, *Palestine and the Arab-Israeli Conflict,* p.143; Noah Lucas, *The Modern History of Israel,* p.163.

英国巴勒斯坦政策转变的动机："我们感到有必要指明，所有阿拉伯国家都与英国的巴勒斯坦政策联结在一起。我们认为，战争一旦爆发，必须立即采取相应的措施，以便缓和与巴勒斯坦阿拉伯人以及临近阿拉伯国家的关系……如果我们在战争开始的时候，不能与阿拉伯人保持亲善，那就没有办法能使阿拉伯国家站在我们一边。"①

三、《英国政府白皮书》

1939 年初，英国首相张伯伦在伦敦召集了犹太代办处、巴勒斯坦阿拉伯人以及周围阿拉伯国家代表参加的圆桌会议，讨论巴勒斯坦局势，但没有取得任何进展。5 月 17 日，英国政府就巴勒斯坦问题发表了白皮书（British Government ：The White Paper），因为当时英国殖民大臣为麦克唐纳，所以被称为《麦克唐纳白皮书》。白皮书的内容分章程、移民、土地三部分。"章程"部分指出："英王陛下政府现在明确宣布：把巴勒斯坦变成一个犹太国家并不是其政策的一部分。他们确实认为这一政策有悖于委任统治下对阿拉伯人的义务，也有悖于以往对阿拉伯人的承诺。""英王陛下政府的政策，目标是在十年之内建立一个与英国有条约关系的独立的巴勒斯坦国——这一条约关系将保证未来两国在商业与战略上的需求。……独立的巴勒斯坦国是一体的，阿拉伯人与犹太人共同组成政府，要保证双方的主要利益得以保护"；"移民"部分提出"在今后五年内，如果经济容纳力许可的话，犹太人口的数量可以达到巴勒斯坦总人口的近 1/3。考虑到阿拉伯与犹太人口的自然增长以及现已滞留的非法犹太移民，从今年 4 月开始，五年之内可允许 7.5 万犹太人进入。……五年之后禁止犹太移民进入，除非巴勒斯坦阿拉伯人愿意他们进入"；"土地"部分规定，在过渡时期，英国驻巴勒斯坦高级专员有权限制或者禁止土地的转让；阿拉伯人出售给犹太人的土地将限制在某些特定区域。②

《麦克唐纳白皮书》是对《贝尔福宣言》的修正，标志着英国巴勒斯坦政策

---

① Michael Cohen, *Palestine, Retreat from the Mandate: the Making of British Policy, 1936–1945,* Holmes & Meier, London, 1978, p. 4.

② Walter Laqueur and Barry Rubin（edited）, *The Israel-Arab Reader: A Documentary History of the Middle East Conflict,* pp. 44–49.

的转变——放弃对犹太复国主义运动的一贯支持，转向了“扶阿抑犹”。《麦克唐纳白皮书》遭到了双方的反对。阿拉伯人认为，《白皮书》没有立即终止犹太人的移民浪潮，也没有承诺他们立即建立独立的阿拉伯国家。犹太人的反应更为强烈，在《白皮书》发表的第二天，即5月18日，伊休夫的犹太人举行了为期一天的总罢工与示威游行，犹太代办处向国际联盟递交了抗议书，并发表了如下声明：

> 委任当局在刚发表的《白皮书》里出台了新的巴勒斯坦政策，否定了犹太民族在他们祖先的国土上重建民族家园的权利。……犹太人认为，这是纯粹的背信弃义以及对阿拉伯恐怖主义的投降。……三代犹太先驱者已经显示了他们在建立民族国家方面的力量，而且从现在起，他们要以同样的力量来捍卫犹太移民、捍卫犹太家园、捍卫犹太人的自由！①

1939年8月，第二十一届世界犹太复国主义大会在日内瓦召开，魏茨曼发表了如下讲话：

> 在过去的3年里——从1936年4月开始，尽管阿拉伯人发起了恐怖活动，但伊休夫已经建立了55个新的定居点，建立了一个犹太人的日夜运行的港口，组织了大范围的防务机构，并在经济独立方面采取了许多措施。犹太人将团结起来捍卫他们在以色列地的权利——而这种权利是基于犹太人民与故土的内在联系、是基于对国际性协议的认可。

会议号召犹太人与《白皮书》作斗争。但几天之后，第二次世界大战爆发，巴勒斯坦局势更为复杂。在新的国际形势下，伊休夫应该采取什么样的政策？这在犹太复国主义者内部引起了激烈的争议，经过反复的讨论与协调，大多数人认为，在大敌当前的情况下，伊休夫应以克制的态度对待托管当局，要与英国政府保持合作。于是，犹太代办处发表声明说：目前犹太人所关心的事情是保卫民族家园以及大英帝国的胜利。我们虽然极力反对《白皮书》，但我们没有把矛头指向英国。我们认为纳粹德国强加给英国的战争也是强加给犹太人的战争。我们将在许可的范围之内给英国军队与英国人民一切力所能及的支持。古里安以犹太代办处执行主席的身份号召犹太人“就像没有《白皮书》一样，与大英帝国并肩打击希特勒；就像没有战争一样，与《白皮书》斗争到底！”②

---

① Walter Laqueur and Barry Rubin (edited), *The Israel-Arab Reader: A Documentary History of the Middle East Conflict*, pp.50–51.

② David Ben-Gurion, *Israel: A Personal History*, pp.53–54.

第四章

第二次世界大战与以色列国的诞生

（1939 年—1948 年）

希特勒法西斯专政的建立使欧洲犹太人经历了地狱般的灾难，在“种族优越论”与“生存空间论”的喧嚣声中，600 万犹太亡灵的冤魂飘落在“卐”字旗之下。“最后解决”、“特别行动队”、“死亡营”等一系列充满血腥味的字眼展示了人性的丑恶与残暴。当战争结束的时候，犹太人仍沉浸在悲哀与伤痛之中，曾在纳粹集中营里历经磨难，并于 1986 年获得诺贝尔文学奖的著名美国学者埃利·威塞尔曾这样描述被解放时的内心感受：快乐是空的，感觉是空的，情感是空的，希望是空的。以色列著名诗人纳坦·奥尔特曼用他那优美的诗句记录了这样一个场面：一位犹太小女孩，在集中营被解放的那一天，当她手里拿着联合国难民处发放的面包，从阴暗肮脏的地方走出，饱享自由、阳光与空气的时候，她没有激动、没有欢乐、没有向往，只是怯生生地提出了这样一个令人心酸的问题：“请问，我可不可以哭？”显然，刻骨铭心的民族灾难与集体记忆大大激发了犹太人的民族意识，许多曾经“迷失的羔羊”又义无反顾地回归到“上帝的栅栏”之中，犹太复国主义运动空前壮大。这时，国际局势也发生了巨大的变化：英国在巴勒斯坦的委任统治在犹太复国主义与阿拉伯民族主义的双重打击之下而陷于瘫痪，急于插手中东事务的美国成了犹太人的热诚支持者，进退维谷的英国政府把巴勒斯坦问题移交给联合国。犹太难民的现实问题、民族家园的既成事实、犹太复国主义者的成功外交以及国际社会对大屠杀的普遍同情等一系列因素交织在一起，为以色列国家的诞生提供了前所未有的历史机遇。

1948年5月14日，是巴勒斯坦犹太人书写辉煌的日子，也掀开了中东历史上崭新的一页。

第一节 大屠杀

一、希特勒与犹太人

如何界定大屠杀？国际学术界一直有不尽相同的表述。美国大屠杀纪念馆出版的大屠杀教科书中所给的定义是："大屠杀特指20世纪历史上的一场种族灭绝事件。这一事件是1933—1945年间由纳粹德国及其合作者操纵的由国家主持的、有计划地迫害与消灭欧洲犹太人的行动。犹太人是主要的牺牲品——600万人被杀害，吉普赛人、有生理缺陷者和波兰人也因种族或民族的原因而被列为毁灭与致死的目标。有数百万人包括同性恋者、耶和华见证会①、苏联战俘与不同政见者也在纳粹暴政之下经历了严酷的压迫并被致死。"② 纳粹德国对犹太人的仇视不是单一的屠杀政策，而是经过一系列的策划而形成的集歧视、掠夺、驱逐、灭绝等为一体的系统政策，这一政策是第三帝国政治、经济、外交方略的重要组成部分，阿道夫·希特勒是其总设计师与推行者。希特勒的思想体系是历史上多种反动思潮的大杂烩，他极力反对马克思主义、反对议会民主，推崇民族主义与沙文主义，在他看来，犹太人身上体现了他所痛恨的一切。希特勒反犹思想的形成有着极为深刻的根源，但种族主义是最主要的原因，"他被种族主义观念与理论所吸引，并认为种族是依靠血统而遗传的。他坚信雅利安人是优等种族，是文化的

① 耶和华见证会是美国人罗塞19世纪后半期创建的一种基督教新教派，该教派否认正统的基督教教义，认为只有一个上帝，即耶和华，基督是上帝所造，圣灵是耶和华力量的一个名称。该会以《圣经》为依据，反对圣诞树、十字架、教皇、新教等宗教礼仪和制度，在世俗生活中则反对催眠术、输血、服兵役、庆祝生日、赌博、同性恋、人工流产、进化论、吸烟、共产主义等，拒绝竞选公职，反对向旗帜敬礼，反对唱国歌，反对国家及一切世俗权威。一些耶和华见证会人员因拒服兵役而被判刑。由于该教派的主张与希特勒所崇尚的个人专制统治格格不入，因此，被纳粹政权列为坚决禁止的非法教派。

② United States Holocaust Memorial Museum, *Teaching about the Holocaust: A Resource Book for Educators*, Washington, D. C., 2001, p. 3.

创造者，而其他种族则是文化的破坏者。”①

种族主义是一种极为反动的意识形态，自神圣罗马帝国以来，它在德国一直有着广阔的市场，19世纪，这一反动逆流空前盛行。德国作曲家理查德·瓦格纳是希特勒最为崇拜的人物。瓦格纳称犹太人是“现代文明的罪恶”、“人类衰退的恶魔”。希特勒在《我的奋斗》中大骂犹太人从来没有过真正的艺术作品，相反只是“人类艺术与音乐的败坏者”，而这些措辞都可以从瓦格纳的作品中找到注脚。

在希特勒发迹的时代，“犹太—布尔什维主义”恐惧症在欧洲有很大的市场。众所周知，20世纪初期，许多犹太人热衷于社会主义革命。尤其在俄国，沙皇政府长期推行民族压迫政策，犹太人不能在政府机关工作，所允许从事的职业与享受高等教育的权利被严格限制，低下的地位使他们急于改变现状，也易于接受激进思想。他们很多人崇尚马克思主义，较早地走上了革命道路。十月革命后，布尔什维克党和苏维埃政府废除了歧视犹太人的法规，使犹太人获得了政治解放，一大批出类拔萃的青年政治家脱颖而出。在早年的苏维埃政府和共产国际中担任重要职务的犹太人有托洛茨基、斯维尔德罗夫、季诺维也夫、加米涅夫、拉狄克、越飞等。继苏维埃革命后，在中欧的革命高潮中，犹太人中的先进分子也极其活跃。匈牙利家喻户晓的革命领袖库恩·贝拉是犹太人，在匈牙利苏维埃共和国的32名委员中犹太人占了很大的比例；在德国，除了科学共产主义的创始人马克思②以外，德国工人组织的创建者费迪南德·拉萨尔、德国社会主义组织的发起者保罗·辛格、修正主义创始人伯恩斯坦、共产党的领导人之一罗莎·卢森堡等都是犹太人。在德国十一月革命中，社会民主党与独立社会民主党共同组建的联合政府——全权人民委员会的6位委员中有两位犹太人——胡戈·哈塞与奥托·蓝兹贝格；在慕尼黑苏维埃运动中几位主要的领导人库尔特·埃斯奈尔、欧根·列威纳以及恩斯特·托勒尔等也都是犹太人。③希特勒利用这一事

---

① Azriel Eisenberg, *Witness to the Holocaust,* The Pilgrim Press, New York, 1981, p.34.

② 马克思到底是不是犹太人至今在学术界和犹太社会中有分歧。马克思出生于拉比世家，但在他6岁的时候接受了基督教洗礼。对于马克思的犹太身份有两种观点，一种持肯定态度，称马克思为“最纯粹的犹太人”、“最伟大的犹太思想家之一”。但也有一部分学者认为马克思的思想、行为及世界观都与犹太性无缘，所以他不是犹太人。详见张倩红：《从〈论犹太人问题〉看马克思的犹太观》，《世界历史》2004年第6期。

③ Robert S.Wistrich, *Revolutionary Jews from Marx to Trotsky,* George G.Harrap & Co. Ltd., London,1976, pp.2–3.

实大力渲染犹太—布尔什维主义对世界的威胁，把马克思主义理论说成是犹太人企图破坏人类文明、征服整个世界的工具。希特勒的反犹太政策还与其外交目标紧密相连。20年代以来，希特勒一直强调犹太问题的国际性，并提出要用“国际性的措施”来解决“国际性的犹太问题”，号召欧洲国家建立一个控制犹太力量的联合阵线。到了1928年，希特勒的思想更为成熟，他把自己所标榜的“生存空间论”与反犹太主义紧密地结合起来，“使之成为一个铜币的正反两面”。1933年，希特勒上台以后，随着反犹太战争的步步升级，犹太人问题已由内政问题变为德国对外政策的中心问题之一。希特勒宣称，犹太问题已经成为“划分朋友或敌人、潜在的同盟或对手的标准”，德国制定外交政策必须考虑这一“标尺”。“外国领导人是否被认为是国际犹太阴谋的代理人、合作者或委托人成了在外交上分析一个大国的主要因素。”① 希特勒以“防止欧洲出现第二个犹太—布尔什维主义基地”为理由，武装干涉西班牙，他还向欧洲卫星国施加压力，迫使其在反犹问题上与德国采取一致行动。在匈牙利，由于害怕失去德国这一主要的“经济伙伴与武器供应国”，“每届匈牙利政府，无论其倾向如何，都必须以反犹立法来补偿德国的政治、经济与军事支援。”② 在奥地利、波兰、罗马尼亚等国，反犹太主义都毫不例外地与当地的法西斯主义运动相结合，成为希特勒征服这些国家的内线。正如一位波兰民族主义者所揭示的那样：“1939年波兰的陷落不仅是外部敌人造成的，也是破坏国内统一防御系统和内聚力的内部敌人造成的，这个敌人便是与反犹太主义联盟的波兰法西斯主义。”③

此外，希特勒对犹太人的迫害，还有不可忽视的经济目的，即通过排挤犹太人来迎合德国垄断资产阶级的愿望，以“雅利安化”为幌子，把犹太人的财产窃取到德国政府与德国资本家之手。在战前的德国，犹太人口大约有50万，只占总人口的1%，但他们的财产却远远超过了这个比例，约占国民收入的1/16。对于急于重整军备、扩大经济后盾的希特勒来说，能使犹太人的财产直接服务于纳粹的战争经济是再好不过的事情了。④

---

① Robert S. Wistrich, *Hitler's Apocalypse: Jews and the Nazi Legacy,* St. Martin's Press, New York, 1985, p.91.

② Robert S. Wistrich, *Hitler's Apocalypse: Jews and the Nazi Legacy,* p.94.

③ Robert S. Wistrich, *Hitler's Apocalypse: Jews and the Nazi Legacy,* p.94.

④ 张倩红：《浅论希特勒的反犹原因》，载《史学月刊》1992年第2期。

二、从反犹立法到“最后解决”

在正式的官方外交文件中，对纳粹的反犹政策缺乏系统的档案记载，有很多重要的原始文件至今也没有找到，这就给研究者造成了一定的困难，但大致线索还是能勾勒出来。1933—1945 年间，纳粹的反犹政策大致可以划分为三个阶段：

第一阶段（1933—1939）。这一阶段希特勒主要在德国本土推行以颁布反犹立法、扩大反犹宣传为主要内容的反犹政策。早在 1919 年希特勒就提出，与犹太人作斗争必须采取法律手段。1920 年 2 月 24 日在纳粹党宣布的《二十五条政纲》中，就有四条是直接或者间接地对付犹太人的。在 1930 年 3 月举行的德国国会上，纳粹党议员就提出了一项以禁止犹太人与德意志人混居为目的的立法。1933 年希特勒上台以后，对犹太人的迫害成为正式的国策。4 月 7 日，纳粹德国的第一个反犹立法——《恢复公职人员法》颁布，它规定非雅利安祖先的文官必须退职，名誉职位也要废除，根据这一法令不少人被解雇。4 月 13 日，在德国各个大学制定了《大学生十二守则》，其中写道：“我们最危险的对手是犹太人”。同年 4 月 6 日，希特勒强调要从文化领域消除犹太人以及某些非犹太的知识分子“对雅利安人的精神毒害”，实际上就是要实现文化的纳粹化。5 月，戈培尔在柏

柏林剧院广场的焚书现场

林等地导演了自中世纪以来未曾见过的闹剧——焚书活动，马克思、弗洛伊德、爱因斯坦、海涅等人的作品被付之一炬。戈培尔还宣称，通过焚书德国人民的纯洁灵魂可以再度表现出来，在这火光之下出现了一个新的时代——虚假的犹太思想将一去不复返了！① 在此后的一年中，纳粹德国采取多种措施，极力从新闻、文学、音乐、戏剧、广播、电影等多方面清除犹太人的影响。

1935 年，希特勒自恃在国内的统治地位已经巩固，于 9—11 月颁布了臭名昭著的反犹太立法——《纽伦堡法》。其中 9 月 15 日通过的《德国公民权法》规定，只有德国人以及具有同种血统的人才有可能成为帝国公民；同一天公布的《德意志血统与荣誉保护法》规定“禁止犹太人与德意志或其同种血统的公民结婚……犹太人不得雇用 45 岁以下的德意志及其同种血统的女性公民从事家务劳动。禁止犹太人升德国国旗或者出示象征德国的颜色。”犹太人若违反了以上禁令，或处以劳役监禁，或判处徒刑，或课以罚款。在 11 月 14 日公布的《第一次补充法令》中又强调：犹太人不得成为德国公民，不得行使投票权，不得担任公职。② 此后又颁布了多项补充规定。希特勒还给“犹太人”这个概念重新下了定义，凡曾祖父母中有 3 人是犹太人的均为犹太人，并根据祖辈中犹太人的多少把他们分成几类，如 3/4 犹太人、1/4 犹太人、1/2 犹太人等。

1938 年 11 月 7 日，被驱逐到法国的 17 岁的波兰籍犹太青年赫舍尔·格林兹本为了复仇，制订了枪杀德国驻巴黎公使的计划。他并没有击中公使，却打死了使馆的三等秘书冯·腊特。纳粹当局以此为借口，于 11 月 9 日在德国掀起了大规模的反犹活动，400 多个犹太会堂被烧毁，财物被捣毁，7500 家犹太商店被袭击，至少有 100 名犹太人被杀，伤者不计其数，有 3000 人被关进了集中营。由于许多犹太人房屋上的玻璃被砸毁，这次暴行得到了一个难忘的名字——“水晶之夜”。③ 事后，国家却责令犹太人支付 10 亿马克的赔偿金，仅此一项就相当于德国犹太人全部财产的 20%。此外，他们还要修复被暴徒毁坏的全部实物。1938 年底，纳粹政府取消了犹太儿童享受义务教育的权利，后来又强令犹太人佩带黄星标记。从 1939 年 1 月 1 日起，犹太牙医、兽医、药剂师的许可证均被吊销。总之，纳粹上台以后，先后颁布了 400 余条针对犹太人的法律与条规，犹

---

① Robert S. Wistrich, *Hitler and the Holocaust*, p. 55.

② Israel Gutman (edited), *Encyclopedia of the Holocaust,* Macmillan Publishing Company, New York, 1990, Vol. 3, pp. 1076–1077.

③ Robert S. Wistrich, *Hitler and the Holocaust,* p. 68.

太人被剥夺了一切公民权利以及生存的基本条件。至于这些反犹立法要达到一个什么样的目的，希特勒曾有过这样的表述：不给他们活干，让他们滚回他们的隔都！把他们关起来，让他们罪有应得地死掉！让德意志人像看野兽那样看着他们去死！在德国这样一个自称具有上千年基督教文明与人道主义传统的国度里发生这样的倒退行为，必然会引起世界舆论的谴责。而希特勒又因为全世界的这种反应而恼羞成怒，并且更加认定这是犹太人的世界阴谋，对犹太人的迫害也步步升级。

第二阶段（1939—1941）。在这一阶段纳粹德国采取了以驱逐为主的反犹太政策。随着纳粹战争机器的推动，这一政策的实施范围也由德国本土扩大到所有被占领国的土地上。自 30 年代中期以来，德国就一直酝酿着对犹太人的驱逐政策，并美其名曰移民政策。1938 年，担任国家银行总裁的沙赫特曾提出了一项让犹太人有秩序地移居国外的计划，但德国必须没收估价为 15 亿马克的犹太人资产作为外迁费用。同年，在维也纳的欧根亲王大街 20—22 号设立了“犹太移民总局”，由阿道夫·艾希曼任领导。他手下的工作人员都是干劲十足的“驱犹战略家”。该机构利用敲诈勒索的手段放逐犹太人，被放逐者必须缴纳“入境申报费”，移民总局还鼓动犹太富人为移民掏腰包，并纵容一些犹太人领袖去国外

被驱逐的犹太人

活动，获取赞助。例如，“美国犹太人联合分配委员会”[1]在1933年春天就提供了10万美金。通过这种方式，许多犹太人被赶出了父辈们居住的国土。同年年底，德国外交部向外交使团与领事馆发出了一份通知，把“实现在德国领土上的全体犹太人的移民作为德国对犹政策的最终目标”。据统计，从纳粹上台到战争爆发前，有20万犹太人从德国本土迁走，有8.2万人从原奥地利领土上迁走，近两万人从原捷克领土上迁走。[2]1939年初，希特勒任命沙赫特为犹太人出境特别代表，沙赫特还设想在5年之内把2/3的德国犹太人移出国外，但几周之后，由于沙赫特的失宠，“沙赫特计划”也被束之高阁。同年2月，纳粹又在柏林设立了“犹太人出境中央办事处”，先归海德里希管辖，后来归艾希曼领导。当时，纳粹政府的目的是：犹太人要离开德国，但财产必须留下。纳粹德国占领了波兰、丹麦、挪威、荷兰、比利时、卢森堡之后，极力在被占领土上推行其反犹政策。德国国防军的全部机关、纳粹党及德国政府采取一致行动。随着版图的扩大，如何处理犹太人成为纳粹沉重的负担，愿意接纳的地方极少，而需要输出的人数又极为庞大，于是，纳粹官员便考虑其殖民方案。1940年6月，法国沦陷之后，一位负责犹太事务的外交官员弗兰茨·雷德姆赫尔在与内务部磋商之后，起草了《马达加斯加计划》，设想把400万犹太人从欧洲驱逐出去，送往法国的殖民地马达加斯加，建立一个犹太自治区，该区要置于德国总督的管辖之下，听命于德国元首。居住在那里的犹太人不得享有欧洲任何国家的公民权，他们将成为“马达加斯加委任地公民”。《马达加斯加计划》曾得到了党卫队官员们的积极支持，外交部也为此风风火火地忙碌了一个夏天，但当时日益紧张的国际形势以及党卫队内部关于犹太问题的错综复杂的角逐使这一计划难以实现。希特勒曾向马丁·鲍曼透露说，实现该计划的困难在于如何把这么多犹太人运送到那么遥远的地方去，如果调动德国的舰队来完成这一计划需要付出沉重的代价。[3]

第三阶段(1941—1945)。在这一阶段纳粹德国对犹太人实行的是“最后解决”政策。为什么引用这一术语，纳粹头目们是煞费苦心的。因为从字面上看，这一术语没有什么伤天害理的意思，一旦泄露可以多少掩饰他们的罪行，另外，可以

---

① American Jewish Joint Distribution Committee，简称JDC，是美国犹太人的国外救济组织，成立于1914年。第二次世界大战期间，为营救欧洲犹太难民作了大量的工作。参见*Encyclopedia of the Holocaust*, Vol.2, pp.753–754。

② Robert S. Wistrich, *Hitler and the Holocaust*, p.57.

③ Christopher R.Browning, *The Origins of the Final Solution: the Evolution of Nazi Jewish Policy September1939–March 1942*, University of Nebraska, Lincoln, 2004, pp.81–86.

使执行者比说起更露骨的词语来能减少几分内疚。希姆莱曾轻描淡写地把“最后解决”解释为“彻底解决”，即以后不再为犹太问题而伤神。在纽伦堡审判中，大多数纳粹头目都不承认他们了解这一名词的真实含义，戈林甚至争辩说，他从没有用过这个词语。事实证明，所谓的“最后解决”就是从肉体上解决犹太问题，就是对犹太人进行大屠杀。具体来说，就是先屠杀苏联犹太人，再把欧洲各地的犹太人驱赶到东欧，迫使其从事奴役劳动之后再处死。铲除犹太人的想法早已经在希特勒的脑子里产生。1939 年 1 月 30 日，希特勒在他那臭名昭著的国会演说中就说道：“今天，我要再做一次预言家：如果欧洲以及欧洲之外的国际犹太财团再次挑起世界大战的话，那么，其结果不是全世界的布尔什维克化，不是犹太人的胜利，而是犹太人种在欧洲的消亡。”[①] 从 1939 年到 1941 年间，希特勒多次说过要消灭犹太人。但是，他到底在何时下达了“最后解决”的命令，至今仍没有档案资料能够证明。历史学家赫尔穆特·克劳斯尼克在收集了大量的历史资料后得出这样的推断：“可以肯定，希特勒对击败苏俄这个欧洲大陆上最后可能的敌人的计划愈趋成熟，他就愈益强烈地有一个想法——‘最后解决办法’的想法早已萦回于他的脑际——消灭他统治范围内的犹太人。最迟在 1941 年 3 月，他提出枪杀红军政治委员的打算时，可能同时发布了灭绝犹太人的密令。”[②]

1941 年 5 月，苏德战争爆发前，海德里希已从党卫队中抽调了大约 3 千人，组成四个特别行动队，准备跟随北方集团军、中央集团军以及南方集团军去执行特殊任务，消灭“布尔什维主义的后备军”——东方犹太人。6 月 23 日，即苏德战争爆发的第二天，特别行动队便倾巢出动，500 万俄国犹太人成了他们的猎物。当时，犹太人根本没有意识到死神已经来临，对屠杀行动毫无准备。在乌克兰等城市，犹太人还以为希特勒的士兵与 1918 年德皇的军队差不多，甚至把德国人当作解放者来欢迎。在周密的策划之下，集体屠杀便开始了：犹太人往往被召集在一起，然后用卡车或者马车运到事先选好的峡谷或者沟渠边，抢劫了他们的财物之后，男女老少格杀勿论。屠杀的方法有活埋、烧死、毒死等，许多“万人坑”是很多年以后才被发现的。耳闻目睹或者亲身所为的残酷行径使不少刽子手们被罪孽的噩梦搞得神志恍惚，甚至精神错乱。为了不使这些人精神陷于崩溃而丧失其杀人的勇气，希姆莱不放过任何机会从思想上给他们打气：“你们中间

① 转引自 Robert S. Wistrich, *Anti–Semitism: The Longest Hatred,* Thames Mandarin, London. 1992, p. 74.

② 海因茨·赫内：《党卫队》，商务印书馆 1984 年版，第 412 页。

的多数人一定明白，一百具尸体、五百具尸体或者一千具尸体排列在一起，这意味着什么。坚持这样做的困难之处，除了人性的弱点以外，就是如何能够长期坚持下去。这是我们前人的历史上未曾有过的也难以描述的光辉的一页。”① 在短短的四个月中，约有 30 万犹太人被处死。到 1942 年初，特别行动队的“功绩”如下：A 队消灭了 24.9 万，B 队消灭了 4.5 万，C 队消灭了 9.5 万，D 队消灭了 9.2 万。截至 1943 年，党卫队在苏联消灭了 70 万犹太人以及大批的苏维埃民族主义者与战俘。② 在苏军转入反攻之前，特别行动队又开始了灭绝罪证的行动，旅队长保罗·布洛贝尔率领一队番号为“1005 分队”的特别队打开被害犹太人的集体屠杀坑，把尸体拉出来，架在浇了油的铁格子上焚化，烧不干净的骨头则用特制的磨子磨成骨粉。“1005 分队”在苏联与波兰等地销毁了大量的集体屠杀的罪证，从而对战争牺牲的人口统计造成了很大的困难。③

由于对苏战争受挫，德国意识到战争必须延长，这就需要庞大的武器储备与战争经济，希特勒命令一切服务于战争。可这时，德国国内的劳动力日益缺乏，越来越需要依赖外国工人，到 1941 年底，外国工人已经接近 400 万。于是，纳粹德国改变了立即杀死犹太人的做法，而是在集体屠杀之前，让他们从事各种劳动，以弥补德国劳动力的不足。1942 年 1 月 20 日，海德里希秉承戈林传达的希特勒的命令，主持召开了“万湖会议”（Wansee Conference）。海德里希告诉与会者：现在不推行移民了，有一种更好的、元首已经赞同的办法——把犹太人驱逐到东方。会议记录详细记载了纳粹高级领导层的意图：

> ……在最后解决的过程中。犹太人要有组织地到东欧参加适当的劳动。把他们按性别分开，有劳动能力的人被领到需要劳动力的地区去修路，在这里，大部分人会‘自然淘汰’（natural diminution）。最终能幸存下来的无疑是那些抵抗力最强的人，他们当然要受到特别的处置，因为这些经过自然淘汰剩下来的人一旦获释，就会成为犹太人重新崛起的祸根(参照历史的教训)。④

30 份会议记录被发放到帝国各地，这样，“最后解决”一词便在帝国机构内部为人共知了。万湖会议以后，纳粹政府便开始从欧洲大陆清洗犹太人，他们把

---

① Jeremy Noakes and Geoffrey Pridham (edited), *Documents on Nazism,1919–1945,* see Robert S. Wistrich, Anti-Semitism: The Longest Hatred, p. 76.

② 海因茨·赫内：《党卫队》，第 423 页。

③ Israel Gutman (edited), *Encyclopedia of the Holocaust,* Vol. 1, pp. 11–14.

④ Eve Nussbaum Soumerai and Carol D. Schulz, *Daily Life During the Holocaust,* Greenwood Press, Westport, 1998, pp. 133–134.

西欧、中欧以及北欧的犹太人运往集中营。首当其冲的是11万荷兰犹太人，然后，艾希曼等人纷纷南下，进入比利时与法国，6月间，艾希曼还召集了不同国家的“犹太专家”，讨论犹太人的外运以及后勤安排问题。处于战争的非常时刻，装载犹太人的车辆相当紧张，列车时刻表排得紧紧张张，一切都需要周密的计划与合作。为此，艾希曼与雷德姆赫尔等人夜以继日地工作着，短时期内，在法西斯控制下的各国都不同程度地掀起了追捕、押送犹太人的活动。在希特勒的命令下，德国设立了很多集中营。希特勒之所以产生建立集中营的想法，据他自己宣称是从英美两国的历史中所受的启迪。他非常欣赏在南非为战俘设立的集中营以及美国在荒凉的西部为印第安人设立的集中营，并认为用诸如此类的方法对付劣等人种是再好不过的了。纳粹德国的集中营分劳动营、转运营、战俘营、政治犯营、儿童营、医学试验营、死亡营等。集中营是纳粹政权实行统治的主要措施之一。集中营的历史也可以分为三个阶段：1933—1936年，主要是对付德国共产党、社会民主党等政治反对派，以稳定纳粹党的地位；1936—1941年，集中营主要围绕着德国的战争机器而运转，集中营里的犯人在德国的战争经济中起着重要作用；1942—1945年，集中营除了补充德国劳动力需求之外，成为完成德国的种

奥斯维辛集中营等待挑选的妇女、儿童

族计划的主要工具，死亡营成为实现“最后解决”政策的主要场所。[①]

在众多的集中营里，有6个属于屠杀中心（死亡营或者灭绝营），即切尔诺、索比堡、贝尔塞克、特来布林卡、麦达内克与奥斯维辛－伯克瑙。这些死亡营主要设在波兰，知情者寥寥无几。灭绝营四周有几公里宽的不毛之地与外界完全隔绝，灭绝营的界口上还挂着“严禁入内，违者格杀勿论”的招牌。作为一个整体，这些屠杀中心被笼统地统称为“东方”。在第二次世界大战期间，6个灭绝营屠杀的人口大约在320万到476万之间。在所有的死亡营里，规模最大、效率最高因而也最出名的是奥斯维辛。奥斯维辛坐落在一个人烟稀少、肮脏而又潮湿的地方，它实际上是一座集劳动营与死亡营于一体的集中营。因为这里有用之不竭的劳动力，德国的一些工厂也纷纷迁到这里。一批又一批的犹太人被送到这里之后，先进行挑选，有劳动能力的人被刺上号码送去做工，平均寿命为3个月。那些“落选者”被立即送往处死房。毒气室与焚尸场的表面被装饰得非常典雅，周

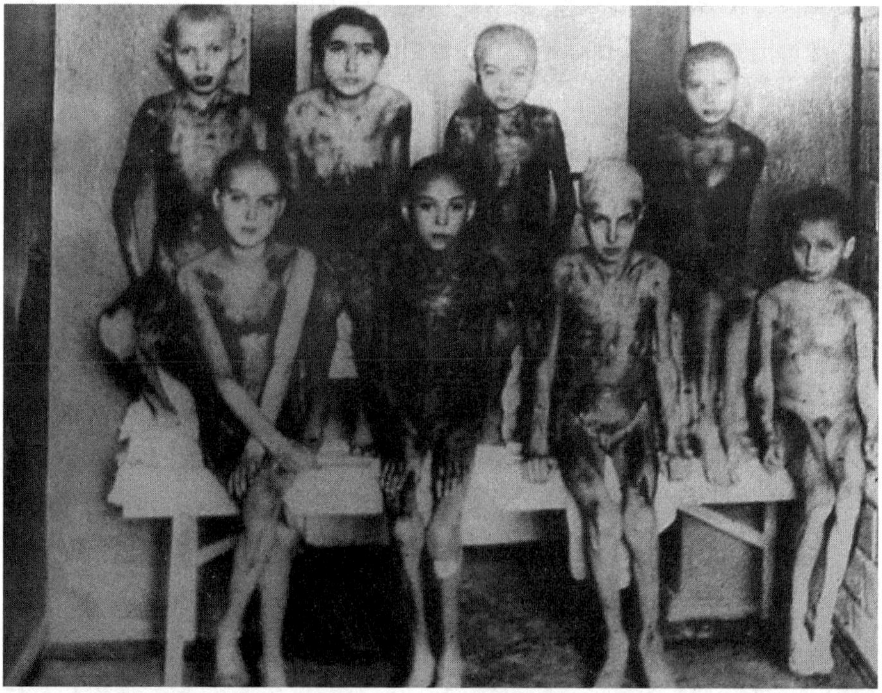

奥斯维辛集中营的儿童医学实验

① Falk Pingel, *The Concentration Camps as Part of the National-Socialist System of Domination,* see Yad Vashem, *The Nazi Concentration Camps,* Daf-Chen Press, Jerusalem, 1984, pp. 3–7.

围是修整完好的草地与争奇斗艳的鲜花，入口处写着“浴室”字样的招牌，一批批不明真相的人在音乐声中被送进了“淋浴间”，勤务兵一接到命令，便把紫蓝色的氢氰化物或称之为“齐克隆 B”的结晶药物投下，二三十分钟之后，人就完全死亡，紧接着就是秘密收尸。用哪一种方法杀人效率最高，这一问题曾在党卫队领导之间进行过一场竞争，结果是奥斯维辛速度最快。历史永远不会忘记奥斯维辛所创造的一天毒死 6000 人的最高记录。

1944 年，犹太代办处和战时难民委员会等团体曾向英美方面提出了轰炸奥斯维辛的请求，甚至包括具体的操作方案。此时，英美政府已经掌握了大量的关于奥斯维辛的情况，包括具体的位置、主要防守点、焚尸炉的技术能力以及通往奥斯维辛的铁路线。客观而论，在整个战局已发生根本性转变的 1944 年夏天，轰炸奥斯维辛这一弹丸之地并非脱离现实，然而，英美方面却断然拒绝。9 月 1 日，魏茨曼接到了英国外交部的通知：因为技术原因皇家空军拒绝了轰炸奥斯维辛的要求。而真正的原因则是英国担心实施这一行动“会浪费有价值的生命”。在华盛顿，陆军部长助理约翰·麦克洛伊的答复代表了官方的意见：“经过研究，道理十分显然，这样一次行动只有使相当大的空军力量改变航线才能完成，而这些空援对于保证在其他地方进行的、具有决定性意义的战役中我方的胜利是必不可少的；而且这种行动的功效无论如何是令人怀疑的，以致不能成为动用我们人力物力的根据。对此值得考虑的意见是，即使是可行的，也可能引起德国人采取更大的报复行动。”① 美英政府除了以“转移目标会削弱主体战场的力量，会延缓整个战局的胜利，而胜利本身就意味着犹太人的最后解放”为措辞极力掩饰自己的真实意图之外，还借口说即便是轰炸了奥斯维辛，犹太人仍然逃脱不了德军的控制。而当时的实际情况是，苏联军队就在离奥斯维辛不远的地方驻扎着，关押在奥斯维辛里的犯人们几乎每天都在谈论俄国人就要来了、奥斯维辛即将解放的消息。不仅如此，德军在波兰驻守一些大城市，而且主要是白天巡回控制，如果集中营被轰炸，德国根本没有足够的兵力阻止逃跑的人群，因此，成千上万的犹太人被救出是完全有可能的。② 不管美英政府如何解释，犹太人都无法原谅这种袖手旁观的态度，称之为“一条冷漠的墙切断了最狭窄的逃生之道”。美国著名的犹太活动家格达里亚·布伯里克很无奈地说：“漠不关心与奇怪的沉默给了我

---

① Walter Laqueur, *A History of Zionism,* pp. 549–550, 559.

② Donald L. Niewyk（edited), *The Holocaust : Problems and Perspectives of Interpretation,* Houghton Mifflin Company, Boston, 2003, pp. 273–274.

们一记响亮的耳光，当恶魔拧着犹太人的脖子要使其窒息而死的时刻，除了犹太人自己以外，没有别的人站出来反对。”①

“最后解决”一直进行到 1945 年，究竟杀害了多少犹太人，这个数字一直有争议，一般认为有 500 万到 600 万之间。美国历史学家劳尔·希尔伯格对“最后解决”进行了系统研究，他以德国外交部以及党卫队的文件为依据，对这一数字作了比较具体的统计，他得出的结论是 510 万。②

大屠杀期间，面对法西斯的淫威，犹太人进行了可歌可泣的抵抗。据统计，在战争期间，有 150 万犹太人在盟国军队中服役，战斗在反法西斯的第一线。③如果按照希特勒给犹太人所下的定义，三代中有一个犹太血统的均为犹太人，再把隐瞒身份的人估计在内，那么约有 300 万人参加了反希特勒的战斗。盟国军队

贝尔塞克集中营被英军解放之时要求女党卫队员们清理尸体

① Eli Lederhendler and Jonathan D. Sarna (edited), *America and Zion,* Wayne State University Press, Detroit, 2002, p. 266.

② Raul Hilberg, *The Destuction of the European Jews,* Holmes & Meier, New York, 1985, p. 339.

③ Issac Kowaiaki, *Anthologh on Armed Jewish Resistance 1939–1945,* p. 15.

中有大量的犹太高级将领，其中有将军头衔的约250—350人。

犹太人对纳粹反犹政策的抵抗采取了多种形式，概括起来主要包括：第一，各种武装斗争，如集中营起义[①]、游击战争、个人或者集体的抵抗行为；第二，一些犹太团体与个人组织的地下斗争；第三，为生存而进行的抗争，包括从死亡营逃跑、从集中营偷运武器及食物等。与欧洲其他民族的抵抗运动相比，犹太人是在更为困难的情况下进行斗争的。在很多地方，他们得不到任何支持，尽管如此，在可能开展斗争的任何地方，犹太人都展开了抵抗运动，表现了犹太民族"宁为玉碎、不为瓦全"的抗争精神。

三、幸存者

第二次世界大战爆发前世界犹太人口的总数为1600万，欧洲占2/3，是世界上最大的犹太人居住中心，其中俄国有320万，波兰有330万，罗马尼亚、匈牙利、捷克、德国、法国、荷兰、立陶宛各有几十万。当时的欧洲特别是东欧是犹太人精神生活的摇篮，许多伟人从这里诞生。可是经过这场战争，欧洲犹太人的一半被灭绝，绝大多数欧洲犹太区从地图上消失，残存的已经十分衰落，仅留下昔日盛世的余辉。1945年的欧洲，有30万左右无家可归的"地狱幸存者"——犹太难民，其中大约有20万是从纳粹的死亡营与劳动营中释放出来的，他们遍地流浪，身无分文，衣衫褴褛，眼睛呆滞，干瘪的手背上刺有字号。大屠杀给犹太人所留下的心理磨难与精神创伤从幸存者的身上得到了最明显的体现。

对于"幸存者"的含义，1990年出版的《大屠杀百科全书》没有作出明确的解释。受德—以基金会赞助、专门对大屠杀幸存者进行跟踪调查与研究的以色列学者丹·巴让曾给予了这样一个定义："从纯历史学的观点来看，任何在第二次世界大战期间生活在纳粹占领区、受到'最后解决'政策的威胁、并且最终设法活了下来的人，都是大屠杀的幸存者。"[②] 战争虽然结束了，但这些幸存者无法

① 在犹太人的抵抗运动中，在集中营里发生的最可歌可泣的事件是华沙犹太区起义。起义从1943年4月19日开始，坚持到5月16日，根据德军司令官、党卫队旅队长斯特罗普的报告：犹太人与匪徒们的抵抗非常激烈，只有突击队日夜不停地进攻才可以打垮他们，……活捉以及被消灭的犹太人有56065人。参见Israel Gutman（edited）, *Encyclopedia of the Holocaust*, Vol.4, pp.1629–1631。

② 参见Dan Bar-On, *Fear and Hope: Three Generations of the Holocaust*, Harvard University Press, 1995, p.21. 对于"幸存者"的上述定义，在犹太学术界有歧义。有人认为这一定义不适合于儿童；也有人认为这一定义忽略

从噩梦中惊醒，悲哀、痛楚与伤痛主要来自以下几个方面。

第一，强烈的恐惧感。灾难使他们失去了欢乐，“伤口在痛苦地开裂着”，“恐怖的气氛仍在弥漫”。后来，经过几年的辗转，即便是那些来到民族家园——以色列国土上的幸存者，仍然无法摆脱恐怖。一位幸存者这样表达自己的心情：“我只觉得自己衰老了，对什么都不感兴趣，像一具会说话的尸体一样，所有的记忆都是伤痛与恐怖。你怎么会认为我可以和战前的我一样呢？当年那个生活在犹太隔离区里的有85位成员的大家庭，我是唯一一个、绝对是唯一活下来的人。”① 丹·巴让的研究表明，在幸存者身上，“恐惧与希望是更具有象征意义的感觉，恐惧代表着消极的情感，即破碎的信念，我们认为这就是大屠杀所造成的消极的后果”②。值得注意的是恐惧感不仅支配着幸存者本身，而且还严重影响到他们的后代。丹·巴让写道：“幸存者及其许多子女发现自己无法游离于过去与未来之间、记忆与遗忘之间、生命与死亡之间。在他们的生活重建里，家庭共同体——家庭机制的保护构架被中断，而且这种重建老是铭刻着失去家庭成员的痛苦。即使这种（因家庭）断裂的冲击会随着时间的消失而弱化，但恐怖的残余仍然可以从大多数第三代人的生活故事里感受得到。”③

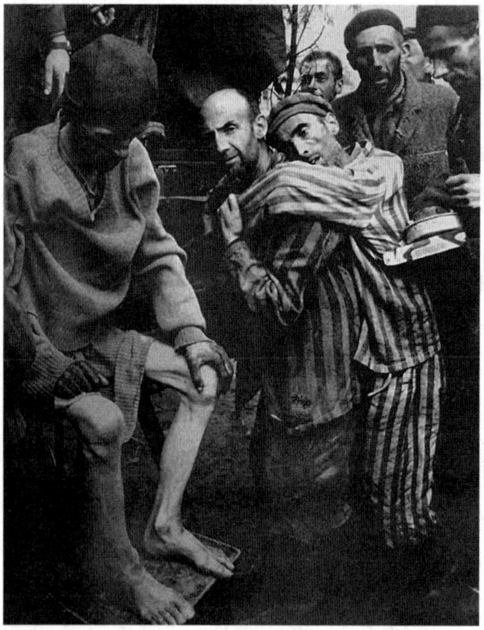
被美军解放的集中营幸存者

第二，自责感与孤独感。战后，“幸存者的内疚”成为一种普遍现象，他们为失去亲人而内疚；为自己不择手段地“偷生”而内疚；为自己目睹了暴力与仇恨且无能为力而内疚；为自己没有公开站出来与党卫队战斗而内疚；甚至为自己没有自杀而内疚，总之，他们总是能够从主观

了当事者的主观愿望。因为在20世纪五六十年代，许多经历过大屠杀的人都不愿意被贴上“幸存者”的标签。

① Michael Berenbaum and Abraham J. Peck（edited), *The Holocaust and History,* pp. 770–771.

② Dan Bar–On, *Fear and Hope : Three Generations of the Holocaust,* p. 42.

③ Dan Bar–On, *Fear and Hope : Three Generations of the Holocaust,* p. 329.

上给自己找到愧疚的理由。连那些有幸被列入“辛德勒名单”的人也同样因为“不正当的生还手段”（即辛德勒贿赂了党卫队成员）而内疚。黛娜·沃笛是一位精神疗法的医生，在过去的20年里，她的主要治疗对象就是生活在以色列的大屠杀幸存者的第二代。在她那令人注目的著作——《纪念的蜡烛》一书中记述了与幸存者第二代的真实的对话，揭示了大屠杀对后代的心理影响。她指出，这些人是在失亲之痛的阴影之中长大的，而这种环境往往导致父母对子女的过于呵护或期望值过高。在孩子们的童年时代，他们的父母无意识地把痛苦传递给了他们，父母把自己所有的记忆与希望都转嫁给了子女，因此，这些子女们就成了那些大屠杀牺牲品的“纪念的蜡烛”。成人之后，他们背负着沉重的精神压力，体验着孤独的人生，不少人出现了心理健康的问题。作者在这些人身上探索一种特殊的治疗方法，就是千方百计使病人摆脱“纪念的蜡烛”这一角色，培养他们正常人的心态。①

第三，苛刻的社会价值观念。在战后初期，无论是美国犹太人还是以色列社会都忽略了大屠杀幸存者的内心感受。在以色列，自1948年建国到70年代以前，以色列社会是以挑剔的态度来对待幸存者的。在大多数人的眼里，只有那些参加过犹太区起义或者反德游击队的抵抗者才是真正的“正义之士”，才是“为生存而战”的典范，除此之外的幸存者都被视为软弱与无能之辈。这一崇尚英雄的价值观与同一时期以色列社会的发展潮流密切相关。在建设新国家的过程中，以色列人的理想人格是坚韧不拔与奋力求生的品质，社会价值观的主流是强调集体观念、开拓意识与奋斗精神，而把任何群体的特殊利益与感情抱怨都视为不合时宜。这种来自全社会的偏激与忽略加剧了幸存者的痛苦。他们强烈地感受到了周围的同胞们虽然泪流满面地欢迎他们、同情他们，但从内心来说并不喜欢他们。不仅如此，甚至还有一些人在利用他们的痛苦。威塞尔曾一针见血地呼吁道：

> 人们为了政治目的而利用他们，以他们的名义来表达愤慨，来影响投票，来发动新闻攻势，来组织会议。顺从而幻灭，他们听天由命。人们撇开他们发表有关幸存者问题的讲话。你们是否知道没有一个幸存者被要求成为负责与西德进行财政补偿洽谈特别政务会的成员——没有一个幸存者得到机会发表他对资金分配的意见——没有一个幸存者坐在著名的索赔会议的国际政务会上。是别人以死者的名义表达着受难者的思想，不是他们自己，是别

① Dina Wardi, *Memorial Candles : Children of the Holocaust,* Routledge, London, 1992, Preface.

人在处理他们的遗产；他们不被认为有资格以自己的名义为自己辩护。逃避者、流浪者，人们就是这样看待他们的。什么都不合格，什么都不合适。他们是制造麻烦的人。败兴的人，带来灾祸的人，只能小心对待。给他们同情是完全正确的，但应敬而远之。①

总之，犹太幸存者经历的灾难被粉饰、被利用，他们只有屈从与哀伤。

上述种种因素使大屠杀幸存者在战后的二十多年间很少品尝到经济腾飞与国家富强的欢欣，而是处在一种难言的孤苦之中。他们的状况终于引起了一些文人的深切关注，七八十年代，反映幸存者的著述连续出版，学术会议与各种纪念活动不断举行，大屠杀再度成为媒体关注的热点。与此同时，以色列的客观情况也发生了新的变化："此时，人们才明白大屠杀幸存者所遭遇的一些困境也同样体现在以色列社会中的其他移民群身上。"② 这时候，幸存者也已经逐渐适应于当地社会，他们的子女对父辈们的受难已有了越来越理性的认识，再加上幸存者的人数越来越少，这一切因素促使一些幸存者觉得自己不能再沉默，他们认为自己应当而且必须承担起两项责任：一是记住并保存大屠杀这个可怕的历史记忆，并要"把个人的经历转化为历史的意识与民族的记忆"；二是为纳粹罪行提供新的证据，证明纳粹屠犹政策的确实存在。在幸存者的内心深处，希望终于战胜了恐惧，他们由被动的"沉默者"变成了活跃的见证人。当他们咬紧牙关，把多年尘封的伤疤一一揭开之后，感受到的是前所未有的释然感与解脱感，他们发现自己一直所苦苦追求的"正常人的生活"不是远离他们而去，而是正朝着他们靠近。

第二节　灾难过后的犹太世界

一、犹太意识的强化

对于经历过大屠杀的犹太人而言，他们可以怀疑上帝，甚至完全背离宗教，

① Dina Wardi, *Memorial Candles*: *Children of the Holocaust,* p. 196.

② Dan Bar-On, *Fear and Hope*: *Three Generations of the Holocaust,* pp. 29–30.

但却都强烈地要求自己以及后代保持犹太性。尽管他们也深切地感受到“把信仰与犹太性相隔离是一件十分不容易，甚至是很难做到的事情”。他们的逻辑是：希特勒的最大愿望以及纳粹德国“最后解决”政策的最终目的就是要彻底消除犹太人身上的犹太性，就是要毁灭犹太意识、犹太精神、犹太文化，如果犹太人靠自身的凝聚力与意志力而坚守了这一切，就是宣告了纳粹屠犹政策的失败，否则就是对自己的背叛，对数百万无辜亡灵的背叛。以色列教育家莫迪凯·巴旺曾经说过，“我属于生下来就没有信仰的那一代人，但是，当我阅读了大屠杀的文献以后，我的反应是：我（的精神）不能死去，而要复兴！”① 美国犹太思想家欧文·豪在分析大屠杀对犹太人的影响时也曾经写道：“大屠杀的记忆深刻地嵌入犹太人的意识之中，所有或几乎所有一切均使他们感到，不管作为一名犹太人意味着什么，它都要求他们一定要尽量永久做犹太人。在某种程度上说，这是一件恐怖的事情，在更大程度上是一件需要的事情，在最大程度上是一件荣誉的事情。”②

大屠杀作为一场民族灾难与集体记忆，强化了不只是幸存者而是整个民族的犹太意识。19 世纪末 20 世纪初以来，在现代化潮流的巨大冲击波下，越来越多的欧美犹太人逐渐融合于当地社会，尤其是两次世界大战之间的美国，同化势头更为凶猛，很多人丢弃了第一代移民身上的犹太特性，利用一切机会实现自己“美国化”梦想，这一现象的发展必然使犹太文化多层面地融合于主流文化——美国文明之中。迈尔·莱温曾毫不隐瞒地说：“我清楚地记得童年时怕说自己是犹太人，我以是犹太人为耻。”“然而对犹太教的背离在很大程度上只限于第二代人。……30 年代和 40 年代的那些划时代的事件制止了这种行为，并且在犹太人中重新唤起了对传统的忠诚。希特勒的崛起，欧洲犹太人面临的灾难以及以色列争取独立的斗争使美国犹太人的思想发生了彻底的转变。”③ 在历史上，反犹太主义总是直接或者间接地促使民族意识的觉醒已成为通例，而大屠杀之后，这一现象更为明显。史无前例的大灾难使生活在不同地域、不同身份的犹太人在理念上及主观认知程度上更强化了自身的犹太身份，甚至沸腾了他们的犹太血液。从这个意义上说大屠杀在客观上起到了一次文化造就的作用，用威塞尔的话来说：“正如在过去，这考验（大屠杀）带来的不是犹太意识的一次衰落而是一场复兴，

① Azriel Eisenberg, *Witness to the Holocaust*,1981, p. 626.

② 欧文·豪：《父辈的世界》，第 571 页。

③ Abba Eban, *My People: The Story of the Jews*, p. 482.

以及犹太历史的一次兴盛。远非截断他的族系，犹太人强化了他们。奥斯维辛令他更加坚强了。”①

大屠杀造就了越来越多的犹太复国主义者。从战争中幸存下来的欧洲犹太难民，有很大一部分接受了犹太复国主义思想。作为恐怖行为与痛苦经历的见证人，他们把灾难的根源与失去祖国联系在一起。用一位幸存者的话来说：“我们成了真正的犹太复国主义者，因为我们知道，犹太复国主义意味着站起来反对恐惧，反对那些袭击你的人，它当然也意味着无论发生什么，都要在以色列拥有一席之地。……而这一切正是这场巨大的世界战争与纳粹反犹政策的双重结果。”②一场突如其来的灾难过后，欧洲犹太人出现了意识形态上的困顿与缺失，而犹太复国主义在很大程度上填补了这一思想真空。

二、美国犹太复国主义运动

1897 年巴塞尔会议召开的时候，美国犹太人只派了一名代表参加。在此后的 20 年间，美国犹太人从整体上来看，对犹太复国主义缺乏热情，一些比较富有的犹太人甚至对犹太复国主义运动的前途感到忧虑，他们担心建设犹太国家的努力会损害美国犹太人已经取得的公民地位，会使已经逐渐被美国社会所接纳的犹太社团陷入一种尴尬的境地。赞成犹太复国主义运动的大多是来自东欧的贫苦移民。美国犹太复国主义运动领导人路易斯·布兰代斯曾经号召美国犹太人：“为了成为美国的好公民，我们必须做优秀的犹太人，为了做优秀的犹太人，我们必须成为犹太复国主义者。”尽管如此，犹太复国主义运动的发展步骤仍然有限，直到第二次世界大战爆发，情况才发生了巨大的变化。1945 年夏，美国两个最大的犹太复国主义组织已拥有会员 31 万人，大约有 50 万人声称自己属于某种形式的犹太复国主义组织。③1948 年，有 71 万人注册于犹太复国主义政党，同年美国犹太人对巴勒斯坦的财政援助超过了 9 亿美元。④沃尔特·拉克在他的

① Elie Wiesel, *A Jew Today,* Random House, New York, 1978, p. 18.

② Michael Berenbaum and Abraham J. Peck（edited）, *The Holocaust and History,* p. 793.

③ *The American Jewish Year Book 5706,1945–1946,* Jewish Publication Society of America, Philadelphia, 1945, Vol. 47, pp. 561–610.

④ Naomi W. Cohen, *American Jews and the Zionist Idea,* Ktav Publishing House, 1975, p. 71.

名著《犹太复国主义史》一书中也认为，在第一次世界大战以后，犹太复国主义作为一种思想意识是随着反犹太主义的增长而不断强化，并随着纳粹的兴起而达到了顶点，如果不是非常紧张的局势以及对犹太人的迫害，犹太复国主义可能仍然是一个由理想主义的改革派所组成的很小的人文—哲学派别，它之所以成为一种政治力量，是因为外部压力的结果，而不是偏执的犹太文人发表的激动人心的演说。美国犹太复国主义组织的领导人之一伊曼纽尔·纽曼也认为：大屠杀给美国犹太人上了沉重一课，使他们知道了即便是最关键的危机，基督教社会也不会有所作为。犹太人只能依靠他们自己来保护本民族的利益。“美国犹太人与美国犹太复国主义者必须在政治上敏感、成熟，要区分言辞与行动、承诺与表现、来自华盛顿的关于民族家园的动听信息和公告与美国政府实际的政治努力与外交支持之间的区别。”①

1942年5月10—11日，美国犹太复国主义者特别大会在纽约的比尔特摩饭店隆重召开。参加会议的除了美国犹太复国主义代表之外，还有来自其他17个国家的著名领导人，包括魏茨曼、古里安以及美国犹太复国主义领导人斯蒂芬·怀斯拉比、阿巴·希尔弗等，大约有600人出席了会议。会议的中心议题是讨论在英国巴勒斯坦政策转变、纳粹屠犹的新形势下，犹太复国主义运动的对策。以魏茨曼、怀斯为首的温和派主张以“慎重”而“稳健”的政策处理与英国的关系，希望在英国的承诺下建立一支犹太军队，并在美国的帮助下废除《白皮书》，使每年都有犹太人移居巴勒斯坦。以古里安、阿巴·希尔弗为代表的激进派则主张制定新的政策，摆脱英国，争取美国社会支持犹太国家的建立。经过激烈的争议之后，激进派的主张被大多数人所接受，最后通过了《比尔特摩纲领》。其主要内容是：第一，重申犹太复国主义运动对《白皮书》的反对立场，否定其“道德上与法律上的合理性”，强烈要求“巴勒斯坦的大门应该被打开，犹太代办处应该被授予控制巴勒斯坦移民以及建立巴勒斯坦的必要的权力，包括开发尚未占有与耕种的土地的权力；巴勒斯坦应当被建设成为一个犹太共和国，并融于新的民主世界的组织之中。”纲领强调说：如果犹太家园的问题得不到解决，“以和平、正义、平等为基础的世界秩序就无从建立”。② 第二，向欧洲纳粹占领区、尤其是挣扎在隔都与集中营里的犹太人致

① Naomi W. Cohen, *American Jews and the Zionist Idea,* Ktav Publishing House, 1975, p. 63.

② Walter Laqueur and Barry Rubin (edited), *The Israel-Arab Reader : A Documentary History of the Middle East Conflict,* pp. 56–57.

意，使他们坚信获得解放的日子为期不远了；向犹太代办处以及整个伊休夫致意，肯定他们为建设民族家园所付出的努力以及所取得的成绩；向巴勒斯坦的阿拉伯人表示，犹太复国主义运动迫切需要得到阿拉伯人在农业生产、经济繁荣以及民族发展等方面的合作与理解。同年12月，魏茨曼以世界犹太复国主义组织主席的身份在《比尔特摩纲领》上签了字。比尔特摩会议标志着美国犹太复国主义团体已经成长起来，并能够担负起影响、主导整个运动的责任，另外，也标志着世界犹太复国主义运动的领导权已经由温和的亲英派转移到了激进的亲美派。比尔特摩会议之后，斯蒂芬·怀斯拉比与阿巴·希尔弗等不断向罗斯福政府施加压力，在他们的鼓动下，美国有119座城市举行了支持犹太复国主义的游行示威，有6万多人签名抗议《白皮书》，40位州长联名上书罗斯福总统，要求放开犹太移民进入巴勒斯坦的限制。罗斯福最初对犹太复国主义者的活动并没有作出公开的反应，对欧洲犹太人的营救也从没有列入政府的议事日程，尽管制定政策的官员们能够明确地感受到来自公众的要求救助欧洲犹太难民的压力，但当时占据主流的观点是：盟国的最终胜利是最有效的营救措施，而这种说法实际上是在掩盖美国政府的无所作为。为了打破美国社会

魏茨曼在比尔特摩会议上演讲

的沉默，1943 年 3 月 1 日，世界犹太复国主义运动领导人魏茨曼在麦迪逊广场公园发表了震撼人心的演说：

如果未来的历史学家追述我们这个时代的凄惨历史，他将会遇到两类令人迷惑不解的事情：第一是罪行本身；第二是世界对这种罪行的反应。他需要反复而仔细地考证资料才能接受这样一个事实：一个伟大的文明国家在 20 世纪中叶竟然把国家政权交给一群刽子手，这些刽子手把秘密屠杀奉行为公认的国家政策。历史学家将会看到杀人间、密封毒气车等令人难以置信的恐怖史料。可是，当历史学家接受了这些悲惨的史料之后，并对人类历史上这一绝无仅有的暴行作出判断时，他们将遇到另外一种费解的情况，他们百思不得其解的是为什么文明世界对纳粹残酷地、有计划地杀戮犹太人无动于衷呢……他将不能理解，为什么世界的良心还需要唤醒，为什么人类的同情心还需要激起。可是，他最不能理解的是，为什么那些对这种有煽动性的、有组织的暴行有所准备的国家还需请求才准予主要受害者避难。①

1944 年，随着总统选举日期的临近，美国政府对待犹太人的态度也终于出现了转机。1 月 22 日罗斯福签署了成立战时难民委员会的文件。3 月 9 日，罗斯福向美国犹太复国主义组织表示了这样的立场：美国政府不赞同英国的《白皮书》，并“对巴勒斯坦的大门向犹太难民敞开”表示“欣慰与关怀”，表明了美国政府对犹太复国主义运动的支持。犹太人对此欢欣鼓舞。在许多犹太人的心目中，罗斯福总统是“民主的象征”，是“犹太人的挚友”。在罗斯福的最后一次竞选中，犹太人慷慨解囊，提供了大批的竞选经费，90% 的美籍犹太人投了罗斯福的票。罗斯福突然逝世之际，许多犹太人痛心不已，犹太复国主义者所创办的刊物——《新巴勒斯坦》上刊登了这样一首诗，表达了犹太人对这位伟人的尊敬与感恩之情：

当我们孤单无助的时候，他是我们的朋友；
当没有人倾听他的声音的时候，——他
为唤起世界的良知，为千古沉冤辩护，
为我们的民族自由，大声疾呼。

① Walter Laqueur, *A History of Zionism,* p. 551.

第三节　世界大战中的巴勒斯坦

一、伊休夫参战与帕尔马赫的建立

英国宣战以后，伊休夫立刻向英国政府表示要尽所有的人力与物力，抵抗纳粹势力，有大约1/4的伊休夫犹太人，其中包括2/3的成年男子自动报名，愿意承担托管当局以及犹太人代办处安排给他们的军事服务，很多志愿者要求参加英国军队。一些犹太复国主义团体也积极进行战争动员，犹太代办处还向伦敦提出了建立一支犹太战斗队，类似于第一次世界大战中的犹太兵团，其目标是保卫巴勒斯坦，消除轴心国的威胁。但在最初的几个月里，英国政府反应冷淡，其原因是想保持阿拉伯人与犹太人参战人口的基本平衡，英国担心过多的犹太人参战会使巴勒斯坦的局势复杂化，会助长阿拉伯人的恐惧与不满情绪。1940年7月，意大利参战后，魏茨曼再次向英国呼吁建立犹太部队，同年9月，意大利空军轰炸特拉维夫导致了一百多人死亡，巴勒斯坦的防务问题成了当务之急。直到这时，阿拉伯人一直没有表示出很大的参战热情，相反却有不少人想谋求德国的支持以建立阿拉伯国家。种种因素使英国放弃了平衡政策，10月，英国政府表示可以建立犹太特别部队，但必须编入英国军队。到1943年8月隶属于英军的犹太特别部队的人数已经达到了2.2万人。1943年底与1944年上半年，被英军征募的犹太人中，有32位巴勒斯坦犹太

汉娜·泽内施

青年组成了一个特别小组，他们自愿承担最危险的任务，秘密空降到被轴心国占领的罗马尼亚、匈牙利、斯洛伐克、南斯拉夫、保加利亚，与当地游击队组织取得联系，收集军事情报，并通过无线电传送给英军。这些人自称为“犹太复国主义者的秘密使者”，他们更重要的意图是与当地的犹太地下组织取得联系，建立拯救犹太人的“地下铁道”。他们中有 12 人被捕，7 人被处死，其中包括女诗人汉娜·泽内施。

1944 年 9 月，隆美尔的军团正向北非与埃及挺进，盟国急需增加新兵。在伊休夫领导人以及英国、美国等犹太社团的强烈要求之下，英国同意建立犹太旅，英国国防部通知魏茨曼：“陛下政府决定同意巴勒斯坦犹太代办处主席关于建立犹太旅的请求。将来这个旅要参加正规战斗。”犹太旅主要由巴勒斯坦犹太人组成，也包括少量的无国籍犹太人与英国犹太人。10 月 31 日，犹太代办处宣布犹太旅的军旗采用象征着犹太复国主义的旗帜，其标志是：白色的旗帜上镶有蓝色横条，中间是蓝色的大卫星。肩章的底色也是蓝和白，镶有金色的大卫星。当时，犹太旅隶属于伊休夫的自卫组织哈加纳。1945 年 2 月，有大约 6500 名犹太旅的战士在意大利参与了英国第八军团打击隆美尔军队的战役以及解放中欧地区几个集中营的行动。犹太旅还协助哈加纳营救欧洲难民，并秘密组织犹太人移居巴勒斯坦。到战争结束的时候，至少有 2.6 万巴勒斯坦犹太人在英国军队中作战，其中约 280 人丧生。[①]

随着战争的爆发，巴勒斯坦的犹太武装力量不断招募志愿人员，队伍不断壮大，英国当局便采取了调查、限制与镇压的措施。1939 年 9 月底就有 43 位哈加纳成员（包括摩西·达扬）被逮捕。与此同时，哈加纳内部激进派与温和派的斗争也不可调和，经过激烈的争论，1941 年 5 月 15 日，犹太代办处终于达成一致意见：建立一支独立的犹太突击队（希伯来语为“帕尔马赫”），一旦德国进攻，要武装保卫巴勒斯坦，伊扎克·德萨被任命为帕尔马赫的指挥官。帕尔马赫很快发展成为独立地拥有自己单独建制的常备军。1941 年夏天，帕尔马赫组建了两支军队，并与英国军队合作，参与了同年 8 月进攻叙利亚的行动，帕尔马赫承担了向导与情报员的工作，帮助英国摧毁了叙利亚的维希政权。到 1942 年底，许多哈加纳成员都加入了帕尔马赫。在巴勒斯坦的安全受到轴心国威胁的时候，英军与帕尔马赫合作行动。随着战局的变化与中东军事危机的结束，英国当局便收

① Leslie Stein, *The Hope Fulfilled: The Rise of Modern Israel*, pp. 230–231.

缴帕尔马赫的武器，激起了极大的反抗情绪，帕尔马赫成功地袭击英国的军火库，重新夺回了武器。由于帕尔马赫面临着资金短缺的压力，基布兹领导人塔本金提出的把帕尔马赫纳入基布兹的建议被很多人接受了。1942 年 8 月，帕尔马赫被编入不同的基布兹，他们每个月要在基布兹劳动 14 天半，其余时间则进行军事训练。帕尔马赫从组织上看不隶属于基布兹，保持自己的独立编制，但基布兹要保证其供养。随着战事的发展，很多帕尔马赫青年非常向往加入英国正规部队，他们的观念是作为全职的士兵能更直接地为保卫巴勒斯坦、为盟国的胜利作出贡献，正规的士兵还有很多帕尔马赫不具备的待遇，如穿制服、照顾家属等，于是，不少人离开帕尔马赫加入英军。到 1942 年底，帕尔马赫的成员大约有 800 人，被分散在 20 个基布兹。由于帕尔马赫又从城市里招募了一些青年人，一年以后，人数超过 1000 人。到战争结束的时候，帕尔马赫的人数达到 1500 人左右。

二、移民问题

战争爆发以后，英国严格执行《白皮书》，限制犹太移民进入巴勒斯坦，并且于 1939 年夏天宣布，所有被截获的非法移民都将因违反官方的年度限额而被起诉。起初，犹太复国主义者天真地认为，《白皮书》是张伯伦内阁绥靖政策的产物，一旦张伯伦下台，《白皮书》就会被废除。英国议员中也确实有人严厉批评政府的限制移民政策，但事实证明，《白皮书》已经成为英国巴勒斯坦政策的基础。当时有很多犹太难民的船像幽灵一样漂流在苍茫的大海上，许多遥远的、在他们的心目中毫无概念的地方，如古巴、上海[①]、厄瓜多尔等都市成为希望的寄托之地，伊休夫更成了许多欧洲犹太人向往的圣地，他们不顾一切地逃往巴勒斯坦。1939 年 3 月，从罗马尼亚开来的“桑多”号难民船在巴勒斯坦海面遭到英国海防哨兵的阻拦，甚至连靠岸添加燃料的要求都被拒绝，239 名乘客在绝望与痛苦之中离开巴勒斯坦。9 月初，英国海军向装载着犹太难民的“老虎山”号轮船开火，造成了 3 位乘客死亡，强迫轮船返航。一年以后，1940 年 11 月 11 日，英国海军在海法港拦截了两艘破旧的船“太平洋”号与“米洛斯”号，船上有

① 1933 年到 1941 年，大约有 3 万欧洲犹太难民来到上海，其中有数千人经上海辗转去了第三国，约 2.5 万人把上海作为自己的避难所。

1900 名非法犹太难民。托管当局拒绝这些人登陆，要把他们转到另外一艘轮船“SS 帕特里亚”号上，然后运到毛里求斯岛。巴勒斯坦的犹太武装力量哈加纳得知这一消息之后，决定破坏这一船只，强迫英国留下这批难民。11 月 25 日，哈加纳在执行这一计划的时候，因行动失误导致了 240 名犹太难民与 12 位英国警察的死亡。犹太代办处当时隐瞒了“SS 帕特里亚”号事件的真相，说是犹太难民不愿离开巴勒斯坦而集体自杀。①

在不断发生的移民事件中，“斯特鲁马”号是最大的悲剧。“斯特鲁马”号是由一艘具有一百多年历史的牲口船改装而成的大帆船，1941 年 12 月，“斯特鲁马”号上装着 769 位犹太难民从罗马尼亚的康斯坦察港出发，驶出多瑙河，开往土耳其方向。“斯特鲁马”号是一艘严重超载的船只，船上只有一个厕所，没有洗浴设备，没有足够的床位，也没有救生设施，乘客们为了呼吸新鲜空气不得不排队上到顶层的甲板上。12 月中旬，“斯特鲁马”号终于到达了伊斯坦布尔，当时船身漏水，发动机也出现故障，急需接受修理。由于乘客们是非法移民，土耳其政府担心他们得不到英国托管政府的移民许可，因此，打破惯例，拒绝“斯特鲁马”号在土耳其境内逗留。这时，巴勒斯坦犹太人作了大量的交涉，乞求英国允许这些乘客以限额内移民或者难民的身份从海法登陆，但遭到了拒绝。最后只达成这样一项协议：巴勒斯坦英国托管当局只接受 16 岁以下的乘客登陆。但是，当这一通知传达到土耳其的时候为时已晚，土耳其政府已命令“斯特鲁马”号离开伊斯坦布尔，驶入黑海。1942 年 2 月 24 日，传来了一则可怕的消息：“斯特鲁马”号在距离博斯普鲁斯海峡入口仅仅四五海里的地方神秘下沉了，仅有一人生还。事件发生后，英国托管当局虽然对遇难者表示同情与惋惜，但对犹太移民的限制并没有放宽。到 1944 年 3 月，托管当局一共发了大约五万份正式签证。

长期以来，英国政府的限制政策并无法阻止哈加纳与伊尔贡秘密行动。最初，他们通过叙利亚与黎巴嫩把移民带过边境，不少阿拉伯居民也协助了这项工作。随着移民人数的增加，哈加纳与伊尔贡高价租用了几十艘旧船组织偷渡，取得了一些成效，但也付出了沉重的代价。除了移民问题之外，巴勒斯坦犹太人也对托管当局的土地限令极其不满。按照《白皮书》的精神，1940 年 2 月 28 日，英国曾颁布了《土地转让规定》，根据规定，犹太人最多也只能从阿拉伯人手中自由购买现有土地的 2.6%，占巴勒斯坦土地面积 63% 的地区是禁止转让的。3

① Howard M. Sachar, *A History of Israel*: *From the Rise of Zionism to our Time*, p. 237.

月上旬，耶路撒冷、特拉维夫、海法等地许多犹太人上街游行，并与警察发生冲突，造成两人死亡，四百余人受伤。此后，巴勒斯坦犹太人一直抗议英国政府的土地政策，但并没有取得什么成效。

三、伊休夫的经济状况

在战争爆发的初期，伊休夫的经济经历了严重的打击，并出现了混乱的局面。由于大批的船只被强行征用服务于战争，国际贸易大为缩减。尤其是意大利参战以后，地中海地区的商业贸易陷于停顿，伊休夫的主要产品——柑橘的出口量大大下降，进口材料的限制也影响了建筑业的发展，同时还出现了金融与信贷危机，伊休夫的失业率达到了前所未有的水平，1940 年 8 月，失业人口创下了 2.7 万的最高记录。但是，经济衰退的时间持续不长，当中东地区真正卷入战争之后，伊休夫的经济形势出现了戏剧性的变化。英国在开罗设立了“中东供给中心”，急需大量的军事订货，需要建造营地、工事、医院、机场、道路等，还需要大量的新鲜食品供应。巴勒斯坦的阿拉伯经济本来就比较落后，长达 3 年的阿拉伯人起义更使经济形势雪上加霜。而犹太人有比较充足的流动资金，还有一大批科研人员与技术工人，尤其是犹太工总所控制的企业具有很强的组织性与很高的生产能力，适合承担大批量的合同生产。这一系列因素促进了伊休夫经济的发展。战争期间，巨大的消费需求使农业生产也大幅度提高，1939 年到 1945 年间，牛奶的产量翻了一番，鸡蛋的生产也增长了 1/3，农产品与果酱加工业也迅速发展起来。在所有的经济部门中，收益最大的是工业生产。战争时期的特殊需求促使伊休夫涉足了许多新的生产领域，如机器制造、汽车零件、纺织业、农业设备、医学仪器、电器、化工与药品、造船业、钻石加工业、炼油业等。在许多领域，发展速度令人惊叹，如钻石加工业在巴勒斯坦兴起于 1941 年，是由来自比利时与波兰的犹太难民创办的，其产品几乎全部用于出口，很快成为国际市场上的竞争者。到 1942 年，海法附近新建的钢铁厂所出的产品在质量上已经能与瑞典的产品相媲美。伊休夫生产的轮船部件、工业容器、电线、电池、灭火器、起重机、反坦克地雷、液压工具、信号灯、剃须刀、帐篷、救生用品、橡胶、光学仪器等充斥于中东市场。1943 年，受雇于工业生产领域的犹太人口已经翻了一番，达到了 6.1 万人。整个战争期间，伊休夫经济的年度平均增长率为 10.1%，超过了美国战时经济的增长速度。[①]“伊休夫经济的快速发展与增长以及许多巴勒斯坦犹太人在战争期间所接受的有价值的军事体验，奠定了犹太复国主义者在战后时期的地位。使他们能够在崇高的自信心与坚实的成功基础上，把争取建立犹太国家的斗争推向最后阶段。”[②]

第四节 决裂英帝国

一、“莱希”与“伊尔贡”

战争爆发的初期，犹太代办处与哈加纳对英国采取克制的态度，由于英国政府严格执行《白皮书》政策，伊休夫中越来越多的人反英情绪高涨。伊尔贡自成立以来，就与哈加纳存在着严重的分歧，一直主张把托管政府作为主要的敌人，但在欧战爆发的时候，雅博廷斯基主张缓和与英国的关系，争取与英国合作，把主要打击目标指向纳粹德国。1940 年，雅博廷斯基去世以后，亚伯拉罕·斯特恩公开与修正主义分道扬镳，他带领一些巴勒斯坦的伊尔贡青年组成了新的组织——“以色列自由战士”，简称“莱希”（Lihi，为希伯来语 Lohamei Herut Israel 的字首字母的缩写），英国人称之为“斯特恩邦”。斯特恩于 1907 年出生于波兰，1925 年来到巴勒斯坦就读于希伯来大学，一直是伊尔贡中很活跃的人物。他英俊、潇洒，特别注重仪表之美，当时的巴勒斯坦青年习惯于穿短裤、敞领衬衫与凉鞋，但斯特恩总是西装革履。斯特恩还是一位精通希腊语的学者、杰出的诗人，他的同事们总觉得很难找出合适的词语来形容他的才华与魅力。斯特恩所创作的诗歌《无名战士》一直在伊尔贡中传诵，后来成为“莱希”的战歌：

我们是无名之辈，
我们之间没有血缘，

① N. Gross and J. Metzer, *Palestine in World War Two: Some Economic Aspects,* Maurice Falk Institute for Economic Research in Israel, Research Paper no. 207, Jerusalem, 1993, p. 63.

② Leslie Stein, *The Hope Fulfilled: The Rise of Modern Israel,* p. 242.

我们总是面对恐怖与死亡，
把毕生献给自己的事业，
直到生命的终点。
……
当我们在家园中、在大街上倒下，
静静地闭上了自己的双眼，
我们会被悄无声息地埋葬，
但将有成千上万的人站出来，
为了权利而战斗、而献身，
永远向前……[①]

斯特恩主张以恐怖手段打击英国政府，他寄希望于意大利法西斯政权，想帮助轴心国征服中东，其交换条件是把欧洲犹太人转移到巴勒斯坦。当意大利军队在北非战败后，斯特恩又接触叙利亚的维希政权，想通过中间环节与希特勒达成交易。当他的宏伟计划难以实现的时候，莱希便组织了一些个人暗杀活动，主要目标是英国警察。1944年11月6日，两名莱希成员在开罗暗杀了英国中东事务大臣莫因勋爵。这一事件对犹太复国主义运动产生了很大的负面影响。莫因是丘吉尔的挚友，暗杀活动之后，丘吉尔极其愤怒，严厉谴责犹太代办处放纵恐怖行为，并且公开宣布说：这一可耻的行为震惊了世界，也震惊了像我这样长期以来对犹太复国主义抱以友好态度的人。此时，当魏茨曼等人正在就建立犹太国以及战后安排问题而与伦敦政府频繁交涉时，丘吉尔改变了以往的态度，对他们

亚伯拉罕·斯特恩

① Ahron Bregman, *A History of Israel*, p. 35.

的努力刻意保持沉默。[1]

第二次世界大战期间，伊尔贡的领导人换了三任，继雅博廷斯基之后，大卫·拉齐尔任伊尔贡的指挥官。拉齐尔是一位出色的军事统帅，他主张伊尔贡与英国合作，为盟国的胜利作出贡献，1941 年 5 月 20 日，他在配合英军平息伊拉克境内的亲纳粹势力的行动中丧生。拉齐尔死后，伊尔贡被临时的领导机构所掌管，直到 1943 年，斯特恩的追随者贝京被任命为指挥官，当时的伊尔贡大约有五百名成员。

1943 年底，贝京率领伊尔贡公开与犹太代办处以及哈加纳决裂，不服从任何政治权威，独自以武力抗击英国。1944 年 1 月，伊尔贡宣布反英起义，贝京在起义声明中指出："犹太民族与英国托管政府之间不再休战——该政府把犹太同胞交给了希特勒。我们要与该政府交战，直到胜利。……我们的要求是：立即把权力移交给以色列地的希伯来临时政府。我们将要战斗！民族家园上的每一个犹太人都将战斗！以色列人的上帝会帮助我们！我们绝对不会退却，不自由毋宁死！"[2] 起义者破坏英国的军事设施与行政建筑，打击英国警察，并发起反英宣传。英国舆论界大肆斥责伊尔贡与莱希为"恐怖主义者"、"法西斯分子"、"疯子"、"匪徒"等。犹太复国主义阵营的内部，也有许多人对贝京的行为感到震惊，古里安等人极力要求制止伊尔贡。1944 年上半年，托管当局也对犹太代办处下了最后通牒，要求犹太官方机构采取措施打击伊尔贡，犹太代办处与哈加纳领导中心曾试图说服贝京放弃恐怖政策，但无济于事。1944 年 10 月，殖民当局对伊尔贡发起镇压行动，251 名伊尔贡分子被驱逐到厄里特里亚。[3] 莫因事件发生后，犹太代办处和哈加纳曾一度与英国合作，追捕伊尔贡成员，有大约三百余人被捕，贝京虽然逃脱了，但伊尔贡的整个高级指挥系统遭到破坏。1945 年以后，随着犹太代办处与英国关系的恶化，哈加纳也退出了反对伊尔贡的行动，释放了被监控的伊尔贡成员，伊尔贡很快恢复了实力。

---

① Michael J. Cohen, *Churchill and the Jews,* Frank Cass, London,1985, pp. 257–258.

② Menachem Begin, *The Revolt: Story of the Irgun,* Henry Schuman, New York, 1951, pp. 42–43.

③ J. Bowyer Bell, *Terror Put of Zion: The Fight for Israeli Independence,* Transaction Publishers, New Jersey, 1995, p. 125.

二、武装抗英

1945年战争结束前，英国为了保持在中东的传统地位，在美国、苏联等大国势力面前保持角逐的优势，继续笼络阿拉伯民族主义力量。3月，在英国的倡议下，以反对犹太复国主义运动为宗旨的阿拉伯军团建立起来了，犹太人非常失望。欧战结束后，流浪在欧洲的犹太难民成为关注的焦点，大屠杀给犹太复国主义者赋予了前所未有的感情力量，建立独立国家的愿望也急不可待了。5月，犹太代办处向英国政府提出了如下要求：立即宣布在巴勒斯坦建立犹太国家；授予犹太代办处一切必要的权力，允许更多的犹太人定居巴勒斯坦；提供国际贷款与其他帮助，开发巴勒斯坦经济等。7月，一向同情犹太复国主义运动的工党上台执政，犹太人十分振奋，但他们很快发现新政府并不想从根本上改变巴勒斯坦政策。8月，犹太代办处执委会主席本－古里安发表声明再次重申对英国政府的上述条件以及为欧洲犹太难民签发10万张移民许可的请求。本－古里安还强调说如果英国继续执行《白皮书》政策，那么，犹太复国主义者的最终选择是“野蛮的暴力”。同年10月，巴勒斯坦的犹太武装力量哈加纳、伊尔贡、莱希经过谈判，实现了联合，成立了“希伯来抵抗运动”，伊尔贡与莱希的军事活动要接受哈加纳的统一指挥，但他们保持独立的政治身份。“希伯来抵抗运动”采取了全国性的行动，隶属于哈加纳的帕尔马赫小分队破坏铁路线与英军的巡逻艇，伊尔贡重点摧毁军事设施，莱希则破坏一些工厂与建筑。英国政府再次向犹太代办处施加压力，但后者只是与之周旋，并没采取任何措施。

1945年11月，英国外交大臣欧内斯特－贝文宣布成立英美调查委员会，委员会由12人组成，英美各6人，委员会的任务是调查巴勒斯坦的实际情况与犹太难民的处境，为两国政府提供政策咨询。出台之前，巴勒斯坦每个月可允许接纳1500名犹太移民。英国是想让美国按照英国的思路直接介入巴勒斯坦事务，以免犹太复国主义依赖美国来实现自己的目标。1946年4月，英美调查委员会提出了调查报告，其主要内容有：第一，废除1939年的《白皮书》，立即给10万集中营幸存者发放去巴勒斯坦的签证，取消1940年的土地限令；第二，鉴于巴勒斯坦的敌对局势，目前应继续维持英国的委任统治，而不是建立犹太人或者阿拉伯人的主权国家；第三，应该制止一切恐怖主义与暴力行为。[①] 急于通过巴勒斯坦问题而插手中东事务的杜鲁门政府，很快就单方面公布了调查委员会的报告，英国对此极为恼火，不同意立即废除《白皮书》。5月1日，英国首相艾德礼宣布：除非犹太人与阿拉伯人都交出武器，犹太代办处完全制止恐怖活动，英国才会允许10万犹太人进入巴勒斯坦。其实，这只不过是外交辞令，在当时没有人会相信犹太人或者阿拉伯人会放下武器，相反，越来越多的犹太人认为，只有武力才能解决巴勒斯坦问题。

1946年6月17日，"希伯来抵抗运动"发起了新一轮的暴力行动，破坏了多处公路与桥梁。7月22日，希伯来抵抗运动把打击目标集中到英国行政机构与军事司令部所在地——耶路撒冷的大卫王饭店，炸毁了饭店的一侧，造成了91人死亡，45人受伤，死伤者多数为英国人，也有一些阿拉伯人与15名犹太雇员。英国方面大力谴责"犹太恐怖主义"的"突然袭击行为"，伊尔贡则坚持说，事先已发出警告，但英国人拒绝疏散[②] 许多巴勒斯坦犹太人也强烈谴责这一恐怖行为。7月底，伊休夫与英国人的关系又因为移民事件而进一步恶化。当时载有3000名乘客的"哈加纳"号抵达巴勒斯坦海岸，随后又有几艘移民船靠岸。托管当局宣布：凡是没有合法移民签证的难民都要送到英国统治下的塞浦路斯，并开始了押送行动，英国在那里建立了拘留营，并调去了大量的海、陆、空军。与此同时，英国投入了2.7万警力，在巴勒斯坦加紧了对非法移民与私藏武器的搜查，严格宵禁与检查制度。犹太代办处与英国政府之间开展了特别谈判，被拘留的犹太代办处领导人在被监禁4个月后获得释放，但双方的关系仍十分紧张，冲突蔓延到巴勒斯坦全境。伊尔贡也摆脱犹太代办处与哈加纳的控制，越来越多地采取独立行动，策划了一系列的暗杀、绑架、爆炸等破坏活动。据统计，在1946年中，有73位英国人被袭击身亡，约百余人受伤，犹太人的伤亡数字也不断上升。

1946年12月9日至24日，第二十二届犹太复国主义大会在巴塞尔举行。这是大战爆发以来召开的第一次会议，也是犹太复国主义运动历史上最后一次重要会议，代表了全世界200万犹太复国主义者成员。魏茨曼在开幕词中讲道：欧洲犹太人被巨浪所吞没，他们的文化与生活中心变成了一片废墟。如果说我们确实产生了敌视英国的情绪，那是因为大英帝国遗弃了曾经那么信赖它的朋友。在

---

① Leslie Stein, *The Hope Fulfilled : The Rise of Modern Israel,* pp. 249–250.

② J. Bowyer Bell, *Terror Out of Zion:the Fight for Israeli Independence,* pp. 172–173.

这次会议上，美国犹太领袖西尔弗与本－古里安采取联合行动，反对魏茨曼的温和路线。会议谴责了恐怖主义，并重申了建立犹太国家的决心。在这次会议上魏茨曼没有连续当选犹太复国主义组织的主席（主席职位空缺），标志着犹太复国主义历史上长达35年的“魏茨曼时代”的结束，执委会主席本－古里安成了事实上的领导人。①

三、委任统治的终结

自1945年底以来，英国也一直在寻找解决巴勒斯坦问题的折中方案，并作了许多努力。1946年7月，曾出台了“莫里森—格雷德计划”②，但犹太人与阿拉伯人都拒绝接受。1946年底到1947年初，英国又发起伦敦会议，提出五年之内实现犹太人与阿拉伯人的自治，过渡期内维持英国的统治，尽管英国政府非常期望能与犹太复国主义者及阿拉伯人达成和解协议，但由于各方势力分歧太大，伦敦会议以失败告终。1947年，巴勒斯坦的局势进一步恶化，前耶路撒冷的大穆夫提阿明·侯赛因已经恢复了对巴勒斯坦阿拉伯人的领导权，阿拉伯民族主义者也开始了地下军事活动，坚决抵制犹太难民的进入。伊尔贡与莱希对英国高压政策的抵制与报复活动也不断升级。这时，英国民众已经普遍失去了对巴勒斯坦问题的耐心与信心，英国政府也深感厌倦与疲惫。从工党上台到委任统治结束，英国在巴勒斯坦的投入达到了约2.2亿美元，犹太抵抗运动与移民纠纷无疑增加了英国的经济负担。自30年代阿拉伯起义爆发以来，英国在巴勒斯坦投入了大量的兵力，失去了许多年轻的生命。因此，许多政治家包括丘吉尔在内都极力呼吁：“让那些孩子们回家吧！”与此同时，英国的经济出现了危机状况，煤炭、粮食供不应求，整个英格兰南部电力缺乏，许多工厂因缺乏能源而关门，失业工人剧增。③ 在这样的背景下，经过内阁的激烈辩论之后，英国政府最终放弃了解决问题的努力。同年2月28日，贝文代表英国政府发表声明说：“我们已经决定我

---

① Abraham J. Edelheit, Hershel Edelheit, *History of Zionism*, p.217.

② “莫里森－格雷德计划”的主要内容是：在巴勒斯坦建立一个犹太省（面积占17%）与阿拉伯省（面积占42%），英国政府给予双方一定的自主权力，内格夫与耶路撒冷作为直辖省直接由英国驻巴勒斯坦高级专员管理。

③ Leslie Stein, *The Hope Fulfilled*: *The Rise of Modern Is rael*, p.254.

们不能接受犹太人或者阿拉伯人的主张，也无法把我们自己的决定强加给他们，因此，我们得出了这样的结论：目前唯一的途径是让联合国来解决问题。……我们将申明的是委任统治已经被事实证明是不可行的，在巴勒斯坦对两个社团共同承担责任是无法调和的。我们将把已经提出的各种建议呈送联合国……然后我们请求联合国考虑我们的报告，并提供解决问题的方案。我们自己不打算提供任何特别方案。"①

1947年4月2日，英国政府向联合国正式提出建议——把巴勒斯坦问题列入联合国议事日程，由联大全体会议讨论。联合国决定于4月份举行特别会议，但面临的问题是犹太代办处没有权利参加会议，联大全体会议从来没有允许过非国家团体参与。经过激烈的讨论与争议之后，联大通过了让犹太代办处组成巴勒斯坦特别委员会听取联大会议意见的决议。

第五节　面对联合国

一、联合国特别会议

1947年4月28日到5月15日，联合国在纽约召开了巴勒斯坦问题特别会议，本-古里安、希尔弗、摩西·夏里特等人代表犹太代办处与会。会上围绕着巴勒斯坦问题提出了四种方案：第一，建立一个犹太人与阿拉伯人享有平等权利的阿拉伯—犹太联邦；第二，在巴勒斯坦地区建立两个独立国家——犹太国与阿拉伯国；第三，只建立一个阿拉伯国家；第四，只建立一个犹太国。在一次发言中，本-古里安代表犹太代办处表明了这样的立场：

> 犹太人与阿拉伯人建立一种以和平和互助为基础的伙伴关系，将有助于整个中东的新生。我们犹太人深为理解阿拉伯人民对统一、独立和进步的渴望。我希望我们的阿拉伯邻居能够理解，犹太人在其历史家园无论如何不能

① Michael J. Cohen, *Palestine and the Great Powers, 1944–1948*, Princeton University Press, New Jersey, 1982, p. 223.

像散居在其他国家那样，仍然是居于从属地位的、不独立的少数民族。犹太民族在自己的土地上必须建立自由而独立的国家，并成为联合国的一员。我们期望与自由的阿拉伯邻邦共同促进经济发展、社会进步以及中东所有闪族国家的真正独立。①

阿拉伯国家的态度是：重申阿拉伯人在中东的主权，他们强调如果满足了犹太人建立民族家园的愿望，在中东出现一个犹太国，那么巴勒斯坦必然爆发战争，整个中东地区的形势将会失控。会议期间，苏联代表葛罗米柯于5月14日的发言产生了很大的震动力。葛罗米柯说：犹太民族对巴勒斯坦有着巨大的渴望之情，没有哪个欧洲国家能保护他们免遭希特勒的侵害，拒绝犹太人拥有自己国家的愿望是不合理的，也是不可能的。犹太人与阿拉伯人都与巴勒斯坦有着历史性的渊源，他们都在那里占据着重要的地位，因此，否定任何一方的法定权利都是不公正的。葛罗米柯的结论是："建立一个兼顾两个民族利益的独立国家，使两个社团享有平等权利，才是最佳的解决办法。如果发现这个方案行不通的话，由于两个民族之间的关系，可以另外考虑分治计划。"② 葛罗米柯的发言使代表们

1947年5月犹太代办处赴联合国的代表团

① Abba Eban, *My People : The Story of the Jews*, pp.440–441.

② Michael J. Cohen, *Palestine and the Great Powers,1944–1948*, p.223.

"深感吃惊"，犹太代表们更是赞赏不已，因为在此之前，人们普遍认为在阿拉伯世界有着深刻影响与密切联系的苏联是犹太复国主义的坚决反对者，甚至连美国政府也一直推测苏联会在巴勒斯坦分治问题上投反对票。"在这件事情上，葛罗米柯的发言可以被看作是巴勒斯坦走向分治的一个里程碑。5 月份的演讲以及苏联在 1947 年 10 月份对分治的支持，有效地断绝了英国的一切希望与期待——即基于苏联的一票否决权，而把巴勒斯坦重新交给英国来做全权处理。"[①] 苏联政府态度的转变具有一定的国际背景。长期以来，中东一直是英国的势力范围，使与中东毗邻的苏联无法插入。当英国在巴勒斯坦的委任统治出现危机的时候，苏联认为有必要调整外交策略，转变对犹太复国主义运动的态度，打开进入中东的渠道。因为，巴勒斯坦的犹太复国主义领导人有许多来自苏联与东欧，他们是社会主义事业的热诚支持者，苏联政府甚至设想如果能在巴勒斯坦地区出现一个亲苏的社会主义国家，无疑是苏联外交的一大成就。另外，支持建立犹太国家，也有利于稳定苏联国内的数百万犹太人。特别会议决定成立"联合国巴勒斯坦特别委员会"，简称 UNSCOP。该委员会由澳大利亚、加拿大、捷克斯洛伐克、危地马拉、印度、伊朗、荷兰、秘鲁、瑞典、乌拉圭和南斯拉夫等 11 个国家的代表组

联合国巴勒斯坦特别委员会

① Michael J. Cohen, *Palestine and the Great Powers,1944–1948*, p. 262.

成，其成员有6位外交官、4位法学家、1位教授。联合国授权其就巴勒斯坦的争端进行调查，并提出可行性建议。6月14日，特别委员会到达巴勒斯坦，受到了伊休夫的热烈欢迎，在为期五周的调查期间，多次举行听证会，广泛征求了犹太人的意见。阿拉伯最高委员会则坚决抵制巴勒斯坦特别委员会，并禁止巴勒斯坦阿拉伯人与特别委员会合作。特别委员会调查期间，巴勒斯坦发生了“出埃及”号事件。“出埃及”号是一艘移民船，船上有4539位犹太难民，他们抵达巴勒斯坦海域后，企图冲破英军的封锁而靠岸。当时，对英国政府来说，最聪明的办法是作出特殊让步，使船只靠岸，并以此作为政治谈判的筹码。但是，不明智的贝文却发誓要给犹太人一个教训，命令“出埃及”号返回到装载港——离法国的马赛港85海里处的小城塞特。“特别委员会于6月18日亲眼目睹了英国军人粗暴地把这些大屠杀幸存者驱回欧洲的凄惨场面，这一事件给委员会的成员们留下了深刻的印象，强化了他们建议取消英国在巴勒斯坦委任统治权的决心。”①

离开巴勒斯坦之后，特别委员会短期访问了黎巴嫩，听取了阿拉伯国家发言人的意见，接着到达欧洲，调查与巴勒斯坦问题有关的各个方面，8月中旬在日内瓦举行集中讨论，并起草解决方案。

二、特别委员会的调查报告

1947年8月31日，特别委员会向联合国递交了关于巴勒斯坦问题的调查报告。在某些基本原则上委员会达成了一致意见，如结束英国的委任统治，经过一定时间的过渡后，在巴勒斯坦实行自治，保持巴勒斯坦的经济统一等，但在具体的步骤上存在分歧，因此，特别委员会提出了一个“多数派方案”和一个“少数派方案”。澳大利亚、加拿大、捷克斯洛伐克、危地马拉、荷兰、秘鲁、瑞典、乌拉圭等国代表赞同的“多数派方案”，主张以1937年“皮尔委员会”设定的地理模式为蓝本，把巴勒斯坦分为犹太国与阿拉伯国两部分，耶路撒冷由国际托管。但在实行分治之前，联合国要授权英国承担为期两年的委托管理，过渡时期从1947年9月1日开始，在此期间在联合国的干预下，犹太人与阿拉伯人要签订经济联盟。“多数派方案”的主要依据是：犹太人与阿拉伯人都对巴勒斯坦拥

① Ahron Bregman, *A History of Israel*, p.40.

有主权，但因为政治要求相去甚远，生活方式也截然不同，彼此之间的矛盾又难以调和，因此，实行分治是唯一合理的解决办法。由印度、伊朗与南斯拉夫所签署的“少数派方案”主张建立一个以耶路撒冷为首都、由阿拉伯实体与犹太实体共同组成的独立的联邦国家，联邦国家成立以前要有三年的过渡期。“少数派方案”依据的是：巴勒斯坦是土著阿拉伯人与犹太人的共有领土，在两个民族的经济与文化中都占有重要地位。分治决议造成了巴勒斯坦在地理与政治上的分裂，只有建立共同的联邦国家，才能保证两个民族的平等权力，才能维持该地区发展所必不可少的经济统一性。特别委员会的报告提出后，各方力量反应不一。9月23日，联合国大会召开例会，讨论上述报告，并专门听取了英国、阿拉伯最高委员会与犹太代办处三方的意见。英国表示不提任何建议，不为在巴勒斯坦推行的任何一种强加性的政策承担义务，英国准备尽早撤军，结束对巴勒斯坦的管理。其实，英国当初把巴勒斯坦问题交给联合国的真正企图是，通过外部力量的介入，既能缓解巴勒斯坦的现实冲突，也符合英国的长远利益。而目前联合国所提出的建议显然没有顾及英国的利益，因此，英国采取了不表态的立场。巴勒斯坦阿拉伯最高委员会完全拒绝两个方案，坚决反对任何“肢解、隔离或者分裂巴勒斯坦的决议”，坚持要在巴勒斯坦建立一个独立的阿拉伯人的国家，犹太人只是这个国家内的少数民族。阿拉伯代表还批评分治方案对犹太人的袒护，强调联合国在巴勒斯坦问题上只有建议权，没有强制执行权。犹太代办处认为，尽管犹太人内部对特委会的报告分歧很大，犹太复国主义修正派与一些社会主义左派反对分治，但只有接受分治方案才能实现立即建国的目标。因此，犹太人代办处的表态是：拒绝“少数派方案”，对“多数派方案”表示“某种程度的满意”，但在领土范围与自治权利等方面有保留意见。

三、联合国分治决议

1947年9月以来，犹太复国主义者派出了以摩西·夏里特为首的外交队伍，进行了大量的游说与斡旋，魏茨曼等老一代领导人也出面活动，争取分治决议能够被大多数国家所同意，获得2/3以上的多数票。对分治决议极力反对的是埃及、叙利亚等阿拉伯国家，他们对联合国施加压力：如果强行通过分治决议，阿拉伯世界“将保留采取行动的权利”。一些亚非国家也倾向于支持阿拉伯国家。

为了使美国政府坚定支持分治决议的信心，魏茨曼向杜鲁门表示：不要担心未来的犹太国会被利用为共产主义思想侵入中东的工具，“来自东欧的犹太人不愿意被共产主义所同化”。与此同时，美国犹太社团的代表分别到白宫、国会以及各大社会团体进行活动，以支持大选、院外活动、财团影响等多种渠道，向美国政府施加压力，终于得到了面临总统选举年的杜鲁门的大力支持。总统本人亲自责成美国国务院为分治方案作“外交努力”，尤其是争取拉丁美洲国家的支持。犹太代办处派出专门代表支持加拿大犹太人活动集团，加拿大犹太代表与阿拉伯代表进行着针锋相对的争夺，千方百计向本国政府施加影响，并通过加拿大代表而影响联合国的巴勒斯坦政策，结果，犹太人获得了很大的成功。① 与此同时，犹太代表还对那些举棋不定的国家，展开了认真而又细致的外交工作，争取到了埃塞俄比亚、菲律宾、中国等国家的支持。到 11 月中旬，犹太人的外交活动已经取得了很大成功。这时，魏茨曼从病床上挣扎起来，开始了新的外交努力——争取内格夫与亚喀巴湾。他在给杜鲁门总统的备忘录里指出：

> 位于红海与内格夫南端的亚喀巴是犹太国进入印度洋、到达印度、远东、澳大利亚以及新西兰的唯一通道，这是犹太国与这些地区发展贸易关系的最主要的通道。为了接纳欧洲难民，犹太国将竭力开发其工业与贸易潜力，……如果亚喀巴落入阿拉伯人之手，就会成为犹太国背后的一个永久性威胁，而阿拉伯国家已经有了经过外约旦、埃及和沙特阿拉伯进入红海与亚喀巴湾的通道了。②

杜鲁门被魏茨曼说服了，表示同意把内格夫与亚喀巴湾分给犹太国。

11 月 27 日，离联合国的会议只差两天，犹太代表团在做最后的努力，当他们得知“法国政府因考虑对其北非穆斯林殖民地的负面影响，决定放弃支持分治计划并准备致电本国驻联合国代表投票弃权”的消息时，全力争取。魏茨曼在给法国政治家列奥·布鲁姆的电报中说：“法国真的要在这个永远铭刻在人类记忆之中的关键时刻缺席吗？”在列奥·布鲁姆等人的诉求之下，两天以后，法国代表终于投下赞成票。③

11 月 29 日，一个历史性的日子，经过长达几个月的讨论与争议之后，联

① Eliezer Tauber, *The Jeiwsh and Arab Lobbies in Canada and the UN Partition of Palestine,* see Efraim Karsh, *Israel's Transition from Community to State,* Frank Cass, London, 2000, pp. 236–240.

② Abba Eban, *My People : The Story of the Jews,* p. 442.

③ Leslie Stein, *The Hope Fulfilled : The Rise of Modern Israel,* p. 260.

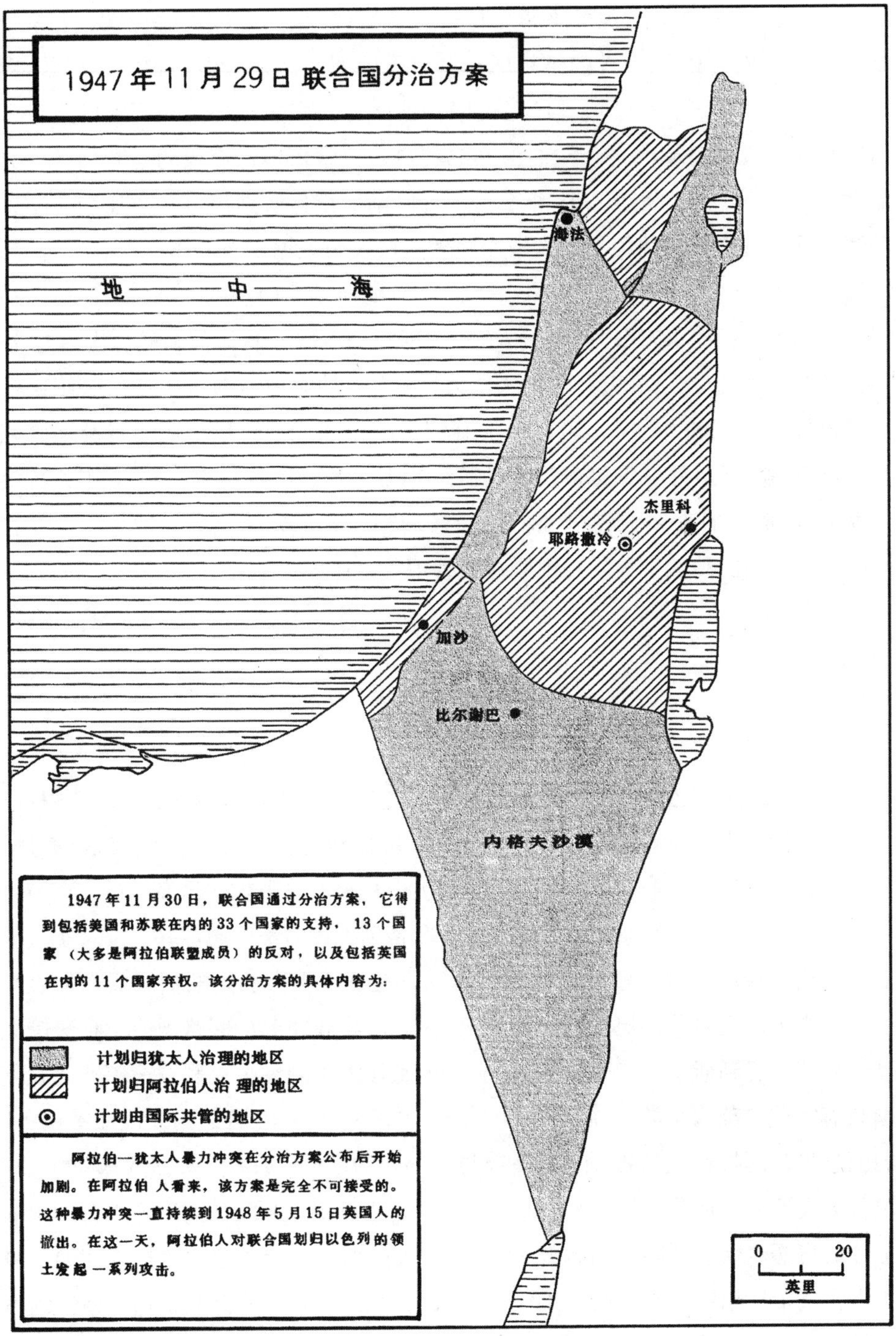
1947年11月29日联合国分治方案
地中海
海法
杰里科
耶路撒冷
加沙
比尔谢巴
内格夫沙漠
1947年11月30日，联合国通过分治方案，它得到包括美国和苏联在内的33个国家的支持，13个国家（大多是阿拉伯联盟成员）的反对，以及包括英国在内的11个国家弃权。该分治方案的具体内容为：
计划归犹太人治理的地区
计划归阿拉伯人治理的地区
计划由国际共管的地区
阿拉伯—犹太人暴力冲突在分治方案公布后开始加剧。在阿拉伯人看来，该方案是完全不可接受的。这种暴力冲突一直持续到1948年5月15日英国人的撤出。在这一天，阿拉伯人对联合国划归以色列的领土发起一系列攻击。
0
20
英里

联合国分治决议

合国大会在纽约的弗拉兴草坪对巴勒斯坦分治议案进行最后表决，以 33 票赞成、13 票反对、10 票弃权的结果通过了“巴勒斯坦将来治理问题的决议”，即联合国 181 号决议。投赞成票的是美国、苏联、大多数拉丁美洲国家以及英联邦成员国，投反对票的是阿拉伯国家或者伊斯兰国家等，弃权的是英国等。分治决议规定：英国必须在 1948 年 8 月 1 日以前撤出巴勒斯坦，在委任统治结束后两个月内成立阿拉伯国与犹太国，地理疆域大致根据民族分布的情况来划分：阿拉伯国家的面积为 1.12 万平方公里，占巴勒斯坦总面积的 42.8%，包括西加利利、约旦河西岸大部分地区、雅法市的阿拉伯区等，阿拉伯国的总人口是 73 万，其中，阿拉伯人 72 万，犹太人 1 万；犹太国的面积为 1.49 万平方公里，占巴勒斯坦总面积的 56.4%，包括上加利利、胡拉盆地、太巴列湖、贝桑地区以及从黎巴嫩边界到雅法南部的沿海地区，犹太国的总人口是 99 万，其中，犹太人 50 万，阿拉伯人 49 万；耶路撒冷及其周围 158 平方公里的土地作为“在特殊国际政权下的独立主体，并由联合国管理”。

四、争夺与冲突

分治决议通过之后，全世界犹太人极为振奋，纽约等地的犹太人举行各种庆祝活动，伊休夫更是欢欣鼓舞，特拉维夫、耶路撒冷、海法等地人民载歌载舞，尽情欢乐。但是，几个小时之后，巴勒斯坦形势突变，阿拉伯最高委员会宣布号召总罢工，成千上万的阿拉伯人高呼反对联合国、反对美国与苏联、反对犹太国的口号走上街头，举行示威与抗议活动。正在开罗聚会的阿拉伯联盟也发表声明，决心为“反对分裂巴勒斯坦的决议而战”。武装冲突从耶路撒冷、雅法等地蔓延到整个巴勒斯坦。12 月 11 日，当英国殖民大臣阿瑟·克利奇·琼斯代表英国政府宣布“英国军队将陆续撤出，并于 1948 年 5 月 15 日之前完成撤军任务”的消息后，阿拉伯人与犹太人的争夺与冲突更为激烈。12 月份，海法炼油厂 39 位犹太人被杀，犹太武装力量立即进行反击。巴勒斯坦阿拉伯人以及来自阿拉伯世界的自愿者组成“阿拉伯解放军”，伊休夫的所有武装力量，包括哈加纳、伊尔贡、莱希、帕尔马赫等大约 4.5 万人全部投入。起初，武器装备相对精良的阿拉伯人占有一定的优势，他们袭击犹太居住区，断绝其粮食与供应；破坏主要的交通线，并切断了耶路撒冷与周围地区的联系；强占阿拉伯人与犹太人混合居住的地区；他们希望不断升级的武装冲突会使联合国的分治决议成为一纸空文。巴勒斯坦犹太人把眼前的冲突看作是为保卫家园而战，为民族国家而战，士气非常高昂。1948 年 1 月，本－古里安在巴勒斯坦工人党的聚会上说：以色列的智慧就是战争的智慧，缺乏这种智慧就谈不到“国家”与“拯救”等字眼。我们面前所面对的短暂的几个月，将浓缩了整个犹太人的历史。

从 1947 年 11 月底到 1948 年 3 月，犹太人与阿拉伯人各有一千余人在冲突中丧生。阿拉伯世界的强烈反应以及英国的不合作态度等因素，曾促使美国政府突然改变态度。3 月 19 日，美国驻联合国代表沃伦·奥斯汀向联合国安理会递交了停止执行分治计划、对巴勒斯坦实行托管的方案，犹太人称这一天为外交史上的“黑色星期五”。1948 年 4 月 16 日至 5 月 14 日，联合国召开紧急会议，讨论美国的提案。由于犹太人、阿拉伯、英国、苏联都不同意美国的托管方案，杜鲁门政府不得不放弃了议案。

1948 年 4 月到 5 月间，哈加纳先后控制了太巴列、海法、萨费德和雅法等城市以及沿海平原地区，并开始向阿拉伯人居住地推进。犹太人所到之处，当地的阿拉伯人纷纷逃走，在 1948 年的前 4 个月里，大约有三十万阿拉伯人离开家园；当英国结束委任统治的时候，作为难民而外逃的阿拉伯人达到了 75 万，这样，犹太人成了巴勒斯坦的主体民族。①

第六节　凤凰再生

随着托管机构的萎缩与英国军队的撤出，犹太代办处开始为接管政权作准备。1948 年初，经过各党派的协商与讨论，伊休夫成立了由 37 人组成的民族委员会，行使临时政府的职责，并从民族委员会选出以本－古里安为首的 13 名委员组成民族执行委员会，又称“十三人委员会”，作为临时行政管理机构。4 月中旬，十三人委员会召开了第一次会议，讨论建立国家的细节问题，如国名、宪法、国旗的确定、发行钞票、公债、邮票等。5 月 12 日，十三人委员会统一了思

① Ahron Bregman, *A History of Israel,* p. 43.

想，决定近期宣布犹太国家的成立，并指定5人委员会，开始起草《独立宣言》。

1948年5月14日，英国高级专员艾伦·坎宁安和最后一批官员登上了英国军舰，在离开巴勒斯坦海域之后，他才发出了结束委任统治的信号，在巴勒斯坦上空飘了30年的英国国旗终于降了下来。当天下午4点钟，以色列建国仪式在特拉维夫的艺术博物馆举行。[①] 在赫茨尔的巨幅画像下，当本－古里安用木槌击打着桌子发出信号后，全场200人齐声唱起了由依姆伯尔的诗改编而成的以色列国歌——《哈蒂克瓦》：

只要我们的心中，
还深藏着犹太人的灵魂；
只要我们的眼睛，
还眺望着东方的锡安山。
两千多年的希望，
就不会化为泡影；
我们将成为自由的人民，
矗立在锡安和耶路撒冷。

接着，本－古里安以执行委员会主席的身份宣读了1027字的《独立宣言》，庄严宣告世界上唯一的犹太国家——以色列国的诞生。《独立宣言》对犹太人建设民族家园的艰难历程以及立国的基本原则作了高度的概括：

以色列地是犹太民族的诞生地。在这里，他们形成了自己的精神、宗教与政治认同感；在这里，他们最早建立了自己的国家，创造了具有民族特征与普遍意义的文化，并将《圣经》这部不朽的巨著贡献给了世界。

当他们被强行驱逐离开了自己的国土之后，在整个流散过程中，犹太人保持了自己的信仰，为了重返故土、恢复其政治自由，他们从没有放弃祈祷。

基于历史与传统的凝聚力量，一代又一代的犹太人为了重新在自己的土地上站稳脚跟而不停地奋斗。数十年来，他们大批地返回故土，先驱者、移民们、护卫者一起，使沙漠中开出了鲜花。他们复兴了希伯来语，建设了城镇与乡村，缔造了一个兴旺发达的社团，这个团体不仅掌握着自己的经济与文化，热爱和平，也知道如何防卫，为所有居民带来了进步的福音，并把民

① 建国仪式之所以在当天下午举行，是因为英国的委任统治的法定终止日期是当天子夜，可是第二天是安息日，犹太律法禁止在安息日签署文件。

族独立作为奋斗目标。

经代表们签名的《独立宣言》

5657 年[①]（公历 1896 年），在犹太国家的精神之父西奥多·赫茨尔的号召下，第一次犹太复国主义代表大会召开，并宣布犹太民族有权在自己的国土上重建民族家园。这一权利被 1917 年 11 月 2 日的《贝尔福宣言》所承认，后来又被国际联盟的委任统治所肯定。委任统治尤其对犹太民族与巴勒斯坦之间的历史联系以及犹太人重建民族家园的权利，给予了国际认可。

近年来降临在犹太民族身上的大灾难——欧洲几百万犹太人的毁灭——再次成为尽快解决犹太人问题的无可争辩的明证。犹太人必须在以色列地重建犹太国，以结束无家可归的状况。这个国家将对每一位犹太人开放，并保证犹太民族在国际大家庭中享有平等的地位。

在纳粹大屠杀中幸存下来的欧洲犹太人以及世界其他地方的犹太人不顾困难、限制与危险继续移居以色列地，他们从不放弃在民族家园的那种自由、尊严的生活以及诚实劳作的权利。

在第二次世界大战中，以色列地的犹太社团为支持爱好自由与和平的国家打击法西斯势力而贡献了自己的全部力量，她以士兵们的鲜血以及为战争而付出的努力赢得了一同创立联合国的权利。

1947 年 11 月 29 日，联合国大会通过了一项在以色列地建立犹太国家的决议，大会号召以色列地的居民采取一切必要的措施来执行这一决议，并无可置疑地承认了建设他们自己的国家的权利。

跟其他民族一样，在自己的主权国土上决定自己的命运是犹太民族的自然权利。

因此，民族委员会的全体委员们，代表以色列地的犹太社团、代表犹太

① 5657 是犹太纪年。

复国主义组织，今天，即英国人结束委任统治的日子，在此举行会议，根据我们自己自然的或历史的权利以及联合国大会的决议，庄严宣布：在以色列地上建立了犹太国家——以色列国。

……

诚信万能的上帝，我们今天、安息日的前夕——5708年伊雅尔月5日（1948年5月14日），在祖国的土地上——特拉维夫城进行临时国务会议，发表这项宣言，并签名为证。①

宣读完《独立宣言》之后，代表们依次上前签名，接着用希伯来语祈祷："我们的上帝、普天之王，您使我们得以生存，保佑我们并使我们看到这一天。"16分钟之后，美国政府便承认了以色列临时政府，接着，危地马拉、苏联等多国也宣布承认。

《犹太国》一书问世的半个世纪以后，犹太人梦寐以求的民族家园终于得以

本－古里安在《独立宣言》上签字

① *Encyclopaedia Judaica*, Vol. 5, p. 1454.

实现。那么到底什么原因促成这一结果，在阿拉伯人与犹太人中一直有不同的观点。有阿拉伯人认为，分治决议的出台以及以色列国家的建立纯粹是犹太人以大屠杀为理由、以牺牲巴勒斯坦人为代价对国际社会的利用与讹诈。“大屠杀被证明是一种不可缺少的思想武器，通过这一武器的利用，世界上最强大的、带有可怕的人权记录的军事力量之一，扮演成了‘受害者’的角色，而且作为美国最成功的少数民族群体也同样获得了‘受害者’的地位。”① 一些犹太学者则极力淡化大屠杀的作用，强调伊休夫的政治、经济、军事地位以及犹太复国主义者成功的国际努力。其实，联合国决议的通过与以色列国家的建立绝不是某一种因素所导致的，而是多种原因的综合结果。如果说民族家园的既成事实、伊休夫已成长为具有国家性质的实体以及犹太复国主义者的成功外交是犹太国家得以建立的内部条件的话，而大屠杀所造就的独特的国际环境——欧洲犹太难民的压力、对犹太民族的同情心态以及大国势力与联合国的支持与干预无疑是不可低估的外部条件，因此，把以色列国家描述为“从大屠杀的灰烬中锤炼而出的金凤凰”是毫不过分的。同时，巴勒斯坦阿拉伯社团的软弱、涣散与分裂，阿拉伯世界缺乏统一的外交目标与灵活务实的应变策略，无疑促成了犹太人的成功。

① Norman G. Finkelstein, *The Holocaust Industry: Reflections of the Exploitation of Jewish Suffering*, Verso, London, 2001, p. 53.

第五章

巩固与成长

（1948 年—1966 年）

在以色列宣布建国的第二天，阿拉伯国家就发起了“圣战”，发誓要把犹太国赶入地中海，犹太人倾其全力投入了战斗。当战争的阴云渐渐散去之后，一系列经济与社会问题迅速凸显。从自然环境上看，以色列不仅地形复杂，土地贫瘠，而且干旱少雨，水源奇缺。国内主要的矿产资源也极为有限，仅有少量的碳酸钾、磷酸盐、溴、铜、镁、锰、硫磺、石灰石、陶瓷黏土和玻璃沙，然而，这个地不大物不博的弹丸之国既要养活现有的人口，还要安置大量的移民，而当时的客观条件是经济混乱、财政拮据、百业待兴。不仅如此，宗教与世俗的冲突、犹太人与阿拉伯人的矛盾、东方犹太人与西方犹太人之间的差异，以及围绕着政治体制、安全战略、经济与文化政策等所产生的分歧与隔阂，使年轻的以色列社会面临着巨大的挑战与压力。然而，以色列人凭借着数千年的传统积淀所凝炼而成的民族精神，凭借着建设新家园的巨大热情与坚强意志，凭借着全世界犹太人的大力支持，充分利用了一切有利的国际环境，发展了国民经济，稳定了社会局势，建设了民主政治，初创了国防体制，创造了中东历史上的新的奇迹。

第一节 战火燃起

一、战争爆发与第一次停火

1948年5月15日，埃及、外约旦、叙利亚、伊拉克、黎巴嫩五国派兵进入巴勒斯坦，向以色列开战，这次战争又称为“第一次中东战争”，以色列人称之为“独立战争”。

战争爆发时，埃及派出约1万军队，兵分两路从南部进入巴勒斯坦，西部纵队由陆军准将穆罕默德·纳吉布率领，沿海岸线北进特拉维夫，并沿途袭击内格夫的犹太定居点——尼里姆、法达罗姆、雅德－莫德柴、尼特扎尼姆等，该纵队一直推进到距离特拉维夫仅25英里处的阿什杜德才被制止；东部纵队由陆军少将阿卜杜拉－阿齐兹率领向尼特扎那移动，并经贝尔谢瓦、希伯伦、伯利恒与拉马特－拉赫尔向耶路撒冷挺进。

在北部，叙利亚的军队于16日发起进攻，一路以米什马尔－哈亚尔登为目标沿东加利利推进；另一路直奔“以色列基布兹之母”——德加尼亚基布兹。黎巴嫩军队则进攻拿撒勒、沙法拉姆以及马尔基尔地区。与此同时，伊拉克军队从加利利南面渡过约旦河直取海法；精锐的外约旦阿拉伯军团占领了约旦河西岸许多地方，并进入耶路撒冷腹地。

1948年5月中旬，埃及、外约旦、叙利亚、伊拉克、黎巴嫩等阿拉伯国家在巴勒斯坦投入的兵力总共有2.15万人，以色列方面匆匆动员了3.5万人，[①] 由于阿拉伯军队有备而来，装备较好，并且采用了先发制人的战略，所以在战争初期控制了主动权，新生的以色列国家面临着严峻的形势。以本－古里安为首的临时政府除了动员国内一切力量之外，还向国外犹太人与国际社会紧急求援。随着来源于国外的军事物资的增加以及对新移民军事训练活动的开展，以色列方面的参战力量补充很快，6月中旬增加到6.5万人。阿拉伯方面虽然也在增兵，但远远

---

① Eugene L. Rogan and Avi Shlaim (edited), *The War for Palestine: Rewriting the History of 1948*, Cambridge University Press, 2002, p. 81.

比不上以色列的速度。[1]

在战争的开始阶段，从 5 月 16 日到 6 月 11 日，双方在多条战线上交手，在德加尼亚、加利利、特拉维夫等地都发生了战斗，尤其是耶路撒冷的争夺战甚为激烈。在以色列人的心目中，耶路撒冷是国家与民族的象征，要不惜一切代价保卫她，而他们的对手是英勇善战、并且对耶路撒冷同样深含宗教情感的阿拉伯军团。到 6 月上旬，阿拉伯军团成功地占领了包括西墙与犹太区在内的耶路撒冷旧城、希伯来大学的所在地——斯科普斯山，以及耶路撒冷 – 特拉维夫公路的监控点。以色列人控制了耶路撒冷新城，特拉维夫的以军还冒着巨大的牺牲，打通了一条增援耶路撒冷新城的山间公路。在 4 个星期里以色列方面的死亡人口达到 1200 人。本 – 古里安向以色列驻联合国代表阿巴 · 埃班发出急电，希望美国与联合国出面干预，实现停火，以便获得必要的喘息时机。

联合国虽然在 5 月中旬就召开了巴勒斯坦问题特别会议，讨论停火事宜，由于成员国态度不一，直到 5 月 29 日出台了停火方案：从 6 月 11 日起停火四周，期间有关国家要禁止运送战斗人员与战略物资（以色列方面可以接收新移民，但不得进行军事动员与战争技能训练）。联合国安理会派出了瑞典皇家成员、红十字会会长伯纳多特伯爵作为联合国巴勒斯坦调停人，与双方进行磋商。阿拉伯方面虽然有一定的顾虑——担心以色列会利用停火期重整军备，全面布防，从而获得战略主动权，但由于自身军火严重不足，也需要增加供给，最后还是接受了停火协议。

二、国防军的组建

5 月 26 日，临时政府曾颁布了组建以色列国防军的命令，规定由国家统一征兵，哈加纳要放弃其地下武装的一切特征，成为以色列国防军的核心力量。隶属于犹太复国主义修正派的伊尔贡与莱希被邀请加入以色列国防军，但要求他们不得私自进口武器，停止兵工厂的制造活动，并把一切生产设施与合同订单移交国防部，要与国防军保持高度一致。但伊尔贡与莱希并没有积极配合，他们怀疑临时政府以组建国防军的名义收缴他们的武装，吞并他们的组织，所以他们依然

① Eugene L. Rogan and Avi Shlaim（edited）, *The War for Palestine: Rewriting the History of 1948*, p. 112.

独立行动，私自购买武器。

6月中旬，正处于联合国的停火期，贝京手下的伊尔贡成员，不顾临时政府的禁令，私自雇佣了一支5000吨位的“阿尔塔列纳”号（为雅博廷斯基的笔名）轮船，从法国运来了800—900名志愿人员、5000支步枪、250挺机枪等其他军用物资。本－古里安接到有关报告之后十分恼火，他以维护政府权威与法律尊严的名义，命令伊尔贡缴出武器，放弃任何“法西斯主义的政治野心”。但伊尔贡把本－古里安的命令视为预谋好的“清洗行为”，拒绝接受。6月18—19日，本－古里安与贝京派出的代表进行谈判，临时政府允许“阿尔塔列纳”号躲过联合国停火观察员的耳目，在特拉维夫南部23英里处的克法—维特金靠岸，但所有物资必须归以色列国防军。贝京则坚持把20%的物资留给伊尔贡的耶路撒冷支部。在遭到拒绝之后，贝京号召伊尔贡成员（其中很多人已经加入了国防军）要全力保护这批物资。本－古里安命令国防军强行缴获“阿尔塔列纳”号，如果遇到抵抗，不惜使用武力。6月22日，国防军向“阿尔塔列纳”号发射榴弹炮，船上起了大火并随之搁浅，有16位伊尔贡成员与2名国防军士兵丧生，另有数十人受伤。事后，本－古里安又下令逮捕了部分伊尔贡成员。贝京等人再度转入地下活动。“‘阿尔塔列纳号事件’对于刚刚成立的以色列国家来说是最寒心的经历，它在以色列人中所酿造的痛苦在以后的岁月里依然能够体味得到。但它证明了这

正在烧毁的“阿尔塔列纳”号

样一个事实：在以色列的国土上出现了一个决心坚持自己意愿、维护自身权威、并不惜为此而动用武力的政府，以色列国防军是唯一的军事力量，不允许任何独立武装存在于这个新国家之中。本–古里安所作出的运用武力、向犹太人开火的决定成为他的巨大的、富有影响力的行动之一而被记载下来。”① 与此同时，联合国的调停工作仍在继续，伯纳多特一直在寻找政治解决的途径，并向以色列政府与阿拉伯联盟递交了系统的解决问题的方案——即“伯纳多特计划”，建议成立一个包括巴勒斯坦与外约旦在内的阿—犹联邦国家，这是英国与外约旦长期追求的外交目标，但遭到了阿、以双方的反对。9 月 17 日，莱希分子在耶路撒冷郊区谋杀了伯纳多特以及他在耶路撒冷的助手，立即引起了公愤。临时政府逮捕了二百五十多位莱希分子，并向伊尔贡与莱希发出最后通牒，要求其成员在 24 小时之内自行解散，并缴出武器，可以以个人身份加入国防军。伊尔贡与莱希接受了最后通牒，表示愿意与政府合作。

在结束了伊尔贡与莱希的分裂历史之后，本–古里安把苗头对准了最后一个半独立组织——帕尔马赫。尽管帕尔马赫自成立以来一直表现出色，并且为未来的以色列军队训练出了卓越的军事指挥官如伊加尔·阿隆、伊扎克·拉宾等，但本–古里安不允许有任何的分离因素存在。1948 年 10 月 7 日，总参谋部根据国防部长的指令颁布了取消帕尔马赫指挥部的命令，把帕尔马赫的三个旅改编为国防军的前线师。至此，本–古里安消除了所有独立武装力量，完成了以色列国防军的组建。8 月底以前，以色列国防军控制的力量是 7.8 万人，10 月份达到了近 9 万人，12 月上升到 9.6 万人，而阿拉伯方面参战的武装力量最多也只达到了 4 万人左右。

三、战事再起与第二次停火

在停火期间，巴、以双方并没有严格履行联合国的协议，尤其是以色列利用停火期得到了大批的军火补给，重新整编了武装力量，稳固了已经占领的一些地区，士气非常高昂。阿拉伯方面也补充了军需与武装，但与以色列悬殊甚大，更为致命的弱点是，阿拉伯国家的领导人各有自己的打算，在军事上缺乏必要的协

① Ahron Bregman, *A History of Israel*, p. 53.

调与配合。虽然在战前阿拉伯国家的参谋长曾在大马士革聚会，制定了统一的作战方案，但并没有认真实施，作为阿拉伯联军总司令的外约旦国王阿卜杜拉与其他阿拉伯领导人之间存在着严重的分歧。阿卜杜拉想利用战争的机会夺得巴勒斯坦的阿拉伯居住区，建立一个与犹太人抗衡的“大约旦王国”，他的野心众人皆知，因此根本调动不了所有参战部队；巴勒斯坦阿拉伯领导人侯赛尼的主要目标是驱逐犹太人，在巴勒斯坦建立一个独立的阿拉伯国家；埃及国王法鲁克刚刚成为阿拉伯世界的领袖，急于发挥自己的领导作用，显示自己的影响力，他极力制约阿卜杜拉的扩张心理，支持侯赛尼的立国主张；叙利亚人想在阿卜杜拉的阿拉伯军团到达之前吞并巴勒斯坦北部地区；黎巴嫩与伊拉克对战争缺乏兴趣，他们只是服从阿拉伯联盟的统一行动，仅关注自己的边境安全。此外，阿拉伯国家还有一个共同的错觉是，认为委任统治结束、英国撤出之后，巴勒斯坦成为“真空地带”，他们都想使自己从中获得足够的战利品。可见，阿拉伯世界参战的最直接的目的不只是为了帮助巴勒斯坦阿拉伯人建立自己的独立国家或者实现与以色列国家的分治，而主要为了自身的利益。

7月9日，阿、以之间再次拉开战线，以色列从人员配置到武器装备都明显占据了优势。由伊加尔·阿隆与摩西·达扬率领的军队于7月11—12日在阿拉伯城镇卢德、拉马拉发起猛攻，在本-古里安的默许之下，有5万名阿拉伯居民从上述城镇被驱逐出去。[①] 在战事再起的10天当中，以色列军队取得了下加利利的大部分地区包括卢德国际机场，拓宽了特拉维夫与耶路撒冷之间的通道，并迫使特拉维夫南面的埃及军队撤退到内格夫，以色列军队大约夺取了一千多平方公里的土地，用国防军代理参谋长伊加尔·亚丁的话来说：“我们获得了

以色列女兵

① Ahron Bregman, *A History of Israel,* p.55.

主动权，从此以后我们一直把握局势，不让阿拉伯人占上风。”[①]

在联合国安理会的干预下，以色列与阿拉伯方面同意从7月18日开始进入第二次停火期。

第二次停火期间，以色列照例武装训练新移民，接受了一批来自美国、英国、法国、加拿大等国的志愿人员，并从捷克、瑞士、意大利、美国、墨西哥等地运来了坦克、枪支与其他军用物资。阿拉伯阵营中的分歧却进一步加剧，“随着阿卜杜拉与犹太人单独媾和的说法越来越流行，阿拉伯人的分裂也达到了顶点，在阿拉伯政治家的头脑中内部斗争已经超越了对犹太人的斗争。”[②]9月20日，埃及控制下的阿拉伯联盟宣布在加沙建立“全巴勒斯坦阿拉伯政府”，由穆夫提[③]侯赛尼任新政府的领导。阿卜杜拉作出快速反应，于10月初在安曼召开了巴勒斯坦与约旦知名人士会议，会议宣布效忠阿卜杜拉，不承认加沙政府，阿拉伯阵营不攻自破。

10月15日，以色列打破了停火协议，开始实施把埃及军队驱逐出内格夫的“约夫战役”。正如本－古里安所预料的那样，阿卜杜拉对于以色列与埃及的交战保持了隔岸观火的中立态度，“他甚至很乐于看到埃及军队的战败与耻辱”。

10月29日，以色列军队在北部发起了“希拉姆行动”，很快占领了加利利中部，驱逐了大批阿拉伯人，包括许多从西加利利与东加利利逃来的难民。并把叙利亚军队进一步驱向东部，把黎巴嫩的军队赶出加利利，使当地的阿拉伯解放军失去战斗力。[④]与此同时，以色列与外约旦已经初步达成了在耶路撒冷实现停火的默契。10月31日，联合国再度呼吁停火，但以色列方面仍在继续准备进一步的军事行动。12月22日，以色列军队在南部发起了“霍雷夫行动”，目标是彻底摧毁埃及军队，把他们赶出巴勒斯坦。以色列军队迅速穿越内格夫，并抵达西奈半岛上的埃及领土，埃及军队被围困在狭窄的加沙地带。埃及政府向阿拉伯国家求援，但没有回应。黎巴嫩、沙特阿拉伯、也门等承诺援助的国家都没有兑现其诺言，伊拉克只是象征性地进攻了几个边境村庄以示“对其战斗同盟的支持”，埃及这一最大的阿拉伯国家迫于无奈向以色列求和。内格夫的战局立即引

① Michael Bar-Zohar, *Ben-Gurion,*London, 1987, pp. 165–166.

② Eugene L. Rogan and Avi Shlaim（edited), *The War for Palestine: Rewriting the History of 1948,* p. 96.

③ 穆夫提（Mufti）是伊斯兰教教职——教法说明官的阿拉伯语音译。通常设有穆夫提领导的官方或半官方的教法咨询院，依据《古兰经》、圣训的规定来解释和决定有关教法的问题。

④ Benny Morris, *The Birth of the Palestinian Refugee Problem,1947–1949,* p. 218.

发了国际危机，尤其是英国的反应最为强烈。根据1936年的《英埃条约》，一旦埃及遭到外来进攻，英国有义务给予援助。不仅如此，阿拉伯国家的失败也标志着英国中东战略的完全失败，英国出面向以色列施加压力，要求其撤出埃及领土，否则就要面临与英国军队正式交战的危险。在此之前，以色列军队刚刚击落了5架在作战区侦察的英国皇家飞机，本-古里安政府不想与英国的关系过于僵化，再加上联合国安理会强烈施压，杜鲁门总统极力劝说本-古里安接受联合国调停，撤出西奈半岛。这样，以色列决定停止进攻。1949年1月7日联合国规定的停火时间也成为第一次阿—以战争的正式结束日期。第二天，本-古里安在他的战事日记里兴奋地记下了这样一句话："一个绝好的日子，战争难道就在这一天结束了吗?"

然而，胜利的喜悦永远无法弥合战争的伤痛。在这场战争中，以色列与阿拉伯国家都付出了惨重的代价，以色列的阵亡人数为6000人（近两千平民），受伤人员为1.5万，而当时以色列国家的总人口是65万，差不多每100个人中就有一人死亡，每40人中有一人受伤；阿拉伯方面有大约1.5万人阵亡，2.5万人受伤。在战争期间有大约70万阿拉伯人逃离以色列占领区，如西耶路撒冷原有7.1万阿拉伯人，1949年只剩下3500人，雅法原有7万阿拉伯人，1949年只剩下3600人，海法1947年有7.1万阿拉伯人，1949年只剩下2900人。这些难民主要流入约旦河西岸、加沙地带以及埃及、约旦、叙利亚、黎巴嫩、伊拉克等国，尤其是约旦河西岸集中了25万阿拉伯难民，加沙有14万，黎巴嫩有10万左右，叙利亚有8万左右。①

四、停战协定与边界划分

当战争结束的时候，分治决议中所拟定的阿拉伯国仍然没有出现，联合国原划分给阿拉伯国的土地，有的被以色列占领，有的被外约旦与埃及的军队控制着，叙利亚与黎巴嫩因作战不力，没有得到任何巴勒斯坦领土，伊拉克虽然在中部战场占领了一些地区，但认为自身与以色列并不交界，签订停战协议就意味

① 关于第一次阿—以战争中巴勒斯坦阿拉伯难民人数有不同的统计，有65万、70万、75万等说法。参见 Nur Masalha, *Expulsion of the Palestinians: The Concept of "Transfer" in Zionist Political Thought*, Institute for Palestine Studies, Washington, 1992, p. 175; Arnold Blumberg, *The History of Israel*, p. 87.

着对以色列的承认，所以也拒绝参与谈判，但承诺遵守任何临国签订的协议。沙特只是象征性地参战，也不参与谈判。以色列的停战谈判实际上是和四个阿拉伯国家的政府分头举行。以色列与埃及之间的谈判于 1 月 12 日在罗德岛拉开帷幕，边界的确定成为谈判的焦点，埃及企图实现其参战目的，至少应控制一部分内格夫的土地，以色列极力反对，在联合国调停人本奇博士的极力斡旋下，2 月 24 日达成了协议，规定：基本上以分治方案为依据，确定了双方的边界，所不同的是把协议中的阿拉伯国的土地——加沙地带划给了埃及，允许埃及在此建立非军事行政机构；对以色列境内通往西奈半岛的战略争议点埃 – 奥加实行非军事化，安全遣返被围困在该地区的埃及军队；双方交换战俘等。

1949 年 3 月 23 日，黎巴嫩是第二个与以色列签订停战协议的阿拉伯国家，双方重新认定了传统的国际边界，以色列军队将撤出在“希拉姆行动”中所占领的 14 个黎巴嫩村庄。

在以色列与黎巴嫩谈判的同时，以色列与约旦的谈判也于 3 月初开始启动，此前双方官员已经有一些秘密接触。在会谈期间，以色列采取军事行动，快速占领了从内格夫东南到亚喀巴湾的大块土地，并且有效地控制了这一地区。这时，伊拉克军队撤出了约旦河西岸的北部地区，并相信约旦军队会接管这些地区，但以色列坚持要得到介于特拉维夫与海法之间的瓦迪・阿拉地区的一个狭长地带，这里有 15 个阿拉伯村庄，阿拉伯居民人口达到 1.2 万人。阿卜杜拉不愿意放弃这一地区，但抵挡不住以色列的强大压力。在 1949 年 4 月 3 日签订的约以停战协议中以色列答应从其他地方给出外约旦相应的土地作出补偿，但这一诺言除了给阿卜杜拉一点面子之外，没有任何实际的效用。停战协议划分了两国长达 330 英里的曲折的国界线，约旦河西岸人口密集的阿拉伯居住区（联合国分治决议中属于阿拉伯国家的领土）归约旦控制。耶路撒冷保持现状，以色列占有新城，外约旦则占有旧城，希伯来大学与哈达萨医院所在的斯科普斯山也被外约旦控制，但允许以色列派警察管理这些建筑，以色列人可以进入位于斯科普斯山以及临近的橄榄山上的圣所与公墓。

以色列与叙利亚的谈判进行得最艰难，叙利亚对 30 年前由英法协定划分的中东国际边界提出质疑，不愿意撤出所占领的分治决议中划给犹太国的土地，叙利亚的理由是以色列也同样占有不属于自己的领土。经过了长达 4 个月的讨价还价，终于于 7 月 29 日签订了停火协定。根据协定，叙利亚同意从占领区撤军，但作为交换条件以色列必须在靠近胡拉沼泽的有争议的地区实行非军事化，行政

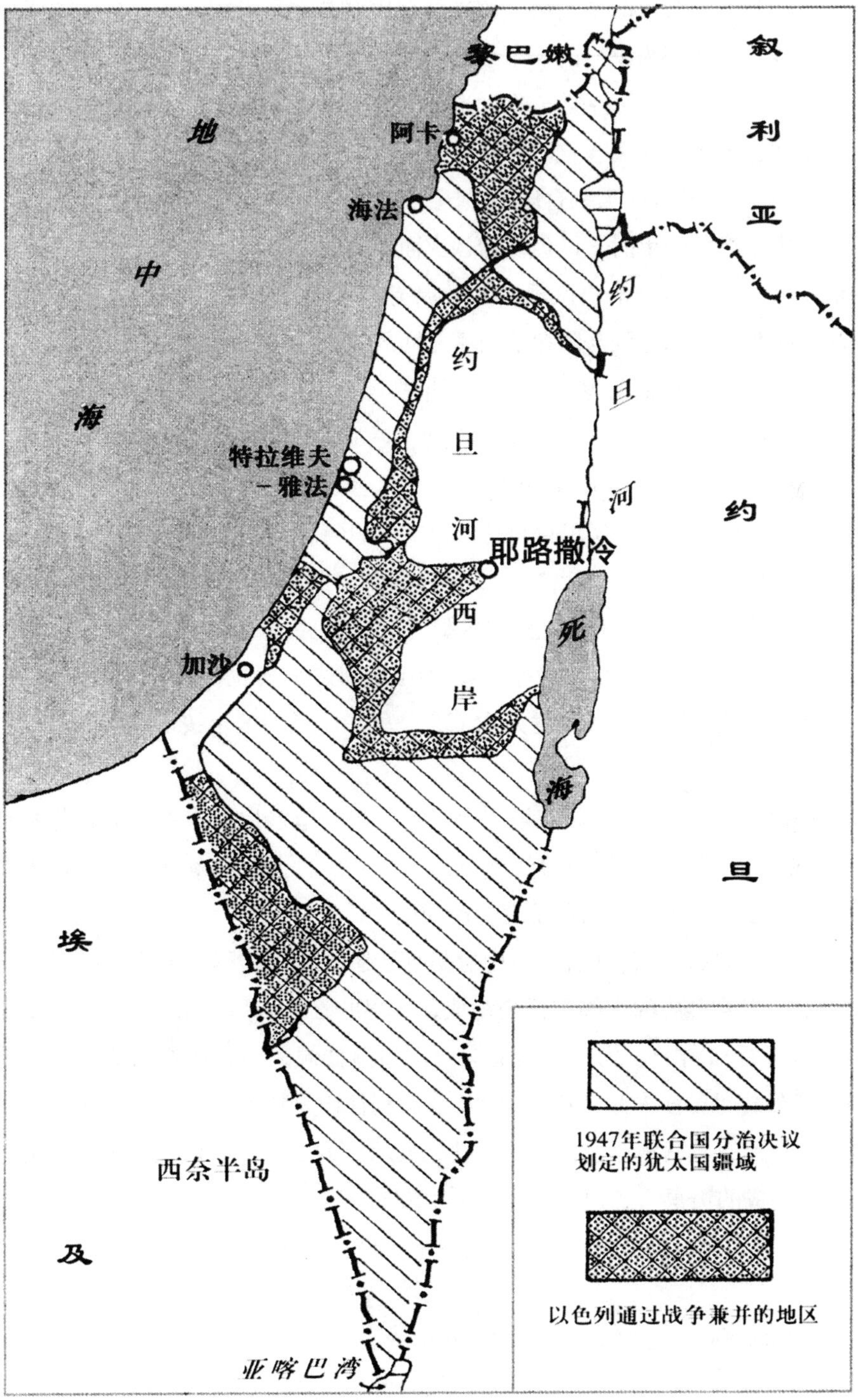

第一次中东战争中以色列占有领土情况

管理隶属于联合国混合停战委员会，该委员会由双方派员参加。这一折中方案虽然被双方所接受，但却为以后的纷争与冲突埋下了因子。

1949 年 8 月 11 日，联合国安理会关闭了代理调停人的办公室，也标志着第一轮阿、以冲突的正式结束。这时，以色列已经获得了五十多个国家的承认，并于 5 月 11 日起已经被吸收为联合国成员国。

第一次中东战争结束时，以色列的领土面积达到了 2.11 万平方公里（一说为 2.085 万平方公里），比分治决议规定的 1.49 万增加了 6200 平方公里，占整个巴勒斯坦面积的 80%，以色列与阿拉伯国家之间的停火线（以色列人称之为“绿线”）成了以色列的新国界，而且这一事实也逐渐被国际社会乃至阿拉伯世界所认可。战争结束后，以色列媒体大肆宣传第一次阿、以战争是以少胜多的典范——即以色列人战胜了人口为其 40 倍的阿拉伯世界。尽管这些宣传不乏夸张与炫耀的因素，但阿拉伯世界的惨败确实值得进行认真的反思与总结。

在战争与停火协议中诞生出来的以色列国家，西濒地中海，南连亚喀巴湾，东南通红海，北邻黎巴嫩，东北接叙利亚，东邻约旦，西南与埃及交界。以色列地形狭长，北起山峦起伏的戈兰高地，南至红海之滨埃拉特港，南北全长 470 公里，从死海到地中海沿岸，最宽处约 135 公里。以色列国土按地形特征习惯上划分为四个区域：

1．沿海平原区。沿海平原与地中海平行，由一道沙质海岸线构成，与海岸线相接的内地是一片沃土，北面有广阔无垠的沙滩。平原区城镇星罗棋布，人口密度较大，是国家最主要的工业基地与产粮区。

2．山脉蜿蜒区。以色列有几条山脉贯穿全国，北部山区主要由远古时期火山喷发而出的岩浆形成的山峰和丘陵组成，这里的玄武岩风景带，巍然耸立；加利利山由石灰石和白云石构成，由北向南，逐渐低倾，山谷溪涧奔流，绿荫覆盖，许多基布兹和莫沙夫① 经营其中；从加利利往南是埃斯德拉隆谷，隆谷再往南便是起伏舒展的撒马利亚及犹地亚高地，展示出的是“一幅由岩石山顶与肥沃河谷相间而构成的美景”，“由农民开垦的山坡梯田与自然景色融为一体，一片片古老的银绿色橄榄树点缀其中”，给人们留下了许多遐想的空间。

---

① 莫沙夫（Moshav）为巴勒斯坦地区犹太人的农业合作居住点，以土地国有、家庭经营、合作经营、集体销售为基本特征。它追求集体主义原则，但又强调个人的主观能动性，所以，集体化程度低于基布兹。莫沙夫最早出现于 1921 年，发展于 30 年代。以色列建国后，随着移民潮的兴起，摩沙夫越来越普遍，不仅是最基层的农业组织单位，而且是基层行政管理单位。

3．约旦河谷与阿拉瓦谷地。约旦河谷与阿瓦拉谷地纵贯整个以色列东部地区，是由几百万年前的地壳断裂下陷形成的。北部是一片较肥沃的土地，有中东地区最大的淡水湖——加利利海；南部干旱荒芜，有世界上最著名的咸水湖——死海。这里的居民主要从事农业、渔业和轻工业。

奇特的死海

4．内格夫地区。位于以色列南部，地貌呈尖角朝南的三角形形状。西接西奈半岛，东临约旦河谷，北靠犹地亚山。自古以来，内格夫呈现给人们的是奇异的岩峰、陡立的峭壁、秃秃的火山口与干涸的河道。建国后，以色列人在这里大力发展沙漠农业，使茫茫沙海之中出现了一片片绿洲与花园。

第二节　政治建构

建国前围绕着政治与法律体制的建立，以色列社会展开了激烈的争议，最后确定了以西方社会为蓝本，以议会民主制、多党并存、三权分立为主要特征的政治制度。但是，考虑到犹太民族独特的文化传统以及以色列社会的多元化因素，以色列又创造性地确立了对立党联合执政、比例代表制等原则。以色列是中东地区唯一实行议会民主制的国家，而且树立了比较成功的范例，以色列公民深为自己的民主政治而自豪，西方世界也称其为中东“集权主义汪洋中的民主孤岛”。

一、国家元首——总统

在以色列，总统是国家的元首，是超越任何党派与集团的国家意志的象征。总统在希伯来文中称“纳西”，沿用的是公元1—5世纪作为犹太社会最高的立法与司法机构——犹太元老院对“首领”的称谓，其目的是想表明以色列国家是古代犹太国家的延续。

在以色列的《独立宣言》中没有提到总统职位，1948年5月16日，魏茨曼当选为行使临时国务会议职权的全国委员会主席，实际上承担了“临时总统”的角色。1949年2月16日，以色列立宪会议行使立法功能，通过了《过渡法》，又称“小宪法”，明确规定由议会中的多数选举出总统，其任期与国会相同。同一天，第一届议会选举魏茨曼为以色列国家的第一任总统。1951年，以色列通过了《总统职位法》，把总统任期延长为5年，1964年6月，以色列议会通过了《基本法：总统》，详细规定了总统的选举与职责。

以色列议会直接选举总统，总统候选人必须具备三个条件：第一，必须是以色列成年公民；第二，必须定居在以色列；第三，没有担任过两届以色列总统。总统的选举采取无记名投票，每个议员只能投一位候选人的票，票数超过半数，即可当选。以色列当选的历任总统都是著名的政治活动家、科学家。以色列总统府设在耶路撒冷。总统职位可以连任一届，如果因为特殊原因（健康状况、渎职、劣迹等）不适合继续担任总统职位，议会可以通过免除总统职位的决议，但必须要3/4的议员投票通过。总统本人也可以向议长提出辞呈，辞呈递交48小时后生效。议会要在45天之内选出新总统，在此之前，由议长担任临时总统。

以色列总统的职责大都属于礼仪性质，主要包括：第一，签署议会通过的新法律（有关总统权力的法律除外）与议会签订的新的国际条约，否则不能生效。第二，主持新议会的第一次全体会议；任命在大选中获胜的政党领袖为总理，并授权总理组成内阁；根据有关部门的推荐任命首席法官、国家检察长、以色列银行行长等职务；宣布赦免罪犯、减轻刑罚；阅读和研究政府会议报告，经常与总理会晤，接见内阁成员等。第三，代表以色列国家出访，任命驻外使节，并授之以委任状，接见外国使节并接受他们递交的国书。

以色列总统的权限虽然涉及立法、行政、司法、外交等诸多方面，但大都是荣誉性象征性的，这一现象的形成与本－古里安的个人因素是分不开的。建国之初，纷繁复杂的以色列政坛上缺乏一种“能起稳定作用的潜在权势”，很多政治家也都希望总统拥有一定的实权，能制约各种政治力量，有人甚至主张建立美国或者法国式的总统制，魏茨曼本人也曾非常期望承担积极而有效的政治角色，而不仅仅是一个毫无政治作为的总统，但是，本－古里安绝不允许别人来分享他的政治权力，尤其是与他长期存在着分歧与隔阂的魏茨曼。魏茨曼尽管担任了二十多年的世界犹太复国主义组织的主席，在全世界犹太人中深孚众望，并为以色列国家的建立，从外交领域做出过巨大的贡献，但与本－古里安相比，他不得不甘拜下风。建国前，本－古里安担任着犹太代办处主席与强大的巴勒斯坦工人党的领袖等职务，掌握着伊休夫的实权，本－古里安本人坚强的性格、果断的作风、充沛的精力也都是魏茨曼所无法相比的。魏茨曼任总统期间，因年迈体弱，并不热衷于国务活动，本－古里安大权独揽。开国时的局面一直影响到后来的政府，从第二任总统开始曾试图推行以扩大总统权限为目的的改革，但收效甚微。

二、立法机构——议会

以色列宣布建国之时，民族执行委员会行使着临时议会的职责。11 月 19 日，临时议会颁布了《立宪会议选举条例》，规定立宪会议的成员为 120 名，在按照比例代表制的党派名单的基础上，由不记名投票直接选出，并为此进行了人口普查，确定合格的投票人。1949 年 1 月 25 日，以色列进行了立宪会议的选举，50 万合格选民中（包括 3.34 万阿拉伯人）有 87% 的人投了有效票，工党在立宪会议中获得了 46 个席位，取得了 36% 的多数，统一工人党与其他党派联合获得了 19 个席位，由四个宗教政党组成的宗教联合阵线获得了 16 个席位，其余席位被其他党派所瓜分。在新当选的 120 位议员中有 117 位犹太人、3 位阿拉伯人。①2 月 16 日，以色列立宪会议改名“克奈塞特”，② 即以色列国家的第一届议会，并颁

① Ahron Bregman, *A History of Israel,* p. 63.

② “克奈塞特”在希伯来语中的意思是“大集会”（Great Assembly），是第二圣殿时期以色列的立法机构，由大祭司以斯拉和尼希米在耶路撒冷创建，当时称“大克奈塞特”，负责圣殿的重建工作，“大克奈塞特”由 120 位成员组成，因此，以色列议会也设立了 120 个席位。

布了它的第一条法令《过渡法》。1958年，以色列通过的《基本法：议会》，规定了议会的结构、选举、期限和职能等。《基本法：议会》规定：以色列实行一院制议会，议会席位为120个，议会所在地为耶路撒冷，希伯来语与阿拉伯语为议会正式语言。议会每4年选举一次，也可以提前解散，重新选举。每届议会的第一次全体会议上选举出议长与副议长，主持议会的日常工作。议会下有10常设委员会，即外交和国防委员会，宪法、法律与司法委员会，教育和文化委员会，经济委员会，财政委员会，劳工和福利委员会，议会委员会，内政与环保委员会，移民安置委员会，国家管治委员会。各委员会有10—25名成员，与议会全体会议一起行使议会的职责。

建国以后，以色列曾多次颁布了有关议会的法令，除了《基本法：议会》之外，还于1955年、1959年颁布了《议会选举法》，规定：凡年满18岁的以色列公民不分宗教、种族和性别均有选举权，依法被剥夺了政治权利的人除外。21岁以上的公民才有被选举权，禁止下列人员竞选议员：总统；两位犹太教大拉比；领取薪金的拉比与其他宗教神职人员；世俗和宗教界的在职法官；国家检察长和由国家定级的国家文职人员；总参谋长以及由国家确定军衔的高级军官。关于议员的选举方法，《基本法：议会》第四部分的表述是："克奈塞特的选举应该是普遍的、全国的、直接的、平等的、不记名的比例代表制。"所谓"普遍的"是指所有18岁以上的以色列公民都可以参与选举，对"普遍性"的强调是针对犹太人的传统而提出来的，围绕着选举权的斗争在西方历史上由来已久，犹太人也不例外。在伊休夫时期，一些宗教团体强烈要求排除妇女的选举权，他们的理由是妇女不应该参与政务。当时争议非常激烈，以至于有些团体抵制选举，就是因为伊休夫给了妇女以选举权；所谓"全国性"是指尽管各地设立不同的投票点，但全国为一个大选区，统一布置选举。选举日期通常定在犹太历2月（大约为公历11月前后）的第三个星期二；所谓"直接的"是指每一个投票人都必须自己完成投票程序，盲人或失去独立行动能力的人除外，不允许任何团体力量干预选举；所谓"平等的"是指每个人所投出的一票具有同等的影响力。所谓"单一比例代表制"（Pure Form of Proportional Representation）是指任何党团只要争取到2500选民的签名，并交纳保证金，就可以参加竞选，如果获得全部选票的1.5%，即越过了分配起点——"马哈绍姆"（Mahsom，意为"障碍物"），就可以在议会中占有一席，保证金予以退还。

比例代表制是世界犹太复国主义组织的惯例做法，为了吸引更多的犹太人参与组织，赫茨尔时代就规定，只要有一定数量的群众，就可以选出相应的代表参与世界犹太复国主义大会。为了最大限度地发扬民主，以色列的议会沿用了这一选举模式。一般在选举两周以后，中央选举委员会会在媒体上公布选举结果，各党派可根据得票的多少算出自己应该得到的议席数，其计算方法是：议席总数（120）× 某党派的得票率，如某党在大选中获得了34.2%的选票，那么他在议会中的席位应该是：120 × 34.2%=41，这样该党候选人名单上的前41位将成为议员。半个多世纪以来的实践证明，比例代表制虽然更充分地反映了公众舆论，充分延续了犹太人的政治传统，但也存在着很多弊端：首先，造成了党派林立的局面。由于任何党派都无法单独组阁，必须拉拢、联合一些中小党派才能获得半数以上的席位，这就使得中小党派常常对以色列政治产生了超常的影响力，因为他们不仅可以很容易地把自己的成员安排在政府机关之中，而且常常可以对大党施加压力，讨价还价，捞取政治资本，甚至联合起来，制约总理，导致内阁危机；其次，比例代表制候选人投的是政党的票，而不是选民本人的票，在一个党派内，某一名候选人能否当选议员，取决于他在候选人名单中的排列位置，名字越靠前，当选的机会就越大。但是，排名的顺序往往是由该党的中央机构，尤其是该党领袖们的意志所决定的，因此，候选人的排名就不仅仅取决于他的政治才能，而且包括他在党内的威望以及人事关系，尤其是与领袖的关系，这就给民主政治打了折扣。所以，自第一届政府以来，以色列社会关于议会改革的呼声从来就没有停止过，要求淡化党派气氛、划分选区并直接面向选民的议案被多次提出，尤其是工党的迦得·雅各比为这一目标进行了很多年的努力，① 但比例代表制所造就出来的许许多多的中小党派在议会中占据着1/3的席位，他们的极力反对，为议会改革造成了很大的困难。

以色列议会的主要职责首先表现在立法方面。议会是最高的立法机关，但立法要遵循严格的程序，提交议会的议案必须经过“三读”，才可以生效：议会对提案进行一般性的辩论，称为“一读”（The First Reading）；在相关的常设委员会中进行讨论并提出修改意见，称为“二读”（The Second Reading）；议会进行最终表决，称为“三读”（The Third Reading）。然后要经过总理、总统、议会发言人、主管部长的签署才具有法律效力。议会立法后由司法部门实行，最高法院无

① Asher Arian, *The Second Republic*：*Politics in Israel,* Chatham House Publishers, Inc. , New Jersey, 1998, p. 199.

权修改法律。在《独立宣言》中提出“宪法将不迟于1948年10月1日由立宪会议拟订”，但当立宪会议成立的时候，战争正在进行，暂缓立宪的意见占据上风。战争结束后，议会内各党派在立国的基本原则、民主政治的主体特征、宗教与世俗的关系等一系列关键问题上分歧很大，因此，要不要立即制定一部成文宪法仍然是争论的焦点。主张立即制宪的人认为：宪法是民主国家的基本标志，对以色列这样一个在特殊背景下仓促建立的国家来说更需要一部宪法，它不仅是教育国民的工具，而且是培养认同感、促进社会融合的推动力；反对制宪的人认为：一个国家的民主性并不取决于有没有宪法，没有完整宪法的英国其民主性远远超过了一些有宪法的国家。以色列的《独立宣言》以及以后陆续颁布的法令实际上就是宪法的一部分。如果立即立宪，必然使以色列陷入一场“文化战争”之中，会激化以色列社会中存在的民族主义者与个人主义者之间、社会主义者与资本主义者之间以及宗教主义者与世俗主义者之间的矛盾，而这些矛盾必然会影响到新生的以色列国家的政治稳定；一些宗教派人士甚至强调：“《托拉》本身以及拉比们所给予的解释就是现成的以色列宪法，它具有神圣的起源，优越于一切世俗立法”。① 通过激烈的辩论，以色列议会最终在1950年1月达成了一项妥协，通过了由议员伊扎尔·哈拉里提出的议案，即“哈拉里决议”。其内容如下：“每一届议会责成宪法、法律和司法委员会起草国家宪法。宪法必须逐章写成，每一章本身就是一部独立的基本法。当委员会完成一章的内容之后要提交议会讨论通过。所有章节将组合起来构成国家的宪法。”② 这种逐章通过宪法的方式是以色列社会的独创，后来的以色列议会逐步通过了十多项基本法，但至今还没有制定出一部完整的宪法。

议会的另一职责是对政府行为的监督。大选之后成立的新政府，要经过议会的信任表决，才能开展工作。议会也可以对现任政府举行不信任表决，议会里的任何党派都可以对政府提出不信任案，如果提案被议会正式通过，政府就要解散，另组新政府。议会还通过全体会议、常设委员会对政府的重大决策进行监督与控制，议会全体会议对公众与媒体公开。另外，议会还有一些礼仪性的职能，如根据总理提名选出总统、听取总统宣誓，安排外国元首与世界著名人士的议会演讲等。

---

① Asher Arian, *The Second Republic : Politics in Israel,* pp. 266–267.

② Geoffrey Wigoder, *New Encyclopedia of Zionism and Israel,* p. 816.

三、行政机构——政府

以色列作为议会民主制国家，政府是国家的行政机构，政府必须得到议会的信任并接受议会的监督。总理是政府首脑，政府所在地为耶路撒冷。建国以后，以色列政府主要以《小宪法》为依据开展工作，直到 1968 年 8 月议会颁布了《基本法·政府》，才对政府的产生、职能作了规定。

在新议会产生之后，总统往往要授权在议会中占席位最高的政党的领袖出面组阁，并任命他为总理。组阁时间为 21 天，组阁过程往往是一个艰难的讨价还价的过程，因为最大党必须与一些与自己政治主张接近的小党派谈判，邀请他们一起组成政府，联合伙伴越多，付出的政治代价越大，但最低的标准是要保证联合政府在议会中得到 61 位议员的支持。如果在规定期限内组不成新政府，可以再延长 21 天，或者由总统邀请其他议员组阁。这一程序可根据需要不断重复，直到组成政府，但也可解散议会，提前大选。以色列的历届政府都是多党联合政府，总理要从参加联合政府的政党里挑选部长，部长不一定是议员，但必须是居住在以色列的公民。以色列政府通常设立以下部门：政府首脑部（即中心内阁，以总理为核心）、外交部、国防部、财政部、工业贸易部、旅游部、动力资源部、内务部、宗教事务部、建设部、教育文化部、卫生部、农业部、司法部、劳动和社会保障部、移民部、交通部、邮电部、科学发展部、警察部等。除外交、国防、财政等几个大部外，其他像内政、警察、宗教事务等部有时会两三个合并成一个部，由一位部长主管。在部长人选不能安排妥当时，或者出于某些政治原因，总理可设不管部，任命不管部长。以色列总理是国家的首脑，掌握国家的行政大权，总理有权任免部长，总理任期为 4 年，但如果议会通过了对总理的不信任案，总理必须提前辞职。

以色列建国后，从 1948 年 5 月 14 日，到 1949 年 3 月以前一直处于临时政府的管理之下，临时政府的下属各部门基本上延续了犹太代办处的相应部门。根据《过渡法》，议会产生后，就要由议会中最大政党的领袖出面组阁。以色列第一届议会于 2 月份产生以后，经过政党之间的协商，魏茨曼总统于 24 日授权工党领袖本－古里安组阁。3 月 8 日，工党与宗教联合阵线、进步党、塞法尔迪党达成了联合组阁的协议。3 月 10 日，以色列议会通过了信任案，以色列第一届政府宣布建立，本－古里安为首任总理兼国防部长。

四、司法机构——法院

以色列的司法系统一方面继承了西方资产阶级的法治思想，体现民主与平等的原则，另一方面也为犹太性保留了重要的位置，体现了兼容并蓄的原则。以色列的司法权属于法院，法院独立于议会与政府之外。以色列的法院有三大系统：普通法院、宗教法院与特别法院。普通法院分为三级：地方法院、地区法院与最高法院。地方法院处理轻微的刑事与民事案件，最多只能判处当事人 3 年的监禁（毒品案件可以例外）；地区法院接受地方法院的上诉案件，案情一般比较重大。以色列国家共有 5 个地区法院，分布在耶路撒冷、特拉维夫、海法、贝尔谢巴、拿撒勒；最高法院是最高一级的上诉法院，有最终上诉管辖权；对控告政府或者政府官员的案件有初始管辖权。以色列最高法院有权审定某项法规是否符合基本法，并提请议会进行修改；有权宣判政府的违法行为，而后者必须服从裁决。以色列的最高刑罚是死刑，也是由最高法院作出判决，但至今从未对本国公民实行过死刑。

以色列法官由总统根据“九人提名委员会”（The Recommendation of a Nine-number Appointments Committee）的推荐而加以任命，法官终身制，如果健康许可也没有渎职行为的话，70 岁退休，工资由国会的财政委员会下发。为了保证司法独立，法官不得竞选议员（没有被选举权）、不得担任部长、不得加入政党。各级法院的法官人数均为奇数，以便在意见分歧时服从多数。

五、以色列的政党政治

以色列是一个典型的多党制国家，建国以来，参加议会的政党与集团达到 60 个左右。多党制的形成有着深刻的历史背景。犹太民族长期流散各地，生活在不同地区的犹太人在文化观念、思想意识以及行为规范方面都有很大的差异。犹太复国主义兴起之后，各地的复国主义团体实际上处于一种独立活动的状态，在同意复国这一大的目标之下，各自有着独特的奋斗目标、领导机构和组织系统。以色列建国时期所有的主要政党都起源于犹太复国主义组织，尤其是东欧地区几乎成了培植犹太政党的摇篮。当大批的犹太人进入巴勒斯坦之后，伊休夫所提供的又是一个非常宽松的政治环境，使不同的政党与派别都有自己的生存空间。以色列建国以后，以比例代表制为特色的议会选举制度又巩固了多党制的局面，并促进了新党派的产生。以色列的政党一般都有比较强的组织性，他们往往有自己的报纸、出版机构、俱乐部、医疗保险、福利计划、青年运动、职业联盟、安居机构，甚至有自己的银行、财产等，由于政党控制着国家政治生活，所以以色列被称为政党国家。“在以色列的政治史上记载了很多因忠诚于不同党派的争论最终导致了家庭分裂的事例。这种争论不仅仅因为意识形态方面的对立——如巴勒斯坦工人党与自由运动[①]之间而发生，而且还发生在同一阵营的成员之间，他们会因为不认同对现行事件的某一种解释而发生分歧。20 世纪 50 年代早期基布兹运动所发生的结构上的分离——一些成员因为思想观点的差异而离开他们的家庭与基布兹，就是一个典型的例子。”[②]以色列政党大致可以分为三大类：民族主义阵营、社会主义—劳工阵营以及宗教党。建国以来的发展总趋势是：民族主义阵营由弱到强；社会主义—劳工阵营由强到弱；宗教党的政治影响力日益上升，但仍然是被主要党派联合的对象，对以色列政治不起主导作用。

20 世纪 60 年代以前以色列的民族主义政党主要有自由运动与自由党。自由运动的前身就是伊尔贡，当本－古里安于 1948 年 6 月强行解散了修正派的武装之后，贝京就把伊尔贡由军事组织改组成政党组织——自由运动，原莱希成员也加入进来。自由运动的宗旨与目标是：第一，反对社会主义与国家垄断，主张民族利益高于一切，崇尚自由资本主义体制，宣称自由运动为自由世界的一部分；第二，认为约旦河东、西两岸是希伯来人的历史意义与地理意义上的民族家园，任何企图分割它的行为都是违法的，自由运动就是要夺回在这一地区的完整意义上的主权，不容许任何分裂与隔离的现象存在。[③]

自由运动在建国的过程中，曾操作了代尔亚辛事件与大卫王饭店爆炸案，所以被认为是喜欢冒险的极端民族主义势力，因此，在 1949 年与 1952 年的选举中只得到了 11.5% 和 6.6% 的选票，席位数甚至低于宗教党派。50 年代以后，自由运动逐渐获得了处于社会下层的东方犹太人的支持，到第四届与第五届议会选举

---

① 在希伯来语中“Herut”的意思是“Freedom Movernment”，是根据伊尔贡的地下报纸《自由》而命名的。

② Don Peretz and Gideon Doron, *The Government and Politics of Israel,* Westview Press, Colorado, 1997, p.72.

③ Efraim Karsh, *Israel : The First Hundred Years,* Frank Cass, London, 2002, p.102.

时，席位已经增加到 17 个。第六届议会选举的前夕，自由运动与自由党的联合，大大增加了民族主义阵营的力量。自由党是1961年由进步党[①]与一般犹太复国主义政党合并而成的。该党继承了一般犹太复国主义党的政治遗产，主张维护传统的犹太价值观与自由主义的思想意识，代表了中产阶级的利益。其内政主张是：把以色列建设成一个多元化的社会，减少政府对经济的干预，取消国家垄断，主张自由竞争，集体经济与个体经济并存。

1965 年 4 月，自由运动与自由党合并成加哈尔[②]，双方在宗教问题与领土政策上存在着一定的分歧，但彼此妥协，以为“国家利益服务”为宗旨而实现政治联合，但双方只在议会选举和议会活动中合作，平时各自保持自己组织上的独立性。在同年举行的议会选举中，加哈尔获得了 26 个席位，一下而成为以色列第二大政治集团。

社会主义—劳工阵营的主要党派有：巴勒斯坦工人党、劳工联盟、统一工人党（简称“马帕姆”）、以色列工人党、以色列工党、工党联盟、以色列共产党等。建国之前巴勒斯坦工人党的立国原则是：犹太复国主义、社会主义、平等主义，从而把建设民族国家与实现民主、平等的社会主义理想结合起来，体现了明显的理想主义色彩。建国后，巴勒斯坦工人党从 1949 年到 1969 年的第一届至第六届议会，一直是以色列的第一大党，历届联合政府都以它为中心组成，对以色列国家各类制度的建构起到了非常重要的作用。60 年代中期，巴勒斯坦工人党内部发生了分裂，本－古里安退出巴勒斯坦工人党，另建了以色列工人党，简称拉菲党。这一事件大大削弱了巴勒斯坦工人党的力量，使其失去了 1/6 的议席。由于两党的政治主张没有多大区别，再加上巴勒斯坦工人党的极力争取，1968 年 1 月，巴勒斯坦工人党、以色列工人党与劳工联盟[③]一起组建了以色列工党。经过三方协议，在工党的领导机构中巴勒斯坦工人党占 55%，其余两党各占 22.5%，反映了各自实力的不同。以色列工党的建立是以色列政党演变史上的重要事件，为社会主义—劳工阵营的发展与壮大奠定了广泛的基础。1969 年 1 月，以色列工党

① 进步党是 1948 年由一般犹太复国主义党（General Zionists）A 派，即魏茨曼派与犹太复国主义工人党合并而成的。反对魏茨曼的 B 派仍称一般犹太复国主义党。

② Gahal 是“自由运动与自由党集团”的希伯来文缩写。

③ 劳工联盟是巴勒斯坦工人党的左翼于 1948 年另建的组织，其基本群众是联合基布兹的成员。1948 年，劳工联盟与青年卫士合并成立了左翼社会民主党——统一工人党，以提高工人地位，实现社会主义为基本目标。1954 年，统一工人党发生了分裂，劳工联盟退出，统一工人党便以青年卫士为主。1965 年以前，统一工人党一直是第二大党，曾多次参加巴勒斯坦工人党领导的联合政府。

又与统一工人党联合组成了工党联盟，简称“马拉赫”。工党联盟只是一个很松散的组织，双方只在竞选与议会活动中采取统一行动。由于分歧太多，1984年，统一工人党在与工党合作了15年之后又退出了马拉赫，此后，影响逐渐衰落。

以色列共产党是由伊休夫时期的巴勒斯坦共产党发展而来的，其成员既有犹太人，也有阿拉伯人，由于无法协调两派党员之间的矛盾，再加上共产国际的介入，内部纷争一直很激烈。建国以后，许多犹太党员退出共产党参加了统一工人党。1964年，以色列共产党在如何对待阿拉伯民族主义运动的问题上产生严重分歧，最后分裂成两派，支持犹太复国主义的犹太党员组成“马基派”（Maki是“以色列共产党”的希伯来语的缩写），阿拉伯党员则另建“新共产党”，简称“拉赫派”（Rakah，为“新共产党”希伯来语的缩写）。以色列共产党在分裂之前，一般在议会中得到4—5个席位，其选民多为阿拉伯人；分裂之后，大多数阿拉伯人投“拉赫派”的票，该派在议会中保持3—4个席位。

以色列的宗教党主要包括：全国宗教党、以色列正教党。全国宗教党的前身是1903年成立于捷克的精神中心党，代表正统派中产阶级的利益，其信条是：“根据以色列人的《托拉》，以色列地属于以色列人”（The land of Israel，for the people of Israel according to the Torah of Israel）。1922年把总部迁到巴勒斯坦。同年，精神中心党中的工人党员分裂出去，另建了精神中心工人党，代表了正统派工人阶级的利益，其信条是“《托拉》与劳动”（Torah and Labor）。1956年，精神中心党与精神中心工人党在分裂了34年之后，重新组合成全国宗教党，该党的主要主张是：以色列国家应该奠定在犹太教的传统与精神基础之上，应带有明显的宗教色彩，国家的立法应以《圣经》与犹太教律法为蓝本，国家机构应向公众提供所有的宗教服务。70年代以前，全国宗教党基本上同意工党的内外政策，并长期与工党联合执政，几乎垄断内务部、社会福利部与宗教事务部。全国宗教党利用其政治地位，极力维护正统派教徒的信仰与生活方式，在议会中提出有关宗教的立法，在全国建立宗教教育体制，健全宗教结构，保留犹太人的传统宗教文化，从而为以色列国家的宗教生活奠定了基础。

以色列正教党是1912年在波兰的卡托维茨成立的反犹太复国主义政党，是一个世界性的犹太教正统派组织，在波兰、德国、匈牙利、立陶宛等国拥有自己的党员。正教党认为犹太人的救赎不是任何凡人所能完成的，只有弥赛亚降临之后才可以实现。1925年，以色列正教党中的工人党员分裂出去，成立了以色列正教工人党，代表犹太教正统派教徒中工人阶层的利益。纳粹屠犹之后，以色列正教党与以色列正教工人党对犹太复国主义运动的态度逐渐改变，逐渐同意在巴勒斯坦建立犹太国家，但强调犹太国家要以《托拉》为基础，要坚决维持安息日等犹太教习俗与礼仪，反对世俗宪法，反对妇女从军，反对尸体解剖与考古发掘等。以色列正教党基本上在每届议会中都有自己的席位。

建国以来，以色列政坛上党派分化、组合的现象非常频繁，但宗教党相对稳定，由于其纲领比较固定，对政治、经济、宗教与文化事务的政策与要求也变动不大，而且选民也比较固定，因此，无论左派还是右派组阁，宗教党派一直都是联合的对象，而且宗教党在议会中所占领的席位越来越多，宗教干预政治的局面越来越明显。以色列宗教界的最高领袖——大拉比虽然没有选举权，但他们通过宗教政党在以色列政治中发挥重要作用。

综上所述，以色列建国以后，在比较短的时间里比较平稳地确立了以欧美国家为蓝本、实行严格意义上的三权分立与权力制约的议会民主制国家。健全的社会民主制度不仅为国家的发展提供了有力的保障，而且使现代化事业所承受的政治与社会压力也远远小于伊斯兰世界。然而，以色列对西方的民主制度并非全盘照搬，而是根据本国国情进行了一定的修正与改造。以色列是一个民族矛盾、宗教矛盾、社会矛盾错综复杂的国家，稍有疏忽都有可能诱发冲突与动荡。因此，以色列政府更多地使用了行政方式，增强国家的制约力，并极力与传统势力寻求妥协，从而软化政治现代化的阻力。

第三节　马帕伊政府

一、本－古里安与“国家主义”

独特的民族遭际使以色列人在建国之后表现出了超常的政治自豪感与参与意识。从 1949 年到 1967 年，马帕伊虽然一直是以色列议会中的第一大党，但在议会中的席位从未超过一半，因此，不得不与其他党派组成联合政府，由于马帕伊的政治主张属于温和的左翼，所以比较容易找到合作伙伴，马帕伊的主要联合对象是宗教党派、进步党以及一般犹太复国主义党。马帕伊掌握着主要的内阁职务包括总理、国防部长、外交部长、财政部长、农业部长、劳工与教育部长等，在国家政治生活中有着比较稳固的地位。这种局面的形成与本–古里安本人的才能与影响力是密不可分的。

本–古里安

本–古里安出生于波兰的普朗斯克(今属白俄罗斯)，原名戴卫·格鲁恩，1906年移居巴勒斯坦，改名本–古里安，并很快成为巴勒斯坦犹太劳工运动的领袖人物。1919年，本–古里安创建了劳工联盟，并于1933年促成了劳工联盟与青年工人党联合组成巴勒斯坦工人党，即马帕伊，本–古里安一直担任马帕伊的领袖。1935—1948年，本–古里安出任了伊休夫自治机构——巴勒斯坦犹太代办处主席的职务。作为巴勒斯坦犹太社团的实际领袖，本–古里安一方面反对以魏茨曼为代表的“政治犹太复国主义”温和派，坚决主张结束英国统治，建立犹太国家；另一方面，又与以雅博廷斯基、贝京为代表的犹太复国主义修正派进行毫不留情的斗争，在第二次世界大战那种特殊的背景下，他以务实而又灵活的手段为伊休夫积累了政治资本，为以色列国家的建立奠定了基础。1948年5月14日，本–古里安代表犹太复国主义全国委员会宣布了以色列国家的建立，并出任了临时政府总理兼国防部长。1949年3月，本–古里安正式出任以色列国家的第一任总理。建国后的头10年，以本–古里安为首的马帕伊联合政府相继出台了一系列重要政策，从而在很大程度上决定了以色列国家的政治、经济与文化。因此，本–古里安被尊称为“现代以色列之父”，诺亚·卢卡斯在他的《以色列现代史》中曾这样评价本–古里安的政治才能：

如果说《贝尔福宣言》是魏茨曼的个人丰碑，那么《独立宣言》就是本–古里安个人辉煌历程的顶点。虽说强调个人才能对历史的绝对影响力是不合适的，但是，研究以色列的历史却使我们得出了这样的结论：尽管褒贬皆有、毁誉并存，本–古里安将作为国家的缔造者、存在的基础与象征而永载史册。在他的政治生涯中，始终有许多强大的人物活跃在他的周围，他却能够在关键时刻驾驭他们，他对实践发展趋势的感觉以及对潜在的机遇的判断都始终超前于他的同僚们。[①]

本-古里安是一位有远见的、务实的政治家，他认为，以色列国家必须成为一个“有约束力的主权机构”，国家的权威必须高于政党的权威，即“国家主义(statism)”[②]。马帕伊时代“国家主义”成了以色列政治的核心。在这一原则的指导下，马帕伊联合政府出台了一系列政治、经济政策，最主要的方面如下：

第一，军队国家化。统一的军队是一个独立国家最主要的标志与最基本的条件，如前所述，以色列国防军是在独立战争中组建的，在统一哈加纳、伊尔贡、莱希以及帕尔马赫为正规的职业化军队的过程中，本-古里安遇到了很大的阻力，并招致了多方面的批评，但他坚持武装力量的中立化以及对国家利益的服从是没有折中余地的。第一次中东战争结束后，本-古里安参照西方国家的经验，改组军队，把国防军分成常备军与后备军两部分。常备军是国防军的核心，占总兵力的1/3，常备军由应征入伍的义务兵与职业军人组成。义务兵除了接受军事训练、执行各种军事任务以外，要接受系统的文化教育、军事思想与国防安全观的教育。职业军人主要是指自愿长期留在军队中服兵役，职业兵役的时间为20年，特殊情况可延续到30年。这些人多为军官，退役后多从事政治活动，以色列政坛上的许多风云人物都是职业军人出身，如赫尔佐克、拉宾、沙龙等。国家还把兵营作为提高民族统一性的场所，有意识地让不同文化背景下成长的青年人实现生活习惯与思想观念上的融合。后备军是以色列国防军的主力，约占总兵力的2/3。一旦战事爆发，后备军及时动员，迅速到位，支援常备军。国防军的最高统帅部是总参谋长主持下的总参谋部，总参谋部直接对国防部长负责。全国划分为3大军区，设有固定的军区司令部，即北部军区司令部、中部军区司令部和南部军区司令部。以色列的国防体制充分体现国家主义原则，国防军是国家的机器，为国家服务是最高宗旨。从原则上讲，军队的所有行动，都必须得到国防

① Noah Lucas, *The Modern History of Israel,* p. 243.

② 关于“国家主义”本-古里安使用了“Mamlakhtiut”，关于这一词语的翻译在学者们当中歧义很大，它在希伯来语中的意思是“kingdom”、“state of freedom”、“commonwealth”等，英语中也没有合适的对应词来反映其意识形态方面的含义，大致上相当于“statism”即“国家主义”。参见 Peter Y. Medding, *The Founding of Israeli Democracy 1948–1967,* Oxford University Press, 1990, chap. 7；Mitchell Cohen, *Zion and State：Nation, Class and the Shaping of Modern Israel,* Basil Blackwell, Oxford, 1987, chap. 11. 关于“国家主义”的含义，本-古里安在1949年有过这样的表述：“随着国家的建立，一个至上而有力的、但并非无所不能的工具被缔造出来了，……这个是有约束力的、包罗万象的主权机构”。Peter Y. Medding 据此把国家主义的特征概括为三个方面：提供全面的利益保障（the general interest）、排他性（compulsion）与独立性（independence）。见 Peter Y. Medding 前引书，第135页。

委员会或国防部长（属于文职）或政府的批准，没有任何擅自做主的权力，这是本－古里安建军思想的主导原则。马帕伊执政时期，对军人参政进行了限制，如禁止职业军人从事政党活动；禁止军营中的竞选活动，有竞选意向的军官必须在竞选前 100 天辞去军职等。另外，本－古里安政府还参照瑞典的模式制定了兵役法，并于 1959 年在第三届议会上通过。兵役法规定：凡年满 18 岁的以色列公民都要义务服兵役，男子服役期为 36 个月，女子为 18 个月。但是，阿拉伯人（包括贝都因人）一律免服兵役；专门接受犹太法典教育的学生可以免服兵役。另外，对新移民的服役也作了具体的规定。马帕伊政府确定的兵役法的基本原则一直延续至今。

第二，教育体制统一化。统一的教育体系是本－古里安“国家主义”的核心。这一理念的依据是：“全体公民对于公众利益的责任感的获得是通过教育过程——主要是学校而直接传递与实施的。由于移民潮所带来的成千上万的新移民缺乏希伯来语基础、对他们生活其中的独立的、崇尚集体主义的以色列社会也缺乏了解，从而提出了特别的问题——即国民的融合问题。”[①] 为此，以色列历届政府对发展教育寄予了高度的重视，其目的除了一般意义上的培养人才、传播知识、提高国民素质之外，还有一种更深层意义上的特殊需要——即促进社会整合，用一位以色列官员的话来说，就是用“教育来打破社会樊篱”。早在建国之前，犹太复国主义者就曾把教育作为复兴犹太国的手段之一，学校成了最早在巴勒斯坦地区建立起来的犹太人组织。早期的犹太移民们在生活条件极为恶劣的情况下，始终保持着兴办教育的热情，到建国前犹太儿童的入学率已高达 85%。伊休夫时期，巴勒斯坦存在着三类教育体系：犹太复国主义组织控制着 43.8% 的学校；犹太工总控制了 24.8%；其余的为宗教党所控制（精神中心党约 25.9%；正教党约 5%）。[②]

马帕伊联合政府成立后，力图打破政党控制教育的局面，把教育工作的重点放在了推行义务教育、建立统一的国民教育体系上。1949 年 4 月，以色列教育文化部成立，其职责是：“保持和发展教育体系；确立稳定的教育标准；培训和指导教师；推广教育计划和教学课程；改善教学条件，并组织和鼓励成人的教育文化活动。”教育文化部成立不久，9 月份就颁布了《义务教育法》，规定

① Peter Y. Medding, *The Founding of Israeli Democracy 1948–1967*, p. 145.

② Peter Y. Medding, *The Founding of Israeli Democracy 1948–1967*, pp. 145–146.

对 5—14 岁的儿童以及 14—17 岁未完成初等教育的少年实行免费义务教育，父母可以跟从前一样为子女选择不同类型的学校。此后，以本－古里安为首的马帕伊联合政府为建立统一的教育体系而努力，并因此而在以色列政坛上激起了很大的风波，许多政党坚决反对。直到 1953 年，以色列政府才颁布了第二个重要的教育立法——《国家教育法》，全面推行义务教育，对建国初期存在的多元性教育体制进行改革，把全国教育分成普通学校（General state schools）和宗教教育（Religious / Orthodox state schools）两种，并对一些政党、团体及社会组织主办的学校实行国家统一管理。新法律还规定了以色列教育的宗旨，即“国民教育的目标是基于对犹太文化和科学知识的重视；基于对故土、对国家、对民族的挚爱；基于对农业及其他体力劳动的训练；基于对开创性原则的实现；基于对一个建立在自由、平等、宽容、互助及人类友爱基础上的社会的向往”。《国家教育法》还特别强调了以教育来消除犹太人之间的文化差别，以形成一种新的犹太国民文化。[①] 为了实现教育一体化，教育文化部还就教学内容、课程设置以及考试等问题提出了一些指导性方案。

随着政治、经济的稳定与移民人数的增加，为了尽快加强集体认同和社会整

为新移民开设的希伯来语班

① Israel Pocket Library, *Education and Science,* Jenusalem, 1974, p. 22.

合，以色列政府从20世纪60年代开始对教育方针进行了调整，在教育机会均等的前提下，推行教育多样化原则，其主要措施如下：

首先，改革教育结构。以色列最初的教育体制是仿效西方模式建立起来的，可大批东方犹太人①的子女并不能很快适应这种体制。为此，1963年，以色列政府改革教育机构，把幼儿园（3—5岁）+小学（6—13岁）+中学（14—17岁），改为幼儿园（3—5岁）+小学（6—11岁）+中学过渡部（12—14岁）+中学高级部（15—17岁）。设立中学过渡部的目的就是把来自不同环境的小学生吸收在一起，使他们适应新的教学体制，然后再升入同一中学的高中部。这一改革取得的明显成效是在最初的10年中升入中学高级部的学生人数增加了20%。

其次，兴办文化补习班。中央政府与地方行政部门、工会、社区及企业联合起来，在全国设立不同层次的文化补习班和培训点，为不同文化程度的移民提供学习语言、增长知识及职业培训的机会。据统计，以色列国内为新移民设立的教授希伯来语的教学点就有150个，还有上百个扫盲中心与文化补习班，传授各科文化知识。中央和地方政府联合建立的移民安置系统，为许多接受完再教育的移民优先安排就业。

最后，为亚非裔学生创造受教育条件。由于亚非裔学生的受教育水平普遍低于欧美犹太人，因此，以色列政府对亚非裔学生进入公立学校实行多种优惠政策，如在入学分数线上给予照顾；在收费标准上，亚非裔学生可根据其家庭收入状况而减免学费，所减免部分基本上都由政府承担。此外，政府和学校还向亚非裔学生提供多种形式的奖学金与寄宿条件。

女兵正在给新移民的孩子补习功课

从建国初期到1967年，以色列教育事业获得很大的发展。

① 当今以色列的犹太人大体上分为三部分：中欧和东欧的犹太后裔被称作“阿什肯纳兹人”（Ashkenazim）；西班牙和葡萄牙的犹太人后裔被称作“塞法尔迪人”（Sefardim）；北非和中东伊斯兰国家犹太社团的后裔被称作东方犹太人。前两部分犹太人都来自欧美，文化程度与社会地位普遍高于东方犹太人。

全国中学生人口由0.6万上升到8万多人。以色列已经拥有了7所具有相当规模的大学：即以色列理工学院（1924年建立）、耶路撒冷希伯来大学（1925年）、魏茨曼研究院（1934年）、巴伊兰大学（1955年）、特拉维夫大学（1956年）、海法大学（1963年）、本－古里安大学（1967年）。1962—1963年度，在校大学生的总数是20600人，在20—24岁的青年中，在校大学生的比例达到了28%，而同期的英国这一比例为15%，美国为35%。①

第三，国家干预经济。马帕伊执政时期，国家直接控制了经济资源，如土地、水源、矿藏、森林、电力、交通设施等，然后在不同的经济领域确立国家干预。国家首先通过国营经济控制重工业和基础工业部门，如军火、冶金、化工、铁路、银行、邮电等，并通过投资、预算、补贴、发行货币等多种形式对国民经济施加影响。如果说，建国前的巴勒斯坦工业是以私人资金为主发展起来的，而在建国后的以色列工业发展中，政府投资则占据了举足轻重的地位，在有些年份甚至可占国内总投资的70%—80%。下表综合了18年间以色列的资金引进数字，从中可以看出公有性质的投资所占的比例。

1950—1967年以色列引进资金净额

单位：百万美元

年　份	贷款与投资		单向引进		总　计		
	公　有	私　有	公　有	私　有	公　有	私　有	合　计
1950—1954	289	168	751	109	1040	277	1317
1955—1959	288	81	778	433	1066	514	1580
1960—1964	353	642	718	967	1071	1609	2680
1965—1967	422	235	527	623	949	858	1807
1950—1967	1325	1126	2774	2132	4126	3258	7384
年平均数	75	63	154	118	229	181	410

说明：①贷款与投资包括以色列债券；

②单向引进包括德国赔款、归还的欠款以及世界犹太人的直接捐款。

资料来源：Noah Lucas, *The Modern History of Israel*, p. 338.

以色列的国营经济可分为两大类，即民族经济和国有经济。所谓民族经济

① Joseph S. Bentwich, *Education in Israel,* Jewish Publication Society, Philadelphia, 1965, p. 143.

是指由犹太代办处为总管的、靠世界犹太人的资产发展起来的经济。其目标是："组织犹太人向巴勒斯坦移民，安置和归化他们，使他们参与犹太民族的经济发展。"1952年11月24日，以色列议会通过了犹太复国主义组织和犹太代办处在以色列国的地位的法令。1954年7月26日，又相互签署了协议，根据协议，犹太代办处将自己的行政职责置于政府的管辖之内，集中于犹太代办处名下的世界犹太人的总资产不变，但委托政府进行直接管理，使之直接服务于以色列经济。此后，犹太代办处除了为以色列组织外援、继续管理移民安置事务之外，还在全国各地发展工业，拥有许多不动产（如议会大厦）和直属企业（如柑橘包装厂、家具厂、服装厂、食品加工厂等），并在一些大企业（如齐姆航运公司、以色列航空公司等）中拥有控股权。犹太代办处所代管经营的民族经济虽然资金来源并非以色列政府，但属于以色列国民经济中的一部分，所以，可以视为国营经济的一种特殊形式。

以色列的国有经济是政府直接控制的经济部门与经济实体。它大致包括两类：一类是政府的直属企业，如直属于国防部的军事工业、以色列银行及港口管理局等，这些部门是国民经济的基础，并不以短期赢利为目的。另一类是各级政府与犹太代办处、以色列总工会或者私人投资者合作兴办的企业，如以色列电话电讯公司、电力公司、飞机工业集团、化学工业集团、死海工程公司、内格夫磷酸盐公司等。从企业数量上看，以色列的国有企业，数量很少，50年代大约一百余家，1961年占全国企业总数的0.6%左右，① 但却控制了国民经济的基本命脉。

以色列与国有经济并存的是总工会部门控制的企业以及私营经济。以色列总工会从一开始就不是单一性质的工会组织，而是一个能力很大的经济组织，直接从事各类经济活动，到1942年，犹太工人总工会代表了巴勒斯坦地区3/4的工人组织，成为该地区最大的生产部门。建国后，以色列总工会（1966年改用此名，简称总工会）企业在国家的经济建设中占很大比重，其产值在农业中占80%，在工业中占25%，在建筑业中占10%以上。私营经济占以色列国民生产总值的一半左右，多为规模较小的轻纺、食品、商业及服务型企业。

此外，由劳工部统一管理劳工介绍所，以减少各党派为争夺新移民与劳工介

① Charles A Cooper, Sidney S. Alexander, *Economic Development and Population Growth in the Middle East*, New York, 1972, p. 145.

绍所的控制权而产生的矛盾，也是国家主义的主要内容。国家主义还体现在对希伯来语的推广、对选举制度的改革要求以及国家的对外政策等方方面面。在一个政党纷争的民族社团向现代化民族国家的过渡过程中，国家主义原则毫无疑问起到极大的促进与保障作用。后来，随着国家的稳定与发展，国家主义的一些弊端也日益暴露，以色列社会的一系列政治经济改革也不断兴起。

二、马帕伊内部的分化

随着国家主义的推行，以色列社会的基本体制初步确立，本－古里安的公众威望也达到了顶峰。从 20 世纪 50 年代中期起，马帕伊内部的分歧越来越大，逐渐形成了少壮派与元老派。少壮派的主要成员有本－古里安、摩西·达扬、西蒙·佩雷斯、阿巴·埃班等，这些人强烈支持国家主义，主张快速工业化，赞同强硬的外交政策；元老派的主要成员有列维·艾希科尔、平哈斯·拉冯、摩西·夏里特等，这些人相对保守，赞同温和的内政与外交。1953 年，本－古里安在任命了摩西·达扬为参谋长、西蒙·佩雷斯为国防部办公厅主任后，于 12 月 7 日向总统递交了他的退休辞呈，他所作的解释是：二十多年来持续不断的工作压力引起了严重的心理疲劳，因此，他想隐退一两年，而不是永久退休。于是，本－古里安和他的妻子便定居到内格夫沙漠腹地的斯德－博克基布兹，成为基布兹的成员，他希望以自己的行动来激发更多的年轻人加入到开发南部荒凉地区的行列中去。本－古里安隐退后，马帕伊的中央领导核心想提名列维·艾希科尔接替总理职位，但列维·艾希科尔不愿意担当此任，因此，摩西·夏里特被任命为代总理，平哈斯·拉冯接替了国防部长一职。

摩西·夏里特是犹太复国主义运动的领导人之一。他于 1894 年出生于俄国，1906 年随家人迁居巴勒斯坦。19 岁时，到土耳其学习法律，尔后在土耳其军队中任职。摩西·夏里特有很高的政治素养，历史学家为他所画的肖像是“文静、谨慎（甚至有点羞怯）、有理性、有判断力的务实主义者”；“充满了追求真理的激情、诚实而又公正、并且灵魂高雅”；“不容忍以假乱真、粗心邋遢、含糊其辞、品行不端的行为”。[①] 如果不是选择了政治生涯，摩西·夏里特也许会成为出

① Ahron Bregman, *A History of Israel*, p. 81.

摩西·夏里特

色的作家与诗人，他留给后世的长达 2128 页的《个人日记》，既是记述 1953 年到 1957 年间以色列政坛风云变幻的历史档案，更是一部优美感人的文学作品。

1 月 25 日，摩西·夏里特正式上任，事实证明，步本 – 古里安总理的后尘绝不是一件轻松的事情，卸任的总理总是从他的家里发号施令，一些重要位置上的官员并不听从他的指挥，摩西·夏里特很快就发现自己处在一种尴尬而又无奈的境地。几个月之后，发生的“拉冯事件”更使以色列政坛复杂化。

拉冯是马帕伊早期的领袖人物，他英俊潇洒、思维敏捷，具有政治头脑。1949—1951 年任犹太工总的总书记，后任议员与内阁部长。1954 年，拉冯担任国防部长以后，过于追求个人权力，并独断专行。本 – 古里安在位时，曾经形成了一种决策模式，国防部长负责制订战略性原则，参谋部长与军队高级指挥官根据上级指示制定具体的战术计划，而拉冯却热衷于把权力延伸到决定战术计划的每一个细节，因此，招致了摩西·达扬、西蒙·佩雷斯以及国防部高级军官的不满。更为糟糕的是，拉冯本人从来不隐瞒他对摩西·夏里特政治才能的轻视，在他的眼里摩西·夏里特根本就不应该成为总理。摩西·达扬在《我的生活故事》里也提到，拉冯连重大的边境作战计划都不向总理汇报。1954 年秋天，以色列国防部与情报部门在埃及策划了针对英美文化机构的爆炸事件，其目的是要利用英国准备撤出苏伊士军事基地的时机，破坏埃及与西方大国的关系。整个行动从策划到实施都非常笨拙，因计划败露，致使以色列在埃及的一个间谍网被破获，其中摩西·马尔祖克和什穆埃尔·阿扎尔被处以死刑，另有一人在狱中自杀。这一丑闻使以色列在国际上十分被动。12 月 13 日，摩西·夏里特在国会中称这一事件为"卑劣的行为"，而在事情暴露之前，身为总理的他对此竟然一无所知，以色列官方对外也采取了沉默态度。夏里特总理组织的调查委员会认为，拉冯作为国防部长应该对此负责，一些情报人员也伪造文件、提供证词，把责任推到拉冯身上。尽管拉冯一再辩解整个事件是由总参谋部军事情报局局长吉布里与佩雷斯等少壮派擅自策划的，但由于他本人在军队与内阁中完全陷于孤立，再加上本－古里安的干预，拉冯被迫于 1955 年 2 月辞职，以色列官方为此所作的解释是"对国防部的内部不满而辞职"。接着，马帕伊派出一个代表团到斯德－博克，请求本－古里安担任国防部长。以色列公众并不知道拉冯事件的真相，为了避免事态扩大，拉冯又被安置在犹太工总总书记的位置上。

本－古里安出山以后，夏里特的处境更为难堪，虽然共事了很多年，但因为他们俩人的分歧越来越大，尤其是在国防安全问题上，本－古里安主张以"凶猛而又快速的方式"对抗阿拉伯人，而夏里特则倾向于温和的"政治解决方案"。本－古里安出任国防部长 6 天之后，和达扬一起拿着作战地图与方案来到了夏里特的办公室，要求总理批准一项袭击加沙地区埃及卫戍部队的行动，夏里特本不想批准，但迫于本－古里安的威望与压力，提出了这样的条件：在整个行动中阿拉伯的死亡人数不能超过 10 人。2 月 28 日，作战计划由沙龙来执行，有 38 位埃及士兵与 2 位当地居民丧生。夏里特在他的日记中写道，他怀疑袭击者是在有意识地扩大事态。1955 年 6 月以色列举行大选，马帕伊虽然失去了 5 个议席，但仍是执政党，本－古里安复任总理职务。

1960 年，拉冯找到了新的证据，显示出 1954—1955 年调查委员会在收集证据时，吉布里作了伪证。拉冯声明，新的证据完全能够证明他是无辜的，后来成立的调查委员会也认为拉冯确实受了陷害，但固执己见的本－古里安拒绝接受这一结论。在 1961 年 2 月 4 日召开的马帕伊中央委员会上，150 名委员投票赞成解除了拉冯的中央委员与工总总书记职务（另有 96 人反对，5 票弃权）。拉冯事件也反映了马帕伊内部少壮派与元老派的矛盾，尽管本－古里安利用自己的地位与影响而使拉冯败北，但他的声望与威信也降到了他政治生涯中的最低点，他被人们看作是残酷无情的独裁者。在 1961 年 8 月的选举中，尽管本－古里安还是当选为总理，但他与党内元老派的矛盾日益尖锐。连任后的本－古里安面对着错综复杂的政治局势与越来越多的批评与非议，他又感受到了 10 年前的厌倦与疲惫，1963 年 7 月，他辞去了总理职务，并宣布这是最终的决定。在本－古里安的提议下比较温和、折中的列维·艾希科尔接任了总理职务。

列维·艾希科尔

列维·艾希科尔（1895—1969）出生于乌克兰，19岁时，移民巴勒斯坦，曾在犹太工人总工会与哈加纳任职。第二次世界大战期间担任了巴勒斯坦工人党的领袖。以色列建国后，先后担任国防部办公厅主任、农业部长、财政部长等职务。与本－古里安不同，艾希科尔的可贵之处在于他非常理解普通人的心理感受，“他面带笑容，涵养很高，有出色的组织与管理才能，他足智多谋，总是能找到幽默的话题来缓解紧张的局面”。[①] 列维·艾希科尔上台不久，便决定解除对拉冯的处分，并与劳工联盟谈判，希望后者与马帕伊联合参与1965年的大选，本－古里安对此十分不满。1964年10月，本－古里安要求司法部对拉冯事件再度调查，并强调说，这一提议并不是对准拉冯本人，而是为了维护国家主义，反对行政部门对司法事务的干预。艾希科尔拒绝了本－古里安的要求，这说明少壮派与元老派之间的势力均衡已发生了新的变化。在1965年召开的马帕伊第十次代表会议上，60%的党员反对本－古里安的提议，会议宣布拉冯对1954年的外交丑闻不负直接责任，并通过了与劳工联盟结盟的决议。会后，本－古里安、达扬、佩雷斯等少壮派代表人物宣布退党，马帕伊正式分裂。

① Ahron Bregman, *A History of Israel,* p. 101.

在1965年11月的大选中，艾希科尔领导的马帕伊与劳工联盟获得了41个席位，仍然保持了第一大党的地位，而本-古里安的拉菲党只获得了10个席位，大大出乎了本-古里安的预料。这一事件也标志着古-里安政治时代的结束。艾希科尔政府在大政方针上基本上延续了本-古里安政府的内外政策，但在某些问题上也作了调整，如改变对以贝京为首的自由运动的强硬态度；1964年，在雅博廷斯基逝世25周年之际，同意把他的遗骨运回以色列。[①]1967年，第一次与贝京等反对派领袖进行了政治合作。

第四节　多元社会

一、移民潮

以色列建国时，犹太人口的总数大约为65万，由于《独立宣言》宣布“犹太国家对所有犹太人敞开大门”，所以大批的犹太人纷纷迁入。当时，许多人担心每年接受数10万移民会使年轻的国家陷于崩溃，因此主张限制移民，但本-古里安坚决反对，他认为限制移民等于背离了犹太复国主义运动的初衷，因为在犹太复国主义者心目中，“流亡者的聚集”是犹太国家存在的真正理由。首先到达的是大屠杀的幸存者，直接从集中营与塞浦路斯收留营运来的犹太人有10万，另外，来自波兰的10万，罗马尼亚的10万，保加利亚的有3.7万，来自捷克与匈牙利的有近2万，总共约35.7万人。同时也有大批的犹太人从东欧以及阿拉伯世界迁入。1949年以色列特工人员组织了“神毯”行动，把5万也门犹太人集中到亚丁，然后空运到以色列。1950年5月到1951年12月，又策划了以斯拉和尼希米行动，帮助12万伊拉克犹太人成功移民。

1950年7月5日，以色列政府颁布了《回归法》，把居住在以色列之外的犹太人称为“流散中的犹太人”，把移民以色列表述为“回归自己的祖国”，这样就

① 雅博廷斯基在美国逝世前，曾表示了请求以色列领导人把他安葬在民族之家的愿望，但本-古里安的答复是：“我们要运回来的是活着的犹太人，而不是死去的犹太人。”

“神毯”行动中来到以色列的犹太人

赋予了每个犹太人移民以色列的权利，只有那些从事反对犹太民族活动、有可能危害公共安全的人除外，《回归法》从理论上结束了犹太民族无家可归的流浪生涯。1952 年 4 月 1 日，以色列国会又通过了《国籍法》，规定每个年满 18 岁的犹太人只要一踏上以色列的国土，就具有了以色列公民的身份，除非他自己申明拒绝这一身份。《国籍法》于同年 7 月 14 日正式实行。但《国籍法》对阿拉伯人作了严格的限制：他们必须在建国前夕是巴勒斯坦公民，并提供文件，证明他们事实上在此居住。

《回归法》与《国籍法》鼓励了移民潮的扩大，1951 年，大约有 70 万犹太移民来到以色列，到 1966 年，以色列接纳的移民已经超过了 100 万，加上自然增长的 60 万，这样以色列犹太人口达到了 234 万。再加上大约 25 万左右的阿拉伯人，到 1966 年，以色列国家的总人口已经超过了 250 万。关于以色列人口增长的情况详见下表：

1948—1966 年犹太人口的增长

阶　段	开始人口	净增移民	自然增长	总增长	阶段末总人口
1948—1951	650，000	666，500	88，000	754，000	1404，000
1952—1954	1404，000	20，000	101，500	121，500	1526，000
1955—1957	1526，000	136，000	100，500	236，500	1726，000
1958—1960	1726，500	46，500	102，000	148，000	1911，000
1961—1964	1911，000	193，500	134，500	328，000	2239，000
1965—1966	2239，000	31，000	75，000	106，000	2345，000
1948—1966	650，000	1093，500	601，500	1695，000	2345，000

说明：① 1948—1966 年间移出的犹太人口总数为 164，000，占同时期移入人口的 13% 左右。

② 1952—1954 年和 1958—1960 年移民减少的主要原因是经济危机。

资料来源：Noah Lucas，*The Modern History of Israel*，p.335.

当时，移民潮的兴起使以色列成了当代历史上最典型的移民国家，用以色列前总理梅厄夫人的话来说，“没有移民，我们何来国家？”移民的进入无疑刺激了经济的增长。首先，以色列属于劳动力缺乏的国家，移民的进入提供了源源不断的劳动力资源；其次，犹太移民尤其是西方犹太人的进入，带入了大量的资金，这些资金在建国前是巴勒斯坦犹太社团发展的基础。建国之后，虽然外援与国家投资成为资金的主要来源，但移民所带入的资金仍发挥了很大的作用，据统计，从 1950 年至 1967 年移民带入的个人资金就达 8.85 亿美元。此后，仍有大批的移民资金投入到工业化建设中来，因此，“以色列的工业化与众不同，它与移民密切相关”，“在以色列，移民与工业化之间的关系是很容易找到的。”最后，移民的进入扩大了国内需求。以色列经济深受国内市场的限制，而移民的进入则促进了国内市场对生活日用品以及住房、教育、卫生等各种产品与服务的需求，从而促进了与此相关的产业与部门的发展。如在 1951—1965 年之间的不同年份，国内需求的增长分别决定了经济增长的 63%—72%，在 1951—1972 年间的不同年份分别决定了工业增长的 48%—76%，以及服务业增长的 60%—93%。[①] 以色列经济学家也认为，建国后以色列经济的快速增长有 30% 是靠移民发展起来的。为了安置新移民，以色列政府一方面建立了许多临时居住地，另一方面，大力开发新的农业定居点与新的城镇，仅 1948—1953 年间就建成了 330 个定居点。以

① Yoram Ben-Porath（edited.）, *The Israeli Economy-Maturing through Crisis,* p. 4.

色列国家虽然为安置移民承受了巨大的经济与社会压力，但却在意识形态上强化了“以色列国家是唯一犹太国”的理念。在犹太人看来，犹太国家的含义至少有三层意思：犹太人是国家的多数民族；犹太人是国家的领导者；犹太文明是国家政治、经济、文化的基石。

随着大批移民的进入，以色列社会从经济地位、文化素养以及思想观念上越来越明显地分裂为三大群体：西方犹太人、东方犹太人、阿拉伯与其他少数民族，不同群体的分化与游离成为以色列国家所面临的主要社会问题。

二、西方犹太人与东方犹太人

以色列建国后，人们习惯于用“西方”与“东方”的概念来区别不同背景的犹太人。[①] 犹太复国主义运动兴起后，早期的定居者、开拓者基本上都是西方犹太人，他们经过半个多世纪的努力建立了以色列国家，作为国家的缔造者与主体文化的创造者，他们自然支配着以色列的政治、经济、文化，控制了国家权力机构的主要职务，建国初期的政府和议会领导人几乎是清一色的阿什肯纳兹人。相对而言，西方犹太人具有比较高的文化素养，他们在就业、收入、教育、文化等方面具有明显的优势。他们崇尚西方的政治信念、意识形态与价值观念。

东方犹太人的经济地位与文化素养一般低于西方犹太人，有的甚至不会读写，他们原来生活在摩洛哥、也门、伊拉克、埃塞俄比亚等以家长制为特色的东方社会中，传统的社团机制支配着他们的思想意识，他们对犹太复国主义缺乏热忱，对按照西方模式建立起来的以色列社会感到陌生。他们大多空手而来，处于无权受惠的地位，多被安排在不发达的地区或者大城市的边沿。20世纪60年代初期，以色列有大约1/8的新移民从事农业生产，而这些新农民中有60%以上是东方犹太人。由于受教育水平的低下，再加上职业经历的局限，东方犹太人在劳动力市场上处于非常不利的地位，他们的失业率远远高于

① 塞法尔迪犹太人在被驱除出西班牙以后，散居在欧洲的与阿什肯纳兹人几乎没有什么差异，生活在土耳其与西亚、北非等地的塞法尔迪犹太社团与东方犹太人几乎没有什么差异，但是，他们一直为其祖先在15世纪以前所创造的辉煌文化而陶醉，不愿意承认自己是阿什肯纳兹人或者东方犹太人，极力强调其独特性。他们在以色列总人口中约占7%左右。

西方犹太人。

实际上从20世纪50年代开始，以色列犹太人已经明显分裂成两个社会层次，他们不仅在思想观念与社会地位上差异很大，而且讲不同的语言：东方犹太人多讲阿拉伯语，西方犹太人则讲意第绪语、波兰语、德语、英语等欧洲语言。东方犹太人感受到他们被西方犹太人所歧视，而西方犹太人则认为，来自落后的东方社团的犹太人会成为社会进步的负担，会削减以色列的“西方化”构造而成为“中东特征”的国家。有人把这种现象称之为“两个以色列”。到了50年代末期，以色列的社会模式已基本稳定，东、西方犹太人的对立与冲突也日益明显。如果说对新国家、新社会的感恩心态还能在一定程度上慰藉着老一代的东方犹太人的话，那么年轻一代已经有了很强的主人公意识，他们对西方犹太人的垄断地位强烈不满，因此采取游行、静坐、罢工等方式发泄自己的情绪，并力图改变东方犹太人的无权地位。在政治上，他们支持宗教党派与自由运动，常常给执政的马帕伊政府出难题。为了缩小东、西方犹太人之间的差异，以色列政府在生活补贴、就业、教育等方面给后者以照顾，政府还有意识地让不同文化背景的人混合居住，扩大并鼓励不同定居点之间的经济往来与社会、文化交往，希望通过“熔炉”政策来消除差异，正如本－古里安在1951年所描述的：“我们必须把这一堆杂七杂八的东西融化掉，在复兴民族精神这个模子里重新加以铸造。”虽说熔炉政策取得了一定的成效，但后来发现这种政策过于理想化，因为很多东西是很难在短期内相融的，社会融合毕竟是一项极其复杂而又漫长的工程。于是，以色列政府逐步调整自己的文化政策，承认多元性的现实，并在不同程度上保留了不同群体的文化特征，从而使政府职能在宏观上适应并驾驭多元社会的运行机制，以此来求得平和、稳定与发展。

三、以色列阿拉伯人

以色列国家建立前，大约4/5的阿拉伯人离开了自己的家园，其中包括阿拉伯人口中的社会精英。联合国分治决议中划归以色列版图中的阿拉伯人口由1948年11月的49万减少到1949年底的15万，占以色列总人口的比例也由50%减少到12.5%。大部分阿拉伯人居住在国家的北部，约9万人居住在加利利中西部地区，约旦河西岸西侧的狭长地带有3.1万人，内格夫1.3万人，其他散居在海法、耶路撒冷、雅法、阿卡、拉马拉等城市。在阿拉伯人口中，逊尼派穆斯林占70%，基督徒占21%，另外，有少量人属于德鲁兹教派。①

德鲁兹长者在开会

以色列的《独立宣言》中虽然明确规定所有居民都享有平等的社会政治权利，阿拉伯语也被规定为官方语言之一，但以色列是犹太国家的现实决定了阿拉伯人的二等公民的命运。1948 年到 1966 年 12 月间，马帕伊把阿拉伯人置于隶属于国防部的军政府（Military Government, or Military Administration）的管制之下，军政府成立于巴勒斯坦战争期间，其目的是维持秩序并建立与阿拉伯人的关系，但这一临时机构却在战后维持了 17 年之久。军政府时期对阿拉伯人的政策可以用“控制”两个字来概括。建国初期以色列政府一直没有确定阿拉伯人的地位，直到 1952 年 4 月《国籍法》颁布后，阿拉伯人作为少数民族的法律地位才被确定下来。整个军政府时期，阿拉伯人在宗教、婚姻、教育、文化等内部事务方面保持自治，他们隔离于以

① 德鲁兹社团是1017 年从伊斯兰教中分裂出来的一个派别，其教义与伊斯兰教明显不同，13 世纪进入中东地区。在以色列，他们主要居住在加利利等地的 20 多个村庄里，于 1955 年被以色列政府认可为独立的宗教社区。1949 年，以色列的德鲁兹人为 1.45 万，1985 年增加到 7 万人，2002 年达到了 10 万。目前中东地区的德鲁兹人的总数为150万，除了以色列之外，黎巴嫩有50万，叙利亚有70万，约旦有2 5万，其他少量分布在美国、加拿大、澳大利亚以及非洲国家，这些地方的德鲁兹人都是从中东地区、主要是黎巴嫩移居过去的。参见 Ian Lustick. *Arabs in the Jewish State：Israel's Control of a National Minority,* The University of Texas Press, 1980, p.59；Salman H. Falah, *The Druze in the Middle East,* Druze Research & Publication Institute, New York, 2002, p.2.

色列主流社会之外，处于“文化与经济的孤岛之上”，尽管法律条文赋予了阿拉伯人同样的公民权利，但军政府往往以安全问题为理由，对他们进行种种限制，如不得随意集会、搬迁；进入别的地区必须获得许可证；限制阿拉伯人的就业机会；强迫一些阿拉伯人撤出边境地区的“安全区”而移居内地等。总之，在这一时期，以色列政府的主要意图是：“对阿拉伯少数民族实行严格控制，使其处于从属地位。正如犹太人自己多年来被强迫居住在隔都一样，现在，以色列的阿拉伯人居住在被犹太人所包围的他们自己的隔都之内。”① 以色列阿拉伯人在思想意识上处于国家意识与民族感情相冲突的两难境地，一方面他们是以色列的公民，他们有义务、有责任忠诚以色列；另一方面，他们又是阿拉伯民族大家庭中的一员，通过收音机、电视与其他媒体他们又能深刻地感受到周围阿拉伯国家的民族主义浪潮。他们的生活与文化水平虽然也随着经济与社会的发展而提高，他们虽然和犹太人一样参与选举，但“二等公民”与“边际性客民”确实是他们真实的感觉。自以色列建国以来，阿拉伯人与犹太人的矛盾与冲突从来就没有停止过。

四、宗教与世俗的冲突

现代犹太国家的奠基人赫茨尔曾亲身经历了这样一件事：有一天他从维也纳街头走过，看到一位身穿典型的东欧哈西德教派服装的长者，正站在一个角落哭泣。赫茨尔走上前去询问，长者说：“今天是安息日啊！我终生的梦想就是让我的儿子能找到一种有效且有益的谋生方式。当他在工厂里终于找到了一份这样的工作时，他被告知，如果他坚持在自己的安息日不工作，而不是按法定的礼拜天休息的话，他将不得不放弃这份工作。我该怎么办呢？我该在儿子的前程与我们民族的安息日之间作怎样的选择呢？”听完长者的叙述，赫茨尔禁不住泪流满面，他跑回家中，开始疾书他的杰作《犹太国》，他立志为他的民族解除这种无所适从的苦衷。他认为一旦有了自己的国家，这一切问题是可以迎刃而解的。也许他根本没有预料到即便在他梦想中的民族家园建立了半个多世纪后的今天，犹太人在宗教与世俗的关系问题上仍然面临着

① Ahron Bregman, *A History of Israel*, p. 81.

种种困惑与无奈。

犹太复国主义运动的大部分流派一向主张未来的犹太国应以世俗国家的面貌出现。早在以色列建国前夕，第一任总统魏茨曼就强调要关注政教关系问题。他指出：我认为我们有责任高度尊重社团的宗教感情，但国家不能把宗教作为治国的主要准则而将时钟拨慢。宗教应放在犹太会堂和需要它的家庭里；它应在学校占有特殊地位，但它不应控制国家机关。

以色列的《独立宣言》明确指出：以色列公民不分宗教信仰，都可享受社会和政治平等，以色列是一个世俗国家而非神权国家。以色列政府虽说没有从法律上明确规定犹太教为国教，但宗教在国家政治及社会生活中的影响力十分巨大，犹太教成了事实上的国教。

以色列的《独立宣言》明确规定了国家的犹太性。1948 年 3 月 8 日，以色列政府发表的关于基本原则声明书的第二条款中写道：国家要满足其居民的公共信仰需求，而且要阻止宗教压迫，安息日及犹太教的圣日将作为以色列国家的固定休息日，非犹太人享受自己的安息日及休息日的权利也将受到保护。① 以色列国家的法定休息日是星期六，伊斯兰教徒的休息日为星期五，基督教徒为星期日，上述原则后来被以色列政府多次重申。1959 年又对宗教教育的实施作了一些规定，指出政府有责任保证那些选择了宗教教育的孩子得到良好的培养与训练。

犹太教在以色列建国后形成了一个完整的组织体系，这是一个自上而下、等级森严、组织严密、职责分明的庞大网络。处于权力之巅的是阿什肯纳兹大拉比和塞法尔迪大拉比领导的最高拉比总署，该组织实际上是传承了委任统治时期伊休夫的最高拉比会议的职能，但比后者的权力更为广泛。拉比总署由 10 位拉比组成最高委员会，负责裁决有关犹太教的一切重大事务，如解释律法、制定新教法、监督宗教法院裁决或判定有关宗教问题等。拉比总署负责管辖全国各地的地方拉比署及军队拉比署，各拉比署分管全国的四百多个宗教会社和大约七千多个犹太会堂。国家还允许保留了宗教法院，作为国家司法系统的组成部分。此外，阿什肯纳兹大拉比和塞法尔迪大拉比还组成最高法院，最高法院下设 20 个地方宗教法院，负责婚姻事务，调解宗教纠纷。宗教法院的经费直接来自政府拨款。

---

① *Encyclopaedia Judaica*, Vol. 9, p. 895.

关于以色列的宗教组织机构可归纳如下：[①]

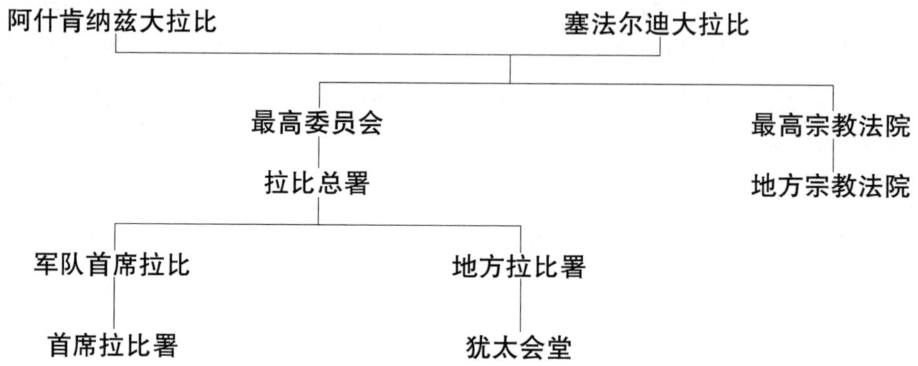

犹太教在政府部门中的权力机构是宗教事务部，它承担了委任统治时期高级专员在宗教事务上的责任，在市政官员的配合下满足各宗教团体的要求。为建立和维持宗教机构及其活动，以色列政府提供财政援助，并拨款给宗教会议和法庭；对圣地进行监督，保护圣地免受亵渎，并保证信徒能像法律中所规定的那样自由地进入圣地；负责宗教意义上的食品清洁（Kashrut）；管理各类宗教学校及全国各地的会堂。[②] 宗教事务部常常利用自己的社会影响在新闻媒体中对国民进行宗教意识教育，其观点与主张常常与非宗教人士发生磨擦与争执。宗教事务部的基本宗旨是抵制世俗化，实现政治、社会及文化的宗教化。

在以色列，宗教对国家政治生活的干预无处不在，宗教势力以宗教政党的形式参政，如在以色列的第一届政府中就有四个宗教党结盟组成“统一宗教阵线”。在此后的历次大选中，宗教政党在议会的 120 个席位中占有的席位数不等，大致介于 13 席至 23 席之间。

宗教势力还极力在犹太人身份认定问题上施展自己的影响力。以色列的《回归法》规定：世界各地的每一个犹太人都有返回以色列的权利，只要他踏上以色列国土并提出申请，他就能成为以色列公民。但《回归法》并没有给“犹太人”规定明确的法律定义，结果“谁是犹太人”的问题便成为以色列社会中最敏感的话题。究其原因就是宗教与世俗坚持不同的认可标准。宗教界认为判断犹太人的标准要看他是否信仰犹太教，并且要由宗教机构而不是行政机构来行使这一

① 参见徐向群、余崇健：《第三圣殿——以色列的崛起》，上海远东出版社 1995 年版，第 123 页；Gary S. Schiff, *Tradition and Politics*: *The Religious Parties of Israel,* Detroit, 1977, p. 38.

② *Encyclopaedia Judaica,* Vol. 9, p. 896.

判断；世俗人士则认为，以色列是一个现代世俗国家，不应该以宗教信仰来确定一个人的犹太身份，世界各地有着许许多多的世俗犹太人，不可能因为其宗教态度而否定其民族身份，他们主张以出身和血缘关系来作出判别。1958年，以色列最高法院审理了有名的“丹尼尔修士案”，引发了宗教与世俗势力的激烈争论。案件的当事人叫奥斯瓦尔德·鲁斐森，1922年出身于波兰，父母都是犹太人。本人曾参加过犹太复国主义运动，第二次世界大战期间为躲避迫害，而隐居到了基督教修道院成了一名神父，改名为“丹尼尔修士”。1958年，丹尼尔申请移民以色列，遭到拒绝之后，他向以色列最高法院提出起诉，从而在举国上下引起了一场争议。本－古里安总理把这一问题提交给由43位所谓“以色列贤人”组成的委员会来定论（求助于贤人的做法是一种古老的犹太传统），他们提供的答案基本上符合了犹太正统派的观点。最后的判决是：丹尼尔因不信仰犹太教而不能登记为犹太人，但可以根据以色列《国籍法》认定其为以色列公民。1970年通过的《回归法》修正案，对“谁是犹太人”的问题有了比较明确的规定：凡是犹太母亲所生或已皈依（犹太教）且不属于另外宗教的人才能被认定为犹太人。这一法律试图把宗教与民族的概念结合起来，实际上在更大程度上满足了宗教势力的要求。但宗教党并不以此为满足，企图在犹太身份的认可上排斥改革派与保守派，仅维持正统派的独尊性。

正统派教徒在耶路撒冷示威抗议尸体解剖

众所周知，欧美资产阶级在数百年前就已经鼓吹政教分离，现在世界上的大多数国家也都实行了比较彻底的政教分离。而以自由、民主相标榜的以色列国为什么会出现这种与现代化不和谐的现象，表现得像一个“半祭司的国家”呢？这是一个一言难尽的问题。何谓政教分离，社会学家把它的含义分两个层面：一是指“建制宗教与国家统治权力的分离”；二是“建制宗教与公共生活秩序的治权的分离”。[①] 一般认为欧洲国家的政教分离多属于第一层含义，而美国在建国之初虽然在宗教建制上延续了欧洲大陆的传统，但远不像欧洲国家那样具有严格意义上的国教，所以其政教分离属于第二种含义上的分离。政教分离的过程就是通过社会的制度分化，把宗教对教育、文化知识、日常伦理准则的统治权转移到专门的世俗机构中。政教分离并不意味着宗教与公共生活不再相关，国家不再支持宗教，而只是意味着宗教由社会的支配地位变为一个子系统，国家与宗教各司其职，互不干涉，也就是人们常说的“上帝的归上帝，恺撒的归恺撒”。就以色列

“背过脸去”——极端正统派犹太教徒对女子服兵役的反应

① 参见刘小枫：《现代社会理论绪论——现代性与现代中国》，第460页。

的政教分离而言具有双重任务，因为犹太教不仅干预了国家的公共生活，而且干预了政治生活，在实质上起到了一种国教的作用。这一现象的形成是由多种因素决定的。首先，在犹太民族与文化的形成、发展及犹太人回归巴勒斯坦、建立民族家园的过程中宗教起到了十分重要的作用，宗教在人们心目中的地位是根深蒂固的，因此，“在以色列的公共生活中让宗教发挥作用的原则是毫无争议的，因为几乎每个人都能接受这一点”。① 他们已经充分认识到了“仅靠一种平庸的精神是不能在纷乱和动荡的社会中分辨是非的，只有对犹太传统抱着一种重新发现和更新的意识，犹太教的传统信仰和犹太民族才会拥有一个美好的未来。”② 其次，20 世纪以来，越来越多的犹太人不只是把 Judaism 仅仅看作一种宗教信仰，而视之为一套广义的文化范畴，一种伦理道德规范。在以色列，不少人不相信作为宗教的犹太教，但却接受具有世俗性质的 Judaism，也就是说他们愿意接受犹太文化这一整套思想体系，承认犹太价值观，但不崇拜上帝，不履行宗教戒律。可见，犹太宗教文化传统也获得了广大的世俗犹太人的普遍认同。再次，在欧美国家民族与宗教是截然不同的，例如，美国人、意大利人、德国人、英国人等并不因为其不信仰某种宗教而否定其民族身份，而“犹太性却把民族性与宗教信仰合为一体”，也就是说如果没有犹太宗教这一团结与凝聚的力量，犹太人就不会从漫长而又多变的大流散中，以一个单一民族的形式而幸存下来。这种民族性与宗教性的合一，决定了犹太教在以色列社会中不仅仅是社会成员的个人意识，而是在很大程度上承担着社会凝聚功能、道德功能、政治功能及教育功能。最后，犹太人在历史上所经历的种种磨难，使他们对民族传统精神有一种强烈的崇拜意识，形成一种很“犹太”的思维模式。一切事物，无论是好的还是坏的，他们都会从宗教文化传统中给以解释，并且从这一传统中寻找慰藉、激励自己的力量。

当然，任何民族文化都无法与自己的传统割裂，所以人们把传统文化比作一条源头不断的河流，对于文化底蕴浓厚的犹太人来说，新的民族国家必然以传统文化为根基。以色列作为世界上唯一的犹太国，其文化如果远离了传统，那必然要失去犹太国家的特征。因此，传统的犹太宗教文化自然成为以色列文化的重要组成部分，而宗教文化与世俗主义及理性主义之间的冲突却由来已久，当这种冲突在以色列国内一幕接一幕地淋漓尽致地表现出来的时候，我们会从中看到历史

① Adam Garfinkle, *Politics and Society in Modern Israel–Myths and Realities* p.135, M. E. Sharpe, Inc., New York, 1997.

② 诺曼·所罗门：《当代学术入门：犹太教》，第 150 页。

发展的必然性，同时也领略到历史个案的独特性。古老的犹太律法已经受到了现代生活方式的四面出击，那些神圣的拉比们不得不从神坛上走出，讨论一个接一个世俗的甚至有些难以启齿的问题，如尸体解剖、妇女堕胎、人工授精等等。在以色列社会走向现代化的进程中，传统犹太教面临着双重任务，一方面是不得不对自身进行改造，荡涤其教条化、礼仪化、体制化的成分，与自由民主社会的一系列现代理念相接轨，从而为自己争取生存的空间；另一方面，要发挥自身的潜力，为现代人提供精神滋养。在以色列国家的经济现代化取得丰硕成就的同时，一系列不良现象也随之出现，如拜金主义流行、人性堕落、崇高境界减退、道德沦丧、社会腐败、价值观念混乱等等，这是现代化的通病，也是后现代主义否定现代化的重要根据。而犹太教可以减缓社会急剧变动而引起的心灵震颤，可以平衡过度的世俗取向，净化、调整、节制人们对物质利益的过度追求。它依靠自身的"神圣性"把不同社会集团的价值观综合起来，形成一种大家共同遵守的规范，从而增加社会的稳定性。

五、艾希曼审判

阿道夫·艾希曼（1906—1962）是纳粹党卫队军官，1948年负责维也纳"犹太移民局"，驱逐了大批的欧洲犹太人。从1939年起，在德国保安总局工作，主要负责犹太人事务。在此后的6年中，艾希曼一直是"最后解决"政策的策划者、组织者与执行者，在纳粹战争机器的最高指挥部里，艾希曼被公认为"犹太问题专家"。战争结束之际，艾希曼趁混乱之际逃之夭夭，来到了不少纳粹战犯藏身的阿根廷，以克莱蒙特的假名隐居在布宜诺斯艾利斯。1960年，一个极其偶然的机会艾希曼的真实身份得以暴露，[①] 以色列最主要的情报机构"摩萨德"组成特

① 当时的艾希曼匿名埋姓居住在布宜诺斯艾利斯的查尔布克大街4261号，他的儿子尼克正在追求一位叫作罗泽·赫尔曼的姑娘。为了向姑娘献殷勤，尼克极力吹嘘她的父亲曾在德国军队当大官，并且说德国应该把犹太人统统杀死不应该半途而废等等。但他并不知道，罗泽·赫尔曼正是犹太人，她把这位奇怪的男朋友的情况告诉了她的父亲洛塔尔·赫尔曼，立即引起了父亲的警觉，经过秘密核查，他怀疑尼克的父亲正是德国法兰克福总检察长弗里茨·鲍维尔博士正在四处寻找的党卫队头子艾希曼。洛塔尔·赫尔曼立即给弗里茨·鲍维尔博士写了信。弗里茨·鲍维尔总检察长是德国犹太人，曾深受纳粹的迫害，他没有把发现艾希曼踪迹的重要情报汇报德国当局，而是秘密地报告给了以色列。参见兰博：《摩萨德秘史》，海南出版社2002年版，第166—168页。

工小组，在负责人伊塞·哈雷尔的直接指挥下，经过十分周密的部署与策划，于5月11日成功地把艾希曼秘密绑架回以色列。12天后，本－古里安隆重宣布要对艾希曼进行审判，消息传出后整个以色列以及国外犹太人反应十分强烈，一位以色列女子因想起了当年的苦难，在听到这一消息的一刹那顿时昏死过去，曾在20世纪40年代末写下了一系列大屠杀作品的大诗人纳坦·奥尔特曼为此而写了“站起来，以色列的女性！”他那优美的诗句感动了成千上万的犹太人、非犹太人。

经过将近一年时间的取证与审讯之后，艾希曼审判于1961年4月11日正式开始，新闻记者从四面八方云集到耶路撒冷的迪特－哈姆观众厅，世界媒体高度关注了这一历史性的事件。基迪温·哈乌斯纳——一位46岁秃顶的、中等身材的以色列检察长用他那充满磁性的感触人心的声音讲道：“以色列的大法官们，当我站在你们面前的时候，我并非形影孤单，此时、此地，与我并肩的还有600万起诉者……”基迪温·哈乌斯纳按照时间发生的顺序从纳粹反犹太主义、万湖会议、死亡营一直讲到艾希曼所起的具体作用，法庭还安排了一百多位幸存者出庭做证，有的浑身颤抖难以表述，有的当场昏厥，听众席上的哭泣之声难以抑制，为了防止意外，艾希曼被防弹玻璃罩着，旁边有警察守护着……无数的证据与供词把人们带回了那种撕心裂肺的恐怖岁月，亲身经历过大屠杀的人们心灵上

艾希曼正在接受审判（艾希曼站在左边的防弹玻璃罩里）

的伤口再度被撕开，剧痛与悲愤使他们如同重温了炼狱之行；那些在大屠杀时代以后成长起来的青年人被一幕一幕的悲剧惊呆了，他们真正体会到了当时犹太民族的孤苦与无奈，他们不再蔑视父辈们的逆来顺受，不再非议幸存者的怯懦，他们为自己曾经对民族灾难的轻视而深感内疚。“艾希曼审判成为一件十分重大的事件，其意义不仅在于惩罚罪犯、伸张正义，而且在于它成为以色列国民统一性教育的典型事例”，成为犹太民族的一种“灵魂净化与心理治疗过程”，“是激发民族精神的催化剂”，提高了犹太人对以色列国家存在的必要性与责任感的认识。①

艾希曼审判延续了整整四个月，8 月 14 日，经过 32 次法庭公审与 114 个阶段性程序之后，整个审判过程宣布结束。12 月 11 日，耶路撒冷地区法院作出判决：艾希曼以反人类罪及战争罪等多项指控被判处死刑。艾希曼认为他只不过是“纳粹机器上的一个齿轮”，因此不服判决，要求上诉最高法院，遭到了拒绝。5 月 29 日，艾希曼请求以色列总统赦免，仍被拒绝。1962 年 5 月 31 日子夜时分，艾希曼被处以绞刑，以色列国家成立以来唯一一次施行了死刑。他的尸体被火化，骨灰被撒到了距离以色列领海三英里之外的地方，以色列人似乎不愿意让艾希曼的骨灰污染他们的海域。

那么，艾希曼审判在德国民众中引起了什么样的反应呢？ 1960 年 5 月 23 日傍晚，当德国人从新闻广播中收听到了本 – 古里安通知议会“屠杀 600 万欧洲犹太人的元凶阿道夫·艾希曼已经被以色列情报机构抓获、不久将会在以色列接受审判”的消息时，大多数德国人的反应是“谁是阿道夫·艾希曼？”因为在纳粹的最高管理机构中，艾希曼并不是一个出名的人士。当他们进一步了解了艾希曼的身世之后，不少德国人也被其罪行所震撼，但是他们仍然感到不舒服的是“阿道夫·艾希曼”这一典型的德文名字在遥远的他国接受单方面的审判。民意测验表明：在接受调查的人口中，有 48% 的男性公民与 54% 的女性公民不赞成对艾希曼审判；20% 的男性公民与 22% 的女性公民认为对艾希曼审判完全是正义的行为；另有 32% 的男性公民与 24% 的女性公民表示他们不知道艾希曼审判是否应该发生。②

① Ahron Bregman, *A History of Israel*, p.99.

② Inge Deutschkron, *Bonn and Jerusalem: the Strange Coalition*, Chilton Book Company, Philadelphia, 1970, p.135.

第五节 以色列的国际环境

一、德国赔款问题

1945—1951年间，以色列与德国的关系可以概括为"完全的沉默"，大屠杀的阴影像一条鸿沟横跨在两个国家、两个民族之间，犹太人的情绪充满了悲愤与敌意，德国人则感到内疚与无奈。1951年，德国的和平主义者首先打破了这种沉默，向以色列与犹太人举起了橄榄枝，接着德国政府作出积极反应，表示愿意与犹太人及以色列国家一起重建和平，愿意向以色列政府与犹太人个人作出经济赔偿。① 当德国方面的沉默打破之后，以色列方面出现了两种反应：1952年1月，以色列议会进行世界国会史上最为激烈的辩论。统一工人党与自由党是最主要的反对派，其理由是与德国谈判、接受其赔款就意味着对纳粹罪行的饶恕和对受难者的背叛。尤其是统一工人党代表把与美国政府的贷款谈判比作为出卖以色列的肉体，而把协议中的与德国谈判比作是出卖以色列的灵魂；自由党声称接受德国谈判是"一千年来以色列历史上最可耻的行为"，贝京在议会中发起这样的质问："有谁听说过被谋杀者的儿子向谋杀者提出补偿？"贝京把接受德国赔款称作是"从杀害我们兄弟姐妹的凶手那里获取血钱"。自由党组织了一些大屠杀幸存者在议会门口进行大规模的示威，并引发了暴力冲突，致使一百八十多人受伤。②

以本－古里安为首的马帕伊与宗教党派则赞成谈判，他们的理由是：纳粹对犹太人所犯下的罪行是永远不可饶恕的，但是，以色列急需外援，按照吸收每个移民需要3000美金的比例来计算，向德国索赔15亿美金就可以养活50万名幸存者。最后，政府的提案以微弱的多数获得通过。

经过谈判，以色列政府与德国于1952年9月达成《德国赔款协定》，6个月后，西德下议院批准了协定。根据这一协议，德国在12年里向以色列政府支付8.2亿美元的国家赔偿，其条件是政府赔款的主要部分用于购买德国货物。同时，

① Lily Gardner Feldman, *The Special Relationship between West German and Israel,* Allen & Unwin, Inc., London, 1984, pp. 40–41.

② Lily Gardner Feldman, *The Special Relationship between West German and Israel,* pp. 43–44.

德国同意向近100万的受害者及其家属提供12亿美元的个人赔偿金。到1967年，西德完成了全部的赔款承诺。

德国的赔款一方面为以色列政府提供了发展基金，另一方面也在很大程度上弥补了贸易逆差与财政亏空，德国所支付的个人赔偿金实际上也起到了外援的作用。见下表：

1960 年以色列的外国资金来源

单位：百万美元

美国国库补助金和技术援助	9.7
德国赔款	79.7
德国对个人的赔款	97.8
慈善机构的汇款	69.8
美国政府贷款	28.5
销售独立公债	29.1
私人直接投资	50.3
总　计	364.9

资料来源：纳达夫·萨弗兰：《以色列的历史和概况》，下册，第361页。

二、边境冲突

第一次中东战争结束后，以色列非常需要一种“正常的存在”，因为以色列人明白自己国土狭长，除内格夫沙漠以外，以色列所有的城镇离阿拉伯边界都不超过30公里，有的地方还不到15公里，因此，根本没有纵深防御的空间。可当时以色列有很多人，尤其是一些犹太复国主义极端分子认为，武力是获得生存与安全的主要手段，周围阿拉伯国家也深感屈辱，对以色列的敌视非常强烈。

1948年12月13日，以色列议会通过决议，宣布耶路撒冷为以色列的首都，并决定把政府机构迁到耶路撒冷。这一事件虽然遭到了英、美在内的许多国家的反对，但国际社会并没有采取任何实际行动。阿拉伯世界极其愤怒。外约旦国王阿卜杜拉也于1950年4月擅自宣布将约旦河西岸与耶路撒冷旧城并入约旦版图，并改国名为“约旦哈西姆王国”。其余阿拉伯国家强烈谴责，阿卜杜拉也为此付出了生命的代价，1950 年 7 月 20 日，他在耶路撒冷被一位巴勒斯坦极端主义者暗杀身亡。

阿拉伯国家虽然由于内部的纷争与动荡没有实现彻底消灭以色列的计划，但战后阿拉伯联盟所发起的针对以色列的经济封锁，确实很有成效。阿拉伯世界完全断绝了同巴勒斯坦的经济联系。与此同时，以色列与周围阿拉伯国家的边境冲突一直都没有停止，尤其是以—叙之间、以—埃之间的摩擦不断升级。

以色列与叙利亚之间有很长的边境线，诱发冲突的原因主要有两个方面：一是叙利亚境内有大批的巴勒斯坦难民，以色列政府在国际社会的压力下，曾表示愿意先接受部分难民返回家园，但由于国内公众的强烈反对，最后以色列政府撤销了提案。难民问题自然成了对立的焦点；二是以色列与叙利亚之间的非军事区域（The Demilitarized Zones）的主权问题，在第一次中东战争中，叙利亚军队曾占领了这些地区，但后来被要求撤离。叙利亚主张在两国的最终和平协议签订以前，应由联合国监管这些地区，而以色列则坚持这是分治决议中划分给以色列的领土。20 世纪 50 年代初期，围绕着非军事区胡拉沼泽地的排水工程以及约旦河水利用问题，双方多次发生分歧。经常有巴勒斯坦武装分子越过停火线，进入以色列控制区发起袭击，对于这种破坏停火协议的做法，叙利亚政府表示无能为力，而以色列则采取强硬的报复措施。1953 年 10 月，面对发生的一位犹太母亲与两个孩子被巴勒斯坦武装分子杀害等一系列冲突事件，以色列军队在沙龙的指挥下，于 10 月 14 日袭击了叙利亚边境的村庄基比亚，杀害了 53 位平民。① 从 1949 年 6 月到 1954 年 10 月，以色列曾 1612 次指责叙利亚破坏停战协议，叙利亚曾 1348 次指责以色列破坏停战协议。联合国混合停战委员会证实，以色列方面的死亡人口是 124 人，叙利亚方面为 256 人。到 1967 年第三次中东战争前，非军事区实际上被以色列与叙利亚所瓜分。

以色列对埃及的政策曾有过一段转折。1952 年 7 月 23 日，埃及以加麦尔·阿卜杜勒·纳赛尔（1918—1970）为首的“自由军官组织”领导了具有历史意义的“七月革命”。七月革命后，自由军官组织执委会改组为“革命指导委员会”，并掌握了政权。1953 年 6 月 18 日，埃及正式宣布废除君主政体，成立埃及共和国。纳吉布任共和国总统兼总理，纳赛尔任副总理与内务部长。翌年 4 月纳赛尔取代纳

① Robert O. Freedman, *Israeli's First Fifty Years,* University Press of Florida, 2000, p. 73.

吉布任总理。对于埃及政局的变化，本－古里安曾作出积极的反应，对“进步的阿拉伯政权”成功地战胜了“传统主义”表示赞赏。以色列与埃及发言人之间也确实进行了一些秘密接触，也采取了一些实际的步骤。当夏里特接替了总理职位时，纳赛尔仍表示希望双方进一步改善关系。但是，1954 年春天，双方的交往突然中断了，其直接原因是纳赛尔调整了埃及的对外战略。这时，纳赛尔的民族主义思想意识已经形成，并影响到整个阿拉伯世界。在他同年出版的小册子《革命哲学》中，就明确地意识到了埃及独特的国际地位。他认为，埃及处于阿拉伯圈（Arab Circle）、非洲圈（African Circle）和伊斯兰圈（Islamic Circle）的交汇点，也是反对西方殖民主义的重心之地。① 因此，埃及应该在阿拉伯世界中发挥特殊作用，成为倡导阿拉伯统一运动的先锋力量。

1954 年 7 月，当纳赛尔与英国谈判成功、英国军队将要撤出苏伊士运河区的消息传来后，以色列人普遍紧张。与此同时，纳赛尔开始在加沙地带组织巴勒斯坦游击队费达因，游击队员进入以色列地带，破坏犹太人定居点，以色列平民死亡的人数不断上升，公众情绪激烈。②1955 年 2 月本－古里安复职以后，立即向加沙地带发动进攻，多次发起对阿拉伯人的打击，在一次深入加沙内地的战斗中，还严重打击了埃及的陆军司令部。但纳赛尔并不屈服，他求助于苏联，并于 1955 年秋天，从捷克引进了大批的武器装备，以色列与埃及关系日趋紧张。

三、苏伊士运河战争

苏伊士运河一直是帝国主义国家争取中东的重要目标之一，运河修通之后，巨额的财富源源不断地流入英法资本家的腰包之中。例如，1955 年运河利润为 1 亿美元，而埃及只能分得 300 万，仅占总额的 3%。七月革命后，为了扩大灌溉面积，增加发电量，埃及政府决定在尼罗河中游建造阿斯旺高坝。纳赛尔把高坝建设比作埃及的新金字塔，因为这项工程投入使用后，可使埃及的国民收入增加 1/4。建坝工程需耗资 10 亿美元。美、英和世界银行起初同意贷款，但因埃及拒绝其苛刻的附加条件，英法便宣布撤回“援助”承诺，世界银行的贷款也随之

① Peter Mansfield, *A History of Middle East*, Penguin Books USA Inc., 1991, p.247.

② 据统计，从 1951 年到 1956 年 10 月，以色列方面一共有四百多人在边境冲突中丧生，九百多人受伤。参见 Adam Garfinkle, *Politics and Society in Modern Israel*, p.208。

取消。纳赛尔气愤地说："不是撤销援助，这是对我们政权的进攻"，"即使我们只能用双手来挖土，我们也要把它造起来"，"埃及永远不会向美元和武力屈服"。为寻找新的经费来源，纳赛尔政府推出了一个重大决策，决定把苏伊士运河公司收归国有，用运河的收益来建造水坝。

1956年7月26日晚，在埃及亚历山大港的曼奇亚广场举行的25万群众参加的推翻法鲁克王朝4周年的庆祝活动上，纳赛尔发表了鼓舞人心的演说，他庄严宣告埃及要将苏伊士运河公司收归国有，公司财产移交埃及，运河航运由埃及负责。纳赛尔说：同胞们，今天苏伊士运河国有化了。我们是用自己的汗水和眼泪，用烈士们的英灵以及一百年前为开发运河而丧生的劳工们的生命为代价而获得今天的胜利。"埃及人民收回了应当属于自己的东西。苏伊士运河将支持阿斯旺水坝所需要的费用，而且还能绰绰有余。我们将继续我们的胜利，建立一个在政治上和经济上真正独立的新国家"。数十万群众发出了热烈的欢呼声。

埃及政府这一维护民族独立和国家主权的措施，得到了阿拉伯国家和世界人民的广泛支持，也遭到了英法等国家的拼命反对。英国首相艾登暴跳如雷，他叫嚣道："埃及政府所采取的把苏伊士运河收归国有的专横决定，损害了许多国家人民的利益。英国政府正在同其他有关国家的政府就国有化所造成的危险局势进行磋商。""假如纳赛尔的运河国有化行动得逞了，那么我们在吃用方面所需要的东西都将仰仗一个人的鼻息"。他声称：运河的前途关系到英帝国的命运，即使需要诉诸武力，也在所不惜。法国政府也采取各种方式向埃及施加压力，要求埃及放弃国有化主张。美国报刊也惊呼，"埃及把苏伊士运河公司收归国有，标志着殖民主义历史时代的终结"。

8月2日，英法拉拢美国发表联合声明，说运河"始终具有国际性质"，理应受到"国际管理"，否认埃及对运河的主权。英、法、美等国还召开了伦敦会议，讨论苏伊士运河问题。由于与会国分歧很大，会议未能达成一致意见。与此同时，英法把大量的海、空、陆军集结到地中海东部，冻结了埃及在本国银行的存款，并指使本国商船通过埃及时不向埃及政府交纳通行税，以此对埃及进行军事威胁和经济制裁。9月23日，英法将运河问题提交联合国讨论，因种种原因安理会否决了英法要求埃及接受国际管理的方案。10月13日，安理会通过了六项原则，内容包括尊重埃及主权、保证自由通航等。英法的"国际共管"企图宣告失败后，便策动以色列，制定了联合入侵埃及的计划。

对于以色列的高级领导层来说，自1955年埃及进口了大批新式武器以来，埃及战略一直在拟议中。总参谋长摩西·达扬认为，在苏联武装下的埃及已经打破了地区力量的均势，以色列应该先发制人，尽快对埃及实施军事打击。摩西·达扬的提议并没有通过，他于1955年12月给本－古里安写了一封言辞激烈的信件，进一步施加影响。然而，督促本－古里安下最后决心的是纳赛尔发表的声明，运河国有化事件给摩西·达扬等人创造了机遇。以色列与英、法很快达成联合出兵的协议。

1956年10月29日16点20分，以色列出动4.5万军队，在英法空军的掩护下分兵四路，对西奈发起全线进攻。埃及立即宣布全国总动员，驻扎在运河区的埃及装甲部队开往西奈迎战。10月30日，英法借口“保护”运河向埃及发出最后通牒，要求埃以双方停火，各自从运河区后撤10公里，由英法军队进驻运河区，并限令埃及在12小时以内作出答复。当天深夜，纳赛尔总统断然拒绝了英法的无理要求。31日，纳赛尔发表声明，表达了埃及人民绝不屈服、坚持到底的决心。他说：“我们要战斗，我们绝不投降”，“埃及人民将为每一寸埃及的土地战斗到底”。同一日，英法出动大批飞机对开罗、亚历山大、塞得港、苏伊士运河等地区进行狂轰滥炸，与此同时，还出动100多艘军舰，调动16万兵力，企图一举占领埃及。英法入侵后，埃及一方面断绝同英法的外交关系，查封英法在埃及的银行，接管它们在埃及的石油企业。另一方面，纳赛尔下令从西奈半岛撤军，集中保卫运河区，粉碎敌人两面夹击的阴谋。11月5日，英法军队进攻塞得港，企图打开进入埃及的通道，遭到埃及人民的有效抵抗。埃及人民的反侵略斗争得到了世界人民的同情与支持。一些阿拉伯国家断绝与英法的外交关系，切断英国石油公司的油管，炸毁油库，封锁领空和机场。许多亚非国家在联合国大会上谴责英、法、以的侵略行为。英法两国人民也掀起了强大的反战运动，伦敦市民举行了抗议集会，甚至冲向首相府，与警察发生冲突。为此，联合国召开紧急会议，美国也主张停火，杜勒斯在联大会议上递交了立即停火的提案。11月2日，联大通过了这一提案。苏联政府也于11月5日向英、法、以发出通牒。1956年11月6日下午5时，英、法、以被迫宣布停火。12月3日，英法从埃及撤军，22日全部撤走。以色列占领军也于1957年3月16日撤离西奈，退回到1949年的停火线。联合国紧急部队进驻加沙地带、沙姆谢伊赫和亚喀巴湾沿岸地区。4月10日，遭到战火破坏的苏伊士运河在埃及政府的管理下全部通航。

在为期8天的苏伊士运河战争（即第二次中东战争，以色列人称之为“西奈战役”）中，埃及方面的死亡人数为1600人，伤4500人；以色列方面的死亡人数为 189 人，伤 899 人；英法两国伤亡了 150 人。本 – 古里安曾于 1956 年的 11 月 7 日在议会演讲中称西奈战役是“犹太民族编年史上最伟大、最辉煌的军事行动，也是世界历史上最令人注目的战例之一”。从总理本人的陶醉程度上看，他似乎认为以色列人会永久占领西奈，但最终的结局却出乎了很多人的预料，摩西·达扬的情绪最为失落。这场战争对以色列的影响如何？这一直是学术界争论不休的话题，乐观者认为：第一，“西奈战役”确立了以色列的国际地位，从此，英国、法国、美国、苏联等任何大国势力要想在中东地区有所作为都无法忽视以色列的存在；第二，加深了以色列与法国的同盟关系，法国成了以色列最重要的盟友，以色列从法国得到了大量的军事与经济援助，法语也成了普通以色列人热衷学习的外语；第三，通过这场战争，以色列从军事上打击了埃及，以色列与埃及之间建立了由联合国控制的缓冲地带，使以、埃边境出现了长达 10 年的相对平静期；第四，战争对以色列国内的社会生活产生了积极的影响。新一代移民通过参战获得了与前辈们平等的感觉，在战争这一催化剂的作用下，社会融合的步伐加快了。但悲观者认为，对于这场战争的积极后果不能估价太高，以色列虽然有所得，但失去的也更多。首先，以色列的参战遭到了国际社会的谴责，以色列在国家舞台上被阿拉伯民族主义者与同情阿拉伯世界的人描述为“殖民主义者的帮凶”、“背离道义的侵略者”；其次，埃及虽然在军事上遭受打击，但终于收回了运河的主权，纳赛尔一下成为阿拉伯世界的英雄，开罗更加成为阿拉伯世界的中心，成为席卷中东和北非沿岸新民族主义的源泉。由此看来，以色列参战的直接目的——打击纳赛尔政权并没有成功。①

四、美国与苏联的中东战略

第二次世界大战期间，美、苏在中东的矛盾已经表现出来，战后，随着英、法国际地位的削弱，美、苏成了中东舞台上最主要的大国势力，双方都极力渗透中东，争夺与冲突越来越激烈。

苏联对中东的浓厚兴趣可以追溯到沙皇时代，其主要动因可以归纳为以下几

---

① 参见 Motti Golani, *Israel in Search of a War: The Sinai Campaign,1955–1956,* Sussex Academic Press, Brighton, 1998, pp. 198–199; Adam Garfinkle, *Politics and Society in Modern Israel: Myths and Realities,* p. 210.

点：第一，苏联的南部边界与中东接连，有一种本能的接近感，非常希望维持稳定与友好的边界关系，对中东舞台上活跃的任何大国势力都非常关注与警惕；第二，中东的交通地位对于缺乏不冻港的苏联来说极其重要，进入地中海、通航苏伊士运河对苏联有着不可替代的战略与商业利益；第三，始于斯大林时代的意识形态的因素。战后初期，丘吉尔的“富尔顿演说”拉开了冷战的序幕，美苏以不同的方式、在不同的地域交手。中东作为冷战链条上的重要一环，自然成为苏联对阵西方势力的一大场所。① 苏联的主要战略是以埃及为阵地渗透阿拉伯世界。1958 年底到 1960 年初，苏联与埃及签订了阿斯旺高坝一期与二期工程协议。纳赛尔时代，苏联势力渗透于埃及的政治、经济、军事、文化等各个领域，在除苏联之外，埃及几乎没有其他的盟友。从 50 年代中期到 60 年代末，苏联还通过军事与经济援助，与叙利亚、伊拉克、也门等国建立了密切联系。

苏联曾积极支持联合国的分治决议，并在以色列建国三天之后就予以承认，并一再表示“苏联支持以色列的政策不会改变”，以色列方面虽然也在 1949 年 3 月宣布其外交政策的基础是“注重与美国及苏联发展友好关系”，但由于苏联重点发展了与阿拉伯国家的战略伙伴关系，再加上在苏联国内犹太人问题上的分歧，苏联与以色列的关系一直比较冷淡。1956 年，苏伊士运河战争爆发后，苏联强烈谴责以色列充当了英、法帝国主义的侵略工具，并召回了驻特拉维夫大使。60 年代，随着以色列与美国的接近，双方的不信任程度进一步加深，苏联官方于 1966 年 10 月正式表态把犹太复国主义等同于种族主义，并驱逐了来自以色列的旅游者。

对于美国而言，中东地区的地理优势与战略资源决定了它在美国对外战略中的重要作用。战后初期，美国中东政策的特点主要是抑制苏联势力，抵御“共产主义势力的扩张”。1946 年 9 月，美国“近东与非洲事务办公室”主任洛伊 · W. 亨德森曾有过这样的表述：“美国在中近东的主要目的是抑制该地区的敌对状态与利益冲突，以免发展成为公开的对抗——而这种对抗最终可能会导致第三次世界大战的爆发。”② 具体来说，美国极力在北层诸国如希腊、土耳其、伊朗等施加影响，组建遏制苏联势力的军事同盟。从 1950 年的“中东司令部”计划到 1955

① Galia Golan, *Soviet Policies in the Middle East from World War Two to Gorbachev,* Cambridge University Press, 1990, pp. 8–9.

② *Middle East Journal*（January 1947）, see Haim Shaked & Itamar Rabinovich（edited）, *The Middle East and the United States: Perceptions and Policies,* Transaction Books, New Brunswick, 1980, p. 56.

年的“巴格达条约”组织，都是美国企图建立以美国为主宰的中东格局这一战略决策的体现。由于美国急需拉拢更多的阿拉伯国家参与其中东战略，所以在以色列建国初期，尽管美国公众舆论一再宣传“美国人与以色列之间的亲和力”，美国社会也高度赞扬以色列是一个自由、开放、进步、永久保留了犹太—基督教传统的、美国式的“西方国度”，是从封建主义、集权主义海洋中脱颖而出的“民主典范”。但实际上在50年代中期以前，双方并没有形成特别关系，这一时期以色列的外交相对“中立”，企图在大国势力之间寻求平衡，没有倒向美国。从1953年到1960年，美国处于艾森豪威尔政府的统治之下，在看待以色列与阿拉伯邻国的关系问题上，这位久经沙场的老练政治家却犯了过于简单化的错误，他提出的解决办法是：“双方都应该运用一点理智，抑制武力冲突与极端主义，依赖于外部民众的判断来解决问题”，也就是说，在他看来，中东的政治争端可以在大国势力的主导之下得以解决。①

1953年10月，以色列曾向美国政府提出7.5亿美元的贷款，遭到了美国的拒绝。这一贷款要求的背景是：以色列要在布纳特－雅阿可夫大桥附近的约旦河上建立发电厂，这是以色列政府北水南调的一个重要步骤，由于工程涉及约旦河谷的非军事区，叙利亚坚决反对，并把问题提到了联合国安理会，联合国观察员得出的结论是要求以色列放弃工程计划，但以色列方面并没有执行联合国的建议。1954年，美国要求以色列限制犹太移民、并对阿拉伯难民作出补偿。与此同时，艾森豪威尔政府向沙特阿拉伯、利比亚、约旦、伊拉克出售武器，外交辞令中大加渲染的“禁止向中东国家出售武器”，实际上只是对准以色列的。1955年10月，以色列总理兼外长访问日内瓦与美国，寻求美国援助，再次遭到拒绝，致使以色列外交进一步倒向法国，并从法国获得了喷气式战斗机等先进武器。1956年3月，美国国务卿约翰·F. 杜勒斯还要求以色列“作出领土上让步”，不要成为“征服者的国家”。②

苏伊士运河战争以后，双方迅速接近。从美国方面来看：纳赛尔民族主义的扩散、1958年伊拉克革命的爆发、中东反美情绪的增长等宣告了拉拢阿拉伯国家进入西方阵营这一美国外交策略的失败，与此同时，美国国内的同情犹太人与以色列的势力不断给政府施加影响，促使美国调整其中东政策。用美国政治家的

① *Public Papers of President Eisenhower,1954,* see Ezra Sohar, *A Concubine in the Middle East: American-Israeli Relations,* Gefen Publishing House, Jerusalem, 1999, p. 28.

② Ezra Sohar, *A Concubine in the Middle East: American-Israeli Relations,* p. 30.

话来说“以色列代表了我们在这一地区的最古老、最直接的利益”，“我们对以色列所承担的义务是基于深刻的历史与道德根源，基于美国的实际利益”。[①]

从以色列方面来说，经过几年的观望，已经充分认识到了美国在中东事务中的独特的影响力。1957 年，“艾森豪威尔主义”出台后，以色列积极响应。1962 年，肯尼迪总统与来访的以色列外长果尔达·梅厄在佛罗里达举行的长达 70 分钟的会谈掀开了以、美关系史上的新的一页，肯尼迪成为第一位明确表示美国对以色列的生存与安全负有责任与义务的总统。同年 9 月，美国与以色列签订了第一个武器供应条约。1964 年，美国对以色列提供了近 1 亿美元的军事援助以及大量的武器装备。[②] 肯尼迪的继任者约翰逊总统进一步加大了美国对以色列的武器供应，1964 年与 1968 年约翰逊总统与艾希科尔总理的两次会晤，初步奠定了两国特殊关系的基础。

五、以色列与第三世界

20 世纪 50 年代，以色列外交政策的一大重点是在第三世界发展友好关系，这一政策主要出于三点考虑：第一，随着民族解放运动的发展，亚、非、拉的独立国家纷纷出现，正在兴起的第三世界提供了广阔的外交空间，对于被阿拉伯世界所封锁的以色列来说，急需新的舞台来施加影响，至少在心理上弱化孤立无援的感觉；第二，以色列急需得到国际社会的承认，尤其是希望加强在联合国中的影响，而在联合国的议事程序中，中小国家也同样有一票表决权；第三，以色列在第三世界尤其是非洲国家发展关系，得到了英国、法国、美国等西方大国的鼓励与支持。民族国家的独立标志着西方殖民主义的彻底失败，而这些宗主国又不甘心完全退出，他们也希望有一种亲近西方的“第三种势力”介入新独立国家，而以色列对这些国家的军事、经济援助正是西方国家希望看到的新势力。

对新独立的第三世界国家来说，他们也同样渴望得到更多国家的承认，而以色列在建国后的短短时间里所取得的成就为他们所瞩目，他们把以色列看成是“民族自立、国家自强、社会进步的典范”，尤其是以色列的沙漠农业技术、灌溉

① Haim Shaked & Itamar Rabinovich（edited）, *The Middle East and the United States: Perceptions and Policies,* p. 72.

② 参见 David Schoenbaum, *The United States and the State of Israel,* Oxford University Press, 1993, p. 137.

技术、工业化措施等对于那些刚刚摆脱殖民统治获得独立的落后国家来说具有很大的吸引力。

以色列的第三世界战略中，成效最大的是非洲政策。1955 年和 1956 年，以色列首先与埃塞俄比亚、利比亚建立了外交关系。以色列外长梅厄 5 次访问非洲，创造了“以援助求友谊”的新思路，大力支持非洲独立运动。1958 年，在特拉维夫建立了专门为第三世界培训技术力量的国际学院，其中有一半学员来自非洲大陆。1960 年，以色列与刚果、尼日利亚、象牙海岸建立外交关系。到 1967 年，41 个非洲独立国家中有 33 个与以色列建立了外交关系。20 世纪六七十年代，以色列向非洲国家派出了三千多名技术人员。

在以色列建国前后，拉美国家曾给予了大力支持，在联合国分治决议的 33 个赞成票中拉美国家占 13 票。在以色列加入联合国的表决中有 18 个拉美国家赞成。以色列建国后的第一年得到了 20 个拉美国家的承认。只是由于以色列政府把第三世界外交政策的首要目标锁定在了非洲，所以在五六十年代与拉美的外交关系进展不快。但双方的军事、技术合作由来已久。从 50 年代中期开始，以色列通过情报机构的牵线，开始向一些美洲国家出售军火。60 年代初期，以色列与玻利维亚率先签订了科技合作协定，此后，有更多的拉美国家签订类似协定，接受以色列的技术援助。

总之，向第三世界打开窗口是马帕伊政府的一贯政策，也是马帕伊政府十分骄傲的一项政绩。他们认为“这一政策向世界展示了以色列进步的精神、非种族主义的态度，外援项目本身也提高了以色列的技术水平与能力”①。可惜，这一局面维持太短，60 年代末以后，以色列与第三世界的关系出现了严重的挫折。

① Adam Garfinkle, *Politics and Society in Modern Israel : Myths and Realities*, pp. 239–240.

第六章

起伏跌宕的岁月

（1966 年—1977 年）

1966—1977 年的十来年间对以色列人来说是一个起伏跌宕、重写历史的岁月。当这个弹丸之国如凤凰再生般地脱颖而出，当以色列人突如其来地取得巨大的成功之后，一种新的国民心理也随之而生。散居犹太人那种懦弱、压抑、忍耐的人格已不复存在，旋风般的战争所赢得的成果使以色列犹太人有了超人的感觉，评论家把他们描述为“中东的普鲁士人”。他们为自己在战场上的出色表现而陶醉，为以色列国家所创造的奇迹而陶醉。成功感提高了人们的自我价值判断，也使更多的人失去了平常心态，民族主义情绪甚嚣尘上。在这种背景下，阿拉伯世界发起了“十月战争”，以色列付出了惨重的代价，同时也感受到了巨大的心灵重创，他们不得不冷静下来重新深思被占领土、国民安全等一系列重大问题。“十月战争”彻底打破了阿、以之间“不战不和”的局面，也改变了中东地区的军事平衡，阿拉伯世界越来越明确地认识到“把以色列赶入地中海”只不过是一种理想主义的愿望，他们不得不采取更务实、更灵活的战略。因此，“十月战争”不仅造成了“郁孤台下清江水，中间多少行人泪”（辛弃疾词）的凄惨景象，也为风云密布的中东世界营造了新的契机、新的希望。

第一节 “六日战争”

一、巴勒斯坦解放组织的建立

苏伊士运河战争之后，双方都在扩军备战，阿拉伯世界仍然把消灭以色列作为共同的目标。这一时期，不同形式的巴勒斯坦武装组织纷纷建立，小规模的地下游击活动时常发生，其中最主要的游击队组织是法塔赫——即“巴勒斯坦民族解放运动”。Fatah 是“巴勒斯坦民族解放运动”的阿拉伯文首字母的缩写，该词在《古兰经》中的含义为“打开胜利之门”。关于法塔赫建立的具体年代有不同的说法，它是由开罗的青年学生们组建的，其中包括亚西尔·阿拉法特。1957年10月，法塔赫在科威特正式聚会，但真正公开化是在60年代。法塔赫的出版物《我们的巴勒斯坦》于1959年开始在贝鲁特出版。起初，阿拉伯国家的政府(尤其是埃及与约旦）并不支持法塔赫与其他地下游击组织。

1963年，法塔赫的10名成员秘密组成了第一届中央委员会，阿拉法特是领导成员之一。1964年1月在开罗召开的阿拉伯联盟最高会议上，13个阿拉伯国家决定成立一个“巴勒斯坦实体”，会议的报告中指出：“要采取必要的、实际的措施，来组织巴勒斯坦人民，使他们能够在解放自己的国家与实现民族自决方面发挥应有的作用。”① 会议并授权阿拉伯联盟中的巴勒斯坦代表艾哈迈德·舒凯里② 来做相关的筹建工作。从2月起，艾哈迈德·舒凯里频繁出入阿拉伯世界，先后访问了约旦、巴林、卡塔尔、伊拉克、科威特、黎巴嫩、沙特阿拉伯等国，会晤精英人士，得到了积极的响应。这时，阿拉伯国家积极推进建立巴解组织的直接原因是：阿拉伯世界希望采取切实的行动，抵制以色列的“国家引水工程”，并进而与以色列进行有效的斗争。

以色列建国之后，立即修建水库、水渠，兴建现代化排水工程。上加利利东

① Mark Tessler, *A History of the Israeli-Palestinian Conflict*, Indiana University Press, Bloomington and Indianapolis, 1994, p.373.

② 艾哈迈德·舒凯里是一位狂热的阿拉伯民族主义者，他善于演讲，犹太人认定他是第一位提出“把犹太人赶入地中海”的人。详见阿兰·哈特：《阿拉法特传》，时代文艺出版社1997年版，第164页。

部的胡拉谷地是叙利亚—东非大裂谷的一部分，因长期积水，形成了平浅的胡拉湖和大片沼泽地。从 1951 年起，在以色列农业部、外交部及国防部的共同努力下，开始了大规模的沼泽排干工程。这一工程不仅增加了大片耕地，而且把原来汇集在沼泽地里的水引入约旦河，增加了水资源。与此同时，以“国家引水渠”为主干的北水南调的全国输水系统工程被提上议事日程。该系统的目标是通过大小输水管道、运河、水库、隧道、蓄水池和抽水站，把水资源从北部和中部一直输送到最南边的干旱地区。1953 年秋，国家引水渠破土动工。以色列人先把加利利海（即太巴列湖）中的水抽到 365 米的最高点，然后通过直径 2.74 米的混凝土管道，越过加利利山，向中、南部输送，从加利利海到罗什—哈阿因，管道总长 144.8 公里。“国家引水渠”还有许多辅助工程，共兴建了 25 座水库和蓄水池，6 处水质检验站、4000 处泵站、1000 眼机井，它们联成网络，把清澈的水源送往全国各地。1964 年，“国家引水渠”顺利完工。阿拉伯国家尤其是叙利亚反应强烈，阿拉伯国家商议要出台一个详细的计划，转移约旦河支流——哈斯巴尼河，限制以色列的水资源。

国家引水工程的管道

在上述背景下，艾哈迈德·舒凯里召集了来自10个阿拉伯国家的422名巴勒斯坦代表人士于1964年5月28日至6月2日在耶路撒冷的洲际宾馆聚会，召开第一届巴勒斯坦人国民大会（后改称“全国委员会”），宣告成立巴勒斯坦解放组织，其中有12名成员来自法塔赫。会议通过了由艾哈迈德·舒凯里亲自起草的两个文件，即《巴勒斯坦国民宪章（草案）》与《巴勒斯坦解放组织章程》。宪章包括29个条款，规定了巴勒斯坦人民的基本目标。《国民宪章》第一条指出：“巴勒斯坦是指英国委任统治时期的疆域，其领土完整性是不可分割的”；第六条指出：“巴勒斯坦人是指1947年以前居住在巴勒斯坦的居民，不管他们依旧居住在那里、还是已经被驱逐出去都不例外”；第十七条指出：“尽管时光已经过去，但1947年的巴勒斯坦分治决议与以色列的建国仍然是不合法的。因为这一切违背了巴勒斯坦人民的意愿，违背了他们对自己家园的自然权利，违背了联合国宪章的基本原则，尤其是关于自决权的原则。”《国民宪章》承认阿拉伯国家现有的疆域，这意味着巴解组织承认了约旦、埃及与叙利亚可以在第一次中东战争中所占有的约旦河西岸、加沙地带以及哈马地区行使主权（上述地区均为联合国划分给阿拉伯国家的领土）。[①]《巴勒斯坦解放组织章程》实际上是巴解组织的宪法，其最主要的内容是：宣布成立巴勒斯坦民族会议，行使流亡议会的权力，正在耶路撒冷举行的会议是民族会议的第一次盛会，艾哈迈德·舒凯里被看作是这次会议的当然领导人。民族会议选举出15位委员，组成执行委员会，执行委员会有选举最高领导阶层的权力，执行委员会的任期为3年，艾哈迈德·舒凯里担任执委会主席。会议还宣布建立巴勒斯坦民族基金，筹建巴勒斯坦广播电台，巴解的总部将设在耶路撒冷。[②]

巴解组织在成立的最初三年里并没有发挥多大的作用，它虽然建立了巴勒斯坦解放军，但这一组织以埃及、叙利亚、伊拉克为基地，而且事实上，埃及不允许解放军通过加沙袭击以色列，其他国家也对其活动严格控制，依赖埃及的艾哈迈德·舒凯里也不赞成解放军对付以色列的武装行为。直到1967年之后，巴解组织的情况才发生了新的变化。

---

① Mark Tessler, *A History of the Israeli-Palestinian Conflict*, p. 374.

② Walter Laqueur and Barry Rubin（edited）, *The Israel -Arab Reader: A Documentary History of the Middle East Conflict*, pp. 93–96.

二、危机出现

1964年9月5日至11日，阿拉伯国家在亚历山大举行最高会议，制定了具体的约旦河截流计划。以色列方面迅速行动，出动了坦克与作战飞机摧毁了叙利亚用于实施截流计划的重型机械，这种坦克与飞机对准拖拉机与推土机的边境冲突事件分别于1965年的3月17日、5月13日、8月2日以及1966年的7月14日相继发生。最后，以色列强迫叙利亚放弃了亚巴尼河截流计划，黎巴嫩也随即放弃了本来就不十分热心的哈斯巴尼河截流计划。

然而，水资源问题仅仅是叙、以之间连环冲突中的一个方面。叙利亚方面对巴勒斯坦游击队的支持，尤其是非军事区问题仍然是双方关系紧张的因素。以色列方面虽然在1949年被迫同意了联合国在黎以边境地区实行非军事化管理的有关协议，但一直认为这些地区应该归以色列，并且力图控制这些地区。以色列军界要人摩西·达扬在一次采访中曾形象地描述了以色列所采用的方法，他说：

> 我们会派遣一台拖拉机去耕犁非军事区里某一处原本没有什么价值的土地，叙利亚人开枪射击以后，我们就停下来，一旦他们停止射击，我们的拖拉机就继续耕犁，直到他们失去耐心，又进行射击。然后，我们就用我们的大炮进行反击，接着再出动我们的空军……①

1964年4月7日上午，驻守在戈兰高地的叙利亚军队向正在非军事区耕作的以色列拖拉机发射炮弹，以军迅速还击。当天下午，以色列派出“幻影”战斗机进入非军事区与叙利亚的“米格”型战斗机遭遇，结果，叙利亚方面损失了6架战斗机，其中有2架是在大马士革的上空被击中的，极大地影响了叙利亚的声誉。

叙利亚与埃及曾在1966年11月缔结了军事防御条约，承诺一方若被以色列袭击，另一方要给予援助。因此叙、以之间的紧张关系也影响到了埃及，这中间还发生了这样一段插曲：

1967年5月13日，莫斯科方面给叙利亚与埃及发送信息，声称根据苏联情报机构掌握的信息，以色列已在叙利亚边境布下重兵，并作好了充分的战争动

---

① Rami, Tal, Moshe Dayan, *Soul Searching*，转引自 Ahron Bregman, *A History of Israel*, p. 105.

员。具有讽刺意味的是，以色列也得知了苏联发布的信息，并极力辩解，否认以色列布兵的说法。艾希科尔总理甚至邀请苏联驻以色列大使德米特里·丘瓦欣去边境视察，被对方婉言谢绝。关于此事的真相人们不得而知，直到最近公布的材料才说明这原来是苏联方面的一个计谋。苏联的一位官员与美国中央情报局的人员有这样一番谈话："美国已经陷入了越南战争的泥沼之中，苏联想给美国制造另外一个麻烦点。苏联的目标是造成一种局势，让美国很认真地从经济、政治，甚至军事方面介入中东，并进而品尝到偏袒以色列反对阿拉伯国家的政治苦头。"①

苏联的假情报确实引起了叙利亚与埃及的高度重视，作为阿拉伯世界领袖的纳赛尔感受到沉重的压力，约旦与沙特阿拉伯的电台也已经发出了"支持阿拉伯兄弟反对以色列侵略"的口号。纳赛尔动员了两个师进入西奈，以分散以色列的注意力，并派他的总参谋长穆罕默德·法齐将军到大马士革核实情况，并与叙利亚进行合作谈判。而穆罕默德·法齐将军在叙、以边境并没有发现任何反常情况，并把这一情况汇报给了纳赛尔。尽管如此，纳赛尔并没有召回他的部队，反而继续强化。5月16日穆罕默德·法齐将军要求驻扎在埃—以停火线的联合国紧急部队撤离。18日，叙利亚军队进行了全国总动员，国防部长宣布"解放巴勒斯坦的战斗就要打响了！"接着，约旦、黎巴嫩、伊拉克、科威特、也门、阿尔及利亚等阿拉伯国家纷纷进行军事动员。

5月23日，纳赛尔宣布关闭蒂朗海峡，声称"在任何情况下，埃及都不允许以色列的船只通过亚喀巴湾"，同时不允许携带战略物资的外国船只由此而进入以色列境内。这一举措使阿—以之间的危机达到了顶点，因为亚喀巴湾与蒂朗海峡是以色列南部唯一通往红海与印度洋的通道，与此相连的埃拉特港口是以色列重要的出口门户，60年代中期以色列30%的出口矿物是从这里运出的。纳赛尔的行动确实引起了极大的震动，美国派出特使前往埃及斡旋，但纳赛尔拒绝接见。以色列最高指挥部立即制定了占领加沙地带的军事计划，其目的是以加沙为交换条件换取纳赛尔开放蒂朗海峡，但有人认为，单单一个加沙不足以使纳赛尔开放蒂朗海峡，因此，以色列方面修改了作战计划，把直取西奈、重创埃及军队作为重要的目标。②

---

① Ahron Bregman & Jihan el-Tahri, *The Fifty Years War: Israel and the Arabs*, London, 1998, p. 75.

② Ahron Bregman, *A History of Israel*, pp. 109–110.

三、外交努力

作战计划虽然已经成形，但艾希科尔总理仍然希望通过外交途径来解决危机。5月23日，以色列内阁召开紧急会议，决定接受美国总统约翰逊的照会，在48小时内保持克制。接着，艾希科尔派遣外长阿巴·埃班紧急出访欧美。5月24日，阿巴·埃班与法国总统戴高乐进行会谈，阿巴·埃班向戴高乐通报了以色列所面临的三重危险："以叙利亚为基地的武装袭击、联合国军队撤走后屯聚在西奈的埃及军队以及蒂朗海峡问题"，阿巴·埃班特别强调蒂朗海峡的关闭对以色列造成了"致命的威胁"，是对以色列的侵略，希望法国像1956年以色列义无反顾支持法国那样来帮助以色列解除危机。但是，令阿巴·埃班十分失望的是戴高乐的反应非常冷淡，他强调了两点：一是以色列无论如何不可以先开火，发起新的战争；二是1967年的情形已经完全不同于1956年。在巴黎一无所获的阿巴·埃班被英国政府热情接待，英国首相威尔逊表示英国愿意加入一切国际努力，敦促纳赛尔开放蒂朗海峡，目前要做的是征求美国的意见，以便进一步形成具体的措施。伦敦会谈之后，阿巴·埃班想立即赶往美国，但是已经没有当天的航班了，阿巴·埃班在他的个人传记中这样描述当时的情景与心情：

> 我没有别的选择，不得不再逗留一晚上。我与一些家人共进晚餐之后，突然感到筋疲力尽，我回到了宾馆，已经有整整40个小时没有合眼了。从萨沃伊宾馆严格的安全防卫上可以感受到中东的战争气氛，在入睡之前，我打开英国的广播与电视，充满了对以色列的同情，但带有明显的葬礼的气氛。我又度过了一个不眠之夜——我被一种强烈的民族的和个人的孤独感所笼罩。①

第二天，在阿巴·埃班赶往华盛顿的途中，以色列国内的备战气氛已非常浓烈：地下室已被打扫干净准备预防空袭；公园与学校堆满了沙袋以准备修筑战壕；汽车的前灯被涂成蓝色，窗户玻璃上已经贴满了深颜色的纸张；宾馆已经清空，准备用作临时急救中心；特拉维夫街头穿梭着要做志愿服务的妇女与儿童；男子们已经做好了上战场的准备。在国家与民族的危难时刻，以色列政府内部有一股势力强烈请求本－古里安再度出马，虽然他已经度过了81岁的生日，但毕竟是

① Abba Eban, *An Autobiography*, Weidenfeld and Nocolson, London, 1978, pp. 347–348.

他带领着这个年轻的国家闯过了1948年和1956年的战争危机。在人们的心里，他不仅是强硬的政治家、出类拔萃的军事家，而且就像一颗高照的福星能为犹太人带来好运。甚至连那些曾经很不喜欢他的人，此刻也不由自主地想起他。对于艾希科尔的才能虽然无可厚非，但这些人仍然担心的是这位出色的理财专家并没有独自面对过如此巨大的战争重压。这股势力的代表人物有：佩雷斯以及古里安的老政敌——贝京。在一次面对面的会议上，由贝京给艾希科尔提出两个建议：让本－古里安任总理，艾希科尔退任副总理；或者艾希科尔继续任总理，任命本－古里安为国防部长。可是，经过了拉冯事件等一系列的风风雨雨之后，本－古里安与艾希科尔的矛盾已经十分激烈。艾希科尔坚决反对本－古里安重返政府，他无可奈何地告诉贝京："这两匹老马已经无法再拉同一辆车啦！"①

26日，阿巴·埃班在华盛顿拜访了约翰逊总统。总统强调，以色列不能首先开火，挑起战争。总统进一步解释说，身为美国总统要想有所作为，必须经过国会的许可，而获得国会同意的前提是美国人民要意识到他们所支持的是正义的事情。总统的承诺是：亚喀巴湾是国际海路，私自关闭是非法的武断行为，"我所能告诉你的是美国要施展最大的影响力来打开水路。……你可以告诉你的内阁说，总统—国会—美国将会采取一切可能的措施成功地打开水路。但是我们必须通过联合国秘书长与安理会，必须争取其他国家的支持。以色列不会孤立无援除非她自己决定要孤立行事。"②最后一句话在与阿巴·埃班的会谈过程中，约翰逊总统重复了三遍。

阿巴·埃班

阿巴·埃班回到以色列之后，向内阁汇报了美国总统的态度，并强调说无论如何应该给华盛顿留下解决危机的时间与机会。部长们反

① Ahron Bregman, *A History of Israel*, p. 111.

② Abba Eban, *An Autobiography*, p. 358.

应不一，9人赞成阿巴·埃班的“等待战略”，9人包括艾希科尔总理主张采取军事行动。最后的决议是观望一两周再做最后决定。此刻，美国政府确实在进行紧张的外交斡旋，5月29日，联合国安理会就中东局势进行讨论，阿以双方相互指责，美国提议让苏联对埃及施加影响，解决危机，苏联则反唇相讥，提出美国的第六舰队应该先撤出中东。31日，安理会通过决议，要求各方采取克制态度，以便国际社会寻求进一步的解决措施。

这时，以色列公众中很多人失去耐心，他们对政府的优柔寡断表示出不满情绪。主战派大力鼓动，认为战争已经不可避免，与其失去良机，不如先发制人。面对不断增加的批评与压力，艾希科尔于5月31日决定让出他所兼任的国防部长一职，接着任命达扬为国防部长，并邀请反对派哈加尔集团参加内阁，邀请贝京出任不管部长，工党终于放弃了古里安当政以来，长期排斥自由运动的历史，自由运动第一次公开走上了以色列的政治舞台。至此，以色列已经组成了新的民族团结政府，一切应战的准备都已经成熟，而埃及方面虽然呼声很高，但并没有充分估计到以色列政局的变化，也没有进行认真的战争准备。

四、战争爆发

6月3日，巧舌如簧的达扬在特拉维夫举行了上任以来的第一次记者招待会。他告诉公众：以色列政府不是在走向战争，而是要设法通过外交努力来解决事端。在稳定外界的同时，达扬立即与总参谋长拉宾[①]开始修订军事计划，为最后的开战做准备。摩西·达扬于1915年出生于德加尼亚基布兹，十几岁就加入了哈加纳。委任统治时期参与袭击阿拉伯人的武装活动，被英国当局监禁。获释以后，他于1941年带领一个英国侦察小组进入叙利亚，袭击亲纳粹势力。在这次行动中他严重受伤，并失去了左眼，从此黑色的眼罩成了达扬的标志。独立战争中，达扬率领以色列军队在加利利抵抗叙利亚的军队，并占领了巴勒斯坦中部的

① 伊扎克·拉宾1922年出生于耶路撒冷，在一个社会主义—犹太复国主义者的家庭中长大，他就读于劳工运动主办的学校。在卡杜里农学院毕业以后，于1940年加入了帕尔马赫，开始了长达27年的戎马生涯。拉宾多次参与帕尔马赫的重大行动。1946年6月被英国人拘留5个月。独立战争期间，担任过帕尔马赫的行动长官，参与解围耶路撒冷的战斗。建国后，任北部军区司令、总参作战部长等职务。1964年1月，艾希科尔总理受古里安的嘱托，任命拉宾为总参谋长，从此，年仅42岁的拉宾进入了事业的辉煌期。

一些阿拉伯村庄，立下了战功。1953 年达扬被任命为以色列武装部队总参谋长。1956 年的西奈战争中，达扬身先士卒，声誉甚高。1958 年，他从国防军退役，加入马帕伊。1959 年被选入议会，并在古里安以及艾希科尔政府中担任农业部长。1964 年辞职，并追随古里安加入拉菲党。① 摩西・达扬的成长和发展，始终受到了古里安的器重和提拔。1967 年，当以色列政坛面临着巨大分歧的时候，达扬的上台确实加大了主战派的砝码。6 月 4 日，艾希科尔召集内阁会议，通过了军事行动计划，经过与达扬的周密筹划之后，把作战日期确定在第二天。

1967 年 6 月 5 日凌晨 7 点 45 分，以色列开始实施其“穆克德”计划。以色列空军采取迂回战略开始对埃及发起突然袭击，当以色列战斗机瞄准了目标之后，空袭警报才在特拉维夫响起，然后蔓延全国。8 点钟的新闻节目中，国防部发言人发布了这样的消息：“随着敌人向以色列逼近，空战已于凌晨早些时候开始了。”显然，“敌人向以色列逼近”只是一个蛊惑人心的谎言而已，并非“敌人”而是以色列自己首先挑起了战火。“穆克德”计划的迅速制胜远远超过了以色列人的期望与预料。在第一轮的 190 分钟空袭中，埃及的 189 架作战飞机被炸毁，其中绝大部分就停放在跑道上；到当天晚上，埃及又有 109 架飞机被炸毁；至此，埃及空军的主力已经完全丧失了战斗力。② 埃及的政界与军界领导人被这突如其来的巨大袭击弄懵了，他们根本没有想到以色列军队会有如此迅速而又猛烈的作战能力。短短的一场交战使纳赛尔积攒了 10 年的复仇之梦化为泡影。那一天，埃及军官不敢向总统报告实情，反而说是前线打了胜仗。开罗电台还播送着这样的广播词：摩西・达扬你在哪里？ 1956 年你是胜利部长，今天你成为败将！我们的叙利亚人

躲避空袭的以色列儿童

① 参见 Moshe Dayan, *Story of My Life*, Weidenfeld and Nicolson, London, 1976.

② Ahron Bregman, *A History of Israel*, pp. 116–117.

挖掉了你的一只眼睛，今天，我们要挖掉你的另一只！直到下午4点，纳赛尔总统才接到真实的报告：埃及空军已经覆没！

然而，空袭只是整个战略的一个环节。8点15分，地面部队出击，实施代号为“萨迪姆－阿多姆”的作战计划。在空战的掩护与鼓励之下，三个以色列陆军师直取西奈沙漠，与埃及军队交火，并逼迫对方后退，把战火推进到苏伊士运河的东岸。① 与此同时，以色列伞兵空降到沙姆沙伊赫，在海军力量的配合下，进攻蒂朗海峡与亚喀巴湾，令以色列士兵们吃惊的是，直到这时，埃及大加渲染的对蒂朗海峡的封锁实际上并不存在，也就是说埃及根本就没有实行封锁计划，只不过大肆宣传，反而给以色列提供了开战的理由。

“六日战争”的第二个战场在以色列与约旦之间拉开。当袭击埃及的战斗打响之后，为了避免多线作战，以色列曾试图劝阻约旦国王侯赛因不要介入战争，而侯赛因的回答直接而又坚定：“约旦不能置之度外，约旦已经介入，约旦已经采取了军事行动。” ②

侯赛因的决定一直被很多人评价为约旦外交的致命失误。关于侯赛因坚持参战的原因有两种解释：第一，侯赛因国王于5月30日与纳赛尔在开罗签订了互相防御条约，当以色列向埃及开战以后，他觉得自己有义务支援埃及，不能因为自

以色列士兵把国旗插到了圣殿山上

① Ahron Bregman, *A History of Israel*, p.117.

② Ahron Bregman & Jihan el-Tahri, *The Fifty Years War*: *Israel and the Arabs*, p.91.

身的安全而置信誉、道义于不顾；第二，侯赛因国王认为，阿拉伯国家会在联合打击以色列的战争中取胜，他当然不想失去分享战争红利的机遇。对此，侯赛因国王自己的解释也许更有说服力：人们纷纷质疑，可惜我没有别的选择，巴勒斯坦人占约旦国家总人口的一半以上，如果我不参战，约旦王国就会从内部崩溃。

6月5日上午12点25分，约旦军队在内坦尼亚等地与以色列军队交火，炮弹落到了特拉维夫近郊。以色列首先空袭了约旦的空军基地，然后，从不同方向向约旦河西岸地区发起地面攻击。在耶路撒冷，以色列的军队正在逼近约旦军队的防线，要不要占领东耶路撒冷在内阁中引起了很大的争议。反对派竟然来自意想不到的宗教界人士，摩西·哈伊姆·夏皮罗坚决认为，占领阿拉伯人的东耶路撒冷不是明智的行为，因为它将成为站在以色列脖子上的信天翁，如果以色列人坚持这样做，那么"与其说是我们占有了东耶路撒冷，倒不如说是东耶路撒冷占有了我们。"但是，贝京及工党部长伊加尔·阿隆等则认为，这是一个千载难逢的历史机遇，以色列绝对不可以错过。6月7日凌晨7点，以色列政府命令国防军占领东耶路撒冷。围攻东耶路撒冷的战斗打响了，约旦军队虽然进行了非常顽强的抵抗，但它与来自外部的增援力量之间的联系已经被切断。当天，以色列军队已经逼近伊斯兰教的象征——岩石圆顶清真寺。6月9日，整个耶路撒冷老城被以军占领，当天中午，达扬在总参谋长拉宾等人的陪同下经过狮子门来到西墙下，庄严宣布："国防军已经解放了耶路撒冷！我们已经回到了我们最崇高的圣地，这是永远的回归，再也不会分离！"[①] 此时此刻，以色列人激动不已。大拉比什洛莫·戈兰吹起了委婉深沉的朔法尔，震撼着犹太人悲喜交加、难于言表的心情。疲惫不堪、满身尘土、头缠绷带的以色列士兵拥到西墙下面，他们敬畏地

诗人诺梅·谢末尔

① Ahron Bregman, *A History of Israel*, pp. 119–120.

拥抱、抚摸、亲吻着墙上的石头，孩子般地抽泣、哽咽、痛哭，从此，在世界传媒里，“西墙”的称谓被“哭墙”所取代。

在以色列军队挺进老城的时刻，著名女诗人诺梅·谢末尔正在阿里什为部队演出，她怀着激动不已的心情，随即写下了她那优美的叙事歌谣《金色的耶路撒冷》，与战士们一起演唱，这首歌很快成为“六日战争”的战歌，并且至今仍然脍炙人口：

我们又看到了陈年古泉，
重回繁华喧嚣的市场，
在古城的圣殿山上，
悠扬的“朔法尔”鸣起。
从悬崖的幽洞里，
领略金光万顷。
沿着去往杰里科的长路，
我们再蹈死海寻觅典故。①

在此期间，发生了一段值得提及的战争插曲：“USS 自由”号事件。6 月 8 日，以色列空军与海军在距离西奈半岛 12.5 海里的地方袭击了一艘名为“USS 自由”号的船只，造成了 34 人死亡、171 人受伤。出乎预料的是这艘船并非以色列所认定的埃及船，而是美国政府派遣到中东地区观察战事并收集情报的间谍船。事情发生后，以色列方面一再申明这是由于“辨别上的错误而导致的悲剧性事件”。② 但也有人一直认为以色列是有意袭击，目的是不希望美国了解其军事意图，尤其是在加利利的大规模屯兵、准备占领戈兰高地的绝密情报。无论动机如何，“USS 自由”号事件确实使美国极其愤怒，当时成为美—以关系史上的一个阴影。事件发生后，艾希科尔、达扬和拉宾特意向美国道歉，美国方面虽然表示接受，但以色列人依旧觉得隐隐作痛，因为在死难者当中有不少美国犹太人，五角大楼派他们前来是因为他们能够窃听以色列军队的希伯来语情报。后来，以色列政府向美国政府与死伤人员家属赔偿了 1300 万美元，善后处理工作进行得迅速而低调。

在占领了约旦河西岸与东耶路撒冷、基本上实现对埃及与约旦的整个作战目标之后，以军于 9 日上午大举进攻戈兰高地，“六日战争”的第三个战场在以色

① Howard M. Sachar, *A History of Israel*: *From the Rise of Zionism to Our Time*, p. 655.

② Ahron Bregman, *A History of Israel*, pp. 120–121.

列与叙利亚之间拉开了帷幕。起初，作为外交部长的达扬反对出兵叙利亚，他担心以军的行动会立即引起苏联的干预，会使中东问题进一步国际化、复杂化，为日后的和平埋下极大的障碍。但是，被胜利所陶醉的军界领导人以及大部分部长们主张再进一步，最后达扬让步，于 9 日凌晨下达了进攻戈兰高地的命令。当天下午，叙利亚全线退却，以军迅速占领了戈兰高地，控制了通往大马士革的公路。联合国极力呼吁停火，提出“要采取一切可能的措施包括军事措施阻止以色列的进攻”。11 日，以色列与叙利亚实现停火，“六日战争”结束。

“六日战争”因为历时 6 天而得名，也被称为第三次中东战争。阿拉伯世界在战争中付出了巨大的代价。据估计，阿拉伯国家的死亡人数高达 2 万（一说伤亡总数为 3 万），尤其是埃及损失了 11500 人，其中军官占 1500 人，另外，阿

希伯来大学为拉宾授予名誉博士学位

拉伯国家还损失了约450架飞机、1000辆坦克。以色列方面牺牲了777名士兵，其中45%损失在埃及前线，40%损失在约旦前线，另外损失了近400辆坦克、近40架飞机。①

“六日战争”后，拉宾在以色列获得了很高的声誉。6月28日，希伯来大学邀请他去做演讲，并授予他名誉博士学位。

这位凯旋的总参谋长在一片欢呼声中表现得极为理性，他充满深情地读起了他亲自起草的演讲稿：

> 战争的本质是野蛮和残酷的，它伴随着鲜血和泪水。但是，我们所投入的战争却是勇气和英雄主义的光辉而罕见的典范。同时，它还生动地体现了兄弟情、同志情和精神力量的伟大作用。
>
> ……
>
> 还有更让我们难以忘怀的。当举国沉浸在胜利的喜悦之中时，我们的战士却摆脱不了另一种让人辛酸的情怀。他们的欢乐中渗透着悲伤，许多人甚至不参加任何庆祝活动。前线的战士不仅亲身经历了胜利的喜悦，也亲眼看到了胜利的代价——那些倒在自己身边的浸透了鲜血的战友。我也知道，敌人付出的可怕代价同样震撼着许多战士的心。或许，犹太人民从来没有体验过战胜和征服的感觉，他们无法适应眼前的现实。
>
> 因此，当胜利来临的时候，他们的心情是难以表达的。②

第二节　战后的以色列社会

一、战争对以色列社会的影响

“六日战争”对以色列社会产生的影响是深刻的、多方面的。那年夏天，整个以色列呈现出一种轻松明快的气氛，政府机关、工厂、企业、基布兹与学校纷纷组

① Mark Tessler, *A History of the Israeli–Palestinian Conflict*, p. 397.

② 利亚·拉宾：《最后的吻——利亚·拉宾回忆录》，第145—146页。

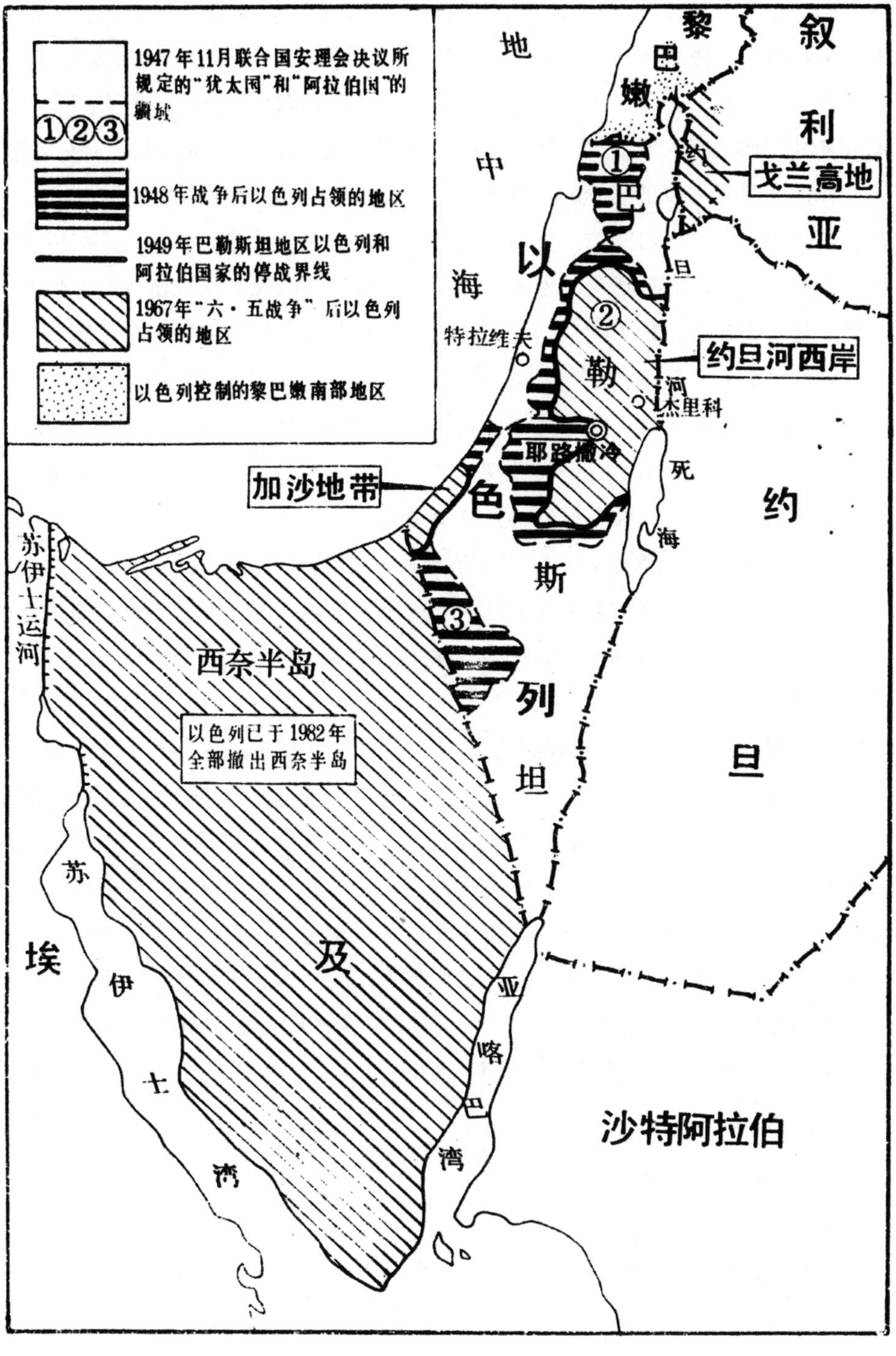

"六日战争"后的以色列疆界

织人们外出观光，被占领土上涌动着来自各地的游人。对约旦河西岸、加沙地带、戈兰高地、西奈半岛以及东耶路撒冷的顺利占领，使以色列的疆域超过了8万平方公里。此时，以色列的控制区已经扩大到离阿曼不足31英里、离大马士革38英里、离开罗只有69英里的地方。以色列人不再担心阿拉伯人的突然袭击，他们获得了前所未有的安全感，同时国民心理[①]也发生了很大的变化。“六日战争”以后的犹太人更加自信、更加高傲、更加充满了优越感。突如其来的成就感使犹太人的自我价值判断急剧膨胀，人性中固有的放纵意识得以诱发。他们开始习惯于发号施令，热衷于以强制胜。轻而易举地获得也消解了他们在建国初期所具有的忧患意识、竞争意识与创新意识，许多人不愿意再从事艰苦的生产劳动。以色列学者耶胡沙法特·哈卡比在谈到1967年战争对人们的心理影响时也说：

> 战争的结果超出了一切希望。于是便提出了这样的问题：既然能够达到巨大的民族目标，为什么要满足少许东西呢？于是目标扩大了；以色列人的自我形象膨胀起来了；一度可以忍受的旧边界变得守不住了。精神潮流变了，这普遍地影响到生活质量。如果这个国家是一个应当受重视的国家，那么使这个国家变得伟大的公民，毕竟也是伟大的，因此，他们应当拿高薪，过高水平的生活。[②]

“六日战争”的另一后果是在客观上加剧了以色列社会融合的步伐。那些东方犹太人拼杀在战争的第一线，许多人为胜利付出了鲜血与生命，也赢得了阿什肯那兹人的认可与尊敬。战后，东方犹太人的主人翁意识明显增长，社会地位明显上升；1967—1977年，专业人员的比例由7.3%上升到10.1%，年平均收入也明显增长。以色列国内犹太人与阿拉伯人的关系也有了一定的改善。在战争爆发之前，很多犹太人把身边的阿拉伯人看作是潜在的“第五纵队”，[③]但阿拉伯人在战争中的忠诚表现改变了许多犹太人的看法。[④]在1967—1977年工党对阿拉伯人实行文官统治的阶段，很多阿拉伯事务专家与政党领袖呼吁改善阿拉伯人的政

---

① 国民心理作为一个民族、一个国家“众趋人格”（Model Personality）的反映，体现的是大多数成员共同出现的心理特质和性格特点。国民性格其实就是一个民族精神风貌的体现，其内容包括思维方式、人生态度、价值观念、行为规范、心理特征、国民情感、道德品质、知识水平、审美情趣等等。国民性格是在一定的社会文化背景下形成的，并随着民族经验的变化而变化。

② 劳伦斯·迈耶：《今日以色列》，钱乃复等译，新华出版社1987年版，第46页。

③ 1936—1939年西班牙内战期间在共和国后方活动的叛徒、间谍和破坏分子的总称。后第五纵队即成为帝国主义在他国收买的叛徒和间谍的通称。

④ Ahron Bregman, *A History of Israel*, p. 125.

治、经济地位，越来越多的部长对政府的阿拉伯政策提出批评。随着政府的阿拉伯政策逐步改进，大批阿拉伯人进入了劳工市场与工厂企业，许多人和犹太人一起工作，更多的阿拉伯青年熟练地掌握了希伯来语，阅读犹太人的报纸与书刊，西方学者把这种民族相融的趋势称之为“以色列阿拉伯人的犹太文化身份”。与此同时，犹太人对阿拉伯人的态度也不断转变，更多的以色列人愿意与阿拉伯人交往。

“六日战争”也促进了以色列经济的发展。1966 年减少进口、压缩基础建设等因素引起了以色列国内的经济衰退。1967 年战争爆发之后，严峻的经济形势得以缓解。国防需求促进了经济复苏，也扩大了就业机会，以色列经济进入发展期。1967—1972 年，工业的年增长率为 15%。1968—1972 年国民生产总值年平均增长率为 11.5%，高于 1948—1966 年的 10.5%，其中 1971 年为 11.1%，1972 年为 12.6%。[①] 人均国民生产总值也由 1950 年的 1710 美元增加到 1970 年的 5480 美元。

“六日战争”以后，以色列的旅游业迅速繁荣。1967 年，来以色列旅游的人数为 32.8 万，1968 年为 43.2 万，1970 年上升到 65 万。1968 年一年中游客的消费就接近 1 亿美元，[②] 旅游业的发展带动了服务业的繁荣，城镇建设也发展很快。

二、以色列与散居犹太人

1948 年以色列国家的建立，对世界各地的犹太人来说是找到了心灵上的归宿。他们以不同的方式表达着自己与这个新国家的血脉之情。以色列建国后，接二连三的中东战争所造成的紧张局势成了各地犹太人慷慨解囊的催化剂。据统计，1948 年初，仅美国犹太人就为以色列提供了 3 亿多美元的援助。1967 年“六日战争”爆发的当天，美国犹太组织在华尔道夫 · 奥斯特里尔饭店举行了一次聚餐会，在会议开始的 15 分钟里，平均每分钟就可得到 100 万美元的援助保证。战争期间，美国、加拿大、英国、法国、阿根廷、巴西、南非等地的犹太人都举行了不同程度的声援、支持以色列的活动。以色列在战争中所取得的胜利大大激发

① Ahron Bregman, *A History of Israel,* p. 137.

② Ahron Bregman, *A History of Israel,* p. 124.

了散居犹太人的民族自豪感，犹太人中出现了罕见的团结局面。他们积极购买以色列发行的国家债券，连一些从前排斥世俗犹太民族主义的改革派会堂与极右的正统派会堂也设立了购买债券的摊点。1967 年下半年，美国犹太人购买的债券达到了 1 亿美元，同时，通过犹太代办处而流入以色列的捐款约有 3.5 亿美元。美国犹太机构 UJA（United Jewish Appeal）设立了专项基金，组织大批的美国犹太人到以色列学习，并感受以色列人的日常生活，增强美国犹太人与以色列犹太人的认同感与亲和力，他们提出的口号是："我们本为一体"（We are one!）。① 许多国家的犹太社区都组织了赴以色列访问团，不少国外犹太人到以色列承担各种志愿活动，从美国、英国、法国等发达国家前往以色列定居的人越来越多，在 1968—1973 年间，以色列接受了 25 万新移民。

"六日战争"后，苏联犹太人的民族情绪也得以复苏。苏联一直是犹太人口比较集中的国家，1939 年，苏联的犹太人为 302 万，占总人口的 1.77%；1959 年为 226.78 万，占总人口的 1.09%；1970 年为 215 万，占总人口的 0.9%。② 十月革命以后，苏联政府关闭了许多犹太会堂，苏联的宗教政策是禁止对 18 岁以下的青年进行宗教教育，并且极力把宗教行为淡化为老年人的一种"爱好"。这样大部分苏联犹太人都世俗化了。以色列建国以后，以苏关系曾一度友好，但 1953 年的所谓"医生谋杀案"③ 恶化了两国关系，苏联的广播、电视、报纸等媒体给以色列国家的画像是"亲西方的侵略者"、"帝国主义的走狗"、"极端民族主义国家"等。尽管如此，1966 年以前，苏联每年允许 1000—2000 人移居以色列。"六日战争"以后，由于两国关系进一步恶化，苏联对犹太移民进行了更严格的限制，几乎没有人可以移出。但是，被以色列的胜利所鼓舞的苏联犹太人已不再保持沉默。1967

① Allon Gal（edited), *Envisioning Israel：The Changing Ideals and Images of North American Jews,* The Magnes Press, Jerusalem, 1996, pp. 230–231.

② Benjamin Pinkus, *The Soviet Government and Jews 1948–1967：A Document Study,* Cambridge University Press, 1984, p. 24.

③ "医生谋杀案"是指苏联政府对犹太人的指控与迫害事件。1953 年 1 月 13 日，《真理报》与莫斯科电台公布了这样的报告：9 位医生（其中有 6 位是犹太人）密谋杀害苏维埃高级领导人，他们已经被逮捕，并对其犯罪事实供认不讳。报告还说，多数参与者属于恐怖主义团体，该团体与国际犹太人资产阶级民族主义组织——美国联合分配委员会有直接的联系。而美国联合分配委员会是由美国情报部门所建立的旨在从事广泛的间谍与恐怖活动，在苏维埃等许多国家从事颠覆活动。"医生谋杀案"发生后，夏里特以外长的身份给予了严厉的谴责；2 月 9 日，苏联驻特拉维夫的使馆院内发生爆炸，4 位职员受伤。苏联曾一度中止了与以色列的外交关系。参见 Lakov Etinger, "The Doctor's Plot：Stalin's Solution to the Jewish Question", see Yaacov（edited), *Jews and Jewish Life in Russia and the Soviet Union,* Frank Cass, Newbury House, England, 1995, Chapter 6。

以色列人在特拉维夫示威要求苏联政府允许犹太人移民

年秋天，一些苏联犹太青年首先站了出来，他们虽然不会说希伯来语，也不遵守犹太教礼仪，但在一些民族传统节日，他们开始聚集在残存的会堂里，唱犹太人的歌曲，跳以色列流行的集体舞，许多人第一次公开了他们的犹太人身份。苏联政府采取了干涉与镇压行为，以“酗酒闹事”的名义逮捕了一些年轻人，但越来越多的人参与会堂活动，一些秘密的希伯来语学习班也陆续办了起来。格鲁吉亚、乌克兰、立陶宛等地的犹太人还以静坐、绝食等方式要求移居以色列。以色列、美国等地的犹太组织给予声援，并发起了世界性的“为苏联犹太人祈祷”活动。美国国务院也以取消贸易最惠国待遇地位来威胁苏联政府。在多种压力之下，从 70 年代起，苏联开始放宽对犹太人的政策，移民人数逐渐上升，整个 70 年代苏联犹太人移民以色列的有 225494 人。①

三、梅厄上台

1969 年 2 月 26 日，艾希科尔因心脏病突发而病逝，这位 19 岁来到巴勒斯坦、为犹太人与以色列国家的利益而呕心沥血的政治家走得如此突然，以色列人没有

① Yaacov Ro'i (edited), *Jews and Jewish Life in Russia and the Soviet Union*, p. 359.

任何的心理准备。艾希科尔去世后，工党出现了权力真空，围绕着总理人选问题，经过热烈的讨论，最后确定果尔达·梅厄为继承人，3 月 7 日，以色列历史上第一位女总理宣布上任。

果尔达·梅厄于 1898 年生于俄国基辅，1906 年随父母到了美国，定居于米尔瓦基，在那里接受教育，并成长为一个社会主义者、犹太民族主义者。1921 年，果尔达·梅厄与丈夫莫里斯·迈尔森来到巴勒斯坦。1934 年，她被邀请加入犹太工总执委会，并很快荣升为工总政治部主任，40 年代还担任了犹太代办处政治部主任的职务，积极从事反对英国委任统治的斗争。1947 年联合国分治决议通过后，果尔达·梅厄积极为以色列国家的建立而做准备。在建国的前 4 天，她穿着阿拉伯妇女的传统服装，秘密出访外约旦，会见阿卜杜拉国王，试图说服阿卜杜拉国王不要加入阿拉伯国家袭击以色列的行列，但并没有完成使命。独立战争期间，梅厄出访美国，为以色列筹措购买武器的经费，她在芝加哥等地的犹太人社团做了十分精彩的演讲，使许多犹太人慷慨解囊，回国时，为以色列带回了 5 亿美元的援助。

果尔达·梅厄

以色列建国后，梅厄出任驻莫斯科公使，1949 年第一次大选后，回国担任劳工部长，为国家的基本建设与妇女地位的提高做出了很大贡献。1956—1965 年，担任外交部长，卓著的外交活动为她在联合国与国际社会赢得了很高的声誉。1965 年后，担任巴勒斯坦工人党总书记。1968年，她凭借自己坚强的意志与政治才能，联合其他党派组建工党。此后，她退出政坛，过起了平民生活。①

1969年3月17日，果尔达·梅厄组成了联合政府，贝京、佩雷斯等入了阁。梅厄与他的前任艾希科尔总理有着截然不同的政治风格。艾希科尔温和、谦让、折中，在重大决策形成之前喜欢听取多方意见；梅厄夫人则不同，透过她那高雅、严肃、深沉的面容，人们读到的是她的坚毅、果断、刚强，她常常和几位亲信部长在自己的家里对重大事情作出决断，然后把已形成了的决议呈奉内阁，因此，“厨房内阁”成为梅厄政府的一大特色。

1969年10月28日，以色列举行第七次议会大选，工党联盟获得了58席。一个月之内，梅厄完成了组阁任务。梅厄政府执政以后，首先面临的难题是埃及发起的消耗战。以色列占领西奈以后，其防线延伸到苏伊士运河的东岸，从1967年10月开始，双方的摩擦与冲突不断发生，由于没有上升为正规战争，所以被称为消耗战。10月21日，以色列“埃拉特号”驱逐舰在塞得港外的国际海面上被埃及导弹击沉，造成47位水兵丧生。为了进行报复，以色列摧毁了苏伊士城附近的两座炼油厂。1969年9月到10月间，苏伊士运河附近的炮击事件不断发生，双方伤亡惨重，到1971年初期，以色列方面有500多人死于消耗战，700多人受伤，埃及方面的伤亡数字已达到了5000人。从1969年12月起，美国总统尼克松与国家安全顾问基辛格以及国务卿威廉·罗杰斯积极调停，并出台了《罗杰斯计划》，要求以埃之间实现有限停火，由联合国派专员进行有效斡旋。②期间，经过反复协商与争议，也迫于美国的压力，梅厄政府最后接受了《罗杰斯计划》，以色列与埃及于1970年8月8日实现了最后停火。

四、巴勒斯坦人的武装抵抗

在“六日战争”中巴勒斯坦解放组织也遭受到毁灭性打击，巴勒斯坦解放军趋于瓦解，艾哈迈德·舒凯里宣布辞职。1968年，巴勒斯坦各派在开罗开会，修改了《巴勒斯坦民族章程》，把武装斗争作为解放巴勒斯坦的唯一途径。会上阿拉

---

① 参见 Golda Meir, *My Life*, Steimatzky's Agency Ltd., Jerusalem / Tel Aviv, 1975.

② Bernard Reich (edited), *An Historical Encyclopedia of the Arab-Israel Conflict*, Greenwood Press, Westport, 1996, pp. 435–438.

法特当选为执委会主席，他整顿机构，调整策略，巴解组织进入了“阿拉法特时代”。

亚西尔·阿拉法特1929年8月4日出生于耶路撒冷。1939年移居加沙。1948年以色列建国后，阿拉法特随家人流亡开罗。同年，18岁的阿拉法特参加了第一次中东战争，负责运送军火弹药。战争结束后，阿拉法特于1950年就读于开罗大学土木工程系，并当选为巴勒斯坦学生联合会主席。1952年，阿拉法特写了一份血书给埃及总统纳赛尔，吁请他不要忘记巴勒斯坦人民的苦难。1958年，阿拉法特赴科威特，先是在一家自来水公司任工程师，后来开设了自己的建筑承包公司，生意很成功，然而他追求的仍然是民族解放事业。1962年阿拉法特移居贝鲁特，悄悄地进行筹建“法塔赫”（巴勒斯坦民族解放运动）的工作，并于次年正式成立了这一组织。巴解组织建立以后，阿拉法特一直是活跃的领导人之一。1964年，阿拉法特组建了法塔赫的武装组织“暴风”突击队，任司令。1965年1月1日，阿拉法特领导“暴风”突击队，打响了武装反抗以色列的第一枪，因此这一天被定为巴勒斯坦的“革命爆发日”。从此，阿拉法特的名字与巴勒斯坦民族解放斗争永远联系在一起。

游击战士阿拉法特

“六日战争”的失败，激发了巴勒斯坦人的民族主义情绪，也使他们认识到了团结斗争的重要性。战后几乎所有的巴勒斯坦游击队都加入了巴解组织。1968年，阿拉法特指挥了“卡马拉战役”。卡马拉是位于约旦河东岸的一个拥有7000人口的城镇，也是约旦境内的重要战略要地，有大批的巴勒斯坦难民居住在这里，“暴风”突击队也在此建立了据点。3 月 21 日凌晨，以色列军队分三路，对卡马拉实行军事打击。面对以色列装备精良的优势兵力，阿拉法特一改过去的游击策略，率领近 300 名青年战士正面与以军交锋。战斗打响后，巴勒斯坦人从隐蔽的地方冲了出来，扑向以军的坦克，用手榴弹、炸药发起袭击。以色列人出现了慌乱，但他们的重型武器很快又占据优势。这时，约旦援兵赶来支持巴勒斯坦人。最后，为减少伤亡，以色列人主动撤出战场。在这场战役中，以军死亡 21 人，伤 90 人，18 辆坦克被毁或被弃，而“法塔赫”为此付出了 150 人的生命。①从伤亡人数上来讲，卡马拉战役对巴勒斯坦方面来说也许算不上胜利，但巴勒斯坦战士表现出来的英勇无畏的精神在阿拉伯人中引起了强烈的反响，阿拉法特威名大震，他开始以“法塔赫”代言人的身份公开露面。此后，巴解组织继续把打击以色列作为基本目标，他们常常派遣武装人员潜入以色列，袭击学校、公交车、旅馆等，造成平民伤亡，并以此来要挟以色列释放所有被关押的巴解成员。据统计，在阿拉法特开始武装斗争的前两年时间里，针对以色列发起了 61 次袭击，尽管大多数袭击组织不严、行动迟缓，但仍然使以色列十分苦恼，直到 1970 年约旦政府军与巴解游击队发生大规模冲突，巴解组织被驱逐出约旦以后，来自巴解的威胁才有所缓解。

降下半旗的慕尼黑奥运会

① Barry Rubin and Judith Colp Rubin, *Yasir Arafat : A Political Biography,* Oxford, 2005, p. 42.

为了吸引国际社会的注意力，并进一步给以色列造成压力，70年代，巴勒斯坦人策划了一系列的恐怖事件。1972年5月8日，属于“黑九月”① 的巴勒斯坦武装分子劫持了一架从布鲁塞尔到特拉维夫的飞机，要求以色列政府释放被关押的317位巴勒斯坦人。以色列组成了特别突击队，在一位年轻军官的率领下，顺利袭击，解救了乘客。这位军官的名字一下子铭刻在以色列人的记忆之中，他就是巴拉克——未来的以色列总理。时隔不久，5月30日，三位服务于巴解组织的日本极端分子，在卢德机场的到达厅里，向乘客开枪射击，造成了27人死亡。1972年9月5日，在德国的慕尼黑，8位“黑九月”成员对11位参加奥运会的以色列运动员实施绑架，要求释放被以色列与西德政府所关押的234位巴勒斯坦人，还要求给他们一架飞机，让他们飞往开罗。在西德方面对恐怖分子实施军事打击的过程中，劫机者杀害了9位人质（其他两位是在实施绑架的过程中因为反击而被杀害）。8位恐怖分子5人被杀，3人被捉拿。“慕尼黑奥运惨案”震惊了国际社会，奥运村决定所有国家的旗帜都降半旗，对死者表示哀悼，但阿拉伯国家坚决反对，他们的旗帜仍高高飘扬。② 惨案发生后以色列举国愤怒，立即发起了复仇行动，巴拉克男扮女装，率领一个特别小组，追捕、暗杀了与慕尼黑事件有关的主要人员。

第三节　被占领土问题

一、联合国242号决议

1967年6月27日，以色列议会通过了合并东、西耶路撒冷的决议，单方面

① “黑九月”是一支短期存在的强烈崇尚恐怖主义的巴勒斯坦武装力量。作为一个组织，它没有公布任何档案性的资料，也没有任何关于性质、宗旨、目标之类的声明。所有的巴勒斯坦人的组织都否定与“黑九月”有任何联系，巴解组织也强烈谴责其恐怖战略。一些西方观察家与以色列政府认为，“黑九月”是1971—1974年间法塔赫的一系列行动所采用的一个隐秘性的名称而已。巴勒斯坦人、阿拉伯国家、国际社会都对“黑九月”的行动表示震惊与谴责，1974年以后，“黑九月”从人们的视线中消失了。Jamal R. Nassar, *The Palestine Liberation Organization*：*From Armed Struggle to the Declaration of Independence*, Praeger Publisher, New York, 1991, pp. 97–98.

② Bernard Reich（edited）, *An Historical Encyclopedia of the Arab-Israel Conflict*, p. 365.

宣布以色列在耶路撒冷定都，阿拉伯世界反应非常强烈，纷纷进行抗议。联合国也于 7 月 4 日通过决议，宣布合并无效。同年 11 月 22 日，联合国安理会通过了由英国提出的 242 号决议，其主要内容是：第一，以色列武装部队撤出在目前的冲突中所占有的领土；第二，终止一切好战言论与交战状态，尊重并承认该地区所有国家的主权、领土完整与政治独立，以及他们在所认可的边界之内不受武力威胁的、安全的和平生存的权利；第三，保证该地区国际水路的自由航行；第四，实现难民问题的公正解决；第五，通过采取包括建立非军事区在内的措施保证该地区所有国家的领土主权与政治独立；第六，建议由联合国秘书长任命的特殊代表与各方接触。①

242 号决议实际上是一个折中性的决议，是对 1947 年联合国分治决议的调整。它一方面反映了阿拉伯人要求了以色列撤军的强烈愿望，另一方面，也反映了以色列要求阿拉伯国家承认其在该地区的生存权。尽管 242 号决议是一个含糊其辞的政治文本，起初双方都没有立即接受，但是，它毕竟为各方面寻求政治解决提供了一个必不可少的基础，因此，梅厄政府于 1970 年 5 月正式宣布接受她曾经否认过的 242 号决议，主要阿拉伯国家后来也都原则上接受。

信仰者集团的成员正在西岸建立定居点

① Walter Laqueur and Barry Rubin (edited), *The Israel-Arab Reader*: *A Documentary History of the Middle East Conflict*, p. 116.

"六日战争"之后，在喀土穆召开的阿拉伯国家首脑会议上正式确立了对以色列的"三不政策"，即不承认、不和解、不谈判。阿拉伯国家声称要"采取共同的政治和外交行动来消除侵略痕迹，确保以色列军队撤出它在6月5日以后所侵占的阿拉伯领土"。

在以色列国内，如何对待被占领土始终存在着严重的分歧。右翼民族主义势力和犹太教正统派认为，从宗教上看，约旦河西岸即被犹太人称之为撒马利亚和犹地亚的地区，是雅卫特许给古希伯来人的土地；从地理上看，这里又是古以色列王国的组成部分，所以，当今的以色列国家在此拥有"无可辩驳的权利"。该派主张永久性吞并被占领土，尤其是西岸，实现"大以色列"蓝图，贝京可以作为这一派别的代表人物。温和派和一些世俗主义者则反对过于露骨的兼并政策，认为永久性的兼并会导致以色列人口构成的变化，失去犹太国家的特点与民主性。该派主张从实用主义的立场出发，把西岸与加沙看成是"战略上的资产"，看作是与阿拉伯国家谋求和平的杀手锏，艾希科尔、梅厄、拉宾、埃班和阿隆等工党领袖都主张部分撤出被占领土，建立"可保卫的边界"。

在以色列政坛为被占领土问题而热烈争论的同时，民间也出现了一些极端宗教的、民族主义的右翼团体，其中最有名的是信仰者集团（the Bloc of the Faithful）。

信仰者集团是一个有强烈原教旨主义和民族主义色彩的右翼集团。它以宗教锡安主义为其主要意识形态，该组织的精神领袖是以色列首任阿什肯纳兹大拉比亚伯拉罕·以撒克·库克（1865—1935）的儿子小库克（1891—1982）。信仰者集团的核心理念为Hitnahalut——它综合了定居和弥赛亚主义，要求犹太人从宗教义务出发回归以色列。这股宗教狂热势力虽然酝酿已久，但真正登上政治舞台是在1967年"六日战争"之后。1968年4月4日，逾越节的前夕，有10个犹太家庭在摩西·莱文杰拉比的领导下，以拜谒先祖墓为名来到新占领的阿拉伯城市希伯伦，并住进了一家阿拉伯人经营的旅馆中，他们手捧《圣经》，满含热泪地宣布再不离开希伯伦，并拒不服从以色列政府的撤离命令。这一事件引发了全国性的辩论。最后，政府与定居者妥协，允许他们在希伯伦建立一座经学院，但人数须受限制。定居成功后，信仰者集团发展非常迅速，很多人追随这些"政治化的"年轻人。[①]1968—1973年，右翼狂热分子在约旦河西岸（包括东耶路撒冷）

① Mark Tessler, *A History of the Israeli-Palestinian Conflict*, p.467.

修建了17个定居点，在戈兰高地修建了19个，其目的就是对土地实行“有效占领”，定居点的居民大多是狂热的民族主义者，他们一边耕作，一边接受军事训练。定居点的建立确实是处于宗教狂热，同时也受到《阿隆计划》的鼓励。阿隆作为工党领袖曾在艾希科尔的政府中担任教育部长，后来在梅厄政府中任劳工部长。“六日战争”结束后的第三周，他向政府递交了所谓的《阿隆计划》，其主旨是：以色列应该沿着约旦河西岸建立一条永久性的防御走廊，但要避免在人口密集的地区建立定居点。《阿隆计划》被国会讨论了很多次，虽然一直没有正式投票通过，但对工党政府影响很大。

二、控制水资源

以色列是水资源极度匮乏的国家，除个别地区外，气候基本上以干燥炎热为特点，特别是春秋两季，气温骤升，酷热难耐。以色列境内地表径流极为匮乏，仅有一条与约旦、黎巴嫩、叙利亚共有的约旦河保持常年有水，年径流量为5.2亿立方米，这种状况就形成了无流区和内流区分布广而外流区面积小的局面。以色列的地下水以深岩含水层为主，含盐度极高，开发利用起来代价很大。以色列的降雨不仅量少且多集中于冬季（11月至来年3月），不利于农作物生长。从地域上看，北方水量有余，常因排水不畅而形成沼泽地；中部严重缺水，有些地方年蒸发量超过年降水量；最南端几乎常年无雨，地面为沙漠所覆盖。

以色列考古发现，早在几千年以前，当地居民已饱尝缺水之苦，因而极为珍惜水源。内格夫等地发掘出来的地下遗址表明，他们很早便设计、制作各种各样的器具以储存雨水，并开始把水从一个地方输送到另一个地方。犹太复国主义运动兴起之后，早期移民们为寻找水源作出了巨大努力，也付出了极高的代价。在犹太国的设计师——赫茨尔等人的建国蓝图中，水源问题被列在了十分重要的位置上。赫茨尔在《犹太国》一书中甚至提出了具体方案：充分利用北部的剩余水源以灌溉农田，同时，把地中海的水引往死海以防止内海日益干涸。这一设想对后来以色列的水利专家们大有启发。随着以色列国家的建立，严峻的水资源问题便摆到了第一代领导者的面前。当时，在有限的耕地中，可灌溉面积仅有3万公顷，其余80%以上的耕地只能靠天吃饭。为此，以色列政府采取各种措施，充分利用有限的水资源，并取得了举世公认的成效。可是，尽管以色列已把水资源的利用率提高到88%，但远远满足不了移民猛增、经济发展及生活水准提高而带来的对水资源的更大需求。同时，全球性的环境污染，特别是中东地区的石油污染、工业污染、垃圾污染严重影响着以色列的水资源。[①]“六日战争”以后，以色列控制了大片的阿拉伯领土，也大大扩充了本土的水源。据报道，以色列国内70%左右的用水来自被占领土，尤其是戈兰高地、约旦河西岸及加沙地带。

戈兰高地位于地中海东岸的火山岩高地，北接赫尔蒙山，南临耶尔穆克河，东连德鲁兹山地，西望太巴列湖。戈兰高地为中东地区的一个主要水源，巴尼亚斯河与达恩河都发源于此，两河年均流量为3.6亿立方米。另外，戈兰高地还有100个泉源，每年出水量为5000万—6000万立方米。1967年，以色列占领了戈兰高地之后，为本国增添了30%的水源。60年代末以后，以色列政府在戈兰高地采取了不同于其他被占领土的政策，不断加大投资，其目的就是为了保障水源。叙利亚警方准将阿卜杜拉·巴佐一针见血地说：“以色列紧紧抓住这一地区不放，原因就是需要水源，对以色列而言，戈兰高地就是水库。”[②]

以色列占领的其他阿拉伯领土如约旦河西岸等也都为以色列扩充了水资源。约旦河西岸降水较多，有丰富的地下水源，这里蕴藏的两个地下含水层，年储量达6亿多立方米。以色列已在约旦河西岸与本土交界处开凿了数百口井，每年从这里抽走5.64亿立方米的水。另外，这里还有许多出水量较高的泉源。总之，约旦河西岸可为以色列提供25%的所需水源。正是由于被占领土上丰富的水源已在很大程度上主宰着以色列的国计与民生，所以，以色列政府才不惜代价在这里强制推行军事性的、掠夺性的、压迫性的控水政策。

首先，将水资源置于军事控制之下。在被占领土上，水资源被列为“战略资源”，直接由军事管理当局严格控制。1967年8月15日，以色列颁发了第92号军事命令，即被占领土上的以色列军事长官有权规定巴勒斯坦的用水限量，有权断绝其水供应，有权惩治违反军令的巴勒斯坦人。这一军令严重地剥夺了巴勒斯坦人的用水权。

其次，严格限制巴勒斯坦人开采水源。占领当局规定，巴勒斯坦人的现有

① 据统计，以色列每年的降水总量加上通过各种渠道从国内外获得的总水量接近100亿立方米，但受气候与地形的影响，它所能储存与利用的水资源仅20亿立方米。其中75%用于灌溉。其余为城市及家庭用水。1992年，以色列每人年均使用的淡水资源约为360立方米，可根据国际标准，每人年均拥有水资源量在5000立方米以下的都是缺水或半缺水国家，1000立方米为极度贫水线，那么，以色列的贫水程度就可想而知了。

② 《耶路撒冷邮报》1994年11月12日。

水井深度不得超过 100 米，必须经过军事长官的同意才能挖掘新井。事实上，这只是一种形式上的措辞，巴勒斯坦人很难获得挖井的许可，即使修复旧井也要经过漫长的审批程序。1967—1978 年间，以色列占领当局未允许阿拉伯人挖过一口生活用井。在约旦河西岸，巴勒斯坦人总共获得了两张挖掘灌溉井的许可证（只有一口井产出了可用水），而以色列定居者却至少挖了 17 口井，这一数字占西岸水井总数的 5%，抽取了 1400 万立方米的地下水，占该地区居民用水总量的 30%。[①]

再次，对农业用水横加干涉。在被占领土上，以色列定居点的灌溉农业极为发达，而当地巴勒斯坦人想获得灌溉用水却极为困难，即使获得了有限的许可量，水的质量也往往很差。特别是在占领初期，军事当局粗暴干涉巴勒斯坦人的农业用水，甚至用武力阻止。在约旦河谷和加沙地带，以色列军队毁坏了许多抽水泵，封闭了 3 万杜纳姆土地的灌溉用水，并推平了巴勒斯坦农民的灌溉渠道。由于以色列的限制政策，被占领土上巴勒斯坦人的灌溉农业发展很慢，可灌溉面积仅占耕地面积的 5%，而以色列人的可灌溉面积已高达 95%。

第四，把人均用水量压缩到最低限度。在被占领土上，犹太居民的用水量远远高于巴勒斯坦人。许多巴勒斯坦人不得不到犹太移民那里去买水，或者排着长长的队伍去领取配给水。在加沙地带，巴勒斯坦人人均年消费水量在 100 至 183 立方米之间，而犹太移民的年消耗水量却高达 1400 立方米以上。

第五，征收高额水费。在以色列，生活用水的价格为每立方米 0.33 美元左右，农业用水的价格为每立方米 0.48 美元，而且居民可以享受政府发放的数目很大的水费补贴。但生活在被占领土上的巴勒斯坦人不仅得不到补助，而且要缴纳高于当地犹太居民的水费。在约旦河西岸，巴勒斯坦人生活用水的价格为每立方米 1 美元，农业用水的价格为 0.5 美元。

以色列的控水政策严重影响了被占领土的经济发展，巴勒斯坦人的生活水平远不及犹太人，特别是生活设施和卫生条件极差。大部分巴勒斯坦人供水设备已严重老化、破损，影响了水的质量。在一些巴勒斯坦人居住区，水污染已到了触目惊心的程度。在被占领土上，大部分地区缺乏垃圾处理设施，垃圾随便堆积，污水乱排，不仅破坏了地面环境，而且污染了地下水源，导致了各种疾病的流行。

---

① George T. Abed, *The Palestinian Economy: Studies in Development Under Prolonged Occupation*, Routledge, London, 1988, p. 129.

三、"经济一体化"

虽然以色列内部各派就被占领土的政治前途问题争执不休，但在经济政策方面观点却大致相同，即把"经济一体化"作为占领行为的最高目标，使被占领土服务于以色列本土的经济运行，用一位以色列部长的话说："一方面，被占领土是以色列商品与服务的补充市场；另一方面，对以色列经济来说又是生产要素，尤其是非熟练劳动力的一个源泉。"①

1967年以来，以色列政府在被占领土上的各主要经济部门中都程度不同地推行了"经济一体化"政策，对当地经济产生了深刻的影响。

从农业领域来看，1967年以前，农业一直是约旦河西岸与加沙地带的最主要的经济部门。在加沙，农业就业占总就业率的1/3，农业产值占国内生产总值的70%，占总出口的90%，西岸地区也曾有"约旦的粮仓"之称。1967年以后，被占领土的农业生产条件发生了变化，主要体现在以下两点：

第一，耕地面积越来越少。西岸与加沙地带的自然条件本来就很差，可耕地面积分别为35%和52%，以色列占领以后，对土地的大面积征用更加恶化了生产环境。在修建定居点的过程中，许多阿拉伯人的果园被毁。为了给犹太定居者修建道路、供水网、电讯网等基础设施与生活用品的供应基地，以色列大兴土木也毁了不少良田，迫使许多巴勒斯坦人和贝都因人成了无产者、临时工和流浪汉。

第二，农产品销售受到限制。为了实现"经济一体化"，以色列在被占领土上仅扶植本土不能自给或供应不足的产品。以色列人经营的农业公司鼓励西岸与加沙地带的农民仅生产以色列市场需求的谷物、棉花、甘蔗、甜菜、烟草等产品。由于打开了与被占领土的边界，以色列的农产品可以无限制地涌入西岸与加沙，严重冲击了当地农业，因为当地的同类产品很难与拥有高科技、享有政府补贴并在水资源诸方面享受优惠的以色列农产品竞争。占领初期，以色列政府陆续开放了约旦河上的关卡，开通了通往约旦的桥梁，使西岸的农产品可以继续进入约旦，这种"桥梁开放"政策曾被不少人作为"自由占领"的典型而大加宣传。事实上，以色列政府从本土的经济利益着眼，这样做确实是明智之举。如果被占领土的产品毫无出路的话，不仅会引起当地居民的强烈反抗情绪，也会给以色列市场带来

① George T. Abed, *The Palestinian Economy: Studies in Development Under Prolonged Occupation*, p. 124.

巨大的压力。当然，就被占领土而言，仅仅打开与约旦的市场是远远不够的。由于被占领土的农产品对外除约旦以外不能直接进入阿拉伯市场，对内又不能平等自由地进入以色列市场，使产品滞销问题长期存在，从而限制了农业的发展。

另外，农业用水的严重缺乏，再加上自然因素、投资环境等条件的制约，使农业生产处在一种极其不利的地位，落后的耕作模式把农业变成了一种风险很大的、收益极低的职业，从而损伤了农民的积极性，导致了农业劳动力数量的急剧下降，详见下表：

1969 年和 1985 年约旦河西岸、加沙地带的农业工人就业状况

	1969			1985		
	在业总人数（千）	农业工人人数	所占 %	在业总人数（千）	农业工人人数	所占 %
西岸	109.9	49.2	44.8	151.3	28.3	18.7
加沙	52.9	17.5	33.1	90.6	10.6	9.7
总计	162.8	66.7	40.7	241.9	38.9	16.2

资料来源：以色列中央统计局：《以色列统计摘要》，转引自 George T. Abed, *The Palestinian Economy Studies in Development Under Prolonged Occupation*, p. 144.

与此同时，农业在国内生产总值中所占的比重急剧下降，农业平均增长率下降很快，以加沙为例，1967—1970 年农业平均增长率为 8.8%，而 1979—1981 年降至 0.9%，并且这种下降趋势仍在继续。

从工业领域来看，在占领初期，被占领土的工业生产有了一定的增长，但好景不长。70 年代后期以来，工业产值在国民生产总值中的比重呈下降趋势，如西岸在 1975 年为 8.2%，到 1980 年降为 6.5%，这种局面之所以出现主要有以下几个方面的原因。

第一，生产许可证的限制。在被占领土，开办企业必须得到军事当局签发的许可证，而当局在签发许可证时所遵循的唯一标准是：该企业的建立不能影响以色列同类企业的生产，将要投放市场的产品不能侵占以色列同类产品的市场份额，不能对后者构成竞争威胁，否则，就要严格禁止。例如，在加沙地带，柑橘一直是最主要的农产品，但加沙人要求建立柑橘加工厂的请求曾长期被占领当局所拒绝。在西岸，以色列对可以吸收大量劳动力的制造业与水泥业大加限制，而那些负责签发许可证的以色列官员所能提出的辩护理由极其简单：即这些部门以色列本土已能提供足够的产品，“没有必要在这些领域产生额外的生产力”。与此相反，对某些产业如纺织业、服装业、皮革业，以色列政府则大加鼓励。在西岸与加沙，70% 的纺织厂建于 1967 年之后，被称为“最低廉的工业”，这些企业主要从以色列大公司那里转承合同，所雇佣的工人主要是妇女，其工资还不足以色列同类工人的 60%。

第二，资金的限制。为了从财政金融上控制被占领土，占领之初，军事当局利用行政命令的手段，关闭了西岸与加沙的主要阿拉伯银行，冻结或没收其资产，随后，以色列银行陆续在被占领土上开设了分行，但这些新设银行的主要活动局限于日常汇兑与短期业务，为企业提供的信贷资金极为有限。由于被占领土政治命运的不确定性以及阿以冲突所引发的种种经济风险，又严重影响了被占领土的私人投资，就连当地一些较为富有的阿拉伯商人也把投资目标投向美国、欧洲等国际市场，而不是被占领土。同时，由于以色列的封锁与限制政策，国际社会及周围阿拉伯国家的投资也很难进入，以上种种原因使被占领土的生产资金极为缺乏，并直接影响了生产规模与生产效益。

第三，生产规模的限制。为了变被占领土为以色列轻工业原料和食品基地，军事当局仅鼓励阿拉伯人开办原料加工型的小企业，这种以家庭作坊为主的产业结构自然很难创造出大的价值与利润，再加上以色列政府在税收比率、市场政策方面的限制，更让被占领土的工业处在极其困难的境地。由于工业产值在国民经济中所占的比重很低，有的研究者甚至把被占领土的经济称作“无工业经济类型”。

此外，1967 年的占领打破了被占领土以阿拉伯市场为依托的传统的自然经济关系，从资源、资金、市场等方面人为地割断了被占领土与周围阿拉伯国家的经济联系，以色列当局通过海关与关税法牢牢控制了被占领土的对外贸易，使之成为以色列产品的天然市场，以色列商品可以自由倾销至西岸和加沙地带，而对西岸与加沙的商品进入以色列市场则设下重重关卡，从而使被占领土与以色列的出口贸易成了单一的劳务输出，加重了被占领土经济对以色列的依赖。

从劳动力资源领域来看，1967 年以来，西岸与加沙地带的劳动力结构发生了很大变化。由于占领当局的“经济一体化”策略阻碍了巴勒斯坦的农业生产，公共服务业趋于萎缩，从而造成了大批工人失业。与此同时，随着以色列经济的发展，对劳动力的需求更为迫切，因此，大批的巴勒斯坦劳工涌入以色列，成为劳动力市场上一支举足轻重的力量。这些来以色列工作的巴勒斯坦人多从事季节性、临时性的体力劳动，工资待遇极低（仅相当于西方犹太人的 45%、东方犹太人的 60%），而且还要承担名目繁多的苛捐杂税。长期占领使西岸与加沙形成了畸形发展的劳动力结构，突出表现在劳动力整体素质的下降，这是由于被占领土上的基础设施缺乏，技术培训工作发展缓慢，再加上专业技术人员与高级管理阶层的高失业率，也降低了劳动力接受教育的积极性；至于流入以色列的巴勒斯坦劳工多从事以色列人不愿去干的非技术性工作，很难进入高科技产业或技术性很强的领域，这一切都不利于被占领土劳动力结构的教育和技术构成，使大批无技术或半技术人员充斥于劳动力市场。

以色列政府通过“经济一体化”政策确立了一种不平等的经济关系，使被占领土的经济形成了就业依赖、供给依赖、生产依赖、市场依赖的被动局面，为此，一些巴勒斯坦与西方学者把以色列与被占领土的经济关系比作宗主国与殖民地之间的依附关系，不平等的经济关系必然导致不平衡的经济发展状况。

就以色列而言，被占领土为它提供了必不可少的生产资源，“在当今以色列经济存在结构性弱点与脆弱性的情况下，被占领土所提供的资源在帮助以色列对付这些弱点与脆弱性方面起着特殊的、举足轻重的作用。”毫无疑问，以色列经济的高度发达具有多方面的原因，而被占领土确实是“构造以色列强大经济的一个环节”，正如巴勒斯坦解放组织的著名领导人马哈茂德·阿巴斯所分析的那样：“我们应当承认，目前巴勒斯坦经济同以色列经济有着紧密的联系，几乎可以说完全从属于以色列经济”，“以色列人认为，狭小的巴勒斯坦消费市场和充足的巴勒斯坦劳动力以及最终将开放的较为广阔的阿拉伯市场将为以色列经济的持续发展与繁荣提供巨大的潜在机会。可以肯定地说，以色列像每一个发达国家那样寻求广阔的市场和廉价劳动力。”①

在如何看待“经济一体化”对被占领土的影响时，巴以双方有着截然不同的说法：以色列单方面强调的是被占领土曾一度出现过的发展局面，把繁荣的根源归结为“经济一体化”的利润，而极力否认和淡化对被占领土所造成的不利局面；巴勒斯坦人则极力申明，目前被占领土千疮百孔的经济局面完全是由于以色列的占领所造成的，而忽略了当地的客观条件以及巴勒斯坦人在振兴民族经济方面的有限作为。客观事实是：在以色列占领的第一个 10 年（1967—1978），巴勒斯坦人确确实实取得了重大的经济发展，集中表现在购买能力的增长和社会服务业的

① 马哈茂德·阿巴斯（阿布—马赞）：《奥斯陆之路——巴以和谈内幕》，李成文译，世界知识出版社 1997 年版，第 251、252 页。

扩大，这一时期国民生产总值的增长率保持在8%—10%的高速度。繁荣的原因来自两个方面：其一，占领初期，以色列政府为了实现所谓的“自由占领”、“民主占领”，对被占领土实行了宽松的经济政策，如把西岸作为“第一开发区”，主张以色列工业企业到西岸投资，对当地的生产给予一定的帮助，以减少劳动力外流，鼓励以色列一些大企业与被占领土上的同类企业签订生产合同，使对方接受订货与合同转承，从而刺激了当地工业的发展。其二，70年代以来，中东地区出现了前所未有的现代化浪潮，从波斯湾到北非沿岸，建筑群鳞次栉比，这时，大批的巴勒斯坦劳工去以色列和阿拉伯国家工作，不仅降低了巴勒斯坦的高失业率，而且他们寄回的汇款每年约有5亿美元，在一定程度上改善了当地的经济条件。

然而，我们也必须看到，即使在繁荣阶段，以色列也并没有努力去改变被占领土的经济结构，更没有尽力去提供就业机会。当被占领土上连续出现经济衰退时，以色列仍然很少采取补救措施。巴勒斯坦起义爆发后，以色列又采取了强硬的经济封锁与制裁政策，这一切无不恶化了被占领土的经济形势，造成了一系列重大困难，如缺乏充足的生产要素（资金、技术、劳动力）；缺乏平衡的经济结构（工农业生产产值过低）；缺乏合理的经济运行机制及必不可少的基础设施（水电供应、道路交通、通讯设施、住房、医院、学校等），从而使被占领土的经济处在举步维艰的地步。

第四节　十月战争

一、萨达特对埃及外交的调整

1970年9月28日纳赛尔病逝的消息在阿拉伯世界引起了惊心动魄的反应，埃及人民痛苦地呼唤：“雄狮死了！雄狮死了！”在举国悲痛之时，身为副总统的萨达特正式当选为埃及总统，担当起了治国安民的历史重任。

安瓦尔·萨达特（1918—1981），出生于尼罗河三角洲曼努菲亚省的迈特阿布库姆村。早在幼年时代，就常常听祖母讲述埃及民族英雄抗英斗争的事迹，很小就具有正义感与爱国之心。中学时代，他最崇拜的人物是“土耳其之父——凯末尔”，他把描述凯末尔事迹的《灰狼》一书视为珍宝，称这本书给他“展示了一个光辉灿烂的世界”。萨达特心目中的另一位英雄是圣雄甘地，他不止一次地被新闻传媒中所报道的有关甘地的抗英事迹所感动，并脱掉了他的埃及服装，剪短了头发，模仿起甘地的形象来。他从1938年起就积极投身于反对帝国主义统治的民族民主运动，并结识了纳赛尔，在纳赛尔的鼓励与支持下，萨达特于1939年参与组织了秘密的“自由军官组织”，提出了“为埃及而进行组织和行动”的口号，宣传埃及独立的思想。1952年“七·二三”革命爆发时，萨达特担任革命指导委员会负责宣传工作的委员，革命成功之际，他代表自由军官组织向埃及人民发布了第一个声明，也向全世界庄严宣告：法鲁克王朝已被推翻，埃及从此获得新生。1953年，萨达特担任政府机关报《共和国报》主编。1954年9月起，先后任国防部长、埃及伊斯兰大会主席、民族联盟总书记、国民议会副议长、国民议会议长等职务。1961年任亚洲团结委员会主席。1962年9月任总统委员会委员，1964年任副总统。1968年兼任阿拉伯社会主义联盟最高执委、政治事务书记。1969年12月被任命为唯一副总统。1970年9月纳赛尔病逝后，任临时总统。10月15日通过正式选举当选为总统。

萨达特上台后，内外政策采取了一系列新的举措，埃及对以色列的政策也随之发生了变化。“六日战争”之后的3年多时间里，埃及发动消耗战的目的是拖垮以色列，使这个面积极小、资源贫乏的国家陷于困境，迫使其归还被占领土。但是，从消耗战的结果看，不只是消耗了以色列，埃及的军事与经济都蒙受了巨大的损失。这时，苏联也宣布与以色列断交，声称支持阿拉伯国家，美国则全力支持以色列。与此同时，苏联又与美国串通，阻止阿拉伯国家以武力收复失地，也反对阿以双方直接谈判，从而制造了不战不和的僵持局面。萨达特本人也明确地感受到美苏势力渗透的加强，“在一定程度上使探索和平问题更加复杂化”。1970年10月，萨达特总统提出，1971年是埃及收回被占领土、恢复巴勒斯坦人合法权利的“决定性一年”，要么以和平手段，要么以武力来解决问题，不战不和的局面必须打破。由于苏联方面没有兑现关于先进武器的承诺，并全力把自己的意志强加于中东，萨达特在“决定性一年”中没有任何大的作为。1972年埃及国内的学生、工人和军人连续爆发示威游行活动，要求政府采取强硬措施对付以色列。这种情绪更加促使萨达特政府作出最后决定。10月24日，萨达特召开了埃及最高军事会议，准备以埃及现有武器向以色列发动一场有限战争，实现“以战促和”的目的。值得注意的是，“六日战争”以来，埃及的传统战略是：发动对以色列的全面战争，全面解放西奈。而萨达特提出的是“有限战争”，即有目标地部分占领西奈，给以色列造成心理上的打击，加大谈判桌上的筹码，最终实现政治解决。埃及将军穆罕默德·阿布杜拉·加尼·加姆西对萨达特战略的解释是：“有限战争的理念来自于这样一种事实：我们没有足够的装备发动一场全面战争，苏联不供应我们足够的武器”。[①] 萨达特本人曾有这样的表述：“如果我们能在西奈拿下10厘米土地，并能站住脚跟不撤退，那么我们就能改变东方及西方的态度，改变一切，特别是1967年失败后我们生活于其中的耻辱。渡河到西奈，并在那里坚守将使我们恢复自信心。”

1973年1月，阿拉伯国家军事首脑会议在开罗召开，商讨了对以色列作战的策略。此后，萨达特利用非洲统一会议和不结盟国家首脑会议所提供的国际讲坛，在国际范围内为战争的爆发制造舆论。他在9月份召开的不结盟国家首脑会议上说：“战争是不可避免的。为什么呢？因为以色列要战争。只要阿拉伯国家拒绝无条件投降，以色列就不会得到满足。”同时，埃及国内花费了1.27亿埃镑用于战争准备。埃及、叙利亚经过充分的策划之后，联合制定了“白德尔”[②] 作战计划。10月1日，萨达特召集了武装部队最高委员会会议，布置了具体的作战任务，要求所有指挥官“每个人随时准备好执行命令”。10月2日，萨达特向埃及总司令艾哈迈德·伊斯梅尔将军下达了具体的作战命令。

当以埃及为首的阿拉伯国家已做好了备战准备时，以色列却依然沉醉在“六日战争”的胜利之中。当埃及撤退了苏联军事专家之后，以色列方面没有洞察到中东局势的微妙变化，只是觉得埃及的作战能力进一步降低，麻痹情绪进一步上升。突如其来的战争打响之后，以色列人才大梦初醒，到底什么原因使敏感快捷的以色列人变得不可思议地迟钝呢？三十多年来，这一问题困惑了许多人，近年来陆续公布的资料与研究成果使这一疑团的答案越来越明朗化了。

二、摩萨德与双重间谍

以色列有5个情报机构，分别是：以色列情报与特殊使命局，简称“摩萨德”；

① Ahron Bregman, *A History of Israel*, p. 141.

② 白德尔为麦地那城西南的一个地方。公元624年，穆罕默德曾在此发起突袭，征服了麦加人。

以色列国防军总参谋部情报局，简称“埃曼”；国家安全总局，简称“沙巴克”或者“辛贝特”；外交部情报研究司以及警察总局调查处。

在以色列的情报机构中，“摩萨德”最为重要，只有“摩萨德”领导人直接对总理负责，因此，人们常用“摩萨德”来代表以色列情报机构。“摩萨德”于1951年从外交部政治司中分立出来，主要任务是：收集政治、军事与安全情报，在以色列境外执行特殊使命。在以色列国家的发展史上，“摩萨德”曾经创造了一系列辉煌纪录，其许多绝活被传为世界谍报史上的佳话。然而，任何情报部门都不可能排除败笔，十月战争前以色列高级领导层的消极备战情绪以及随之而来的灾难性损失为“摩萨德”留下了失败的记录。事情的起源还得追溯到60年代后期。

以色列情报机构的组织体制

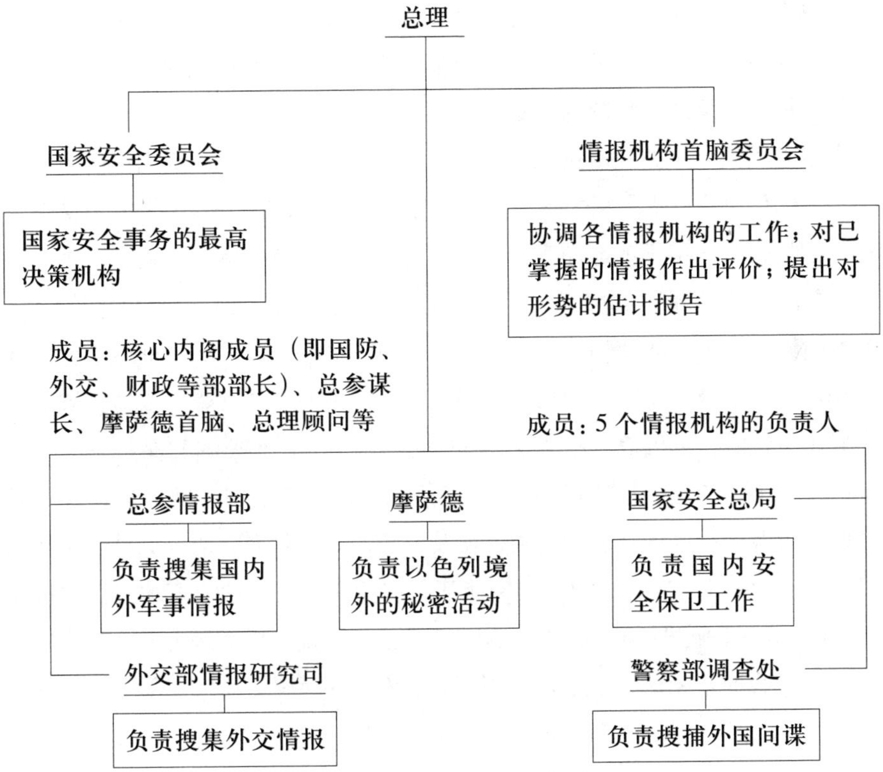

资料来源：徐向群、余崇建：《第三圣殿——以色列的崛起》，第323页。

那是1967年的一天，一位埃及青年出现在伦敦以色列驻英国使馆的门前，自告奋勇要为"摩萨德"效劳，"摩萨德"驻使馆的代表并不欣赏这种不同寻常的莽撞的自荐方式，当然拒绝了他的要求。但是这位青年在离开之前留下了他个人的档案资料，并坚持说他还会再来。几天之后，当青年再次来到使馆的时候，"摩萨德"代表毫不犹豫地吸收了他，因为在过去的几天中，他们核实了青年人的背景，并为其特殊的身份与地位而惊叹不已。这位20多岁的年轻人不仅是资深的埃及官员，而且跟纳赛尔总统有密切的亲属关系。总统先生对他十分赞赏，他经常出入于总统及其高层领导人之间，并代表总统本人在世界各地承担多种特殊使命。不仅如此，这位青年也确实潇洒出众、谈吐不凡、聪明绝伦、才华横溢。参与"摩萨德"之后，埃及青年确实不负众望，为以色列提供了一系列重要情报。1970年，纳赛尔总统去世之后，"摩萨德"总部曾经为这位埃及间谍的工作环境而忧虑过，但事实很快证明，这种担心是多余的。刚刚上任的萨达特总统急于往自己的身边笼络人才，对这位前总统的亲属也毫不例外。年轻的埃及间谍多次被委以特殊重任，并被授予多种职位包括不管部长、总统的情报秘书等，埃及青年很快成了萨达特总统的心腹。

在以色列只有少数几个人知道埃及青年——"摩萨德"高级间谍的内幕，他因为工作出色而获得了高额的酬金，每次与其上司接头都可以获得10万英镑，他所提供的情报会一字不漏地递交给以色列的政治军事首脑阅读，包括总理、国防部长、"摩萨德"负责人以及负责军事情报的长官。为了不提起他的真实姓名，以色列方面给他的代号是"博士"(The Doctor)，或者称呼他Ha'mehutan意为"女婿"。

相对于其他散布于阿拉伯世界的间谍而言，来源于"女婿"的情报被证明是更准确、更及时、更可信、更重要。其中包括两个非常重要的文件：一是1970年1月22日，纳赛尔总统访问莫斯科的谈话记录，在谈话中，纳赛尔总统一再恳求苏联为埃及提供远程武器，否则，埃及无法进入以色列腹地。二是萨达特总统1972年8月30日与勃列日涅夫秘密谈话，主要内容是萨达特要求得到"报复性武器"(意指飞毛腿导弹)，他的原话是："过去是、现在依然是由于缺乏这样的报复性武器，我们才无法采取任何（对付以色列）的军事行动。"在提供上述情报的同时，"女婿"还得出了这样的结论：无论是纳赛尔还是萨达特都把发动战争的前提寄予远程战斗机和飞毛腿导弹，在得到这些之前，埃及不会进攻以色列。

以色列方面对"女婿"的情报与结论深信不疑，并以此为依据制订"六日战争"以后以色列对付埃及的战略，代号为"概念"(The Conception)，他们的推断是：埃及得到了远程战斗机和飞毛腿导弹之后，还要经过一定时间训练与适应，然后才会对西奈发起进攻。因此，以色列特工把大量精力投入到对埃及的武器引进以及对机场的监控。他们压根没有意识到，没有得到远程战斗机和飞毛腿导弹的埃及就不会发动战争只是过时的情报，萨达特总统在得不到先进武器的情况下，早已改变了战略思想，决心对以色列发动一场措手不及的有限战争。“女婿”对埃及的战略转变了如指掌，但他没有把最新情报提供给以色列，因为他的真实身份是双重间谍，他在为“摩萨德”服务并领取高额酬金的同时，一直是萨达特总统的高级间谍，为埃及提供一系列绝密的有关以色列的情报，并有意识地把以色列人引向误区。①

然而，“女婿”有意识的情报误导远没有收场。1973 年春天，他突然发来这样的情报：埃及要在 5 月 15 日袭击以色列。尽管以色列军界领导人对这一情报的可信性发生分歧，但国防部还是制定了代号为“蓝—白”的作战计划，尽管军事情报长官伊莱·泽认为战争不会立即爆发，埃及不会马上袭击以色列，但国防军总参谋长大卫·埃拉扎尔和国防部长达扬则坚信战争迫在眉睫。于是，以色列总参谋长发布了局部动员令，于 4 月 19 日开始了“蓝—白”计划的战前准备工作，但埃及方面并没有进攻的任何迹象。8 月 12 日，即十月战争爆发的前 7 周，以军开始疏散，这次错误的战略预警给以色列造成的经济损失达 4.5 亿美元，在国内引起了一片责难声。那么事情的真相是什么呢？萨达特总统后来在他的《寻找认同》(*In Search of Identity*) 一书的第 241 页中写道：“5 月份我没有发动战争的意图”，关于具体的作战日期是在 1973 年的 8 月 22—23 日才最后确定的。可见，这一战略预警的直接依据完全是“女婿”杜撰出来的假情报。令人啼笑皆非的是直到此时，“摩萨德”这一公认的世界一流的情报机构仍然没有识破“女婿”的真相。他为什么能够继续他的智商游戏并进一步地蒙蔽以色列人，至今没有多少合理的解释，但他的成功显然与另外一个谍报事件密切相关。

三、利比亚事件与战略预警的延迟

事情发端于 1973 年 2 月 23 日，一架代号为 424 的利比亚波音 727 飞机在从

① 关于这一事件以色列方面已经有专门的著作出版，例如 Amnon Barzilai, *Zeira：A Double Agent had Strengthened My Adherence to a Wrong Conception in Yom Kippur*, Ha'atetz, 1998。本书中所引用的相关资料均来自历史学家 Ahron Bregman，他查阅了大量的档案资料，并走访了一些相关人士。参见 *A History of Israel*, pp. 142–145。

利比亚飞往开罗的途中遇到了暴风雨后沿以色列方向飞行。以色列人怀疑飞机的目标是要袭击迪莫纳的核反应堆，因为事先有情报预警，说恐怖主义分子要对核反应堆采取行动，由于没有拦截成功，以色列就击落了利比亚飞机。后来才查出原因是利比亚飞行员导航错误，才导致了这场悲剧，108位无辜乘客死于非命，其中包括利比亚前国防部长撒利赫·布·亚西尔。穆阿迈尔·卡扎菲对此非常愤怒，谴责埃及没有正确导航，使飞机未能安全着陆，同时强烈要求复仇。为了平息卡扎菲的怨气，萨达特告诉他埃及正在准备一场决定性打击以色列的战役，为利比亚也为所有受到伤害的阿拉伯兄弟复仇。萨达特强调说任何不成熟的行动也许会扰乱战争的意图，并产生事与愿违的结果，因为目前的大局依然是以色列人占领着大片的阿拉伯领土。但是卡扎菲并不听取他的劝告。4月2日，萨达特私访的黎波里，萨达特想在最后的关头劝阻卡扎菲不要袭击以色列人，但卡扎菲的态度很坚决，于是，与卡扎菲之间有了这样一番对话：

"利比亚绝不是唾手可得的猎物。"

"那你准备采取哪一类行动？"

"我想爆炸E1 Al（以色列航空公司）的飞机。以牙还牙。"

这时，令卡扎菲吃惊的是萨达特表了这样的态："我们会尽最大的努力帮助你。"[①] 事后，萨达特派遣的不是别人而是他的得力帮手"女婿"来与利比亚方面直接联络，并联合制订了袭击以色列飞机的具体计划，尽管萨达特从内心反对任何"不成熟的行动"，但眼下与卡扎菲的友好关系还是要维持的。经过与利比亚代表梅杰·霍尼的磋商之后，"女婿"把行动目标定位在罗马，根据以往的经验，罗马对恐怖活动防范比较微弱，以色列飞机受到的保护相对减少。"女婿"要求利比亚挑选出5位巴勒斯坦青年，接近罗马国际机场，在800米到1000米的有效距离之间，用他们携带的轻便式导弹袭击以色列飞机。他的计划得到了萨达特与卡扎菲的认可。"女婿"以总统办公室的名义从埃及军火库里得到了所需要的导弹，分别装在两个箱子里，每个箱子的体积为6×2×5英尺，让他的不明真相的妻子把这两箱"地毯"带到罗马，那里有人专门接应。当得到"地毯"已经被安全运送到罗马埃及艺术研究院的消息之后，"女婿"立即从开罗登上了去罗马的航班，后来，他又直接把武器递交给了利比亚派来的代表。就在一切准备就绪的情况下，风云突变了。

---

① Ahron Bregman, *A History of Israel*, p. 147.

1973年9月5日午夜时分，意大利军事情报人员在警察的保护下，敲开了奥斯蒂亚村庄一所寓所的房门，这里离菲乌米奇诺国际机场只有3英里。开门的是一位阿拉伯青年，他们单刀直入搜捕房间，没收了“女婿”运送来的导弹。几个小时之后，其他几位计划参与此事的巴勒斯坦青年都在罗马中心的小旅馆——阿特拉斯宾馆被逮捕，卡扎菲的复仇计划彻底毁灭了。原来，意大利方面是从“摩萨德”得到了详细的情报，才准确无误地发起了上述行动，那么又是谁给“摩萨德”透露了风声呢？最近，人们才知道这不是别人，而是整个事件的策划者——“女婿”本人！通过这件事情，他达到了一箭三雕的目的：第一，在萨达特筹备战争的关键时刻，通过阻止针对以色列的恐怖袭击，减少其他干扰与不确定因素，使四周以后将要实施的战争按原计划顺利进行；第二，通过一系列的策划与密谋，使卡扎菲相信，埃及在全力帮助利比亚，保持了萨达特与卡扎菲的“友好关系”；第三，也许最为重要的原因是，通过给“摩萨德”泄密，拯救了以色列人的生命，保持他在“摩萨德”内部的好声誉，便于他继续隐藏自己，以实施对以色列人最后的、也是最致命的打击。

飞机事件刚刚平息下去，以色列又发生了另外一件充满苦涩味的戏剧性事件。9月25日，约旦国王侯赛因飞往以色列，在米德拉沙的“摩萨德”的总部（位于特拉维夫北部的赫茨利亚）会见了梅厄总理，侯赛因国王告诉对方埃及和叙利亚近期要发动进攻的消息。两位首脑的秘密谈话是用英语进行的，被“摩萨德”拍了照，并录了音。他们的谈话原文如下：

> 侯赛因国王：“从来自叙利亚方面的非常敏感的渠道我们得知这样的情报，……他们的飞机、导弹，还有其他的一切都被布置到前线……进入最后的备战状态……”
>
> 梅厄总理：“没有埃及的合作，叙利亚会单方面开始行动？”
>
> 侯赛因国王：“我觉得不会。我认为他们会联合行动。”①

侯赛因国王的出访是超乎寻常的举动，他不敢公开背叛阿拉伯国家，而是冒着巨大的风险暗中帮助以色列。但是，遗憾的是，他所带来的情报，并没有引起以色列人的真正重视。对出现这种局面的原因以色列人的解释是：达扬接到了谈话的英语文本后，把它递交给了总参谋长埃拉扎尔，因为总参谋部要在第二天讨

---

① 关于侯赛因国王暗访以色列一直有多种说法，有人一直认为这是谣传。上述谈话内容在1998年第一次被发表，参见 Ahron Bregman & Jihan el-Tahri, *The Fifty Years War*: *Israel and the Arabs*, pp. 118–119。

论谈话内容。令人吃惊的是以色列人竟然错误地理解了侯赛因国王的本意。如前所述，国王的最后一句话是 I think they would cooperation（in their attack），即我认为他们会联合行动，但总参谋长埃拉扎尔在会上传达的精神是：It is unknown（Syrian preparations to open fire）are in cooperation with the Egyptians，意为“叙利亚是否与埃及合作不得而知”。总参谋长由此得出的结论是：“对叙利亚来说单独行动是最愚蠢不过的决定了”。可惜达扬也没有理解国王的原意，他也认为没有埃及的支持，叙利亚很难单独发动战争。最终达成的意见是：国王的情报不足全信，不需要发动战略预警，此时离战争的爆发只有 10 天。

而在这一故事的背后，还有另外一层、也许是更为重要的原因是来自于“女婿”的情报。9 月 28 日，也就是侯赛因国王暗访梅厄总理后的第三天，“女婿”陪同萨达特总统访问沙特，在“女婿”、萨达特总统与费萨尔国王的三人会面中，萨达特总统告诉费萨尔国王埃及要袭击以色列的战略意图。但是，这次关键性的会面之后，“女婿”发给“摩萨德”的情报却是：萨达特决定延期战争。对于“摩萨德”来说他们更相信的是来源“女婿”而不是侯赛因国王的消息，因为后者无法证实其可靠性，而仅仅在几周之前，“女婿”还为以色列人提供了准确无误的有关利比亚事件的情报。

到了 10 月 5 日，更多的战争迹象已经表露出来了，埃及与叙利亚的军队已经往边界推进，苏联在埃及与叙利亚的专家已经撤离。当天上午 11 点 30 分，梅厄总理召集内阁会议，讨论越来越恶化的局势。总参谋部与军事情报局汇报了最新掌握的情况，但仍不认为战争会很快爆发，很多人担心过早的战略预警会和上次一样给以色列造成被动与损失。当总理、部长们焦急地等待关于战争的确切消息时，当天夜里，“女婿”要求与“摩萨德”首脑兹维·扎米尔私人会面，他们约定在伦敦的一个公寓里见面。在这样一次关键的会面前，“女婿”却姗姗来迟，兹维·扎米尔等得心急如焚。会面后，“女婿”告诉兹维·扎米尔战争要在 10 月 6 日下午 6 点爆发。他之所以在这个时候发出情报，因为他确信对以色列人来说，现在开始做战争动员、调动部队已为时晚矣，而且在这个情报中，他故意把战争的时间说成是 6 点钟，但埃及军队发动进攻的实际时间是 4 个小时之前，即下午 2 点钟。①

兹维·扎米尔是在 10 月 6 日凌晨 4 点钟把从“女婿”那里得来的情报发回以色列，离战争爆发还有 10 个小时。可惜，此后有大约 5 个小时的时间浪费在

① Ahron Bregman, *A History of Israel*, pp. 151–152.

达扬与埃拉扎尔之间没完没了的争吵之中，分歧的焦点是要动员多少军队，最后不得不让缺乏军事经验的总理本人来决断。当天下午2点零5分，内阁大员们仍在总理办公室里继续开会，国防部长的副官走了进来，递给达扬一个条子：阿拉伯人的进攻开始了！

四、战争突发

1973年10月6日下午2点，埃及、叙利亚同时向以色列发起突然袭击，第四次中东战争爆发，这次战争又叫做“十月战争”或“斋月战争”（因为10月是伊斯兰教的斋月），犹太人称之为“赎罪日战争”。①

10月6日当天，埃及集中了250架飞机和4000门大炮，向以军阵地发起猛攻。20分钟之后，以色列在西奈的军事指挥部、空军指挥部、雷达中心、导弹基地、炮台等遭受到了毁灭性的打击。6个小时之后，埃及主力约8万人渡过运河，攻占以军前沿阵地，突破了“巴列夫防线”② 从170公里长的战线上向西奈地区渗透，一星期之后，埃及控制了运河东岸10—15公里的地区。与此同时，叙利亚分兵三路攻击戈兰高地，收复了大片失地。

战争爆发后的第四天，梅厄总理向美国发出了“拯救以色列”的呼救，美国通过最靠近前线的阿里什机场，向以色列运送了大量坦克及各种新式武器，美国实际上已介入战争，想通过武力压制埃及接受停火建议。这时，萨达特估计到埃及的实力，不敢贸然同美国交锋。萨达特在他的传记中写道：

> 我不怕对抗以色列，但是拒绝同美国对抗。我决不允许埃及军队再一次被毁灭。我准备着在我的人民面前，在阿拉伯民族面前为这一决定承担后果……形势并不如国际上想象的那样。国际上都认为苏联是站在我们一边的，为了拯救我们，它建立了空中桥梁。但是，实际上并非如此。美国和以色列在正面同我对峙，苏联手持匕首，隐伏在我的背后；在我损失了85%或90%的武器的时候，它每时每刻都可以给我一刀，就像在1967年发生的

① 10月6日这天是犹太教的赎罪日，按照犹太教教规，这一天教徒们不进食、不喝水，只是静默祈祷，请求上帝宽恕世人的罪恶。

② 巴列夫防线，长123公里，厚10余米，高17米。沿线建立了许多据点，构筑了坚固的防御工事，被以色列称为不可逾越的防线，该防线因由以色列前总参谋长巴列夫主持修建而得名。

那样。十分明显，美国可以利用它新式的电视导弹彻底消灭我们的空中防御力量，因此，埃及的天空就像 1967 年那样敞开在以色列人面前。[①]

在初战告捷的情况下，由于埃及没有乘胜追击，扩大战果，给以色列造成了喘息的时机。以军重新部署，很快稳住了阵脚，先集中兵力在戈兰高地反击成功，把叙利亚军队赶出被占领土，并且重创了约旦的坦克旅——这是侯赛因国王派出的支持叙利亚的军队。然后把重兵转向西奈，与埃及军队展开了为期四天的坦克战，埃及损失了 200 多辆坦克，600 多名士兵，以色列转败为胜，战局向不利于埃及的方向发展。

面对复杂的中东局势，美苏之间进行了紧急会谈，美国国务卿基辛格与勃列日涅夫就停火问题达成了一致。在美苏的操纵下，联合国安理会于 22 日通过了美苏联合捍卫的“关于中东问题就地停火”的 338 号决议，主要内容有：参战各

十月战争中的以色列士兵

① 安瓦尔·萨达特：《我的一生——对个性的探讨》，李占经等译，商务印书馆 1980 年版，第 272—274 页。

方在12小时之内停止一切军事活动；实现停火后，立即执行联合国以前通过的第242号决议的所有内容，通过谈判建立公正、持久的和平。埃及和叙利亚于22日和24日宣布接受停火协议，以色列虽然于22日已表示接受停火，但实际上仍继续进攻埃及军队。23日攻占苏伊士城。23日夜，安理会通过了美苏第二个联合停火决议草案，即339号决议，要求阿以第二次实现停火，决议案于24日凌晨5时生效。24日，以军封锁苏伊士——开罗公路101公里处，完成了对埃及第三军团的包围。25日，以军攻打苏伊士城，埃军浴血奋战，给以军造成了严重伤亡，以军最后被迫停火。为期18天的十月战争宣告结束。十月战争是第二次世界大战以后中东地区规模最大的一次现代化战争。最新式的美苏武器都投入了这场战争，因而引起了各国政治家与军事家的关注。十月战争的一大特点是兵器的损失率极高。仅开战的前三天，埃及消耗弹药达2.6万吨。惊人的武器消耗加剧了交战双方对美苏的依赖。这场战争，造成了巨大的损失。据统计，以军死亡2687人，伤7251人，经济损失高达70亿美元。阿军死亡8446人（其中埃及5000余人，叙军3100余人）。从兵器损失上来看，以色列损失坦克840辆，飞机103架，而阿方损失坦克2554辆（其中埃及1100辆，叙利亚1200辆），飞机392架（其中埃及223架，叙军118架）。①

五、十月战争的影响

在十月战争中，埃及收复了运河东岸3000平方公里的土地，以色列却在运河西岸新占领了1900平方公里的埃及领域。叙利亚最终也没有收复戈兰高地，反而丢掉了高地以东440平方公里的土地。尽管阿拉伯国家没有取得决定性的军事胜利，战争没有造成大的领土变更，但终于打破了以军“不可战胜”的神话，尤其是埃及血洗了1967年战争所蒙受的耻辱，恢复了民族自信心，基本上达到了“有限战争”的预定目标，萨达特被埃及人民称为“战争的英雄”。战争期间，埃及、叙利亚的军事行动得到了四十多个阿拉伯国家的声援，尤其是海湾国家以石油为武器，支持阿拉伯兄弟，并对国际社会施加压力，阿拉伯世界出现空前团结的局面。

① 关于阿拉伯方面的伤亡数字说法不一，此处引用的是田上四郎：《中东战争全史》，中译本，解放军出版社1985年版，第308页。以色列方面提供的数字是估计叙利亚死亡人口3500人，埃及为1.5万人。参见 Geoffrey Wigoder, *New Encyclopedia of Zionism and Israel,* p.1421.

十月战争对以色列的影响十分深刻。战争为以色列的经济繁荣画上了句号，1973 年经济形势急剧恶化，具体表现在：第一，增长速度下降。1973—1977 年间，以色列的国民生产总值一直徘徊在 3% 左右，特别是 1977 年降为 1%；第二，通货膨胀严重。1970 年，以色列的通货膨胀率仅为 6.15%，而 1973 年上升到 20%；第三，贸易逆差严重。由于国内财政亏空，外贸出口受阻，贸易赤字连续上升；第四，公共消费扩大，特别是战争与军备竞赛的需要，大大增加了军费开支，1967—1981 年全国的进口总额增长了 11.2 倍，而军火进口额同期增长了 18.5 倍。军火进口在全国进口总额中的比重：60 年代为 10%—13%，70 年代以后，增至 20% 左右，特别是 1970—1975 年间高达 32%。1973—1976 年间，以色列军费在国民生产总值中的比重达到了 30.2%—34.6%。导致经济危机的主要原因是：经济投资下降；国际能源涨价导致世界性的经济衰退；经济体制中的弊端日益显露以及资源经济的优势已消耗殆尽等。

战争也影响了犹太人的民族心理，瓦解了他们的自信心，许多人失去了“六日战争”之后的自豪感与安全感，海外犹太人支援以色列的狂热心理明显降温，移民人数下降。因此，有人评论说，十月战争摧毁的不仅仅是苏伊士运河边上的“巴列夫防线”，而且也摧毁了犹太人心目中的“巴列夫防线”。许多人质疑、批评政府的消极备战策略，一些老兵走上街头，要求调查战争责任，尤其是情报失误责任，曾经被人们拥戴为战争英雄的达扬无论走到何处都会引来非议甚至敌视的目光，各种形式的抗议政府的行为时有发生。以色列的政治气氛也陷入了建国以来的低谷期。

十月战争打破了中东地区“不战不和”的战略僵局，促使西方大国纷纷调整其中东政策，美国也充分认识到了如果一味偏袒以色列，只能使自己陷于孤立，用基辛格的话来说：“阿拉伯就会被赶回到苏联人的怀抱。石油就会丧失掉，全世界都会反对我们，在联合国将没有一个国家投票赞成我们。”战争结束后，基辛格开始了他的“穿梭外交”，频繁来往于耶路撒冷、开罗与大马士革之间，在以色列与阿拉伯国家之间寻找折中点，特别是以色列与叙利亚之间的沟通十分艰难，基辛格历时 32 天、来回经过 13 次的穿梭活动，双方关系才有所缓和。最终，以色列与埃及、叙利亚分别达成了脱离军事接触协议，为进一步的政治接触奠定了基础。埃及与以色列之间的协议于 1974 年 1 月 18 日签订，规定：在第一阶段以色列军队从运河西岸撤出；以色列与埃及军队之间保留一个由联合国控制的缓冲地带。以色列与叙利亚之间的协议于 5 月 31 日签订，规定以色列军队撤出“六日战争”和十月战争中占领的部分土地，双方之间设立由联合国控制的缓冲地带。① 与此同时，约旦国王侯赛因利用自己与以色列政界的特殊关系，开始不定期的接触，就水资源问题、亚喀巴湾的航运以及航空安全等问题进行秘密会谈。1977 年卡特就任美国总统后，提出要“全面解决中东问题”，并派遣国务卿万斯访问了以色列、埃及、叙利亚等国，然后又邀请埃及、以色列领导人访美，为阿以直接谈判穿针引线。总之，十月战争以后，无论是阿拉伯世界还是以色列国家都对阿以关系有了更现实、更理性的态度。

第五节 工党的蹉跎岁月

一、梅厄辞职

以色列议会大选原定于 1973 年 10 月 31 日举行，在战争爆发之前党派的竞选活动已经拉开了帷幕。由于战争的突然爆发，竞选活动停止，选举日期推迟到 12 月 31 日。在这次选举中，工党联盟获得了 51 席，比上届选举少了 5 个席位，利库德集团② 获得了 39 席，比上届选举多了 7 个席位，两党的实力越来越接近。

梅厄总理的最后内阁

① Ahron Bregman, *A History of Israel*, p. 157.

② 早在 1973 年 9 月，加哈尔集团、大以色列运动、国家党和自由中心就合并成立了利库德集团（Likud Bloc，意为团结）。作为以色列议会中的政党联盟，利库德集团主张扩大移民，永久占领巴勒斯坦领土，反对巴勒斯坦国，对内主张私人资本自由竞争，建立自由、公正的社会。该集团一直代表了东方犹太人的利益。

1974年3月10日，梅厄向议会递交了她的新内阁名单，其中增添了一些新的面孔，如拉宾、阿伦·亚里夫等。正在这时，战争责任调查委员会经过几个月的听证、调查之后，于4月2日公布了调查中期报告，认为战争责任主要在情报部门与总参谋部，尤其是总参谋长埃拉扎尔负有不可推卸的责任。埃拉扎尔立即决定辞职。虽然调查报告对梅厄与达扬的责任只是轻描淡写，一笔而过，但公众强烈要求达扬辞职，一些工党领袖也认为达扬不应该留在内阁。这时，已经年迈体弱、筋疲力尽的梅厄总理为了避免工党的分裂，于4月10日宣布内阁总辞职，同时也辞去工党主席的职务，她的告别词是“我已经走不下去了，我无法再承受重负”①。没有任何人提出挽留，这位铁娘子在失落的气氛中结束她那曾经辉煌的政治生涯。

同一天，以色列发生了另外一件痛心的事情：一组隶属乔治·哈巴什的解放巴勒斯坦人民阵线（人阵）的巴勒斯坦青年潜入以色列北部城镇基雅特－希姆纳杀害了18位以色列人，其中有8位儿童。梅厄辞职的12天以后，4月22日，工党中央委员会以投票方式从拉宾与佩雷斯两个人中选举总理，结果拉宾得了298票，佩雷斯得了254票。梅厄留下的重担落到了拉宾的肩上。

在拉宾组阁的过程中，5月15日，另一恐怖事件发生了，三位巴勒斯坦青年在以色列北部马阿罗特的一所学校里，绑架了100位以色列儿童作为人质，交换条件是释放被以色列政府关押的巴勒斯坦人。看守总理梅厄拒绝了恐怖分子的要求，命令军事力量以武力解救人质，所不幸的是在行动过程中有22人丧生。这件事情也引起了一系列的责难与批评。②

1974年5月31日，是一个星期五，梅厄总理签署了最后一个文件——以色列与叙利亚之间的脱离军事接触协议之后，带着一种一言难尽的心情离开了总理办公室。卸任以后的梅厄全力以赴写她的个人传记，她的意图是让人们通过她的经历更多地了解以色列、犹太复国主义与犹太民族。这位自称从不记日记、不擅长写作的政治家却写出感动无数心灵的《我的生活》(*My Life*)。时至今日，以色列人仍然为他们拥有这样一位出色的女总理而自豪不已，许多人喜欢回味她在个人传记的结尾所说的这样一番话：“对于那些询问‘前途在哪里’的人，我依然只有一个答案：我相信我们会与我们的邻国缔结和平，但是，我相信没有人愿意与微弱不堪的以色列讲和。以色列不强大，那将没有和平。”③

① Matti Golan, *Shimon Peres : a Biography,* London,1982, p. 143.

② Ahron Bregman, *A History of Israel*, p. 158.

③ Golda Meir, *My Life,* p. 381.

二、拉宾内阁

梅厄辞职后，拉宾被推举为总理。这一方面得益于拉宾本人的军事与政治影响力，另一方面也因为他和十月战争没有任何牵连。1974 年 6 月 3 日，拉宾把新内阁的名单递交议会，并得到了批准。他任命的 19 位部长中只有 7 位在前政府任职，伊加尔・阿隆继任副总理与外长，佩雷斯任国防部长。拉宾上台之后，有人曾预言这将是一个短命的内阁，但事实证明，受命于危难之中的拉宾政府干得非常出色。拉宾政府的主要施政方针表现在以下几个方面：

第一，重整国防军。十月战争中，以色列军队虽然取得了很大胜利，但也暴露了一些弊端。拉宾上台后与佩雷斯一起出台了 3 年重组国防军的计划，采取的主要举措有：更新军事装备、提高军事人员现代化作战能力、实现军事设备与人员配备的供需平衡以及解决某些领域的军转民措施问题、退役军人的社会待遇问题等等。上述措施取得了很大的成效。

第二，打击恐怖主义。十月战争以后，针对以色列恐怖事件时有发生，拉宾政府采取强硬措施予以打击。其中最为典型、也一直被人们交口称赞的是发生在恩德培机场的营救事件。1976 年 6 月 27 日，星期天，一架载有 105 位乘客的法航飞机在从特拉维夫到巴黎的途中，被巴勒斯坦恐怖分子劫持到了卡萨布兰卡，过夜之后第二天凌晨又把飞机劫持到乌干达的恩德培机场，这里距离以色列 2500 英里。恐怖分子把飞机上的犹太人与以色列人押为人质，要求以色列释放 53 位巴勒斯坦人。恐怖分子开始给以色列政府 48 小时的最后通牒，后来宽限为 72 小时。拉宾政府的一贯主张是，如果答应了劫机者的要求，就有可能在未来助长此类恐怖事件的发生，于是，决定军事营救。以色列出动了 5 架飞机（其中有一架波音 707），经过周密的筹划与配合，成功地解救了乘客，恐怖分子被全部击毙。在行动过程中一位以色列军官牺牲——他就是约拿单・内塔尼亚胡，后来的以色列总理内塔尼亚胡的哥哥。为了纪念死者，以色列政府把这次行动命名为“约拿单行动”。[①] 约拿单行动大大提高了拉宾政府的威望，也在一定程度上打破了十月战争以来笼罩在以色列的沉闷气氛。

第三，在外交方面，拉宾政府积极接受美国的调停，经过几个月的谈判与协

① Robrt Slater, *Rabin of Israel,* St. Martin's Press, New York, 1993, p. 353.

商，终于在1975年9月4日与叙利亚达成了第二次脱离接触协议，协议规定以色列军队从目前的接触线后撤12—14公里，由联合国实行控制，两国互不进行军事威胁，继续谋求以联合国338号决议为基础的和平。以色列虽然在领土问题上做了让步，但得到了埃及的和平承诺，而且在协议的附属备忘录里，美国保证继续维护以色列的生存与安全，满足其经济与军事需求。此后，拉宾与基辛格以及杰拉尔德·福特多次商议，美国同意取消向以色列提供新式尖端武器的禁令，答应同以色列共同生产F–16型战斗机，1976年，美国提供给以色列的援助与贷款达43亿美元。

拉宾政府虽然在改善埃、以关系，进一步接近美国方面取得了很大的成效，但在以色列与联合国的关系上出现了挫折。客观而论，以色列人对联合国有着非常浓厚的感情，因为他们清楚，没有联合国的支持，也就没有以色列国家。但是，“六日战争”以后，阿拉伯国家、伊斯兰国家以及参与不结盟运动的国家联合起来，利用联合国的讲坛，谴责以色列对阿拉伯领土的占领。十月战争以后，阿拉伯世界采取了进一步的行动，联合打击以色列，并取得了两大成绩：一是1974年11月，联合国正式确定了巴解组织的观察员身份，阿拉法特当天佩带手枪在联合国发表讲话，强烈要求国际社会制裁以色列；二是1975年11月10日，联合国第三十届联大通过了3379号决议，谴责犹太复国主义为“种族主义与种族歧视”，当时，有75个国家投赞成票，35国反对，32国弃权。联大决议使以色列人非常震惊，一些城市里的“联合国街”被“犹太复国主义街”所代替，以表示他们的气愤与抗议。但后来越来越多的国家逐渐意识到把犹太复国主义等同于种族主义是不正确的，1991年联合国第四十六届会议又表决废除了3379号决议。

拉宾政府虽然取得了很大的成绩，但却对日益严重的经济滑坡现象无能为力，到1976年，政府的财政赤字高达40亿美元，通货膨胀率直线上升。人民的反抗情绪上升，罢工与示威活动频繁发生，1976年5月在特拉维夫发生了下层贫民用手榴弹与警察搏斗的事件，震惊了许多人。与此同时，以色列国内的宗教势力不断上升，利用各种机会干预政治，最终于1976年搞垮了拉宾政府。其实，导致这场政治危机的原因却颇有戏剧性。这年12月10日，一个星期五的下午，美国出售给以色列的F–16战斗机抵达以色列，能得到这样的尖端武器，以色列政府阁员十分激动，于是，拉宾决定政府首脑与部长们一起在机场举行欢迎仪式。但是，由于飞机延迟了一个小时，所以仪式结束后官员们的汽车还没来得及返回，太阳已经落山，安息日正式开始。这一事件，引起了宗教党的愤怒，几天后，以色列正教工人党以“内阁阁员驱车违背安息日教规”为理由，对政府提出了不信任案。当国会表决这一提案时，与工党联盟联合组阁的全国宗教党没有维护内阁投了弃权票，其他宗教派的议员投了反对票，结果导致了不信任案以 55 票对 48 票通过。对这一事件拉宾十分恼怒，他曾对他的妻子说：“他们无时无刻不在想法敲诈我，我真是烦透了。”12 月 21 日拉宾决定辞职。1977 年 2 月，工党举行党内领导人的选举，竞争对手还是拉宾与佩雷斯，结果拉宾以 1455 票对 1404 票微弱多数获得胜利。三个星期之后，拉宾却遭遇到意想不到的另外一个打击：3 月 15 日，《国土报》披露了一大新闻，说拉宾在担任驻美大使期间，他的妻子利亚在华盛顿的一家银行里有秘密的美元账号，更为严重的是，拉宾本人与银行也有约在先，这是以色列法院明令禁止的行为，拉宾难辞其咎，不得不退出政界。4 月 7 日，拉宾正式辞职，两周以后，即 4 月 21 日，工党中央全会召开特别会议决定由佩雷斯出任看守内阁总理，并作为工党候选人参与大选。[①]

佩雷斯与家人在一起

① Ahron Bregman, *A History of Israel*, p. 164.

三、西蒙·佩雷斯

西蒙·佩雷斯，1923年出生于波兰的明斯克，12岁随家人移居巴勒斯坦。他曾在哈佛大学社会研究院高级管理班学习。佩雷斯的政治生涯开始于以色列建国以后，他先在国防部工作，得到古里安总理的赏识。佩雷斯在发展以色列与法国的外交关系方面发挥了非常重大的作用，正是他直接与法国磋商，达成了联合出兵西奈、法国为以色列提供原子反应堆的秘密协议。1959年起，他当选为议员，先后担任过国防部副部长、移民部长、交通部长、新闻部长、国防部长等职务。佩雷斯一直追随古里安总理，1965年，当古里安另起炉灶，建立新党的时候，佩雷斯首先响应。"西蒙·佩雷斯是20世纪最鼓舞人的以色列政治家之一。他精力充沛、具有想象力与创造力，他那活跃而又丰富的大脑里总是充满了各种思想——他属于这样一类政治天才，总是能够变戏法似地化解各种各样的矛盾，操纵政治体制沿着令人愉快的新方向发展。"① 也许因为他过于聪明、老练，许多以色列人觉得他老奸巨猾、不可信赖，他的老搭档、老对手拉宾更是一针见血地称呼佩雷斯为"不屈不挠的阴谋家"。然而，当佩雷斯因偶然的机遇坐在了总理的位置上，并率领工党参与举国瞩目的大选时，这位资深的政治家也确实感到了无奈与无助。他的压力一方面来自利库德集团的候选人贝京，因为利库德集团的主要目标就是要对付工党联盟，获得大选胜利，并为此而进行了一系列扎实的准备工作；佩雷斯的另一压力来自著名的将军、杰出的考古学家伊加尔·亚丁。十月战争以后，以色列政坛不断有新的政党出现，1977年大选前夕，伊加尔·亚丁组建了新的政党"变革民主运动"，该党派笼络了一些知识界精英与退役将军，他们大多来自欧洲，有很高的文化素养。他们强烈要求政治现代化，主张改革现有制度，重建管理体制，净化公共生活，鼓励私有化、关心东方犹太人等，在对外政策上该政党主张以领土换和平，接近于工党的政策。②"变革民主运动"吸引了许多"鹰派"与"鸽派"的成员，许多工党上层人物积极加入。在选举中，该党的政策是既不选工党，也不选利库德，对工党产生了很大的内部瓦解力。正如佩雷斯所忧虑的一样，5月份的大选被称为以色列历史上的政治地震，为创造辉

① Ahron Bregman, *A History of Israel*, p. 165.

② Ahron Bregman, *A History of Israel*, p. 166.

煌的工党准备了一个隆重而凄惨的葬礼。

四、工党惨败

1977年5月17日，以色列第九届议会举行大选，其结果出人预料，贝京领导的利库德集团获得了43个议席，而工党联盟只得了32席，伊加尔·亚丁的"变革民主运动"得了15席，该党有2/3的选票来自于1973年支持工党的议员。全国宗教党的席位也由10个增加为12个。①

以色列工党为什么会衰落？长期以来一直是政治家们、史学家们关注的问题。从工党自身来说：第一，近30年的执政党地位，使工党领袖思想僵化，观念保守，对不断出现的新现象、新问题缺乏应变能力与改革力度。第二，严重的派系斗争与党内分歧削弱了群体决策能力，从古里安时代的马帕伊，到梅厄、拉宾当政时的工党联盟，始终都无法摆脱党内斗争的阴影，主要领导人互挖墙脚，互相拆台，甚至另起炉灶，公开制造分裂，这一切无不内耗了工党的实力与声誉。第三，工党领导人内部不乏出色的政治家，他们为犹太复国主义理想、为以色列的存在与发展立下了汗马功劳。随着理想主义热潮的退却，他们中有的人滋长居功骄傲的心理，独断专行，追求特权，甚至贪污腐化，与广大民众相脱离，尤其是忽略了处于社会下层的东方犹太人的利益与要求。工党执政的早期用提供医疗保障、发放生活补贴等办法笼络了东方犹太人，但随着生活水平的提高，东方犹太人对他们的社会地位与政治权利普遍不满，因而成为利库德集团的支持者。由于东方犹太人在以色列社会中的人口比例迅速提高，工党的群众基础相对缩小。第四，以色列实行严格的比例选举制度，使工党不得不依赖于一些小党联合组阁，因此不得不考虑小党的利益与要求，从而降低自身的创新能力。第五，宗教势力的发展，尤其是"信仰者集团"等新团体的出现，把犹太人的宗教狂热与被占领土问题交织在一起，对工党的内外政策形成了严重的冲击力量。第六，忽略了选民的安全意识，对大选的准备不充分。十月战争以后，以色列人最关注的是安全问题，而工党对此一直没有大的作为，竞选过程中也对安全与和平承诺不够。在工党中央委员会召开之前，拉宾与佩雷斯明争暗斗，培植自己的势

① Ahron Bregman, *A History of Israel*, p. 166.

力。当大选临近的时候，竞选人拉宾却不得不辞职，这时，工党乱了方寸，虽然匆匆推出佩雷斯，但确实没有进行认真的竞选准备。与此相反，利库德集团则利用一切机会，充分赢得了东方犹太人以及不满现状、追求革新的以色列青年人的支持，稳扎稳打，步步为营，一举成功。

第七章

“利库德革命”与“动荡年代”

（1977 年—1992 年）

1977 年 5 月 17 日，第 9 届议会大选的举行成为以色列政坛风云突变的标志，首先发出这一消息的是英国广播公司的报道：“以色列电视台的非官方预测显示了今天议会选举的令人震惊的结果，执政的工党丧失了大量选票，右翼反对党利库德集团已经获得了足够的席位，可以组建下届政府。”这一结果在以色列国内引起了强烈的政治地震，工党领袖手足无措，梅厄夫人惊呼选举结果是“一场大灾难”！在大选过程中一直簇拥在贝京身边高呼“贝京，以色列之王”的东方犹太人与一些热血青年却称选举结果标志着“一场伟大的政治革命”。对于多数以色列民众而言，他们确实对执政近 30 年的工党，产生了一种厌倦，期望变革的心理日益强烈，当时的《耶路撒冷邮报》上曾发表了一篇署名罗斯·谢费的评论文章，文中写道：“以色列凭借着最后一口旺盛的精气，已经迈出了新生的第一步。作为一位丧失了亲人的母亲，如果我说自赎罪日战争以来还能感受到什么令人高兴的事的话，那就是我听说，工党联盟终于从他那高高在上的、强大的权力宝座上被拖了下来”，“我相信并祈求我们的新领导人，不论他们会是谁，如果勤奋努力的话，将逐渐地使以色列上升到它绝不会跌落下来的理想主义之顶峰上。”[1]在利库德集团执政的短短的七年时间里，以色列的内外政策发生了一系列变化，所以被称为“利库德革命”。然而，利库德集团在试图给以色列社会注

① 参见哈里·霍维茨：《贝京与以色列国》，肖宪等译，云南大学出版社 1993 年版。

入新鲜活力的同时，也引发了一些新的矛盾与危机，内政外交陷入困境，人民大失所望，走投无路的贝京在一片谴责声中结束了自己的政治生涯。1984 年以后，以色列出现了工党与利库德集团联合执政的局面，由于两大党团分歧太深，积怨太重，国家政局不稳，多次发生内阁危机，与此同时，通货膨胀持续蔓延，经济恢复缓慢，阿拉伯人的起义又如火如荼，以色列历史经历了一个黯淡的时期，西方学者称之为“动荡年代”。

第一节　贝京执政

一、梅纳赫姆·贝京

梅纳赫姆·贝京

贝京于 1913 年出生于波兰的布列斯特—立托夫斯克（今属白俄罗斯）。16 岁的时候，他踊跃参加了犹太复国主义修正派下属的贝塔尔青年运动，并很快进入领导阶层，他还组织贝塔尔成员秘密移居巴勒斯坦。1939 年，贝京成为波兰犹太复国主义运动的负责人。具有讽刺意味的是 1940 年，贝京竟然以“英国特务”的名义被苏共逮捕，在秘密警察前来缉捕他的那一刻，他坚持擦亮了他的皮鞋，认真告别了结婚才几个月的妻子，从此被监禁到远在西伯利亚的一个集中营里。1941 年，苏德战争爆发后，自由波兰政府的西科斯基将军与斯大林签署了一份协议，贝京和许多波兰囚犯一样获得了自由。

1942 年，贝京来到巴勒斯坦，翌年即成为“伊尔贡”司令，他主张以武力解放巴勒斯坦，因而从事恐怖活动，伊尔贡在建国后被解散，贝京转而组织了自由运动。此后又组建了加哈尔集团与利库德集团，并担任主席。利库德集团在1977年的大选中获胜，贝京上台组阁，出任总理。贝京擅长演讲，也喜爱写作，著有《起义》(*The Revolt*)、《白夜：在俄国被俘的岁月》(*White Nights：The Story of a Prisoner in Russia*）等书。[①] 不少犹太人认为，贝京的影响力几乎可以与古里安齐名，但是因为他的强硬思想与不折中的态度，长期被工党排斥在外。贝京对犹太复国主义有着狂热的信念，他那种为理想而献身、为民族而奋发的精神影响了很多人，喜欢他的人称他为“伟大的政治家”、“杰出的爱国者”、“现代的巴尔·科赫巴”，美国前总统卡特称贝京是一个“业已证明了愿意为主义而受苦的人，是一个在考验、挑战和失望面前业已表现出极高的个人勇气的人，更是一个因其信仰之深和个人特点之突出，而终于获得胜利的人。这与他的国家的过去和现在是非常一致的。他是一个具有原则性和独立性的人，以色列民族也是一个有原则性和独立性的民族”。[②] 然而，贝京又是一位争议性很强的人物，不喜欢他的人对他所流露出来的宗教般的狂热情绪以及所崇尚的苦行僧般的清苦生活不以为然，更有人把他描述成“极端的民族主义分子”、“恐怖主义者”等等。

二、新内阁的施政纲领

1977年6月20日，贝京组成了以利库德集团为核心的新一届联合政府，参加联合政府的各党在议会里共占63席，其中利库德集团占48席。由于宗教党与利库德集团在被占领土的问题上观点一致，而且前者又全力以赴地支持了贝京上台，所以在新内阁中，全国宗教党获得了12个席位，正教党和正教工人党占了5个席位。组阁之前的贝京为了获取支持，与宗教势力达成了12点协议，主要内容是对后者在宗教政策上的承诺，因此贝京当政时期，极端正统派势力迅速崛起，在国家政治生活中得到了一系列特权，如扩展宗教教育、信仰宗教的妇女可以免服兵役、禁止堕胎、反对尸检等。贝京任命著名的鹰派人物阿里尔·沙龙担任农业部长。令人瞩目的是贝京特别邀请了工党显赫人物摩西·达扬出任外交部长，这一决策的动因是，贝京充分意识到了达扬在国际事务中的影响力，而这种

① 关于贝京的生平参见 Gervassi, Frank, *The Life and Times of Menachem Begin：Rebel to Statesman*, New York：Putnam, 1979.

② 哈里·霍维茨：《贝京与以色列国》，第139—140页。

力量对于缺乏执政经验的利库德集团来说是十分重要的；对于达扬来说，也很期望在新政府中有一个显著的位置，以便消除十月战争的污点重新获得声誉。①

新政府的施政纲领集中体现在国会大选时提出的《利库德集团关于和平和建立一个正常的以色列的计划》。②

其主要内容分为六个部分：

第一，“以色列和犹太人”。成立专门的最高机构鼓励“阿里亚”，并积极促进新移民融入以色列经济与社会；加强对散居犹太人的教育活动，增强其犹太意识，阻止同化潮。

第二，“外交和防务政策以及努力实现真正的和平”。犹太人对以色列土地的权利是永恒的、不可分割的，是其安全与和平权利的组成部分。因此，不应该把犹地亚与撒马利亚让给外国统治，在大海和约旦之间，将只有一个犹太主权国家存在；巴勒斯坦解放组织并不是一个民族的解放组织，而是一个为阿拉伯国家效劳的政治工具与武装力量，是一个为苏联帝国主义服务的谋杀组织。利库德集团将采取行动消灭这一组织；利库德政府将采取政治和军事的综合手段，以威慑侵略、制止战争，该政府真诚倡议和平，将邀请其邻国进行谈判，签署和平协议。

第三，“一个有秩序的政府系统和有活力的民主制度”。针对工党时期形成的政治腐败与职能低效状况，新政府将致力于国会改革、司法改革、调控改革、选举制度改革等等。

第四，“自由经济与政府保障经济繁荣的指导方针”。新政府将为国家经济建立新的基础，消除妨碍经济恢复的不合理机构，努力减少政府对经济活动的干预，在公平报酬、效益、自由经营和竞争的基础上促进自由经济的建立，具体包括制止通货膨胀；减少财政收支平衡赤字；简化税收结构；协调劳工关系与工资政策等。

第五，“减少社会差距的福利政策”。建立社会事业部，制定《最低工资法》、《住房权利法》、《国家退休金》与《国民健康保险法》等。

第六，“教育与文化”。内容有改革考试制度与学校检查制度，扩大职业教育与高等教育，尤其是关注因贫困而失去教育权利的人群。

---

① Ahron Bregman, *A History of Israel*, p.170.

② 关于该计划的内容引自哈里·霍维茨：《贝京与以色列国》，第127—135页。

围绕着这一施政纲领，贝京政府出台了一系列的经济政治与文化政策，虽然给以色列国家带来了一些新的气象，但同时也诱发了一系列新矛盾尤其是经济危机问题。

三、新经济政策与通货膨胀

继1952年的第一个新经济政策和1962年的第二个新经济政策之后，70年代以来，以色列的产业政策产生了波动，特别是利库德政府上台后，于1977年10月28日颁布了第三个新经济政策，主要内容包括：货币根据供需状况自由浮动；取消外汇管制；取消进口补贴等，力图在短期内实现由混合经济体制向自由市场经济的转变，从而体现利库德集团一贯追求的自由主义原则。

新经济政策的核心是出售国营经济。利库德政府有计划、有步骤地公布了一些国有企业的名单，鼓励国内实业家与国外投资者购买，但当时大部分犹太人都不赞成把决定国计民生的大企业私有化。尽管阻力重重，但私有化的发展势头还是越来越强。由于国家大力推行自由竞争与资本主义市场经济，以经济自由化促进私有部门的增长已成为以色列政府的经济策略之一，所以一些家族和个人已控制了许多大公司，形成企业集团。这样做的目的是：在最大程度上促进市场竞争；提高国营垄断企业的效益及现代化水平；加快实现与世界经济的一体化；发展本国的资金市场等。[①]到80年代初，国营企业和总工会企业在国民经济中大约各占20%—25%左右的比重，而私营企业占50%以上。[②]

在推进私有化的同时，利库德政府还尝试了税收改革与退休金制度的改革，但都因缺乏支持而被束之高阁。由于利库德政府过高地估计了国民的承受力，国内经济形势日益恶化。财政部长虽然三易其人，仍无济于事，主要原因是恶性的通货膨胀。自1952年发生第一次通货膨胀以来，六七十年代以色列经济被接连不断的通货膨胀所困扰，1973年通货膨胀率高达20%，1979年竟然上升到80%。进入80年代，经济危机继续加深，通货膨胀率超过100%，特别是1984年竟然高达444.9%。[③]这一年消费品价格指数从1980年的100上升为10754，

① 参见 The Ministry of Industry and Trade, *The Israeli Economy at Glance 1995*, Jerusalem, 1996, p. 22.

② Paul Rivlin, *The Israeli Economy*, Westview Press, 1992, p. 60.

③ 《金融时报》1985年8月16日。

政府的财政赤字占国内生产总值的15%，被世界经济学家称作“超南美式的通货膨胀”。据当时以色列的报纸报道：“以色列经济进入了最糟糕的阶段。”

造成长期恶性通货膨胀的原因是多方面的：第一，国防需求的迅速增长，军费开支过大。第二，个人消费的增长。70年代由于受西方“享乐主义”思潮的影响，以色列人的高消费意识抬头，如争购私人汽车、电子产品，更换家用电器，并出现建房热和出国旅游热。在经济发展停滞不前的情况下，人们的消费水平迅猛提高，如1980年，个人和公共消费及投资加在一起比国民生产总值多7%，而1983年则多出15%，最主要的原因是个人消费的增加。1980年个人消费额只占国民生产总值的59%，而1983年个人消费额却占到了65%。以色列公民也承认他们“拿的是朝鲜人的工资，过的是美国人的生活”。第三，通货膨胀的持续上升与利库德集团的经济政策有关。在工党执政时期，由于政府的补贴，基本上保持了价格的稳定性，但1977年利库德上台后，大力推行资本主义市场经济，外汇管制的取消大大增加了进口速度，而出口速度却因为取消补贴而受到遏制，由于允许货币自由浮动，结果短时间内物价飞涨。由于经济形势失控，以色列出现了令人担忧的“倒移民现象”，特别是1982年，移出者比移入者竟多了1万人。

四、美以特殊关系的加强

1977年2月14日，在卡特继任美国总统的3周之后，美国国务卿万斯便飞往中东。在耶路撒冷，身为总理的拉宾曾告诉万斯：“为了真正的和平，以色列可以做领土上的让步。”但又强调巴解组织不是以色列“可接受的伙伴”；在埃及，万斯更是感受到了萨达特的求和心愿。[①]3月，拉宾在华盛顿与卡特总统进行了第一次会谈，但并没达成任何实质性的进展。接着，以色列政坛就出现了一系列戏剧性的变化。贝京刚刚组阁便接到了卡特总统的邀请。7月15日，贝京抵达华盛顿，卡特总统发表了热情洋溢的欢迎辞，贝京在答谢词中表明以色列“渴望和平、乞求和平、并将尽一切可能在以色列及其邻国之间营造和平的决心”。美以会谈的中心议题是商讨解决阿以冲突过程中可以接受的原则。贝京承诺在西奈

---

① 参见 Martin Gilbert, *Israel*：*A History*, Black Swan, 1999, p.476.

“明显后撤”；在戈兰高地接受部分撤退；接受联合国242号和338号决议作为和谈的基础，但在定居点问题以及以色列同埃及、叙利亚、黎巴嫩以及约旦的边界划分上存在严重分歧。贝京坚持犹地亚、撒马利亚和加沙地带不是“被占领土”，而是犹太人古老家园的一部分，他还特意带给卡特总统一份地图，显示出小小的以色列国家被20个阿盟国家紧紧包围的情境，他强调说：如果巴勒斯坦国在犹地亚和撒马利亚建立，拥有中程火箭的恐怖主义分子就可以随意攻击耶路撒冷、特拉维夫与海法的居民。我们的邻国可以从“停火线”上用常规火炮打到以色列的每一座房屋上。同时，贝京还坚决主张把巴解组织彻底排除在和谈之外。尽管这些要求违背了美国的初衷，但为了实施“全面解决”中东问题的战略，卡特总统也在尽量建构与以色列之间更密切的关系。

为了帮助以色列政府“稳定经济”，美国给以色列提供了大量的经济援助，1977年，以色列政府得到的38亿美元的援助中，美援达近18个亿。[①] 与此同时，美国与以色列的国际技术合作也达到了一个新的高度，1977年，建立了一系列双边研究基金会，如美—以双边科学基金会（BSF），由两国以同等比例提供资金，用于资助人类学、生物医学工程、物理学、环境学等多领域的基础研究和应用研究项目；美—以双边农业研究与开发基金会（BIRD），其宗旨是推动有利于双方的农业研究项目，其资金总额超过一亿美元；美—以双边工业研究与开发基金会（BIRD），其宗旨是推动互利性的工业研究，促进高科技产业间的合作。资助领域涉及电信、电子、计算机开发、医疗设备等。以色列与国外合作建立的基金会，基本上是双方提供等额经费，所资助的研究成果也由双方共享。

第二节 《戴维营协议》

一、萨达特高举橄榄枝

漫长的阿以冲突使双方积怨太深。阿拉伯国家失去了土地，大批阿拉伯人

① 狄利普·希罗：《中东内幕》，赵柄权等译，广东人民出版社1984年版，第332页。

流落他乡，因此，他们信誓旦旦，要与以色列抗争到底，讨回尊严与正义；以色列虽然占据了大片阿拉伯领土，但总是处于紧张的戒备状态，任何风吹草动都会诱发冲突与矛盾。多次的交锋之后双方都不得不承认这样一个现实：任何一方都没有能力吃掉对方。就埃及而言，在每次中东战争中，它都是阿拉伯阵营中的主力，所以在人力与财力上都蒙受了更大的损失。据统计，在四次中东战争中，埃及牺牲了70多万人，耗费资产达400多亿美元。埃及经济学家根据20世纪70年代中期的物价水平做了这样的估算：战争所耗费的巨款可以使埃及每个家庭建筑一座别墅、购买全套电器设备和一辆小汽车。十月战争之后，埃及债台高筑，百业待兴，人民渴望和平安宁的生活。具有远见卓识的萨达特总统决心向以色列人伸出橄榄枝，他的基本思想是：阿拉伯国家与以色列要通过和平谈判，而不是战争手段来解决中东问题。以色列只有撤出1967年战争中所占的领土，承认巴勒斯坦人民合法的民族权利，才能得到中东国家的正式承认，埃及也会愿意同以色列签订友好和平条约。当时的国际背景是：十月战争后，美国的中东战略已经改变，全力调和阿以冲突，基辛格的“穿梭对策”，使埃及与以色列之间的关系略有缓和，特别是1977年卡特就任美国总统后，提出要“全面解决中东问题”，并派遣国务卿万斯访问了以色列、埃及、叙利亚等国，然后又邀请埃及、以色列领导人访美，为阿以直接谈判穿针引线。

1977年8月25日，贝京曾在布加勒斯特访问了罗马尼亚总统尼古拉·齐奥塞斯库，罗马尼亚是1967年之后唯一与以色列保持关系的社会主义国家。关于会谈的情况，贝京后来有这样的回忆：齐奥塞斯库首先谈起和平的必要性，贝京的回答是，那要看您如何说服您的好朋友萨达特访问以色列，贝京说：“您与他关系密切，或许您可以转告他我愿意与他会面。”① 此后不久，贝京又派外长达扬访问摩洛哥，请摩洛哥国王哈桑二世转达利库德政府的和平意向。9月，达扬又与埃及副总理哈桑·图哈米初步交换了意见。

10月29日，萨达特应邀出访罗马尼亚，在副总理兼外长伊斯梅尔·法赫米陪同下访问了罗马尼亚。他们下榻在风景秀丽的西纳亚山间别墅。萨达特在这里同齐奥塞斯库举行了长时间的会谈。齐奥塞斯库告诉萨达特说，贝京非常希望和平，尽管他非常保守，有时甚至很固执，但他却是一个强有力的人物，他敢做其

① Eric Silver, “Begin’s Secret Interviews”, *The Jerusalem Report,* May 21, 1992.

他人未必敢做的事。总之，你完全可以下这个决心与之和谈。[①] 与齐奥塞斯库的谈话对萨达特来说影响巨大，第二天，萨达特告诉法赫米，他想到耶路撒冷去，向以色列人宣布埃及的和平条件。法赫米惊讶得连话都说不出来了。萨达特的解释是：如果埃以会谈能避免一场新的战争，那我们还犹豫什么？我不能计较个人得失，必须考虑国家的安危。

在返回埃及的途中，萨达特决心已定。11 月 9 日，在埃及人民议会上，萨达特讲道：为了让埃及士兵一个也不在战争中死伤，他准备走向“天涯海角”，甚至以色列议会，“到犹太会堂去，到犹太人的老家去，谈我们的和平愿望”。[②] 萨达特的讲话震惊了整个会场，应邀出席会议的巴解组织领导人阿拉法特愤怒地冲出会议厅，也许他是首先明白并真正相信了萨达特意图的人，事后连美国大使都请求证实他所说的访问耶路撒冷的计划。萨达特的回答是：“如果我不想走到底，你以为我会说出这样的话吗？”[③] 时人对他的评价是：“如果不是一个疯子，那就是一位真正的伟人。”

萨达特的态度在贝京那里得到了迅速而积极的回应。贝京立即用英语向埃及人民发布了一个广播演说，接着又通过美国大使递交了正式的邀请书，他在演说中讲道：

> 埃及公民们，这是我第一次直接向你们讲话，但却不是我第一次想到和谈到你们。你们是我们的邻居，而且永远是我们的邻居。
>
> 29 年来，一个悲剧性的、完全不必要的冲突在你们国家和我们国家之间继续着。自从法鲁克国王的政府下令侵略我们的祖国——以色列地，并企图扼杀掉我们新近恢复的自由和独立以来，你们和我们之间爆发了四次大规模的战争。
>
> 两边都血流成河。在埃及和以色列都有许多家庭留下孤儿和失去亲人。回顾以往，我们认识到所有那些摧毁犹太国家的尝试都是徒劳的，正如你们被要求作出的所有牺牲——生活方面的，发展方面的，经济方面的，社会进步方面的——所有这些不必要的牺牲也都是徒劳的。我还可以告诉你们，我们的邻居，这种企图在将来也是徒劳的。
>
> 你们应该知道，我们已经返回到了我们祖先的土地上，正是我们在我们

① 参见安瓦尔·萨达特：《我的一生：对个性的探讨》，第 320 页。

② Ahron Bregman, *A History of Israel*, p. 172.

③ 摩西·达扬：《沙漠中的和平——达扬回忆录》，张存节译，上海译文出版社 1986 年版，第 126 页。

的土地上为千秋万代确定了独立的地位。

我们愿你们好。事实上，在我们两国人民之间无论如何也没有相互敌视的理由。我们以色列人向你们伸出我们的手。正如你们所知道的，这不是软弱的手。如果遭到攻击，我们总是会保卫自己的。

但我们并不想和你们发生任何冲突。让我们互相说，并让它成为埃及和以色列两国人民一个无声的誓言："不再发生战争，不再流血，不再互相威胁"。不仅让我们创造和平，而且让我们走上友谊、真诚和广泛合作之路。我们能够彼此帮助。我们能使我们两国的生活变得更美好、更安乐、更幸福。

你们的总统两天前说，为了避免任何一个埃及士兵遭到伤害，他愿意来耶路撒冷，来到我们的国会。我已对这个声明表示欢迎，并乐于以你们和我们从我们共同的始祖亚伯拉罕那里继承下来的好传统来欢迎和迎接你们的总统。

而至于我，当然也愿意去你们的首都——开罗，为了那同样的目的：不再发生战争——和平——一个真正的和平，而且是永远的和平。①

此后，以色列与埃及之间又 6 次交换函件，并有过 3 次秘密接触，来访事宜安排就绪。当萨达特访问以色列的消息传出来后，以色列国内群情振奋，观察家发现"公众的情绪几乎和袭击恩德培机场后一样高涨"。民意测验表明：94% 的人相信，萨达特的访问会带来和平，54% 的人认为不会再爆发另一场中东战争，而仅仅一个月前只有 10% 相信这一点。② 当时，拉宾正在美国作巡回演讲，他以前任总理的身份被邀请出席萨达特的欢迎仪式，但此时已经是 11 月 17 日，离访问日期只有两天，拉宾匆忙赶往机场立即搭上了以色列航空公司的飞机。

1977 年 11 月 19 日傍晚，一架标号 01 的埃及波音客机在以色列卢德机场降落，以色列前总理果尔达·梅厄、国防部长达扬、外交部长阿巴·埃班以及沙龙、拉宾等人也成为这一历史性时刻的见证者。据说美国一家新闻社曾说愿意出 10 万法郎买下萨达特踏上以色列国土的第一张照片。萨达特首先见到梅厄夫人，萨达特在握手的那一刹那，梅厄夫人说："我们等您很久了"，回答是："这一刻终于到来了！"在与阿巴·埃班致意之后，萨达特看到了沙龙——这位曾在战场上

① 哈里·霍维茨：《贝京与以色列国》，第 179—180 页。

② 哈里·霍维茨：《贝京与以色列国》，第 181 页。

与他较量并一直打到运河西岸的将军，萨达特调侃说：“如果你再到运河西岸来，我们的监狱在恭候你。”沙龙笑着说：“不会了，我现在是农业部长。”身临其境的拉宾这样记述了萨达特的风采：

> 我在迎接的队列中向萨达特致意，当时除了几句招呼语之外没有时间谈别的。尽管这是第一次亲见其人，但他在这种特别的场景下所表现出来的泰然自若的举止深深地印在我的脑子里。在这里，他的访问以与从前的劲敌一一相遇而拉开了帷幕，虽然与每个人的谈话极其短暂，但句句得体。①

萨达特所到之处得到以色列人的热烈欢迎。有50多万人举着埃及的国旗涌上了耶路撒冷街头。两个敌对民族的“心理壁垒”终于打破了，《金字塔报》评论说：“这比人类第一次踏上月球还要了不起!”萨达特下榻在大卫王饭店，去了阿克萨清真寺祈祷，也访问了大屠杀纪念馆。

11月20日，萨达特在以色列议会发表了著名的演说，演讲的内容事先没有

萨达特到达本－古里安机场

① Martin Gilbert, *Israel*: *A History*, p.489.

公布，所以格外感染听众人心。他讲道：

和平属于我们大家，属于在阿拉伯土地上的，在以色列的，在这个充满着血淋淋的争斗、为尖锐的矛盾所困扰、不时遭受流血战争威胁的广袤世界的每一个地方的所有的人……

今天，我以坚定的步伐来到你们面前，为的是创建一种新的生活并营造和平。我们所有的穆斯林、基督教徒、犹太人都热爱这方土地——真主赐予的土地。我们崇拜真主，真主的教导与戒律是友爱、真诚、安全与和平。

……

战争中失去的是人类的生命——不管是阿拉伯人还是以色列人；失去丈夫的妻子——不管是阿拉伯妇女还是以色列妇女，本应该享受天伦之乐；失去父亲的关心与呵护的无辜的孩子们——无论是阿拉伯土地上的还是以色列土地上的，是我们所共有的，他们要求我们承担起为他们的今天与明天创造舒适生活的责任！

为了这一切，为了保护我们所有孩子们与兄弟们的生命，为了我们社会的安居乐业，为了人类的幸福与发展——使他们享受安全与崇高的生活权利，为了我们的后代，为了降临到我们这块土地上的每一个孩子的微笑，为了所有这一切，我决定来到你们这里，发表这样的演说。

……

我们如何才能建立基于公正之上的永久的和平？我是带着对这一重大问题的明了而直率的答案来到你们这里的……在公开我的答案之前，我希望强调的是，我这个明了而直率的答案所依据的是任何人都不可否认的若干事实：

第一个事实是：任何人都不能以牺牲别人为代价而营造自己的幸福；

第二个事实是：我从未也绝对不会以两种语气讲话，从未也绝对不会采取两种政策，我只用一种语气、一种政策、一个面孔与任何人打交道；

第三个事实是：直接面对是达到明确目标的最便捷也最成功的方法；

第四个事实是：无论是在制定政策、做出决定的官方首都，还是在影响政策、影响决定的公共舆论层面，以联合国各项决议为基础的持久、公正的和平主张已经成为全世界的共同主张；

第五个事实也许是最明了、最突出的事实是：阿拉伯国家是基于公正而追求持久的和平，而不是因为其软弱的地位。恰恰相反，它拥有实力以及出于真诚的和平意愿的稳定。

……

你们——忧伤的母亲、寡居的妻子、失去了父亲与兄弟的青年们、所有在战争中付出代价的人们，让天空荡漾和平的旋律吧，让我们的心胸充满和平的热望吧！……①

在演讲中，萨达特还陈述了实现和平的五项原则：

第一，以色列撤出1967年所占领的阿拉伯领土；

第二，实现巴勒斯坦人民的基本权利和包括有权建立自己国家在内的民族自决权；

第三，本地区各国有权和平地生活在安全的有保证的边界之内；

第四，本地区各国在处理各种关系时，必须遵守联合国宪章的宗旨和原则，特别是不诉诸于武力，用和平的手段解决他们之间的分歧；

第五，结束本地区的战争状态。

当萨达特结束了他的演讲之后，贝京致答谢词演讲。他说：

埃及总统先生：我确信当我说我们心里有一个抱负，我们头脑里有一个

贝京、萨达特与达扬

① Walter Laqueur and Barry Rubin (ed.), *The Israel-Arab Reader: A Documentary History of the Middle East Conflict*, pp. 207–215.

愿望时，我正在表达所有人的一致看法，表达在场的所有人的感情；而我们所有的人都同样具有这种愿望和抱负——带来和平，为我们的民族带来和平，自从开始返回锡安山以来我们这个国家民族还不曾享受过哪怕是一天的和平；还要把和平带给我们的邻国，我们衷心祝愿他们。

而且我们相信，如果我们取得了和平，如果我们取得了一个真正的和平，我们能够相互帮助，并迎来中东的一个崭新的时期，一个增长和兴旺的时期，一个发展的时期，它会像古代一样繁荣。

我们真心诚意地相信这一天真的会到来，那时我们能够带着相互的尊重签署一项经过坦率协商的协议。随后我们就会看到战争年代已经结束；看到我们相互伸出双手，紧握着对方，而未来对于这个地区的所有国家都是光辉灿烂的。①

从讲话中可以明显看出两人存在着明显的分歧，萨达特希望全面解决中东问题，立足点是整个阿拉伯世界，而贝京只想解决埃及与以色列之间的问题，把埃及从阿拉伯世界中分离出来一直是以色列的战略目标。萨达特访以期间，与贝京举行了5次会谈，双方在两个最基本的问题上达成了一致，一是十月战争为最后一场战争，两国不再打仗；二是通过谈判解决安全问题。

21日，萨达特结束了他43小时的耶路撒冷之行，起程回开罗。这一举动成为世界现代历史上富有戏剧性的事件之一，阿拉伯世界最强大的国家的首脑向敌对了30年的以色列国递去了橄榄枝，这就意味着对这一犹太人国家的首次认可。尽管这次访问并没有达成任何实质性的协议，可以说只是“搭起了一个巨大的和平的架势”，但是坚冰已经打破，两个国家之间尘封多年的心理障碍已开始打破。

二、戴维营和谈

萨达特访问耶路撒冷之后，埃及和以色列之间开始了一些直接性的接触，但分歧很大，举步维艰。1978年7月，美国国务卿万斯在英国的利兹堡与埃、以外长举行会谈，但僵局仍未打破。卡特总统决定做最后一搏。他宣布取消原定于

① 哈里·霍维茨:《贝京与以色列国》，第185—186页。

8月初在西奈观察站举行的埃、以、美外长谈判，改为三国首脑在戴维营举行高级会议。戴维营是美国总统的休养胜地，位于美国马里兰州的山丘上，离华盛顿112公里。在这次会议之前，全世界没有多少人的脑子里有“戴维营”的概念。9月5日下午，萨达特与贝京到达戴维营。9月6日会谈正式开始，由于双方在西奈问题上、定居点问题上针锋相对，谈判十分艰难。开始的时候，贝京与萨达特碍于外交礼仪，还极力克制，后来双方情绪激动，争吵不休，谈判多次陷于僵局。卡特总统尽最大的耐心极力斡旋，对于这位美国总统来说，召集这次会议也是冒了极大的风险，民众普遍对和谈持怀疑的态度，如果谈判失败，不只是意味着中东和平搁浅，而且也标志着卡特中东政策的失败，还必然会严重影响到卡特本人在民众中的支持率。9月10日，美国提出了一份折中方案，经过反复讨论与修改，到15日，基本上达成共识，但以色列仍拒绝拆除西奈的定居点，萨达特十分气愤，立即表示中止谈判。卡特总统“以一生中从未有过”的严肃态度向贝京施压，谈判得以继续。原来只计划3—7天的会议一直持续了13天，9月17日，终于达成协议。当晚11点，在卡特总统的主持下，萨达特和贝京在白宫签署了《关于实现中东和平的纲要》（*A Framework for Peace in the Middle East*）和《关于埃及同以色列之间和平条约的纲要》（*A Framework for the Conclusion of a Peace Treaty between Iarael and Egypt*），即通常所说的《戴维营协议》，该协议的附件是联合国安理会第242号决议和第338号决议全文，另有9封美、以、埃领导人的互换信件。

《关于实现中东和平的纲要》，内容包括序言与纲要两大部分。序言部分规定：联合国安理会的第242号决议的全部内容是解决中东问题的基础，强调30年的敌对与战争状态使中东地区的人民饱尝痛苦，签约的目的就是把该地区巨大的人力资源与自然资源用于和平事业、并实现国家合作；纲要部分规定，在约旦河西岸和加沙地带作出时间不超过5年的过渡性安排；在过渡期内，约旦河西岸和加沙地带居民实行自治或成立自治政府，以色列负责安全，约旦参加警察部队。有关方面不得迟于过渡期的第三年谈判确定西岸和加沙的最终地位以及它同邻近地区的关系；在该纲要签字后的3个月内缔结埃以和约；缔约后3—9个月内，以军开始撤离西奈半岛，缔约后2—3年内，以军完全撤走。

《关于埃及同以色列之间和平条约的纲要》对埃以关系中的一些重大问题作了具体规定，如埃及在国际承认的边界内行使充分的主权；以色列武装部队撤出西奈，以色列在西奈的机场只供民用；以色列船只有权在苏伊士湾和苏伊士运河自由航行；蒂朗海峡和亚喀巴湾向各国开放，并对驻军情况作了规定。①

9月28日和10月14日，以色列议会和埃及人民议会先后通过了戴维营的两份文件。根据戴维营协议的精神，埃、以、美三国外长从10月12日开始了关于缔结埃以和约的谈判，经过漫长的磋商与协调，直到1979年3月才达成协议。3月26日，萨达特、贝京、卡特在白宫正式签署了《关于阿拉伯埃及共和国和以色列的和平条约》，条约共分9个条款，主要内容有双方承认并尊重对方的主权、独立与领土完整，承认并尊重对方在安全和得到承认的边界内和平生活的权利，双方通过和平手段解决一切争端问题。以色列分两个阶段从西奈半岛撤军，和约批准之日起9个月内撤至阿里什—穆罕默德角以东一线，3年内完全撤出。在以色列完成第一阶段撤军后，埃以双方建立正常的外交、经济和文化关系。条约还涉及空军活动与海军活动管理办法、早期警报系统的使用以及联络制度等问题。② 协议签订后不久，贝京应邀访问埃及，在开罗受到了埃及政府与人民的热烈欢迎。

萨达特与贝京的和平努力得到了国际社会的广泛赞赏。他们一起分享了1978年的诺贝尔和平奖。挪威诺贝尔委员会主席阿瑟·莱昂内斯在致词中讲道："1978年度诺贝尔和平奖授予埃及总统萨达特及以色列国总理梅纳赫姆·贝京，以表彰他们为埃及与以色列两国的和平以及他们于1979年9月17日在戴维营签署的和平框架性协议所作出的贡献……和平、友谊与合作的意愿构成了这份框架协议的精髓。指明了一条具有现实意义的道路，并最终达成了涉及外交、经济与文化等通常领域的和平协议。"

和约签订后，从1979年5月25日到1980年1月25日，埃及从以色列手中收回了占西奈半岛2/3的领土。当以色列完成了第一阶段的撤军任务后，埃及于1980年2月15日同以色列建交，实现了双方关系的正常化。1982年4月，以色列军队全部撤出，埃及收复了西奈半岛的主权。《戴维营协议》与埃以关系的正常化终于打破了阿以冲突的持久僵局，尽管中东和平进程艰难曲折，但萨达特等人所开辟的和平道路，仍然是解决冲突的唯一现实的道路。然而，和平与正义的事业同样也要付出代价。埃及国内只有一部分人理解与支持萨达特。阿拉伯世界除了苏丹、阿曼和摩洛哥等少数国家之外，大都持反对态度。在萨达特访问以

① 关于协议的全部内容见 Walter Laqueur and Barry Rubin (edited), *The Israel-Arab Reader: A Documentary History of the Middle East Conflict*, pp.222–227.

② 参见尹崇敬：《中东问题100年》，新华出版社1999年版，第218—222页。

色列的当天，沙特国王去麦加清真寺祈祷时，他的祷词变成了对萨达特的诅咒："真主啊，让他的飞机在抵达耶路撒冷之前坠落，以免大家因他而蒙受耻辱"；叙利亚总统阿萨德称萨达特是"阿拉伯民族事业的叛徒"；卡扎菲声称要"杀死萨达特"，并在埃、利边境集结重兵，有 17 个阿拉伯国家宣布与埃及断绝外交关系，并对埃及实行政治、经济制裁，埃及被开除出阿拉伯阵营，阿盟总部迁到了突尼斯，产油国终止了对埃及的援助，埃及陷入了空前孤立的境地。[①] 为了平息国内的不满情绪，也为了向世界展示埃及的雄风，萨达特决定于十月战争的 8 周年纪念日举行隆重的庆典仪式，1981 年 10 月 6 日，在检阅台上，萨达特突然遭到枪袭，不久身亡。凶手自称是霍梅尼的崇拜者、"赎罪和迁徙组织"的成员。以色列总理贝京、美国总统尼克松、福特、卡特以及基辛格等人参加了他的葬礼。萨达特总统被安葬在离他遇刺之处不远的无名战士纪念碑下，一块大理石墓碑上刻上了这样一行小字：

> 忠诚的总统安瓦尔·萨达特。战争与和平的英雄。他为和平而生，为原则而死于 1981 年 10 月 6 日胜利日。

三、"现在实现和平运动"

在埃及与以色列的接触过程中，以色列国内兴起了公开的非政治性运动——"现在实现和平运动"（The Peace Now Movement），该运动不仅推动了埃及与以色列之间的和平，而且时至今日，仍然是以色列社会中直言批评政府、力争巴以和平的最著名的群众性和平组织。"现在实现和平运动"兴起于 1978 年 3 月，当时有 348 位预备役军官和现役士兵联合签名致贝京总理一封公开信，敦促埃以和解，呼吁承认巴勒斯坦人的自决权和建国权，要求以色列政府通过和平谈判以及相互妥协的方法解决旷日持久的巴以冲突。该运动没有正式的领导人，由一个全国委员会来协调行动，拒绝参加任何政党，也拒绝使自己成为政党，主要参加者是大学生、教师、中产阶级中的专业人员。"现在实现和平运动"的具体主张体

---

① 后来公布的资料显示出戴维营会谈之前，美国与埃及方面都曾极力邀请更多的阿拉伯国家参与，埃及方面承担这一任务的就是前面提到的萨达特的臂膀人物、代号为"女婿"的双重间谍阿什拉夫·马尔万。尽管"女婿"曾极力想说服侯赛因国王加入和平谈判，并通过他来影响其他的阿拉伯政府，但事实证明，这一切的努力都是徒劳的。详见 Ahron Bregman, *A History of Israel,* p. 187.

现在1980年12月发表的一个声明中，声明指出：

本运动——“现在实现和平运动”——所以建立并且仍然存在，是由于它深深地关心和平与以色列国的安全。本运动所以活跃是因为它［深信］和平是实现以色列国目标的［唯一］基础……

“现在实现和平运动”将以民主的方式反对这样一个以色列政府，这个政府不考虑所有这些安全和和平因素并无视很可能导致谈判解决［争端］的选择方案……

本运动要求以色列的每届政府保持建立一个［真正］犹太国而不是一个两民族［国家］的犹太复国主义运动的传统目标；建立一个不否认其部分居民的权利的民主［国家］；建立一个不统治另外一个民族的民主国家，恰像它自己不同意被人统治一样；这个民主国家靠自己的劳动养活自己；鼓励真正解决争端而且不在牺牲他人的基础上进行扩张……

继续统治在西岸和加沙地带的150万阿拉伯人将改变以色列的民主性质并造成一个事实上的两个民族国家……吞并西岸必将在最近或将来造成在以色列之地阿拉伯人占大多数的局面，这是对……以色列最为危险的局面。继续［以色列］的统治，而不给生活在将被吞并地区的所有阿拉伯人以全部权利，必将使以色列成为不民主和不道德的国家，使其包含两种居民：公民和二等公民。另一方面，给予被吞并地区阿拉伯人以同等权利必将使以色列的犹太特性遭到严重的损害。犹太复国主义，即犹太民族的民族解放运动的基本思想是建立一个犹太国，在这个国家里阿拉伯少数民族和其他少数民族将获得同等权利……以色列应该结束在西岸和加沙地带建立定居点的活动，并制定目的在于改变现状的立法……定居点有损于以色列的安全和形象。

我们是这样一群犹太复国主义者，我们希望尽可能快地纠正由于对另一个民族的占领和统治而造成的腐败，这既是为了我们自己，也同时为了别人。①

该运动兴起以来，出版英语月刊，开展专题讨论会，组织游行与请愿活动，并且注重在美国、法国、英国等犹太人集中居住的国家宣传其建立在理性基础上的犹太复国主义思想，吸引更多的支持者。“现在实现和平运动”在80年代以后

① 详见凯马尔·H.卡尔帕特：《当代中东的政治和社会思想》，陈和丰等译，中国社会科学出版社1992年版，第408—412页。

达到高峰，其支持者超过了30万人，特别是赢得了一些社会名流的支持。如以色列当今著名作家阿莫斯·欧兹、亚伯拉罕·耶胡达、戴维·格罗斯曼等。此外，工党前主席阿姆拉姆·米兹纳，工党前国会议长亚伯拉罕·伯尔格，也积极参与该组织的活动。“现在实现和平运动”在以色列国内的影响力越来越大。例如，1991年10月，“现在实现和平运动”向法院递交了一份长达60页的请愿书，要求法院冻结在被占领土兴建移民点。2002年，以军预备役军官发起了拒绝到加沙和西岸服役的签名活动，后来有450人冒着被拘留15天处罚的风险勇敢地签上自己的名字。“现在实现和平运动”的参与者坚信他们所为之奋斗的事业不只是为了和平，而且为了以色列国家的民主与文明，为了犹太复国主义的理想不被歪曲与利用，也为了使道德与公正的理念深入到每一个犹太人的心灵深处。每当中东和平进程遇到挫折或者搁浅的时候，“现在实现和平运动”的主张与行动总是给人们点燃了一线希望之光。①

第三节　空袭伊拉克与黎巴嫩战争

一、“巴比伦行动”

早在建国初期，以色列就在魏茨曼研究院建立了同位素研究部，并派年轻学者去国外学习核能与核化学等相关知识，为研制核武器作前期准备工作。1953年，身兼总理与国防部长的本－古里安让佩雷斯（国防部办公室主任）主抓这一工作。1953年，以色列与法国签订了核研究合作协议。1957年，以色列决定在内格夫沙漠内的迪莫纳建造一座命名为EL–102的核反应堆，该工程于1958年动工，此后，大批来自法国的机械设备与科技人才落脚迪莫纳。迪莫纳核武器中心被确定为以色列的最高国家机密，其戒备程度甚至超过了军火库，地面布置了军队与警察，空中被划为禁飞区。曾有一位以色列飞行员在训练中迷航，他所驾

① 巴勒斯坦方面类似的组织是1998年成立的“米福塔赫”，它是“巴勒斯坦促进全球对话与民主”的阿拉伯语字头缩写。该组织的主席是赛义德·胡瑞，秘书长是前巴勒斯坦谈判代表兼发言人哈南·拉什拉维女士。该组织虽然没有“现在实现和平运动”那样的巨大作用，但也在一定程度上推动了和平事业。

驶的“幻影”式战斗机在未受到警告的情况下进入禁飞区，当即被导弹击落。法方工作人员的信件要通过拉丁美洲某地来转送。以色列官方外称迪莫纳为海水淡化或农业研究中心。1960 年 5 月，戴高乐曾就法国对以色列承担的核义务表示不安，同年 12 月美国得到了以色列与法国合作生产核武器的确切消息，并向法国提出抗议，但古里安解释说以色列建立的是良性反应堆，“完全用于和平目的”。70 年代以后，以色列又与南非进行了秘密核合作，面对美国中央情报局与国际舆论的压力，同样采取了搪塞掩饰的态度。

尽管以色列拥有核武器已经成为无法掩盖的秘密，但是，以色列绝对不允许周围的阿拉伯国家占领核优势。然而，阿拉伯世界对以色列的核威胁反应强烈，首先站出来跟以色列叫板的是伊拉克总统萨达姆，他于 1978 年上台以后，发誓要征服中东地区唯一的异教徒国家，并频繁地与巴黎接触，力图实现核合作。早在 1976 年，法国就与伊拉克签订协议，法国同意向伊拉克出售核原料与核设施，帮助伊拉克在巴格达近郊的乌西拉克建立核反应堆，该工程预计于 1982 年完成，伊拉克人称这项工程为“塔穆兹 1 号”①。当时的以色列总理拉宾立即展开了外交攻势，试图说服法国、意大利与巴西停止向伊拉克提供设备、铀与技术，但收效甚微，“塔穆兹 1 号”工程仍在顺利进行，摩萨德获悉，从 1976 年起伊拉克原子能委员会每年的预算由 500 万美元猛增到 7000 万美元。利库德上台以后，把如何摧毁伊拉克的原子反应堆列上了议事日程，贝京命令以色列情报监视“塔穆兹 1 号”工程的进展情况以及其他国家与伊拉克有关部门合作的最新信息。1978 年夏天，贝京召集内阁会议，专门讨论伊拉克核威胁问题，在会上，沙龙提出要用强硬手段包括诉诸武力来对付伊拉克，但许多人反对，最后，贝京决定继续通过外交努力来达到制约伊拉克的目的，但并没奏效。1979 年 4 月，三位摩萨德特工潜入法国南部城市土伦，在沿海的一家仓库里，炸毁了准备运往伊拉克的核设备部件，却没有殃及储存在同一仓库中的法国人的其他设施。这一事件只是延缓了法国向伊拉克提供核部件的时间而已。经过一番犹豫之后，法国政府于 1980 年宣布，将信守与伊拉克签订的协议，继续向伊拉克出售浓缩铀，并承诺在 1981 年底之前，向伊拉克提供一座 70 兆瓦的核反应堆，并培训 600 名核技术人员。

① “塔穆兹”原来是一位神的名字，后来演绎为阿拉伯语 7 月的代称，伊拉克复兴党是在 7 月上台执政的，所以对“塔穆兹”一词特别崇敬，并以此来命名其原子反应堆工程。

1980 年 9 月爆发的两伊战争对以色列来说是个千载难逢的打击伊拉克的机会。10 月 14 日，贝京召开部长会议，再度讨论以色列应采取何种措施打击伊拉克的核工程，分歧仍然很大，最后决定以投票的方式来确定政府的最终政策。大约两周以后，即 10 月 28 日，贝京召集秘密内阁会议，他煽动说：如果伊拉克拥有了核武器无外乎如下结局：要么我们按照他们的要求投降，要么陷入被歼灭的危险，……延缓反应堆工程的唯一办法就是军事袭击。① 接着内阁进行了投票，10 位部长赞同贝京的武力袭击伊拉克原子反应堆的计划，6 位部长投了反对票。贝京非常清楚一旦反应堆投入使用，空袭就非常困难了，因为反应堆的上空会被致命的放射性云彩所笼罩，因此袭击日期定在了 1981 年 5 月 10 日。到了最后关头，经过特殊挑选的以色列飞行员已经整装待发了，一些反对派尤其是佩雷斯给了贝京极其恳切的劝告，贝京决定延迟袭击，但并不放弃整个计划。

1981 年 6 月 7 日，星期天。以色列开始实施蓄谋已久的“巴比伦行动”。② 下午 4 点钟，早已潜伏到伊拉克的以色列特工从巴格达发来了一切正常的信号，以色列国防军第二飞行大队在接到空军司令的命令后，立即启动了 8 架 F–16 型战斗机与 6 架 F–15 型歼击机，沿约旦、沙特边界低飞到巴格达上空，接近目标之后，凭着精确的情报，飞行员一眼就认出了那个长 32 米、宽 25 米的大工棚就是“塔穆兹 1 号”反应堆的所在地，反应堆的三面被马蹄形的掩体所包围，而且设置了高射炮与地对空导弹。17 点 37 分，以色列机群进入目标区投弹轰炸，两分钟之内就使该工程化为灰烬，一个秘密的地下研究室也遭到毁灭性打击。7 点左右，当夜幕降临到耶路撒冷上空的时候，坐卧不安的贝京终于接到了空军司令的电话：“任务完成，所有飞机安全返回！”“上帝保佑！”贝京放下话筒，欣慰地把胜利的消息告诉了身边的部长们。据说巴格达的人们还被蒙在鼓里，当时许多外交界人士正在出席驻巴格达意大利使馆举办的国庆庆典活动，当他们看到高射炮弹在夜空滑行爆炸的时候，还以为是在放焰火，直到第二天才发现反应堆已经荡然无存了。

“巴比伦行动”激怒了阿拉伯世界，11 日阿盟外长紧急聚会，强烈谴责以色列的侵略行为，萨达特也生气地说以色列是在“把和平的时钟倒拨”。正如佩雷

---

① Arie Naor, *Begin in Power：A Personal Testimony,* see Ahron Bregman, *A History of Israel,* pp. 192–193.

② 有关这一行动的详细介绍，参见 Ahron Bregman, *A History of Israel*, pp. 191–192.

斯所担心的那样，空袭行动使以色列在国际社会更加孤立，里根总统在联合国会议上严厉批评以色列“加剧了中东的不安局势”，并指责说以色列利用美国提供的飞机袭击伊拉克，从而违反了美国法律，接着美国决定暂停交付给以色列新的战斗机。但是，“巴比伦行动”确实达到了以色列预想的目的，新当选的法国社会党总统弗朗索瓦·密特朗趁机结束了对伊拉克的核援助。该行动在以色列国内引起了一片赞叹，贝京本人也从中获取了丰厚的政治资本。

二、统治危机的出现

1978年的《戴维营协议》一度为贝京政府赢得了良好的国际国内声誉，但利库德集团内部却产生了严重的政治分歧。《戴维营协议》签订后，在交付议会表决的时候，有1/3的议员弃权或者投了反对票。为了抵制《戴维营协议》，两位右翼党员果拉·科亨与摩西·沙米尔另起炉灶，建立了极端民族主义政党泰西亚。与此同时，由于贝京政府在西岸、加沙与其他被占领土上继续推行强硬政策，力图使以色列占领合法化，从而使许多力主和平的人大失所望。达扬与贝京的分歧越来越大，主要原因在于，达扬虽然是埃以和平的主要推动者，但由于在执行埃以条约中规定的有关巴勒斯坦自治条款的问题上与贝京的意图相去甚远，他极力反对为自治谈判设置障碍的做法，所以被贝京所冷落，不甘屈从的达扬于1979年10月提出辞职。

1980年3月30日，贝京政府不顾舆论压力与美国的强烈警告，批准了果拉·科亨提出的把耶路撒冷作为以色列首都的法案。法案宣布耶路撒冷是以色列永恒的不可分割的首都，城市中的圣地向信仰不同宗教的人士开放。强硬措施的推行使贝京政府在国际社会越来越孤立，与国内温和派的分歧也越来越深刻。同年5月26日，国防部长埃泽尔·魏茨曼也提出辞职，其原因从表面上看是反对贝京削减军费，实际上跟达扬一样，是在与埃及以及阿拉伯世界媾和的问题上意见不一，他自己在辞呈中说：我本人与总理之间的合作已经不可能了，我不同意内阁的方针，加强与巩固和平的道路确实是敞开的，但并没有沿着这条道路走下去。埃泽尔·魏茨曼是以色列第一任总统哈伊姆·魏茨曼的侄子，也是著名的空军指挥官，与达扬一样在国际、国内深孚众望。两位主要部长的辞职标志着贝京政府越来越右翼化、激进化。

1981年1月，属于全国宗教党的以色列教育部长哈默提出给全国6万名教师增加17%—50%的工资的提议，当时以色列教师的平均工资是每月4000谢克尔（525美元），哈默的提议得到了议会的批准，但属于拉菲党的财政部长霍尔维茨坚决反对并立即辞职，他认为该议案违反了他的工资政策，并强调在通货膨胀高达150%的情况下，政府无力给任何社会群体增加工资。他表示：“不是我们俩都下台，就是我们中有一人下台，或者是所有内阁部长都下台。”霍尔维茨辞职后，拉菲党的另外两名议员也宣布辞职，由于贝京政府在议会中只有3个席位的多数，拉菲党议员退出后，政府在议会中的多数席位就消失了，支持者只有58个席位，贝京不得不宣布提前举行第10届议会选举，由1981年的10月份提前到6月份。

三、重组内阁

6月30日，最后的投票日来临了。当天夜里，电视台发出了工党领先的消息，工党极其振奋，连佩雷斯与拉宾这两位老对手也紧紧拥抱在一起。可惜，高兴得太早了，凌晨1点，电视新闻说以前公布的消息有误。7月9日，最终选举结果揭晓，利库德集团获得了48个议会席位，而工党为47个席位，全国宗教党为6个席位，以色列正教党获得4个席位，泰米党获得4个席位。接着三个宗教党派公开宣布愿意与利库德集团组阁，这样利库德集团在议会中获得了微弱多数，在贝京的新内阁中，一批超级鹰派人物被委以重任，伊扎克·沙米尔出任外交部长，有“以色列恺撒”之称的沙龙如愿以偿当上了国防部长（尽管贝京周围有许多人极力反对），埃坦被任命为总参谋长。与宗教势力结盟以及大批鹰派人物的入阁，使新一届贝京政府更加强硬。

由于新政府在议会中仅有61席的微弱多数，贝京有着很强的危机感，这一时期苏联积极渗透中东，并与叙利亚签订了友好合作条约，大批苏式武器进入阿拉伯世界，贝京政府决定加大与美国的合作力度。9月9日，贝京率领沙米尔、沙龙等人访问美国，里根承诺美国将继续承担保护以色列和平与安全的义务。11月30日，美国与以色列正式签订了战略合作备忘录，备忘录强调美国与以色列之间基于安全关系之上的合作由来已久，鉴于苏联以及苏联控制的势力不断介入中东影响到本地区的和平与安全，双方决定奠定继续磋商的基础、建立战略合作关系来抵制这一威胁。备忘录的主要内容包括：

第一，双方承诺给对方以军事援助，以共同抵御上述威胁；

第二，双方建立军事合作，包括在地中海东岸举行的海军与空军联合演习；

第三，双方通过国防部建立协调委员会以协调关系。①

美以战略伙伴关系形成以后，贝京政府对内强化统治，加速了实现“大以色列计划”的目标。

四、“大以色列计划”

贝京认为巴勒斯坦地区都是犹太人的故地，犹太国家不仅应该包括分治计划中分给以色列的土地，而且还应该包括约旦河西岸，犹太人在西岸定居就是实现他们对“犹地亚与撒马利亚”的历史性权利。沙龙一向是“大以色列计划”的积极推动者。在他担任农业部长之后曾经提出了所谓的“沙龙计划”，主张在西岸建立一系列定居点，形成一个犹太人口走廊，该走廊以城市为中心，四周分布一些卫星镇。到 1981 年 11 月，以色列在西岸建立的定居点有 41 个，移民人口达到 2 万多。担任国防部长以后，沙龙大力宣传以色列的安全边界范围应该扩大到更广泛的空间，他一方面极力推动扩大定居点建设计划，另一方面还鼓励以色列工业家到西岸投资。1982 年 10 月，贝京政府推出了新的定居点建设计划，政府预计投资 620 万美元，在 3 年之内使西岸增加 35 个城镇，其中 22 个分布在撒马利亚地区的北部，13 个分布在南部的犹地亚与耶路撒冷周围。政府预计到 1983 年西岸将竣工 6000 幢新住房，使 3 万 5 千犹太人迁居西岸，力争实现到 80 年代中期使 10 万犹太人定居西岸的计划。为了落实定居点计划，以色列政府向开发者提供廉价土地，向购买者提供低息押款和贷款，例如，在西岸购买一套豪华别墅需要投资约 9 万美金，而在一些城市里买同样的别墅需要花费 25 万美金。政府积极兴修公路、学校，安装水电及其他服务设施，吸引更多的中产阶级定居西岸。关于定居点计划的意图用以色列农业部负责定居计划的副部长迈克尔·德克尔的话来说：“如果我们实现了 1 万人的定居目标，即使反对派上了台，也不能

① Walter Laqueur and Barry Rubin (edited), *The Israel-Arab Reader: A Documentary History of the Middle East Conflict*, pp. 238–239.

把以色列的这份土地交给阿拉伯人统治，从而威胁到我们作为一个国家和民族的生存。”可见，以色列是想以建立定居点的方式阻止西岸出现像萨达特在《戴维营协议》中所倡导的那种自治。阿拉伯人对以色列的这一意图也了如指掌，时任伯利恒市长的伊利亚斯·弗雷季一针见血地指出：“以色列人想尽量多抢占一些土地，他们想使我们无法实现自治，更不用说成立一个国家了。”

贝京的“大以色列计划”与信仰者集团[①]不谋而合，贝京视后者为天然盟友。1977年，贝京一获得组阁委任，就从总统府直奔小库克拉比家，以获得拉比的祝福。[②]利库德集团当政期间，信仰者集团成为定居点计划的最热烈的推动者，尤其是在约旦河西岸建立了一些深入巴勒斯坦人居住区的小型定居点。这些定居点蚕食了大片巴勒斯坦人的领土，建成了众多住房、工厂和工事，修成了四通八达的交通网，其目的就是要改变被占领土的人文特征，使之与以色列本土连成一片。虽然信仰者集团的扩张在以色列国内引起了许多批评，但身为总理的贝京却从不掩饰他是信仰者集团的坚定支持者。例如，在拉宾执政时期，信仰者集团在古城附近建立了一个非法定居点——埃隆—莫列，后来该定居点被政府强行迁移到卡都姆的军营里。然而，贝京上台后，访问卡都姆，并承诺那些定居者说“会有更多的埃隆—莫列被建立起来！”贝京政府不仅授予了卡都姆以合法定居点的权利，而且赞同信仰者集团在西岸预计建立60个定居点的计划。“隶属于信仰者集团的定居点活动由工党时期的麻烦制造者变成了利库德集团时期的主流运动”。

在控制西岸的同时，以色列也加大了吞并戈兰高地的步伐。戈兰高地，面积1600平方公里，1967年以来高地大约有居民1.5万人，基本上都是德鲁兹派穆斯林，其中大部分人拒绝加入以色列国籍而保留叙利亚国籍（1967年战争中有近1万阿拉伯居民从戈兰高地逃往叙利亚）。以色列占领以后，一方面对戈兰高地实行军事管制，另一方面大力鼓励往高地移民，移民活动从1969年开始，计划10年之内安置5万犹太人。在1973年的十月战争中，叙利亚武装部队攻占了包括谢赫山在内的一些以色列阵地，并挺进到库奈特拉城下，解放了城周围的一些村庄。根据1974年5月31日叙以双方达成的部队脱离接触协议，以色列撤出

① 信仰者集团是20世纪后期在以色列兴起的极端民族主义右翼集团。它以宗教锡安主义为重要的意识形态，把在被占领土（尤其是西岸地区）开展定居运动作为重要使命，以此来“推动神的拯救”。信仰者集团的精神领袖是以色列首任阿什肯纳兹拉比亚伯拉罕·以撒克·库克的小儿子兹维·耶胡达·库克拉比（1891—1982）。

② Howard M. Sachar, *A History of Israel*, Volume II, pp. 93–94；Ahron Bregman, *A History of Israel*, p. 181.

戈兰高地东部的一个狭长地带，包括库奈特拉城。缓冲区为1.2英里至3.6英里的地带，由联合国部队驻扎。

戈兰高地南部为富饶的农业耕作区，北部的谢赫山麓有林木和灌木丛覆盖的牧场，它还被称为中东地区的“水塔”，高地的西坡是约旦河的源头，以色列国内使用的40%的水源都来自约旦河。从战略地位上看，戈兰高地既可俯瞰以色列加利利谷地，又可通过公路网直通大马士革，因此，以色列很想长期占有戈兰高地。利库德执政时期，加大了控制与移民建设。1981年12月14日，因骨折动了手术的贝京刚刚出院，就立即在他的官邸召集紧急内阁会议，讨论戈兰高地问题。在议会辩论前贝京发表演说，强调从历史上看，戈兰高地一直是巴勒斯坦不可分割的一部分，只是在第一次世界大战期间和战后，被那些决定中东国家命运的人专横地划给了叙利亚，这种异常情况现在得以纠正了。议会辩论进行了整整6个小时，直到深夜才进行表决，最后以63票赞成、21票反对的结果通过了在戈兰高地实施以色列法律的法案，其内容是戈兰高地的立法、司法和行政隶属于以色列；该法案自议会通过之日起立即生效；授权内政部为应用此项法律采取措施。以色列吞并戈兰高地的举措遭到了工党的激烈反对，世界许多国家包括美国也谴责这一侵略行为。以色列议会辩论期间，有数百名公众在议会大厦前示威，反对政府通过这项法案。但贝京的态度是：“只有疯子才相信以色列会撤出戈兰高地。”

按照贝京、沙龙等设想的“大以色列计划”，以色列的安全范围不仅仅局限于控制被占领土，而且“要从巴勒斯坦、土耳其、伊朗越过阿拉伯世界一直深入到非洲中部”，控制黎巴嫩局势，消灭巴勒斯坦解放组织，进而彻底解决巴勒斯坦问题是这一战略构想的一个重要步骤。

五、黎巴嫩战争

1970年9月，巴勒斯坦解放组织与约旦的矛盾激化，被驱逐出约旦国土，[①]

① 其原因有两点：第一，由于巴勒斯坦游击队经常以约旦为基地打击以色列，从而引起了一系列报复性袭击事件，危及约旦的安全；第二，1967年以后，大批巴勒斯坦难民涌入约旦，随着巴解组织的壮大，难民的势力也越来越强大，与约旦王室以及民众之间的矛盾也越来越明显。1970年9月，巴勒斯坦恐怖分子甚至酝酿了企图暗杀侯赛因国王的事件。于是，9月17日，约旦政府派出大批军队包围巴勒斯坦难民营，

阿拉法特率领了1.5万武装力量的主力转移到黎巴嫩境内，以黎巴嫩南部的巴勒斯坦难民营作为基地。1975年黎巴嫩内战爆发后，巴解组织趁机把自己的地盘扩大到黎巴嫩南部的广大地区以及贝鲁特市区，并把指挥部设在了贝鲁特西区，开展多种形式的反以色列活动，形成了“国中之国”的局面，造成了黎以边境的紧张局势。与此同时，叙利亚也趁火打劫，出兵黎巴嫩，培植自己的势力范围。1978年3月11日，巴解组织在海法登陆制造恐怖事件，劫持了一辆从海法到特拉维夫的公共汽车，杀害了30多名乘客。3天后，以色列发动了“利塔尼行动”，出动2万多军队对黎巴嫩南部发起大规模袭击，摧毁巴解营地，占领了黎巴嫩南部的大片地区，后来国际舆论强烈谴责，联合国极力干涉，以色列军队于两个月后撤出。埃以和平实现以后，以色列认为对自身安全构成最大威胁的就是黎巴嫩南部的巴解武装和驻黎巴嫩的叙利亚军队，因此对黎巴嫩的战争早就被列上贝京政府的议事日程。

两伊战争爆发后，阿拉伯世界四分五裂，从而为以色列大规模入侵黎巴嫩提供了机遇。1981年10月，贝京在开罗参加萨达特葬礼的时候就对美国国务卿亚历山大·黑格透露：以色列要对黎巴嫩采取行动，但不希望叙利亚卷入到冲突中来。侵略黎巴嫩的作战计划代号为“加利利和平行动”，其目标是：一是摧毁黎巴嫩南部的巴解基地，消灭巴解武装力量；二是打击叙利亚军队，迫使其撤出黎巴嫩；三是在黎巴嫩南部建立一条“扩大的安全地带”；四是在黎巴嫩培植亲以色列的政权。为了协调行动，1982年1月，沙龙秘访贝鲁特，与马龙派[①]达成默契，随后又同基督教长枪党民兵司令贝希尔·杰马耶勒讨论了具体的作战计划。5月下旬，沙龙访问美国，向美国官员透露了“平定黎巴嫩南部、改变贝鲁特政治地图”的意图。

1982年6月3日，一个偶然的恐怖事件为贝京政府制造了开战的借口。当天晚上，以色列驻英国大使阿尔戈夫在出席宴会后遇刺受伤，凶手是一位名叫哈桑·赛义德的巴勒斯坦人，以色列单方面指责暗杀事件为巴解组织所为。4日，以色列召开紧急内阁会议，准备对黎巴嫩动武。5日，以军出动F–15型战斗机，

解除巴勒斯坦游击队的武装，阿拉法特下令抵抗，双方冲突严重，在埃及等阿拉伯国家的调解下，于27日达成了暂时妥协的开罗协议。在整个协调过程中，纳赛尔总统统筹全局、化解冲突。此前发生的“黑九月”事件，纳赛尔总统也极力斡旋，终因劳累过度而突发心脏病，于28日病逝。

① 马龙派（Maronites）是黎巴嫩和叙利亚境内的一个天主教教派，承认梵蒂冈的领导权，但保持自己的组织与教规。由于黎巴嫩实行教派政治，该派对黎巴嫩政治生活有重大影响。按照1943年的教派协议，总统必须由马龙派人士担任。马龙派的军事组织是长枪党（Phalange Party）。

对贝鲁特和黎巴嫩南部进行猛烈轰炸。上午 11 点钟开始，先头部队约 2 万名以色列士兵在海军、空军和坦克群的掩护下，越过黎巴嫩边界的联合国临时控制区，兵分三路，攻入黎巴嫩，接着后续部队 8 万人也立即投入了战斗，对巴解组织发起了闪电战。第一天，以色列军队就打到了离边界 17 英里处的利塔尼河，占领了位于博福特的十字军要塞里的巴解炮兵基地。与此同时，在地中海沿岸，以色列海军也发起了坦克与步兵战。6 日，联合国安理会通过决议要求以色列撤军，贝京置之不理。7 日，以色列军队继续前进，进逼离贝鲁特仅有 14 英里的沿海城市达穆尔，以军前线总指挥、副总参谋长耶库蒂尔·亚当上将中弹身亡。同时以军也在黎巴嫩东部、沿叙利亚边界的贝卡谷地与叙军交火，叙利亚出动了 60 架战斗机，而以色列以 90 架飞机应战，结果叙军损失了 30 架飞机，而以色列则没有损失一架。8 日，巴解武装在西顿、提尔两个沿海城市以及附近的难民营进行了顽强抵抗，但难以抵挡装备精良、规模庞大的以军，当天夜里，以军推进到离贝鲁特—大马士革公路 4 英里的地方。9 日，以色列再次向叙利亚发起规模巨大的空战，29 架叙利亚的苏式 MiG–21 型、MiG–23 型喷气式战斗机被击毁。10 日，以色列出动了 3.6 万兵力与 300 多辆坦克，在黎巴嫩基督教右翼武装的配合下，完成了对贝鲁特的包围，并在卡路恩湖附近的坦克战中歼灭了叙军一个装甲旅。11 日，以军主力进抵贝鲁特国际机场附近，另一部分继续与叙军作战，这时，联合国安理会要求紧急停火，以色列提出停火条件，叙利亚表示接受。在短短的 8 天战斗中以色列军队深入黎巴嫩境内 90 公里，占领了 1/4 的黎巴嫩领土。在基本上解除了黎巴嫩南部的巴解武装力量之后，以色列军队包围了贝鲁特，在随后的两个月里，400 辆以色列坦克与 1000 门大炮围困贝鲁特西区的巴解总部所在地，而且逐步缩小包围圈，后来巴解组织控制的地区只有 8—10 平方公里。但是，阿拉法特的斗争信念并没有动摇。在被围困期间，他向巴勒斯坦人民发出了一封公开信，号召他们要革命到底！在信的结尾他引用了这样一首诗：

人民一旦要求生存之权，
命运之神定会听从召唤，
漫漫长夜终有尽头，
沉重枷锁定被砸烂。
不愿攀登高山的怯懦之辈，
只能永远在深渊中忍受煎熬：
不爱生活的昏庸之辈，

像阳光下的水珠瞬间消散。①

以色列军队不断对贝鲁特西区发起袭击，轰炸居民区、医院、机场与难民营，并大量投放燃烧弹，到7月底有500多处建筑被夷为平地。当阿拉法特得知难民营里的一所幼儿园被误认为是他本人的办公场地，遭到以色列军队的轰炸，许多儿童惨遭杀害的时候，禁不住号啕大哭。8月11日，以色列对贝鲁特举行了规模最大的一次袭击，在长达13个小时的立体轰炸中，这座曾经繁华无比的都市变成了一片火海。历史学家奥瓦尔·M．萨查尔评论说：“巴勒斯坦解放组织的领导人在他们最坏的噩梦中都没有想象到以色列能发起这样一场战争。”② 从6月4日战争爆发到8月12日，贝鲁特有5000人被炸死，1.5万人受伤。为了保存实力、顾全大局，阿拉法特在12日宣布，愿意撤出贝鲁特西区，但条件是

以色列军队轰炸贝鲁特

① 时延春:《中东风云人物》，世界知识出版社2003年版，第33页。

② Martin Gilbert, *Israel: A History*, p.506.

黎巴嫩与美国政府要保证平民安全，以色列军队不得进入。8 月 18 日和 19 日，参战各方同意接受美国总统特使哈比卜提出的调停方案。其主要内容有：全面停战；巴解组织和叙利亚军队撤出贝鲁特。在国际社会的干预与监督之下，从 8 月 21 日到 9 月 1 日，12544 名巴解人员撤出黎巴嫩，分赴 8 个阿拉伯国家，阿拉法特和巴解组织总部迁往突尼斯，其他大多数领导人撤到了叙利亚。8000 名叙利亚士兵返回贝卡谷地。8 月 30 日，阿拉法特动身离去，在登船前，他以一种沉重的口气对前来送行的黎巴嫩朋友说："我感到非常骄傲，因为我们曾光荣地保护这部分贝鲁特。我现在要离开这个城市，可是我的心在这里。"

在黎巴嫩战争中，由于力量悬殊，巴解与叙利亚方面损失惨重，据统计，在这场战争中，有近 1 万人死亡，1.5 万人伤残，50 万村民失去家园，许多村庄化为焦土。其中，巴解死亡人数估计达 6000 人；叙军伤亡 1000 人左右，以色列方面也为战争付出了沉重的代价，有 3000 多人伤亡，其中阵亡人数有 600 多（一说为 500 人，一说为 368 人）。

9 月 10 日至 12 日，在多国部队（包括美国、意大利、法国）的干预下，巴解武装人员安全撤离出贝鲁特之后，黎巴嫩内部又起事端，从而引发了新的冲突。如前所述，以色列入侵黎巴嫩的另一企图是想在黎巴嫩建立亲以色列的基督教政府，与以色列签订和平协议。可是多国部队刚刚撤走，9 月 14 日，黎巴嫩当选总统、还未来得及正式就职的贝希尔·杰马耶勒在贝鲁特东区长枪党总部被炸身亡，这对以色列来说是一个沉重打击，因为在战前和战争期间，沙龙对贝希尔·杰马耶勒投资很大，并对他寄予很大的希望。15 日，以色列以贝希尔·杰马耶勒事件为借口，在维护治安、避免局势恶化的名义下，军事占领了贝鲁特西区，并在该地区逮捕了近千名未撤走的巴勒斯坦人。更为糟糕的是，9 月 16 日至 18 日，以色列的盟友黎巴嫩长枪党得到沙龙的默许之后，在伊利·胡贝克带领下集合了 1500 多名对巴勒斯坦人极端仇恨的人员，尤其是一些被巴解武装赶出家园的民兵，进入萨布拉与夏蒂拉两个巴勒斯坦难民营，对 1000 多名巴勒斯坦无辜平民进行了长达 40 多个小时的惨绝人寰的大屠杀。萨布拉的面积只有 25 平方公里，夏蒂拉为 6 平方公里。在这场种族屠杀中，到底有多少人死亡至今不得而知，国际红十字委员会的数字是 800 人至 1000 人。以色列对长枪党的支持，引起了国际舆论的强烈谴责，以色列国内也爆发了大规模的抗议活动，沙龙被斥责为"贝鲁特屠夫"。迫于舆论压力，以色列内阁于 9 月 19 日举行会议，决定接受联合国安理会通过的关于增派联合国观察员到贝鲁特西区的决议，同意从贝鲁特西区撤军，并成立贝鲁特大屠杀调查委员会。9 月 29 日，以色列军队撤出，多国部队开始布防。

1982 年 12 月，黎巴嫩与以色列开始正式谈判。1983 年 1 月，双方就结束战争、确立相互关系以及安全安排等问题达成协议。1983 年 5 月 17 日，正式签署了《黎巴嫩—以色列撤军协议》，主要内容如下：

第一，黎巴嫩共和国政府和以色列国政府同意并保证尊重对方的主权、政治独立和领土完整，承认两国间现存的国际边界是不可侵犯的；确认两国之间的战争状态已经结束并将不复存在；考虑到上述条款，以色列保证执行本协议的附件，从黎巴嫩撤出全部武装力量。

第二，双方按照联合国宪章和国际法的原则，保证用和平的手段解决争端，以促进国际间的和平、安全与正义。

第三，为了最大限度地保证两国的安全，双方同意一些安全安排，包括本协议附件中所规定的建立一个安全区。

第四，双方的领土都不得用作针对另一方的敌对或恐怖活动的基地；不得干预另一方的内部事务。

协议附件规定了安全区的建立、安全安排以及以色列撤军的详细内容。规定以色列在 8—12 个月内撤出全部军队，在黎南部 45 公里的区域内建立一个安全区。① 黎以协议签订以后，遭到了叙利亚、巴解组织以及黎巴嫩穆斯林的坚决反对，叙利亚认为，叙军是在黎巴嫩前政府的邀请下而进驻的，跟以色列的撤军不能相提并论；巴解组织认为协议本身损害了黎巴嫩对阿拉伯民族所承担的义务；黎巴嫩国内的穆斯林则把抵制黎以协议与反对基督教马龙派的统治结合起来。迫于压力黎巴嫩政府一直没有同以色列正式交换协议文本，黎以协议成为一纸空文。1984 年 3 月 5 日，黎巴嫩宣布废除该协议。

六、失信于民

在长达 35 年的建国历史上，黎巴嫩战争是以色列所进行的第五次战争，但

① 详见 Walter Laqueur and Barry Rubin（ed.）, *The Israel–Arab Reader*：*A Doumentary History of the Middle East Conflict*, pp. 287–289.

却是以色列历史上唯一失去民心的战争。许多以色列人认为这是一场赤裸裸的侵略战争。针对“加利利和平行动”的命名，作家阿摩司评论说：战争被粉饰为“和平”，压制与迫害被粉饰为“安全”，暗杀被粉饰为“解放”，而这一切的话语掩饰的是对生命与尊严的践踏。在黎巴嫩战争爆发的第九天，“现在实现和平运动”在报纸上刊登了这样一则告示：

> 在这场战争中，以色列军队再次证明了以色列的强大与自信；在这场战争中，我们正在失去的是自己的兄弟、孩子和朋友；在这场战争中，背井离乡者不计其数，城镇被夷为平地，无辜平民遭杀害。
>
> 我们何以被杀戮？我们为何要去杀戮？卷入这场战争是基于全民族的认同感吗？以色列的生存面临到顷刻而至的威胁吗？这场战争会使我们摆脱暴力、痛苦与仇恨的怪圈吗？
>
> 我们呼吁以色列政府：住手吧！现在是邀请巴勒斯坦人加入和平谈判的时候了！现在是实现基于相互承认基础上的全面和平的时候了！①

7月3日，“现在实现和平运动”在特拉维夫组织了声势浩大的示威活动，大约10万居民参加。阿巴·埃班在报纸上撰文称：“这六周对犹太民族来说是道德史上的一个黑暗时代。”9月25日，特拉维夫发生了更大规模的抗议活动，来

以色列市民的反战游行

① Martin Gilbert, *Israel*：*A History*, pp.510–511.

自全国各地的40万示威者（超过全国人口的十分之一）聚集在市政厅前的广场上，呼吁对萨布拉与夏蒂拉惨案作出调查。他们高呼“耻辱”、“现在就和平”等口号，并在贝京家的对面竖起一个大牌子，记录着阵亡士兵的最新数字，并强烈要求贝京与沙龙下台。奥瓦尔·M.萨查尔就此写道：“这是以色列历史上从未有过的公众愤怒的流露。”工党领袖佩雷斯当时也发表演说，对示威的群众讲道：“作出这种可鄙决定的人没有权利在今后再做决定了，战争必须结束，以色列国防军必须离开贝鲁特。”一位伤心的父亲获悉儿子捐躯战场的消息后给贝京写了这样一封公开信：

> 我，一位拉比家庭的后代，我的父亲是一位犹太复国主义者、社会主义者、华沙犹太区起义的英勇牺牲者，作为他唯一的儿子，我从大屠杀中幸存下来，迁移到我们的国土上，我服了兵役、结了婚并有了一个儿子，可现在，我可爱的孩子却因为你的战争而离去。
>
> 因而，在迫害者不再延续的岁月里，你却折断了一个古老的、世代忍受痛苦的犹太家庭的链条，我们古老的、智慧的、饱经磨难的民族的历史将要用无情的鞭笞来审判你、惩罚你！让我的悲哀永远萦绕在你的梦境！让我的忧伤作为杀人罪的标记而永远附着在你的前额！①

1983年，身为总理的贝京面临着极其严重的统治危机，2月7日，在伊扎克·纳冯总统授命下，由以色列最高法院院长卡汉组成的调查委员会公布了贝鲁特大屠杀事件的调查报告（The Kahan Commission：Report），报告虽然确认贝鲁特大屠杀为“黎巴嫩武装力量所为”，但也强调“国防部长犯了严重错误，因为他忽视了长枪党对居民采取报复性行为的可能性。……总理并没有过问此事，……因此应负有一定的责任。”②

报告公开后，沙龙被迫辞职，被降为不管部长，要求贝京下台的国内呼声也越来越高。对贝京来说，压力不仅仅来自黎巴嫩战争，从1982年3月30日起，西岸与加沙地区爆发了130万人口参加的阿拉伯人的罢工运动，在纳布卢斯、伯利恒及希伯伦等地，愤怒的群众与警察发生了冲突。在特拉维夫等地也发生了以色列人集会反对政府的被占领土政策。不仅如此，黎巴嫩战争使以色列经济如同雪上加霜，经济危机加深，国家所欠外债超过了历史上的最高纪录。这时，贝京

① Martin Gilbert, *Israel：A History,* p.511.

② Walter Laqueur and Barry Rubin (ed.), *The Israel-Arab Reader：A Documentary History of the Middle East Conflict,* pp.269–273.

的个人生活中又发生了一件不幸的事情。11 月初，正在美国访问的贝京得到了妻子阿里沙病逝的消息，他悲痛欲绝，因为阿里沙一直是他亲密的伴侣与助手。

8 月 28 日，面容憔悴的贝京在内阁会议上宣布："我再也干不下去了。"当时，所有的劝阻都无济于事。9 月 15 日，贝京正式向总统提出辞呈。贝京本人从没有解释他辞职的原因，有人说是因为他的健康状况——严重的心脏病使他力不从心，有人说他妻子的离去使他失去了精神支柱。[①]

离职之后的贝京居住在耶路撒冷泽马什大街 1 号的私人寓所里，很少抛头露面，他"只想一个人待着"，以色列媒体称他为"泽马什大街的囚徒"。1992 年 2 月，曾经叱咤风云的贝京走完了生命的最后历程。他拒绝隆重的国葬，只要求简朴的犹太葬礼，但许许多多崇拜他、爱戴他的人民还是从四面八方涌往耶城，涌往他的墓地。贝京为自己选择的栖息地是古朴的橄榄山，而不是领袖汇集、风景迤逦的赫茨尔山，他要躺在爱妻阿里沙的身边，直到永远。

第四节　第一届全国联合政府

一、看守内阁

贝京似乎从来没有认真考虑过自己的继承人，当他凄然卸任之后，外交部长伊扎克·沙米尔接替了他的位置，成为以色列历史上的第七任总理。

沙米尔 1915 年出生在波兰的库兹纳伊，自幼参加贝塔尔组织，是雅博廷斯基的热诚崇拜者，他曾在华沙学习法律，1935 年移居以色列，他的家人包括父母与姐妹继续留在欧洲，结果全部葬身于纳粹死亡营。他 1939 年加入"伊尔贡"，一年之后，"伊尔贡"走向分裂，沙米尔成为"莱希"组织的领导成员。1941 年与 1946 年两度被英国委任当局逮捕，他都设法逃脱。建国以后，沙米尔先从事商业活动，1955—1965 年在摩萨德中担任高级职务。1973 年，进入议会。1977—1980 年，担任议会发言人。1980—1983 年担任外长。沙米尔属于强硬的

① Ahron Bregman, *A History of Israel*, p. 202.

“鹰派”，他坚决反对归还被占领土，反对《戴维营协议》，认为圣经时代的以色列土地都是犹太国家的领土。沙米尔个头不高，性格倔犟，生性多疑，他对阿拉伯人的态度极其强硬，用他的话来说，“阿拉伯人还是同样的阿拉伯人，地中海还是同样的地中海”，以此来影射阿拉伯人的最终目标还是要把犹太人赶入地中海。沙米尔与他的前任贝京有着许多相似之处：都出身于波兰；大致相当的年纪；都是雅博廷斯基的忠实信徒；都为犹太传统而自豪；都铭刻着大屠杀所造成的影响。但是，他们的个人品格方面也有明显的差异之处，贝京特别注重仪表，有高雅的姿态与恰到好处的谈吐方式，因此，像演员一样吸引了一大批热诚的崇拜者，而在这些方面，沙米尔与贝京截然相反。①

沙米尔上台以后，面对的是一系列十分棘手的问题。首先，以色列陷入了战争的泥沼。由于黎巴嫩人与黎巴嫩境内的巴勒斯坦人不断袭击以色列军队，使伤亡数字不断上升，国内反战示威不断发生，越来越多的人要求政府撤军，但沙米尔的回应并不积极。黎巴嫩战争使以色列耗费了20多亿美元的资产，沙米尔政府每天支付的以军费用就高达100万美金，军费开支占到了财政预算的30%以上。其次，经济持续衰退。1983年一年之内以色列所欠外债增加了近40亿美元，累计达到了215亿美元，人均负债5000多美元。由于出口进一步下降而进口增加，致使国际收支进一步失衡。这种状况与当时的国际经济环境也密切相关，70年代中期以来，由于石油价格暴涨，西方国家陷入经济滞胀，国际贸易条件的恶化，导致出口下降，并严重地影响了以色列经济。财政部长约拉姆·阿里多尔为了改善国际收支状况，提出了把谢克尔②与美元挂钩的政策，即所谓的“美元化计划”，结果招致了严厉的批评，阿里多尔宣告辞职。他的继任者伊戈尔·科亨–奥尔加德采取了紧缩政策，宣布谢克尔贬值，削减补贴，使经济状况略有改善，但由于大选临近，利库德担心这种经济政策会失去选票，因此，又减少税收，增加补贴，放开货币控制，结果通货膨胀直线上升，到1984年初，经济形势更为恶化。第三，内阁危机频繁发生。作为反对党的工党利用政府的困境，多次在议会中提出不信任案。由于内阁成员矛盾四起，纷争不断，再加上对政府挽救经济的能力失去信心，1月29日，不管部长莫迪凯·本·彼拉特辞职。3月19日，在议会中拥有3个席位的泰米党宣布退出联合政府，另有两名议员赞同

① Ahron Bregman, *A History of Israel*, pp. 205–206.

② 谢克尔(Shekel)为以色列基本货币单位。1985年币制改革前称“旧谢克尔”，此后称“新谢克尔”。新谢克尔与美元的比例处于变动之中，目前大约4.7个谢克尔等于1美元。

工党提出的提前大选的建议，沙米尔政府在议会中失去了多数地位。3月22日，以色列议会进行表决，以61票对58票的结果通过了解散议会、提前大选的议案，选举日期定于7月23日，至此，沙米尔看守内阁只维持了162天便不得不画上句号。

二、第十一届议会大选

大选日期越来越近，双方的竞选活动也如火如荼。针对沙米尔政府的失败，工党提出的竞选纲领是：实行经济紧缩政策，出台新的经济计划；3到9个月内撤军黎巴嫩，通过谈判，达成全面解决中东问题的方案；冻结新建定居点，尤其要禁止在阿拉伯人口稠密的西岸地区另建定居点。利库德集团方面虽然没有太多的政绩可以夸耀，但也竭力稳定民心，并对工党竞选人佩雷斯的人品大加攻击。在公开电视辩论中，佩雷斯与沙米尔针锋相对，并占据上风。

这是以色列历史上参加党派最多的一次选举，有26个政党获得了竞选资格，正式登记的合法选民为265.4万，其中209.1万人参加了投票，投票率高达78.8%。选举结果是，工党和利库德集团分别获得44个和41个席位。工党虽然获得了公民权利运动、变革运动、亚哈德党等党派的支持，但无法达到必须的61个席位，利库德集团也联合了沙斯党和泰西亚党，企图组成以利库德集团为核心的联合政府，但同样失败。于是，两大党团不得不进行建立联合政府的艰难磋商。

利库德集团利用席位与工党相差无几的优势，故意抬高要价。如在黎巴嫩问题上坚决反对撤军，反对工党冻结定居点的计划，另外在权力分配问题上也存在严重的分歧，谈判陷于僵局。8月26日，赫尔佐克总统给佩雷斯延长了3周的组阁期限。第二天，佩雷斯与沙米尔进行第四轮会谈，仍然没达成一致。在佩雷斯措手不及的情况下，沙龙主动出面，表示愿意从中协调。于是，佩雷斯会见沙龙，介绍了双方的分歧，也亮出了工党的底线。沙龙果然说服了沙米尔，双方达成了共识，决定轮流担任总理，先由佩雷斯上任，沙米尔任副总理兼外长，25个月后两人调换职务，在24人内阁中，阁员各占一半，但国防部长一职任期内一直由拉宾担任（这是拉宾本人提出的要求）。9月2日，当沙米尔把上述协议递交到利库德集团高层会议上讨论时，却遭到了拒绝。尔后佩雷斯与沙米尔又多次会晤，工党也做了一定的让步，13 日，双方结束了长达 52 天的谈判，签署了组建联合政府的协议，佩雷斯也向国会递交了 24 人的新内阁名单。全国联合政府的产生被舆论界称之为“民主制度历史上没有先例的产物”。

经过几十年的奋斗，饱经风霜的佩雷斯终于坐到了他最为崇拜的本－古里安总理所坐的位置上，当记者问及他此刻的感受时，佩雷斯的回答是：“我并没有感到我坐在本－古里安总理曾经坐过的位置上，而是走在他曾经走过的道路上。我从他‘老人家’那里学到的是：不要惧怕批评；只要有钢铁一般的意志就可克服任何困难；毫不妥协的现实主义精神以及不受羁束的信心。”①

三、稳定经济

20 世纪 80 年代以来，以色列经济的最大困境仍然是通货膨胀问题，据 1984 年 10 月 19 日的以色列《晚报》报道：“以色列经济进入了最糟糕的阶段，……年通货膨胀率达 400%，赤字急剧增加，生产却停滞不前，这是几种最糟糕的现象的结合。当这几种现象在近一两年内十分严重地表现出来时，公众对这些基本的发展过程还不够警惕，而正是这些过程导致了对经济失去控制。”为了遏止通货膨胀，稳定经济形势，从 1984 年起，联合政府吸取以前的失败教训，制定出综合治理计划，对物价、工资、货币、金融、政府预算、税收等采取全面治理，以防止功亏一篑。其主要措施有：第一，冻结物价。政府稳定经济的第一项措施就是在减少对基本食品补贴的基础上，将汽油、面包、鸡蛋、牛奶等 800 余种基本商品提高价格，并相应提高各项服务费用，然后，冻结物价 3 个月，违反者给予重罚。在浮动的基础上冻结物价，使企业能够补偿因原材料涨价而造成的损失，使商业经营者在冻结期间也能获取一定的利润，并使货源畅通，从而保证了商业活动的正常进行。这种做法比大多数国家采用的在原有基础上的硬性冻结更有效。第二，冻结工资。以色列政府以厉行节俭为号召，冻结职工工资，使工人的生活水平下降了 10% 左右，并千方百计限制消费，为了缓解工薪阶层的反抗情绪，以色列政府许诺在冻结结束后对部分损失过重者给予补贴。同时，以色列政府还以增税为手段，使居民出国旅游人数下降了 20%—30%，并积极鼓励个人

① 肖月：《佩雷斯传》，世界知识出版社 1996 年版，第 145 页。

储蓄，银行年利率甚至高达100%。第三，压缩政府开支。为了削减预算，政府各部门解雇了1万多行政人员，并把政府工作人员的工资降低了近30%。[①]同时，还减少了教育经费、卫生保健费及老年补助金。以色列政府甚至还裁减了教师的名额，这是建国以来从未出现过的事。第四，整顿货币。政府首先宣布谢克尔与美元的比价贬值18.8%，两个月之后，发行新货币，新谢克尔与旧谢克尔的比值为1∶1000，谢克尔与美元的兑换率为1.5∶1。政府还保证一年之内使银行存款同美元比价脱钩，从而使任何人不能利用所掌握的货币从事投机性金融活动。第五，实行一揽子减税计划，使公司收入税率由61%降至37%，低于德国、日本等国；削减工业补贴，使工业补贴和消费补贴由1980年的11.5%（占全国生产总值）降至2%；减少政府对金融机构的过分参与，出售政府在银行的股权和股份，提高银行间的竞争水平；继续压缩财政预算，降低赤字等。上述改革措施取得了初步的成效。

在以色列政府推行"经济稳定计划"的过程中，美国政府提供了15亿美元的支持性赠款，对挽救以色列经济起到了很大的作用。1985年以色列从美国得到了14亿美元的军援，1986年，军援数字增加到18亿。1986年，新经济计划见效，通货膨胀率降至19.7%，这是1973年以来的最低数字。国内经济形势明显好转，政府预算赤字由两位降至3%，消费物价指数上涨率从1984年的373.8%下降到1986年的48.1%和1987年的19.9%。国际收支改变了1975年以来的连续逆差局面，在1986年出现了13.7亿美元的盈余，经济紧缩政策获得了初步成功。美国总统里根致函佩雷斯说："你的政府为加强以色列经济所做的种种努力将会得到广泛的赞扬，你可以坚信，在你执行这个艰巨任务时，将会不断得到我的关注与同情。"经济稳定的成功使工党与佩雷斯的威望大振，《耶路撒冷邮报》1986年9月举行的民意测验表明，工党的支持率达42%，利库德为28%，佩雷斯本人的支持率达到77%，超过任何一位内阁成员。

佩雷斯在短暂的执政时间里，除了经济改革以外，还在外交政策上采取了新的举措，恢复了与苏联的接触，开始了与中国的友好往来，并在非洲扩大了外交关系，佩雷斯政府还成功地把埃塞俄比亚的犹太人运往以色列。埃塞俄比亚犹太人从外观上酷似非洲人，皮肤棕色，头发卷曲，他们在埃塞俄比亚居住的历史可追溯到圣经时代，据记载摩西在出埃及的途中娶一古实女子为妻，而古实正是埃

① *Israeli Economist*, Junuary, 1989, p. 15.

塞俄比亚人的古称。[①]20世纪70年代，由于政局不稳，许多埃塞俄比亚犹太人非法逃到苏丹，到1984年有大约1万人居住在由“联合分配委员会”临时组建的难民营里。早在贝京时期，以色列就开始了营救埃塞俄比亚犹太人的活动，佩雷斯上任后，策划了秘密的“摩西行动”，在美国空军的帮助下，从1984年11月到1985年1月，把大约1.2万的埃塞俄比亚犹太人运到了以色列。

外交上的成效也为佩雷斯赢得了声誉，于是，工党内部有人反对向利库德集团交接权力，认为工党应该继续执政，但佩雷斯还是坚持按照原先的承诺，与沙米尔易职，他于10月10日向总统提出辞呈，由于两党在新内阁组成人选问题上严重分歧，直到20日，以色列议会进行了长达6小时的辩论之后，才通过了沙米尔的新内阁，佩雷斯打点自己的物品离开了总理办公室，去外交部担任外长职务。

四、同床异梦

工党与利库德集团虽然迫于无奈组成了联合政府，但在联合执政的四年中，内部纷争接连不断，从而使内阁经历了一场接一场的危机，这一政治现象被学者们称作没有爱情的“联姻”、“同床异梦的政治伙伴”。工党与利库德集团的分歧首先体现在以下问题上。

第一，黎巴嫩撤军问题。佩雷斯当政时期，在联合国的主持下，同黎巴嫩政府就撤军问题进行了多次会谈，考虑到国内的经济状况，国民的反战情绪，更为了减少军费开支与驻黎以军的伤亡，佩雷斯决定放弃同叙利亚同时撤军的要求，以色列单方面从黎巴嫩撤军。但是，利库德集团的大部分部长都反对撤军，他们坚持黎巴嫩战争是正当的、必须的，并强调以色列撤军会对以色列北部10万犹太居民的安全构成威胁。他们坚信，只有在以色列与黎巴嫩之间构造一个“隔离层”，才能防止恐怖组织越过边界，“减少游击队炮火把以色列作为有效的袭击目标”，“避免南黎巴嫩重新回到1982年6月以前的状态——即反以组织的军火库和训练基地。”[②] 在议会辩论中，两大党派的部长互相指责，恶语中伤。1985年1

① Karen Primack, (edited.) *Jews in Places You Never Thought of*, Ktav Publishing House, Inc., 1998, p. 141.

② Cal Luft, “Israel’s Security Zone in Lebanon-A Tragedy?” *Middle East Quarterly*, Vol. VII, No. 3, September / 2000, p. 14.

月 13 日，国防部长拉宾向内阁正式提交了分三个阶段从黎巴嫩撤军的计划。第一阶段，以军从赛达及其周围地区撤至利塔尼—纳巴提亚一线；第二阶段，从贝卡谷地撤至哈斯巴亚；第三阶段，基本上撤出黎巴嫩南部地区。整个计划于 6 月 10 日完成，仅在“安全区”内保留少量军队。沙米尔等人坚决反对，认为上述计划是彻头彻尾的投降方案。但在最后表决的时候，出现了戏剧性的变化，利库德集团的两位部长与三位宗教党的部长投了赞成票，撤军方案得以通过。佩雷斯十分欣慰地说：“这将是在黎巴嫩的最后一个冬天。我特别感到高兴，因为许多人说民族联合政府不能决策。这是我曾经参加过的最严肃的讨论之一。”① 此后，以色列政府很快付诸行动。到 1985 年 5 月基本上完成了任务，6 月 10 日，撤军事宜全部结束。但是以色列声明，如果遭受袭击，以色列方面将从安全因素考虑立即派军越过黎以边境，这一保留条件为日后的武装冲突埋下了伏笔。

第二，工党与利库德的分歧还体现在对《里根方案》的不同态度上。1982 年 9 月 1 日，在巴勒斯坦武装力量撤离贝鲁特的当天，里根总统在电视演讲中提出了经他亲自修改并定稿的《关于和平解决中东问题的方案》，即《里根方案》，其要点如下：一、正如《戴维营协议》所规定的，必须在一定的时期内让西岸和加沙地带的巴勒斯坦居民对自己的事务有充分的自治权，美国既不支持建立一个巴勒斯坦国，也不支持以色列的长期控制，这些领土的最终地位要通过相互让步的谈判来决定。五年过渡期的目标是权力从以色列人手中和平地过渡到巴勒斯坦居民手中；二、以色列有权在安全的和可以防卫的疆界里和平地存在，有权要求它的邻国承认这一现实，对以色列的安全来说没有必要建立新的定居点，因此，美国不支持在过渡期内建立任何新的定居点，以色列应该冻结相应的计划，从而使更多的人增长和谈的信心，但对于已经建立的定居点，不必撤除，其地位要在最终的谈判中来决定；三、耶路撒冷必须保持不分裂的局面。其最终地位要通过谈判来解决；四、联合国 242 号决议作为美国中东和平的基础自然完全有效。②

《里根方案》遭到了贝京与沙米尔的坚决反对，利库德集团宣称：“以色列绝不同任何一方进行任何谈判”，“西岸世世代代都将是犹太人的领土”。1984 年 9 月 24 日，美国政府把《里根方案》再次提到联合国，想以此来推动中东和平，

① 黄民兴：《佩雷斯：中东和平进程的推动者》，长春出版社 1999 年版，第 185 页。

② Walter Laqueur and Barry Rubin (edited), *The Israel-Arab Reader：A Documentary History of the Middle East Conflict*, pp. 257–263.

沙米尔以外长的身份声明以色列政府继续拒绝《里根方案》。但是，佩雷斯立即反对沙米尔的说法，指出在内阁讨论之前，任何人都无权以政府的名义表态。其实，佩雷斯在两年之前就以工党领袖的身份宣布，《里根方案》接近工党的立场，他将为促成以色列接受该计划而努力。

第三，关于《伦敦协议》的争议。1985 年 10 月在赴美国访问的途中，佩雷斯专程在伦敦逗留，私访了他的老朋友约旦国王侯赛因，就通过国际会议来解决中东问题交换了意见。21 日，佩雷斯在联合国大会的发言中，谴责了恐怖主义，指出以色列与约旦愿意接受通过国际会议而发起的直接谈判，谈判的目的是以色列与阿拉伯国家签订和约，解决巴勒斯坦问题，谈判将以安理会 242 号和 338 号决议为基础。25 日，在访问法国期间，佩雷斯又提出了中东和平会议的条件：参加和谈必须是独立国家，以色列不同巴解组织接触，后者只是一个恐怖组织而已。佩雷斯的态度引起了利库德集团部长的猛烈攻击，沙米尔强调，佩雷斯所提出的国际会议会危及以色列的利益，也会影响政府的稳定。住房和建筑部长戴卫·利维表示坚决拒绝任何"国际介入"，特别是沙龙竟然对工党与佩雷斯发难说："犬儒主义使我们多年来付出了血的代价，而现在发生的事情将使我们流更多的血。"利库德集团与泰西亚党联合要求佩雷斯在议会发表讲话修改其在联大的发言，佩雷斯虽然拒绝了他们的要求，但迫于压力暂时不再公开谈论国际会议问题。

沙米尔当上总理以后，决心阻止中东和平进程。在利库德集团的会议上宣布国际会议对以色列来说是"一个陷阱"、"一个愚蠢透顶且荒谬绝伦的主意"，是"悲观绝望中的佩雷斯在万籁俱寂的夜晚构想出来的怪念头。"然而，佩雷斯也亮出了自己的底牌：如果沙米尔固执己见，他不惜辞职。1987 年 4 月 11 日，佩雷斯在他的助手外交部办公厅主任约西·贝林以及摩萨德长官埃夫拉伊姆·哈列维的陪同下，再次秘密会见侯赛因国王，经过了 7 个多小时的谈判，达成了约以《伦敦协议》。由联合国秘书长召集常任理事国与巴以冲突的有关方面召开国际会议，在联合国决议的基础上和平解决阿以冲突与巴勒斯坦问题；组织约旦—巴勒斯坦代表团（不包括巴解组织成员）与会；谈判将直接在双边委员会中进行，国际会议不得将任何解决办法强加给各方面。① 显然，佩雷斯的意图是想通过国际会议这样一个中间环节来启动中东和平进程，但在利库德阵营中掀起了轩然大

① Shimon Petes, *Battling for Peace*: *Memoirs*, London, 1995, p. 307.

波，尤其是佩雷斯把伦敦会谈的记录带到总理办公室的时候，沙米尔大发雷霆，他一方面确实是反对协议本身，另一方面则是情感因素，在他看来，佩雷斯背着他而达成的协议是对总理权力以及人格的蔑视。5 月 6 日，佩雷斯决定把协议递交到内阁会议上，正如他预料的那样，5 位利库德部长反对，5 位工党部长赞成，在议会表决中，对等就意味着被否决。佩雷斯决定撤回“伦敦协议”，不再表决。佩雷斯对此极为痛心，他在后来写道：“我与侯赛因国王达成的具有里程碑意义的协议被毁灭了，我们为此付出了沉重的代价，许许多多的人民——巴勒斯坦人与以色列人为此而丧生。几个月之内西岸与加沙爆发了起义，导致了多年的暴力与流血。”①

第五节　动荡与角逐

一、“因提法达”

“因提法达”为阿拉伯语“intifada”的译音，意为“摆脱”、“驱逐”，1987 年以后特指巴勒斯坦人反以色列统治的起义。1987 年 12 月 8 日，加沙地区发生了一起车祸，一辆以色列司机驾驶的卡车撞上了一辆巴勒斯坦人乘坐的汽车，造成 4 名巴勒斯坦人死亡，5 人受伤。事件发生后，各种传闻在被占领土上不胫而走：说以色列司机是蓄意杀人，因为前几天有一位巴勒斯坦人驾驶的小型飞机撞入加沙以色列军营杀死了几名以色列军人，而车祸肇事者正是死者的兄弟。当天，巴勒斯坦人就抬着死者的棺材，要求惩办凶手。第二天晚上，上千的巴勒斯坦人参加了死者的葬礼。驻扎在加巴里阿难民营（加沙地带最大的难民营）的巴勒斯坦人还走上街头，举行大规模的游行示威活动，以色列军警采取了镇压措施，导致 2 人死亡，15 人受伤。巴勒斯坦人极其愤怒，起义从加巴里阿难民营迅速蔓延到 27 个难民营。当起义发生的时候，除了加沙地区的 50 万人口外，当地还有 44.5 万的巴勒斯坦难民，其中许多人是 1948 年沦为难民者的后代。在西岸有 37.2 万

① Shimon Petes, *Battling for Peace*：*Memoirs,* London, 1995, p. 312.

难民，其中10万人仍居住在难民营。[①] 巴勒斯坦难民营的起义，使以色列政府极为惊慌，沙米尔政府决心以武力镇压，拉宾毫不犹豫地挥起了铁拳。他在电视采访中要求以色列武装部队的每一个成员要以适当的方式回应对自己的攻击，因为对付“利用非武器系统进行报复的130万阿拉伯人要比解决传统的军事问题复杂得多”。以色列军队使用催泪瓦斯以及真枪实弹来对付手无寸铁的起义者。

“因提法达”突然引起了以色列社会的分裂——以色列犹太人与70万以色列阿拉伯人的分裂。我们知道，在1947年到1949年间，许多巴勒斯坦人逃走，但仍然有一部分留居下来。巴勒斯坦起义爆发前，以色列国内阿拉伯人占总人口的17%，他们跟以色列的犹太人一样，拥有以色列国籍，讲希伯来语，在以色列接受教育，并为以色列的繁荣与发展贡献自己的力量。然而，巴勒斯坦起义的爆发使以色列阿拉伯人处在一种很尴尬的境地，民族的渊源、历史的情结以及千丝万缕的同胞情谊使他们极为同情巴勒斯坦人，尤其是以色列军队对起义者使用武力的事实使他们觉得再也无法沉默。12月17日，即起义发生一周之后，以色列阿拉伯人举行了声势浩大的罢工与集会以支持被占领土巴勒斯坦人的斗争，他们为起义者送去食品、药品，并踊跃献血，“阿拉伯人所做的这一切，表现出他们更是巴勒斯坦人而不是以色列人，对于以色列的犹太人来说，这是一个令他们震惊的事实。”[②]12月19日，暴乱蔓延到耶路撒冷市区，和发生在加沙与西岸的情况一样，阿拉伯人焚烧轮胎、以色列国旗，并向犹太人投石块，以色列军队对阿拉伯人严格了检查制度，并禁止城外的阿拉伯人到具有1500年历史的阿克萨清真寺祈祷。但起义的规模仍在蔓延，武力冲突越来越频繁。巴勒斯坦起义，不仅给以色列社会造成大的政治动荡，而且严重影响了经济的发展，劳动力的极端缺乏、市场的突然缩小、通货膨胀的上升，无不加剧了以色列的经济困难。

巴勒斯坦起义促进了中东地区的伊斯兰教原教旨主义势力的膨胀，在被占领土上，哈马斯、[③] 穆斯林兄弟会、伊斯兰圣战组织都加入了起义，与此同时，巴

---

① Martin Gilbert, *Israel：A History,* pp. 525–526.

② Ahron Bregman, *A History of Israel,* p. 216.

③ 哈马斯是阿拉伯语“伊斯兰抵抗运动”的译音。哈马斯最初只是一个隶属于埃及穆斯林兄弟会的一个秘密团体，1987年巴勒斯坦起义爆发之后，哈马斯发展成为非常有影响的被占领土上的伊斯兰抵抗组织。哈马斯得到伊朗政府的经济援助与技能培训（包括如何走私军火、如何从事恐怖活动等）。哈马斯在1988年4月通过的宪章中指出：要高举圣战的旗帜，在每一寸巴勒斯坦土地上重建伊斯兰国家；以色列和犹太人是穆斯林的死敌，任何与以色列妥协的阿拉伯人都是伊斯兰事业的背叛者，应该受到应得的惩罚。参见 Alan Dershowitz, *The Case for Israel,* John Wiley & Sons, Inc., 2003, pp. 106–107.

解组织作为巴勒斯坦抵抗者代言人的形象越来越明显，在巴勒斯坦人中的威信不断提高，阿拉法特的支持者也越来越多。为了打击巴解组织，1988 年 4 月 19 日，以色列政府派出了特别军事小组，在私人住宅里暗杀了巴解的军事领导人、巴勒斯坦起义的策划者阿布·杰哈德，而且整个暴行是当着阿布·杰哈德的妻子与孩子的面发生的。在暗杀者逃离现场的那一刻，阿布·杰哈德的妻子乌姆·杰哈德面对倒在血泊之中的丈夫，把惊恐万状的孩子哈娜搂在怀里说出了这样一番话："在你一生中能有好几年时间去了解你的父亲，这是你特殊的荣幸。现在你必须想到千千万万巴勒斯坦儿童，他们从未享有过和他们的父亲相处在一起的欢乐。"[①] 此后，以色列军事力量在 7 月与 9 月又突袭了哈马斯武装力量，逮捕了 120 位哈马斯成员。但是，巴勒斯坦人并没有屈服，巴解组织也利用人民的反抗

阿拉伯妇女在祈祷

① 阿兰·哈特:《阿拉法特传》，吕乃君等译，时代文艺出版社 1997 年版，第 524 页。

情绪来实现自己的政治理想。1988 年 11 月 12 日至 15 日，巴勒斯坦全国委员会在阿尔及尔召开了第 19 次特别会议，宣布建立巴勒斯坦国，《独立宣言》中，宣布承认联合国 182 号、242 号和 338 号决议，谴责恐怖主义，承认以色列生存的前提条件，欢迎召开国际会议解决巴勒斯坦问题。《独立宣言》还指出：“在这个不同寻常的日子里——1988 年 11 月 15 日，一个新时代的开启点上，……我们向无数先烈的英魂、向巴勒斯坦人民、向阿拉伯民族、向世界上一切自由和高贵的人们保证：我们将继续为结束占领、加强主权与独立而英勇斗争！……相信伟大的真主吧！”①

二、第二届全国联合政府

正当巴勒斯坦起义如火如荼的时候，以色列第 12 届议会大选也拉开了帷幕。选举的结果是利库德集团获得了 40 个席位，工党仅 1 票之差屈居第二，两大政党在国会中的议席由上届的 85 席下降到 79 席，而其他小党的席位则由 35 席上升到 41 席，尤其是宗教党的席位由上届的 13 席猛增到 18 席，创历史最高水平，特别是沙斯党② 获得了 6 个席位，成为本届议会的第三大党，这就意味着宗教势力的政治影响力进一步加强了。势头很好的工党为什么在选举中失败，一度成为关注的话题，其原因是：第一，工党没有根据形势的变化提出新的竞选纲领，巴勒斯坦起义的持续高涨，使占领区以及安全问题成为全民关注的焦点，大选前夕，杰里科与黎巴嫩南部接连发生恐怖袭击事件，使以色列社会的鹰派倾向加强，使一些动摇不定的选票转到了宗教政党的手中；第二，工党内部出现分裂，原工党议员阿卜杜勒·瓦海卜·达拉瓦希不满工党对阿拉伯人的政策，因此另建新党，工党的长期盟友统一工人党与独立自由党都另起炉灶，削弱了工党联盟的实力；第三，利库德集团内部整合了力量，沙米尔采取了平衡策略，稳住了自己的党内对手，并把泰米党与奥梅茨党拉入了利库德阵营。选举结束后，与 1984

① Walter Laqueur and Barry Rubin (edited), *The Israel-Arab Reader: A Documentary History of the Middle East Conflict*, pp. 354–358.

② 沙斯党成立于 1984 年的议会大选前，是从以色列正教党中分裂出来的，主要代表了正统派的东方犹太人的利益，该党的精神领袖是前塞法尔迪大拉比奥瓦迪阿·优赛夫，在其竞选纲领中强调要在以色列社会中恢复东方文化的传统。参见 Martin Gilbert, *Israel: A History*, p. 531.

年的情况一样，利库德集团与工党纷纷拉拢政治伙伴，以求组成以各自为核心的政府，但小党们漫天要价，难以成交，最后，利库德集团与工党这对冤家又不得不再次坐下来，开始了组建联合政府的艰难谈判。自 11 月 14 日，赫尔佐克总统授权沙米尔组阁到 12 月 5 日法定的 3 周组阁时间结束，两大党围绕着权力分配争执不休，谈判多次陷入僵局。赫尔佐克总统呼吁“全国团结”，以国家与社会为重，并延长了 3 周的组阁时间。12 月 19 日，两党终于达成了组阁协议，工党领袖佩雷斯出任财政部长，并保留副总理的职务，工党副主席拉宾出任国防部长，总理不再轮流担任。

沙米尔内阁组成不久，白宫也出现了新主人，布什于 1989 年 1 月出任美国总统。沙米尔虽然仍拒绝国际会议，但迫于美国与工党的双重压力，态度明显松动。1989 年 5 月 14 日，经过长达 7 小时的辩论之后，以色列议会通过了拉宾直接参与制定的《关于在被占领土举行巴勒斯坦人选举的计划》，即“沙米尔计划”（*Israeli Prime Minister Yitzhak Shamir：Peace Plan*），主要内容有：在被占领土上举行巴勒斯坦人自由选举，以色列政府同选举产生的巴勒斯坦代表团进行谈判；实行为期 5 年的过渡性自治，在过渡期内，被占领土要避免暴力、威胁与恐怖活动，从过渡期的第三年开始，以色列同巴勒斯坦代表团通过谈判，确定被占领土的最终地位；邀请埃及与约旦参加不同阶段的谈判；以色列反对在被占领土上建立巴勒斯坦国，不把巴解组织作为谈判伙伴。①

“沙米尔计划”遭到了利库德集团内部强硬派的反对，住房与建筑部长戴维·利维、工业和贸易部长沙龙以及经济与计划部长伊扎克·莫达伊结成三人帮，沙龙还游说全国，争取更多的人反对政府的计划，其理由是：这是任何一届以色列政府都未曾通过的最危险的计划，是对被占领土的妥协，只会有利于巴勒斯坦国的建立。7 月 5 日，在利库德集团的中央委员会上，沙米尔同意给原计划附加四个条件，包括“起义平息之前不考虑选举”、“继续扩建定居点”等。沙米尔的让步又在工党中引起了震动，工党认为沙米尔破坏两党的联合协议，工党甚至准备辞职，由于佩雷斯与拉宾的态度不一，退阁问题没有达成协议。为了打破僵局，埃及总统穆巴拉克提出了一项包括 10 点内容的妥协方案，但在议会表决中出现了 6：6 的平局，以色列政府实际上拒绝了埃及的建议。

---

① Walter Laqueur and Barry Rubin（edited），*The Israel-Arab Reader：A Documentary History of the Middle East Conflict*, pp. 359–362.

1989年10月1日，美国国务卿贝克提出了《五点方案》，又称《贝克计划》，内容如下：美国理解埃及与以色列为和平所做的努力，以色列代表团应该在开罗会晤巴勒斯坦代表团；埃及不代表巴勒斯坦代表团，巴勒斯坦代表团的组成可以通过埃及与巴勒斯坦人的协商来决定；美国理解以色列方面只有对巴勒斯坦的人员构成满意时才出席谈判；开罗谈判的主题是选举计划，但巴勒斯坦人也可以提出别的问题；为了协调谈判，美国建议埃及、以色列外长两周之内与美国在华盛顿会晤。①

《贝克计划》出台后，工党表示支持，而利库德集团则对第二点和第四点提出质疑，他们担心巴解组织会间接参与到巴勒斯坦代表团，也担心巴勒斯坦人提出领土换和平的要求。为了获得以色列方面的支持，美国于1989年11月2日和1990年3月5日两次修改了《贝克计划》，但是，利库德集团仍不愿接受。此后，围绕着该计划工党与利库德集团展开了激烈的斗争。1990年3月11日召开核心内阁会议，沙米尔仍采取拖延态度，拒绝对《贝克计划》进行表决，佩雷斯和工党部长们愤然退出。13日，内阁会议召开，两党的分歧仍无法弥合，沙米尔宣布解除佩雷斯副总理兼财政部长的职务，接着工党部长宣布辞职。15日，议会经过了10个小时的激烈辩论之后，就工党提出的对沙米尔政府的不信任案进行表决，由于沙斯党的5名部长弃权，结果不信任案以60：55的优势通过，沙米尔成为以色列建国以来第一个被议会赶下台的总理。

但是，沙米尔的失败并不意味着佩雷斯的胜利，联合政府垮台以后，赫尔佐克总统授权佩雷斯在6周之内组阁，利库德集团宣布绝不参加工党组建的政府，工党在不信任投票中已经获得了60票的支持，只要再拉来1票，就可实现组阁的愿望，可是由于利库德集团从中作梗，工党没有成功，4月26日，佩雷斯无奈地向总统交回了组阁成命，工党又一次失去了政治机遇。组阁失败也是以色列历史第一次出现的政治现象，反映了以色列政坛局势动荡、权力纷争的局面。

三、沙米尔东山再起

1990年4月26日，赫尔佐克总统授权沙米尔组阁，虽然困难重重，但利库

① Walter Laqueur and Barry Rubin (edited), *The Israel-Arab Reader: A Documentary History of the Middle East Conflict*, pp. 367–368.

德集团还是得到了当时最大的宗教政党沙斯党5位部长的支持，另外又从以色列正教党和工党中获得1票支持者，这样，利库德集团支持者总共达到了62席。6月11日，议会批准了沙米尔的组阁方案。在新内阁中，阿伦斯任国防部长，利维为副总理兼外交部长，莫达伊为财政部长，沙龙任住房部长。沙米尔内阁被称为“右翼内阁”，阿拉伯世界斥之为“战争内阁”。

沙米尔政府上台后，把扩大犹太移民作为一项最重要的国策，政府从1990年的财政预算中拨款17亿美元作为安置移民的费用，计划建造1.7万套住房。1991年，沙米尔政府安置移民的费用高达65亿美元，另外还制定了在3—5年内安置100万犹太移民的计划，以色列的政策很快促成了新的移民潮。从1990年1月开始，每天都有300—500名苏联犹太人移民以色列，全年的苏联移民总数达到了20万。1991年，又有近15万苏联移民定居以色列。① 苏联移民的大规模进入在阿拉伯世界激起了轩然大波，埃及总统穆巴拉克呼吁阿拉伯世界进行抗议，约旦国王侯赛因强调：“这不仅仅是对约旦的威胁，还威胁到整个阿拉伯世界和巴勒斯坦人的历史权利”，阿拉伯国家联盟的领导人惊呼“如果不采取制约措施，将会产生不亚于1948年那样的历史性灾难。”

在接受苏联移民的同时，犹太移民史上又产生了另外一幕轰轰烈烈的插曲，以色列实施了“所罗门计划”，于1991年5月25日把1.4万名埃塞俄比亚犹太人运回以色列。当时埃塞俄比亚发生内乱和饥荒，促使以色列政府又一次采取了营救犹太人的措施。就在埃塞俄比亚起义者快要控制首都亚的斯亚贝巴的时刻，以色列派出的没有公开牌号的飞机到达了，当命令发出的时候，只剩几个小时的时间，城外的武装力量就会禁止犹太人离开，当时的情景是：

> 数千名犹太人慌乱地挤到使馆附近的一个院落里，他们穿着飘逸的白色长袍，赤着脚，来回踱步。怀孕的妇女们背上还背着孩子，其中有很多儿童。所罗门和其他埃塞俄比亚—以色列军官，对他们提问、检查以确定其身份。当接到出发的命令时要求他们放弃所有的行李，因为带走每一包物品都意味着少一个犹太人得救。……很短的时间里，36架喷气式飞机里塞满了埃塞俄比亚犹太人。漫漫的长夜过去，当这些犹太人离开非洲的时候，有的禁不住哭泣，但大多数则沉默不语。他们知道一切都要改变了。在1600英里的航程中，机舱里的以色列医务人员接生了7个婴儿。所罗门回忆说：“真

① Ahron Bregman, *A History of Israel,* pp. 225–226.

是一个奇迹！当飞跃过红海的时候，我的感觉是我们这些以色列的子孙正在出埃及！"36个小时之内，我们把14324名埃塞俄比亚犹太人偷运回以色列……当飞机着陆的时候，许多人欣喜若狂，他们跪了下来，虔诚地亲吻着脚下的土地。飞行员哭了，士兵们哭了，汽车司机也哭了……看到自己的同胞回归故土是我一生的梦想……难道会有其他的国家冒着巨大的危险去拯救贫穷落后的非洲人吗？从未见过非洲人有尊严地走出非洲并立刻作为失散的兄弟姐妹而受到欢迎。①

沙米尔政府之所以鼓励大规模的移民是基于以下考虑：第一，巩固犹太人在以色列的地位，使以色列成为永久性的犹太国家。20世纪80年代中期以来，由于经济危机、政治动荡，以色列的人口急剧下降，在很多年份还出现了严重的"倒移民现象"，再加上巴勒斯坦人的出生率几乎比犹太人高出一倍，因此防止"以色列国的非犹太化现象"成为以色列政府长期追寻的目标。第二，以色列国内劳动力资源短缺，而移民的到来提供了源源不断的劳动力资源。以色列经济学家也认为，建国后以色列经济的快速增长有30%是靠移民发展起来的。80年代的经济萧条与增长减速和移民浪潮的低落直接相关。由于流散各地的犹太人都保持了注重教育的优良传统，所以，犹太民族属于文化水准相对较高的民族。例如在1988年的美国，40%的犹太人受过高等教育，而在全美总人口中这一比例仅为18%。在苏联，犹太人的教育水平远远超过了其他诸民族，早在1920年就有70.4%的犹太人已脱盲，比其他民族平均高出一倍。20世纪七八十年代，苏联犹太人接受大学教育的比例为2/3，而苏联其他民族上大学的比例为1/4。据统计，苏联解体前，共有6万多犹太科学家，占全苏科学家总数的7.4%，占列宁奖获得者的11%。1990年来自前苏联的20万移民中，达到本科毕业者占成年移民的70%，达到硕士、博士水平的占一半左右，其中工程师占24%，科研人员占21%，技术人员占14%，医务人员占11%。② 这些人员不断地注入劳动大军，使科技人员的比例大幅度提高，从而有力地促进了高科技产业的发展，正如西方报纸所评论的那样：苏联移民正在帮助以色列成为世界上第二个"硅谷"。

伴随着移民潮的到来，沙米尔政府拼命扩大定居点，并任命沙龙直接负责

① Donna Rosenthal, *The Israelis: Ordinary People in an Extraordinary Land*, Free Press, New York, 2003, pp. 149–150.

② Nora Levin, *Jews in the Soviet Union since* 1917, London, 1990, p. 246.

移民安置工作。1991 年，以色列政府在约旦河西岸和加沙地带建立了 1.35 万套住房，1992 年又建立了 5000 套。以色列政府快速改变被占领土人口布局的做法引起了阿拉伯世界的极大愤怒，联合国要求以色列拆除 1967 年以来建立的定居点，美国国务院也谴责以色列政府的扩张行为，要求立即冻结修建新定居点的计划，沙米尔政府置之不理，反而在美国国务卿贝克访问中东期间，又在被占领土上建立新的定居点，从而使美国的中东计划受挫。苏联政府也表示如果以色列当局利用苏联犹太人把更多的巴勒斯坦人赶出家园的话，苏联会考虑限制犹太人离境。毫无疑问，犹太定居点的扩大为未来的巴以和平制造了更大的障碍。

但是沙米尔政府在海湾战争中的克制态度获得了很好的外交声誉。1990 年 8 月海湾战争爆发以后，伊拉克向以色列发射了 40 枚飞毛腿导弹，其中 16 枚落到特拉维夫及其周围地区，6 枚落到海法，5 枚落到西岸，3 枚落到以色列南部沙漠，尽管最后只有一个人直接死于导弹袭击，但却有另外 15 人因心脏病、窒息或者注射防化学解毒药过敏而死亡，受伤者达 230 人。① 在空袭期间，以色列内阁多次争论，依然决定采取“低姿态”、“高警惕”的“旁观者”政策，沙米尔公开表示：海湾危机是阿拉伯国家自己的事情，除非受到直接攻击，以色列政府不会采取主动行动。沙米尔政府的克制态度得到了国际社会的普遍赞扬、同情与支持，尤其是美国为此向以色列提供了数十亿的援助。

四、马德里和会

冷战结束以后，世界局势趋于缓和，国际格局也发生了重大变化，尤其是经过海湾战争，美国在中东的实力加强，因此，美国国务卿贝克于 1991 年 3—10 月间 8 次穿梭于中东国家，竭力促成符合美国全球战略的中东和平会议。由于以色列沙米尔政府一直反对国际会议、反对联合国介入，所以美国与以色列进行了多次磋商，在很多方面满足了以色列的要求。1991 年 8 月 1 日，沙米尔政府宣布有条件地接受美国关于中东和会的建议。10 月 20 日，以色列内阁批准出席和会的决定，并组成了以沙米尔为首的代表团。

① Ahron Bregman, *A History of Israel*, p. 229.

1991年10月30日，在美国与苏联的主持之下，世界瞩目的中东和会在西班牙首都马德里举行，参加会议的除了以色列和直接与冲突有关的叙利亚、黎巴嫩、约旦—巴勒斯坦联合代表团，还有埃及、海湾合作委员会、联合国以及欧盟的代表。会议由布什主持开幕，重申会议的基础是安理会的242号和338号决议。会期3天，阿以双方各自陈述了自己的立场，阿拉伯方面坚决要求以“土地换和平”，强调和平的先决条件是以色列必须归还“每一寸土地”；而以色列则坚持“以和平换和平”。沙米尔在发言中指出：我们祈祷这次会议能开启中东历史上新的一页，祈祷她能结束敌对、暴力、恐怖与战争，并迎来对话、和解、合作、和平！接着，他用大约1/3的篇幅追述犹太民族所遭受的苦难，然后，直言表明：“以色列没有占领别人的领土，因为犹太人近4000年来一直生活在这块土地上。”以色列的立场是“以和平换和平”，他要求阿拉伯国家与以色列签订协议，承认以色列的存在并终止战争状态，这样才会有和平可言。会上各方针锋相对，互相攻击，气氛十分紧张。

马德里和会涉及了阿以冲突中的所有核心问题，包括被占领土问题、水资源问题、安全问题、难民问题、武器控制问题、环境问题以及谈判地点与程序等，虽然没有也不可能达成实质性的协议，但和会的积极意义是不可磨灭的。这确实是埃及与以色列实现和平以来，中东历史上的划时代事件，阿以对抗43年来，冲突各方第一次走到了谈判桌前，这本身就是一个历史性的胜利。用埃及外长穆萨的话来说：多年的夙敌终于聚集到一起，企图在不可逾越的鸿沟上架起桥梁，从而体现出各方对和平的期待。

马德里和会结束后，在美国的极力推动下，阿以之间又进行多次会谈，由于沙米尔政府的强硬立场，没有取得任何进展。1992年初，沙米尔政府面临着政治危机，在1月13—16日举行的第三轮谈判中，巴勒斯坦代表团向以色列提出了自治方案，而泰西亚党和莫莱德特党早就声称，一旦以色列政府与巴勒斯坦人涉及自治问题与被占领土问题，他们就提出辞职。15日和16日，两党领导人宣布退出利库德内阁，沙米尔政府在议会中失去了多数席位。促使沙米尔垮台的外界因素是美国政府的釜底抽薪，由于不满沙米尔政府对待中东和谈的态度，布什宣布拒绝向以色列提供100亿美元的贷款担保，沙米尔本来要用这笔钱来安置移民的，布什的“杀手锏”使沙米尔手足无措，工党又趁机发难，攻击利库德集团不守诺言。2月4日，议会宣布提前解散，下届大选决定于6月23日举行，以色列历史进入了新的阶段。

第六节 经济现代化

一、卓有成效的工业化

以色列工业是在委任统治时期巴勒斯坦犹太工业的基础上发展起来的。建国以后，以色列和亚洲的“四小龙”一样，经过二三十年的努力，挤进了工业化国家的行列。以色列的工业发展大体经历了两个阶段：第一阶段（从20世纪50年代初至60年代末）主要是发展传统产业，生产进口替代型的劳动密集型产品，加强基础建设。从60年代末开始，以色列调整了工业发展策略，在第二阶段(70年代初以来）主要生产技术密集型产品，以发展外向型经济为方向，使国民生产体系围绕着如何占领国际市场而运行，以对外贸易的长足发展来加速国内工业化的进程。到1990年，以色列主要工业品出口达到了94.6亿美元，占主要出口商品总额的93.6%。在1990—1994年间，以色列的工业产量增长率为32.5%，这一比率仅次于韩国（34.5%)，位居世界第二位。

世界各国的工业发展政策大致可以分为三种类型，即间接干预型（以日本、韩国最为典型)、消极补救型（以美国、德国为代表）及主动干预型（以法国及一些发展中国家最为突出)。以色列的工业政策属于主动干预型，具体来说，与国家计划密切结合，通过相应的经济立法、政策措施来推动工业发展。

建国初期，随着大批新移民的到来，安排就业、提供日用消费品成为当务之急。为此，以色列政府在大力振兴农业的同时，把工业发展也提上了议事日程。整个50年代，政府工业政策的基本目标是：“为大批新移民扩大就业机会并为国内市场提供基本日用品。”[①]1950年，政府颁布了第一个《鼓励投资法》，为内资、外资提供有利的投资条件。此后，这一法律曾多次修订。在1952年实施的第一个经济政策中，就主张发展“混合经济”，并初步提出了国家对工业企业的干预方针。1957年，以色列政府创办了工业发展银行，旨在提供长期贷款（期限一般为10年)，资助工业开发项目。在此后的20多年间，该银行所提供的工业贷

① Paul Rivlin, *The Israeli Economy*, Westview Press, 1992, p.55 .

款占以色列所有银行及财政金融机构的50%。1958年，政府通过了《鼓励资本投资法》，进一步规定了促进工业发展的各项投资政策，其主要内容是：“凡在政府指定的地区和部门进行投资，可得到财政上的优惠。属于地区投资，包括新建和扩建企业，除低息贷款外，在房地产方面政府给予10%—20%的优惠，对可替代进口的机器制造业和以出口为方向的科技产品、钻石工业等，政府给予10%的赠款投资以及其他方面的优惠。此外，在上述地区和部门的就业人员，5年内免征50%—100%的所得税。”①

60年代，随着进口替代的日用消费品工业的发展以及移民人数的减少，国内市场渐趋饱和，于是，以色列政府于1962年实施了第二个新经济政策，不仅把政府的工作重点由农业转向工业，还提出要发展大工业，把早期的进口替代战略改为出口导向战略。以色列政府还抓住了第三次科技革命所提供的机遇，利用本国的技术优势，鼓励生产附加值高的技术型产品。“60年代晚期，以色列工业政策由于一系列首席科学家办公室（The Office of Chief Scientist, 简称OCS）的建立而得以加强，其中最主要的是工业与贸易部的首席科学家办公室。”② 该机构在鼓励工业研究与开发、筹措工业资金、开发工业新企业、分担经济风险等方面发挥了非常重要的作用。

70年代，以色列的产业政策曾有过波动，特别是1977年颁布的第三个新经济政策，过高地估计了国民的承受能力，企图在短期内实现由混合经济体制向自由市场经济的转变，从而使日益恶化的经济形势如同雪上加霜，直到80年代中后期，经济才渐趋稳定。但整个七八十年代，在严重的经济危机面前，历任政府集中力量发展高科技产业的政策却始终未变，并把加强国际技术合作、力促科技成果的转化作为政策的倾斜点。为了给工业发展创造良好的国际条件，以色列政府采取了一系列措施以促进多渠道、多层次的国际技术合作。

（一）建立双边研究基金会

双边研究基金会是以色列与国外进行科技合作的一个重要领域，并取得了显著的成效。70年代中期以来，以色列除了与美国建立“美—以双边科学基金会”、“美—以双边农业研究与开发基金会”、“美—以双边工业研究与开发基金

① 转引自徐向群、余崇健：《第三圣殿——以色列的崛起》，上海远东出版社1995年版，第236—237页。

② Paul Rivlin, *The Israeli Economy,* Westview Press, 1992, p. 58 .

会”之外，还与德国合作建立了“德—以科学研究与开发基金会”（GIF）。该机构的资助范围包括生命科学、医学、化学、物理、数学、工艺学、农业、社会科学等领域的研究，资金总额约有1.5亿德国马克。在基金会刚刚成立的头3年内就资助了148项研究。成立于1999年的“英—以研究与开发基金会”(BRITECH)旨在支持两国之间的商业项目与制造工艺的研究，此项基金的捐款总额将达到1550亿美元。“加—以工业与研究开发基金会”（CIIRDF）成立于1994年，为以色列与加拿大之间的联合项目提供了56%的资金。以色列与国外合作建立的基金会，基本上是双方提供等额经费，所资助的研究成果也由双方共享。

（二）签订政府级的研究与开发合作协议

以色列十分重视同世界各国特别是同发达国家的交流与合作，先后与联合国教科文组织、欧共体、美国、德国、法国、意大利等30多个国家与组织签订了科学合作协议，有150多家外国公司在以色列的研究与开发项目中投资，其中包括一些著名的国际大公司，如英特尔公司、数字设备公司、国际商用机械公司等。20世纪七八十年代以来，以色列与德国之间的合作进展很快，截至1990年，双方总共完成了500多个合作项目，双方科技人员的互访达1000余人次，合作领域涉及生物工程、能源、水技术处理、饲料生产与加工等方面。

（三）举办国际学术研讨会

以色列积极加入了国际学术联盟委员会，同国外许多学术组织建立了直接的联系。以色列政府还鼓励本国学者去国外做博士后或其他性质的研究，支持他们组织或参与各种形式的国际学术交流活动。政府多次举办国际科技讲习班，培训科技人才。另外，以色列还专门建立了“亚非学院”，为第三世界国家培养各类人才。据以色列专家塞格雷的一项研究表明，以色列在承担国际合作项目、进行科技交流方面均堪称世界之最。

总之，以色列通过多种形式的多边和双边合作，不仅为本国的研究与开发工作提供了经费来源，而且可以借用国外的先进技术与优秀人才来弥补自身的不足，从而推动了本国的科技进步与经济发展。1967年，以色列拥有50多家投资基金会，资产接近20亿美元，有1000多家高技术产业公司得到了投资基金会的赞助。与此同时，以色列极为重视科研成果的转化，尽量缩短从研究到产品开发的过程，形成科研单位与企业之间的良性循环关系。为了鼓励采用新技术，工贸部的首席科学家办公室常常对产品的设计费用、初期制造费用及市场调查费用给予资助，并在政策、税收诸方面给予一定的照顾，鼓励有实力的企业投产新技术，开发新产品。

建国以来，不管产业政策如何调整，但以色列政府加快建立工业化体系的宗旨始终如一。政府首先扩展了巴勒斯坦犹太社团的传统产业，如皮革、食品、烟草、纸张、肥皂等，并在内格夫及加利利等偏远地区兴建了一批以加工工业和轻工业为主的开发城，以解决附近移民的消费需求。与此同时，许多基布兹与莫沙夫也分流劳动力，陆续办起了一些小型工厂。从 20 世纪 60 年代开始，以色列政府在原有工业的基础上兴建了一大批大型的企业。70 年代以后，以色列一方面以先进技术武装传统工业，另一方面大力发展光学和精密仪器、计算机硬件和软件、光学玻璃纤维、航天及航空设备以及生物和化工尖端产品，最终建立了部门齐全的现代化工业体系。

以色列的工业企业主要集中在从北部港口海法到南部港口阿什杜德之间的沿海平原地区，其中，海法湾及周围开发区，集中了大型的炼油厂、化工厂、造船厂等；特拉维夫及其周围地区已形成了一个大型的工业中心，集中了全国半数以上的企业；阿什克隆及内格夫的贝尔谢巴、迪莫纳、阿拉德和埃拉特等地成为重要的工业中心；作为被占领土的约旦河西岸也形成了一部分工业区；耶路撒冷与雷霍沃特等地集中了一部分以高科技为基础的工业园。近年来，以色列政府很注重工业的合理布局，对于新建的工业区，除了论证效益与环境因素之外，还必须考虑生产资料及劳动力的方便利用、生产与研究的就近结合、贫富地区的平衡搭配等因素。以色列的主要工业部门除了食品加工、纺织服装、化学工业外，其独具特色或优势的是钻石加工业、军事工业和高科技产业。下面简单介绍后三种产业：

（一）钻石加工业

早在中世纪，流散在奥斯曼帝国与欧洲各地的犹太工匠就以加工钻石而著称。以色列建国后，对这一传统产业给以高度重视，在外汇奇缺的情况下，仍主张进口国外优质原料，不断更新技术，使钻石业在国际市场上享有盛誉。长期以来，钻石加工业一直是重要的出口部门之一，其出口总值从 1952 年的 500 万美元，增至 1977 年的 10 亿美元、1986 年的 16.65 亿美元、1994 年的 39.21 亿美元。其中，1986 年的出口总额占全国整个出口总额的 27.7%，仅次于金属、机器和电子产品，位居第二。以色列的钻石加工业有 50% 出口到美国，25% 出口到日本。90 年代初期，由于美、日钻石市场疲软，购买力下降，再加上拥有廉价劳动力的泰国、印度等国参与竞争，以色列的钻石出口受到影响。对此，以色列利用高新技术，提高产品质量，力争市场份额。由于高技术、高资金的投入，钻石加工业再度兴旺，1996 年，出口额超过 49 亿美元，其小块抛光宝石的产品约占世界总产量的 80%。另外以色列还承担了 40% 的各种规模和形状的钻石抛光工作，无论就生产还是销售而言，以色列仍是名副其实的“钻石王国”。但从整体来看，钻石业在工业部门中的比重有所下降，由 1970 年的 38.3% 下降到 1993 年的 26.4%。

（二）军事工业

以色列的军火工业是 20 世纪 60 年代末以后发展起来的。“六·五”战争结束后，因迫于世界舆论与阿拉伯国家的压力，西方一些国家对以色列实行武器禁运，特别是法国的禁运，对以色列打击很大。在此情况下，以色列开始把部分民用企业转为军火生产。一方面对进口的或在战争中缴获的武器进行改良，如把法国的“幻影”战斗机改组成“幼狮”战斗机，把英国的“百人队长”式坦克改组成“战车”式坦克，把苏联的“卡拉什尼克夫”式冲锋枪改组成“加利利”式自动步枪等，从而节省了大批的研究经费；另一方面自行设计制造了 1000 多个武器品种，包括陆军武器、各式战斗机、各种口径的火炮及所需弹药、常规炸弹与舰对舰导弹、巨型舰只、试验卫星、各种通讯系统与电子设备等，“经过 20 年的努力，以色列建成较完整的军工生产体系，除少数几个大国外，几乎没有一个国家在武器系统国产化的种类和数量方面能超过以色列。”[①] 关于以色列到底有多少军工厂，没有准确的统计。据估计，70 年代末，在军工部门就业的劳动力约有 30 万，占劳动力总数的 1/4 左右。以色列的军工产品在保证国内需求之后，还远销南美（阿根廷、智利、哥伦比亚、秘鲁）、中美（危地马拉、洪都拉斯、尼加拉瓜、萨尔瓦多、墨西哥）、南非、东亚（新加坡、中国台湾、泰国）以及北大西洋公约组织国家（包括美国）等 70 多个国家和地区，是西方国家中的第五大军火出口国（仅次于美国、英国、法国、德国），出口额约占工业品总额的 17% 左右。

---

① 达洲等：《中国人看以色列》，新华出版社 1990 年版，第 247 页。

（三）高科技产业

以色列拥有1000多家与世界接轨并在诸多尖端技术方面处于国际领先地位的高科技企业，高科技产品出口不仅是以色列经济的支柱，而且也成为以色列外交的重要砝码，因而，有“高科技大国”之称。以色列的高科技产业酝酿于20世纪60年代，兴起于70年代，发展于80年代，以其尖端化、多样化、高效化的特点带动了经济的迅猛发展。

1．电子工业

近20多年来，以色列的电子工业脱颖而出，成为公认的龙头企业。从1980年到1994年间，以色列工业出口增长额的大约29.3%来自电子工业。微电子业是以色列电子工业中首屈一指的出口型产业，国际电子行业巨头英特尔、摩托罗拉、索尼、松下、诺基亚等也都购买以色列的电子元件。在电子通讯、电光学、航空电子、电信开发、国际互联网络应用、电脑印刷等领域，以色列都拥有无可比拟的国际一流企业。如生产微型集成块与平面板的自动测试设备的奥博技术公司拥有80%的世界市场；国际电脑印刷系统的开发者西泰克斯公司实际上控制了50%以上的国际市场；在数据网络领域，以色列占有大约30%的国际市场。

2．计算机及软件开发

在以色列北部城市海法郊外有一个被称作“中东硅谷”的地区，已成为国际计算机行业的投资热点。微软公司率先在这里建立了美国以外地区的首家开发基地，英特尔公司、摩托罗拉公司等也建立了自己的研制中心。以色列科学家研制出了一系列高科技产品，如世界上最早的五接头视频数字构件、第一个浮点单芯片矢量信号处理器、Windows系统、多能奔腾处理器、个人计算机上的数字处理器等。美国《芝加哥论坛报》评论说：数以百万的美国人如果获悉他们所使用的计算机和软件是在以色列设计和改进的，可能会感到惊讶。德国、日本、俄罗斯等国的报纸也曾评价说：以色列力图在自己的国土上出现世界上第二个硅谷，这一目标的实现已越来越近了，而计算机及其辅助设备与软件的开发无疑是未来硅谷的支柱产业。此外，以色列还跻身于互联网络的超级大国之列，成为网络安全、环球网视像传输以及互联网络电话方面的先行者。

3．环境技术与替代能源

以色列的环境技术是在逆境中发展起来的。以色列人深深懂得，他们的国家只有改变恶劣的自然环境，才能求得生存。数十年来，以色列在利用水源、环境监测、废品回收及开发替代能源诸多方面创造了世界上最先进、最有效的方法。如他们广泛采用太阳能、热能和风能等，以补偿常规能源的缺乏。以色列国内所耗能源的3%来自太阳能，成为世界上人均拥有太阳能热水器最多的国家。每年以色列还向世界各国出口数十万台太阳能热水器。以色列的太阳能发电机也是国际市场上的走俏商品。以色列在利用风能、热能方面也拥有先进技术。

4. 医疗技术

以色列国还以“医生大国”而著称，医生人数占国内总人口的1.1%，人均拥有医生的比例位居世界第一位。以色列的医疗工业以医疗研究设施和生物工程技术为基础，近年来在国际市场上占据了越来越多的份额。如以色列的爱贝特公司在核医疗成像、电脑X线分层照相、核磁共振及乳房X照相等技术上居于世界前列。该公司最近开发的多层电脑控制X线分层照相技术，标志着扫描诊断的新时代。

5. 生物工程技术

生物工程技术是以色列新兴的一个技术部门，50%的公司建立于近20年，但却创造了年增长率达10%的高纪录。1994年初，以色列生物工程产品的总销售额达2.654亿美元，出口产品占总数的70%。在生物工程领域以色列处于领先地位的项目有：电极和生物感应器上用的酶膜、强化抗体生物催化剂、微生物基因结构、医学诊断、生化化妆品、含抗氧剂的海藻类产品、柑橘皮糖苷——低热量代用糖、海洋生物工艺学、蛋白质结构和功用预测模型、净化技术、生物感测器等。研究人员把降低成本、提高效益作为自始至终的奋斗目标。以诊断领域为例，该国产品推向市场的平均时间为3—3.5年，相比之下，欧洲和美国平均为5—7年，新加坡为5—9年。以色列每一项生物工程产品上市的费用为90万—120万美元，而新加坡和韩国为600万—830万美元，欧洲、美国、日本为1300万—3700万美元。

6. 航天技术

航天事业是以色列高科技成就的又一反映。出于军事上和经济上的考虑，以色列政府在该领域进行了最昂贵的投资，制订了长远的规划。1968年，以色列成功地把实验卫星“地平线1号”送入轨道，成为世界上少数几个能自行制造和发射卫星的国家。1990—1995年，以色列又相继发射了“地平线2号”和“地平线3号”，并在“地平线3号”上安装了望远镜，为太空间谍活动创造了条件。以色列人还掌握了世界上最先进的生产无人驾驶飞机的技术，其产品深受美国、土耳其等国的青睐。总之，高科技产业已成为90年代以色列经济的主流和方向。用以色列工业与贸易部的首席科学家奥尔娜·贝里博士的话来说：“以色列所享有的高速度经济增长，主要得益于高科技。”

在实现工业化的过程中，以色列的第三产业也获得了长足的发展，就交通运输业而言，以色列的交通运输部门雇用了国内6%的劳动力，其产值占国民生产总值的9%左右，占货物和劳务出口额的10%。公路是以色列国内最主要的交通手段。建国以来，政府在公路建设方面给以大量的投资，1961年全国公路总长6572公里，1989年增至13074公里，1993年又增加为13872公里。全国的几大经济文化中心特拉维夫、海法及耶路撒冷之间都建起了高速公路网。随着公路的发展，汽车的数量猛增，其中私人轿车由1951年的1万辆增为1989年的77.8万辆、1993年的97.9万辆。以色列的海运与空运也比较发达，全国有三大深水港，即海法港、埃拉特港、阿什杜德港。1993年全国港口的装货总量为8443万吨，卸货总量为2096.5万吨，旅客吞吐量为37.9万人次。以色列还拥有一支闻名于世的、最现代化的商船队，从50年代初期以来，商船队的总吨位数已经增加了10倍多。建立于1949年的以色列航空公司已与世界上近50个城市建立了航线，并于1992年开辟了到北京的航线。1993年，该公司的飞机飞行时间达7.53万小时，在世界航空公司中排名第20位。就货运客流量而言，20世纪90年代比50年代初增加100倍以上。

此外，以色列是世界上电信技术最发达的国家之一，当今只有少数发达国家的普通电讯网络达到了100%的数字化程度，以色列便是其中之一。以色列普通电话的普及率早已达到了100%。以色列人自行开发的数据通讯基础设施如传真发送、电子邮件、互联网应用以及高级数据库遍布全国各地，不仅为经济的迅速增长打下了良好的基础，而且先进的电讯设备与整套系统出口，直接为国家赚取了外汇。

二、独具特色的高效农业

1948年以来，以色列人在耕地狭窄、土壤盐化、水源匮乏的情况下，凭借着难能可贵的开拓意识与勤劳务实的创业精神，建立了精耕细作的集约化农业，成功地实现了由传统农业向现代化农业的转变。如今，仅占总人口约3%的农民不仅养活了全国699万人口，而且农产品还大量出口。以色列的农业现代化成就被誉为“沙漠奇迹”，联合国粮农组织及其他国际农业机构曾给予很高的评价，并向许多国家推荐以色列的先进经验。近年来，包括中国在内的一些发展中国家的农业部门已把同以色列的合作提上了议事日程。

（一）以色列农业的发展特点

在以色列，农业比其他经济部门更成为理想主义者关注的焦点，因为长期的离散生涯使犹太人深刻地感悟到土地不仅仅代表着地域与疆界，而且象征着人格、尊严与神圣。建国之后，在百业待举的情况下，以色列政府制定了一条优先发展农业，以农业为基础，促进国民经济全面发展的路线。从1948—1965年间，随着移民的大批迁入，全国人口很快增加了两倍以上。为了向移民安排住所、提供就业，政府确立了内向型、粗放型的农业发展政策。所谓内向型即把经济发展建立在国内需求快速增长的基础之上，以满足国内消耗为主要目标；粗放型是指大量投入土地、水源和劳动力等生产要素以促进农业的发展。在这一方针的指导下，以色列采取多种方式把新移民组织起来，开垦荒地，改造沼泽，使耕地面积由1948年的160万杜纳姆[①]增加到1952年的335万杜纳姆，1953年又增加至350万杜纳姆，比建国初扩大了一倍，粮食产量也翻了一番。[②]为了保证农业的持续发展，政府严格控制水资源，并加紧进行南部沙漠地区的农业开发。由于人力、物力、财力的大量投入与生产条件的改善，20世纪五六十年代以色列农业发展很快。然而，60年代中期以后，原有的农业结构面临着严重的困难，这是因为经过十多年的大规模开发，具有经济、国防及社会意义的土地已开发殆尽，能短期见效的水资源已被利用。同时，随着移民人口的猛减，农业劳动力急剧下降，国内市场对许多大田作物的需求已趋于饱和。面对这种状况，以色列政府总结了以往的经验教训，立即调整农业政策，改变作物结构，把集约化农业作为发展方向。

政府根据土地与水源的状况，首先调整农业种植结构，大幅度地削减粮食与棉花的种植面积，集中力量推广经济收入高的水果、蔬菜、花卉等作物，发展高效农业。至80年代初，谷物播种面积由1969—1970年的13.8万公顷减少

① 杜纳姆（Dunam）为以色列的土地单位，1杜纳姆大约等于1.4亩。

② 参见 State of Israel, Prime Minister's office, *Economic Planning Authority, Israel Economic Development : Past Progress and Plan For the Future,* Jerusalem, 1968, p. 312.

到 10 万公顷，产量由 20 万吨下降为 14 万吨。而同一时期，水果、蔬菜产量则由 221 万吨增加到 304 万吨。以后，粮棉种植面积进一步下降，1984—1993 年，皮棉产量由 8.8 万吨下降到 2.6 万吨，减少了 70.5%。由于大力发展了集约化农业，七八十年代以来，以色列在生产用地基本保持原状、农业用水没有增加、劳动力绝对减少的情况下，实现了农业产值的大幅度增长。1992 年，占全国耕地总面积 50.3% 的大田作物的产值占农业生产总值的 15.8%，而仅占耕地总面积 49.7% 的园艺作物的产值却占农业总产值的 84.2%，成为农业发展的主导产业。

在改革生产结构的同时，政府大力提倡科技兴农，鼓励技术革新。国家投入大量资金，把各种科研力量组织起来，有目的、有计划、有策略地集体攻关，帮助农民解决生产中的疑难问题，利用新技术，创造高效率。到 70 年代末，以色列农业已改变了传统的产业模式，跻身于现代化农业的行列之中。时至今日，以色列的农业就其增值能力、发达程度、机械化水平以及高科技应用的广泛性而言，均处于世界领先地位。综观以色列农业经济的发展历程与现状，可以总结出以下几个特点。

首先，增长速度快。以色列人在贫瘠的土地上，创造出惊人的发展速度，农业年平均增长率一直保持在 6% 左右。以农业总产出为例，1961 年，农业总产出比 50 年代初增长了 1.75 倍；1970 年，比 60 年代初期增长了 80.3%；1980 年，比 1970 年又增长了 66.36%。90 年代以来，以色列农业仍处于稳定增长期，截至 1994 年，农业总产值比建国初期增长了 12 倍，农业出口超过 10 亿美元，食物自给率由 1955 年的 63.1% 提高到 97%。①

就农作物的单产量而言，以色列的谷类作物不算高，位居世界中等水平，但棉花、蔬菜、瓜类的单产量却名列世界前茅，尤其是棉花的单产量曾长期居于世界第一位。以色列的阿卡拉棉（Acala）每公顷能产皮棉 5.5 吨，其中含纯棉 1.8 吨；披马棉（Pima）每公顷产皮棉 5 吨，其中含纯棉 1.6 吨。而且棉花种植已完全实现机械化，每个工作人员每年可生产价值 10 万美元的棉花。农作物单产量的提高，使以色列的产品在国际市场上享有很强的竞争力。

以色列畜牧业的发展速度也十分惊人，其中奶牛养殖业产值占农业产值的 16.5% 以上。以色列的牛奶无论质与量均居世界首位，1950 年，每头奶牛的

① 以色列农业事务处：《以色列农业》，北京，1997 年，第 5 页。

平均产量为每年 3900 升，到 1966 年增至近 10000 升。以色列还是世界上人均家禽消费量最多的国家，平均每人每年消费肉鸡 48 公斤，火鸡 24 公斤，鸡蛋 387 只。

其次，生产效率高。作为发达的现代农业，以色列农业保持了很高的机械化程度。以拖拉机为例，1954 年，全国仅有 1650 台，1960 年为 7900 台，1970 年为 16800 台，1982 年则增至 27500 台，平均每 3 个劳动力拥有一台拖拉机。① 以色列科学家还研制、生产出适合于本国国情的多功能收割机、移动式包装设备、多用途运载器、农产品分级设备、自动饮水器、自动拾蛋机、气候自控器等，从而大大提高了劳动生产率。按人均合理消费量计算，以色列每个农业劳动力生产的奶类产品可供 100 人消费，生产的蛋类产品可供 70 人消费，生产的水果可供 50 人消费，生产的 VPM 作物（即蔬菜、薯类和瓜类）可供 30 人消费。根据以色列农业部的综合分析，在 20 世纪 50 年代初期，以色列每个农业从业人员平均养活 17 个人，1994 年每个农业从业人员能养活 90 人。② 值得注意的是，在以色列农业生产率迅速提高的同时，农业就业人口在全国劳动力总结构中的比例却持续下降。1955 年，以色列农业劳动力为 10.22 万，而到 80 年代中期降为 8.5 万，比 1955 年减少了 16%。此后，劳动力人数基本保持在这个水平上，90 年代初又再次降低。1985 年农业就业人数占总就业人数的 6.63%，到 1993 年下降至 3.81%。以色列的高效农业已引起了欧、亚、非的普遍关注，成为以色列进行国际合作的重要领域。

再次，种植结构合理。几十年来，以色列人大胆革新，艰难创业，从无到有地发展了一系列种植业，棉花、花生、甜菜、花卉、鳄梨等一系列前所未有的作物开始在以色列土地上生产，最终建立起多元性的农业种植结构。

以色列的农业生产从总体上可分为种植业和畜牧业两大类，其中种植业最为重要。1990 年，以色列种植业的产值为 4054.5 百万新谢克尔，在农业总产出中占 61.27%，此后，虽有下降趋势，1992 年产值仍有 4369.2 百万新谢克尔，占农业总产出的 57.08%。在以色列的种植业中，大田作物和水果占比重最大，其中大田作物占农作物种植总面积的 70% 以上，果园面积占 20% 以上。此外，花卉种植虽然仅占总面积的不足 1%，却是出口创汇的主要部门。

---

① Michael Wolffsohn, *Israel: Polity, Society, Economy 1882–1986*, Humanities Press International, 1987, p. 238.

② 以色列出口协会、以色列农业与乡村发展部：《以色列农业——成功源于技术与革新》，北京，1996 年，第 5 页。

如今的以色列是一个农作物品种极其丰富的国家，大田作物中除了小麦、大麦、高粱、玉米、花生、豆类、棉花之外，还种植牧草、青饲料、向日葵等品种；蔬菜作物除了西红柿、黄瓜、茄子、芹菜等常见品种外，还有莴笋、洋蓟、菜豆等；水果业早已形成了完备的现代水果生产体系，包括柑橘、葡萄、苹果、香蕉、橄榄、梨、李子、杏等各类产品，另外，还有多种薯类与瓜类作物，从而展示了以色列农业的多样化发展趋向。

最后，高科技农业发达。如上所述，以色列一直被誉为“世界新技术的中心”，而把高科技普遍用于农业生产，发展技术密集型的高科技农业已成为以色列经济的一大特征。以色列农业在以下领域获得了突破性进展：

1. 节水灌溉技术。从60年代起，以色列政府就把研究节水灌溉技术作为国家科研的重点攻关项目之一，把沙漠农业作为发展方向。农业科学家在传统的灌溉、沟灌、畦灌的基础上，发明了喷灌技术。这种技术能很好地控制用水量，使水分均匀分布，因使用了密封管道，也减少了蒸发和渗漏。70年代以后，“以色列在灌溉及水资源管理领域中的革新已被应用于许多国家，以色列的农业专家被公认为该领域中的佼佼者”。[①] 到了80年代，以色列又普遍推行更先进的滴灌技术，这是一项能及时把握农田所需水量、温度、蒸发量、施肥量等信息的程控灌溉技术，其操作方法是直接把水注入植物根部，紧贴着植物根部摆放的带有小洞的细小塑料管起着传导工具的作用。截至1987年，以色列的滴灌总面积已达可灌面积的85%。由于滴灌对地形、土壤、环境的适应性强，不易受气候条件的制约，而且可以节约化肥、农药，尤其是水源（节水量可高达50%），因此，被称为“灌溉农业的一大奇迹”。除了先进的技术之外，以色列的灌溉设备也因性能优良、技术过硬而出口全世界五六十个国家。近年来，随着中以经贸关系的发展，以色列在运用水源方面的成功经验已引起了中国人的关注，成为两国经济合作前景广阔的一个领域。

2. 农业生物技术。农业生物技术是现代农业的发展方向之一。近十年来，以色列农业科研部门从植物生物技术、环境生物技术、禽畜生物技术、细胞组织工程及其基因单元等角度，开发了高科技农业，“所有这些生物技术领域的研究，都是为了加强食品生产，提高农产品质量，就是为了让基因科技在农产品质量和产量上作出更大的贡献。农业生物技术开辟了一个新的天地，它克服了传统繁育

① Rodney Wilson, *The Economies of the Middle East,* The Macmillan Press, 1979, p. 56.

及种植方式的限制，提供了一个崭新的方法”。[①] 据统计，以色列科学家已研制出2200多种医用和农用药品，其中有数十种被世界卫生组织推荐为首选药物。以色列的高效化肥、低素农药及无毒剂已广泛运用于农业。1995年，以色列的化肥出口价值达5.59亿美元，农药与生长剂价值为1.85亿美元，其中用于制造优质化肥的死海钾矿沉积物占极大的比重。以色列在人造土壤的研制与利用方面也走在世界前列，科学家发明了一种“土壤”，当加热到摄氏1000度时，会产生一种命名为“蛭石”的物质，这种物质具有良好的通气作用，又能保证合适的性能，若与天然土壤混合使用，很适合农作物的生长。依靠这种人工土壤种植番茄、黄瓜等蔬菜品种，可以使产量增加30%以上。此外，以色列科学家在无土栽培技术的研究方面也取得了很大的成就，并已开发出用于无土栽培的自控灌溉系统。

3．培育良种技术。以色列科学家运用生物工程及遗传工程开发、研制新品种，这些品种具有免疫力强、产量高、质量好、储存期长等优点。早在1956年，以色列政府就颁布了《种子法》，明确规定种子必须每年检验一次，否则不得使用。随着经济的发展与科技的进步，以色列更注重以培育良种来提高劳动生产率。科学家们广泛运用杂交技术，培育高附加值的新品种，如适宜于干燥环境生长的杂交洋葱、樱桃、柿子、加利福尼亚甜瓜、黑西瓜、温室西红柿、蜜生西葫芦以及自然彩色棉花等。科技人员还把具有天然免疫力的野小麦、野大麦等野生谷物与人工培植的谷物进行杂交，培养出一种对各类寄生虫病有天然抵抗力的高产作物，并成立了世界上第一个专门储存野生谷物种子的植物资源库，拥有8万种不同遗传型种子。按照常规，新品种的生命周期一般为3—5年，由于以色列采用了高科技手段，使产品开发的周期缩短了大约20%。以色列的作物新品种在欧洲、美国、澳大利亚等地极受欢迎，如在欧洲有40%的温室西红柿采用的是以色列品种，在有的国家这一比率甚至高达98%，以色列每年靠种子出口可为国家获得3000万美元以上的外汇。

4．计算机运用技术。用自行设计、制造的计算机对农业生产的各个环节进行自动化管理是以色列农业的又一特色。在灌溉操作方面，以色列所有的灌溉方式都可以采用计算机控制。计算机化操作可完成实时控制，也可执行一系列的操作程序，完成监视工作，而且能一天里长时间地工作，精密、可靠、节省人

① 以色列出口协会、以色列农业与乡村发展部：《以色列农业——成功源于技术与革新》，第37页。

力。在花卉种植方面，以色列科学家设计出两套计算机系统：一套是信息库，提供诸如种植、处理、病生防治、施肥、加工等方面的信息；另一套是个人计算机系统，为种植者提供经济性检测报告。在温室种植方面，科学家们设计了一系列软件，对温室的供水、施肥、气候及作物生长状况进行自动化控制。在畜牧业领域，也实现全方位的自动化管理，如利用计算机为生畜提供混合饲料，为家禽提供可控温度和湿度，为鱼类测量环境因素等，以色列在农业领域中对计算机的运用技术已经享誉世界。

（二）以色列实现农业现代化的举措

西方国家的农业现代化大体上始于18世纪末19世纪初，完成于20世纪六七十年代。以色列建国之后，仅仅用了30年左右的时间，走完了西方国家一个多世纪所走过的路程，与发达国家同期实现了农业现代化，从而“使以色列农业成为世界上最有创见性、最高效的农业体系之一，而这一成就的取得是多种因素组合的结晶”。[①] 农业现代化，就其自身的内涵而言，它既是一个由落后的生产方式向先进的生产方式转化的过程，同时，也是一种系统化的发展战略，即把传统农业改造为现代化农业的各种策略手段的总和。从这个意义上说，探讨以色列实现农业现代化的具体措施是一个十分有意义的课题。

1．政府的高度重视与大力扶持

建国伊始，为了稳定局面，政府把工作重点放在发展农业上面。1950年，农业部长列维·艾希科尔在第一个农业发展计划中，就高度强调了农业的突出地位与战略意义。在1953年的国家农业七年规划中，进一步提出了“大力兴农，实现自给自足”的口号。以色列历届政府也都从政策、财政、信贷等方面给农业以倾斜与优惠政策。以财政投资为例，1949—1957年间，有3.7344亿谢克尔的发展基金被投资在农业上，占全部发展基金的26%。国家投资的发展基金一般通过两种渠道发放：一是直接向农业生产经营者贷款；二是贷款或拨款给公共机构，如全国供水公司、犹太民族基金会等。为了管理农业投资，政府于1951年创办了农业银行，其职责除了管理发展预算外，对未列入国家预算之内的农业项目给予资助。整个60年代，政府财政也一直是农业投资的最主要的来源。如1961—1964年，政府的平均投资占农业总投资的84%，到1968年，这一比例增加到94%。在

① Nadav Safran, *Israel : The Embattled Ally,* Harvard, 1978, p. 116.

政府的农业投资中，基础设施建设一直居于第一位。在基础设施建设中，水资源的开发长期居于投资的焦点，其投资额占总投资的比例很高，1960—1964 年为 70%，1965—1969 年为 25%，1970—1974 年为 12%，1975—1979 年为 12%，1980—1984 年为 14%，1985—1989 年为 10%。①

以色列农业部不仅宏观制定农业政策与条规，而且在各级审计部门的配合下推行“配额生产计划”，即在全国范围内对主要农作物规定一定的生产份额，也就是说，对每年种植什么、种植多少，政府都要进行统筹规划。这一引导与干预性行为，一方面有益于避免农产品积压，稳定市场价格，稳定农民的收入；另一方面，从国民经济的全局观念出发，以实现生产结构的整体调整。这些措施包括对种植果园颁发许可证、对耗水多的作物如棉花、柑橘实行生产限制、对附加值高的出口产品如花卉等大力增加份额等。在推行“配额计划生产”的过程中，为了保护农民的利益，使他们不至于因为政府行为而承担过多的经济损失，政府根据最低保护价格，对农产品实行补贴政策，补贴经费来自政府预算。1984 年，政府对农业的补贴为 6.65 亿美元，其中 1.038 亿美元用于奖励生产与保障收入（9780 万美元用于补贴出口），牛奶、家禽及蛋类的生产都得到了高额的补贴。为了保护正常的市场运行秩序，以色列政府运用行政手段规范产品市场、协调产品流通、提供市场营销动向、进行各种技术指导与质量、等级监督等，从而有利于农业生产的合理运行。

2．充分发挥合作经济的优越性

西方国家在实现农业现代化的过程中，都很重视农业合作社的发展，因为合作社在促进产业发展、推动先进技术的运用以及改变农村落后面貌等方面起着十分有益的作用。在以色列的国民经济中合作经济占有十分重要的地位。以 1992 年为例，农业合作组织提供了全国粮食与棉花种植面积的 76.2%、瓜果种植面积的 69.6%、鲜花种植面积的 100% 和水果种植面积的 56%。②

以色列的农业生产组织主要有三种类型：基布兹、莫沙夫及莫沙瓦。在这三种形式中，基布兹和莫沙夫都属于集体化的合作组织形式，莫沙瓦属于个体经济。1948 年建国时，全国有 150 个基布兹和 110 个莫沙夫，每个基布兹约有 100 家左右的农户，每个莫沙夫大约有 60 户。到 1992 年，以色列共有 269 个基布兹和 410 个莫沙夫。1993 年，这两类合作组织的人数分别为 17.3 万和 12.6 万，占全国乡村总

---

① Charles A Cooper, Sidney S. Alexander, *Economic Development and Population Growth in the Middle East*, New York, 1972, p.145.

② 以色列中央统计局：《以色列统计摘要：1994 年》。

人口（56.6万）的53%。① 可见，合作经济已成为以色列乡村经济的核心。由于合作经济的体制便于对生产和投资进行统一计划，促进劳动力的专业化分工与合作，保障产品的供给和销售，有利于集中人力和物力进行研究开发，劳动生产率较高。

在以色列，农业合作组织还率先实现了产业结构的更新，即通过发展第二、第三产业，建立农工商贸联合体，推动整个农村经济的全面发展。20世纪六七十年代以来，随着经济的发展，大多数基布兹和莫沙夫都改变了农业为唯一产业的局面，建立了自己的工业企业。以基布兹为例，截至20世纪80年代中期，基布兹工业企业已达400余家，尤其在塑料、金属、木器、食品工业等领域占有较大的市场份额。1985年，基布兹企业占全国塑料与橡胶行业总产值的42.2%和出口额的62.6%，占木器行业产值的14.7%和出口额的30.9%，占金属和机械行业产值的10.4%和出口额的9.5%，占食品工业产值的5.1%和出口额的22.4%，以及化学制品及燃料业产值的2.3%。② 同时，基布兹企业还广泛投身于工业研究与开发，并在计算机、电信产品及太阳能设备等方面推出自己的高技术产品。据统计，80年代末至90年代初，从事农业生产的基布兹成员已由80年代初的1/2降至1/4，其余成员转入工业、商业、旅游业及服务业领域，其分布比例大概如下：

基布兹成员分工状况

行　业	所占比重（%）
农业和渔业	26.7
工业和采矿业	23.5
旅游商业和金融业	8.6
运输和通讯	6.3
建筑和公用事业	1.1
公共和社会服务	16.7
个人服务	17.0

资料来源：引自徐向群、余崇健主编：《第三圣殿——以色列的崛起》，第118页。

从上表可以看出，基布兹的产业结构已发生了深刻的变化，第二、第三产业

① *The Middle East and North Africa (Israel)*, London, 1994.

② Yair Aharoni, *The Israeli Economy: Dreams and Realities*, Routledge, 1991, p. 108.

的比重明显增大。到 1992 年，农业就业人数的比例下降为 23%，工业和服装业分别占 31.1% 和 45.1%。

在以色列，除了基布兹、莫沙夫这样的地域性农业合作组织之外，还存在着农业劳动者联合组织、农产品销售合作组织等专业合作机构，它们和基布兹、莫沙夫一样，在传统农业向现代化农业的转变过程中起到了示范与表率的作用。

3．大力推动农业技术进步

以色列农业的发展与研究和开发事业密不可分。从 20 世纪初开始，犹太移民就从事农业研究工作。建国之后，政府机构、学术团体、高等院校及农业合作组织同心同力，为农业科研事业付出了大量的努力。如今，以色列已建立起一整套完备的科研体系。以色列农业研究与开发的政府级机构是农业部下属的凡卡尼中心（Volcani Centre），又称农业研究组织，简称 ARO。ARO 下设 7 个专业研究所，即园艺研究所、田间作物研究所、家畜研究所、土壤与水利研究所、植物保护研究所、贮存和收割后技术研究所、农业工程研究所，承担了 70%—75% 的研究任务。20 世纪 70 年代末以来，ARO 还与犹太代办处移民安置部合作在约旦河下游、内格夫地区、以色列北部、加利利湖地区、阿格拉地区等地创办了 7 个研究与开发组织，这些组织是 ARO 的分支机构，其研究人员多由 ARO 直接派出。以色列全国各地还建立了一些规模不同的地方农业科研单位，这些单位根据地方需要，多进行一些单项研究，直接服务于当地的生产。此外，以色列的一些高等院校及学术研究机构也投身于农业研究，如希伯来大学农学系、魏茨曼科学院、以色列工程技术学院的农业工程研究所以及位于内格夫地区的本－古里安大学应用研究所等。对农业研究事业的重视，直接推动了经济的发展。以色列学者哈伊姆·格瓦蒂就此评论说："农业研究对农业发展的贡献，评价怎么高也不算过分。它负责引进大田作物、蔬菜和果树新品种，建立了更有效的施肥程序，改进了牲畜饲养方法，成为农业中各个部门进行革新与改良的主要推动者。"①

为了把研究成果迅速地由潜在生产力转化为现实生产力，以色列把技术推广视作研究的自然延伸，采用多种措施改良传统农业中技术扩展缓慢的现象。以色列农业部专门成立了农业技术推广服务局，代表政府承担农技推广的职能。农技推广局负责收集、核算、分析各种来源的农业研究成果，经过反复论证之后，把

① 哈伊姆·格瓦蒂：《以色列移民与开发百年史（1880—1980 年）》，何大明译，中国社会科学出版社 1996 年版，第 358 页。

确定下来的成果下达到各地设立的推广办公室，再由推广办公室直接传递给农民。农技推广服务局机构设在农业部，但有2/3的职员在地方工作，这些技术人员拥有学士以上学位，经过专门训练，与农民保持着密切的联系。以色列的农民确实是科学种田，每遇到技术难题，只需一个求援电话，推广办公室的工作人员就会登门服务，技术人员不仅要推广技术，还要保障推广之后的跟踪服务，及时把推广效果及存在问题汇报给办公室或农技推广服务局。在以色列，农业技术推广是由政府承担的一项主要的公共服务，有近万名技术人员从事这一工作。推广机构为农民提供的技术服务是在农民自愿的基础上，而且是免费性质的服务，90%的推广费来自国家财政拨款，10%是由农业生产者组织提供的资助。总之，健全的农技推广服务体系为农业科学成果转化为生产力作出了特殊的贡献。

4. 健全的农业社会化服务体系

农业社会化服务体系是指围绕着直接生产过程而形成的一种现代农业分工体系，这种体系不仅是推动农业现代化的有效途径，而且也是衡量农业现代化的一个尺度。在以色列，存在着多种形式的农业社会化服务组织，向广大农民提供生产资料供应服务（包括提供种子、肥料、农药、机械设备、农机维修及农业信贷等方面的服务）、直接生产服务（包括农作物田间管理、病虫害防治、畜牧业及家禽的卫生防疫活动及农产品的收获服务等）和农产品运销加工服务（包括产品的收购、包装、运输、仓储、加工、出口及质量检测等服务）。作为生产者，无论在哪一个环节遇到困难，都可以得到一系列配套服务。下面仅以农产品销售为例，对以色列的农业社会化服务作一介绍。

早在20世纪20年代，巴勒斯坦犹太人就成立了农产品合作销售组织——努瓦，建国以后该组织仍然是对农产品进行加工与销售的主要机构。除努瓦之外，以色列主要的农产品都成立有生产与销售董事会，董事会所遵循的原则是：“把所有的当事人都包容进去，他们是种植者、政府各部的代表（农业部、工商部、财政部）、销售商，有时还有消费者代表。这些董事会的作用，是在联合规划中心的框架内参与规划过程，帮助生产者执行这些计划，保证农产品连续不断地产出，给某些农产品开辟出口和工业加工渠道。董事会还通过与政府合作，用创建各种基金以保证农产品的最低价、刺激出口及工业加工等办法，来保证农民的利润。”① 这些董事会大体上分为两种类型：一种是可直接承担销售的董事会，即

① 哈伊姆·格瓦蒂：《以色列移民与开发百年史（1880—1980年）》，第358页。

董事会可自行雇佣承包商与代理人，在国内外销售全部产品，如柑橘董事会、棉花董事会、花卉与装饰植物董事会、花生董事会等都属于这一类型。另一种董事会只能指导和调节销售，实际的销售过程由商业机构来承担，蔬菜、水果、牛奶、蛋禽、牛羊肉、葡萄、烟草、橄榄等董事会都属于这一类型。董事会的存在有力地促进了政府、生产者和销售商之间的合作。以色列的农业社会化服务体系为农业生产者解除了后顾之忧，促进了农业市场体系的发育和完善。

5. 以外向型出口农业为发展方向

建国后的第一个10年，以色列农业领域的主要出口产品是柑橘。1951年，以色列农业出口公司创办之后，积极开拓出口领域，引导农民与国际市场接轨，从而推动了出口业的发展。1958年，农业出口产值达5700万美元。60年代以后，作为实现集约型农业的一大措施，政府大力鼓动出口，不仅向出口部门提供财政拨款与优惠政策（把世界银行贷款的大部分投入出口业），而且对那些第一次打入国际市场的新品种给予特别奖励，以保证产品在其出口的最初阶段就能获得利润。1968年以色列农业部长哈伊姆·格瓦蒂在对议会的预算报告中，充分阐发了以色列发展出口创汇农业的必要性，他指出："今日的主要限制因素是市场。由于我们已经能够充分地实现国内食物自给，现在，我们必须竭尽全力去发展适于出口的作物的生产。这涉及高度精耕细作集约型的农业部门，每一个农业单位都需要大笔资金和劳力的投资。但精耕细作型的农业将帮助我们克服农业发展中的其他限制因素，即用水限制。只要能从每单位土地中获取较高现金价值的产出，我们就开辟了新的出路，让农业及其相关服务业为更多的人口提供就业。由此得出结论，我们必须发展旨在出口的、精耕细作型的新型部门，这是我们农业政策的基石。我们农业部将把自身的大部分努力集中于此。近年来，农业已发生了重大变化。我们现在正处于一个新的时代的开端。几年之内，以色列农业的模式将会发生巨变。任何人沿着道路旅行时，都可以从道路两侧看到这一时代的开始——集约型农业的时代、塑料大棚作物的时代。"①

此后10年，以色列农业出口获得了长足的发展。时鲜品（蔬菜、水果、禽制品、花卉等）出口从1968年的1.13亿美元上升到1977年的3.72亿美元，加工农产品出口由1966年的0.36亿美元，增至1977年的1.277亿美元。70年

① 哈伊姆·格瓦蒂:《以色列移民与开发百年史（1880—1980年）》，第424—425页。

代以来，花卉业成为出口产业的后起之秀，出口值连年大幅度增长，由1970—1971年的7.3百万美元，增加到1975—1976年的25百万美元、1977—1978年的75.1百万美元、1979—1980年的84.3百万美元以及1994—1995年的175百万美元。90年代以来，以色列农产品出口已经超过农业总产值的30%，出口品种也非常丰富，尤其是农用物资（包括灌溉设备、塑料制品、家畜饲养及附属设备、机械设备、化肥、种子、农药及除草剂等）的出口发展很快，1995年，农用物资出口额达到1218百万美元。以色列政府把农产品所赚取的外汇主要用于进口谷物、油菜籽、肉类、食糖、咖啡等产品。但从整体来看，以色列农产品等进出口贸易基本上是比较平衡、比较稳定的，其出口与进口的比值在大多数年份都能达到90%以上，甚至还出现出口大于进口的现象。以色列发达的外向型出口农业有力地促进了农业现代化的实现，促进了整个国民经济的健康发展。

（三）以色列农业现代化的经验

近几十年来，中东国家都程度不同地进行着现代化的尝试，在此过程中，不可避免地都遇到过这样或那样的困顿与过失。以色列的经济现代化也绝不是一帆风顺的，而是在实践中不断寻求、不断探索、不断总结、不断进步。以色列在现代农业的建设过程中，积累了许多值得发展中国家普遍总结与借鉴的经验。

第一，立足于现代化农业的高起点，实现资源经济向智力经济的转化。

如上所述，在建国后的一段时间内，以色列人曾把资源经济作为发展经济的主要方向。当时，在农业部门的决策行为中，经济发展四要素即资源、技术、资金及管理的比重为40：25：25：10。后来，在严酷的事实面前，以色列人改变了看法，认识到在经济发展要素中，技术的力量、人的素质要比资源、资金更为重要，资源经济必须向智力经济转化。于是，以色列政府从整体框架上对农业进行长远规划与综合治理，按照现代化农业的结构布局、运行机制及管理手段实行高起点的全面开发，注重科技兴农的集中供热，而不是单项突破，其目的就是要建立一种高科技含量、高资本投入、高消费、高产出、高商品率及高度社会化的高效农业。

20世纪80年代中期以来，在联合国农业组织的支持与鼓励下，当美国、荷兰、德国等农业发达国家率先发展以高效率、无污染、可持续为特征的持续农业[①]时，以色列人不甘示弱，再次表现出创新与进取的精神，在持续农业的主要领域如农业生物技术、农业宏观生态工程、环境农业技术、资源持续利用再生技术、新型耕作与节水灌溉技术、遗传育种工程、计算机定位技术（用于发展精确农业）等都取得了令人瞩目的成就，使以色列农业成为可与发达国家并驾齐驱的具有超前性与效益性的先进农业模式。

第二，充分发挥政府对农业经济的宏观调控能力。

政府对国民经济保持强大的干预能力是以色列经济的重要特征之一，而与其他经济部门相比，农业更为明显地体现了国家政权的干预能力。这种局面的出现是基于决策者的这样一种经济观念：市场经济本身具有盲目与“失效”的一面，作为经济再生产过程与自然再生产过程相结合的农业生产，是一个显而易见的弱质产业部门，在市场经济下面临着更大的风险，只有政府行为才有能力进行深层次的调控。因此，以色列政府不仅通过财政、金融、税收政策进行宏观调节，而且直接投资于农业生产的主要部门如化肥、农药、农业机械等，并把农业的研究与开发、农业基础性建设纳入国家预算之中。政府还广泛地利用法律效力制约经济的发展，法律条规所涉及的范围大到自然资源、国际合作、外贸出口、农技推广，小到种子的检验及农作物的仓储与消费。以色列政府的宏观调控为农业活动提供了必不可少的政策导向与基本动力，成为发展现代化农业的基本保证。

第三，强化劳动力教育制度，提高农民的知识水平与现代意识。

以色列政府历来重视提高劳动力素质。1950 年的政府年鉴提出了农业部的四项职责，其中有两项是针对农民的培训与教育。在农业部的积极作用下，以色列除了开办农学院、农学系，向学生开设农业经济课程外，还在全国各地办起了规模不同的农校，如内格夫魏茨曼农校、耶路撒冷的克利姆泉农校等。到 1959 年，全国共有农校 29 所，在校学生达 6000 余人。在以色列的成人教育方面，农业教育也占有重要的地位。此外，农业部、移民安置部及各类生产与销售机构还在全国开展不同形式、不同类型的农业培训班，对农民进行有目的的培训。以色列的农业教育政策不仅使农民掌握了农业生产的基本技能，了解到农业科学的

---

① 关于持续农业的定义，学术界尚有歧义。根据 1991 年联合国粮农组织与荷兰政府联合召开的农业与环境国际会议上所通过的“登博斯宣言”（Den Boson Declaration）的内容，“持续农业是指采取某种使用和维护自然资源基础的方式，并实行技术变革和体制性变革，以确保当代人类及其后代对农产品的需求不断得到满足。这种可持续的农业（包括牧业、林业和渔业）能维护土地、水和动植物的遗传资源，但环境不退化，并且技术上应用适当，经济上能维持下去，从而能够被社会所接受。”参见靳乐山等：《持续农业内涵的目标界定》，《农业生态环境》1997 年第 1 期。

最新成就，而且从整体上提高了农民的知识水平与文化素养，培养了农民的现代意识。

第四，形成了一整套行之有效的农业出口营销战略。

在强手如林的国际市场上，以色列的农产品之所以能不断扩大市场份额，获取出口利润，与其周密的营销战略是分不开的，这一战略的主要内容是：

首先，对出口产品进行统一的组织管理。1951 年，以色列农业出口公司建立之后，开始在全国范围内对出口产品进行统一的策划与包装，并承担起了出口易损时鲜品的任务。为了调动各个部门的出口积极性，政府于 1965 年对农业出口公司的股份进行改革，49% 的股份由政府控制，51% 由努瓦及各生产与销售董事会控制。由于在开拓市场方面的高能量以及在运输组织方面的高效率，该公司在策划、包装、运输及讨价还价方面的优势日益突出，并与农业部合作，建立了一整套出口基础设施，在阿什杜德港、海法港及本－古里安机场都设有出口产品集散站及各种仓储、转运设施。以色列农业出口公司的所有业务都得到了农业部外贸中心的配合，外贸中心为出口公司经常提供市场调研信息，收集国际市场销售报告，制定指导性方案等，并及时协调、处理国际市场上出现的突变情况。

其次，创出口品牌。为了增强本国产品的竞争实力，以色列各生产和销售董事会向种植者发放统一的出口注册商标。以柑橘为例，为了增加出口，在农业部与柑橘生产和销售董事会的大力扶持下，20 世纪 60 年代末，全国兴建了近 50 座现代化包装厂，其设备与技术都要求达到或者在某些方面超过国际标准。全国推行了统一的出口注册商标——“加法”（Jaffa）。为了保证这一国际品牌的持久性与知名度，柑橘生产和销售机构还大量投资于研究开发工作，对产品进行革新与改良，并及时把成果推广到农民手上。出口及销售机构还在全国范围内对苗木检疫、大田栽培、病虫防治及品质检验各个环节严格把关，确认合格之后，才纳入出口范围。

最后，灵活应变的出口策略。以色列地处地中海沿岸，有着优越的光温条件。每年，当欧洲大部分地区被严冬所笼罩时，以色列便抓住时机，把大批本土种植的甜瓜、西红柿、黄瓜等产品运往欧洲市场，因而有“欧洲的冬季厨房”之美称。后来，当西班牙、摩纳哥等地中海国家参与竞争，导致欧洲市场蔬菜价格暴跌之时，以色列出口部门立即指导农民改良品种，培养出具有本国特色的优质产品。又如，当国际市场上尤其是欧美市场在圣诞节前对花卉球根的需求猛涨时，花卉出口部门便积极组织花农有目标、有计划地批量生产，并看准机遇，大量投入国际市场，获得了可观的收益。

第五，注重农村社区建设。几十年来，以色列的农村社区建设颇见成效。

建国之后，几个移民村为了解决生产与生活上的难题，便把他们有限的资金集中起来，引进技术，开办企业，并以某个地域为中心，建立起基础服务设施，从而形成了一个农村中心（即社区），每个社区都有自己的“乡村服务机构”。随着农业经济的发展，农村中心的规模越来越大，专业化服务的倾向也日益明显。50 年代中期开始，以色列政府还把农村按照主要农作物的品种划分为 5 个区域发展集团，每个集团包括若干个农村中心，经过长期的经营，区域发展集团中的拉希什集团最为发达，它不仅拥有发达的农业经济而且还发展工业、畜牧业、加工业及服务业。社区经济的活跃促进了农村的经济发展、文化繁荣与社会进步。专门从事发展中国家农业比较研究的以色列著名农学专家拉南·魏茨就此指出：“在以色列，一种成功的新尝试是‘合成乡村结构’。几个村落环绕着一个乡村服务中心建立，每个村落住着同一群体类型的人们。服务中心有着周围村落所共同需要的大部分服务项目。中心与各村落联合成了一个整体。这样，不同的社会群体，既互相分离又能聚在一起。就这样，对人际关系的现实的认识，促成了在以色列诞生出一种农村发展的新道路。它是在疑惑与踌躇中慢慢成形的。在稍后的阶段，我们应邀在其他发展中国家，首先是缅甸、东南亚及其他地区，然后在世界许多国家进行了同样的试验，以沟通不同文化、不同生活方式，消除其间的冲突。”①

总之，以色列人从回归故土进行农业定居，经过 100 多年尤其是建国后 50 年的迅猛发展，成功地实现了由传统农业向现代化农业的转变，在恶劣的自然环境中创造出了居世界先进水平的农业奇迹。然而，在充分肯定成就的同时，也必须看到，以色列农业也面临着这样与那样的困难与弊端，如农业资源的有限性与人口无限制增长的巨大压力；过于依赖国际市场而导致农业经济的不稳定性；管理体制中的人浮于事等等。然而，最突出的问题还是出现在合作经济中。如上所述，发达的合作经济与全面的政治干预对以色列经济的繁荣曾做出了有口皆碑的贡献，但自 20 世纪八九十年代以来，随着西方价值观念尤其是崇尚个体、享受人生等思想的侵入，以色列人的热情已日益减弱，在基布兹组织中甚至出现了

① 拉南·魏茨：《从贫苦农民到现代化农民——一套革命的农村发展战略及以色列的乡村综合发展》，杨林军等译，中国展望出版社 1990 年版，第 2—3 页。

与公有制观念、与集体主义精神相抵触的逆流。当然，导致这一现象产生的原因不只是观念上的差异，而与市场经济体制下合作经济的种种弊端如缺乏必不可少的激励机制、竞争机制与效益监督机制等是密不可分的，正如覃志豪所分析的："基本生产要素的国有性质和生产组织集体性或合作性特征，已经对农业生产在不稳定和艰难环境中的顽强发展带来了很多好处，但是，在当代市场体制条件下，这种机制已导致了如下困境的产生：对成功的农民缺乏激励，缺乏促进他们扩大生产规模和合理利用有限农业资源的动力。"[①]这种局面的出现，必然为昔日的高效率农业蒙上一层阴影。为此，无论是利库德集团还是工党集团都已开始了改革的初步尝试，但整体看来，力度有限。以色列政府只有下决心进行深入的经济体制改革，逐步放松国家对生产与出口的某些垄断性控制，推动农业经济的商品化进程，培植健全的国内商品市场，才会为农业的持续繁荣开辟更广阔的前景。

三、发达的对外贸易

以色列经济是以先进技术为基础的工业经济，同时也具有完整意义上的外向型经济的特征。建国以来，在政府的高度重视与大力扶持下，已逐步建立了完备的外贸体制，形成了独特的外贸格局，尤其是高技术出口模式的形成，对以色列经济的发展起到了很大的促进作用。

建国后的头 10 年，以色列主要发展内向型经济，以满足国内消费需求为基本目的。从 60 年代起，以色列改变发展方向，大力开拓国外市场，发展外向型出口经济。1950—1990 年间，以色列对外贸易额增长了 78 倍，其中，出口额增长了 329 倍，进口额增长了 49 倍，年平均增长速度分别为 22.5% 和 16.8%。

如果单从出口增长来看，1960—1970 年是增长最快的 10 年，年平均增长率为 11%，同西方工业国家相比，仅次于日本（17.2%）、意大利（13.6%）、西班牙（11.5%），而高于其他国家。20 世纪七八十年代，出口额虽有所下降，但还高于许多发达国家。以色列的对外贸易不仅增长速度快，而且在国民经济中的比重也很高，进出口贸易总额与国内生产总值的比率也不低于发达国家。

① 覃志豪：《以色列农业——农业产出的定量分析》，中国农业科技出版社 1996 年版，第 128 页。

1950—1992 年以色列的进出口额

单位：百万美元

年　份	进口额	出口额	总　额
1950	302.0	35.1	337.1
1955	336.8	89.1	425.9
1960	502.7	216.6	719.3
1965	829.4	429.6	1259.0
1970	1462.0	778.6	2240.6
1975	2115.4	778.7	2894.1
1980	7994.7	5537.5	13532.2
1986	9285.0	6932.9	16217.9
1990	15325.5	12079.8	27405.3
1992	18813.7	13132.3	31946.0

资料来源：①以色列中央统计局：《以色列统计摘要：1994 年》；
②国际货币金融组织：《国际金融统计年鉴：1986 年》。

（一）灵活务实的外贸策略

以色列对外贸易的迅速发展与合理的国家政策是分不开的。以对外贸易促进国民经济的增长，是以色列历届政府的一贯政策，也是以色列实现经济现代化的主要经验之一。以色列发展外贸的主要策略可概括为以下四点：

1．政府直接管理出口

为了有效地管理和促进出口贸易，1958 年，政府成立了以色列出口协会（Israel Export Institute，简称 IEI），其宗旨是为外国厂家、新闻界及商业团体提供与以色列交流与合作的机会，扩大对外贸易。为了便于开展工作，IEI 下设四个部门：市场服务部、信息部、出口服务部和展览部。以色列政府不仅通过 IEI 直接参与、管理出口业务，而且从 60 年代起，政府以直接财政支持和帮助建立新企业的方式鼓励出口。当时，工贸部还在全国范围内对现有出口企业进行整顿，鼓励企业合并，以便形成具有高效率、高竞争力、高创汇能力的大型出口集团。为了给出口企业分担风险，政府还设立了出口促进基金（The Export Promotion Fund）及以色列外贸风险保险公司（The Israel Foreign Trade Risks Insurance Corporation）等，促使企业有效地开展业务，保障效益。

2．实行自由贸易政策

以色列长期实行自由贸易政策，1962 年加入了关贸总协定。继 1975 年与欧共体就工业产品签订了自由贸易协定之后，1985 年和美国就全部产品签订了自由贸易协定。1992 年，以色列又同欧洲自由联盟签订了自由贸易协定，决定从 1993 年 1 月 1 日起相互取消工业品、加工农产品、鱼类及其他海产品的进口关税与其他贸易壁垒。这样，以色列的产品可以自由地进入比本国市场大 100 倍以上的欧美国际市场。为争取最大的成功机会，以色列的企业一直设法确定能够开辟自己特有的市场地位的国际贸易领域。与外国工业企业建立合资企业，往往能发挥以色列公司在创新方面和外国公司在大规模生产及市场渗透方面的优势。业已开展的联合项目涉及许多领域，如电子、计算机软件、医疗设备、印刷和计算机制图等。同时，以色列还在国内设立自由贸易区。1985 年 11 月 2 日，以色列政府通过了《埃拉特自由贸易区法》，该法规定对一切投资者实行优惠政策，包括 7 年之内免除所得税与公司税；进出口货物免征间接税；以外汇投资的企业免征资本收益税；投资者可以获得贷款，其数额相当于向雇员支付净工资额的 20% 等等。埃拉特位于红海亚喀巴港，与埃及的西奈半岛及沙特阿拉伯相邻，三大洲交汇点的地理位置，使这里很早就成为理想的货物集散地。被划为自由贸易区后，埃拉特更吸引了大批的投资者，不仅提供了各种就业机会，而且加强了以色列同世界各国的经贸往来。目前，埃拉特已成为国际性的贸易中心、金融中心及新技术开发中心。

为了发展传统的钻石加工业，1992 年 7 月 1 日，以色列工贸部在特拉维夫附近的拉马特甘镇建立了钻石原料自由贸易区。外国商人可以不通过中间商直接在这里做钻石原料生意，其所赚取外汇可以汇出，而且还可以享受免税待遇。在这些优惠政策下，拉马特甘自由贸易区发展很快，迅速成为大规模的世界钻石交易市场，吸引了来自世界各地的商人。据统计，拉马特甘自由贸易区周围已建立了 700 多家钻石加工厂，有 1 万余人直接从事钻石生产，人均年创汇可达 18 万美元。自由贸易区的建立促使以色列经济更进一步走向世界市场。

3．创造良好的贸易、投资环境

以色列的对外贸易体制是严格参照国际惯例建立起来的。合同、商标、注册、信用证、托收、汇付等均与国际贸易习惯接轨。以色列建立了完善的关税政策，把国际贸易伙伴分为自由贸易协定国和非自由贸易协定国两大类，对不同类别实行不同的税则，征收不同额的关税、增值税及附加税。为了适应贸易形势的变化与经济发展的需要，以色列政府还适当放松外汇管制制度。从原则上讲，以色列是一个外汇管制的国家。外汇管制的法律依据是1978年实施的《外汇管制法》。但在实际操作过程中，外汇管制有持续放松的趋势，外国居民可以在以色列银行开设可兑换可汇出的外汇账户，“外国人在以色列投资，如购买房地产、债券或开设企业，只要办理一定手续即可将资金汇出以色列或开立自由兑换账户。同样，外汇管制法也允许外国居民以大多数西方国家货币投资于以色列公共和私人公司的股票，只要该资金来自境外且转入某以色列商业银行的非本地居民账户即可。外国旅游者可将在以旅行期间剩余的以色列货币兑换成原货币，条件是需向银行出示入境的兑换单且金额不能超过一定的限度。”①

4.“质量高于一切”的营销策略

在世界市场上，商品质量是制约外贸发展的最重要的因素，它不仅涉及某种商品的出口换汇率，而且关系到整个外贸业的效益与前景。为此，以色列政府提出了“质量高于一切”的出口战略，出口管理部门根据国际标准和世界市场的需要，制定出口商品质量标准，凡没有取得质量许可证或者所生产的商品达不到规定的质量标准的企业，禁止承接出口商品的生产任务。同样，对于进口商品，以色列也有一套极为严格的质量检测标准，并对进口货物的质量、效益进行追踪调研，为制定下一部的贸易计划作准备。

（二）进出口商品结构的变化

建国之初，以色列对外出口以农业初级产品、钻石业及传统工业品为主。1953年，农业占出口的35%（以柑橘为主），钻石业占22%，传统工业占43%。自50年代末起，以色列逐步采取了出口替代的经济发展战略，即以工业制成品或半成品代替传统的初级产品出口，一方面为国家增加外汇，另一方面带动国内工业的发展。因此，从60年代起，以色列的出口商品构成开始发生以下变化：

第一，初级产品（主要是农产品）的出口比重迅速下降。由1960年的35%下降到1965年的28%、1985年的14%、1989年的10%以及90年代中期的5%，这种趋势反映了以色列国民经济结构的变化。

第二，工业品出口额急剧增长。在政府的有力推动下，以色列工业品出口额（按现价计算）在过去的47年间增长了1380倍以上，从1950年的1300万美元，

① 吴仪：《世界各国贸易和投资指南（西亚分册）》，经济管理出版社1994年版，第20—21页。

增加到1955年的14亿美元，到1985年为56亿美元，1996年达180亿美元。① 工业品出口中金属、机器、电子、化学等占重要地位。

第三，高技术产品出口份额愈来愈大。80年代以来，以色列建立了以节水农业、电子工业、计算机及软件开发、生物工程技术、航天技术等为核心的高技术生产体系。至90年代中期，高科技产品出口已占总出口量的80%以上。1995年，以色列电子产品的出口额达43亿美元、农业技术出口额为12.19亿美元、计算机及辅助设备为37.5亿美元、电光和激光产品为10.15亿美元、医疗技术产品为2.86亿美元。20世纪90年代以来，以色列的计算机及软件出口持续上升，由1992年的1.35亿美元，增长为1993年的1.75亿、1994年的2亿、1995年的3亿和1996年的4亿。②

（三）外贸区域格局的形成

以色列是世界上唯一与欧共体、欧洲自由贸易联盟及美国都签订了自由贸易协定的国家，就国家集团而言，欧共体一直是以色列最主要的贸易伙伴。1990年，以色列出口到英国、联邦德国、比利时与卢森堡、法国、荷兰等国的商品分别占以色列出口商品总额的7%、5.9%、5.7%、4.8%、4.5%，合计为27.9%。同时，从比利时与卢森堡、联邦德国、瑞士、英国、意大利、法国、荷兰进口的商品额分别占总进口额的13.2%、11.7%、9.2%、8.6%、6.1%、3.9%、3.5%，共计为56.2%。③ 就国别而论，美国是同以色列贸易最多的国家，1950年，以色列同美国的双边贸易已十分发达，商品贸易额达到1.14亿美元，占以色列外贸比重的34%，此后，这一比率虽呈下降趋势，但仍保持了很高的份额，1960年与美国的贸易额为1.75亿美元，占外贸总比重的24.4%，1993年贸易额为82亿美元，占总比重的23.4%。

20世纪80年代中期以来，以色列的外贸区域格局已呈多元化趋势发展，具体表现为在全球范围内扩展贸易伙伴，以色列外贸政策的主要目标之一是：在扩大西欧和北美传统市场的同时，极力促进以色列出口产品打入亚洲、东欧和南美的新市场。在这一政策的指导下，以色列同亚洲地区的贸易增长很快，出口额由1984年的4.9亿美元增至1988年的15.63亿美元，同期从亚洲国家的进口额也由

① 以色列新闻中心：《以色列概况（1997年）》，第195页。

② 以色列工贸部：《以色列对外出口（1996年）》，特拉维夫1997年版，第24页。

③ 转引自安维华：《中东市场》，北京大学出版社1994年版，第335页。

2.8 亿美元增至 8.98 亿美元。1994 年，以色列对亚洲的出口占出口总额的 18.7%，1995 年增至 20%，而 10 年前，这一比例仅为 8.8%。① 为了开辟亚洲市场，以色列政府于 1991 年 9 月 1 日起开始推行一项新的自由贸易化计划，即降低非关税壁垒；降低对进口产品的行政限制；取消进口许可证，把配额转化为关税，并在 5 年内逐渐降低等。同时，以色列正千方百计打入东欧与南美市场，尽管目前以色列在这两个地区的贸易份额并不高，但预计今后会有较大的增长。就整体而言，以色列已在很大程度上改变了传统的贸易地区格局，其贸易伙伴已遍布世界各地。

（四）外贸逆差的持续存在

几十年来，以色列对外贸易获得了长足的发展，并有力地推动了国民经济的增长速度，但外贸逆差却持续存在，贸易赤字由 1950 年的 2.8 亿美元，增加到 1996 年的 127.7 亿美元。② 面对贸易赤字的存在，以色列政府在以增进出口来弥补进口方面取得了很大的进展。50 年代，出口所得外汇仅能弥补进口资金的 25%，1961 年增加到 41%，80 年代中期为 75%，1989 年末增加到 81.1%。③ 为了进一步弥补赤字，以色列政府动用世界犹太人的捐款、外国政府的赠款（尤其是美国政府）、联邦德国的赔款以及由犹太移民所带进的资金，同时，政府还用筹措外债的形式来弥补赤字，从而增添了国家的外债负担，使以色列成为负债率很高的国家，到 1996 年，外债净额总计达 200 多亿美元。④

造成以色列持续性贸易赤字的原因是多方面的，主要有国防负担加重尤其是对武器的需求量很高；移民数量的大量增加及国内生活水平的提高所引起的消费品进口的增长；扩大基础建设与社会生产对原材料的大量需求等，因此，大多数以色列人认为贸易赤字的存在是他们为了生存与发展付出的代价。自 20 世纪 80 年代以来，政府已把缩小贸易赤字正式提上了议事日程，并采纳了贸易对象分散化、贸易条件自由化、贸易环境宽松化等措施，并在改善地缘政治局势方面也做了一定的努力，同时还充分发挥高技术产品的出口优势，力争使出口比例进一步上升。但贸易平衡的实现，并非一蹴而就，而是一个缓慢的调节与发展的过程。

---

① 以色列工贸部：《以色列对外出口（1996 年）》，第 8 页。

② 以色列新闻中心：《以色列概况（1997 年）》，第 194 页。

③ Yair Aharoni, *The Israeli Economy: Dreams and Realities*, p.276.

④ 以色列新闻中心：《以色列概况（1997 年）》，第 195 页。

第八章

和平与冲突

（1992 年—2006 年）

冷战结束之后，对话成为世界的主流，国际社会要求和平解决中东问题的呼声越来越高，大多数阿拉伯国家，包括与以色列处于严重对立状态的叙利亚、约旦、黎巴嫩以及巴解组织，也都强烈希望通过和谈来解决冲突。因为海湾战争以后阿拉伯世界陷入了四分五裂的状态，苏联与东欧国家援助的中断，使阿以之间的力量对比严重失衡，巴解组织也因此陷入了自成立以来的最低谷，它一方面失去了苏联这一靠山；另一方面由于在海湾战争中支持伊拉克而得罪了海湾国家以及阿拉伯世界的温和力量，再加上巴解内部由经济危机而引发了政治危机，哈马斯的力量迅速崛起，这一切使阿拉法特意识到在谈判桌上取得突破性进展是挽救巴解组织的唯一出路。从以色列内部来看，沙米尔政府的强硬政策越来越失去人心，而拉宾的上台为和平的到来敞开了前所未有的大门，《奥斯陆协议》的签订使一切爱好和平的人们感到欣慰与振奋。然而，在中东，和约并不等于和平，拉宾遇害及一系列的突发事件使和平进程搁浅。特别是 2000 年以来，新一轮的巴以冲突葬送了和平成果，巴以之间危机更重，积怨更深，无论是工党，还是利库德集团都不得不做出艰难的选择与努力，历届政府的内政与外交也都不得不围绕着和平与冲突这一主轴线而分野。

第一节 拉宾的鸽派战略

一、第十三届议会大选

1992年是以色列的大选之年，拉宾与佩雷斯都有意代表工党竞选。经过内部选举拉宾取代了任工党领袖达15年之久的佩雷斯。此后，拉宾迅速拉开了针对利库德的竞选战，两党的实力不相上下，谁能获得苏联犹太移民的选票，谁就有希望成功，因为苏联犹太移民拥有20万合格选票，决定着8个议会席位的归属，于是对苏联移民的争夺成为两党竞争的焦点。

6月23日，第十三届议会选举在热烈的气氛中拉开了帷幕，选举结果很快揭晓，拉宾终于胜利了！工党的席位由上届的39席增加到44席；利库德集团由上届的40席下降到32席。工党虽然获胜，但远没有达到绝对多数，因此，必须寻找组阁伙伴。在这次选举中由统一工人党与公民权利运动联合组成的代表世俗主义者与左翼力量的格雷茨党获得了12个席位，成为议会中的第三大党。由于很快得到了格雷茨党以及拥有6个席位的极端正统派沙斯党的支持，组阁比较顺利。7月13日，拉宾公布了政府名单，在新政府中，工党有12位部长，拉宾任总理兼国防部长，佩雷斯任外交部长，格雷茨党与沙斯党领导人分别任教育与内政部长。①

同一天，拉宾在国会里发表了振奋人心的就职演说：

> 该政府决心尽一切可能的努力，铺平每一条道路，致力于一切可能的甚至是不可能的事情，为了个人的和国家的安全，为了阻止战争和实现和平……
>
> 这是我们自己也是我们子孙的责任：看到今天的新世界，承担责任，把握机遇，尽一切所能使以色列国家成为不断变化着的世界的一部分。我们不再是一个孤立的国家，以色列不再是全世界反对的对象，我们必须摆脱困扰我们近50年的孤立无援的感觉。我们必须加入和平、和解以及席卷全球的

① Ahron Bregman, *A History of Israel,* p. 237.

国际合作行动中来，以免我们错过这一列车而被遗留在车站。

这就是新政府为什么把促进以色列实现和平、采取积极措施、结束阿以冲突作为自身的主要目标的原因。我们将在阿拉伯国家和巴勒斯坦人承认以色列享有和平与安全的主权的基础上采取这些措施。我们热诚相信这一切是可能、必要的。而且肯定会实现的。

拉宾还充满情感地向阿拉伯世界发出了求和平的信号：

“我呼吁阿拉伯世界的领导者沿着埃及及其总统的足迹，迈开将给我们也给他们带来和平的这一步。我邀请约旦国王和叙利亚与黎巴嫩的总统们到这里来——到耶路撒冷以色列的议会来举行和谈！为了和平，我愿意今天、明天到安曼去，到大马士革去，到贝鲁特去，因为没有比实现和平更伟大的成功了！在战争中，有赢家和被征服者；在和平中，只有赢家。”①

拉宾在就职演说中还对巴勒斯坦领导人说：你们不可能得到一切想要的东西，我们也同样！以色列愿意使你们实现有限的自治，不要失去这个可能不会复得的机遇！此外，拉宾还谈到了美以关系、建构安全、妥善安置移民、国营企业私有化以及文化融合等问题。拉宾的就职演说获得了很多好评，甚至在阿拉伯世界也产生了很强的反应。

二、“长着鹰爪的鸽子”

拉宾政府在内政外交方面采取了灵活务实的策略，提倡“以领土换和平”，明确反对“大以色列计划”。为了实现他在就职演说中对和平的承诺，执政后的第一周，财政部长与住房部长就联合提议，冻结了以色列政府在约旦河西岸与加沙地带修建定居点的计划。沙米尔执政时期，曾制定了1992年的建房预算方案，其中大部分住房是建立在被占领土上的，拉宾通过内阁会议正式取消了在占领区建造6681套住房的计划。拉宾还派出军警阻止犹太人的自发建房行为。沙米尔迅速反击说：“在犹地亚与撒马利亚地区冻结住房与定居点建设，意味着未经协商就放弃了大以色列地的领土。”许多利库德领导人也严辞攻击，拉宾依

① Walter Laqueur and Barry Rubin (edited), *The Israel-Arab Reader: A Documentary History of the Middle East Conflict*, pp. 403–407.

然我行我素。

在经济方面，拉宾政府加大基础设施与教育的投资力度，继续实行减免税收制度，削减政府部门。沙米尔时期，以色列的失业率曾上升至11.2%，引起民众的反感。为此，拉宾积极筹措发展基金，把美国政府的贷款以及因冻结定居点计划而节约的资金都用于发展经济，加大工业投资，扩大就业机会。1993年，以色列的工业总投资为10.35亿美元，比1992年增加了26%，失业率下降到10%。1994年和1995年进一步下降到7.8%和6.3%。国内生产总值1993年的增长率为3.4%，1994年为6.8%，1995年为6.9%。[1] 在对待巴解组织的态度上，拉宾也迈出了关键性的一步。马德里和会以来，以色列与巴勒斯坦代表团多次接触，但没有达成任何进展，许多以色列人尤其是左翼知识分子意识到与巴解组织接触是打破僵局的唯一出路，可在当时巴解组织还被定位为反犹太人的恐怖主义组织。于是，拉宾明确表示以色列政府准备修改或者废除不与巴解组织接触的法令。1993年1月19日，以色列议会以39票赞成、20票反对的结果解除了与巴解组织接触的禁令。于是，以色列与巴解组织高层的秘密往来便拉开了帷幕。拉宾还任命了两位以色列阿拉伯人担任内阁副部长，允许巴勒斯坦人领袖侯赛因重新开放已经被关闭四年的耶路撒冷"阿拉伯研究中心"，并释放了800名被关押的巴勒斯坦人。

在戈兰高地的问题上，拉宾表示242号决议适用于戈兰高地，以色列愿意通过部分撤出、部分购买的方式，在有充分国际保证的前提下，换取与叙利亚的和平。其实，在大选前的民意测验中已经显示出71%的以色列人同意把戈兰高地的大部分地区归还叙利亚，也就是说承认叙利亚拥有戈兰高地的主权。以色列《晚报》就此评论说"毋庸置疑的事实是，大部分以色列人都放弃了要献身于戈兰高地的誓言"。沙米尔攻击拉宾"廉价地拍卖了以色列将士们用鲜血与生命换来的成果"，拉宾的回答是：我们是一个民主与法制的国家，我们必须得到公民的尊重，但我们不可能使每个公民都满意。

拉宾在上台后的短暂时期内就牢固树立了自己的"鸽派"形象。但是，作为一位谋略很深的政治家，拉宾并不像他的反对者所丑化的那样幼稚、软弱。无论是对待巴解组织还是阿拉伯世界，他都极力争取其温和派，而对死心塌地的强硬派却从不妥协。拉宾的和平攻势使阿拉伯世界的温和派极其振奋，而原教旨主义

---

① 赵伟明：《以色列经济》，上海外语教育出版社1998年版，第134页。

者却极其恐慌。1992 年 6 月 25 日，拉宾获得大选胜利的第二天，就有两名以色列人在加沙被杀。同年下半年，哈马斯与以色列圣战组织在西岸与耶路撒冷展开了一系列恐怖活动，其目的是反对与以色列有任何形式的妥协，以色列人与阿拉伯袭击者的冲突越来越频繁。同年 11 月，发生在耶路撒冷的投石头事件达到 3000 多起，有 400 辆以色列人的汽车在夜间袭击中被烧毁。12 月 7 日，在“因提法达”爆发 15 周年的纪念日，3 名以色列士兵在加沙被杀。几天以后又发生了劫机事件，以色列的一名边防警官被绑架，继而被暗杀。面对这种状况，拉宾挥起了铁拳。以色列政府决定采取严厉的打击措施，在加沙与约旦河西岸进行大搜捕，逮捕了 1600 名哈马斯与以色列圣战组织的成员，他们中的大部分被关押在贝尔谢巴南部的监狱里。12 月 17 日，以色列政府用大卡车把 415 位被扣押的哈马斯与以色列圣战组织成员运到以色列北部，穿过黎巴嫩边界，准备把他们驱赶到黎巴嫩军控区，他们的罪名是“涉嫌制造混乱与绑架”。当这些人手举《古兰经》，高呼着反以色列的口号向黎巴嫩边防站涌去的时候，黎巴嫩断然拒绝他们入境，黎巴嫩再也不愿意成为被驱逐的巴勒斯坦人的收容所，当他们想退回到以色列控制区的时候，对准他们的是黑压压的枪口。于是他们不得不停留在黎以之间的隔离带，搭起了帐篷式的临时宿营地。新闻媒体报道了这一事件，每天都有许许多多的记者前来采访，联合国安理会通过了 799 号决议，强烈要求以色列撤回驱逐令，让这批巴勒斯坦人返回以色列，联合国秘书长加利、欧共体负责人等也发表了同样的声明，美国国务卿也强烈要求以色列改变态度，黎巴嫩方面甚至提出拒绝国际红十字会通过黎巴嫩领土向难民输送食物与供应品，但是，拉宾政府拒绝退让。四个月之后，在美国的强大压力下，拉宾最终保证最后一批被驱逐的巴勒斯坦人可以在 1993 年底以前返回家园。12 月 18 日，在驱逐事件发生的第二天，以色列武装力量在纳布卢斯附近的阿斯卡难民营杀死了一位 18 岁的投石者，在希伯伦附近的埃尔阿拉伯难民营杀死了另外一位 17 岁的少年；19 日，以色列军警又在坎尤尼斯打死了 6 名巴勒斯坦人，其中有 3 位儿童。① 一系列的武力行动，使拉宾获得了“长着鹰爪的鸽子”这一绰号。哈马斯与以色列圣战组织则发表宣言说：要让我们的敌人、犹太复国主义者为他们令人憎恨的罪行付出代价。

拉宾政府把摆脱孤立、争取空间作为外交政策的主要目标。他上台后，立即

① Martin Gilbert, *Israel: A History*, p.558.

改善与美国的关系，从布什那里终于得到了100亿美元的贷款，为安置移民与发展经济解决了资金难题。同时，拉宾还极力发展与阿拉伯世界的关系，出任后第一周他访问了埃及，打破了两国的外交僵局。拉宾任职期间，佩雷斯以外长身份访问了俄罗斯、英国、法国、埃及、日本、德国、印度、中国、挪威、美国、墨西哥、哥伦比亚、智利、约旦。在1993年5月出访中国期间，佩雷斯被北京大学聘为名誉教授。到1995年，与以色列建交的国家已经达到153个，而1991年马德里和会召开时仅有62个。

第二节　风雨和平

一、“挪威丛林中的密谈”

沙米尔政府时期，阿（巴）以之间曾进行了五轮没有结果的双边谈判。工党上台后，于1992年8月、10月、12月、1993年4月和6月举行了第六到十轮谈判，但僵局仍未打破，双方都急于获得新的突破口。出人预料的是一次学术会议竟成为召唤来和平的信号灯。1992年5月，特拉维夫大学举办了题为“以色列与自治后被占领土间的经济合作”的国际学术讨论会。在这次会议上挪威的“法福研究所”（挪威文，意为“应用社会学研究所”）所长特耶·罗德·拉尔森教授向他的老朋友特拉维夫大学政治学教授约西·贝林再次传递了这样的信息：挪威愿意为以色列与巴勒斯坦高层人士的秘密会面搭桥引线。这两位教授都不是“象牙塔”里的纯学者，拉尔森的妻子在挪威外交部任职，他本人与外交部的官员们过往甚密，时年43岁的贝林是工党内部的新秀，党内排名第24位。此前两人已有过几次接触，贝林有意识地介绍了他的朋友海法大学中东史教授亚尔·希斯菲尔德，因为当时以色列还明令禁止与巴解官员接触，而希斯菲尔德出面要比贝林方便得多，万一有什么闪失也不会直接殃及工党。

1992年12月4日，负责巴解经济事务的官员、深受阿拉法特器重的阿布·阿拉与希斯菲尔德在伦敦的卡温迪什宾馆会面了，希斯菲尔德自称是佩雷斯与贝林的顾问。拉尔森是直接牵线人，他完成使命后就借故离开，当他返回之后，从两人的表情中已经看到了预期的成功。拉尔森随即表示，如果双方需要进一步会晤，挪威可以提供一切帮助。

1993 年 1 月 19 日，以色列议会解除了与巴解接触的禁令，20 日，在拉尔森的精心安排下，阿布·阿拉与希斯菲尔德乘坐不同的航班、抵达不同的机场，但却同时来到了挪威，他们被秘密送到了位于奥斯陆南约 80 英里处的萨尔普斯堡市进行了为期 3 天的密谈，所谈内容包括安全问题、水资源问题以及双方官员的接触问题等。此后，2 月 11 日、3 月 20 日、4 月 30 日及 5 月 8 日，阿布·阿拉与希斯菲尔德又在挪威进行了四次会面，为了绝对保密每次都更换谈判地点。由于当时正值冬季，谈判点的周围多是积雪覆盖的森林，所以，他们的会晤后来被称为“挪威丛林中的密谈”。

5 月 14 日，佩雷斯与拉宾进行了单独会晤，就秘密谈判问题交换了意见。从当时的情况来看，学者身份的希斯菲尔德已完成其使命，接下来是需要政治家登场了。佩雷斯提出要亲自前往奥斯陆参与谈判，被拉宾制止了，拉宾认为在内阁对此一无所知的情况下，作为外长的佩雷斯不能出面。因此，决定派遣外交部办公厅主任尤里·萨维尔加入奥斯陆谈判。在谈判中，萨维尔提出了一种令巴勒斯坦方面振奋不已的说法：以色列人事先承诺加沙首先自治，那么，加沙自治不是几年后才可实现，而是在双方签署协议后的 3—4 个月。此后，佩雷斯有意识地对埃及人透露：以色列人可以把自治范围扩大到加沙之外的某个地方，也许是杰里科。

在加沙与杰里科首先实现自治的方案已在佩雷斯与拉宾之间达成。巴勒斯坦方面也作了最后的努力，要求东耶路撒冷的居民在自治政府的选举中有选举权与被选举权，而以色列坚持了这样的一贯立场：东耶路撒冷的居民可以参加选举，但不得成为候选人。这一条也被写入了原则宣言。从 1 月到 8 月，巴以之间的秘密会晤已经举行了 14 轮，最主要的一些问题基本上谈妥，但仍有一些细节上的分歧，此时双方都希望能有一个突破性的进展。8 月中旬，佩雷斯应邀访问欧洲，按照安排，他于 19 日访问挪威，作为挪威外长约翰·尤尔根·霍尔斯特的朋友，他非常希望在那里能看到谈判的结束。当天晚上，参加完欢迎宴会之后，佩雷斯回到了房间，他以激动难耐的心情等待着历史性时刻的到来。半夜时分，佩雷斯穿好衣服，轻手轻脚地走到挪威国宾馆的三楼，那里有三间房子，分别供挪威人、以色列人以及巴勒斯坦人使用。以萨维尔和阿布·阿拉率领的代表团人员已被挪威的特工从后门领进了国宾馆。1993 年 8 月 20 日凌晨 2 点 30 分，所有程序准备完毕，霍尔斯特夫妇与佩雷斯和双方代表团成员一一握手，接着四名代表团成员举行了协议文本的草签仪式，霍尔斯特作为见证人也签了字。签字之后，霍尔斯特首先致贺词，接着阿布·阿拉发言，他手里拿着发言稿，泣不成声，最后是萨维尔致辞。回到房间之后，佩雷斯毫无睡意，在他70岁生日到来之际终于得到签字的协议文本，他感慨万千，《塔木德》中的一句话浮现在他的脑海："战胜了自己邪恶倾向的人才是强者。"他在后来回忆起当时的情景时写道："《奥斯陆协议》就在眼前，这是几个以色列人、巴勒斯坦人与挪威伙伴们共同信守的一个最大的机密，该机密一旦公布于世将成为中东历史上一个分水岭"。"今天我们以色列人所给予巴勒斯坦人的正如70多年前英国人通过《贝尔福宣言》所给予我们的一样——一个位于巴勒斯坦之地的民族家园！我简直无法入睡，只好躺在那里等待新黎明的到来。"①

协议虽然签订了，但对于佩雷斯与拉宾来说确实是冒着极大的政治风险。回到耶路撒冷以后，两人立即决定向美国通报会谈情况以及协议的内容，于是佩雷斯与霍尔斯特飞到美国，与美国国务卿克里斯托弗会面，美国方面对这一成果大加赞赏。但是，克林顿总统要求协议的正式签字仪式应该在白宫南草坪举行，那里是《戴维营协议》的签署地，应该延续这一传统。克林顿还通过佩雷斯与霍尔斯特向双方发出了邀请。但是，立刻签署正式协议的条件并不具备，最大的障碍是以色列内阁还没有通过协议。8月29日，拉宾向以色列内阁会议公布了巴以谈判的消息，接着，佩雷斯汇报了密谈的过程以及协议的主要内容。这一消息在内阁中引起了轩然大波，31日举行内阁投票，结果以16票赞成、2票反对的结果通过。协议被通过后，接下来要解决的问题是以色列与巴解组织的互相承认问题，霍尔斯特不得不做进一步的斡旋与奔波。9月9日，霍尔斯特飞往突尼斯，得到了阿拉法特致拉宾的信件，信中写道："总理先生：《原则宣言》的签署标志着中东历史的新纪元，为此，我将确认巴勒斯坦解放组织的如下承诺：巴解组织承认以色列在和平与安全之中生存的权利；巴解组织接受联合国安理会第242号和第338号决议；巴解组织保证参与中东和平进程，保证和平解决双方之间的冲突，并且宣布：涉及永久地位的一切问题都通过谈判加以解决；……巴解组织放弃恐怖主义和其他暴力行为，并对巴解组织的所有机构与成员负起责任，保证他们遵守纪律，阻止暴力与违纪者……巴勒斯坦民族宪章中否定以色列生存权的条

① Martin Gilbert, *Israel : A History*, p.563.

款以及巴勒斯坦公约中与上述承诺相背离的内容将不再生效。”霍尔斯特带着阿拉法特的信件迅速飞到耶路撒冷，拉宾认真仔细阅读之后，在事先拟好的致阿拉法特的复函上签了字，信的内容是：“主席先生，对于您9月9日的来函，我向您做如下回复：鉴于您在信中为巴解组织所做的承诺，以色列政府已决定承认巴解组织为巴勒斯坦人民的代表，并开始与巴解组织在中东和平进程的范围内进行谈判。”①

霍尔斯特再次飞往突尼斯，把拉宾的信面交阿拉法特。一个小时后，霍尔斯特激动地对外宣布：今天是一个历史性的突破，巴解组织与以色列兵戎相见几十年之后，今天终于正式互相承认了！

二、《奥斯陆协议》

9月13日上午，白宫南草坪阳光明媚，3000多名要人熙熙云集，人群中有联合国秘书长加利、美国前任总统卡特和布什，来自不同国家的部长们、美籍犹太人与阿拉伯人的代表。拉宾、阿拉法特站到了主席台上，他们旁边的是克林顿以及叶利钦的代表、俄罗斯外长科济列夫。克林顿致了简单的开幕词，他说：“勇者的和平只在咫尺之遥。整个中东都期待着能够过上平静的生活。但是我们知道这条道路有多么艰难，每个和平都有它自己的敌人。”接着，佩雷斯和阿布·马赞②分别致辞。签字仪式开始了，在曾经用来签署《戴维营协议》的同一个签字桌前，佩雷斯和阿布·马赞在协议文本上签了字，克里斯托弗和科济列夫作为见证人也签了字。在热烈的气氛中阿拉法特首先伸出了手，拉宾带着一言难尽的复杂表情迎了过去，克林顿把自己的手也放了上去，全世界通过新闻媒体看到了这一历史性的握手，成千上万的人感动地流下了热泪。签字之后，拉宾和阿拉法特发表了热情洋溢的讲话，拉宾讲：

今天签署这样一个宣言，无论是对像我这样参加了以色列历次战争的

① Walter Laqueur and Barry Rubin (edited), *The Israel-Arab Reader: A Documentary History of the Middle East Conflict*, pp.424–425.

② 阿布·马赞又名马哈茂德·阿巴斯，1935年出生于巴勒斯坦，曾在莫斯科大学获得博士学位。阿巴斯是巴解组织执委会成员和巴勒斯坦民族解放运动（简称法塔赫）核心领导成员。作为巴勒斯坦领导人之一，阿巴斯一向被认为是巴解组织中地位仅次于阿拉法特的“二号”人物，他主张通过谈判实现和平。

军人来说，还是对以色列人民以及散居世界各地的犹太人来说都是不容易的。……我们无意报仇，我们不憎恨你们，我们同你们一样是正常人——想建立一个家，想栽一棵树，渴望爱情，希望和你们一道自由、体面、和平地生活在一起！……今天，在华盛顿的白宫，我们将在人民之间、在厌倦了战争的父母之间、在不谙战事的儿童之间开辟双边关系的新的篇章……今天我们给和平一个机会。我要对你们说：够了！我们共同祈祷：告别武力，让和平来临吧！①

在白宫草坪签署的《奥斯陆协议》的正式名称为《以色列和巴勒斯坦解放组织：临时自治安排原则宣言》(*Israel and PLO : Declaration of Principles on Interim Self-Government Agreement*)。协议的内容分17个条款：第一，谈判的目的；第二，过渡时期的自治结构；第三，选举；第四，管辖权；第五，过渡时期和最终地位谈判；第六，权力和职责的移交准备；第七，临时协议；第八，公共秩序和安全；第九，法律和军事命令；第十，以色列与巴勒斯坦联合联络委员会；十一，以色列与巴勒斯坦的经济合作；十二，同约旦与埃及的联络与合作；十三，重新部署以色列部队；十四，以色列从加沙地带和杰里科地区的撤出；十五，争端的消解；十六，以色列—巴勒斯坦有关区域计划的合作；十七，综合条款。另外，协议还有三个附件，即《选举方式和条件的议定书》、《有关以色列军队从加沙地带和杰里科地区撤出的议定书》、《经济和发展合作议定书》。协议的主要精神包括：建立一个巴勒斯坦临时自治权力机关，即经过选举产生的委员会，该委员会享有行政权、立法权和司法权，以色列军队从加沙和杰里科撤出后，便开始为期5年的过渡期，以便最终在联合国决议的基础上实现和平；巴勒斯坦自治机构的大选不得迟于原则宣言生效后9个月；双方最终地位的谈判不得迟于过渡期第三年的年初，谈判将涉及耶路撒冷、难民、定居点、边界、与邻国的关系、经济合作以及其他感兴趣的问题。②《奥斯陆协议》是中东和平进程中的重大突破，它标志着巴以双方经过长期的武力冲突之后，终于认识到谈判是解决问题的唯一可行的道路，也为恢复巴勒斯坦人的民族权利迈开了可喜的一步。为此，阿拉法特、

① Walter Laqueur and Barry Rubin (edited), *The Israel-Arad Reader : A Documentary History of the Middle East Conflict*, p.426.

② 关于《奥斯陆协议》的具体内容详见 Walter Laqueur and Barry Rubin (edited), *The Israel–Arab Reader : A Documentary History of the Middle East Conflict*, pp.413–422；中译文本参见尹崇敬：《中东问题100年》，第723—729页。

侯赛因、拉宾、阿拉法特等在《奥斯陆协议》的签字仪式上

不同寻常的握手

佩雷斯与拉宾分享了 1994 年的诺贝尔和平奖。① 可是，《奥斯陆协议》只是初步

① 霍尔斯特也进入了评委们的视线，可惜他于 1994 年 1 月 13 日突然去世，年仅 56 岁。

确立了和平的原则、框架与粗线条的时刻表，一系列具体的问题还有待于进一步磋商。用拉宾自己的话来说，协议不等于和平，而是通往和平之路的开端，80%的问题还需要谈判来解决。

10月6日，阿拉法特与拉宾在开罗会晤，宣布成立4个巴以联合委员会：部长级联络委员会负责整个谈判的指导工作；加沙地带—杰里科委员会负责落实《原则宣言》的有关规定；双边和谈委员会负责自治政府、选举等事宜；经济委员会负责讨论被占领土的重建问题。此后双方经过了长达7个月艰难的谈判，终于在1994年5月4日取得了成果。在埃及总统穆巴拉克、外长穆萨以及美国国务卿克里斯托弗和俄罗斯外长科济列夫的撮合下，阿拉法特和拉宾在开罗正式签署了《关于实施加沙—杰里科自治原则宣言的最后协议》，内容包括自协议签订之日起3周内，以色列军队从加沙—杰里科撤离，成立巴勒斯坦自治机构，悬挂巴勒斯坦旗帜、建立警察部队、发行邮票；开办电台、电视台与航空公司；开设银行并独立经营外币业务。到5月18日，以色列军队基本上从加沙—杰里科撤走，9000名巴勒斯坦警察陆续从埃及、约旦等地进入自治区并布防在加沙—杰里科。7月1日下午3点，阿拉法特结束了长达27年的流亡生活重返加沙，巴勒斯坦自治政府开始运作，12天后，阿拉法特的妻子苏哈也来到加沙定居。

按照《原则宣言》的规定，第二阶段巴勒斯坦的自治权利将扩大到约旦河西岸。经过长时间的讨价还价与针锋相对的较量，最终于1995年9月24日于埃及的塔巴（Taba）达成了《巴以关于西岸和加沙地带临时协议》（*Israeli and Palestine Authority：Interim Agreement on the West Bank and Gaza Strip*），又称《塔巴协议》。9月28日，在美国总统克林顿主持下，阿拉法特与拉宾在白宫正式签署了关于扩大巴勒斯坦自治范围的《塔巴协议》。协议签署后，巴自治范围扩大到约旦河西岸30%的地区，以色列军队将在6个月内撤出杰宁、图勒凯尔姆、纳布卢斯、卡勒吉利亚、伯利恒、拉马拉、希伯伦7个城市和450个村庄；从条约签署之日起，以色列开始分三个阶段释放关押在以色列监狱中的巴勒斯坦犯人；大约1.2万名巴勒斯坦警察将分批部署进入西岸，以加强内部安全和公共秩序；选举产生的、由82人组成的巴勒斯坦委员会将负责管理西岸和加沙居民的日常事务。《关于实施加沙—杰里科自治原则宣言的最后协议》和《巴以关于西岸和加沙地带临时协议》通常也被认为是《奥斯陆协议》的组成部分。

三、约以谈判

在巴以和谈曲折进展的同时，以色列与约旦的和谈也拉开了帷幕。1993年9月14日，即巴以《原则宣言》签署的第二天，约旦与以色列在华盛顿达成了两国实现和平的框架协议，规定了谈判的基础与主要问题。10月2日，两国建立联合经济委员会。11月，两国正式签署经济合作备忘录。此后，佩雷斯与侯赛因国王多次联络。1994年5月19日，拉宾与侯赛因国王秘密会晤，决定加快和谈进程。以色列与约旦之间的关系相对简单，其争端主要涉及未定边界上的两块领土，以及水资源的分配问题。约以两国领导人的交往由来已久，侯赛因国王的祖父阿卜杜拉国王因与以色列媾和而遭枪杀。长期以来，两国关系紧张的主要因素在于外部政治环境的制约，在约旦境内生活着150万巴勒斯坦难民，约旦总人口中有60%以上的人为巴勒斯坦人。因此，一旦巴以之间的坚冰被打破，以色列与约旦的谈判便会进展得非常顺利。7月25日，拉宾与侯赛因国王在白宫会面，曾经签署过《戴维营协议》和《原则宣言》的协议桌又被抬到了白宫玫瑰园，在克林顿的主持下，《华盛顿宣言》隆重签署，宣言宣布“两国之间的交战状态已经结束”，两国关系的基本原则已经确立，其内容为：第一，约旦和以色列的目标是在以色列及其邻国之间实现公正、持久与全面的和平，并在两国之间签订彻底的和平条约；第二，两国将继续努力，通过谈判来解决争端，以便根据安理会第242号和第338号决议的各方面规定，并根据自由、平等和公正的原则实现和平；第三，以色列尊重约旦王国目前在耶路撒冷的穆斯林圣殿的特殊作用。在谈判讨论永久性地位时，以色列将把约旦历史上对这些圣殿的作用放在最优先地位。此外双方一致同意共同努力促进三种宗教的不同信仰者之间的关系；第四，两国承认它们有和平共处以及同在可靠和公认的边界内的所有国家和平共处的权利和义务。两国声明它们尊重和承认这个地区所有国家的主权、领土完整和政治独立；第五，两国发展他们之间的睦邻关系和合作，以确保持久安全和避免在他们之间进行威胁和使用武力。①

签字仪式上，当着数百名来宾的面，侯赛因国王亲昵地拍了拍拉宾的肩膀，克林顿吃惊地问道：“你们什么时间就认识了？”拉宾想了一下，回答说：“1968

① 参见尹崇敬：《中东问题100年》，第747页。

年吧。""不，是 1969 年"，侯赛因国王作了肯定的更正。《华盛顿宣言》签署后，两国关系发展迅速，高层领导频繁会晤。10 月 26 日，在约以边界的阿拉伯谷地，由克林顿和科济列夫主持，举行了《约旦—以色列和平条约》(*Israel and Jordan: Peace Treaty*)的签字仪式，双方就领土、水资源、外交关系、宗教事务、反对恐怖主义、经济合作、难民等 7 个问题达成了协议。两国结束了长达 46 年的战争状态。条约规定：以色列将归还大约 300 平方公里的约旦领土，而约旦也归还 30 平方公里的以色列领土；以色列同意每年给约旦 5000 万立方米的淡水，并参加建造水坝的合作项目；双方合作打击恐怖主义与跨国界渗透活动；约旦将解除对以色列的经济抵制，两国保证在和约生效 6 个月内就建立自由贸易区、银行业务、投资以及其他问题达成协议。①《约旦—以色列和平条约》在以色列议会以绝对多数通过，连强硬派利库德成员也称道约以条约是"最好的条约"。11 月 1 日，约以开放边界，27 日，两国建立了大使级外交关系，约旦成为继埃及之后第二个与以色列实现关系正常化的阿拉伯国家，这在阿以关系史上确实是值得庆贺的一页。1995 年 2 月 9 日，以军撤出约旦领土。约以和约签订后的第三天，2500 名以色列人、阿拉伯人、美国人、欧洲人便云集卡萨布兰卡，畅谈区域经济合作。佩雷斯成为会议上的热点人物。②

四、和平红利

自 1991 年马德里和会召开以来，中东和平进程取得了很大进展，阿以双方都尝到了和平带来的"红利"，以色列更是最大的受益者，以色列人称赞和平为"首要的财富"。

首先，和平进程解除了阿拉伯国家的经济抵制。阿拉伯国家对以色列的经济抵制由来已久。抵制组织成立于 1951 年，隶属于阿拉伯国家联盟，总部设在大马士革。该机构的目的和任务是：采取各种措施监督、阻止成员国与以色列间的直接贸易。该组织成立了禁运办事处，并向世界各大国派驻了联络官，一旦发现某一企业私自与以色列做生意，联合抵制机构将其列入"黑名单"，督促阿拉

---

① 参见尹崇敬：《中东问题 100 年》，第 750 页。

② Martin Gilbert, *Israel: A History*, p.576.

伯国家采取一致行动在经济上封锁该企业，使之无法生存和发展。长期以来，阿拉伯国家的抵制运动成了以色列发展经济的巨大障碍之一。据以色列官方报纸透露说，40多年来由于阿拉伯国家的联合抵制使以色列蒙受的经济损失累计达450亿美元，并使国际社会减少了对以色列240亿美元的投资。

当然，即使在对立的年代里，仍然有一部分以色列商品进入阿拉伯市场，主要产品有干鲜果品、蔬菜、家用电器、电子仪器等。这些商品有的是通过第三国的帮助进入的，如以色列的货船挂着别国的旗帜，躲开检查，在公海上把货物卸到第三国船上，经过第三国进行包装，贴上一家莫须有的商标，运往阿拉伯市场；有的以色列商品是通过黎巴嫩和约旦边界走私运到阿拉伯国家。然而，这种秘密交易不仅给双方带来了诸多不便，而且规模与效益也极为有限。只有在中东和平进程启动之后，特别是《奥斯陆协议》签订以来，双方的经贸关系才有了大的转折。约旦是第一个采取大胆行动的国家，它于1994年10月26日与以色列签署和平协议后，便放弃了抵制行为。海湾合作委员会的成员国沙特、阿联酋、卡塔尔、科威特、巴林也发表宣言，表示支持重新审查对以色列的禁运，取消对和以色列做生意的外贸公司的制裁。西方报纸也评论说：和平协议使联合抵制成为一纸空文，阿以经贸往来出现了前所未有的新气象。到1996年12月，以色列从约旦的进、出口额也分别提高到每月150万美元和250万美元，对水泵、药品、汽油过滤器等商品的进出口完全免税，对食糖、塑料管、服装、纺织品实行部分减免。

其次，和平进程营造了良好的投资环境。以色列经济一直依赖于外资而发展，和平进程更为以色列创造了良好的外资投资环境。由于以色列对和平进程的积极态度，美国政府于1992年提供了100亿美元的巨额贷款作为担保援助，从而大大增加了国际社会对以色列的信任度。据以色列银行统计，1991年外国在以色列的投资额为21亿美元，1992年上升为58亿美元（其中包括政府在国外发行的股票、债券等）。1993年，外国公司在以色列的直接投资（不包括股票投资）为7.56亿美元，1994年为10亿美元。据外电报道，在加沙—杰里科自治协议签订后的一段时间里，每周都有日本、韩国、美国、法国等地的企业集团在以色列投资或设立分公司。1995年，外国公司对以色列的投资更为火爆，一些影响世界的大财团纷纷开展投资业务，如美国的英特尔公司决定在以色列南部建立一座耗资16亿的半导体工厂，这是以色列所获得的最大一笔外国私人投资；德国大众公司与死海工程公司合作，准备投资6亿美元建造一座镁加工厂；美国沙姆罗克公司以 2.5 亿美元购买了以色列库尔集团公司的 22% 的股份；富豪公司购买了以色列最大的汽车制造公司梅卡维姆公司 50% 的股份；英国的玛奇公司以 3 亿美元购买了兰内特公司；瑞士的雀巢公司购买了以色列最大的食品公司奥赛姆公司 10% 的股份。1990 年，外国在以色列的直接投资达到了 27 亿美元，创历史最高纪录。用一位以色列高级官员的话来说："和平进程消除了多国公司的忧虑，他们不再对阿拉伯国家的抵制而感到不安。"

再次，和平进程促进了地区经济合作。随着政治谈判的进行，中东国家的经济合作逐步展开。1993 年底，以色列前总理佩雷斯推出了《新中东》一书，提出了以以色列为龙头，在中东建立区域合作组织的构想。佩雷斯写道："区域组织是实现和平与安全的关键，并将促进民主化、经济发展、民族兴盛和个人富裕"，"中东共同的敌人是贫穷"，"只有形成一个多国参加的伞形组织，才能建立共同的高技术灌溉系统，而这种系统对于制止沙漠的扩大，使各国得以为本国人口生产足够的粮食并创造足够的就业机会，都是必不可少的。只有采取现实的、区域性的态度，才能充分发挥世界上这个地区的丰富的旅游和公共通讯潜力，使本地区的人民实现繁荣。"① 佩雷斯提出的建立"中东经济区"的设想引起了美国的极大兴趣，在美国的大力支持下，1994 年 10 月和 1995 年 10 月在摩洛哥的卡萨布兰卡和约旦首都安曼召开了两届"中东北非经济首脑会议"，会上洋溢着乐观和友好的气氛，以、约、埃、巴之间进行了广泛的经济磋商，并达成了 7 个项目的协议，其中包括埃及向以色列出口天然气、共同开发约旦河谷、建立红海与死海旅游区、修建 3 条高速公路等。在第二届中东北非首脑会议上，还决定建立资金为 100 亿美元的中东北非经济开发和合作银行，为区域经济合作发展项目提供资金保证。就此后的发展情况而言，以色列与约旦、埃及、土耳其的区域合作成效较大。以色列与约旦的合作项目涉及水源、工业、交通、旅游、电力等方面；与埃及的合作包括天然气、石油、电力网、海岸铁路、近海海底光纤电缆、水产养殖等；与土耳其的合作倾向于军事、水源等方面。

最后，和平进程及区域经济合作将促使以色列成为中东地区贸易和运输的枢纽、经济文化的中心。英国海外公司的一位董事长洛德斯·特林曾说："很多

① 西蒙·佩雷斯：《新中东》，辛华译，新华出版社 1994 年版，第 53—54 页。

实业界人士把以色列看作本地区经济发展的支柱，我们正在展望今后二三十年的前景。”①

五、国王广场上的枪声

在中东地区，以暴力与恐怖为基本特征的民族极端主义势力作为一种强大的暗流，自始至终威胁着和平进程，而且和平果实越大，反和平的逆流就越盛，萨达特的遇害就是明显的例证。《奥斯陆协议》签订以后，以色列国内的反和平力量主要包括超级鹰派人物、狂热的民族主义者、极端宗教主义者，其中许多人就生活在加沙与西岸的定居点里。巴勒斯坦方面的反和平势力主要有巴解组织中的“人阵”、“民阵”、“哈马斯”等伊斯兰极端组织，另外伊拉克、伊朗、叙利亚等激进国家也反对中东和平。1994 年 2 月 25 日，一位 38 岁的以色列上尉军医戈尔斯坦持着冲锋枪混入希伯伦的易卜拉辛清真寺，当场打死 29 位祈祷者，上百人受伤。②“希伯伦惨案”震惊了全世界，阿拉伯方面宣布中止正在华盛顿举行的第 12 轮双边会谈，联合国安理会于 3 月 18 日通过第 904 号决议，对屠杀事件进行谴责，拉宾称惨案是“犹太民族和以色列国的耻辱”，以色列成立了调查委员会，解除了一些犹太极端分子的武装。

阿拉伯方面，哈马斯也发起了一系列针对和平进程的绑架、袭击、自杀性爆炸活动，而且得到国际上的大量资助。据统计，1993 年哈马斯从伊朗得到了 30 万美元，以后每年增加，从沙特每年可得到数百万美元的资助，而且哈马斯在巴勒斯坦民众中的支持率呈上升趋势。③“希伯伦惨案”发生后，4 月 6 日，哈马斯分子在奥夫拉制造爆炸，杀害了 6 名以色列人，7 天之后，哈德拉再度发生自杀性事件，造成 6 人死亡，并扬言要替希伯伦死难者报仇。

1994 年 10 月 19 日，特拉维夫一辆公共汽车发生自杀性爆炸，造成 22 名以色列人死亡。1995 年 1 月 24 日，一位巴勒斯坦人在维塔尼亚的汽车站制造爆炸，22 人死亡，近 80 人受伤。

《塔巴协议》签订后，一个巴勒斯坦国的雏形已经出现，以色列国内的极端

---

① ［英］《金融时报》，1995 年 10 月 23 日。

② Martin Gilbert, *Israel*：*A History,* p. 569.

③ Shaul Mishal and Avaham Sela, *The Palestinian Hamas,* Columbia University Press, 2000, p. 13.

民族主义者和狂热宗教信徒对拉宾的仇视也到了无以复加的程度，他们公开指责拉宾是“可耻的背叛者”、“卖国贼”、“廉价出卖上帝应许之地的人。”工党的阁员们也不断受到右翼势力的人身攻击和威胁。为了防止暴力事件，拉宾为部长们增派了保镖与防弹车，而他自己却不穿防弹衣，总理的保安部队一直把阿拉伯激进势力作为防范的重点。

1995年11月4日，一个不平静的夜晚，这一天是星期六，犹太教的安息日。特拉维夫的国王广场（后改名为拉宾广场）10万市民隆重集会，集会是由“支持和谈、结束以阿争端总委员会”组织的，宣传口号是“要和平，不要暴力”。7时左右，人群中发出了阵阵欢呼声，拉宾总理在外长佩雷斯和其他内阁成员的陪同下，出现在公众面前。面对情绪热烈的人潮，满头白发、精神饱满的拉宾开始演讲，他那洪亮而富有魅力的男低音随着晚风回荡在广场上空：

> 请允许我说，我被感动了。我想感谢你们每一位，你们今天来到这里是要表明反对暴力、寻求和平的立场。我有幸与我的朋友西蒙·佩雷斯一同领导这个政府，决心给和平一个机会——一个会解决以色列的绝大部分问题的和平。
>
> 作为一个军人我曾有27年的戎马生涯。只要没有和平的机会，我将一

拉宾与佩雷斯在和平聚会上

直战斗。今天，我相信有了和平的机会，一个绝好的时机。我们必须把握这一时机，这是为了站在这里的人们，同时也为了没有到场的人——而且他们是大多数。

我一直深信，绝大多数人民需要和平，并且准备为和平而承担风险。今天我们来这里集会，你们与很多没有与会的人共同证明：人民是真正渴望和平、反对暴力的。暴力正在瓦解以色列民主的基础，必须予以谴责和孤立。暴力不是以色列的治国之道。民主政体中会有分歧，但是最终将由民主选举来决定。1992 年的选举就授权我们去进行现在正从事的工作，而且还要在这一道路上继续前行。

我还要说，我为这一事实而骄傲：与我们和平相处的国家的代表们也与我们一起在这里，并且还将与我们在一起。这些国家是埃及、约旦和摩洛哥，他们为我们打开了和平之路。我要感谢埃及总统、约旦国王和摩洛哥国王——他们的代表今天就在这里——对他们在我们向和平的进军中所给予的合作表示感谢。

但是，更为重要的是，在这个政府存在的三年多时间中，以色列人民已经证明了实现和平是可能的，和平开创了改善经济和社会的道路，但和平不仅仅是一个祈祷。和平是我们最先祈祷的，同时它也是犹太人民的渴望，对和平真诚的渴望。

和平的敌人想要伤害我们，从而破坏和平进程。我要坦率地说，我们在巴勒斯坦人中也找到了一位为和平而合作的伙伴：巴勒斯坦解放组织。它过去是我们的敌人，现在已经不再从事恐怖主义活动。寻求和平而没有伙伴，就不会有和平。我们将要求他们为实现和平而尽其所能，正如我们将会为和平而尽己所能一样，目的是为解决阿以冲突中最复杂、最持久并最具感情色彩的方面：巴勒斯坦—以色列冲突。

这是一条充满困难和痛苦的道路。对于以色列，没有痛苦的道路是不存在的。但是和平之路比战争之路更为可取。我之所以对你们说出此话，是因为我曾经是一名军人，而作为现任国防部长仍在目睹国防军士兵家庭的痛苦。为了他们的缘故，为了我们的子孙后代，我要求本届政府去尽一切努力、抓住每一个机会，去促进并赢得一个全面的和平。

这次集会必将给以色利公众、全世界所有犹太社团、阿拉伯世界的大多数人民，而且确实是给全世界传递这样一个信息：以色列人民需要和平，支持和平。为此，我感谢你们。①

演讲之后拉宾从口袋中取出了《和平之歌》的歌词，与全场群众一起高唱：

让太阳升起，让清晨洒满光明。
最圣洁的祈祷也无法使他们复生。
生命之火被熄灭的人，
血肉之躯被埋入黄土的人，
悲痛的泪水无法将他唤醒，
也无法使他复生。
无论什么人，
无论是胜利的欢乐，
还是光荣的赞歌，
都不能使他从黑暗的深渊中，
回到世上与我们重逢。
因此，唱一首和平之歌吧，
不要低声地祈求神灵。
引吭高唱和平之歌吧，
这才是我们最应当做的事情。

世界上最隆重的葬礼

① Walter Laqueur and Barry Rubin (ed.), *The Israel-Arab Reader: A Documentary History of the Middle East Conflict*, pp. 521–522.

10万人放开歌喉，发出海啸般的声音，台上台下热烈激动的情绪将集会推向最高潮。拉宾转过身，张开双臂，与站在身边的外长佩雷斯紧紧拥抱在一起。当集会结束拉宾走向停车场时，早已潜伏的凶手、27岁的巴-伊兰大学的学生伊格尔·阿米尔把他那闪着寒光的左轮手枪对准了拉宾。拉宾应声倒下，一个小时后，即1995年11月4日23时11分，北京时间1995年11月5日凌晨5时11分，浑身浸透鲜血的拉宾在手术台上逝世，他的同事们从他上衣的口袋里掏出了染着血迹的《和平之歌》。以色列总理办公厅随即向全世界宣布："以色列政府深切悲哀极度震惊地宣告：总理拉宾遇刺身亡。"当噩耗传到美国的时候，克林顿总统情不自禁地跑到白宫前的草坪上，他痛心不已、神情悲哀，嘴里迸出了两个希伯来字：Shalom，haver（再见，朋友）！当天，以色列内阁举行紧急会议，决定由外交部长佩雷斯任代总理，宣布全国哀悼；定于11月6日下午2时整，为拉宾举行国葬。5日，拉宾的灵柩被运送到耶路撒冷的议会广场，从当天下午2时到6日上午11时，来自全国各地的100万群众来与拉宾告别。

11月6日，全世界最隆重的葬礼在耶路撒冷的赫茨尔国家公墓举行。来自80多个国家的国家元首、政府首脑、特别代表以及以色列各界人士5000多人参加了葬礼。约旦国王侯赛因来了，44年前在距离拉宾墓地不足两英里处的阿克萨清真寺，16岁的侯赛因曾目睹了他的祖父阿卜杜拉国王被暗杀的惨状，从此耶路撒冷留给他的是十分苍凉的记忆；萨达特的继任者埃及总统穆巴拉克来了，拉宾生前多次邀请穆巴拉克访问耶路撒冷，他都谢绝了，几周之前在访问埃塞俄比亚的时候，他也险些被暗杀，可这一次他不想再错过为拉宾送行的机会。

六、佩雷斯执政

拉宾走后，佩雷斯被推上前台，两周之后，组成了新的政府，大部分部长延续旧职。也许是突如其来的国民之灾激发了更多人的思考，也许是殉难者的鲜血净化了人们的灵魂，以色列国内对和平的支持率猛增，《塔巴协议》开始执行。按照协议，11月13日以色列军队要撤出杰宁；12月10日撤出图勒凯尔姆；12月11日撤出纳布卢斯；12月16日撤出卡勒吉利亚；12月21日撤出伯利恒；12月27日撤出拉马拉。到1995年底，以军已经完全撤离上述6个城市，只有希伯伦的撤军工作没有真正进行。1996年1月2日，巴勒斯坦中央委员会在拉马拉宣布：大选竞选活动开始，有20多个政党参与竞选。1月20日，巴勒斯坦的100万选民进行了首次大选，来自30多个国家（包括中国）的观察员参加了观察与监督工作。选出了由88人组成的巴勒斯坦全国委员会，阿拉法特以87.1%的高额选票当选为巴勒斯坦民族权力机构主席。按照《塔巴协议》的规定，4月24日，巴勒斯坦全国委员会以2/3的多数票通过决议，取消了《国民宪章》中有关消灭以色列的条款。

与此同时，佩雷斯还积极推动了与叙利亚的谈判。11月19日，佩雷斯把一封亲笔信交给了中东特使丹尼斯·罗斯，让他转给阿萨德总统，表示了和谈的意愿与思路，叙利亚给予了积极的响应，双方把和谈日期定在了1995年12月，美国还是当然的调解人。

在积极保持和平成果的同时，佩雷斯平衡党内各派势力，维护党内团结，并寻求与利库德集团的某种妥协。拉宾遇害以后，利库德集团背上了“教唆暴力”的罪名，在民众中处于比较孤立的地位，因此也急于改善与工党的关系，对于佩雷斯的缓和意向给予了积极的反应。种种迹象表明，工党很有可能获得下一届大选，以色列民意测验表明，工党的支持率高达70%，高于利库德20个百分点，在此情况下，佩雷斯于1996年2月宣布：把当年的大选由11月份提前到5月份。

然而，面临大选的佩雷斯似乎总是难以摆脱命运的捉弄。仅仅几周之后，一系列突发事件使他的支持率直线下降。2月25日，发生在耶路撒冷的哈马斯爆炸案杀害了24名以色列人，同一天，阿什克隆也发生了爆炸，24小时以后，耶路撒冷又一起汽车爆炸案，夺取了18人的生命，然后，爆炸延续到特拉维夫，短期内有60多位以色列人丧生，200多人受伤。与此同时，黎巴嫩南部的真主党加紧了对以色列的袭击，为争取选民的支持，佩雷斯于4月11日发起了以“愤怒的葡萄”（Grapes of Wrath）命名的军事行动，18日，由于人为错误，导致了对平民区的袭击，造成105位平民死亡，毁坏了大量民用设施。袭击行动还从黎巴嫩南部延伸到贝鲁特，甚至殃及联合国维和部队的基地。① 国际社会对此反应强烈，佩雷斯威信大降。5月29日，大选如期举行，但获取总理宝座的不是佩雷斯，而是利库德集团的内塔尼亚胡。

① Ahron Bregman, *A History of Israel,* p. 253.

第三节 政坛黑马

一、内塔尼亚胡赢得大选

本雅明·内塔尼亚胡1949年10月21日出生于特拉维夫，成长于耶路撒冷。其父亲本锡安·内塔尼亚胡和母亲希拉早年从立陶宛移居美国。1948年迁居以色列。他曾参加了“六日战争”与1968年夜袭贝鲁特的行动。在1972年的一次营救人质行动中负伤，并获上尉军衔。1973—1975年他在美国麻省理工学院建筑和商业管理系学习，获得建筑学学士、工商管理硕士学位。毕业后在美国波士顿一家咨询公司任高级职员。1976年，他的哥哥、以色列军队中最优秀的军官约拿单·内塔尼亚胡上校，因参加在乌干达的解救人质行动而牺牲。内塔尼亚胡内心受到极大震动，从此立志与恐怖主义作斗争。1979年，内塔尼亚胡在耶路撒冷发起成立以他哥哥的名字命名的“约拿单研究所”，并筹措资金召开了国际反恐会议。这一年，他出版了《国际恐怖主义：挑战与回应》。由于内塔尼亚胡的专业特长以及他那美国式的干练与果断的气质，得到了利库德集团核心人物摩西·阿伦斯的赏识。1982年，阿伦斯担任驻美大使后，就邀请内塔尼亚胡担任大使副手。从此，内塔尼亚胡青云直上。1984年，担任外长的阿伦斯又任命内塔尼亚胡出任以色列驻联合国大使，在这四年任期内，他作为一名出色的演讲者、杰出的辩论者与热诚的活动家，为以色列获取国际舆论的理解与支持作出了贡献，内塔尼亚胡还不失时机地对美国公众宣传以色列人的安全观。这一时期，内塔尼亚胡继续研究国际恐怖主义，1984年，在华盛顿组织了第二次国际反恐会议，并于1986年出版了《恐怖活动：西方如何获胜》一书。1988年回以色列不久，内塔尼亚胡代表利库德当选为议员，1988—1991年任以色列外交部副部长，海湾战争期间，他是以色列政府发言人。1991—1992年调任总理府副部长。1993年，内塔尼亚胡与利维竞选利库德集团领导人，并获得成功。

拉宾遇害以后，利库德集团的处境极其尴尬，内塔尼亚胡的支持率也非常低，但一系列突发事件的发生，使佩雷斯政府措手不及，也为内塔尼亚胡带来了机会。内塔尼亚胡多次向以色列人表明，只有他才有决心“缔结有安全保证的和平”，强调和平必须以安全为前提。

1996 年 5 月 29 日，以色列举行了第 14 届议会选举。选举结果是工党在议会中获得了 34 个席位，比利库德多出两席。但是，以色列政府曾在 1992 年通过了《基本法：直选总理法》的议会改革方案，经过各方协商同意决定在 1996 年第一次实施总理直接选举。在争夺总理职位的直接选举中内塔尼亚胡以 50.4% 对 49.5% 的微弱多数胜了佩雷斯，成为以色列历史上第一位全民直选总理，也是以色列历史上最年轻的总理。内塔尼亚胡的当选说明了在和平进程发展迅速、而国内安全状况并未改变的情况下，一些以色列人的心态失衡，他们渴望新的政府能带来新的安全环境。

二、危机四伏的政府

内塔尼亚胡在其施政纲领中明确宣布：反对建立独立的巴勒斯坦国；反对巴勒斯坦难民回到以色列；反对分裂耶路撒冷而保证其成为以色列永恒的首都；以色列安全部队应享有随时进入巴安全区逮捕恐怖分子的权利；反对归还戈兰高地等。当然，其政策的核心是要以“以安全换和平”来取代“以土地换和平”，而后者是中东和平的基本支撑点。在上述主导思想的支配下，内塔尼亚胡政府在短期内采取了一系列的强硬政策。7 月 26 日，以色列要求巴勒斯坦立法机关关闭在耶路撒冷的三个办事处；8 月 2 日，内塔尼亚胡不顾工党阁员的反对，宣布解冻工党时期对定居点的冻结；8 月 25 日，开始在西岸建房，接着在东耶路撒冷摧毁了巴方的一座建筑物。9 月 24 日，内塔尼亚胡政府不顾巴勒斯坦人的宗教感情，擅自决定开通耶路撒冷老城圣殿山下面的隧道，而隧道的位置与阿克萨清真寺十

内塔尼亚胡和阿拉法特在华盛顿不愉快的会谈之后

分接近，圣殿山的归属问题历来是巴以双方争执的一个死结，内塔尼亚胡政府的做法无异于火上浇油，立即引发了持续数日的大规模流血冲突，造成15名以色列士兵与80多位巴勒斯坦人死亡，伤者近千，这一事件导致了巴以谈判搁浅。

内塔尼亚胡背后的强力支持者是以色列的宗教势力。1996年以前，不管宗教党的力量如何组合，在议会中所占的席位一直介于13—18席之间，也就是说最高只占议会总席位的15%。但在14届议会选举中，宗教党的议席从上届的16席增至23席，其中沙斯党独得10席，全国宗教党得了9席。从政治倾向上看，以色列宗教党有支持利库德的传统。内塔尼亚胡在竞选过程中得到了正统派大拉比埃拉扎尔·沙赫的全力支持，大拉比号召宗教信徒支持利库德。宗教党强烈要求保持犹太价值观，极力阻碍以土地换和平，被内塔尼亚胡称为“天然盟友”。

内塔尼亚胡上台后，希伯伦撤军问题引起了普遍的关注，根据《塔巴协议》和巴以双方所拟订的时间表，以军要在一定的时间内撤出希伯伦市，后来由于恐怖袭击与大选的举行，希伯伦问题被暂时搁置起来，但以方答应大选后解决。内塔尼亚胡上台后，拒不兑现前政府许下的诺言和执行已签订的协议，声称过去签署的有关希伯伦问题协议条款满足不了犹太移民的安全需求，必须重新谈判并修改协议，以国防部长莫迪凯曾前往希伯伦市现场视察，并拟订了一份“修改方案”。1996年10月起，在内塔尼亚胡与阿拉法特的多次秘密会晤中，都就希伯伦问题进行谈判，因分歧太大，没有达成协议。

1997年1月，在希伯伦发生了以色列士兵随意开枪打死巴勒斯坦平民的事件，再度引起国际舆论的谴责。刚刚获得连任的克林顿总统派遣中东特使丹尼斯·罗斯前往中东，向内塔尼亚胡施加压力。与此同时，以色列国内的民意测验也表明，内塔尼亚胡的不信任者达到了49%，51%的人支持从西岸继续撤军。1月15日，在内塔尼亚胡与阿拉法特的第四次会谈中，终于签署了《希伯伦协议》，其主要内容为：以色列军队将在协议签订后的10天内完成对希伯伦的重新布置，以军要撤离80%的希伯伦土地，将其交给巴勒斯坦权力机构，巴勒斯坦方面可以在希伯伦布置400名警察，其余20%的领土以及450名定居者的安全管理继续由以色列负责，以色列军队撤出希伯伦后，使得巴勒斯坦全部和部分控制区（A区和B区）的面积将达到西岸总面积的27%。在协议的附件内双方重申遵守《塔巴协议》，以色列承诺从3月7日起分三个阶段撤离西岸农村，撤离工作于1998年完成；希伯伦撤军两个月后开始永久地位的谈判；巴方承诺要加强安全合作，有步骤地打击恐怖行为。[1]《希伯伦协议》虽然签订了，但人们普遍担心，内塔尼亚胡签约的动机是出于真诚的和平心愿，还是仅仅为了应对各种压力的策略而已。当协议递交到以色列国会的时候，虽然以87票赞成、15票反对、15票弃权的结果得以通过，但强硬派的反对之声甚嚣尘上。也许是为了抚慰利库德集团中的右翼，内塔尼亚胡政府于2月28日在最高法院的支持下作出决议，要在东耶路撒冷启动哈尔霍马定居点工程。哈尔霍马被阿拉伯人称为格贝尔阿布–格尼姆，该地区由三个小山丘组成，这里有犹太人居住、也有阿拉伯人居住，他们长期因为土地归属问题而发生纠纷，山丘的附近还有两个阿拉伯人的村庄。内塔尼亚胡政府决定在哈尔霍马为犹太人建立6500套住房，供3.2万人定居，同时也批准修建3015套阿拉伯人住宅，该项目是“统一的耶路撒冷整体建设”工程的一部分，如果该工程完工，将隔断耶路撒冷与希伯伦之间的联系，从而加大耶路撒冷的“犹太化”成分。[2]阿拉伯人强烈反对，联大召开紧急会议，通过决议谴责以色列的定居点工程计划，吁请以色列不要在最终地位谈判之前，采取任何措施改变耶路撒冷的现状，而要执行以往达成的各项协议。

哈尔霍马事件发生后，巴勒斯坦中断了与以色列的谈判。3月21日，哈马斯在特拉维夫再次发起了自杀性爆炸，造成了4名以色列人丧生，46人受伤。7月30日，两位哈马斯分子在耶路撒冷的马哈尼·耶胡达市场制造自杀性爆炸事件，造成了16人死亡，160人受伤。作为对恐怖事件的反击，以色列不仅封闭了巴勒斯坦工人进入以色列的所有通道，而且加强了对巴勒斯坦的经济封锁，拒绝执行《奥斯陆协议》中所规定的向巴勒斯坦权力机构移交税款和增值税支付，财政冻结的后果导致巴勒斯坦权力机构失去了60%的资金来源。

自内塔尼亚胡执政以来，以色列的和平主义者也发起了广泛的宣传活动，抗议暴力，呼吁和解。一些知识分子为以色列社会的分裂与动荡而深感忧虑。不少有识之士联合起来，批评政府对巴勒斯坦人的高压政策瓦解了以色列民主性与宽容性，从而损害了犹太人的形象。进入国会前曾经是耶路撒冷希伯来大学教授的内奥米·沙赞尖锐地说道：

以色列人没有权利再这样拿巴勒斯坦人的生命当儿戏，尤其是根据我们

① Walter Laqueur and Barry Rubin (edited.), *The Israel-Arab Reader: A Documentary History of the Middle East Conflict*, pp. 522–523.

② Rassem Khamaisi, *Setting the Land: A Pattern in Domination, Palestine–Israel Journal*, Vol. VII, No.3 & 4, p. 83.

的历史与基本的价值观，我们不能为把巴勒斯坦人赶出家园而作辩护了！

这种压迫政策必须结束！那些被驱赶出家园、与家人分离的人必须返回！

巴以谈判破裂以后，阿拉法特的处境也越来越艰难。他把推进谈判的任务交给了巴勒斯坦委员会议长阿巴斯。1998 年 5 月阿巴斯访问美国，在罗斯的引见下与美国国务卿奥尔布莱特有了接触。7 月 7 日，第 52 届联大通过了提高巴勒斯坦在联合国地位的决议，根据决议，巴勒斯坦代表可作为观察员参加联大一般性辩论、并按照联大程序就所有问题作出发言与答复。内塔尼亚胡提出抗议，认为联合国决议违背了《奥斯陆协议》。而巴勒斯坦方面再度伸出橄榄枝，表示愿意就美国提出的撤军建议进行具体谈判。这时急需要用成就感来安慰其选民的内塔尼亚胡决定接受谈判。经过 9 天的唇枪舌剑之后，10 月 23 日终于从美国马里兰州的怀伊种植园传来了喜讯：在克林顿与侯赛因国王的艰难周旋下，内塔尼亚胡与阿拉法特终于签署了《怀伊备忘录》。协议的要点如下：

以色列将在 12 周内分三个阶段从约旦河西岸 13% 的领土撤出；以色列还将完全撤离现在由双方共同控制的 14.2% 的土地，到和平进程结束时，巴勒斯坦当局将控制 40% 的西岸土地与大约 60% 的加沙地带；以色列将分三批释放被关押的 3500 名巴勒斯坦人中的 750 人，释放行动在协议签字之日起立即生效；巴勒斯坦将加强在约旦河西岸的反恐怖措施，在美国中央情报局的监督下，在时间表规定的期限内逮捕恐怖嫌疑分子和收缴武器；在以色列开始撤退的两个月内巴勒斯坦全国委员会和其他团体召开会议讨论取消 1964 年宪章中的反以条款，美国总统克林顿将出席会议；加沙的巴勒斯坦机场将开放；以色列重申《奥斯陆协议》中所承担的义务，允许加沙开放一个海港，但实施该计划的时间表要在以后的会谈中来确定；双方政府批准临时和平协议后，以色列和巴勒斯坦将开始就包括耶路撒冷地位在内的问题举行最后阶段谈判。①

《怀伊备忘录》是在巴以和谈中止 19 个月以后取得的一大进展。国际社会给予了热烈的回应。联合国秘书长安南和第 53 届联合国大会主席奥佩蒂分别通过发言人发表声明，对巴勒斯坦和以色列刚刚达成的“以土地换和平”的临时协议

① Walter Laqueur and Barry Rubin（edited.）, *The Israel-Arab Reader: A Documentary History of the Middle East Conflict*, pp. 529–534.

表示祝贺。

巴以谈判期间，正在美国治疗淋巴癌的侯赛因国王多次来到谈判桌前，22日上午他再度对代表们说："即使我快要闭上眼睛，但我还会来到这里，为和平尽一份力量"。23日下午4点20分，在巴、以、美三方代表举行签字仪式的时候，侯赛因作为见证人也坐在主席台上，尽管他非常虚弱憔悴，头发稀疏（因化疗而导致），但由衷的微笑始终挂在他那和善的脸庞上。他在致辞中说："我们争吵过，我们也和解过；我们友好过，也不友好过；但是，我们没有权利通过不负责任和狭隘的举动来决定我们的子孙，以及子孙之子孙的未来。"仅仅3个多月之后，侯赛因国王便在安曼走完了他63岁的人生旅程。

然而，《怀伊备忘录》也同样没有带来人们所期待的和平局面，巴以内部的强硬派都不满意于现有条款。巴勒斯坦反对派指责阿拉法特软弱无能，连关押在以色列监狱中的受害者都不能完全救出；以色列方面的强硬派则攻击说，再从西岸撤出13%的领土会对以色列人构成致命的危险。由于以色列政府在撤军问题上打折扣，再加上内部发生危机、提前大选等因素，《怀伊备忘录》成为一纸空文。

三、经济受挫

1994年9月，以色列政府公布了《1995—2000年以色列经济多年规划》，把经济体制改革与谋取和平红利作为经济发展的目标，具体措施包括：继续紧缩财政预算，降低政府赤字；继续降低税收，把税收与国内生产总值的比例由40%降至36.5%；推行私有化改革，进一步开放劳动力市场；减少政府对经济的干预；继续推行贸易自由化及外汇制度的自由化；加强地区经济合作，利用以色列在科技、资金及地理方面的优势，促进经济的地区化与国际化等。1995年以色列经济仍保持了良好的发展势头，但1996年5月，利库德集团取代了工党之后，随着和平进程的搁浅，以色列经济也随之出现了波折。

内塔尼亚胡上台之时，在总理办公室颁发的《以色列新政府施政纲领》中曾表示要发动一场自由经济改革，进一步实现高度的现代化。施政纲领所提出的11条经济改革举措与《1995—2000年以色列经济多年规划》的基本精神相一致。显然，内塔尼亚胡下决心把经济改革作为政府工作的重点。英国《金融时报》还就此评论说：这位以色列最年轻的总理渴望标新立异，想以发展经济来赢得人心，争取在2000年的总理选举中再次当选。然而，一切内政改革都少不了稳定的政治环境，由于和平受挫，局势不稳，内塔尼亚胡所期待的经济繁荣并没有出现，人民并没有尝到自由革命的果实。内塔尼亚胡政府曾表示要把通货膨胀率控制在一位数之内，可实际上到1997年的8月份已达到10.5%，1997年年底已接近12%，而且还大有上升的趋势。前工党政府曾在减少失业率方面作了极大的努力，把失业率从1992年的11.5%减少到1996年初的6.6%。可是，内塔尼亚胡政府执政一个月后，失业率就增至7.1%，人数达11.6万，是自1993年以来失业人数最多的一个月。随着经济指标的变化，特拉维夫股票交易所股票价格下跌，许多以色列人把退休基金兑成现金从股市上撤走，从而影响了政府的金融体制。由于政府大幅度削减子女的补助金，并征收医疗费，提高公共交通费，从而使许多家庭受到冲击。影响很大的犹太工人总工会呼吁工人罢工。在种种因素的作用下，以色列经济增长率减慢。由1990—1995年的平均6%降至4%左右。一些实业界人士公开对政府的经济政策表示不信任。到1999年大选前，以色列的经济增长率已经下降到不足1.5%，创10年来最低纪录，失业率接近10%，约有23万人失业，72万人处于贫困线以下，以色列货币在短短的一年中就贬值了20%。①

与此同时，以色列与阿拉伯邻国的经济关系发生突变，友好合作的气氛被打乱，敌视和抵触情绪增长，原来的合作项目大都停止运作。就天然气而言，以色列本来可以同阿拉伯国家达成交易，由于和平进程受阻，这一可能性也就随之消失了。由美国阿莫科石油公司所支持的铺设向以色列出口埃及天然气的“和平管道”已实际上停止了。以色列不得不就天然气问题与俄罗斯和挪威举行谈判，寻找新的进口途径。埃及企业家协会的塔梅尔·纳赛尔对路透社的记者表示，在工党执政的年头里，埃及企业家协会与以色列企业家协会有过多次接触，双方保持着良好的印象，双方合作的潜力很大。可现在，缺乏应有的政治气候，根本谈不上进一步的合作。同时，在中东地区建立经济合作开发银行、建立地区性电网以及修建公路与铁路的计划也都停滞不前。

1997年，外商的投资热情明显降低，许多公司不再贸然行动了。以色列工人银行（以色列最大的银行）的一位负责国际关系事务的官员说：“以色列不再

① June 5. 1998.

被视为多国公司在中东的理想活动基地。外国投资者最担心的莫过于政治上的不稳，他们不再知道这个地区向哪个方向发展。而在前届政府当政时，和平已遥遥在望。”[①]这位官员还强调说，以色列之所以正在失去它曾经拥有的国际投资，因为它被列入了“危险国家”的行列。驻以色列的欧洲各国银行和公司所聘用的律师埃坦·利拉兹也总结说：那些把赌注压在和平进程上的各大跨国公司由于风险增加而不愿作出新的重大投资。1998 年，内塔尼亚胡政府把保持收支平衡、降低赤字、刺激增长作为主要的经济政策，但由于公共需求持续疲软、外国投资的减少以及东南亚经济危机余震的影响，并没有达到预想的结果。

与此同时，随着阿以关系的恶化，内塔尼亚胡与反对派的对立也越来越明朗化，致使联合政府内部矛盾重重。1998 年 1 月 4 日，外长戴维·利维因与内塔尼亚胡在有关中东和平进程和削减预算问题上的矛盾公开化，遂愤然提出辞职。4 月，特拉维夫市市长罗尼·米洛宣布辞职。怀伊协议受挫后，工党与梅雷兹党议员联合提出了解散议会、提前大选的议案，并于 12 月底在议会中获得通过。1999 年 1 月，国防部长伊扎克·莫迪凯因挑战内塔尼亚胡而被解除职务。5 月 17 日，以色列举行了第 15 届议会选举，工党大胜，内塔尼亚胡失去了总理宝座。

第四节　工党余辉

一、第十五届议会选举

1999 年 5 月 17 日，以色列的大选如期举行，和以往的选举所不同的是，这次的选举结果与选前预测非常吻合，内塔尼亚胡赢得有效选票的 43.9% ；埃胡德·巴拉克获得有效选票的 56.1%。当晚，拉宾的遗孀利亚出现在电视屏幕上，她充满深情地说：“三年来，我们一直在迷雾中行走，现在，天空就要放晴了。”

巴拉克是巴勒斯坦土生土长的犹太人，父母是来自东欧的移民，充满了社会

① 转引自《参考消息》，1997 年 4 月 12 日。

主义理想与建设民族家园的热情。1942年他出生在游览胜地内坦亚海滨米什马－沙隆基布兹，原名埃胡德·布鲁格，后来这位倔犟的男孩把自己的姓氏布鲁格改为巴拉克，“巴拉克”一词在希伯来语中意为“闪电”。儿童时代的巴拉克学习说不上用功，但有过目不忘的记忆力，当老师要他回答问题时，他总能对答如流。他不善言谈，但乐于思考问题，那张娃娃脸上总是挂着灿烂的笑容。

巴拉克在西墙前

巴拉克官至武装部队参谋长，曾荣获“杰出贡献勋章”，是以色列历史上获得勋章最多的将军。1994年退役后，在拉宾的劝说下加入了工党，从而进入政坛。他先在拉宾内阁中任内政部长，后来在佩雷斯内阁中担任国防部长。在1996年的大选中，工党失败，内部涣散，佩雷斯的软弱形象越来越失去人心，在反思失败原因的过程中，工党开始物色新一代的领导人，在利亚的大力支持下，巴拉克被视为唯一能使工党东山再起的铁腕人物。1997年6月3日，巴拉克当选为工党领袖，从此高举“继承拉宾”的大旗，重塑工党形象。他表示将领导工党沿着拉宾既定的和平路线坚定地走下去，因而被舆论界尊称为“小拉宾”。

为了迎接1999年的大选，巴拉克聘请了曾为克林顿、布莱尔与曼德拉成功策划竞选的格林伯格作为高级顾问，为了改变工党在民众心目中的“左”倾形象，他一方面宣传自己的“四不”主张：不退回到1967年的边界；不分割作为永恒性首都的耶路撒冷；不允许约旦河西岸存在外国军队；不放弃约旦河西岸的大部分定居点以及包括约旦河谷在内的“战略要地”，保证以色列对水资源的控制。另一方面，巴拉克着力扩大工党联盟，把从利库德集团中分裂出来的以戴卫·利维为代表的桥党以及宗教复国运动党梅马德党拉拢过来，组成了以工党为核心的“一个以色列”（One Israel）联盟，该联盟在议会大选中获得了26个席位，利库德只得到19个席位。

第15届议会选举中，巴拉克虽然稳操胜券，但总理直选制的弱点却进一步暴露出来。总理直选制的本意是要改变传统的选举制度中选民只选政党、不选候选人的现象，使总理直接对选民负责，并接受选民的监督，同时加强总理的权力，巩固大党的权力，减少内阁危机。然而，总理直选制却产生了事与愿违的后果。既然任何议员都可以当总理，因此许多非党魁的政治家，急于组建新党，直接参与总理竞选。在第 15 届议会选举前夕，上届议员中有大约 1/4 的人脱离原党，或者另立新党，或者加入他党，尤其是利库德集团中有 13 位议员宣布脱离。在这次选举中，议会中原有的 11 个党派分裂成 20 个，参加竞选的党派总数达到了 31 个。小党势力的勃兴必然导致两大党团的实力急剧直下，在第 14 届议会选举中，工党联盟与利库德集团共占 66 席，在第 15 届议会选举中，两大集团的席位只占 45 席，而在新选举法实施前的第 13 届议会中，仅工党就占有 44 席，在 1981 年的选举中利库德集团的席位就达到了 48 个。① 参见下表：

工党与利库德集团在议会中所占比率的演变

大选年代	**1973**	**1977**	**1981**	**1984**	**1988**	**1992**	**1996**	**1999**
工党联盟	51	32	47	44	39	44	34	26
利库德集团	39	45	48	41	40	32	32	19
合计议席	90	77	95	85	79	76	66	45
比　率	75%	64%	79%	71%	66%	63%	55%	38%

资料来源：以色列中央选举委员会公布的历届选举结果。

新选举法并未改变内阁制度，但选民履行选举权的形式与观念都发生了变化，对于选民来说，总理直选意味着他们的手中握有两张选票，他们往往把总理的选票投向那些出身于大党的有影响力的政治家，但把议会的选票投给那些代表个人利益的小党团。许多阿拉伯人对议会的选举很热心，他们期望在议会中有更多的阿拉伯议员代表他们的声音，但对总理选举漠不关心，甚至拒绝参加。可见，总理直选制使议席越来越分散，大党的作用越来越弱化，总理的组阁难度越来越大，内阁的稳定系数降低。巴拉克经历了艰难的周旋之后完成了组阁任务。由于党派繁多，原有的部长职位很难分配。1999 年 8 月 5 日，以色列议会《基本法：政府》把部长人数从 18 人增加到 24 人，副部长从 6 人增加到 8 人。对此，

① Abraham Diskin, *The Last Days in Israel*, pp. 101–102.

巴拉克曾深有感触地说："根据情况增加部长是必须的，而总理直选法的立法者却没有预见到这一点。"①

二、重启和平进程

巴拉克上台之际，以色列社会内部不同阶层的裂痕与分歧越来越明显，新政府极力平衡不同利益阶层的要求，以消除分裂、实现社会的整合为目标。巴拉克强调内部的和平是第一位的，他要努力成为"每个以色列人的总理"。为了平和因私有化、市场化过快而引发的社会矛盾，巴拉克放慢了私有化的步伐，扩大基础投资，增加福利，稳定物价，吸引外资，创造就业机会，提高民众的生活水平。

巴拉克政府极为关注教育事业，强调"今天的教育就是明天的经济繁荣"。政府在经费有限的情况下，加大了教育投资。根据以色列教育部经济与预算局的统计，1990 年以色列国家对学生（从幼儿园到大学）的人均投资为 16440 谢克尔，而 2000 年的人均投资为 20700 谢克尔，根据同年的平均购买力来计算，以色列投资在每个小学生身上的教育成本为 3939 美元，高于西方发达国家的 3769 美元的平均水平。② 巴拉克政府在完善教育立法方面也做了大量的工作，教育部在 2000 年通过了国会教育文化委员会提出的修改《义务教育法》提案，把儿童接受义务教育的年龄从 5 岁提前到 3 岁。同年，以色列根据多年的教育实践，政府相继颁布了《学生权利法》、《教材租借法》、《病患儿童免费教育法》、《对地方政府教育拨款法》、《鼓励高等院校学生参与长学习日法》、《图书法》等，从而进一步完善了教育立法。

对于巴拉克来说，重中之重的事情就是启动中东和平，正如他在工党中央委员会上所说的："我知道在我们的日程表上许多问题有待解决，但是在我的眼里，没有什么比结束中东的百年冲突以加强以色列的安全这一伟大使命更重要的了。"为了改善与美国的关系，获得阿拉伯国家的信任，巴拉克上台之后，立即发起了以色列历史上少见的外交攻势，在不到一个月的时间里访问了埃

---

① Gideon Doron and Michael Harris, *Public Policy and Electoral Reform : the Case of Israel*, Lanham, 2000, p. 83.

② 转引自陈腾华：《以色列教育概览》，第 37 页。

及、约旦、美国、英国、摩洛哥、俄罗斯等，并与阿拉法特进行了接触，巴拉克的“闪电外交”不仅改善了与美国的关系，也增加了阿拉伯世界对和谈的信心，巴解组织也作出了积极的反应。1999 年 9 月 5 日，以、巴双方在埃及的沙姆沙伊赫签署了《沙姆沙伊赫备忘录》，主要内容有：第一，以色列政府与巴解组织承诺共同履行 1993 年以来双方达成的所有协议，双方同意最迟在 1999 年 9 月 13 日恢复永久地位的谈判，并在 5 个月内达成一项框架协议，2000 年 9 月 13 日以前达成永久地位的全面协议；第二，分三个阶段在 2000 年 1 月 20 日完成《怀伊备忘录》规定的撤军目标；第三，继续释放被囚禁的巴勒斯坦人。

在与巴勒斯坦谈判的同时，巴拉克也积极与叙利亚接触。当时的客观形势为两国解除仇恨创造了条件：巴拉克急于打破僵局，有意兑现拉宾的承诺，即“从戈兰高地全面撤至 1967 年 6 月 4 日的边界线”；叙利亚阿萨德总统很想在自己的有生之年圆满地解决戈兰高地问题；克林顿也求胜心切，很想在他告别白宫之前，在中东留下光彩的一笔。1999 年 12 月，克林顿、巴拉克与叙利亚外长沙雷在华盛顿会晤。2000 年 1 月 3 日至 11 日在美国西弗吉尼亚州的谢弗德斯顿恢复了中断 3 年多的叙以和谈。由于叙以之间积怨很深，都为戈兰高地问题附加条件。以色列要求叙利亚对安全问题、水资源分配以及开放边界等问题明确表态，并以此决定以色列撤出戈兰高地的时限；叙利亚则要求以色列尽快兑现“拉宾承诺”，以全部归还戈兰高地为谈判的前提，双方分歧很大，没有达成任何协议。2000 年 1 月底，黎巴嫩真主党游击队与以色列发生冲突，以色列认为真主党游击队受到了叙利亚的幕后支持，叙以和谈被蒙上了阴影。3 月 26 日，克林顿与阿萨德在日内瓦会晤，克林顿转述了以色列方面关于叙以边界划分的新建议，阿萨德断然拒绝。6 月 10 日，执政达 30 年之久、深受叙利亚人民爱戴的阿萨德总统因心脏病突发而去世，叙以和谈中断。

根据《沙姆沙伊赫备忘录》的规定，巴以将在 2000 年的 9 月 13 日结束最终地位谈判并签订永久性和约。此后，双方围绕与最终地位协议有关的问题，进行了多次密谈，但分歧依旧。7 月 3 日，巴解组织中央委员会在加沙宣布，不管巴以谈判的结果如何，在当年的 9 月 13 日过渡阶段结束时要建立以耶路撒冷为首都的巴勒斯坦国。巴拉克宣布如果巴方单独建国，以色列将永久占领约旦河西岸。克林顿立即出面调停，在他的精心策划下，从 7 月 11 日开始，美巴以三方在戴维营举行了为期 15 天的三方首脑会谈，其目的是要确定巴以实现永久和平的最后方案。层林叠翠、景色如画的戴维营再次成为世界传媒关注的焦点。为了策划这次会谈，美国可谓费尽了心机，为了再现22年前在戴维营所铸造的那一感动世界的一幕，阿拉法特被安排住进了当年贝京总理使用过的房间，巴拉克被安排到当年萨达特总统的临时办公室里。当阿拉法特、巴拉克、克林顿第一次在公众面前亮相的时候，三人谈笑风生、携手步入了具有浓郁乡村气息的“月桂屋”，为了便于沟通，给整个会谈营造一种非正式和宽松的氛围，三方首脑省去了一切外交礼仪和繁文缛节，也没有制订详细的议程，阿拉法特仍是那身作为民族标志的装束，其他人员一律身着便装，谈判过程对外界一律封锁，但人们不难想象，会谈的过程是十分艰苦的，无论是巴以边界的划分、犹太定居点的前途、难民回归，还是耶路撒冷的归属问题，其中任何一个方面都牵一发而动全身，足以置和谈于死地。

巴以边界划分与定居点问题是“土地换和平”的焦点，以色列也确实作出了巨大的让步。最终地位谈判启动以来，巴拉克在多次会谈中亮明的态度是：以色列先把西岸66%的土地移交给巴勒斯坦自治当局，另外14%的土地待时机成熟后再移交，余下的20%永久归并以色列。这个比例比内塔尼亚胡的底线高出20多个百分点，与拉宾和佩雷斯的承诺非常接近。①

在戴维营谈判期间，巴拉克再次让步，同意先撤出80%的西岸领土，另外的12%留待日后谈判来决定其前途，其余的8%归以色列主权管辖；巴拉克还流露了完全放弃加沙的打算；同意巴控区直达约旦边界，包括约旦河桥上的过境通道。巴拉克的上述承诺确实承担着巨大的政治风险，这意味着以色列要放弃大约70个定居点。尽管巴拉克政府的施政纲领中明确表示，在最终地位谈判结束之前，停止建立任何新的定居点，自1999年7月以来与定居者委员会的代表多次谈判，就撤除非法定居点问题进行了许多辩论，而在当时以色列国内的民意测验表明60%的人仍然反对大规模撤出定居点，并担心会由此而引发严重的国内冲突。② 巴拉克的态度应该说为巴勒斯坦提供了一大机遇，但是，阿拉法特依然坚持以色列从约旦河地区全部撤军，严格履行联合国242号决议。对此无论是克林顿还是国际舆论都深表遗憾。

关于巴勒斯坦难民问题，一直是令当事国和国际社会头疼的问题。早在

① Leslie Susser, “The Carrot of Statehood”, *The Jerusalem Report,* June 5, 2000, p. 19.

② Herb Keinon, *Guarding the Hills, The Jerusalem Post,* International Edition, November 12, 1999, p. 7.

1949年12月9日，第四届联大就通过了建立巴勒斯坦难民救济机构的建议，于是，“联合国近东巴勒斯坦难民救济和工程处”（UNRWA）正式成立，总部设在维也纳和安曼。根据该机构的统计，不同时期巴勒斯坦难民的人口如下：

巴勒斯坦难民人数（UNRWA注册难民）

分　布	1950年	1972年	1991.6.30	1998.12.30	2000.6.30
西　岸	362000	278000	430083	562737	583009
加　沙	201000	325000	538684	785551	824662
约　旦	138000	552000	960212	1487449	1570192
黎巴嫩	129000	204000	310585	367610	376472
叙利亚	82000	15000	289923	367610	383199
合　计	912000	1509000	2519487	3573382	373494

资料来源：转引自殷罡主编：《阿以冲突——问题与出路》，国际文化出版公司2002年版，第312页。

巴拉克执政时期，巴勒斯坦难民的第二代、第三代已经成长起来，有些人在居住国取得了国籍，有了一定的社会地位，但根据UNRWA的统计，到2000年6月底即戴维营谈判前夕仍有121万巴勒斯坦难民居住在各地的难民营中，其分布如下：

巴勒斯坦难民的分布

所在国家和地区	难民营难民人数
黎巴嫩	210715
叙利亚	111712
约　旦	280191
约旦河西岸	157676
加　沙	451186
总　数	1211480

资料来源：转引自殷罡主编：《阿以冲突——问题与出路》，第315页。

在会谈期间，以色列极力淡化与拖延难民问题，认为难民问题的责任应该由多方面来承担。以色列只承认1948年有15万难民离开巴勒斯坦，但其中约10万人已经死亡，其余的5万人要根据其不同情况决定其归属问题。美国也主张难民应以在定居国居住作为主要解决途径，并适当给予个人或集体赔偿，强烈要求回归巴勒斯坦的主要由巴方安置，国际社会要建立专项基金安置难民。巴勒斯坦方面则认为，以色列应对难民问题承担主要责任，应该根据联合国194号决定，要求难民自由选择回归并定居巴勒斯坦地区，包括以色列控制区。阿拉法特还提交了一项在今后三年里以色列和巴自治区安置36万黎巴嫩难民的计划，以色列坚决反对，并提出巴勒斯坦地区每年只允许2万难民进入的意见。

25日，克林顿无奈地宣布戴维营会谈没有取得成果，巴以双方领导人打道回府。26日上午，成千上万的巴勒斯坦人在加沙像迎接英雄凯旋一样欢迎他们的领导人阿拉法特，对他拒绝接受以巴分治圣城耶路撒冷的建议表示支持。与此相反，空手而归的巴拉克面对的却是个人政治生涯中最糟糕的局面之一：对各方面作出解释，并修复四分五裂的联合政府。

一无所有的巴勒斯坦难民

三、内患迭起

如上所述，巴拉克的联合政府共由9个党派组成，分别来自左、中、右和宗教阵营，由于代表不同的利益阶层，在很多问题上纷争不断，在新政府刚刚组成的时候，通过了一项决议，即准许星期五晚上在都市间的交通控制上使用电子涡轮机以便减少交通堵塞，来自犹太正统派的阁员坚决抗议此举违犯了安息日的神圣性，并愤然离开内阁。①

事隔不久，梅雷兹党同沙斯党的矛盾迅速凸显。在组阁之前，梅雷兹党领袖约西·萨里德曾一度公开宣称该党决不和沙斯党共存于同一届内阁之中，但事实是双方都入了阁，而且共同管理教育部。在新政府中，沙斯党占有17个席位，是第三大党。由于管理不善和其他种种原因，沙斯党管辖的宗教学校连年出现巨额亏损。沙斯党除要求教育部满足其学校目前的正常开支外，还要求增拨款项解决教育经费亏损问题。担任教育部长的萨里德断然拒绝了沙斯党的拨款申请，并要求沙斯党对教育系统进行整顿，把惩处腐败、良化经营放在首位。沙斯党极为震怒，对总理施加压力，甚至提出让来自本党的副教育部长纳哈里掌管教育系统。两党的内阁部长竞相以辞职向总理施压。巴以谈判受挫，使巴拉克遇到了极为严峻的局面。在竞选中巴拉克曾许诺在18个月内完成以色列与周边阿拉伯国家的和平进程，但是，在过去的一年中，他并没有给人民带来任何和平的果实，反而由于对巴勒斯坦人的妥协立场而激怒了右翼选民，也失去了当初曾支持过他的阿拉伯公民和俄罗斯犹太移民的支持。

戴维营谈判之后，由于意识形态的分歧，或者被巴拉克的专权倾向所激怒，或者失望于政府无能，辞职的人越来越多。至2000年8月份巴拉克政府的内阁成员已经降到了12人，达不到半数，8月中旬又匆匆物色了两位才达到了14位。②

戴维营会谈虽然失败了，但此后，无论是巴、以双方还是国际社会都没有放弃和平的努力，会谈主要僵持在耶路撒冷主权问题上，因此，美、欧和阿拉伯国家极力斡旋，继续寻求解决该问题的可能性方案。9月10日，巴解中央委

---

① Abraham Didkin, *The Last Days in Israel,* p. 121.

② Abraham Didkin, *The Last Days in Israel,* p. 123.

员会决定推迟建国日期，以便给双方更多的时间与机会。9月25日阿拉法特夜访巴拉克家，会谈3小时。26日，以巴谈判代表赴美国在华盛顿恢复会谈。27日，巴拉克首次公开承认“一城两都”，耶路撒冷是以、巴共同的首都。然而，巴以和谈刚刚出现了转机，双方的强硬派便嚣张而起。利库德集团主席沙龙等人公开指责巴拉克“一城两都”立场。宣布以色列绝不放弃耶路撒冷主权。28日，沙龙和右翼议员在近千名以色列军警护卫下，强行“参观”有争议的耶路撒冷老城的伊斯兰教的“尊贵圣地”，即以色列人所称的圣殿山，立即诱发了一系列爆炸事件，两周之内有一百余人丧生，数千人受伤。为防止事态继续恶化，巴拉克和阿拉法特曾多次通电话，双方同意尽快控制局势，白宫方面也采取紧急措施，加紧斡旋与调解，但收效甚微，暴力冲突不断升级。哈马斯与伊斯兰圣战组织强烈要求阿拉法特退出谈判。10月6日，哈马斯号召1.5万巴勒斯坦人在阿克萨清真寺举行示威活动，与以色列军警发生冲突。7日，黎巴嫩真主党对以色列发起袭击，俘虏3位以色列士兵作为人质，以军对真主党给予还击，叙、以边境战火再起。同一天，联合国安理会通过决议，谴责以色列对巴勒斯坦人动用武力，要求立即停止武装冲突。10月31日，沙龙公开宣布要尽一切努力推翻巴拉克政府，利库德集团的公开发难使巴拉克内外交困。雪上加霜的是巴拉克执政一年多来，以色列经济发展也一直不尽如人意，失业人口不断增加，贫富分化日益加剧，特别是2000年6月11日，财政部长宣布税制改革失败使国民大失所望。

2000年12月19日晚，以色列总理巴拉克向全国人民发表电视讲话，宣布他将要辞职的消息。次日他正式向总统卡察夫提交辞呈，并表示将参加下届总理竞选。卡察夫接受辞呈后对媒体说，巴拉克辞职对国家来说是不幸的，但从近几个月来的政局发展来看，巴拉克的决定是正确的。卡察夫呼吁以色列各政党领导人从国家利益出发，确保总理选举顺利进行。巴拉克的辞职将在48小时后生效，新总理的选举将在总理辞职生效后的60天内举行。

2001年2月6日，以色列进行了总理选举，沙龙的得票数为1698007，占所有选票的60.5%，巴拉克的得票数为1023944，占36.5%，73岁的沙龙成为第三位直选总理。这次选举是以色列历史上仅有的一次只选总理不选议会的特别选举，虽然总理提前辞职，但第15届议会的任期未满，可以延续到下次议会选举，也就是说新选举的总理必须在维护原有的议会分配格局的前提下组成新的联合政府。

第五节 鹰派沙龙

一、"以色列的恺撒"

沙龙于 1928 年出生于特拉维夫附近的卡法—马拉尔村，父母均来自格鲁吉亚，父亲是一位狂热的犹太复国主义者，沙龙深受其影响。14 岁的沙龙曾经参与和阿拉伯人的械斗。中学时代就在特拉维夫参加了"哈加纳"。进入政坛前，沙龙曾长期服役于军界。1947 年成为"哈加纳"组织的教导员，1949 年进入国防军情报部门工作。1953 年，组建了以军第 101 号突击队。在第二次中东战争中，沙龙为以色列夺取西奈半岛立下了汗马功劳。他那英勇顽强的个性获得了不少人的敬仰，但又屡犯军令，招致了不少批评。长达 25 年的军旅生涯，磨炼了沙龙强悍、冷酷、机敏、暴躁的性格，被称为"以色列的恺撒"。

1973 年第四次中东战争结束后，沙龙脱下了军装，转入政界。历任农业部长、国防部长、住房和建设部长等职。1996 年，利库德集团在大选中再次获胜，内塔尼亚胡出任以色列总理，沙龙被任命为基础设施部长。1998 年 10 月，刚刚度过 70 岁生日的沙龙被内塔尼亚胡任命为外交部长，并授命他作为以巴最终地位谈判的以方代表人，巴勒斯坦方面立刻表示：对沙龙的任命向世人表明了以色列选择了战争而不是和平。1999 年 5 月 17 日利库德集团再次败于大选，内塔尼亚胡辞去了利库德集团领导人的职位，同年 9 月 2 日沙龙被选为利库德集团新任领导人。2001 年 2 月，沙龙击败巴拉克当选为总理。3 月 7 日，沙龙向议会递交了他的内阁名单。内阁由 26 位部长组成，其中利库德集团有 9 人，工党获得了 8 个部长席位，其中包括最为重要的外交部和国防部的部长席位。外交部长将由前任总理佩雷斯担任，国防部长则由巴拉克政府的通讯部长本雅明·本－埃利泽出任。议会第三大党沙斯党领导人埃利·伊沙伊出任内政部长，该党还获得了劳工和社会事务部、耶路撒冷事务部、卫生部和宗教事务部的部长职位。此外，新内阁中还有 3 位女部长，女性所占比例也超过了历届内阁。当议会以 72：21 的比例通过了新内阁的组成名单之后，当天晚上，西装革履、容光焕发的沙龙正式登上了总理宝座。

在和平与安全的问题上沙龙代表了鹰派的主张，早在2000年7月沙龙发表在《耶路撒冷邮报》上的文章就系统地阐明了他的主张，即“和平的六条红线”：第一，不可分割的耶路撒冷是以色列永恒的首都，耶路撒冷问题不容谈判，不可妥协；第二，以色列必须保留和控制足够纵深的安全区；第三，犹地亚、撒马利亚、加沙的犹太村镇以及连接这些村镇的道路与沿线地区，必须置于以色列的控制之下；第四，解决1948—1967年巴勒斯坦难民问题的前提是就地安置，以色列对难民问题不承担任何道德责任，也不承担经济责任；第五，因生存所必须，以色列必须继续控制撒马利亚地区的地下水源；第六，巴勒斯坦方面必须解除恐怖主义武装，巴方只能拥有警察。[①]2001年2月6日，选举刚刚结束，沙龙便发表讲话，说以色列准备为达成和平协议作出“痛苦的让步”，但只能把加沙与西岸地区40%的土地交给巴方控制。沙龙的强硬立场，在阿拉伯世界引起强烈反应，阿拉伯人称之为“战争推土机”。

二、以暴易暴

沙龙当政后，激进主义势力加紧了对以色列的恐怖袭击，沙龙政府过多地使用武力进行报复，从而使事态进一步恶化，巴以关系更加陷入了以暴易暴的恶性循环。3月底，在耶路撒冷、希伯伦和内坦亚连续发生了自杀性爆炸，伤亡者达四十余人。29日，沙龙政府武装袭击了加沙、拉姆拉与希伯伦，伤亡者近百人。5月初，为报复恐怖袭击，以色列出动了F–16型轰炸机袭击巴勒斯坦人，连以色列媒体也对政府的行为提出批评。

巴以冲突爆发以后引起了国际社会的广泛关注。2000年11月7日，以美国前参议员米切尔为首的巴以冲突国际调查委员会宣布成立。同年12月10日，米切尔率领委员会全体成员抵达中东地区，开始对巴以流血冲突的起因进行调查，于第二年5月公布了“米切尔报告”。报告提出，巴以双方的当务之急是结束暴力，实现内部和解。具体来说，双方必须确定一定时间的停火期，以便采取措施重建信任；巴民族权力机构必须尽百分之百的努力打击恐怖主义；以政府必须全部冻结在巴控区内犹太人定居点的建设，不得在“自然增长”的名义下，对现

① *The Jerusalem Post*, July 21, 2000.

有定居点进行扩建；以方取消对巴城镇的轰炸和封锁；双方重新恢复安全方面的合作。①“米切尔报告”出台后，得到国际社会的普遍欢迎和支持，联合国安理会发表主席声明，全力支持这一报告。但由于以色列沙龙政府采取的强硬政策，以及巴以愈演愈烈的暴力冲突，“米切尔报告”成为一纸空文。

2001 年 7 月 29 日是犹太历法的阿布月初九，这一天被犹太人称作“哀悼日”或“纪念耶路撒冷被毁日”。当天早晨，以色列极端宗教组织——“圣殿山忠诚者”在圣殿山举行了象征性的“第三圣殿”奠基仪式。数千名犹太人聚集在哭墙前虔诚祈祷。与此同时，3000 多名巴勒斯坦人正聚集在圣殿山上的阿克萨清真寺，一些激动不已的阿拉伯青年人向哭墙下的犹太人投掷石块。随后，以色列防暴警察向巴勒斯坦人发射橡皮子弹、催泪瓦斯弹和眩晕弹，同时还使用警棍、枪托驱散巴抗议者。冲突中，大约有 15 名以警察和四十余名巴勒斯坦平民受伤。事件发生后，巴勒斯坦民族权力机构及也门、约旦、苏丹等一些阿拉伯国家也纷纷发表声明，对犹太人的奠基行为表示谴责。7 月 30 日，以色列用导弹袭击加沙的巴警察大楼，造成 7 名警察受伤。一波未平，一浪又起。10 月 17 日，以色列旅游部长泽维在耶路撒冷遭武装人员暗杀身亡。解放巴勒斯坦人民阵线（人阵）宣布对暗杀事件负责，并称这是对以色列 8 月 27 日暗杀该党总书记穆斯塔法的报复。18 日，以色列政府在议会广场为泽维举行了隆重的国葬。20 日，以色列派遣坦克装甲部队浩浩荡荡开进了巴勒斯坦，开枪打死了 8 名巴勒斯坦人，并很快控制了许多巴勒斯坦城镇。

12 月，哈马斯等激进组织连续在耶路撒冷和以色列北部制造了多起爆炸事件，造成巨大伤亡。2002 年 1 月 18 日，以色列军队对约旦河西岸的巴勒斯坦城市图勒凯尔姆和拉马拉分别发动空中和地面打击，炸毁了图勒凯尔姆省政府大楼和部分巴安全部队营地，造成 2 名巴安全部队人员死亡，60 多人受伤。以军不但占领了巴西岸地区情报局长提拉维和巴法塔赫西岸地区书记巴尔古提的住宅，而且再次逼近巴民族权力机构主席阿拉法特的官邸。据巴安全人士称，以军控制了阿拉法特官邸北面、西面及东面 3 个方向的制高点，部分坦克距其只有数十米，以军还摧毁了阿拉法特的专机以及加沙国际机场。2002 年 3 月 27 日是犹太人神圣的逾越节，一位巴勒斯坦男子在以色列北部城市内塔亚制造了大规模的爆炸事件，导致 20 人丧生，100 多人受伤，这是自 1973 年“赎罪日战争”以来

① *The Text of the Mitchell Report,* http: // www. mideastweb. org / mitchell–report. htm.

巴勒斯坦人在犹太人节假日制造的最大规模的流血事件，也是巴以冲突18个月以来最严重的一次自杀性袭击。事件发生后，哈马斯宣称负责。29日，以军进入拉马拉，逮捕了200名巴勒斯坦人，阿拉法特被围困在一间房子里，曾一度断水、断电，与外界完全隔绝。同一天，以军在巴控区进行大搜捕，实施了为期3周的“防卫墙军事行动”。

以军的武装行动在杰宁难民营遭到了最顽强的抵抗。杰宁位于约旦河西岸，是撒马利亚地区的北部城镇和主要集市中心，面积578平方公里，人口约20万。杰宁难民营位于杰宁市外围，建于1953年，面积约1平方公里。根据联合国近东巴勒斯坦难民救济和工程处的报告，难民营中95%以上的居民是已登记的难民，共有13055人，其中67%是妇女、儿童和老人，42.3%在15岁以下。难民营中人口密集，脏乱不堪。4月2日，杰宁开始发生了激烈的巷战，导致17名以军士兵和200余名巴武装人员丧生。4月10日，以军攻下杰宁，在难民营里进行屠杀活动，并对外界封锁一切消息。关于杰宁难民营的死亡人数，以方提供的是70名武装人员，而巴方公布的是500人，其中大部分为平民。事后，联合国对事件进行了调查，8月1日，安南向联合国大会提交报告，公布了调查结果：从3月1日至5月7日，以军在其“防卫墙”行动中占领了大量巴控城镇，并造成497名巴勒斯坦人死亡、1447人受伤，以军在这次行动中有30人死亡。以军还摧毁了2800多所难民临时住房和878处民宅，至少造成1.7万名巴勒斯坦人无家可归。报告还证实了以军在攻占杰宁难民营时使用了重型武器，在4月18日取消杰宁宵禁前，至少有52名巴勒斯坦人被打死，其中约半数为平民。

众所周知，阿拉伯世界是一个政体不一、经济差异很大的松散联盟，但阿拉伯国家的共同之处在于一切思想体系都以伊斯兰教为基础，宗教至今仍是他们习惯的思维模式与政治语言。也就是说，伊斯兰教所具有的强烈的政治参与性传统决定了阿拉伯世界在出现政治与社会危机时，往往求救于宗教，期盼通过信仰的复兴来实现民族的复兴，而宗教感情又恰恰是诱发各种危机的直接或间接的根源。近年来，在巴勒斯坦“人体炸弹”已由少数民族极端主义与宗教极端主义的激进行为变成了越来越普遍的群众斗争方式，自杀者来自一些意想不到的阶层：富有的商人、女大学生、青少年等。“人体炸弹”的背后有着浓厚的宗教情结，尤其是与阿拉伯人根深蒂固的圣战思想密切相关。

伊斯兰教具有崇尚圣战的文化传统，《古兰经》中多次提到“圣战”（阿拉伯文为jihad），它一方面要求穆斯林要乐善好施、仁厚慈悲、忍耐宽容，但又规定

"在捍卫信仰时可使用暴力"，穆斯林也常把圣战认可为信仰的支柱。作为国家行为的圣战思想形成于中世纪，它对统一阿拉伯半岛、巩固哈里发统治、反抗异教徒、扩大阿拉伯帝国的版图起到了很重要的作用。近代以来伴随着西方殖民主义的兴起，圣战往往成为伊斯兰世界反殖民化的一种重要方式。20世纪以来，随着现代化潮流对伊斯兰世界的巨大冲击，以及阿拉伯国家在中东战争中的失利，促使许多穆斯林团体打出了圣战的旗号。在当代盛行的伊斯兰复兴运动中圣战思想被滥用的现象非常明显，从而导致了许多恐怖与暴力行为。如果说在中东其他国家圣战思想的活跃是由于内部动荡或外部压力所引起的话，那么被占领土上巴勒斯坦人的圣战则主要因为以色列的占领与高压政策，"圣战之家"、"伊斯兰圣

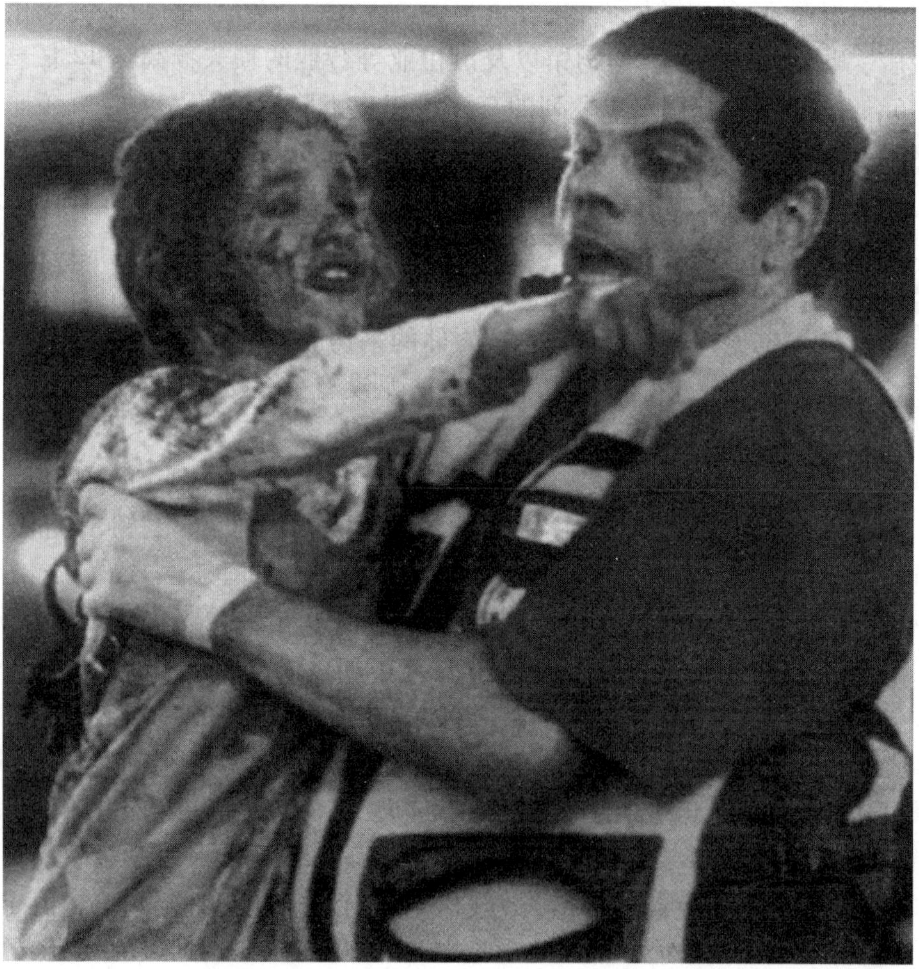

人体炸弹受伤的女孩

战之旅”、“伊斯兰圣战运动”等组织，都把圣战与夺回家园、争取解放的民族目标连接在一起。对于阿拉伯世界而言，长期被一种屈辱感、衰落感与绝望感所包围，生活在被占领土上的阿拉伯人长期处于以色列政府的严格控制之下，他们的反抗情绪是根深蒂固的，但历次的起义都被镇压下去。因此，没有正规化军队、没有先进武器、没有国家实力的巴勒斯坦人处于一种孤立无助的境地，从很大程度上说，人体炸弹也是一种最无奈、最苦涩的选择，每当自杀者在“真主伟大”、“圣战万岁”的口号声中丧生之后，留给家人与同胞的却是难以弥合的持久伤痛。

人体炸弹对以色列人的精神打击也极其严重，瓦解了以色列人梦寐以求的安全理念。以色列建国以后，安全是永久性的话题，也是以色列人最渴望得到的东西，无论是工党还是利库德集团都不得不以安全承诺来换取民众的支持。巴以和平进程启动之后，安全问题一直是谈判的焦点，双方在历次签署的协议中都对安全问题作出规定。然而，新一轮巴以冲突发生之后，不仅居住在被占领土上的以色列人受到袭击，而且针对平民的自杀性爆炸几乎遍布以色列全境，尤其是特拉维夫、耶路撒冷等心脏地区接连失事，街道、咖啡馆、娱乐场所，甚至大学都成为被袭击的目标，在以色列历史上恐怖袭击事件时有发生，但程度与持续时间都无法与近年来的自杀性事件相比拟，这一切彻底冲垮了以色列人的心理防线。不仅如此，巴勒斯坦人对以色列人的袭击也多选择在犹太人安息日或其它的宗教圣日，使犹太人的宗教热忱与传统价值观面临挑战，因此常常激发出更大的愤怒，导致更惨烈的报复行为，从而使越来越多的巴勒斯坦人葬身于以色列政府“定点清除”政策。据统计，巴以冲突后 20 个月里，发生了 70 多起人体爆炸事件，2002 年以色列方面死于恐怖袭击的为 400 人，2003 年为 184 人，而巴勒斯坦方面在这两年中的冲突中死亡人口超过了 2000 人。①

三、经济衰退

巴以冲突对以色列经济产生了严重的负面影响，由于政府把大量的财力与精力投入到安全与防务方面，军费不断上升，经济随之滑坡。2001 年，国内生产总值由上年的 6% 的增长率下降到 –0.6%，创 1953 年以来的最低纪录，人均

① *The Jerusalem Post*, September 24, 2004.

国民收入由上年的18100美元（居世界第22位）降到17300美元。[①] 在以色列的经济部门中受打击最惨重的是旅游业。2001年，到以色列旅游的外国游客只有120万，比2000年减少了54%，旅馆的入住率只有20%，旅游业衰退所造成的直接经济损失高达18亿美元，而与旅游业相关的饭店、咖啡馆、商店、博物馆以及出租业等行业的损失额高达12亿—15亿美元。2001年，外国对以色列的直接投资也下降了50%左右，直接原因是国际金融市场对以色列的风险预测指数明显上升，挫伤了投资者的积极性。许多企业衰退甚至倒闭。而在过去的十多年中，以色列高科技产业对经济增长的贡献率高达1/3。一位25岁的犹太移民乔希·穆斯凯特曾经是令人羡慕的"白领"阶层，可冲突发生以后，他失去了工作，面对身怀六甲的妻子，他深感无奈，在接受以色列媒体的采访时，他直言表白："我一下子变成了一个左翼人士。心里想，如果沙龙没有上圣殿山，我就还会有工作。"[②]

长期以来，以色列的建筑、纺织、环卫、运输、种植、农副产品加工以及服务业的最重要的劳动力来源是阿拉伯人，冲突发生后，由于经济封锁，廉价的阿拉伯劳工不能进入以色列，雇主们不得不高成本地雇佣外国劳工，或者冒着被罚款、监禁的风险雇佣没有合法劳动许可证的巴勒斯坦阿拉伯人。

以色列一向注重教育投入，自70年代中期以来，以色列的教育投资在国民生产总值中的比重一直没有低于8%，超过了美国等发达国家。从1995年到2001年，以色列小学至高中的教育经费增加了20%，高等教育经费增加了16%。学前儿童教育的经费每人每年为3428美元左右，与日本、西班牙、瑞典和芬兰差不多。小学教育经费每人为4650美元，中学教育经费每人5617美元，高等教育经费每人为11494美元。但巴以冲突以来，由于经济受挫，以色列政府在2002年提出教育预算削减案，希望通过削减4%的教育经费以减少财政赤字。以希伯来大学为例，2001年以色列高等教育委员会给学校的直接拨款为2.41亿美元，占该校总预算的51%，2002年下降到2.18亿美元，占该校总预算的48%，而2003年进一步下降到2.01亿美元，占该校总预算的41%，两年内下降幅度达10%。2004年许多大学都出现了严重的财政赤字，大学校长联合会对政府提出了强烈的抗议，有的不得不裁员、减薪、压缩服务。[③] 冲突发生后，以色列对巴控

① Israel Information Center, *Facts about Israel*, 2003, Jerusalem, p. 179.

② 参见《瞭望新闻周刊》，2002年1月7日。

③ 陈腾华：《为了一个民族的中兴——以色列教育概览》，第197—198页。

区所实行的经济封锁政策给巴勒斯坦经济造成了灾难性的打击。2001年3月22日，巴勒斯坦民族权力机构计划与国际合作部公布了巴勒斯坦经济形势的评估报告。报告指出，由于冲突给巴控区所带来经济损失高达50多亿美元，主要包括基础设施损失、个人与公共财产损失、社会机构设备损失等。对于巴控区的老百姓而言，首先感受到的是失业所带来的恐慌。以色列政府的多重封锁政策造成了大批在以色列工作的工人失业，被占领土的就业状况急剧下降。

2003年7月，巴以冲突已经持续了33个月，巴方死亡人口达2400多人，以方为800多人，这时，阿拉伯国家联盟秘书处公布了一份经济事务报告，评估了巴以冲突的经济和物质损失。报告显示，以色列的经济损失已经达到了约100亿美元，其中旅游、投资和外贸等领域的损失对以色列经济的打击最为严重。20世纪90年代，以色列国内旅游收入保持在大约70亿美元的水平，但是现在只有5亿美元。国内的旅游设施已经关闭了约66%。报告指出，以色列用于对付巴勒斯坦人反抗行为的投入经费平均每天超过了3000万美元。由于局势动荡，在过去的两年多里以色列接受的犹太移民数量也比计划减少了10%。不仅如此，还出现了高达25万人的倒移民情况。报告认为，巴勒斯坦方面的经济和物质损失已超过了140亿美元，另外还有其他不易估算的损失约数十亿美元，包括以色列人对水源的攫取、果树的砍伐对巴勒斯坦农业的间接影响等。目前，巴勒斯坦的失业率已经高达到74%，巴勒斯坦经济的恢复与重建已刻不容缓。①

四、中东和平“路线图”

“9·11”事件后，美国政府确立了以维护美国“唯一超强大国”地位为核心的国家安全战略，中东在美国全球外交中的地位进一步凸显。美国根据自身的需要，提出对中东战略进行整合，一方面打击该地区的激进主义势力，对那些它认为的“无赖”国家加强遏制与高压，建立亲美政权，推行美国价值观；另一方面促进巴以和谈，以阿拉法特与巴权力机构支持恐怖主义为名，敦促巴勒斯坦领导层更新换代，建立一个“以容忍和自由为基础的务实的民主国家”。可见，美国是想把伊拉克、巴勒斯坦都改造成美国模式的国家，为阿拉伯世界树立榜样。为

① http：// news. xinhuanet. com/ world/ 2003/07/ 08/.

了达到上述目的，布什意识到必须尽可能地弥补美国与阿拉伯世界的裂痕，必须改变美国在阿拉伯世界的形象，因为获得更多的阿拉伯国家的支持是美国实现其中东新战略的基本条件。为此，美国对以色列的政策也进行了不露声色的调整，细心的人也不难看出一些微妙的变化。首先，当以色列武力占领巴控区，美国不是像以往那样睁一只眼闭一只眼，而是强烈要求撤军，并批评以方的行为；其次，沙龙一心想借“反恐”之名，强化对巴勒斯坦地区的军事打击，指认阿拉法特领导的巴民族权力机构是“支持恐怖主义的实体”，要求改变巴领导层，但布什并没有把巴勒斯坦列入恐怖主义的黑名单，而是公开表示要支持巴建国。不仅如此，在美国标识的国际反恐“联图”上以色列也没有得到任何名分。2001 年 11 月 10 日在华盛顿召开美国“犹太人联盟”年会，该联盟是美国历史最悠久的犹太人团体之一,一直向以色列提供各种援助，正常情况下以色列历届总理都要出席会议，但沙龙取消了出席会议的计划，以色列官方解释的理由是因为“国内治安恶化”。但更重要的理由是沙龙不愿在访美期间与摆出“公平调停者”姿态的布什总统会谈。以色列与美国曾在特殊关系这张温床上共眠了几十年，因此发生在布什与沙龙之间的捉迷藏游戏使许多犹太人伤感，但阿拉伯方面却感到振奋，对美国的中东战略也给予了相对高的热情。

沙龙与布什

2002年6月24日，美国总统布什发表了针对中东问题的演讲，指出美国允许巴勒斯坦建立一个与以色列和平共处的独立国家，但是巴勒斯坦必须更换领导人，必须停止针对以色列的恐怖袭击。根据演讲的精神，美国助理国务卿威廉·伯恩斯草拟了中东和平"路线图"。此后，联合国、欧盟、俄罗斯和美国中东问题四方会议代表在此基础上几经磋商，最终形成了中东和平"路线图"计划，并在2002年12月的华盛顿会议上通过。但由于以色列大选临近、美国加紧准备对伊拉克的战争，方案的具体内容没有公布。2003年3月14日，在发动伊拉克战争的前一周，布什宣布：只要巴勒斯坦能够尽快任命一位具有管理权威的总理，美国将公布"路线图"，中东和平将会随之迈向一个充满希望的时刻。不久，巴勒斯坦民族权力机构进行改革，设立了总理职位并组成新内阁。4月30日，在以阿巴斯为总理的新政府正式诞生的第二天，中东问题四方会议代表分别向巴以递交了"路线图"计划文本，并公布了"路线图"计划内容。

"路线图"计划的实现主要分三个阶段：第一阶段（从2002年12月至2003年5月）为双方实现停火期。巴方承认以色列和平、安全生存的权利，停止武装起义，打击和制止恐怖活动；完成巴勒斯坦总理的任命，修改现行法律，赋予总理相应权力；进行全面的政治改革，建立新的政治体制，并在安全问题上与以色列合作；以方必须支持建立独立的巴勒斯坦国，应撤离2000年9月28日以后占领的巴方领土，冻结定居点的建设，拆除2001年3月以后建立的定居点，逐月归还遭以色列扣押的巴方税款，并采取一切必要措施使巴勒斯坦人的生活恢复正常。第二阶段（2003年6月至12月）为过渡期。以色列军队撤出巴勒斯坦被占领土；巴方出台第一部宪法，确立巴勒斯坦民主制度，在国际社会的帮助下建立一个有临时边界和主权象征的巴勒斯坦国。第三阶段（从2004年至2005年）为完成巴以最终地位谈判并达成协议的阶段。双方要在联合国决议的基础上就一切争端问题进行新的谈判，内容包括边界、耶路撒冷地位、难民回归、犹太人定居点以及以色列与阿拉伯国家实现和平等等，并于2005年达成协议，巴勒斯坦国最终建立。①

"路线图"计划出台以后，巴方立即宣布接受。阿巴斯总理表示巴方将恪守计划所规定的义务，但同时又重申，以色列必须无条件地接受"路线图"计划，否则该计划的命运将与先前多项和平计划一样以失败告终。5月25日，以色列

① http://www.mideastweb.org/quartetrm3.htm.

召开内阁会议讨论“路线图”计划问题。经过长达6个小时的辩论，最后以12票赞成、7票反对、4票弃权的结果通过了“路线图”计划。会后，以色列内阁发表了一项声明，说以色列在通过这一计划的同时，提出了14条修改建议，其中包括：以色列不能接受回归的巴勒斯坦难民，不能撤退到1967年前的边界，并认为这是不能逾越的“红线”。以色列内阁的决定公布后，立即引起国际社会不同的反应。美国白宫发言人指出，以色列政府的决定是“向前迈出的重要一步”，欧盟轮值主席国希腊外长说，“这是在执行‘路线图’计划过程中积极的一步”。巴勒斯坦政府认为，以色列内阁的表态是不够的，“路线图”计划不能进行任何修改。“哈马斯”运动领导人则认为以方的态度是一个“大政治骗局”。四方代表拒绝了以色列的条件，美国国务卿鲍威尔从中斡旋说可以在执行过程中考虑以色列的保留意见。

6月2日，在法国东部小镇埃维昂举行的八国集团首脑会议尚未闭幕，布什即匆匆启程前往埃及和约旦，开始其就任总统以来的首次中东之行，并分别于3日和4日在埃及的沙姆沙伊赫和约旦的亚喀巴与阿拉伯五国首脑及以巴总理举行会谈。巴以和平进程在“脱轨”两年半后，再度被“拉入”轨道，和平“路线图”正式启动。客观而论，此后，双方也都作出了一定的努力，7月1日，沙龙和阿巴斯在耶路撒冷举行高峰会谈，双方在会谈前承诺将通过外交谈判手段实现最终和平。7月5日，阿巴斯在加沙城会见了哈马斯精神领袖亚辛，这是阿巴斯就任总理以来与亚辛的首次会面。7月25日，布什与阿巴斯在白宫举行会谈，双方就涉及落实中东和平“路线图”计划的一系列具体问题交换了意见。8月6日，以色列释放339名被关押的巴勒斯坦人，这是以巴启动中东和平“路线图”计划以来以方首次大规模释放被押巴勒斯坦人。但是，8月19日，耶路撒冷市中心发生自杀性爆炸事件，造成至少20人死亡，100余人受伤，伊斯兰圣战组织杰哈德和哈马斯分别宣称对这次自杀性爆炸事件负责。爆炸发生后，以方宣布中止安全会谈。8月21日，以色列武装直升机向加沙城内的一辆汽车发射导弹，造成巴勒斯坦激进组织哈马斯高级官员阿布·沙纳布及其两名随从丧生。8月22日，哈马斯和杰哈德联合发表书面声明，正式宣布中止已持续约两个月的停火。9月3日，阿巴斯向阿拉法特摊牌，如不能获得巴勒斯坦立法委员会对其政府的支持，他将辞去总理职务。9月6日，执政仅百日的阿巴斯正式递交辞呈，阿拉法特向巴立法委员会宣布，他已接受总理阿巴斯的辞职请求。以色列随即加大了对巴激进组织的打击力度，哈马斯精神领袖亚辛在以军6日发动的空袭中受伤，另有十多名巴平民受伤。7日晚，巴勒斯坦解放组织执委会通过了阿拉法特的提议，同意任命现任巴立法委员会主席库赖(又名阿布·阿拉）为巴自治政府总理，接替刚刚辞职的阿巴斯。随后，阿拉法特正式授权库赖组建新一届政府。库赖上台后，于10月29日提出了一项分两个步骤的计划，旨在实现停火和结束巴以大规模冲突，并努力劝说哈马斯和杰哈德停火。沙龙也出人预料地宣布同意与库赖谈判，双方政府也进行了一些接触，但无助于解决问题，双方之间的暴力冲突持续发生，并不断升级。11月沙龙又提出了单方面“脱离”计划，以色列的安全政策出现了新的走向，和平“路线图”计划搁浅。

“路线图”计划为巴以谈判提供了一个合适的框架，给了和平一次新的机遇，也给全世界善良的人们带来了一线新希望。该计划之所以难以推行，其原因主要有以下几点：第一，“路线图”本身只是一些笼统的建议，在一些不可回避的原则问题上含糊其辞，比如，以色列要撤出被占领土，是全部撤、还是部分撤？难民问题、耶路撒冷的主权等症结性问题通过什么渠道来解决？当然，作为美国不是不想解决巴以冲突问题，但布什也不会不明白连普通老百姓都很清楚的问题——巴以冲突不会那么简单就迎刃而解。“路线图”之所以在此时公布在很大程度上是由于美国的政治需要，一方面伊拉克战争后，布什急于缓解阿拉伯世界出现的强烈的反美浪潮，迫切需要一个转机性事件；另一方面布什又不敢得罪犹太人与以色列，因为距离美国新的大选已经不远，布什想获得连任，就不得不和任何一届美国总统一样考虑美国犹太人手中的两张“票”——钞票和选票，因此“路线图”计划是一个患得患失的产物，如何推进该计划，如何产生突破性进展，布什也不清楚。第二，以色列根本无意认真执行“路线图”计划。据报道，沙龙在内阁会上明确表示，“我并不支持‘路线图’计划，但我只能在两个最坏的结果之中选择其一，如果我们不接受，全世界都会谴责我们，甚至会强迫我们撤退到1967年的边界。这样就不可能由我们来划定巴勒斯坦边界了。”以色列国防部长会后也说，“我们通过这一决议是为应付美国”。舆论界甚至认为，沙龙政府接受“路线图”计划只是为了缓解统治危机，转移国民的视线而已。第三，巴勒斯坦政府内部对“路线图”计划存在巨大分歧，阿拉法特与阿巴斯意见不一，是导致内阁危机的最重要的因素，而阿巴斯在巴勒斯坦内部并没有形成绝对领导权威，也没有更有效的办法实施自己的设想。第四，巴以双方的激进势力从根本上排斥“路线图”计划，暴力冲突的根本性因素不消除，“路线图”计划只能成为空中楼阁。

五、单边“脱离”计划

2003年1月28日，以色列举行了第16届议会选举。这次选举正式宣布了历时10年之久的议会改革的失败。鉴于前两届总理直选所出现的事与愿违的结果，早在2001年3月7日，以色列议会通过了一项基本法修正案，正式取消直接选举总理制度，恢复1968年《选举法》中的有关选举的规定，即由选民投票选举进入议会的政党，议会最大政党的领导人组阁成功后自然成为总理。这一修正案从第16届议会选举开始生效。参加这次选举的政党仍高达29个，最后进入议会的是13个。选举结果显示，由看守内阁总理沙龙领导的利库德集团在议会赢得35席，成为议会第一大党，工党只获得18个议席，紧跟其后的是革新党和沙斯党。第16届议会选举也表明了以色列政治的右翼化倾向越来越明显，以利库德集团为首的右翼阵营从上届议会中的60席上升至67席左右，而以工党和梅雷兹党为首的左翼力量明显下降，尤其是工党由26席下降到18席。重新恢复选举制也同样无法解决以色列政治所面临的困境。“路线图”出台的时候，以色列政府中真正支持的人还不足一半，沙龙也深刻地体会到以色列总理难当，尤其是在巴以关系问题上政府的任何一个举措都会招致没完没了的非议与抵制。但沙龙并非等闲之辈，在无论多么纷繁复杂的政治旋涡中，他极其善于把握自己的初衷与原则。新上任的沙龙也在很大层面上表现出了政治灵活性，尤其是单边“脱离”计划的提出与果断推行，使那些曾经极力反对他的人也不得不承认沙龙越来越成熟，越来越像一位老练的政治家，而不仅仅是一介武夫。

2003年11月23日，沙龙首次在内阁会议上提出了单方面“脱离”加沙的意向，当时几乎没有人明白沙龙的葫芦里卖的到底是什么药。12月，在以色列中部海滨城市赫茨利亚举行的一个会议上，沙龙首次向外界透露了他正在酝酿的“脱离计划”。“脱离计划”也就是单边行动计划，即以色列主动与巴勒斯坦相脱离。该计划的内容是：以色列决定单方面撤离加沙地区的21个定居点和约旦河西岸北部的4个犹太人定居点，实现与巴方的脱离。同时下令在约旦河西岸修建隔离墙，将西岸的大型犹太定居点圈入以色列一侧，为全面实现以色列与巴勒斯坦的脱离创造条件。沙龙的“脱离计划”在以色列再度掀起了轩然大波，也引起了世界舆论的极大关注。

沙龙的动机与目的首先是要甩掉加沙这个包袱，进一步加强对西岸的控制。

加沙地区生活着大约7500名犹太定居者，而巴方的人口是130多万。为了保护定居点的安全，以色列不得不派重兵防守，尽管如此，很多武装分子还是通过加沙渗透到以色列内地，所以加沙已经成为以色列的一大隐患。巴拉克时期，曾动议在西岸修建隔离墙，沙龙当时作为反对党领袖坚决制止了这一计划。但是，沙龙上台后，面对不断恶化的局势，决定重启隔离墙计划。2003年6月，沙龙政府决定沿1967年中东战争前以巴实际控制线“绿线”一带修建总长为350公里的安全隔离墙，目的是阻止巴激进分子渗透到以境内制造暴力活动。工程总耗资将达2.2亿美元。其中第一阶段工程总长110公里，于6月动工。12月，沙龙又批准了安全隔离墙的第二阶段修建方案。二期工程从北部城镇美吉多起，向东延伸至比特谢安市，总长42公里，预计将耗资4800万美元。一旦隔离墙计划完成，以色列就可以有效防范和打击巴方武装力量以及人体炸弹的渗透，并利用这一“防恐屏障”加强对西岸的控制。

“脱离”计划提出后，沙龙政府把哈马斯等激进组织作为“重点清除”对象，对加沙地区进行了规模空前的清剿行动，该行动的目标是杀死哈马斯领导人、搜

针对哈马斯的定点清除

查其军工厂，并切断加沙与埃及交界处巴方秘密运送武器的通道。3 月 22 日，身体虚弱、几乎双目失明的亚辛被以色列的武装直升机炸死，只留下一架空轮椅和地上的模糊的血肉。加沙的天空顿时布满了浓烈的火药味，从人们的眼里迸发出来的是仇恨、恐惧和泪水。当天，近万名哈马斯支持者涌上街头，为亚辛举行葬礼；哈马斯组织则发誓要进行“地震式”报复，血洗每一个以色列家庭，拿下沙龙的人头。这一天，阳光依旧普照耶路撒冷，但很多人担心沙龙的这场赌博，如同开启了潘多拉之魔盒，是“把以色列人的生命做了筹码”。4 月 17 日，上任不到一个月的亚辛的接班人兰提斯被同样的方式所炸死。5 月，以军发起了“彩虹行动”，用推土机把靠近埃及边境的几百座巴勒斯坦人的居民房推倒，造成了上千名居民无家可归。

沙龙的“脱离计划”除美国以外，国际社会反应冷淡。在以色列国内也遇到了强大的阻力，在很多人的眼里沙龙成了令人费解的“变色龙”：这位当年约旦河西岸的“定居点之父”，怎么一下子成了定居点的终结者？一向以鹰派著称的沙龙，怎么现在比工党还左？约旦河西岸一位犹太定居者在开枪打死 4 名巴勒斯坦人之后大叫着：我希望有人杀了沙龙！

然而，沙龙还是沙龙——一个十足的现实主义者，而不是理想主义者。为了推行“脱离计划”，他不惜耗尽自己所有的政治资本。该计划一出台，沙龙在内阁和利库德集团中就都成了少数派，为争取内阁中的多数，他解除了一批部长的职务；为获得议会的支持，他解散了政府，与工党组建了联合政府。虽然几经周折，单边脱离计划于 2004 年获得内阁和议会的勉强通过，但根据以色列有关法律，如果政府提出的新年度的预算案不能获得议会通过，政府将自动倒台，提前举行大选，预算案显然成了极右势力推迟或阻止单边计划的工具。为了渡过这一难关，沙龙又向革新党、犹太圣经联盟和阿拉伯联合党作出了重大妥协。

在沙龙积极推行“脱离计划”的过程中，巴勒斯坦方面的形势发生了巨大的变化。2004 年 11 月 11 日，600 万巴勒斯坦人民尊敬的“国父”、沙龙的老对手阿拉法特带着对未竟事业的遗憾告别了人世。据不完全统计，有 58 个国家和国际组织的政要，包括 10 位总统，1 位国王，1 位王储参加了葬礼。埃及总统穆巴拉克和各国代表团成员一起，缓步跟随阿拉法特的灵柩来到附近的军用机场。11 时 30 分左右，阿拉法特的灵柩被送上一架专机，运往拉马拉。当天下午，阿拉法特的遗体被安葬在拉马拉他生前的官邸，数以万计的巴勒斯坦人聚集在现场，为他们的领袖送行。阿拉法特的离去宣告了一个时代的结束，巴以关系也出现了新的转机。

2005年1月9日，巴勒斯坦举行了成功的大选，阿巴斯以62.52%的选票当选为巴民族权力机构主席，成为新一代领导人。1月15日，阿巴斯在拉马拉宣誓就职。执政近一年来，阿巴斯留给人们的印象是务实、稳健而不乏智慧，他主张停止武装起义，实现和平建国，巴以关系也缓和。2月8日，在埃及总统穆巴拉克的倡议下，巴以双方在埃及沙姆沙伊赫就停止长达4年多的巴以暴力冲突达成了协议。协议签署后，以色列随即宣布重新开放连接以色列和加沙地带的埃雷兹检查站，并向巴勒斯坦人提供1000个工作岗位。2月21日，以色列释放了500名在押的巴勒斯坦人。与此同时，巴政府也采取了一些积极措施，首先与巴各武装派别就停止对以色列袭击问题达成谅解；在加沙地区部署了约5000名武装警察；着手重组巴安全部队，对违反巴以停火协议者采取行动等。由于双方采取了积极措施，巴以间的暴力冲突有所减少。

3月29日，以色列议会终于通过了政府2005年度预算案，这标志着沙龙为单边脱离计划扫除了最后的障碍。根据计划，以色列将于当年7月20日开始撤出加沙地带,8月中旬，完成25个定居点的撤出。单边撤离计划从8月15日开始，

沙龙与阿巴斯

23日基本结束。17日，撤离进入强制阶段，6万多名以色列士兵和警察当天进入加沙地带定居点，这是以色列军队在和平时期规模最大的一次行动。在有的定居点内，抗议者挖壕沟、立障碍，有的爬上屋顶，拒绝离开，一名妇女甚至在加沙地带附近的一个哨卡点火自焚。

撤离行动引起了整个世界的关注，CNN等热线传媒使人们再度看到了犹太人的眼泪。钢铁般的硬汉沙龙也哭了，17日那天出现在电视屏幕上的沙龙显得格外憔悴，他潸然泪下，艰难地控制着自己的情绪，呼吁定居者要克制、要冷静，千万别把矛头指向安全部队。“我真诚地请求每一个人不要袭击安全部队，既不要谴责他们，也不要为难他们。请不要伤害他们，伤害我吧。”这时站在他旁边的总统卡察夫立即补充说，总理所要表达的意思是“批评我，而不是伤害我。”9月12日，以军正式完成了从加沙地带的撤离工作，从而结束了以对加沙地带长达38年的占领。以色列军队撤离加沙后，巴方也积极介入了加沙的重建工作。

以色列撤离加沙与部分西岸定居点的计划落实得相当彻底，得到了来自巴勒斯坦方面的积极反应，也为沙龙与以色列政府赢得了好的声誉。但是，隔离墙计划仍然前途渺茫，巴勒斯坦人的反抗情绪特别强烈。根据以方计划，长达700公里的隔离墙把约旦河西岸的许多大型犹太人定居点囊括在以色列境内，这意味着隔离墙向“绿线”以东即巴勒斯坦一侧大面积偏移，所偏部分约占约旦河西岸总面积的16%，因此，巴方担心隔离墙会成为巴以间事实性分界线，从而使巴方永久失去领土。不仅如此，隔离墙工程将占去大片巴勒斯坦人的土地，严重影响他们的生活。隔离墙是由数米高的钢筋混凝土墙体、高压电网和电子监控系统等组成，并配有壕沟、哨

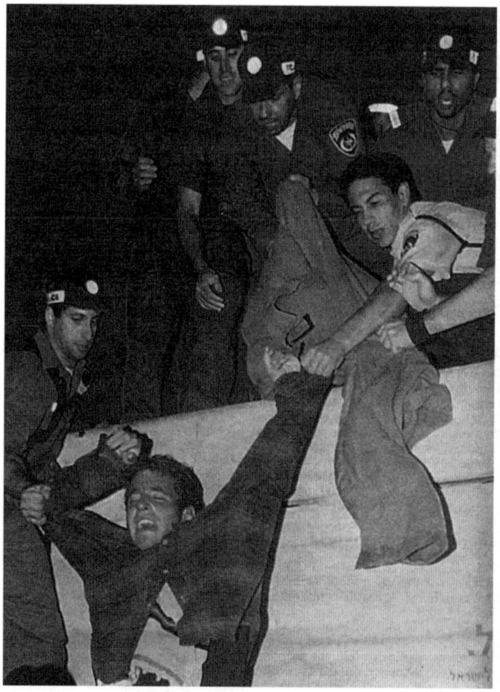

不愿离去的定居者

兵等，这意味着隔离墙附近约 100 米范围内的巴勒斯坦人的建筑、果树将被铲除。隔离墙还把居民区与医院、学校或水电等公共设施隔开。据国际人权组织统计，目前修成的隔离墙已经使 6 万多巴勒斯坦居民的生活受到影响，一旦全部完工，将有 26 万巴勒斯坦人的生活因此改变，这个数字占巴人口总数的 11%。因此，巴勒斯坦人称之为“心头之痛”。阿拉法特曾把隔离墙叫做“柏林墙”，是“可怕的侵略行为”，表现出“犹太复国分子的种族歧视”。

2004 年 7 月 9 日，联合国国际法院以 14 票对 1 票的多数作出裁定，宣布以色列在巴勒斯坦领土修建隔离墙违反了国际法，要求以色列停止在约旦河西岸的修建行动。法院通过一个冗长的关于隔离墙的判决书，国际法院院长、中国籍法官史久镛在判决书上签字，并于当天下午 3 点，在国际法院司法大厅宣读了这一裁决结果，指出以色列不能以军事防御权、国家安全或维护公共秩序为借口，为其在巴勒斯坦被占领土上修建隔离墙的行为进行辩护。要求以方停止修建隔离墙并拆除已建的部分，并请联合国对巴方居民的损失情况进行登记。① 对于联合国的裁决，沙龙的回答是：“我想说清楚的是，以色列坚决拒绝海牙国际法庭的裁决，这一裁决是单方面的，而且是有政治动机的。”而阿拉法特生前的预言则是：“以色列不可能在隔离墙问题上取得胜利，隔离墙最终会像柏林墙一样倒塌。”

隔离墙在修建过程中引发了多起巴勒斯坦人的抗议事件，因此工程进展并不顺利，也为巴以之间树立了新的障碍。围绕隔离墙的争议还会沸沸扬扬地继续下去，横亘在两个民族之间的巨大的心理障碍还会随着高墙的延伸而不断加强、不断深化。

---

① http : // www. chinaknowledge. com. cn/ Read News. asp.

第九章

迎接新挑战

（2006 年—2012 年）

进入“后沙龙时代”的以色列政局更为诡谲多变，中东和平进程仍是一波三折。在奥尔默特执政时期，虽然以巴双方恢复了直接对话，但由于缺乏基本的互信而进展甚微。在美国倡导下召开的安纳波利斯中东和会也只是再现了和平的幻象而已。为摆脱自身的政治危机，奥尔默特不顾国际舆论发动了针对加沙地带的武装清剿——“铸铅行动”，导致巴以局势雪上加霜。再度上台的内塔尼亚胡虽然有意调整自己的鹰派立场，有限地承认了巴勒斯坦的建国权利，但双方在定居点问题上仍然相持不下，致使和平的脚步迟迟未能到来。尤其自 2010 年以来，阿拉伯世界的持续动荡、美国中东政策的变化以及随之而来的中东地缘格局重组都使以色列感受到了前所未有的压力。值得欣慰的是，以色列政府所采取的一系列经济振兴计划收到了预想的效果，从而经受住了金融危机的考验，短期内走出了低迷，尤其是高科技产业获得了新的发展空间。面对新世纪的一系列挑战，以色列的应对并不从容，社会发展更趋多元，主体民族的满意度有所下降，边缘群体的利益诉求得不到满足，社会整合问题依然任重而道远，以色列国家的未来走向仍将继续考验执政者的政治智慧与和平勇气。

第一节　风雨飘摇的奥尔默特政府

一、沙鹰折翼

沙龙的单边“脱离计划”使利库德集团四分五裂，一半以上的议员公开表示不满。但对于沙龙来说，压力不仅仅来自利库德内部。2005年11月9日，工党进行党内选举，54岁的摩洛哥移民阿米尔·佩雷茨以微弱优势击败了现年82岁、具有61年党龄的政治元老佩雷斯，当选为新一任工党主席，从而在以色列国内激起了轩然大波。[①] 第二天，佩雷茨就表示他将带领工党退出沙龙领导的联合政府。一旦工党退出，沙龙政府必然失去多数，原定于2006年11月举行的大选不得不提前举行。

11月21日，沙龙向总统卡察夫提出解散议会，准备提前大选。同时沙龙还向利库德集团中央委员会正式提交退党报告，宣布组建“前进党”参加2007年的大选。沙龙的退党引起很大的关注，他是在同家人、助手们等进行了很长时间的商议后才作出决定的。作为利库德集团的创建人之一，在经历了32年的风风雨雨后，现在要告别这个政治平台，对于77岁的沙龙来说并非易事。沙龙此举是想在未来的选举中争取主动，但也承担着很大的风险。经过激烈讨论，以色列将大选的日期提前为2006年3月28日。11月30日这一天，以色列政坛又起风波：前工党主席佩雷斯宣布退出工党，并在来年的大选中转而支持沙龙。佩雷斯明确表示他无论如何不能容忍在中东和平的最终功劳簿上没有他的名字。沙龙与佩雷斯的联手不仅标志着以色列政治出现了“鹰鸽共舞”的特殊局面，而且意味着除工党和利库德之外的第三股政治势力的崛起，从而给未来的局势增添了新的悬念。

然而，在此关键时刻打倒沙龙的不是他的政敌，也不是他的民众，而是他的身体。2006年1月5日，沙龙第二次中风住进了哈达萨医院，从此再也没有能走下病榻。恰恰是从他倒下的那一刻起，全世界似乎真正意识到了沙龙的魄力与

① *Jerusalem Post*, November 9, 2005.

魅力，人们渴望他能够重新站起来，用他那有力的臂膀为以色列民众托起和平的希望。以色列各个阶层以不同的形式为沙龙虔诚祈祷，巴勒斯坦领导人和阿拉伯世界的有识之士也对沙龙的病情表示关注和由衷的祝福。

沙龙突然病倒之后，他最亲密的盟友、前进党成员埃胡德·奥尔默特（Ehud Olmert）出任代总理。此后，他正式当选为前进党临时主席，接替沙龙管理党务，并被提名为该党总理候选人。

奥尔默特于 1945 年 9 月 30 日出生于英国委任统治之下的巴勒斯坦北部的宾亚米纳，他是原居中国哈尔滨犹太人的后裔。其祖父 1917 年从俄国移居哈尔滨，并一直生活在那里，去世后被安葬在哈尔滨犹太公墓。他的父亲摩迪凯·奥尔默特（Mordecai Olmert）在哈尔滨长大，是犹太复国主义青年组织的领导人，1932 年移居以色列，先后任以色列第二和第三届国会议员。据奥尔默特回忆说，他的父亲具有浓厚的中国情结，1998 年，这位 88 岁的老人在弥留之际的最后一句话是用中文讲出来的。[①]

奥尔默特在具有强烈意识形态色彩的家庭中长大，就读于耶路撒冷希伯来大学，并先后获得心理学与哲学学士学位。1973 年，年仅 28 岁的奥尔默特当选为议员，开始步入政坛，成为以色列历史上最年轻的议员。1988 年，他担任沙米尔政府的不管部长，后又出任卫生部长。从 1993 年起，奥尔默特任耶路撒冷市市长达十年之久。1999 年在和沙龙竞选利库德集团主席时，奥尔默特落选，但因政治主张的高度吻合，两人的关系却日益亲密并成为挚友。2003 年，沙龙邀他出任第一副总理兼工贸部长。2005 年 8 月，当利库德内讧、强硬派领导人内塔尼亚胡愤然辞职后，奥尔默特临危受命，接任了财政部长职务。作为沙龙的左膀右臂，在以色列政府所采取的围困阿拉法特、清除亚辛、修建隔离墙、撤离加沙等一系列重大举措中奥尔默特展现了自己的影响力。担任代总理期间，奥尔默特的主张相对温和，在以巴问题上，他明确表示要继续执行沙龙路线，同时又在鹰派

具有中国渊源的奥尔默特总理

① http://www.answers.com/topic/ehud–olmert.

和鸽派之间协调关系，极力想避免以巴矛盾激化。但是，巴勒斯坦的政治形势却出现了令以色列与国际社会震惊的局面：2006 年 1 月 25 日，巴勒斯坦举行了自 1996 年以来的第二次立法委选举，哈马斯一举击败一直处于执政党地位的法塔赫，赢得立法委 132 席中的 74 席，成为第一大党。哈马斯拒绝承认以色列，代总理奥尔默特也多次表示拒绝与哈马斯参加的巴政府举行谈判，以巴关系严重倒退。

二、内外交困

2006年3月28日，第17届议会选举在种种猜测与疑惑中如期进行，前进党、利库德集团、工党、沙斯党、变革党等 31 个政党角逐 120 个议会席位。29 日，根据对 99.7% 选票的统计结果，前进党获得议会 120 个席位中的 28 席；紧随其后的是获得 20 席的工党。4 月 6 日，以色列总统卡察夫正式授权奥尔默特组建新一届政府。此后经过长达 4 个星期的艰苦谈判，以奥尔默特为总理的以色列新政府 5 月 4 日晚宣誓就职。新政府由前进党、工党、沙斯党和退休者联盟四个党派组成，在议会中拥有 67 席。分析家普遍认为，奥尔默特的新内阁是一个极为难产的内阁，组阁成员政治分歧之大、利益冲突之多使其很可能成为以色列历史上“最受限制的”政府。

奥尔默特就任后，承诺要把以色列建成一个“公正、强大、和平与繁荣的国家”，并“尊重少数民族权利，重视教育、文化与科学——尤其要与巴勒斯坦人实现永久和平”。奥尔默特强调说，以色列准备为和平而让步，当然巴勒斯坦政府尤其是哈马斯组织也必须持有同样的立场。奥尔默特明确表示要继承沙龙的施政理念，计划在约旦河西岸地区实施第二次单边撤离行动。该计划在以色列民众中引起了震动，因为当时定居在西岸的以色列人已达 24 万，其中约有 6 万人将受到撤离计划的影响，远远高于撤离加沙地带时的 7500 人。许多西岸定居者强烈反对奥尔默特的计划，极端右翼势力一再表示，他们不会盲目听从奥尔默特，并预言新政府在任期结束之前就会四分五裂。在此期间，以色列与哈马斯的武装冲突时有发生，但对于奥尔默特政府来说，最致命的威胁首先来自于黎以边境冲突以及由此而引发的全民性信任危机。

7 月 12 日，黎巴嫩真主党游击队对以色列北部边境的以军阵地和居民点发射炮弹和火箭，造成多人伤亡，并绑架了两名以色列士兵。事件发生后，以色列随即予以反击，双方发生激烈交火，黎以冲突爆发。当日午夜，以色列召开特别内阁会议，决定对黎真主党采取军事行动。随后，以军向黎南部真主党阵地发动猛烈的军事打击，并逐渐加大空袭力度。7 月下旬，以军对真主党武装展开地面攻势，双方冲突不断升级。30 日，以色列战机对黎南部的加纳村发动空袭，造成至少 54 名平民死亡，其中包括 37 名儿童，酿成了震惊国际社会的惨案。8 月初，以军又轰炸了黎巴嫩首都贝鲁特北部的多座桥梁，截断了连接贝鲁特与黎叙边境间的唯一陆路通道，严重阻碍了国际救援机构的援助行动，使黎国内的人道主义危机日益严重。国际社会紧急斡旋，几经反复之后，黎巴嫩真主党武装与以色列军队于 8 月 14 日开始执行联合国安理会的第 1701 号决议，实行全面停火，从而结束了双方历时一个多月的激烈冲突。黎以冲突造成至少 1100 名黎巴嫩人和约 150 名以色列人死亡。

战火停息后，真主党和以色列都宣称自己取得了胜利。真主党总书记纳斯鲁拉（Nasrallah）宣布，真主党取得对以色列的“战略性、历史性胜利”，并宣称“在黎巴嫩作战可不是吃野餐，代价很昂贵”。而在停火协议生效后的第一次议会全体会议上，奥尔默特则告诉议员们，以军在过去一个月的行动中，“已经给予真主党沉重的打击，以军士兵赢得了所有的战斗”。[①] 事实上，黎以冲突很难找出真正的赢家，真主党遭受了极大削弱，不仅大量减员，而且失去了许多指挥所和地下工事；以色列虽然在战场上占得了便宜，但是战前制定的作战目标——彻底摧毁真主党、实现持久和平却远远没有完成，并且黎以冲突持续一月有余，造成多人伤亡。战火停息后，以色列国内笼罩在阴云之下，揪心的伤痛不仅仅来自伤亡数字，使以色列人更感困惑的是：在中东占有压倒性优势、曾创造了一次次军事奇迹并长期享有国际声誉的以色列军事力量竟然被小小的真主党弄得仓皇不安，甚至保护不了自己国民的基本安全，几乎近半数的国民明显感受到了战争的威胁，有的还不得不躲进防空设施。自负而好胜的以色列人似乎很难接受这一残酷的现实，不满与怨恨弥漫全国。而作为总理的奥尔默特自然首当其冲，以色列人普遍认为奥尔默特在此次黎以冲突中决策不当。以色列《新消息报》8 月 26 日公布的民意调查显示，63% 的受访民众要求奥尔默特下台。面对国内铺天盖地的尖锐指责，奥尔默特 28

① http://news.xinhuanet.com/world/2006–08/16/content_4968551.html.

日晚表示，他个人对“宣布开战”负有“完全责任”，期待以此换取议会和内阁对他的支持。

在此背景下，奥尔默特急于在中东和平进程方面取得突破，以挽回大幅下跌的政治声誉。9月9日在与到访的英国首相布莱尔会谈中，他表示希望与巴勒斯坦民族权力机构主席阿巴斯举行会晤，在实施中东和平“路线图”计划一事上进行密切合作，根据“路线图”计划共同推进以巴和平进程。10月16日在对议会的讲话中，奥尔默特表示希望与黎巴嫩总理福阿德·西尼乌拉（Fouad Siniora）就黎以和平举行会谈，同时将阿巴斯称为和谈的“合法伙伴”。面对奥尔默特伸出的橄榄枝，黎巴嫩和巴勒斯坦方面表现冷漠。黎巴嫩总理办公室发表声明说黎巴嫩将是最后一个与以色列签订和平协议的阿拉伯国家；阿巴斯给巴以和谈开出的条件则是以色列先释放在押的巴勒斯坦人，这一条件又是以色列无法接受的。而且当时的巴勒斯坦自治政府由态度强硬的哈马斯掌控，自当年3月份上台执政以来，哈马斯一直未改变拒绝同以色列举行和平会谈的立场。在此情况之下，奥尔默特想要推进中东和平进程的打算只能是一相情愿。

和谈无所作为，国内风云又起。2007年1月16日，以军总参谋长哈卢茨宣布辞职；虽然在辞职声明中并未说明具体原因，但无疑与以军在不久前的黎以冲突中表现不力有关。此时，以色列国内要求总理奥尔默特为黎以冲突负责的呼声再起。不仅如此，以色列警方还宣布将对奥尔默特担任财政部长期间可能出现的违法行为展开刑事调查。他被怀疑在2005年以色列第二大银行国民银行私有化过程中，通过操纵该银行股份出售，帮助一名好友从中获益。此前，其他有关奥尔默特涉嫌腐败的指责也屡见报端。就连时任总统卡察夫也认为鉴于奥尔默特涉嫌贪腐并且在黎以冲突中的失职表现，总检察长应该对他提起诉讼。[①] 在腐败案和辞职事件的双重冲击下，奥尔默特的支持率跌至空前的14%，一半以上的民众认为他应当引咎辞职。[②]

经过半年多的调查和取证，以色列负责评估黎以冲突中政府和军方行为的特别调查委员会于4月30日正式公布了初步报告，批评总理奥尔默特、国防部长佩雷茨和前国防军总参谋长哈卢茨领导无方、决策失误。报告甫一出台，奥尔默特再次成为众矢之的，政界和舆论界要求其辞职的呼声不绝于耳，十余万

① http://www.chinanews.com/gj/zd/news/2007/02–06/869194.shtml.

② http://news.xinhuanet.com/world/2007–01/19/content_5624646.html.

民众举行大规模示威集会。甚至连同属前进党的副总理兼外交部长齐皮·利夫尼（Tzipi Livni）也表示奥尔默特辞职是一个正确选择。但由于前进党担心更换党魁会导致全党的失势，5月6日，奥尔默特与利夫尼举行会晤、弥合分歧，利夫尼“同意继续在由奥尔默特领导的政府中合作”。这时，联合政府中的其他党派由于自身力量孱弱，也担心一旦提前举行大选会失去现有的地位，因此在次日议会举行的投票中，反对党提出的针对奥尔默特政府的三个不信任案未获通过。虽然奥尔默特涉险渡过了内阁危机，但是接二连三的政治考验仍在等待着他。

暂时摆脱国内政治危机之后，奥尔默特再次将目光转向以巴和谈。8月6日，在美国国务卿赖斯穿梭外交的推动下，奥尔默特与阿巴斯再次举行会谈。此次会谈的地点选在了巴控自治城市杰里科，这是七年来以色列总理首次访问巴自治地区，这一举动本身就具有极大的象征意义。会谈仍然没有涉及边界划分、难民回归以及耶路撒冷地位等关键性问题，但双方态度都较为积极，并相互承诺将很快再次举行会晤。11月13日，奥尔默特与犹太人定居者组织的代表进行谈话，表示为了达成与巴勒斯坦方面的和平，以色列将被迫在领土问题上做出一些让步。这是安纳波利斯中东和会之前，奥尔默特释放的又一个和平信号，此时以巴双方都力争为这次中东和会创造一个良好的氛围。

2007年11月27日，马德里和会之后规模最大的中东和会在安纳波利斯正式开幕。以色列总理奥尔默特、巴勒斯坦民族权力机构主席阿巴斯以及中东问题四方代表——美国总统布什、俄罗斯外长拉夫罗夫、欧盟高级代表索拉纳、联合国秘书长潘基文等出席会议。① 和会最终达成了《共同谅解文件》，并且提出一个雄心勃勃的目标，即在2008年年内达成内容广泛的和平协议，这也是布什在其最后一年的任期内期望达到的目标。但是和平进程每前进一步，遭遇的阻力都是难以想象的，就在安纳波利斯会议期间，以色列内阁的极右翼宗教政党沙斯党宣称如果政府在耶路撒冷问题上向巴方作出让步该党将退出联合政府；哈马斯也在加沙和西岸领导了大规模抗议和会的游行示威活动。

和会之后以巴和平谈判重新启动，但进展缓慢。新年伊始，布什开始了他的中东之旅，希图以自己的外交手段来推进和平的脚步。2008年1月9日和10日分别同奥尔默特和阿巴斯会谈之后，布什乐观地对媒体宣称在他卸任之前签署一

① http://www.jpost.com/MiddleEast/Article.aspx?id=83364.

份以巴和平协议是可能的。但是以色列国内错综复杂的政治力量角逐决定了奥尔默特在核心问题上作出哪怕是最微小的让步也可能引发大的危机。巴勒斯坦方面亦是如此，致力于推动和平进程的阿巴斯所能控制的地区仅是约旦河西岸，加沙地带由一贯奉行“不承认以色列、不放弃武装斗争、不接受过去达成的各项协议”的哈马斯所控制，加上一系列政治失策，巴民族权力机构的权威在不断削弱，因此阿巴斯每向前走一步都将受到国内政治格局的掣肘。

巴以和平相持不下，以色列国内再次曝出经济丑闻。5 月初，警方称怀疑奥尔默特在担任耶路撒冷市长期间收受美国犹太商人莫里斯・塔兰斯基数笔高达十几万美元的竞选经费，并宣布对奥尔默特展开司法调查。对此，尽管奥尔默特百般辩白，但民众已不再信任他。7 月 30 日，奥尔默特含泪宣布自己不再担任前进党主席，也不会参加 9 月进行的新主席选举，一俟新主席选出，自己将立即辞去总理一职。9 月 17 日，前进党主席选举结果揭晓，利夫尼以微弱优势当选该党第三任主席，也是第一位女性主席，并且获得了组阁权。当年 50 岁的利夫尼具有摩萨德特工经历，并且是利库德集团资深议员，曾经在沙龙政府中先后担任多个关键部门的部长；奥尔默特担任总理后，任命她为副总理兼外交部长。利夫尼在以色列政坛享有极高声誉，美国《时代》杂志 2007 年把她列入全球最有权力的 100 名女性榜单。

9 月 21 日奥尔默特正式宣布辞职，并在利夫尼完成组阁之前担任看守内阁总理。但利夫尼面临的组阁任务异常严峻。她必须在各个党派之间纵横捭阖，协调各方利益，在坚持原则的同时又要作出大量让步，从而在 6 周之内完成组阁。尽管她使出全身的解数，最终还是于 10 月 26 日宣布组阁失败，并请求总统佩雷斯提前举行选举。[①]28 日，以色列议会宣布将于 2009 年 2 月 10 日提前举行议会选举，在新政府组成之前，奥尔默特将继续以看守内阁总理的身份执政。

三、“铸铅行动”

舆论界普遍认为奥尔默特的看守内阁总理生涯将在平静之中画上句号，但以

① http://www.chinanews.com/gj/zd/news/2008/10–27/1425744.shtml.

色列对加沙地带展开的“铸铅行动”(Operation Cast Lead)[①]一下子打破了人们的预想，巴以冲突骤然升级。随着为期半年的停火协定到期，12 月 19 日，哈马斯从加沙地带向以色列发起攻击，随后以色列以此为借口，向加沙地带发动了大规模军事行动。“铸铅行动”顾名思义，即是通过军事打击摧毁哈马斯在加沙地带的武装力量、军火武器以及军事设施，使加沙地区像铸了铅一样无法承载哈马斯的反以活动。以色列《国土报》12 月 27 日报道称“铸铅行动”实际已经策划了两年之久。早在 2007 年初，以色列就着手策划针对哈马斯的军事行动，只是由于当时与叙利亚的紧张关系，担心两线作战才不得不作罢。但针对哈马斯的情报搜集工作却一直在紧密进行中，并几经核实之后已制定成为目标数据库下发给各作战单位。

2008 年 12 月 25 日，总理奥尔默特、国防部长巴拉克和外交部长利夫尼正式决定准备轰炸加沙地带。行动具体分为两个阶段：[②]2008 年 12 月 27 日至 2009 年 1 月 3 日为大规模空袭阶段，这一阶段以色列空军根据之前收集的哈马斯军事目标的大量情报展开空袭，仅 12 月 27 日空袭刚刚开始的 4 分钟内，以空军近百架战机就向加沙 100 多个军事目标“投掷了上百吨炸弹，造成至少 270 人死 700 人伤，其中多数是哈马斯的警察和武装人员，当然也有无辜平民”。[③]从 1 月 3 日晚间开始以军大批地面部队开进加沙，战争随之进入第二阶段。一直持续到 18 日奥尔默特才宣布单方面停火。以军发动大规模地面作战的主要目的在于摧毁哈马斯的指挥系统及其向以色列发射火箭弹的能力，同时表示将继续与巴自治政府协商和平进程。“铸铅行动”总共造成至少 1300 名巴勒斯坦人死亡，约 5500 人受伤，其中一半为平民。[④]

“铸铅行动”是奥尔默特打出的最后一张政治牌，但残局已定，无力改变。回顾他近三年的执政生涯，政治动荡伴随始终。丑闻一波未平一浪又起，民间和政界的反对之声不绝于耳，这种局面显然与他在内政外交方面的处置不力是分不开的。首先，奥尔默特政府在成立之初就不稳固，内阁中党派利益冲突之多、政治分歧之大，使得总理作出的每项举措都很受牵制。政治力量的分散直接导致了

---

① 该行动在阿拉伯世界也被称为“加沙大屠杀”(Gaza Massacre)。

② M. K. Esposito, “The Israeli Arsenal Deployed Against Gaza during Operation Cast Lead”, *Journal of Palestine Studies*, Vol. 38, No. 3 (Spring 2009), pp. 175–176.

③ http://www.chinanews.com/gj/zd/news/2008/12–30/1508796.shtml.

④ http://www.chinanews.com/gj/zd/news/2009/01–19/1532659.shtml.

奥尔默特主导力的孱弱，也使他的执政决心大打折扣。其次，奥尔默特在中东和平问题上的摇摆不定致使其在外交方面无所作为，对此国内的左翼进步力量大为不满。奥尔默特并非鹰派人物，但他却在任内发动了两场大规模军事行动，尤其是对真主党的过激反应出乎国际社会的预料，连真主党自身都觉意外。而且，在交手之后的奥尔默特又多次释放出和谈信号，但由于之前的强硬手段丧失了彼此的互信而致使几无进展，这样又被国内的右翼势力诟病斥责，从而大大折损了他的政治形象。

第二节　内塔尼亚胡再度执政

一、艰难组阁

2009年2月10日，以色列大选提前举行。此次大选适逢“铸铅行动”刚刚结束以及美国总统奥巴马上台伊始，因此备受关注。大选过程可谓一波三折，选举前的民意调查结果显示，利库德集团领导人内塔尼亚胡处于领先地位，将以微弱多数击败主要竞争对手利夫尼，但选举过程中利夫尼领导的前进党实现了反超。据中央选举委员会18日向总统佩雷斯提交的最终选举结果显示，前进党赢得了议会中的28席，领先利库德集团一席而成为议会第一大党，“以色列我们的家园”党和工党分别以15席和13席位列第三、第四位。但在授权谁组阁的问题上却出现了悬念，虽然利夫尼赢得了胜利，但她未能得到议会中其他党派包括其盟友工党和梅雷茨党的支持；内塔尼亚胡虽在大选中落后，但却从沙斯党、圣经犹太教联盟党、全国联盟党以及“犹太人家园”党获得23个议席的支持，加上利库德集团的27席，共有50个议席支持他。因此握有15席的第三大党“以色列我们的家园”党的态度至关重要，但该党宣布不支持任何一位候选人。[①] 最终经过内塔尼亚胡的斡旋，该党改变态度投向利库德阵营；20日，总统佩雷斯正式授权内塔尼亚胡组阁，此前他约见内塔尼亚胡和利夫尼时曾建议双方组成联合政

① 陈双庆:《以色列政治生态右倾与中东局势》，载《现代国际关系》2009年第3期，第43页。

府，但未获成功。

内塔尼亚胡的组阁之路并不顺畅。22 日、23 日内塔尼亚胡分别同利夫尼和巴拉克会谈，希望两方加入自己领导的内阁，但均遭拒绝。27 日，内塔尼亚胡再次同利夫尼就联合组阁问题进行谈判，他表示将作出妥协，把前进党作为“全面伙伴”，但仍然遭到利夫尼拒绝，后者表示前进党将成为反对党。3 月 20 日，完成组阁的 28 天期限已到，内塔尼亚胡要求延长两周以争取工党的加入。24 日，工党在得到包括国防部长在内的 5 个职位的许诺后，巴拉克最终转变态度，同意加入利库德集团领导的联合政府。这样，内塔尼亚胡最终得以组阁成功，并于 3 月 31 日宣誓就职。内塔尼亚胡为以色列民众带来了有史以来最为庞大的内阁，包括 30 名部长，加上副部长总数近 40 人。新政府包括 5 个政党，其中仅有工党是左翼政党，极右翼政党的加入给未来巴以和平增加了悬念。由于内塔尼亚胡的一贯政治风格，再加上极右翼政党占据大多数部长职位，这个内阁通常被视为“以色列政治生态右倾”的表现。

内塔尼亚胡上台伊始，就赶上全球金融危机最为严峻的时期，因此他把内政方面的主要着力点放在如何摆脱金融危机的威胁之上。作为一个外向型的经济体，以色列在金融危机中遭到很大的打击，无论是传统的农业和制造业，还是新兴的高科技产业、旅游业等，都出现较大幅度的下滑；为此，内塔尼亚胡政府采取一系列经济振兴政策来扭转颓势，同时也推出诸多社会保障措施来稳定社会，从而顺利走出危机。在外交方面，内塔尼亚胡政府打破传统外交格局，一方面将应对伊朗威胁提高到外交议程的首位，尤其在伊朗核问题上表现出很大的主动性与灵活性；另一方面，对于巴勒斯坦问题采取拖延战术阻止巴勒斯坦建国，同时寻求与巴勒斯坦主和派开启和谈。而且，还注重与美国拉开距离，避免因美国中东战略的调整而损害以色列的利益。①

二、聚焦伊朗核危机

在内塔尼亚胡发表的施政纲领中，外交方面的新动向之一即是把伊朗核问题提到外交事务的显著位置，列为以色列外交的首要目标。这是以色列首次将地区

① 赵建明：《以色列内塔尼亚胡政府外交新动向》，载《现代国际关系》2009 年第 11 期，第 57 页。

之外的伊朗威胁提到高于巴以问题的位置之上。之所以出现这种变化，主要原因在于：首先，奥尔默特任内接连发动的针对真主党和哈马斯的两场军事打击收到一定的效果，两者的军事威胁有所降低，但以色列一直认为伊朗才是真主党和哈马斯背后的真正主谋，伊朗给予他们大量的军事与经济援助；要想从根本上改善国内的安全环境，就必须有效应对来自伊朗的威胁。其次，伊朗自伊斯兰革命以来一直奉行激进的反以政策，尤其自2005年内贾德总统上台以后多次发表要把以色列“从地图上抹去”、“二战期间对犹太人的大屠杀是个神话”等激进言论，这一系列否定以色列立国合法性的言行让以色列政府感到尤为苦恼。最后，也是最为根本的问题，来自伊朗的核威慑使以色列人深感忧虑。伊朗不断加紧浓缩铀研究，其目的是为最终获得核武器铺平道路；以色列政府多次强调伊朗正在拖延时间，根本无意停止其核计划。一旦与之为敌的伊朗获得核武器，以色列一直以来追求的地区安全战略势必化为泡影，将可能给以色列带来毁灭性打击。而美国攻打伊拉克破坏了海湾地区原有的伊朗、伊拉克、沙特三国制衡关系，而且美国从伊拉克撤军表明美国不愿继续充当新的海湾制衡者角色，这种放弃战略义务的做法增加了以色列的压力。[①] 为此，内塔尼亚胡上台之后通过一系列凌厉的外交攻势向伊朗打出了一套组合拳。

要求严厉制裁伊朗的内塔尼亚胡总理

以色列政府一方面积极开展游说外交，宣扬伊朗的威胁并谋求建立地区合作的制衡机制；另一方面，声称在必要时不排斥以军事打击摧毁伊朗核设施的可能性。首先，采取多方行动敦促有关国家停止对伊朗出售武器。2009年4月，以色列试图以50架无人侦察机换取俄罗斯停止

① 赵建明：《以色列内塔尼亚胡政府外交新动向》，载《现代国际关系》2009年第11期，第58页。

向伊朗出售 S-300 防空导弹系统，但未获成功。①6 月，以色列外长利伯曼访俄，谋求同俄建立战略伙伴关系，要求俄停止对伊出售军火，但遭俄方婉拒；9 月 7 日，内塔尼亚胡秘密访问俄罗斯，试图劝说俄重新考虑对伊朗出售该型导弹的立场。

其次，强调伊朗打破地区军事平衡，争取建立遏制伊朗的地区合作机制。5 月 11 日、14 日，内塔尼亚胡分别同埃及总统穆巴拉克和约旦国王阿卜杜拉二世举行会谈，以期促使埃及和约旦两国在以色列与阿拉伯国家之间发挥桥梁作用，建立共同应对伊朗威胁的阿以战略同盟。内塔尼亚胡这一系列的外交活动取得显著成果，埃及同意以色列军舰通行苏伊士运河。7 月 14 日，埃及外长阿布·盖特证实，以色列一艘驱逐舰当天从地中海取道苏伊士运河驶入红海。② 该事件具有重要的战略意义，意味着以色列军舰经由运河即可取道红海直达波斯湾，这为对伊朗可能的军事打击大开方便之门。③

再次，面对伊朗方面拒绝放弃发展核能力的强硬表现，以色列要求国际社会严厉制裁伊朗。7 月和 8 月，内塔尼亚胡接连出访意大利、法国、德国和英国，试图借西方国家的力量加大对伊朗的制裁力度。9 月 24 日，在联合国大会上的发言中，内塔尼亚胡猛烈抨击伊朗总统内贾德，认为伊朗不仅是以色列的威胁，也是世界和平的威胁；强调伊朗是极端原教旨主义政权，全世界都应该联合起来阻止伊朗拥有核武器。2010 年 1 月 18 日，在与到访的内塔尼亚胡举行的联合新闻发布会上，德国总理默克尔表示，如果伊朗不转变态度，德国将朝全面制裁方案努力。

双方势不相让的态度，致使伊以两国在军事与外交领域频频交锋。以色列政府多次警告伊朗政府不得越过国际社会为其所设定的“红线”，否则这种玩火的行为将导致以色列不得不考虑对伊朗核设施采取军事打击。作为回应，伊朗总统内贾德放出狠话，声称如果以色列袭击伊朗将会招致自身的毁灭。军事方面，双方都大力发展具有针对性的武器装备。伊朗开始批量生产“灯塔”型短程防空反导火炮系统，该系统每分钟可发射 4000 枚炮弹，足以在低空形成“炮弹墙”，以应对巡航导弹和其他飞行目标的攻击；以色列方面也在发展攻防两端的军事力

① 俄制 S-300 型防空导弹系统性能优良，能够同时追踪 100 个目标并打击其中的 12 个，最大射程为 200 公里，最大射高 27 公里，通常被认为能够改变以色列和伊朗在常规武器上的平衡。

② http://world.people.com.cn/GB/1029/42359/9654174.html.

③ 2011 年 2 月 11 日，埃及总统穆巴拉克下台后，运河区的局势也发生了微妙的变化。2 月 23 日，伊朗两艘军舰自 1979 年以来首次通过苏伊士运河，此举引起全球关注。以色列反应极为强烈，它多次警告埃及不要放行，声称这是非常具有挑衅性的行动，但埃及方面置若罔闻。

量，如打造先进的导弹防御系统、发展先进的隐形轰炸机等。2010 年 12 月 6 日及 2011 年 1 月 22 日，伊朗核问题六方与伊朗举行了两轮谈判。伊朗主张谈判应该在平等、尊重的前提下进行，国际社会应该停止对伊朗的制裁，而以美国和以色列为代表的西方国家一再主张加大对伊朗的制裁力度，双方因意见的巨大分歧导致伊朗核问题高潮迭起，但进展甚微。

面对伊朗不顾国际社会的压力加快核研发步伐，以色列国内上下一致认为，一旦伊朗拥有核武器，势必对以色列国家安全造成致命的威胁。由于伊朗尚不具备远程运载工具，核武器在目前还构不成对美国的直接威胁，首当其冲的受害者即是以色列。对此，国内的鹰派不断呼吁必须采取断然行动对其核设施实施军事打击，① 效法当年摧毁伊拉克核设施的“巴比伦行动”，派出战机轰炸伊朗的核反应堆。由于害怕引发一系列连锁反应，美国及西方各主要国家不赞成以色列对伊朗采取先发制人的军事攻击。但以色列至今也没有放松对伊朗的警惕心理，一方面加紧发展自身军事力量，特别是将来可能用来轰炸伊朗核设施的先进战机、导弹技术等，始终坚持把军事手段作为一个最终选项；另一方面，继续在国际上开展积极的外交活动，通过向伊朗施压强迫其停止核计划。

三、经济回升

步入新千年之初，以色列经济出现了较大衰退。主要原因在于 2000 年 9 月爆发的第二次“因提法达”造成了国内的动荡局面，从而直接影响到国民经济各生产部门、进出口贸易以及国内外的投资热情。进入 2003 年，随着国内局势的稳定，以色列经济逐渐从衰退中走出。经济合作与发展组织（OECD）发布的数据显示，当年以色列实际 GDP 增长率为 1.5%，进出口贸易额分别上升至 342.1 亿美元和 317.8 亿美元，较上年均有较大幅增加，特别是出口额方面增加了 23.4%。② 自此以色列经济进入连续五年的稳定增长期，具体情况见下表：

① 有关以色列先发制人打击伊朗的讨论，详见孙德刚：《伊朗核危机阴影下的以色列先发制人战略》，载《西亚非洲》2007 年第 12 期。

② http://www.moit.gov.il/NR/exeres/E02266E1-6B13-4288-8C1D-760C25FAE226.html.

2003年至2007年以色列GDP增速[①]

2003年	2004年	2005年	2006年	2007年
1.5%	5%	4.9%	5.7%	5.4%

资料来源：OECD公布的各国GDP实际增速。

从上表中可以看出，这五年以色列经济已处于一个相对稳定时期，在此期间工业、农业、旅游业、高科技产业、对外贸易等都取得比较好的发展。但好景不长，一场全球性的金融危机突然来袭，以色列的经济形势急转直下。

2008年9月，随着华尔街巨头雷曼兄弟公司的轰然倒塌，一场波及全球的金融危机拉开序幕，并迅速波及各个主要经济实体。以外向型经济为主导并且与美国有着紧密经济联系的以色列，很快被波及其中。事实上，在此之前以色列已感受到金融危机的压力。以色列中央统计局的数据显示，2008年1—9月以色列外贸逆差总计高达140亿美元，预计全年外贸逆差总额将超过180亿美元，增幅达80%,[②] 这主要是受到全球尤其是美国市场需求不足的影响。2008年的GDP增速也由上年的5.4%降为4%[③]，2009年以色列GDP增长0.5%，虽然成为少数在国际金融危机阴影下仍然实现经济增长的发达国家之一，但其他方面的状况并不乐观，2009年以色列商品和服务出口额为678.81亿美元，进口额为631.32亿美元，相比上年的814.71亿和843.12亿美元均有较大幅度下滑。[④] 旅游业方面，入境游客比上年下降了30万，客房入住率也下滑了6个百分点，为60%。[⑤]

面对危机带来的全球性经济衰退，以色列政府采取了一系列及时有效的政策。2010年，以色列经济形势开始好转。OECD的数据显示，2010年以不变价格计算的以色列GDP总值达到2010.54亿美元，同比增长4.6%,[⑥] 与上年度0.5%的增长率形成极大反差。2010年上半年，以色列共接待160万外国游客，比2009年同期增长了39%。截至2010年底，以色列外汇储备达到了693亿美元，是为历史最高水平。以色列应对金融危机的措施取得显著成效，也为全球摆脱经济危机做出了贡献。经过三年的谈判和审核，经济合作与发展组织于2010年5

① http://www.oecd.org/document/0,3746,en_2649_201185_46462759_1_1_1_1,00.html.

② http://il.mofcom.gov.cn/aarticle/jmxw/200810/20081005857394.html.

③ http://www.oecd.org/document/39/0,3746,en_2649_201185_46462759_1_1_1_1,00.html.

④ http://www1.cbs.gov.il/reader/shnaton/shnatone_new.htm?CYear=2010&Vol=61&CSubject=30#16.

⑤ http://www1.cbs.gov.il/reader/?MIval=cw_usr_view_SHTML&ID=432.

⑥ http://stats.oecd.org/index.aspx?queryid=556.

月27日正式接纳以色列为成员国，这是对其经济成就的充分肯定。

以色列经济在遭遇全球金融危机时之所以能够有比较稳定的表现，危机后又能迅速地恢复，最重要的原因在于奥尔默特和内塔尼亚胡政府陆续推出的一系列政策措施，有力地保证了以色列经济在危机中沿着健康的方向发展。2008年11月和2009年3月，以色列政府先后出台两个一揽子方案，专门应对危机带来的新问题。2009年4月23日，刚刚上台的内塔尼亚胡在关于2009—2010年度经济计划的新闻发布会上信心十足地表示："我们处在一个巨大的危机之中，但我们必须，而且我们能够拯救经济、创造就业、推动经济发展，我们以前就这样做过……我们将终止经济下滑，之后它就会再度高涨……"①

以色列经济的迅速回升还来自于科技产业的有力推动。特殊的地缘格局和民族遭际，使以色列历届政府高度重视科技立国，并制定行之有效的科技发展规划。到20世纪末，以色列的高科技产业已领先于世界，在电子、通信、医疗卫生、生物工程等领域均占有一席之地。为了将科学研究和高科技产业紧密联系起来，以色列形成了"政府—大学—企业"三位一体的创新体系。在过去的十余年中，以色列已成功转型为高科技国家，成为世界重要的科技创新中心之一。目前在美国纳斯达克证券交易所上市的以色列企业达一百多家，其中大部分为高科技企业，仅次于美国、位列世界第二。特别是近年来，以色列高科技产业的产值占GDP的比例大幅提升，2011年5月，高科技产品的出口达制造业出口总额的47%，为18亿美元。②以近年来发展迅速的信息和通信技术为例，从2001年到2010年，虽然经历了两次大的经济波动，但总产值仍然从466.21亿谢克尔上升到730.43亿谢克尔，增长了56.7%。③以色列工贸部的网站上展示着以色列在能源清洁技术、农业技术、生命科学、信息通信技术以及国防军事技术等方面的最新成果，这些都是领先于世界的科技前沿成果。

四、前途未卜的和平

作为鹰派的代表人物，内塔尼亚胡对巴勒斯坦问题一向持强硬立场。再度上

① http://www.globes.co.il/serveen/globes/docview.asp?did=1000444363.

② http://www1.cbs.gov.il/www/hodaot2011n/16_11_133e.pdf.

③ http://www1.cbs.gov.il/hodaot2011n/29_11_151t1.pdf.

台后，在其施政纲领中有大量篇幅是关于巴勒斯坦问题的，但他避免使用巴勒斯坦建国的措辞，而是主张巴勒斯坦自治：以巴先谈经济共荣，再谈安全事宜，而后通过外交手段解决争端。与其前任奥尔默特支持巴勒斯坦建国的主张相比，这是一种明显的倒退。内塔尼亚胡在“六日战争”42周年纪念大会上说：“一个完整的耶路撒冷是以色列的首都。耶路撒冷在过去和将来都是我们的，它不会再度被分割。”①但他的强硬态度与誓言同推进中东和平进程的奥巴马存在分歧，后者多次向以色列政府施压。这与美国对中东战略的调整密不可分，奥巴马政府的战略调整主要包括从伊拉克撤军、接触伊朗、重启巴以和平进程等重大问题；而奥巴马对中东和平进程寄予厚望，意图以此修复美国的形象以及与阿拉伯国家的关系。②2009年6月4日，奥巴马在埃及开罗大学发表演讲时称美国支持实现以巴和平共处的“两国方案”，并敦促以色列停止在约旦河西岸扩建犹太人定居点。

面对奥巴马的公开表态，内塔尼亚胡不得不作出积极的回应，以弥合上任以来同美国的分歧，巩固以美关系。6月14日，内塔尼亚胡在以色列巴伊兰大学发表演讲，表示愿意在不设置任何前提条件的情况下重启以巴和谈，并首次表示愿意有条件接受巴勒斯坦国的建立，这些条件包括巴勒斯坦承认以色列是一个犹太国家、巴勒斯坦去军事化、耶路撒冷保留为以色列首都以及拒绝接纳巴勒斯坦难民等等。这是自上台以来，内塔尼亚胡首次表示愿意接受巴勒斯坦国，标志着其鹰派立场的重大转变。但是外界对他这番表态的反应褒贬不一，奥巴马对其讲话热烈欢迎，称这是一个重大进步。9月22日，在联合国大会开幕前夕，美以巴三方领导人峰会在纽约召开，奥巴马期待凭借这次峰会能够重新开启以巴和平谈判，但除了机械的、表情冷峻的握手及双方继续对话的承诺之外，峰会并未取得任何实质性的成果。

2010年1月，哈马斯要员、卡桑旅的创始人之一马哈茂德·马巴胡赫（Mahmoud al-Mabhouh）在阿联酋迪拜遭暗杀。种种证据证明，暗杀行动是以色列情报机构摩萨德所为，随后数十名摩萨德特工的照片被作为嫌犯公布出来，有媒体甚至披露暗杀行动得到总理内塔尼亚胡的亲自批准。暗杀事件发生之后，哈马斯誓言进行报复，并于2月初向地中海投射了大量浮动炸弹。迪拜警方向内塔尼亚胡和摩萨德主管发出拘捕令，欧洲多个国家谴责以色列的行为，并要求以色列就暗

① http://www.chinanews.com/gj/gj-ywdd/news/2009/05-23/1704956.shtml.

② 赵建明：《以色列内塔尼亚胡政府外交新动向》，载《现代国际关系》2009年第11期，第59页。

杀行动中大量使用伪造的欧洲国家护照作出解释，欧盟也发表了措辞强硬的声明予以谴责。暗杀事件无疑冲击了欧以关系，也严重影响了以色列在国际上的声誉，使其外交活动陷入被动。与此同时，内塔尼亚胡在东耶路撒冷一系列建设定居点的行动也为以美关系蒙上了一层阴影。3 月 9 日，就在美国副总统约瑟夫·拜登（Joseph Biden）访以期间，以色列宣布在东耶路撒冷建设 1600 套住房，引来美国的强烈反对。虽然内塔尼亚胡随后就此事发生的时机进行了道歉，但仍坚持在东耶路撒冷建设定居点是以色列的固有权利。美国斥责以色列阻碍和平进程，并取消了一些美以之间的外交活动，美以关系被认为降到了前所未有的低点。3 月下旬，内塔尼亚胡再度出访美国，并于 23 日同美国总统奥巴马举行会谈，内塔尼亚胡此行意在弥合双方之间的关系，但收效甚微。以色列媒体甚至报道说，在白宫时，奥巴马曾撇下内塔尼亚胡独自去用餐，这被视为对以色列的羞辱。①

5 月 31 日，以色列海军袭击开往加沙地带的国际人道救援船队，船上至少有 9 名支持巴勒斯坦的人士被以军打死。该救援船队在塞浦路斯港口集结，计划于 31 日下午抵达加沙。船队装载了一万多吨医疗用品、食品等物资，船上人员共 750 人。此事一出，国际社会一片哗然，强烈呼吁联合国对事件进行彻查。由于被打死的九名人道主义人士均为土耳其人，因此土耳其宣布召回驻以色列大使，并全面削减同以色列合作关系。面对国际舆论的巨大压力，20 日以色列宣布将放宽对加沙援助物资的准入限制，允许建筑材料等“非军事用”物资进入加沙。

巴勒斯坦问题的再度升温引起了国际社会的广泛关注，各方势力积极斡旋，试图打破僵局。9 月 2 日，在奥巴马、埃及总统穆巴拉克以及约旦国王阿卜杜拉二世等人的斡旋下，内塔尼亚胡与阿巴斯在华盛顿举行和平谈判，双方就定居点、耶路撒冷归属等问题展开了磋商。但本次和谈尚未开启即已笼罩在暴力事件的阴影之下，8 月 31 日和 9 月 1 日约旦河西岸接连发生两起针对以色列平民的枪击案，造成 4 死 2 伤。面对突发事件，虽然以巴双方都表现出了克制的态度，但和谈仍未取得进展。9 月 14 日，内塔尼亚胡和阿巴斯在美国国务卿希拉里的陪同下在埃及沙姆沙伊赫举行第二次会谈（次日双方移师耶路撒冷），但由于多种因素干扰，依然无果而终。

进入 2011 年以后，以巴和谈依然停滞不前，双方内部政治局势又发生了新的变化。1 月 17 日，内塔尼亚胡内阁的国防部长、工党主席巴拉克宣布退出工

① 陈双庆：《以色列对外政策趋向及其后果》，载《现代国际关系》2010 年第 6 期，第 60 页。

党，另立新党“独立党”。随着以巴和谈再次陷入僵局，一些工党党员对现政府的和平政策越来越不满，对巴拉克支持内塔尼亚胡政府的态度多有微词，因此极力敦促巴拉克退出执政联盟，而巴拉克最终选择了退党并继续支持现政府。在巴拉克宣布退党数小时后，来自工党的社会事务部长伊萨克·赫尔佐克、少数民族事务部长阿维沙伊·布拉韦曼以及工贸部长本雅明·本－埃利泽相继举行新闻发布会，宣布退出内塔尼亚胡政府。该事件对内塔尼亚胡政府造成较大冲击，联合政府在议会中勉强维持66席的微弱多数。5月4日，巴勒斯坦政治格局也发生了变化，敌对四年之久的法塔赫和哈马斯正式签署和解协议，该协议的目的是统一约旦河西岸和加沙地带两个对立政府，并要求成立巴勒斯坦临时政府，于一年内举行总统和议会选举。自从双方宣布签署和解协议以来，巴勒斯坦方面欢欣鼓舞，以色列则是紧张和不安。内塔尼亚胡曾呼吁法塔赫领导人阿巴斯取消和解，否则以色列拒绝向巴勒斯坦移交税收，以确保资金不会流向哈马斯。以巴双方内部政治局势的变化势必影响有所起色的巴以和平进程，中东和平的前景依然扑朔迷离、捉摸不定。

第三节　社会整合与精神困顿

以色列是一个典型的多元化社会，当地居民至少讲82种语言；根据以色列中央统计局（CBS）最新公布的数据，截止到2012年4月25日，以色列的总人口为788.1万，其中593.1万为犹太人、162.3万阿拉伯人。而在犹太人中，萨布拉（即本土出生的犹太人）占70%以上。[①]91%的以色列人居住在城市。据以色列方面的统计，犹太人在以色列总人口中的比例继续下降，2005年这一比例为76%、2012年下降到75.3%；而阿拉伯人的比例却呈上升趋势，2005年为20%、2012年上升到20.6%。而且犹太人社会老龄化现象要比阿拉伯人明显得多。12%的犹太人年龄在64岁以上，而在阿拉伯人中这一比例仅为3%。[②] 即便是在犹太

① http://www1.cbs.gov.il/reader/?MIval=cw_usr_view_SHTML&ID=705.

② http://www.jewishvirtuallibrary.org/jsource/Society_&_Culture/newpop.html.

人内部，也保留着极其复杂的结构形态，以色列有 49% 的人自称为世俗主义者（Secularist）、[①]33% 的人自称为传统主义者（Traditionalist）、13% 的人自称为正统派（Orthodox）、极端正统派（Haredi）占 4.5%，其他占 0.5%。[②] 占人口一半左右的世俗主义者是现代主义的推崇者与倡导者，主张摆脱传统的束缚，使以色列成为一个真正的现代化国家。在回答“以色列应该是西方式的，还是东方式的”这一问题时，这些人会毫不犹豫地回答为“西方式的”。传统主义者及大多数正统派虽然信仰宗教，热衷民族文化及民族传统，但大部分人也同样认同理性主义及社会现代化发展，积极面对现代主义的挑战，在传统性与现代性之间寻求楔入点；只有少数被称为原教旨主义者的极端正统派才反对理性主义，排斥任何意义上的改革与变化。

以色列是一个典型的熔炉式国家，因而是个多元化、多层次的社会，在这里东方文化与西方文化、历史传统与现代思潮、宗教氛围与科学精神奇特地交织在一起。多元化的社会结构以及典型的移民国家特征使人们普遍认为，影响以色列国家实现现代化的主要阻力已不在经济层面，而在于社会整合问题，即宗教人士与世俗犹太人的整合、东方犹太人与西方犹太人的整合、阿拉伯人与犹太人的整合等，而这一系列现象既是政治问题、社会问题，更是文化问题。众所周知，在现代化建设中，社会结构因素固然重要，而文化因素显然也不可忽视。用利普塞特的话来说：“结构方面的条件为社会的发展提供了可能性，而文化因素才使这种可能性变成现实”,[③] 因为文化体系及价值观念的变化不仅是现代化的条件，也是现代化的主要标志之一。赫茨尔、魏茨曼等思想家一直强调要建立一种与现代民族国家相适应的文化体系，实现多元背景下的社会整合。1953 年，以色列政府颁布的《国家教育法》中明确规定：“以色列教育的目的，一方面是让学生学习知识和技能，以适应国家发展的需要；另一方面是促进来自世界不同地区的犹太人之间的融合。”建国之初，古里安总理在谈到社会融合时就充满自信地

① 以色列特拉维夫大学的美学及修辞学教授雅各布·马利金近年来一直致力于研究世俗犹太人及正统派犹太人之间的对话，他把世俗犹太人的信仰归结为“自由”二字。这些人信仰上帝的存在，信仰《圣经》，信仰多元论（Pluralism），但他们强调个人的选择权，追求摆脱任何宗教教义及条规的限制而发展个性自由。他们把犹太教视作世界文化的一部分，强调不同文化之间的影响与互通。世俗主义者还特别推崇教育，把教育视作决定生活质量及犹太文化特征的主要因素。参见 Jacob Neusner & Avery–Peck, *The Blackwell Reader in Judaism*, pp. 394–396.

② Fission, Pressure Sores and Tinderboxes, see *Israel Yearbook and Almanac*, 1998, p. 78.

③ 转引自西里尔·E. 布莱克：《比较现代化》，上海译文出版社 1996 年版，第 21 页。

说："我们必须把这一堆杂七杂八的东西熔化掉，放在复兴的民族精神这个模子中重新铸造。"[①] 前总统哈伊姆·赫尔佐克在1989年时也曾指出：虽然经历了多次战争，承受了国防和经济上的巨大负担，以色列"从未在其最基本的价值观念上做过任何妥协"。尽管有缺点、失误及这样那样的不足，以色列仍是一个充满活力的多元社会，"我们会为我们自己在铸造自由、开放及民主社会方面所谱写的纪录而自豪"。[②] 然而事实证明，实现完全意义上的社会整合、形成与之相适应的现代国民文化体系并非一蹴而就的事业，它受制于多种内外因素。六十多年过去了，以色列国家所取得的辉煌成就历历在目，但它今天依旧面临着社会分裂与精神困顿的事实也是无法掩盖的，而且新一轮的暴力冲突使这些问题更显突出。

对于以色列国内的阿拉伯人来说，他们一直被边缘化，无法与主体民族一起分享国家的繁荣与富强。四次中东战争的腥风血雨以及以色列的辉煌胜利留给他们的是充满苦涩的历史记忆，面对巴勒斯坦人的反抗情绪与一幕幕人体炸弹的惨烈场面，他们甚至不知道自己应该欢呼、应该沉默还是应该愤怒。在许多阿拉伯人的眼里，他们世世代代居住的家园如今却越来越陌生、越来越无法认同。在以色列访学期间，笔者曾经目睹了这样一件事情：一位居住在耶路撒冷的阿拉伯青年不愿意承认自己的以色列国籍，他在自己的以色列护照上用阿拉伯语写上了"耻辱"两个字，在他的谈话中总是故意提醒别人："我是巴勒斯坦人，不是以色列人。"2003年7月31日，以色列议会以53票支持、25票反对的投票结果通过了一项法案，规定任何一位以色列公民，只要他（她）的配偶是巴勒斯坦人，以色列政府就不会给予其配偶取得以色列公民权的机会。根据以色列政府的统计数字，在2006年之前的10年中，有10万名巴勒斯坦人与以色列人结婚，其中大多数是以色列境内的阿拉伯公民，少量是居住在西岸和加沙地带的巴勒斯坦人，新的婚姻法实际上是从法律角度否认这种婚姻的合理性，无疑加深了犹太人与阿拉伯人的矛盾。阿拉伯公民极为气愤，他们抗议说虽然有少数以色列阿拉伯公民与巴勒斯坦激进组织串通一气，但这并不代表所有的以色列阿拉伯公民都是恐怖主义者，而新的婚姻法案不仅是一个歧视性的法案，而且带有强烈的种族主义倾向。在以色列每发生一次恐怖事件，总有阿拉伯居民被怀疑、被调查，即便是激进主义组织宣称对事件负责，但以色列安全部门总是撒下罗网，寻找恐怖分子的

① 劳伦斯·迈耶：《今日以色列》，钱乃复等译，新华出版社1987年版，第168页。

② Chaim Herzog, *Israel: A Free Society Facing a Dilemma*, see *Israel Yearbook*, 1989, pp. 92–98.

同谋。2004 年 6 月，以色列海法大学对 1016 名以色列人进行了调查，结果显示，64% 的犹太人认为政府应该鼓励阿拉伯人离开以色列，55% 的人甚至认为阿拉伯人对以色列国家安全构成了威胁。此次调查的组织者本－多尔教授说，这么高的数字是四年的以巴冲突造成的结果。

巴以冲突也加剧了犹太人内部的分裂。围绕着边界、安全、定居点等一系列的问题，以色列人的分歧与争执越来越明显。拉宾的遇害不仅对和平进程造成了难以估量的损失，而且给以色列社会鸣起了警钟。在拉宾的葬礼上，极力反对过他的“大以色列主义”者卡尔·梅楚尔走向前动情地说：“我是为暴力哭泣，为国民的不和睦哭泣。我希望我的到来能加速国民的团结。”人们禁不住发问：犹太人怎么了？以色列怎么了？拉宾的朋友、以色列安全总局局长卡尔米·吉龙在灾难发生后引咎辞职，他在一种责任感与使命感的驱使下，花费 3 年零 8 个月的时间写成《裂隙间的沙巴克》[①]（*Shin–Beth Between the Schisms*）一书，他从以色列民主政治的分歧、左派与右派的分歧、宗教与世俗的分歧、犹太人与阿拉伯人的分歧以及法律与政权的软弱等视角对拉宾惨案提出了分析与推断，也引发人们对以色列社会前景进行理性的思考。[②]

随着中东和平进程的大起大落，民众的心理也更加迷茫，精神困顿的现象更加明显。许多以色列人尤其是一些年轻人过热地去追求西方文化，尤其是对美国的各种文化进行模仿与复制。“他们吸收、采纳最新的美国文化事物，其扩散之快甚至超过了美国社会本身。以色列俨然如主人一般地，甚至比美国人表现得更美国化。这种现象在世俗犹太人身上更为突出。”[③] 一些学者注意到美国化不仅表现在大众文化上，而且也表现在国家政治之中。以色列建国之日所建立的议会民主制从整体上说属于威斯敏斯特议会模式（Westminster Model of Parliamentary），这一模式还被英国学者称颂为“委任统治的一大成果”。然而，“随着文化美国化及自由观念的流行”，以色列政治在选举策略、政派组阁、媒体介入、就职方式及权力制约等方面越来越偏离英国，而接近美国，1999 年巴拉克总理的就职过程被认为是“政治美国化”的典型表现。[④] 这种现象不仅遭到了宗教人士和传统主

① “沙巴克”即“辛贝特”(Shin–Beth)，为以色列国家安全总局的简称。

② 参见卡尔米·吉龙：《裂隙间的沙巴克》，王宇等译，国际文化出版公司 2003 年版。

③ Uzi Rebbun & Chaim I. Waxman, “The ‘Americanization’ of Israel: A Demographic, Cultural and Political Evaluation”, *Israel Studies*, Vol. 5, No. 1 (Spring 2000), p. 85.

④ Myron J. Aronoff, “The ‘Americanization’ of Israel Politics: Political and Cultural Change”, *Israel Studies*, Vol. 5, No. 1 (Spring 2000), p. 102.

义者的强烈反对，而且引起了一些人的担忧，他们担心以色列会在政治、经济及文化各个方面越来越失去自我。《耶路撒冷邮报》曾发表署名文章，批评这一现象：

我认为从某种意义上说，美国文化的影响削弱、降低了以色列的地位，我认为以色列人尤其是年轻人汲取了美国文化的糟粕——从粗俗的摇滚乐、低级的服饰到一个实利主义社会的愚钝性，我还认为美国与以色列的亲密联系导致了一种心理上的依赖，即以色列对美国文化与习俗、美国电影、美国准则的依赖，而且我认为这是对以色列社会的危害。以色列人更多地反映了美国社会而不是他们自己的社会。①

上述观点反映了传统主义者对美国文化渗入的担忧，其言辞虽然有夸张之处，但也确实反映出“美国化”这一文化现象。以色列政府也意识到这一问题的严重性，开始加强民族传统教育的力度。沙龙执政后，以色列教育部调整了中小学教学大纲，传统教育的内容主要包括犹太复国主义框架下的责任教育和安全教育、犹太价值观框架下的素质教育与道德教育。

在以色列，居高不下的失业率带来了高贫困率，根据 2001 年的统计，全国有 14% 的犹太家庭与 42% 的阿拉伯家庭生活在贫困线以下。一系列恐怖事件的发生以及随之出现的动荡局面使许多人精神恐慌、思想颓废。根据以色列一个儿童保护组织公布的数字，在 2003 年一年中，该组织直接处理的虐待儿童事件达 3599 起，而巴以冲突前的 2000 年只有 699 起。根据该组织的调查，39% 的虐待儿童事件是由精神紧张、情绪急躁的母亲引起的，16% 是由父亲引起的。2002 年，巴伊兰大学对 6196 名不同信仰和族群、年龄在 11—15 岁的中小学生进行了题为《青少年行为与健康研究》的抽样调查，结果发现，1/4 的学生生活信心低落，1/3 的学生表示他们所熟悉的人中曾受到恐怖事件的伤害，46% 的学生害怕乘坐交通工具，35% 的人减少外出。②

总之，当今的以色列社会面临着一系列的困顿与挑战，政坛依旧风雨飘摇，社会依旧扑朔迷离，文化构建经历着新的考验。未来的以色列社会是否更加和谐？曾几度宣布的巴勒斯坦国能否真正独立？中东和平进程将会出现什么样的最终格局？……这一系列的问题还将继续困扰着人们。历史经验告诉我们，在被称为“政治流沙”的中东舞台上，什么可能都会存在，什么事情都会发生，但是尽

① Wolf Blitzer, “Mirrors and Myths: The Americanization of Israel – Importing the Worst”, *Jerusalem Post*, July 4th, Supplement, 1989.

② 陈腾华：《为了一个民族的中兴——以色列教育概览》，第 50—51 页。

管风云莫测、变幻无常，而人们求和平、求理解的情怀永远不变。情怀不是物质武器，但它照样会创造奇迹。2003 年，著名的美国学者、犹太裔律师阿兰·德肖沃茨出版了题为《以色列的真情》（*The Case for Israel*）的著作，引起了广泛的关注。作者在该书的结尾写道，最重要、最持久的和平举措应该是基于这样的态度：巴勒斯坦领导人不再教育他们的孩子仇恨犹太人和以色列人，不再出版删除以色列国家的中东地图，不再误导难民们相信总有一天他们能回到穆斯林统治下的以色列家园；以色列领导人不再鼓励定居者，引导那些人不再沉迷于包括犹地亚和撒马利亚在内的大以色列蓝图，让实实在在的妥协来取代来源于《圣经》的要求，这样双边协议才能达成，伟人的握手才能结出和解的果实。

不可否认，长期以来此起彼伏的民族、宗教、边境与文化冲突已使中东人民积怨太深，辽阔的中东大地不乏资源与财富、不乏信念与真诚，但缺乏的是理解、信任与包容的胸怀。正因为如此，当人类在欢呼声中步入新世纪的时候，中东地区依旧是诱发冲突、加剧紧张的火药库。尤其自 2011 年初以来，阿拉伯世界发生了一系列政治地震，突尼斯、埃及、也门、利比亚、叙利亚等许多国家相继陷入持续内乱，中东地区再度成为全球的焦点，成为世界局势的晴雨表。我们已经跨越了新世纪的门槛，走过了第一个不同寻常的十年，让我们站在这世纪之门，展望未来，聚合人性中善的力量，以圣洁与博爱的情怀祈祷地球风调雨顺、万方祥和，愿台风、海啸、地震、疾病远离人群，愿中东地区不同民族能化干戈为玉帛，不再怒目相视、不再酿造新的灾难。让我们一起去重温希伯来先知的名言吧：“他们要把刀打成犁头，把枪打成镰刀。这国不举刀攻击那国，他们也不再学习战事”[①]。让我们一起来回味扫罗·切来科夫斯基那感人的诗句吧：

尽管目前也许还很遥远，
但是相信我，
在未来的日子，
那一天必然来临：
和平被传诵，国为国祝福！……

① 《圣经·以赛亚书》，第 2 章，第 4 节；《圣经·弥迦书》，第 4 章，第 3 节。

附　录

谱写中以两国关系的新篇章

犹太人与中国的联系早在汉代即已开始，丧失国家、四处流散的犹太人经由丝绸之路进入中国并一度建立起颇具规模的社团，历史上的开封犹太人就是明证；而且，中国大地上几乎从不存在反犹主义，中国人民对犹太民族有着深厚的同情与关怀。在犹太复国主义运动兴起之时，中国革命的领导人孙中山对其给予了大力支持；二战期间，上海接纳了大量无家可归的欧洲犹太难民，它也因此被誉为犹太人的“国际避难所”。可以说，中犹两大民族在许多方面有着十分相似的经历：都有着悠久的历史、创造了灿烂的文化，但却在后来的发展中屡遭苦难。更为值得注意的是，自 20 世纪初起中犹两大民族都开始了真正的民族复兴运动，争取民族独立、创建现代国家成为二者的共同目标；到二战结束后，它们又成为民族解放运动中取得胜利的首批新兴国家，其标志即是以色列国于 1948 年 5 月 14 日在其故土的建立、1949 年 10 月 1 日新中国的成立。

早在 1950 年 1 月 9 日，以色列外长摩西·夏里特致电新中国总理兼外长周恩来：“以色列政府决定承认你们的政府为合法政府。”周总理复电表示“欢迎与感谢”。[①] 以色列也因此成为非社会主义阵营中最先承认新中国的国家之一。

① 高斯坦主编：《中国与犹太—以色列关系 100 年》，肖宪等译，中国社会科学出版社 2006 年版，第 22 页。

鉴于以色列没有同中国台湾建交，并且在联合国表决恢复中华人民共和国席位时投了赞成票，中国同意与以色列发展外交关系，两国外交官于同年6月20日在莫斯科进行了会晤，6月28日，以色列议会也通过了与中国建交的决议。但是，由于朝鲜战争爆发，以色列在外交政策上不得不考虑美国的立场，所以建交事宜不再提起。

朝鲜停战后，以色列曾派出贸易代表团访华。然而，1955年召开的万隆会议成为转折点，中国与亚非拉新兴国家正式建立共同反对帝国主义的“统一战线”，中国明确改变了外交立场，宣布支持为数众多的阿拉伯国家，不发展与以色列的关系。翌年苏伊士运河战争的爆发，更是使这一趋势不可扭转。中国政府极力支持“埃及雄狮”纳赛尔收复苏伊士运河的行动，将之称为正义的反帝斗争，并坚决要求侵略者英、法、以撤出埃及领土。此后由于意识形态的原因，中国中断了与以色列的一切官方联系，两国关系陷入了长达30年的冷冻期。

值得注意的是，1971年10月，以色列顶住美国压力支持联合国大会通过恢复中华人民共和国合法席位的提案。① 虽然1972年中国与美国关系实现了正常化乃至1979年中美正式建交，但与以色列的建交事宜却一直迟迟未能提上议事日程。以致有学者说，以色列是中东第一个承认新中国的国家，但却是该地区最后一个同中国建交的国家。20世纪80年代以来，中国的外交政策发生了很大的变化，国际上政治解决阿以冲突的各种尝试也不断出现，中国和以色列都认识到发展两国关系的必要性。从1985年开始，双方以中国香港为基点，进行试探性接触。两国外长在联大会议期间举行会晤，1989年两国开始了文化交流与合作。以色列科学与人文研究院在北京建立了联络处，中国国际旅行社也在特拉维夫设立了办事处。1991年3月，以色列外交部总司长、前驻香港总领事摩哈夫访问中国，与中国有关方面磋商建交事宜。② 随着苏联解体、冷战结束，国际形势发生了巨大的变化，有关各方发起马德里和会以推动中东和平进程，从而为中国进一步调整同以色列的关系、实现两国关系正常化提供了恰当的时机。1992年1月，以色列副总理兼外长戴维·利维访华，24日中以签署了建交联合公报，两国关

① Joseph Dunner, “Israel and the People's Republic of China”, *Southeast Asian Perspective*, No. 8 (Dec., 1972), p. 1.

② 有关中以建交的大量前期过程，以色列首任驻华大使苏赋特进行了详细介绍，参见苏赋特：《中国以色列建交亲历记》，高秋福译，新华出版社2000年版。

系实现了正常化。

中以建交，为两国经济文化关系的发展提供了有利条件。同年 10 月，双方签署了互相给予最惠国待遇的贸易协议，此后两国多次召开会议以促进双边经济关系的发展。以色列的高新技术产品——电子、电讯、光学产品、医疗设备、农业灌溉设备及高效化肥等开始向中国出口。中国向以色列出口的主要产品有纺织品、工艺品、化工产品、轻工业品、机械设备及某些原材料。据中方统计，1992 年双方的贸易额为 5147 万美元，1993 年增至 1.5 亿美元，1994 年达到 2.5 亿美元，同比增加了 60%，1995 年 1 至 9 月双边贸易额已达 2.08 亿美元，比去年同期增长了 24%。总体来看，两国在农业、高科技等方面的合作进展最快。中以两国的经济条件和产业结构有着很大的互补性，自建交以来双边经济关系已通过经贸协定的签署、双边高级官员的频繁互访及一系列合作项目的开展而发展到了较高的水平。

建交以后的头十年，两国关系发展的一个顶峰即是拉宾访问中国；1994 年 10 月 10 日，拉宾率领的由政界要人、经济界人士以及新闻记者组成的一行 30 人的代表团抵达北京首都国际机场。次日上午，李鹏总理在人民大会堂东门外举行了隆重的欢迎仪式。李鹏总理与拉宾进行了长达 100 分钟的友好交谈，就当时的世界局势、中东和平进程以及两国进一步发展经贸关系等问题进行了会谈。同一天，举行了两国民用航空运输协定的签字仪式，从此中以之间的定期航班正式通航。12 日，江泽民主席在中南海勤政楼会见了拉宾。13 日，拉宾开始了对上海的友好访问。在复旦大学演讲时，拉宾十分动情地回味了犹太人与中国人之间自古以来的友好交往，他从丝绸之路上的犹太

拉宾总理及夫人游览长城

商人讲到二战期间的上海犹太难民。15 日，拉宾结束了为期 5 天的访问从上海回国。

官方与民间的经济文化交流日益成为连接两国友谊的重要纽带。步入新世纪后，两国之间的高层互访与经济文化交流有很大进展。2003 年，以色列总统卡察夫访华；2007 年 1 月，总理奥尔默特率团访华；10 月，副总理兼外交部长利夫尼访华；2008 年，总统佩雷斯访问中国。中国方面，国家主席江泽民 2000 年访问以色列，外交部长杨洁篪于 2009 年、国务院副总理回良玉于 2010 年分别对以色列进行了友好访问。省部级和地方性的互访更为频繁。不同层面的官方交流推动了中以各个领域的合作。2005 年 11 月，以色列正式承认中国完全市场经济的地位。中以贸易额在 2006 年大幅攀升，达到 38 亿美元；2008 年增至 55.3 亿美元；[①]2010 年又提高到 76.5 亿美元。2007 年，中国已经成为以色列在亚洲的第二大贸易伙伴。2007 年的双边贸易额比 1992 年建交时增长了 100 倍，2010 年则比 1992 年建交时增长了 150 倍。

中国对于以色列的兴趣在不断加大，国内已有十余所高等院校及科研单位建立起犹太—以色列研究中心，开设有关课程推动以色列研究在中国的开展，并与以色列的相关机构建立起密切的学术联系。随着中以交流的不断深入，以色列政府和民众对中国产生了越来越浓厚的兴趣。2007 年 5 月，特拉维夫大学孔子学院正式成立，这是中国在以色列建立的第一所孔子学院。在教育领域，以色列兴起了前所未有的汉语热，中文课程被列入部分小学、初中和高中的学习课程。在经济领域，中国公司受邀参与以色列国内项目，共建特拉维夫至埃拉特高速铁路的项目也正在协商中。在文化领域，少林武术团受邀来以色列举行巡回演出。总之，通过一系列的双边文化交流为两国人民搭建起沟通的桥梁。但需指出的是，由于历史文化及价值观念的差异，中以两国之间在相互认知上还存在一些误解与偏见。[②] 具体参见下表：

---

① 谢爱伦:《论以中关系的发展现状及其前景》，载《阿拉伯世界》2011 年第 5 期，第 9 页。

② 中以两国关系还不时受到某些外界因素的干扰，尤其是美国的干预使之充满了变数。2000 年，以色列迫于美方压力取消对华“费尔康”（Phalcon）预警机的出售合同，其原因是预警飞机使用了美国的关键技术；2005 年，以色列同意升级于 20 世纪 90 年代卖给中国的“哈比”无人驾驶攻击机（IAI Harpy）也因美国施压而作罢。以上这些事件，不免对两国关系造成了某种伤害。

中以之间存在的误解与偏见[①]

中国方面	以色列方面
夸大美国犹太人的影响力，夸大以色列与美国的“亲密度”；犹太人的聪明、财富往往被过分放大，尤其是他们与诺贝尔奖的关系	对发展后的中国及“中国人”认知不够，对中国的改革发展与国际化认知不够，尤其对中国在以色列的劳务工人存在偏见
受各种媒体的影响，只认知充满动荡战乱、党派纷争的以色列社会，而对其民主制度、经济繁荣与社会发展了解不够	对中国中东政策的巨大转变认知不够，即由单方面支持阿拉伯国家到奉行阿以双边政策，忽视中国在中东和平进程中的建设作用
受传统外交政策、意识形态的影响，只知道以色列对阿拉伯人的强势压迫，不了解他们相争的深层原因，不了解以色列的生存危机	受到西方媒体“二手偏见”的影响，担心中国对中东国家的军事援助与武器合作，尤其对中国积极发展与伊朗的友好关系表示不解

尽管有着不少认知上的差异，但友好与合作是中以两国关系发展的主流。进入 2012 年以来，两国关系朝着更加健康友好、务实互惠的道路不断发展。1 月 24 日，国家主席胡锦涛与以色列总统佩雷斯互致贺电，热烈庆祝两国建交 20 周年。同日，国务院总理温家宝和以色列总理内塔尼亚胡互致贺电。外交部长杨洁篪也与以色列副总理兼外交部长利伯曼互致了贺电。3 月 20 日，中国邮政与以色列邮政联合发行《太平鸟与和平鸽》的纪念邮票。以色列政府高度重视对华关系：仅在 2012 年上半年，以色列多名高官陆续访华，密度和频率极其少见。2 月，财政部长斯坦尼兹访华，与中国签署 3 亿美元的贷款协议；3 月，外交部长利伯曼访华；4 月，央行行长费舍尔访华，商讨金融经济合作事宜；5 月，以色列高等教育委员会率团来华，宣布向中国学生提供 250 个奖学金名额，旨在加深两国学术和文化交流。与此同时，以色列国防军总参谋长甘茨与工贸部长辛鸿也相继访华，签署多项军事与经贸合作协议。而且，8 月 24 日新上任的以色列驻华大使马腾（Matan Vilnai）是现今以色列各驻外大使中唯一一位部长级高官，曾担任以色列国家安全部部长。

除官方以外，两国的民间交流也极为频繁。值得一提的是，与中以建交同年诞生的以中友好协会（原居中国犹太人协会）在新时期的双边交往中起到十

① 参见张倩红：《犹太人视野中的当代中国》，载《世界民族》2010 年第 1 期。

分重要的作用，自成立起一直担任会长的特迪·考夫曼（Teddy Kaufman）为原居中国哈尔滨的犹太人。该会积极联络在以的中国留学生，并为之提供奖学金计划；同时，组织许多原居中国的犹太人来华重访故居，并在哈尔滨组织召开国际学术研讨会。通过这些形式，为新时期中以民间交往提供了重要桥梁。尤为惋惜的是，中国人民的老朋友考夫曼已于2012年7月15日永远地离开了我们，但他开创的中以友好事业仍将继续发展。自2010年10月起，以色列大屠杀纪念馆（Yad Vashem）每年为来自中国大陆和香港、澳门地区的大约30名专家学者及中学教师进行为期两周的大屠杀教育。主办方精心安排大量高水平的专题讲座，内容涉及历史上的反犹主义、纳粹的种族意识形态、对纳粹大屠杀的否认、如何针对不同年龄的学生开展内容合适的教育、怎样把创伤性的战争记忆导向和平与和解的努力等问题。另外，成立于2011年、由魏凯丽女士（Carice Witte）发起的中以学术交流促进协会（SINGAL）在双边学术文化交往中的作用也不可忽视，短短几年内它先后与中国多所高校建立人才培养方面的合作关系，以共同推动中国的“以色列研究项目”（Israel Studies Program，简称ISP）。2012年9月12日，“犹太人中国寻亲”活动在特拉维夫举行，该活动是中国国际广播电台为纪念中以建交20周年而实施的一个项目，分为“网络寻亲”、“重返故里”和“友人相会”三个阶段进行。该活动为推动中以民间友谊与联络的发展提供了重要交流平台。

“太平鸟与和平鸽”——庆祝中以建交二十周年纪念邮票

凡此种种迹象表明，中以两国关系以及双边合作的未来有着十分光明而广阔的前景。

译名对照及索引

（按汉语拼音排序）

A

B

C

D

E

F

J

K

L

M

N

P

Q

R

S

T

W

X

Y

Z

以色列历任总统、总理

历任总统

哈伊姆·魏茨曼	1949—1952 年
伊扎克·本－兹维	1952—1963 年
扎勒曼·夏扎尔	1963—1973 年
伊弗雷姆·卡齐尔	1973—1978 年
伊扎克·纳冯	1978—1983 年
哈伊姆·赫尔佐克	1983—1993 年
埃泽尔·魏茨曼	1993—2000 年
摩西·卡察夫	2000—2007 年
西蒙·佩雷斯	2007 年至今

历任总理

大卫·本－古里安	1948—1954 年
摩西·夏里特	1954—1955 年
大卫·本－古里安	1955—1963 年
列维·艾希科尔	1963—1969 年

果尔达·梅厄	1969—1974 年
伊扎克·拉宾	1974—1977 年
梅纳赫姆·贝京	1977—1983 年
伊扎克·沙米尔	1983—1984 年
西蒙·佩雷斯	1984—1986 年
伊扎克·沙米尔	1986—1992 年
伊扎克·拉宾	1992—1995 年
西蒙·佩雷斯	1995—1996 年
本雅明·内塔尼亚胡	1996—1999 年
埃胡德·巴拉克	1999—2001 年
阿里尔·沙龙	2001—2006 年
埃胡德·奥尔默特	2006—2009 年
本雅明·内塔尼亚胡	2009 年至今

大事年表

约公元前 2000 年	希伯来人游牧于阿拉伯半岛西南部地区
约公元前 1800 年	希伯来人进入迦南
约公元前 17 世纪	希伯来人迁徙到埃及
约前 1230 年（或前 1250 年）	摩西带领希伯来人逃出埃及，返回迦南
约前 1250—前 1030 年	“士师时代”
约前 1030 年	希伯来王国兴起
约前 1030—前 1009 年	扫罗王在位
约前 1009—前 973 年	大卫王在位
约前 1000 年	大卫王定都耶路撒冷
约前 973—前 930 年	所罗门王在位
约前 956 年	所罗门修建“第一圣殿”
前 930 年	希伯来王国分裂为北部的以色列王国与南部的犹大王国
前 722 年	亚述王萨尔贡二世占领撒马利亚，以色列王国灭亡
前 586 年	新巴比伦王尼布甲尼撒二世攻陷耶路撒冷，圣殿被毁，犹大王国灭亡
前 538 年	居鲁士允许犹太人回归耶路撒冷，重建圣殿，“第二圣殿”时期开始
前 332 年	亚历山大征服巴勒斯坦，“希腊化时期”开始
前 166 年	马卡比起义
前 142—前 63 年	哈斯蒙尼王朝时期
前 63 年	罗马统帅庞培占领耶路撒冷
公元 66 年	奋锐党领导反罗马起义，犹太战争爆发
70 年	提图斯率领罗马人毁灭第二圣殿
73 年	马萨达陷落
132—135 年	巴尔·科赫巴起义

135年	犹太人反罗马起义完全失败，“大流散”时期开始
412年	西哥特人占领西班牙,强迫犹太人改信基督教
756年	阿卜杜－拉赫曼一世当政，西班牙进入宽容时代
8—13世纪	西班牙出现了“黄金时代”
11世纪	十字军东征时期西欧与巴勒斯坦犹太人遭受迫害
1492年	西班牙斐迪南国王颁布对犹太人的驱逐令
1496年	葡萄牙国王曼努埃尔二世颁布驱逐犹太人的法令
18世纪六七十年代	哈斯卡拉运动兴起
1783年	门德尔松的圣经译本问世
1789年	法国国民议会同意赋予犹太人以公民权
1860年	摩西·蒙特费尔在耶路撒冷旧城外围建立了第一个犹太居住点
1862年	卡里舍尔出版《追寻锡安》
1882年	平斯克出版《自我解放》；第一次“阿里亚”开始
1884年	“锡安山热爱者”在卡托维茨召开第一次代表大会
1894年	德雷福斯案件
1896年	赫茨尔的《犹太国》在维也纳出版
1897年	第一届犹太复国主义代表大会在巴塞尔召开
1904—1914年	第二次“阿里亚”
1915年	间谍组织“尼里”成立
1917年5月	英军占领巴勒斯坦
11月2日	《贝尔福宣言》发表
12月	尼里组织被土耳其人破获
1918年	犹太复国主义代表团抵达巴勒斯坦
1919—1923年	第三次“阿里亚”
1920年4月24日	协约国会议决定把巴勒斯坦交由英国政府实行委任统治
6月30日	第一位巴勒斯坦高级专员赫伯特·塞缪尔到任
1922年	国际联盟正式授权英国对巴勒斯坦实行委任统治
1924年	以色列理工学院建立

1924—1927 年	第四次“阿里亚”
1925 年	希伯来大学正式落成
1929 年	犹太代办处在巴勒斯坦宣告成立；犹太人与阿拉伯人发生大规模冲突
1930 年	托管当局正式承认犹太代办处
1930—1939 年	第五次“阿里亚”
1931 年	犹太人地下武装“伊尔贡”成立
1933 年	巴勒斯坦工人党建立
1934 年	魏茨曼研究院建立
1936—1939 年	巴勒斯坦阿拉伯人起义
1937 年 7 月 7 日	《皮尔报告》发表
1938 年 11 月 9 日	德国发生“水晶之夜”事件
1939 年 5 月 17 日	英国政府发表《麦克唐纳白皮书》
1939—1945 年	欧洲犹太人遭遇纳粹大屠杀
1940 年	犹太地下武装组织“莱希”成立
1941 年	犹太代办处组建“帕尔马赫”
1942 年 1 月 20 日	万湖会议
2 月	“斯特鲁马”号遇难
5 月	比尔特摩会议召开
1946 年 7 月	“莫里森－格雷德计划”出台
1947 年 11 月 29 日	联合国通过巴勒斯坦分治决议案
1948 年 4 月 10 日	代尔－雅辛惨案
5 月 14 日	英国结束了在巴勒斯坦的委任统治，以色列宣布建国
5 月 15 日	第一次中东战争（“独立战争”）爆发
12 月 13 日	以色列议会通过决议，宣布耶路撒冷为以色列首都
1949 年 1 月 7 日	第一次中东战争结束
3 月 10 日	第一届以色列政府宣布建立，古里安为首任总理兼国防部长
5 月 11 日	以色列被吸收为联合国成员国
1950 年 4 月	阿卜杜拉宣布吞并约旦河西岸与耶路撒冷旧城
7 月 5 日	以色列颁布《回归法》
7 月 20 日	阿卜杜拉在耶路撒冷被暗杀
1952 年	以色列议会通过《国籍法》；政府颁布第一个新经济政策

1953 年	以色列政府颁布《国家教育法》；“国家引水渠”破土动工
1955 年	巴伊兰大学建立
1955—1967 年	以色列与 33 个非洲国家建立了外交关系
1956 年 10 月 29 日	第二次中东战争（苏伊士运河战争）爆发
11 月 6 日	英、法、以宣布停火
1957 年 3 月 16 日	以色列占领军撤离西奈
1958 年	以色列出口协会成立
1961 年	艾希曼审判
1962 年	政府颁布第二个新经济政策
1963 年	古里安辞职，列维·艾希科尔接任总理；海法大学建立
1964 年	“国家引水渠”顺利完工；巴勒斯坦解放组织成立
1965 年 1 月 1 日	“暴风”突击队开始了武装反抗以色列的活动
1967 年	本－古里安大学建立
6 月 5 日	第三次中东战争（“六日战争”）爆发
6 月 8 日	“USS 自由”号事件
6 月 9 日	以色列军队占领耶路撒冷老城
6 月 27 日	以色列议会通过了合并东、西耶路撒冷的决议
11 月 22 日	联合国安理会通过了 242 号决议
1968 年	“卡马拉战役”；信仰者集团开始兴起
1969 年 2 月 26 日	艾希科尔病逝
3 月 7 日	果尔达·梅厄被确定为总理继承人
3 月 17 日	果尔达·梅厄组成联合政府
1970 年 9 月 28 日	纳赛尔病逝，萨达特当选埃及总统
1973 年 9 月	利库德集团建立
10 月 6 日	第四次中东战争（“十月战争”、“赎罪日战争”）爆发
1974 年 4 月 10 日	梅厄夫人辞去总理与工党主席职务
6 月 3 日	拉宾组成新内阁
1976 年 6 月 27 日	恩德培机场劫机事件
1977 年 5 月 17 日	第九届议会大选，利库德集团获胜
6 月 20 日	贝京组成新内阁
下半年	以色列政府推行第三个新经济政策
11 月 19 日	萨达特访问以色列

1978年3月	以色列发动“利塔尼行动”；“现在实现和平运动”兴起
9月17日	《戴维营协议》签订
9月28日	以色列议会通过《戴维营协议》
1979年5月25日	以色列开始撤出西奈半岛
1980年2月15日	以色列同埃及建交，双方关系正常化
3月30日	贝京政府批准了把耶路撒冷作为以色列首都的法案
1981年6月7日	以色列开始实施“巴比伦行动”
10月6日	萨达特遇害
12月14日	议会通过了在戈兰高地实施以色列法律的法案
1982年6月3日	以色列实施“加利利和平行动”
9月10—12日	巴解武装人员撤离出贝鲁特
9月16—18日	贝鲁特大屠杀
9月29日	以色列军队撤出贝鲁特
10月	贝京政府推出了新的定居点建设计划
1983年5月17日	《黎巴嫩—以色列撤军协议》签署
8月	贝京辞职，沙米尔接替总理职位
1984年	工党在大选中胜利，佩雷斯组阁
1984年11月—1985年1月	以色列实行“摩西行动”
1987年	巴勒斯坦人反以色列起义爆发
1988年	利库德集团在大选中获胜，沙米尔组阁
1989年10月	美国国务卿贝克提出了“贝克计划”
1990年	以色列遭受伊拉克空袭；苏联与东欧大批犹太人开始移居以色列
1991年10月	马德里中东和会召开,阿—以各方会谈启动
1992年1月24日	中以签署了建交联合公报
2月19日	第13届议会选举，工党获胜，拉宾组阁
1993年1月	以色列议会解除了与巴解接触的禁令
9月13日	《奥斯陆协议》在白宫签署
1994年	加沙和杰里科实现自治；“希伯伦惨案”
1995年11月	拉宾遇刺，佩雷斯接任总理
1996年5月29日	第14届议会选举，利库德集团获胜，内塔尼亚胡组阁
1997年1月	签署《希伯伦协议》
1998年10月	签署《怀伊备忘录》
1999年5月17日	第15届议会选举，巴拉克获胜

9月5日	签署《沙姆沙伊赫备忘录》
2000年7月	戴维营三方会谈失败
9月	沙龙强行“参观”伊斯兰教“尊贵圣地”，引发巴以流血冲突
12月	巴拉克辞职
2001年2月6日	以色列举行总理选举，沙龙获胜
5月	《米切尔报告》发表
2003年1月28日	第16届议会选举，利库德集团获胜
4月	美国公布“中东和平路线图”计划
11月23日	沙龙首次提出单边“脱离”加沙计划
2004年7月9日	联合国国际法院裁定隔离墙违法
11月11日	阿拉法特逝世
2005年1月9日	巴勒斯坦大选，阿巴斯当选巴民族权力机构主席
8月15—23日	以色列撤离加沙，结束了对加沙长达38年的占领
11月	佩雷茨当选工党主席；沙龙组建“前进党”
2006年3月28日	第十届议会选举，奥尔默特上台
7月12日	真主党游击队袭击以色列北部边境，黎以冲突爆发
8月14日	黎以实现停火
10月1日	以色列完成从黎巴嫩撤军
2007年1月16日	以国防军总参谋长哈卢茨宣布辞职
6月13日	西蒙·佩雷斯当选为以色列总统
8月6日	奥尔默特与阿巴斯在巴控城市杰里科举行会谈
11月27日	安纳波利斯中东和会召开，达成《共同谅解文件》
2008年1月9—11日	美国总统布什访问以色列
7月30日	受经济弊案影响，奥尔默特宣布不再担任前进党主席
9月17日	利夫尼以微弱优势当选前进党第三任主席，成为该党第一位女性主席，并且获得了组阁权
9月21日	奥尔默特辞职并留任看守内阁总理
10月26日	利夫尼宣布组阁失败
12月27日	针对哈马斯的“铸铅行动”开始
2009年1月18日	奥尔默特宣布单方面停火

3月31日	内塔尼亚胡宣誓就职，再度出任总理
9月22日	美以巴三方领导人在纽约举行峰会
2010年1月20日	以色列暗杀卡桑旅创始人之一马巴胡赫
5月31日	以色列海军袭击开往加沙地带的国际人道主义救援船，引发国际社会强烈谴责
9月2日	内塔尼亚胡与阿巴斯在华盛顿举行会谈
2011年1月17日	以色列国防部长、工党主席巴拉克宣布退出工党，另立新党“独立党”
5月4日	法塔赫与哈马斯正式签署和解协议
2012年4月起	以色列在不断考虑军事打击伊朗核设施的可能性

主要参考书目

一、中文部分

《圣经》，中国基督教协会印发，南京，1996年版。

丹·巴哈特、沙龙·萨巴尔：《耶路撒冷3000年》，王立新等译，山东画报出版社2003年版。

丹·巴哈特、拉姆·本-沙洛姆：《以色列3000年》，徐新等译，山东画报出版社2003年版。

彭树智：《文明交往论》，陕西人民出版社年2002年版。

张倩红：《犹太人·犹太精神》，中国文联出版社1999年版。

张倩红：《困顿与再生——犹太文化的现代化》，江苏人民出版社2003年版。

张倩红：《以色列经济振兴之路》，河南大学出版社2000年版。

欧文·豪：《父辈的世界》，王海良等译，上海三联书店1995年版。

查姆·伯曼特：《犹太人》，冯玮译，上海三联书店1995年版。

肖宪：《中东国家通史·以色列卷》，商务印书馆2001年版。

杨辉：《中东国家通史·巴勒斯坦卷》，商务印书馆2002年版。

尹崇敬：《中东问题100年》，新华出版社1999年版。

劳伦斯·迈耶：《今日以色列》，钱乃复等译，新华出版社1987年版。

徐向群、余崇健：《第三圣殿——以色列的崛起》，上海远东出版社1995年版。

马哈茂德·阿巴斯：《奥斯陆之路——巴以和谈内幕》，李成文译，世界知识出版社1997年版。

阿兰·哈特：《阿拉法特传》，吕乃君等译，时代文艺出版社1997年版。

利亚·拉宾：《最后的吻——利亚·拉宾回忆录》，钟志清等译，中国工人出版社2000年版。

哈里·霍维茨:《贝京与以色列国》，肖宪等译，云南大学出版社 1993 年版。
时延春:《中东风云人物》，世界知识出版社 2003 年版。
黄民兴:《佩雷斯：中东和平进程的推动者》，长春出版社 1999 年版。
陈腾华:《为了一个民族的中兴——以色列教育概览》，华东师范大学出版社 2005 年版。
殷罡:《阿以冲突——问题与出路》，国际文化出版公司 2002 年版。

二、外文部分

Abba Eban, *My People: The Story of the Jews,* Weidenfeld and Nicolson Ltd, London, 1969.

Abba Eban, *An Autobiography,* Weidenfeld and Nocolson, London, 1978.

Abraham Diskin, *The Last Days in Israel,* Frank Cass, London, 2003.

Abraham J.Edelheit, Hershel Edelheit, *History of Zionism*, Westview Press, Colorado, 2000.

Abraham J.Heoschel, *The Prophets,* The Jewish Publication Society of America, New York, 1962.

Adam Garfinkle, *Politics and Society in Modern Israel: Myths and Realities,* M.E.Sharpe, Inc., New York, 1997.

Ahron Bregman & Jihan el–Tahri, *The Fifty Years War: Israel and the Arabs*, London, 1998.

Ahron Bregman, *A History of Israel,* Palgrave Macmillan,New York, 2003.

Albright, *The Biblical Period from Abraham to Ezra,* Harper & Row, New York, 1963.

Alexander Altmann, *Moses Mendelssohn: A Biographical Studies,* The University of Ala–bama Press, Alabama, 1973.

Allon Gal（edited), *Envisioning Israel: The Changing Ideals and Images of North American Jews,* The Magnes Press, Jerusalem, 1996.

Anita Engle, *The Nili Spies,* The Hogarth Press, London, 1959.

Anson F.Rainey（edited）, *The Land of the Bible,* Westminster, Philadelphia, 1979.

Arthur Hertzberg（edited）, *The Zionist Idea,* Macmillan Publishing Company, New York, 1959.

Arthur Hertzberg, *Being Jewish in America: The Modern Experience,* Schocken Books, New

York, 1979.

Asher Arian, *The Second Republic: Politics in Israel,* Chatham House Publishers, Inc., New Jersey, 1998.

Azriel Eisenberg, *Witness to the Holocaust,* The Pilgrim Press, New York, 1981.

Barnet Litvinoff（edited）, *The Letters and Papers of Chaim Weizmann,* Israel University Press,Jerusalem, 1983.

Barry Rubin and Judith Colp Rubin, *Yasir Arafat: A Political Biography,* Oxford,2005.

Ben Gurion, *Isreal: A Personal History,* Funk and Wagnalls, New York, 1971.

Benjamin Efron（edited）, *Currents and Trends in Contemporary Jewish Thoughts,* Ktav Publishing House, Inc., New York, 1965.

Benjamin Pinkus, *The Soviet Government and Jews 1948 – 1967: A Document Study,* Cambridge University Press, 1984.

Bernard Avishai, *The Tragedy of Zionism: Revolution and Democracy in the Land of Israel,* Farrar Straus Giroux, New York, 1985.

Bernard Reich（edited）, *An Historical Encyclopedia of the Arab–Israel Conflict,* Green–wood Press, Westport, 1996.

Bezalel Bar–Kochva, *Judas Maccabaeus: The Jewish Struggle Against the Seleucids,* Cambridge University Press, 1989.

Chaim Pearl, *The Encyclopedia of Jewish Life and Thoughts,* Jerusalem, 1996.

Charles A. Cooper, Sidney S. Alexander, *Economic Development and Population Growth in the Middle East,* New York, 1972.

Charles D. Smith, *Palestine and the Arab–Israeli Conflict,* Bedford/St. Martin's, Boston / New York, 2001.

Christopher R.Browning, *The Origins of the Final Solution: The Evolution of Nazi Jewish Policy*, September 1939–March 1942, University of Nebraska, Lincoln, 2004.

Dan Bar–On, *Fear and Hope: Three Generations of the Holocaust*, Harvard University Press, 1995.

David Biale（edited）, *Culture of the Jews,* Schocken Books, New York, 2002.

David E. Orton（comp.）, *Prophecy in the Hebrew Bible*, Brill, Leiden / Boston, 2000.

David Rudavsky, *Modern Jewish Religious Movements: A History of Emancipation and Adjustment,* Behrman House,Inc., New York, 1967.

David Schoenbaum, *The United States and the State of Israel*, Oxford University Press, 1993.

Dina Wardi, *Memorial Camdles: Children of the Holocaust*, Routledge, London, 1992.

Don Peretz and Gideon Down, *The Government and Politics of Israel*, Westview Press, Colorado, 1997.

Donald B.Redford, *Egypt, Canaan, and Israel in Ancient Times*, Princeton University Press, New Jersey, 1992.

Donald L. Niewyk (edited), *The Holocaust: Problems and Perspectives of Interpretation*, Houghton Mifflin Company, Boston, 2003.

Donna Rosenthal, *The Israelis: Ordinary People in an Extraordinary Land*, Free Press, New York, 2003.

Efraim Karsh, *Israel: The First Hundred Years*, Frank Cass, London, 2002.

Efraim Karsh, *Israel's Transition from Community to State*, Frank Cass, London, 2000.

Eli Lederhendler and Jonathan D. Sarna (edited), *America and Zion*, Wayne State University Press, Detroit, 2002.

Elias J. Bickerman, *The Jews in the Greek Age*, Harvard University Press, Massachusetts/London, 1988.

Elie Kedourie (edited), *The Jewish World: Revelation, Prophecy and History*, Thames & Hudson, New York, 2003.

Elie Wiesel, *A Jew Today, Random House*, New York, 1978.

Encyclopaedia Judaica, Keter Publishing House Ltd., Jerusalem, 1971.

Ephraim A. Speiser, *Genesis Anchor Bible*, New York, 1964.

Ephram Stern, *Materials Culture of the Land of the Bible in Persian Period,538–332 B.C.* Warminster, UK/Jerusalem, Israel Exploration Society, 1982.

Esther Benbassa, *The Jews of France: A History from Antiquity to the Present*, Princeton University Press, New Jersey, 1999.

Eugene L. Rogan and Avi Shlaim (edited), *The War for Palestine: Rewriting the History of 1948*, Cambridge University Press, 2002.

Eve Nussbaum Soumerai and Carol D. Schulz, *Daily Life During the Holocaust*, Greenwood Press, Westport, 1998.

Ezra Mendelsonhn (edited), *People of the City: Jews and the Urban Challenge, Studies in Contemporary Jewry XV*, Oxford University Press, Oxford, 1999.

Ezra Sohar, *A Concubine in the Middle East: American–Israeli Relations*, Gefen Publishing House, Jerusalem, 1999.

F. E. Peters, *Children of Abraham: Judaism, Christianity and Islam*, Princeton University Press, New Jersey, 1984.

Finkelstein, *The Archaeology of the Israelite Settlement*, Israel Exploration Society, Jerusalem, 1988.

Francois Castel, *The History of Israel and Judah*, Paulist Press, New York / Mahwah, 1985.

Frank H. Seilhamer, *Prophets and Prophecy: Seven Key Prophecy*, Fortress Press, Philadelphia, 1977.

Gacob S. Raison, *The Haskalah Movement in Russia*, New York, 1917.

Galia Golan, *Soviet Policies in the Middle East from World War Two to Gorbachev*, Cambridge University Press, 1990.

Gary S. Schiff, *Tradition and Politics: The Religious Parties of Israel,* Detroit, 1977.

Geoffrey Wigoder, *New Encyclopedia of Zionism and Israel*, Associated University Presses, London / Toronto, 1994.

Geoffrey Wigoder, *The Encyclopedia of Judaism*, Macmillan Publlishing Company, New York, 1989.

George T. Abed, *The Palestinian Economy: Studies in Development Under Prolonged Occupation*, Routledge, London, 1988.

Gideon Doren and Michael Harris, *Public Policy and Electoral Reform: The Case of Israel, Lanham*, 2000.

Gideon Shimoni and Robert S. Wistrich （edited）, *Theodor Herzl: Visionary of the Jewish State*, The Hebrew University Magnes Press, Jerusalem, 1999.

Gideon Shimoni, *The Zionist Ideology*, Brandeis University Press, Hanover and London, 1995.

Golda Meir, *My Life*, Steimatzky's Agency Ltd., Jerusalem / Tel Aviv, 1975.

H. Gvati, *A Hundred Years of Settlement*, Keter, Jerusalem, 1985.

H. H. Ben–Sasson, *A History of the Jewish People*, Harvard University Press, 1976.

H. H. Rowley, *Prophecy and Religion in Ancient China and Israel*, Harper & Brothers Publication, New York, 1956.

Haim Shaked & Itamar Rabinovich （edited）, *The Middle East and the United States: Perceptions and Policies*, Transaction Books, New Brunswick, 1980.

Helen Davis & Douglas Davis, *Israel in the World*, Weidenfeld & Nieolson, London, 2004.

Hershel Shanks (Edited), *Ancient Israel: From Abraham to the Roman Destruction of the Temple*, Prentice Hall and Biblical Archaeology Society, 1999.

Herzl, *Complete Diaries of Theodor Herzl*, Herzl press, New York, 1960.

Horach Meyer Kallen, *Zionism and World Politics: A Study in History and Psychology*, Greenwood Press, Westport, Connecticut, 1975.

Howard M. Sachar, *A History of Israel: From the Rise of Zionism to our Time,* Alfred A. Knopf, New York, 1991.

Ian Lustick, *Arabs in the Jewish State: Israel's Control of a National Minority*, The University of Texas Press, 1980.

Ilan Pappe (edited), *The Israel/Palestine Question*, Routledge, London/New York, 1999.

Inge Deutschkron, *Bonn and Jerusalem: The Strange Coalition*, Chilton Book Company, Philadelphia, 1970.

Isaiah Friedman, *The Question of Palestine: British–Jewish–Arab Relations,1914–1918*, Transaction Publishers, New Brunswick/London, 1992.

Israel Pocket Library, *Education and Science*, Jerusalem, 1974.

Israel Gutman (edited), *Encyclopedia of the Holocaust*, Macmillan Publishing Company, New York, 1990.

Israel Information Center, *Fact about Israel*, Jerusalem, 2003.

J. H. Hexter, *The Judaeo–Christian Tradition*, Harper & Row Publishers, New York and London, 1966.

Jack Wertheimei (edited), *The Modern Jewish Experience: A Reader's Guide*, New York University, New York, 1993.

Jacob Katz, *Jewish Emancipation and Self–Emancipation*, The Jewish Publication Society, New York, 1986.

Jacob Neusner and Alan J. Avery–Peck, *The Blackwell Readers in Judaism*, Blackwell Publishers Inc., Oxford, 2001.

Jacob Rader Marcus (edited), *The Jews in American World*, Wayne State University Press, Detroit, 1996.

Jacob Reder Marcus, *United States Jewry,1776–1989*, Wayne State Univeisity, Detroit, 1993.

Jacob. J. Schacter, *Judaism's Encounter with Other Cultures: Rejection or Integration?* Jason

Aronson Inc., Northvale, New Jersey / Jerusalem, 1997.

Jacques Komberg, *Theodor Herzl: From Assimilation to Zionism*, Indiana University Press, Bloomington & Indianapolis, 1993.

Jamal R. Nassar, *The Palestine Liberation Organization: From Armed Struggle to the Declaration of Independence*, Praeger Publisher, New York, 1991.

Jay R. Berkovitz, *The Shaping of Jewish Identity in Nineteenth–century France*, Wayne State University, Detroit, 1989.

Jehuda Reinharz, *Chaim Weizmann: The Making of a Statesman*, Oxford University Press, 1993.

John Bright, *A History of Israel*, Westminster John Knox Press, Louisville, Kentucky, 2000.

John Comay, *The World's Greatest Story: The Epic of the Jewish People in Biblical Time*, Weidenfeld and Nicolson, 1978.

John *F. A. Sawyer, Prophecy and the Prophets of the Old Testament*, Oxford University Press, 1987.

John J. Collins & Gregory E. Sterling （edited）, *Hellenism in the Land of Israel*, University of Notre Dame Press, Indiana, 2001.

Jonathan Frankel （edited）, *Jew and Messianism in Modern Era: Studies in Contemporary Jewry*, Oxford University Press, New York, 1991.

Joseph L.Blau, *Modern Varieties of Judaism*, Columbia University Press, New York, 1966.

Joseph S. Bentwich, *Education in Israel*, Jewish Publication Society, Philadelphia, 1965.

Josue Jehouda, *The Five Stages of Jewish Emancipation*, South Brunswick, New York,1966.

Judah Gribetz, *The Timetables of Jewish History*, Touchstone, New York, 1993.

Julius Guttmann, *Philosophies of Judaism: The Histoy of Jewish Philosophy from Biblical Times to Franz Rosenzweig*, Holt, Rinehart and Winston, Inc., New York, 1964.

Kahum Sokolow, *History of Zionism 1600–1918*, Ktav Publishing House, Inc., New York, 1969.

Karen Primack (edited), *Jews in Places You Never Thought Of*, Ktav Publishing House, Inc.,1998.

Leslie Stein, *The Hope Fulfilled: The Rise of Modern Israel*, Praeger Publishers, London, 2003.

Lily Gardner Feldman, *The Special Relationship between West German and Israel*, Allen & Unwin, Inc., London, 1984.

Mark Tessler, *A History of the Israeli–Palestinian Conflict*, Indiana University Press, Bloomington and Indianapolis, 1994.

Martin Gilbert, *Israel: A History*, Black Swan Book, London, 1999.

Martin Hengel, *The Zealots: Investigations into the Jewish Freedom Movement on the Period from Herod Until* 70 A. D, T&T Clark Ltd, Edinburgh, 1989.

Menachem Begin, *The Revolt: Story of the Irgun*, Henry Schuman, New York, 1951.

Menahem Mansoor, *Jewish History and Thought*, Ktav Publishing House, Inc., New York, 1991.

Michael Bar–Zohar, *Ben–Gurion*, London, 1987.

Michael Berenbaum and Abraham J. Peck (edited), *The Holocaust and History*, Indiana University Press, Bloomington, 1998.

Michael Glatzer (edited), *Exile 1492: The Expulsion of the Jews from Spain*, Ben–Zvi Institute, Jerusalem, 1991.

Michael Grant, *The Jews in the Roman World*, Dorset Press, 1984.

Michael Cohen, *Palestine Retreat from the Mandate: The Making of British Policy,1936–1945*, Holmes & Meier, London, 1978.

Michael J. Cohen, *Churchill and the Jews*, Frank Cass, London, 1985.

Michael J. Cohen, *Palestine and the Great Powers, 1944–1948*, Princeton University Press, New Jersey, 1982.

Miller and John H. Hayas, *A History of Ancient Israel*, Westminster, Philadelphia, 1986.

Milton Plesur, *Jewish Life in Twentieth–Century America: Challenge and Accommodation*, Nelson–Hall Inc., Chicago, 1982.

Mitchell Cohen, *Zion and State*, Basil Blackwell Ltd, Oxford, 1987.

Mordecai Sehreiber, *Jewish Encyclopaedia*, Shengold Books, New York, 1988.

Mordecai M. Kaplan, *Judaism As a Civilization: Toward a Reconstructions of American Jewish Life*, The Reconstructionist Press, New York, 1967.

Moses Hess, *The Revival of Israel: Rome and Jerusalem, the Last Nationalist Question*, University of Nebraska Press, Lincoln and London, 1995.

Moses Mendelssohn, *Jerusalem: Or on Religious Power and Judaism*, University Press of New England, Hanover and London, 1986.

Moshe Dayan, *Story of My Life*, Weidenfeld and Nicolson, London, 1976.

Moshe Pearlman, *The Maccabees*, Macmillan Publishing Co., Inc., New York, 1974.

Motti Golani, *Israel in Search of a War: The Sinai Campaign,1955–1956*, Sussex Academic Press, Brighton, 1998.

N. Gross and J. Metzer, *Palestine in World War Two: Some Economic Aspects,* Maurice Falk Institute for Economic Research in Israel, Research Paper, Jerusalem, 1993.

Naomi W. Cohen, *American Jews and the Zionist Idea*, Ktav Publishing House, 1975.

Nicholas De Lange (edited), *The Illustrated History of the Jewish People*, Harcourt Brace & Company, New York, San Diego, London, 1997.

Noah Lucas, *The Modern History of Israel*, Weidenfeld and Nicolson Ltd., London, 1974.

Nocholas Bethell, *The Palestine Triangle: The Struggle between the British, the Jews and the Arabs 1935 –1948*, Andre Deutsch, London, 1979.

Nora Levin, *The Jews in the Soviet Union Since 1917*, London, 1990.

Norman Bentwich, *The Hebrew University of Jerusalem*, Weidenfeld and Nicolson, London, 1961.

Norman G. Finkelstein, *The Holocaust Industry: Reflections of the Exploitation of Jewish Suffering*, London, 2001.

Norman K. Gottwald, *The Politics of Ancient Israel*, Westminster John Knox Press, Louisville, Kentuchy, 2001.

Nur Masalha, *Expulsion of the Palestinians: The Concept of "Transfer" in Zionist Political Thought*, Institute for Palestine Studies, Washington, 1992.

Paolo Bernardini & Norman Fiering (edited), *The Jews and the Expansion of Europe to the West, 1450–1800*, Berghahn Books, New York/Oxford, 2001.

Paul Johnson, *A Histoy of the Jews*, George Weidenfeld and Nicolson Limited, 1987.

Paul Mendes–Flohr and Jehuda Feinharz, *The Jews in the Modern World: A Documentary History*, Oxford University Press (New York), 1995.

Peter Bishop and Michael Darton, *The Encyclopedia of World Faith, Facts on File Publications*, New York, 1988.

Peter Mansfield, *A History of the Middle East*, Pengnin Books USA Inc.,1991.

Peter Y. Medding, *The Founding of Israeli Democracy 1948–1967*,Oxford University Press, 1990.

Philip S. Alexander, *Textual Sources for the Study of Judaism*, Manchester University Press, 1984.

Priscilla Fishman (edited), *The Jews of the United States*, The New York Times Book. Co., New York, 1973.

R. J. Zwi Werblowsky and Geoffrey Wigeder (edited), *The Oxford Dictionary of the Jewish Religion*, Oxford University Press, 1997.

Raphael Patai, *Tents of Jacob–The Diaspora: Yesterday and Today*, Prentice–Hall, Inc., New York, 1971.

Robert O. Freedman, *Israeli's First Fifty Years*, University Press of Florida,2000.

Robert P. Gordon (edited), *The Place is Too Small for Us: The Israelite Prophets in Recent Scholarship*, Eisenbrauns, Indiana, 1995.

Robert S. Wistrich, *Anti–Semitism: The Longest Hatred*, Thames Mandarin, London, 1992.

Robert S. Wistrich, *Hitler and the Holocaust,* Weidenfeld & Nieolson, London, 2001.

Robert S. Wistrich, *Hitler's Apocalypse: Jews and the Nazi Legacy*, St. Martin's Press, New York, 1985.

Robert S. Wistrich, *Revolutionary Jews from Marx to Trotsky*, George G. Harrap & Co. Ltd., London, 1976.

Robert Slater, *Rabin of Israel*, St. Martin's Press, New York, 1993.

Salman H. Falah, *The Druze in the Middle East*, Druze Research & Publication Institute, New York, 2002.

Shaul Mishal and Avraham Sela, *The Palestinian Hamas*, Columbia University Press, 2000.

Shimon Peres, *Battling for Peace: Memoirs*, London, 1995.

State of Israel, Prime Minister's Office, Economic Planning Authority, *Israel Economic Development: Past Progress and Plan For the Future*, Jerusalem, 1968.

Steven Belier, *Vienna and the Jews 1867–1938*, Cambridge University Press, 1989.

Stewart Perowne, *The Life and Times of Heriod, the Great*, Sutton Publishing, Glouceser-shire, 2003.

T. Dothan and Moshe Dothan, *People of the Sea: The Search for Philistines*, Macmillan, New York/Toronto, 1992.

Tessa Rajak, *The Jewish Dialogue with Greece and Rome: Studies in Cultural and Social Interaction*, Brill Academic Publishers, Inc., Boston/Leiden, 2004.

The Ministry of Industry and Trade, *The Israeli Economy at Glance 1995*, Jerusalem, 1996.

Theodor Herzl, *The Jewish State: An Attempt at a Modern Solution of Jewish Question*, H. Pordes, London, 1967.

Trevor, *Under the White Paper*, Kraus, Munich, 1980.

United States Holocaust Memorial Museum, *Teaching about the Holocaust: A Resource Book for Educators*, Washington, DC., 2001.

Walter Laqueur and Barry Rubin (edited), *The Israel–Arab Reader: A Documentary History of the Middle East Conflict*, Penguin Books, 2001.

Werner Keller, *Diaspora: The Post–biblical History of the Jews*, Harcourt, Brace & World, Inc., New York, 1969.

William Whiston (illustrated and translated), *The Complete Works of Josephus*, Kregel Publications, Grand Rapids/Michigan, 1981.

Yaacov Ro'I (edited), *Jews and Jewish Life in Russia and the Soviet Union*, Frank Cass, Newbury House, England, 1995.

Yad Vashem, *The Nazi Concentration Camps*, Daf–Chen Press, Jerusalem, 1984.

Yakir Plessner, *The Political Economy of Israel*, State University of New York Press,1994.

Yoram Ben–Porath (edited), *The Israeli Economy: Maturing through Crises*, Harvard University Press, 1986.

Yosef Salmon, *Religion and Zionism First Encounters*, The Hebrew University Magnes Press, Jerusalem, 2002.

Zeev W. Mankowitz, *Life between Memory and Hope: The Survivors of the Holocaust in Occupied Germany*, Cambridge University Press, 2002.

后　记

2004 年的 7 月 18 日，我在日记中写下了这样一段话："非常意外、也非常振奋地接到了人民出版社编辑杨美艳老师的约稿电话，书名为《以色列史》，时间一年半。为了圆满完成任务，以色列还是要去！"其实，早在 2003 年我已得到了以色列高等教育委员会的博士后奖学金，并收到了希伯来大学的正式邀请函，可以进行为期一年的学术交流，但迟迟未能成行，客观上是因为学生们的课程无人接手，而更重要的原因是家人和朋友们都非常担心以色列的安全局势，极力阻拦，所以自己也迟迟下不了决心。应该说是杨美艳老师的电话打消了我最后的顾虑。三周之后，我又一次踏上了以色列的土地，来到了充满古典辉煌与现代迷惑的耶路撒冷。

在希伯来大学的日子里，我的联系导师 Vidal Sasson 和国际反犹太主义研究中心主任 Robert Wistrich 教授给了我很多帮助，他常常不厌其烦地解释我不明白的事物、讲他自己的学术经历，纠正我的外语，并带我去参加各种各样的学术交流活动。Wistrich 教授是当今世界闻名的犹太学者，他的主要研究领域是欧洲犹太人、反犹太主义与纳粹屠犹。18 年前，我写的硕士论文《论希特勒的反犹政策》中曾大量引用过他的观点，他制作的电影教学片 *Anti-Semitism：The Longest Hatred* 我在教学中也曾长期使用。当时根本就没有想到过自己能有机会近距离地聆听他的教诲。也正是在我的感染与影响下，Wistrich 教授开始关注中国，认识中国，并有了 2005 年 8 月令他振奋不已的中国之行，他把 2005 年称作他学术生涯中的"中国年"。Wistrich 教授的同事 Leno Volovici 也对我非常关心，我系统地旁听了他为外国学生讲授的"以色列国家史"课程，受益匪浅。在我回国后，Wistrich 教授的助手把我落下的两次课的内容在电脑上做了整理，并通过电子邮件传了过来。

在以期间得到了中国驻以色列大使馆教育官员陈腾华先生的关照，书稿中一些诗句的翻译曾多次请教过他。留学生黄建辉、邓学佳夫妇给了我很多关心，我也与他们结下了深厚的友谊。最令我难以忘记的事情是：到达以色列一个月以后，French Hill 的公共汽车站发生了一起人体爆炸事件，事发地点离我居住的公寓很近，也是我每天散步的必经之路，强烈的爆炸声震落了房间窗户上的玻璃。幸运的是当时我正好待在大学图书馆里，没有受到惊吓。事后黄建辉第一个打响了我的手机，焦急无比地询问我的安全情况，当时我感动得流下了眼泪。

多年的好朋友、伦敦犹太文化中心的 Jerold Gotel 博士在我留以期间，曾多次从伦敦飞往开封，承担起为研究生上课的任务，这位洋导师为学生们付出了大量的心血与物质支持，也得到了学生们的深情爱戴。我的同事与朋友谷跃峰、谢清溪、苗书梅、程遂营、牛华男、牛林豪等，在我离岗期间，不仅分担了我的工作，而且经常为我的安全担惊受怕，期待他们的电子邮件成了我生活中的一大趣事。

我十分感激我的导师彭树智、钱乘旦两位先生，是他们的言传身教坚定了我走书路人生的信念，是他们的推荐与鼓励，给了我承担写作这本书的机会与信心。这些年来，每当我感到疲惫、对自己有所懈怠的时候，做好学生、别让老师失望的心态恰恰成了鞭策自己的最大动力。

我还想借此机会感激加拿大籍的 Len Hew（丘才廉）先生，自从 2002 年共同创办河南大学犹太研究所以来，我们一起经历风雨波折，也分享收获的喜悦。以他的名字命名的奖学金与论文奖，鼓励了许多的学子学习犹太历史与文化，他的品行、他的人格、他的爱心已在这千年古塔下、百年校园里留下了永久性的印记。

此外，河南大学图书馆的张志军、麻峰、白璇老师为图片扫描与整理付出不少时间；历史文化学院的臧德清老师、中国社会科学院的章波先生以及我的研究生樊六辉、刘百陆、张礼刚、赵光贵、姚宇兰、葛淑珍、高扬等也为资料收集与书稿的校对做了不少工作，在此一并致谢。

每完成一个课题，我都觉得对爱人李景文先生和儿子李晔梦的感情“债务”又多了一重。在这本书稿的写作过程中，我爱人一如既往地承担起第一读者的重任。我每写完一章，他不仅要对文字进行把关，而且还提出了很多修改意见和建议。2006 年春节前后，他和我一起关闭手机、切断电话，全力以赴地投入书稿的文字修改与附录内容的整理工作，忙乎了整整一个假期。这么多年来以“家庭博导”自居的他确有许多苦不堪言的感觉。从儿子上小学的那一年起，我开始了艰难的求学之路，从西安、南京到以色列，10 年中我有近 7 年的时间都在外漂泊，他们不仅要承担更多的事情，还不得不容忍我的坏情绪、坏习惯，尤其是遇到煎熬与棘手的问题时，总是“殃及”他们。在外人看来我似乎秉性谦和，不算急躁，可在这个4口之家里，我经常被评为“最不讲理的人”、“最没有耐心的人”，连目不识丁的婆婆口碑都比我好得多。如今性格独立而自信的儿子已经上高二了，我看他的时候不得不仰起脖子，现在回想起来，我几乎没有参加过他的家长会，很少有送他上学、接他回家的记忆，一位好朋友曾不留情面地说：“凭你那撒手劲，等将来老了只会被送到老人院，没人肯孝顺你!”如果真有那一天，我看也活该，但还在内心期望着儿子可别这么想、更别这么做。

我想把这本书送给我不会读书的父母，他们生前都是面朝黄土背朝天的农民，一辈子也没有走出过那位于秦岭山下的黄土高坡，他们不懂得什么是犹太人、以色列，但他们知道在这个世界上最了不起的人是教书先生，他们一生所接触到的最大的知识分子、他们最敬仰的人就是村子里的民办教师。我也明白我今天的任何作为都无法弥补因未来得及孝敬他们所留下的终身遗憾与悔恨，我只想让这本书传递给他们这样的信息：你们那个体弱多病曾一直担心活不下来的五女儿如今也成了教书先生，而且自认为教得还不错，这一摞的文字也是她的教学所获。也许她写的东西会引起批评与非议，但她很执著、很尽心，也很少懈怠自己。

张倩红

2006年9月9日凌晨

写于河南大学仁和小区

责任编辑：杨美艳
封面设计：石笑梦

图书在版编目（CIP）数据

以色列史／张倩红　著．2 版（修订本）
－北京：人民出版社，2014.1（2022.4 重印）
（国别史系列）
ISBN 978－7－01－012792－7

I. ①以…　II. ①张…　III. ①以色列－历史　IV. ① K382

中国版本图书馆 CIP 数据核字（2013）第 265072 号

以色列史（修订本）
YISELIE SHI (XIUDINGBEN)

张倩红　著

人民出版社 出版发行
（100706　北京市东城区隆福寺街 99 号）

北京盛通印刷股份有限公司印刷　新华书店经销

2014 年 1 月第 2 版　2022 年 4 月北京第 3 次印刷
开本：710 毫米 ×1000 毫米 1/16　印张：35.25　插页：8
字数：630 千字

ISBN 978－7－01－012792－7　定价：108.00 元

邮购地址 100706　北京市东城区隆福寺街 99 号
人民东方图书销售中心　电话（010）65250042　65289539